GOTIK IN OBERBAYERN

GOTIK IN OBERBAYERN

TEXT VON WERNER BÖS
AUFNAHMEN VON THOMAS KLINGER

SÜDDEUTSCHER VERLAG

Der Band enthält 218 Abbildungen, davon 66 in Farbe, sowie 14 Grundrisse und Stiche

Umschlagentwurf: Kaselow Design, München; Motiv: Ausschnitt aus dem Scharfzandt-Fenster in der Frauenkirche zu München

Die Grundrisse zeichnete Norbert Kloyer, die Übersichtskarte Oberbayern Vierthaler & Braun, München

ISBN 3-7991-6492-8

Reproduktion: Wenschow-Francis GmbH, München
Satz: HeszWerkSatz, Augsburg
Druck: Appl, Wemding
Bindearbeit: Conzella, München

Inhalt

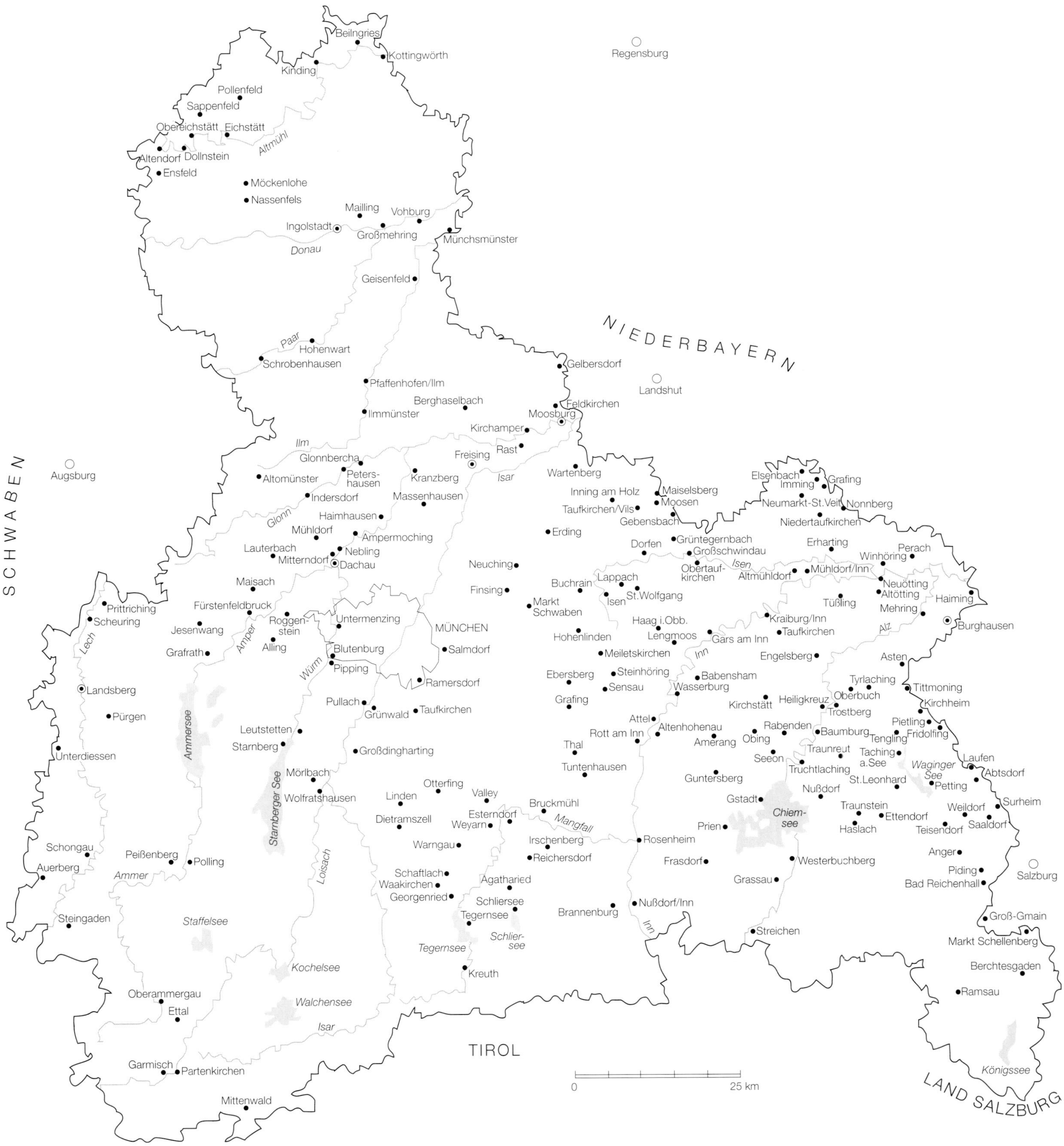

Beilngries
Kottingwörth
Regensburg
Kinding
Pollenfeld
Sappenfeld
Obereichstätt
Eichstätt
Altmühl
Altendorf
Dollnstein
Ensfeld
Möckenlohe
Nassenfels
Mailling
Vohburg
Ingolstadt
Großmehring
Münchsmünster
Donau
Geisenfeld
NIEDERBAYERN
Paar
Hohenwart
Schrobenhausen
Gelbersdorf
Landshut
Pfaffenhofen/Ilm
Berghaselbach
Feldkirchen
Immünster
Moosburg
Kirchamper
Ilm
Rast
Freising
Glonnbercha
Peters-
hausen
Kranzberg
Isar
Wartenberg
SCHWABEN
Augsburg
Altomünster
Indersdorf
Massenhausen
Inning am Holz
Maiselsberg
Elsenbach
Imming
Grafing
Taufkirchen/Vils
Moosen
Neumarkt-St.Veit
Nonnberg
Glonn
Haimhausen
Gebensbach
Niedertaufkirchen
Mühldorf
Erding
Ampermoching
Grüntegernbach
Erharting
Lauterbach
Nebling
Dorfen
Großschwindau
Perach
Mitterndorf
Dachau
Neuching
Obertauf-
kirchen
Isen
Winhöring
Altmühldorf
Mühldorf/Inn
Maisach
Buchrain
Lappach
Neuötting
Finsing
Altötting
Fürstenfeldbruck
Isen
St.Wolfgang
Haiming
Prittriching
Markt
Schwaben
Tüßling
Scheuring
Roggen-
stein
Untermenzing
Mehring
Jesenwang
MÜNCHEN
Haag i.Obb.
Kraiburg/Inn
Burghausen
Lech
Amper
Lengmoos
Gars am Inn
Taufkirchen
Alling
Hohenlinden
Grafrath
Blutenburg
Salmdorf
Alz
Meiletskirchen
Inn
Engelsberg
Asten
Würm
Pipping
Steinhöring
Landsberg
Ebersberg
Babensham
Ramersdorf
Sensau
Tyrlaching
Wasserburg
Tittmoning
Pullach
Grafing
Heiligkreuz
Oberbuch
Grünwald
Taufkirchen
Kirchstätt
Kirchheim
Pürgen
Trostberg
Attel
Pietling
Leutstetten
Altenhohenau
Rabenden
Fridolfing
Rott am Inn
Baumburg
Ammersee
Starnberg
Amerang
Obing
Tengling
Unterdiessen
Thal
Traunreut
Großdingharting
Taching
a.See
Laufen
Seeon
Waginger
See
Tuntenhausen
Truchtlaching
Abtsdorf
Mörlbach
Guntersberg
St.Leonhard
Starnberger See
Petting
Otterfing
Nußdorf
Wolfratshausen
Linden
Valley
Gstadt
Surheim
Bruckmühl
Traunstein
Esterndorf
Weildorf
Dietramszell
Mangfall
Chiem-
see
Ettendorf
Weyarn
Saaldorf
Prien
Haslach
Teisendorf
Rosenheim
Schongau
Irschenberg
Warngau
Peißenberg
Anger
Reichersdorf
Frasdorf
Westerbuchberg
Polling
Loisach
Auerberg
Salzburg
Ammer
Piding
Schaftlach
Agatharied
Waakirchen
Grassau
Bad Reichenhall
Georgenried
Schliersee
Nußdorf/Inn
Brannenburg
Tegernsee
Steingaden
Groß-Gmain
Staffelsee
Schlier-
see
Inn
Streichen
Markt Schellenberg
Tegernsee
Kochelsee
Kreuth
Berchtesgaden
Oberammergau
Ramsau
Walchensee
Ettal
Isar
TIROL
Garmisch
Partenkirchen
0
25 km
Königssee
LAND SALZBURG
Mittenwald

Vorwort

Kunstwerke sind immer Zeugnisse der gesellschaftlichen, wirtschaftlichen und politischen Verhältnisse einer bestimmten Epoche. Das vorliegende Buch *Gotik in Oberbayern* greift diesen Zusammenhang auf und betrachtet die Kunstschätze der Gotik in Oberbayern im Zusammenhang mit den für diese Region im Spätmittelalter relevanten politischen, wirtschaftlichen, gesellschaftlichen und religiösen Verhältnissen.

Das späte Mittelalter bzw. die von etwa 1250 bis 1520 währende Epoche der Gotik hat das Gebiet des heutigen Regierungsbezirks Oberbayern tiefgreifend und nachhaltig geprägt. Es war eine Zeit des Aufbruchs, politisch geprägt vom Ringen um den Ausbau eines zentral verwalteten Territorialstaates. Neu gegründete Städte und Märkte übernahmen die Funktion von Wirtschafts- und Verwaltungszentren und trugen zur Erschließung des Landes bei. Das Geld spielte gegenüber der Naturalwirtschaft zunehmend eine größere Rolle. Vielfach zog die abhängige Landbevölkerung in die Städte, um dort nach Möglichkeit in den bürgerlichen Stand aufzusteigen und dem Handwerk oder dem Gewerbe nachzugehen. Der Handel gehorchte weitgehend dem Gesetz des freien Spiels von Angebot und Nachfrage, das den Preis regelte – eine wirksame hoheitliche Eingriffsmöglichkeit in den Geldkreislauf bestand allerdings im Recht der Münzprägung.

Das späte Mittelalter war aber auch eine Epoche tief empfundener Frömmigkeit. Sie war bestimmt von dem Ziel, durch gute Taten und Buße im Diesseits einen angemessenen Platz im Jenseits zu erlangen. Anschauliche Zeugnisse dieses gelebten Glaubens sind die vielen ›frommen Stiftungen‹. Rund zwei Drittel der Gotteshäuser in Oberbayern wurden in gotischer Zeit erbaut und ausgeschmückt, die meisten davon in den sechs Jahrzehnten von 1450 bis 1510.

Der Schwerpunkt der vorliegenden Dokumentation, die erstmals versucht, einen umfassenden Überblick über gotische Kunstwerke in Oberbayern aus den Bereichen Architektur, Bauplastik, Skulptur, Bildschnitzerei, Tafel-, Wand- und Glasmalerei, Holz- und Metallhandwerk – soweit in situ befindlich – zu geben, liegt auf einer ausführlichen Darstellung der weniger bekannten Dorf- und Marktkirchen. Dadurch wird die ungeheure Vielfalt der gotischen Kunst und ihre tiefe Verwurzelung im Volk sichtbar.

Die Bilddokumente lassen aber auch den Alltag der Bevölkerung in Stadt und Land lebendig werden. Sie geben dem Betrachter zum einen tiefe Einblicke in Glauben und Mystik jener Zeit und machen zum anderen die Herrschafts- und Wirtschaftsstrukturen sichtbar. Die überwiegend vom Erscheinungsbild des Barock und des Rokoko geprägte Kulturlandschaft Oberbayerns hat die Gotik im Bewußtsein der Menschen oft in den Hintergrund treten lassen: Mit dem vorliegenden Buch wird sie der Bevölkerung unmittelbar wieder nahegebracht.

In der Zeit der Gotik liegen die Wurzeln unserer aufgeklärten Gesellschaftsformen. Am Beispiel der bildenden Kunst läßt sich die Entwicklung von der Symbolik der Frühzeit bis zum Realismus an der Schwelle zur Renaissance anschaulich nachvollziehen. Sie zeigt aber auch, in welch überregionalem Austausch die Künstler jener Zeit gestanden haben. Ihre Arbeiten sind zeitgeschichtliche Dokumente für ein gelebtes Europa.

München, im Herbst 1991

Hermann Schuster
Präsident des Bezirkstages von Oberbayern

Einführung

Ursprung und Begriff der Gotik

»Die großen Kirchenfenster sind die göttlichen Schriften, die das Licht der wahren Sonne, das heißt Gottes, in der Kirche, das heißt im Herzen der Gläubigen, verbreiten und sie alle erleuchten.«
Mit diesen begeisterten Worten beschreibt der Mönch Suger, Historiker, königlicher Ratgeber und von 1122 bis 1151 Abt des Benediktinerklosters Saint-Denis bei Paris, in seiner Schrift *De consecratione ecclesiae sancti Dionysii* (Über die Weihe der Kirche des hl. Dionysius) die Wirkung der großen farbenprächtigen Glasmalereien der Fenster im neu erbauten Chorhaus der Abteikirche. Für den Abt sollte der Chorbau ein theologisches Programm demonstrieren. Er wollte mit neuen Stilmitteln das »Himmlische Jerusalem« darstellen, wie es in der Offenbarung des Johannes verheißen wurde. Abt Suger hat mit diesem Werk das innerste Wesen der Gotik in Stein gefaßt. Er konnte aber nicht vorhersehen, daß dieser (erste gotische) Chor eine neue, Jahrhunderte währende Epoche europäischer Kunst einleiten würde. Am 11. Juli 1140 hatte der Abt den Grundstein gelegt, bereits 1144 vollzog er zusammen mit sechs Bischöfen die feierliche Weihe. Entstanden war ein Haus Gottes, das durch seine Architektur eine völlige Abkehr von den bisher gebauten schweren romanischen Kirchenräumen darstellte: Acht Pfeiler säumen den Abschluß des Presbyteriums. Die Seitenschiffe setzen sich in einem doppelten Chorumgang fort, der von sieben wabenförmig angesetzten, dreiseitig offenen Chorkapellen begleitet wird. Spitzbogen bilden die Arkaden; Kreuzrippengewölbe dekken das Chorhaus. Wie eine Stufenpyramide wächst der Bau aus der Krypta bis in die Spitze des Hauptchors. Den Druck der Gewölbe fängt ein Strebewerk aus Pfeilern und Bögen auf, das am Außenbau angesetzt ist. Im freien Raum schwingen sich die Strebebögen über die Dächer der Kapellen und Seitenschiffe. Sie wirken zusammen mit den Strebepfeilern wie ein Skelett des Bauwerks. Unterstützt wird dieser Eindruck noch durch die großen, mit Maßwerk verzierten Fenster, die die Wandflächen zwischen den Strebepfeilern füllen.

Dem Kirchenbau waren völlig neue Lösungswege eröffnet. Die Pfeiler, Strebebogen und das von Kreuzrippen getragene Gewölbe sicherten nun die Stabilität des Bauwerks bei einem viel geringeren Aufwand an Wand und Mauern und erlaubten dadurch die Errichtung viel höherer Kirchenschiffe. Der Spitzbogen, aus zwei sich schneidenden Kreisbögen konstruiert, machte es möglich, Arkaden von ungleicher Breite dennoch auf die gleiche Höhe zu bringen. Innerhalb weniger Generationen breitete sich die neue Architektur in Frankreich aus und ließ es zum Land der monumentalen gotischen Kathedralen werden. In regional sich verändernden Formen durchdrang der neue Stil ab dem 13. Jahrhundert von Frankreich aus Europa. Bis in das 16. Jahrhundert hinein war die Gotik kunsthistorisch der letzte Höhepunkt des späten Mittelalters. Gotisches wurde überall zum sichtbaren Ausdruck von neuen, sehr gegensätzlichen Lebensformen: Einer tiefen, auf das Jenseits ausgerichteten Frömmigkeit und einer ungeheuren Angst vor dem Jüngsten Gerichte stand die Freude an Reichtum, Macht und Lust im Diesseits diametral gegenüber. Nicht zuletzt führte dieser Dualismus zu den reichen Schätzen gotischen Kunstschaffens in Architektur und bildender Kunst. Da sich Völker und Länder in der Mitte des Kontinents in den vier Jahrhunderten, die diesem Kunststil in Europa insgesamt zugerechnet werden können, politisch, gesellschaftlich und wirtschaftlich sehr unterschiedlich entwickelt haben, kann nur bei einer jeweils regionalen Betrachtung von einer annähernd einheitlichen Epoche der Gotik gesprochen werden.

Der Begriff Gotik wurde schon in der Renaissancezeit geprägt. Wie immer bei Nachfolgegenerationen wurde er zunächst negativ gesehen. So brandmarkte Giorgio Vasari (1511-1574), Maler, Bildhauer, Architekt der Uffizien in Florenz und Kunstpapst seiner Zeit, in seiner Beschreibung der besten Gemälde, Skulpturen und Architekturen den »stilo gotico«, den Stil der Goten, als ein ästhetisches Gebrechen, weil er etwas Monströses und Barbarisches sei. Er bedauerte, daß noch zahllose Werke dieser Art die Welt verunstalteten. Der Renaissancemensch verachtete die Goten, denn diese Barbaren hatten bei ihren Kriegszügen durch Italien – im Jahre 410 plünderten sie Rom – die Werke der antiken Kunst zerstört. Viele Gelehrte des 16. Jahrhunderts sahen deshalb das Mittelalter, gerechnet vom Untergang der Antike bis zu ihrer Wiedergeburt in der Renaissance, als eine einzige Zeit der Finsternis. Der Begriff vom »finsteren Mittelalter« mag hier seinen Ursprung haben.

Das Urteil Vasaris hatte lange Bestand. Der Philosoph Immanuel Kant (1724-1804) spricht 1764 in den Beobachtungen über das Gefühl des Schönen und Erhabenen »von einem gewissen verkehrten Geschmack, den man den gotischen nennt und der auf Fratzen auslief«. In der 1778 erschienenen *Allgemeinen Theorie der Schönen Künste* von Johann Georg Sulzer (1720-1779) ist eine ähnlich abwertende Einstellung zu finden: »Das Gothische ist überhaupt ein ohne allen Geschmack gemachter Aufwand auf Werke der Kunst, denen es nicht am Wesentlichen, auch nicht immer am Großen und Prächtigen, sondern am Schönen, am Angenehmen und Feinen fehlt«. Auch während der Französischen Revolution sprach man noch verächtlich von den »absurdités gothiques«. Erst die zu Beginn des 19. Jahrhunderts einsetzende Geschichtsforschung gab der Gotik den Stellenwert, der ihr als Zeugnis und Denkmal des Spätmittelalters zustand.

Politische und wirtschaftliche Verhältnisse in Oberbayern

Den südbayerischen Raum erreichte die Gotik um 1230. Das Land war im Umbruch. Durch das 1220 von Kaiser Friedrich II. erlassene Dekret waren die Bischöfe für die Hilfe bei der Wahl seines Sohnes Heinrich zum deutschen König in den Reichsfürstenstand erhoben worden. Für ihre Herrschaftsgebiete erhielten sie die hohe Gerichtsbarkeit, Zoll- und Münzrechte sowie die wichtigen Markt- und Befestigungsrechte zugesprochen. Das Land eines Hochstifts wurde zum selbständigen Territorium und war zudem beim Tod eines Bischofs vom Heimfallrecht der Krone ausgenommen. Durch die Residenzpflicht waren die Bischöfe bereits früh Herren über städtische Siedlungen, die sie, um ihre neue Stellung zu demonstrieren, nun mit Burgen und Mauerringen befestigten. Das Papsttum und die Kirche hatten einen weiteren Sieg im Kampf um die Vorherrschaft gewonnen und auch in unserem Raum einen Machthöhepunkt erreicht. Die Fürstbischöfe waren von nun an geistliche und weltliche Herrscher in einer Person und blieben es bis zur Säkularisation im Jahre 1803. Gegenüber dem Herzogtum Bayern zeigte sich diese neue Unabhängigkeit, als sich die Bischöfe von Regensburg, Eichstätt, Passau, Freising und Salzburg erstmals ab 1246 weigerten, an den vom Herzog einberufenen Landtagen teilzunehmen. Schwierige Vogteirechte und unklare Besitzverhältnisse ließen die geistlichen Fürstentümer erst gegen Ende des 14. Jahrhunderts zu vollständig souveränen Staaten werden.

Den weltlichen Regenten wurde die Landesherrschaft erst mit dem Edikt von Worms im Jahre 1231 zugestanden. Der Status der Souveränität ist auch hier gekennzeichnet durch die Übertragung der Gerichtsbarkeit, der Zoll- und Münzhoheit, den Rechten Straßen anzulegen, Städte und Märkte zu gründen und zu befestigen. Herzog Otto II. der Erlauchte (1231-1253), der dritte Wittelsbacher Herzog in Bayern, nutzte die neuen Rechte sofort, um seine Macht im Herzogtum zu festigen. Unbekümmert zog er alle erledigten Grafschaften, Lehen und Vogteien ein und übergab sie seinen herzoglichen Ministerialen nur noch zur Verwaltung. Allmählich bildete sich jene Einteilung in Viztumämter, Land- und Pflegegerichte, die bis zum Ende des alten Herzogtums im Jahre 1803 bestehen blieb. Die herzogliche Territorialpolitik war zusätzlich dadurch begünstigt, daß im 12. und 13. Jahrhundert die bedeutendsten bayerischen Hochadelsgeschlechter erloschen sind. Ihren vorläufigen Abschluß fand die Arrondierungspolitik mit dem Aussterben der Herzöge von Andechs-Meranien im Jahre 1248, aus deren Besitz den Wittelsbachern die Grafschaften im Gebiet von Isar, Inn und Ammersee zufielen.

Zur militärischen Sicherung der Territorialstaaten setzte im 13. Jahrhundert eine Welle von Städtegründungen ein. Ihr folgte um 1300 die Gründung zahlreicher Märkte, die sich von der Stadt nur durch das Fehlen des Mauerrings unterschieden. Unter den Wittelsbachern entstanden im heutigen Oberbayern die städtischen Siedlungen von Neuötting, Burghausen, Ingolstadt, Weilheim, Landsberg am Lech, Vohburg und Traunstein. Daneben gründeten die Hallgrafen die Stadt Wasserburg, die Staufer Schongau und das Erzstift Salzburg Laufen an der Salzach. Das Erzstift baute auch Mühldorf am Inn zur Stadt aus. Die Herzogstädte wurden planmäßig angelegt. Außer einem Mauerring und zwei sich kreuzenden Hauptstraßen weisen sie in ihrer Mitte Marktplätze oder Straßenmärkte auf, die die zweite wichtige Funktion der Stadt als Handelsplatz und Wirtschaftszentrum erfüllten. Der geistliche Mittelpunkt, die Kirche, wurde abseits des Marktplatzes errichtet. Die Neugründungen trugen entscheidend zum sozialen Wandel und zur Veränderung der Wirtschaftsstruktur im Land bei. Im Agrarland Bayern gewannen Handel und Gewerbe zunehmend an Bedeutung. Die Naturalwirtschaft wurde von der Geldwirtschaft verdrängt. Hauptaufgabe der neuen Stadtsiedlungen war es, das direkte Umland mit Gewerbeprodukten zu versorgen und Umschlagplatz für die landwirtschaftlichen Erzeugnisse der Region zu sein. Die wichtigste Einnahmequelle für die Stadt kam aus dem Niederlagerecht, besonders wenn es das bedeutendste bayerische Exportgut, das Salz, betraf. Jeder in der Stadt eintreffende Transport mußte für eine bestimmte Zeit gegen Entgelt im städtischen Salzstadel eingelagert und zum Kauf angeboten werden.

Das Herzogtum, das Otto II. seinen beiden Söhnen Ludwig II. dem Strengen, und Heinrich XIII. im Jahre 1253 zur gesamten Hand hinterließ, war zum größten Fürstentum im Reich geworden. Unterschiedliche politische Interessen brachten die herzoglichen Brüder dazu, im Jahre 1255 das Herzogtum zu teilen. Ludwig II. (1253-1294) erhielt Oberbayern und die Pfalzgrafschaft bei Rhein, seinem Bruder Heinrich XIII. (1253-1290) fiel Niederbayern zu.

Das »obern bairn«, wie es im Teilungsvertrag vom 18. März 1255 festgelegt war, darf aber nicht mit dem heutigen Regierungsbezirk Oberbayern gleichgesetzt werden. Im Spätmittelalter teilten sich noch mehrere kleine Territorien in dieses Gebiet: Im Norden regierte der Fürstbischof von Eichstätt sein Hochstift im Altmühltal. Die Grafschaft Werdenfels mit Garmisch-Partenkirchen im Süden unterstand dem Hochstift Freising, das zusammen mit der Grafschaft Ismaning und der Herrschaft Isen-Buchrain ein kleines Staatsgebiet vor den Toren Münchens bildete. Der Chiemgau sowie die Städte Rosenheim, Alt- und Neuötting, Burghausen, Reichenhall, Erding und Moosburg gehörten zum Wittelsbacher Teilherzogtum Niederbayern. Das Erzstift Salzburg war Landesherr im Rupertigau zwischen Laufen und Tittmoning und in Mühldorf am Inn. Im äußersten Südosten lag die Fürstpropstei Berchtesgaden, deren von Bergen umrahmtes Staatsgebiet bis zur Salzach nahe Reichenhall reichte.

Für das westliche Teilherzogtum der Wittelsbacher verblieb im heutigen Oberbayern nur ein schmaler Landstreifen von den Alpen zwischen Lech und Inn bis zum Jura zwischen Neuburg an der Donau und Vohburg. Über weite Strecken bildete der Lech die Grenze zu den schwäbischen Ländern. Die Grenze zwischen dem »obern und nidern bairn« verlief etwa von Vohburg über Moosburg, (Markt) Schwaben, Wasserburg, Bad Aibling nach Kufstein. München, von Herzog Ludwig II. zur Residenzstadt bestimmt, lag ganz am Rand dieses Territoriums: Neun Kilometer östlich verlief die Grenze zu Niederbayern.

Herzog Ludwig II. nutzte wie sein Vater die im Edikt von Worms zugestandenen Rechte. Noch gab es in seinem Herzogtum zahlreiche Burgen und Dörfer, die nicht seiner Landesherrschaft unterstanden. Ludwig II. wurde zum besessenen Grundstückshändler, wenn es darum ging, Güter fremder Grundherren aufzukaufen. Mehrfach verpfändete er den herzoglichen Hausschatz, um die notwendigen Geldmittel aufbringen zu können. Mit dem Tod von Herzog Ludwig II. im Jahre 1294 fiel das Teilherzogtum an die beiden ungleichen Söhne Rudolf I., dem Stammler (1294-1319), und Ludwig IV. (1294-1347), den späteren Kaiser Ludwig den Bayern. Rudolfs Versuche, den jüngeren Ludwig von der Herrschaft zu verdrängen, blieben ohne Erfolg. Nach Ludwigs Sieg in der Schlacht bei Gammelsdorf im Jahre 1313 mußte Rudolf ihn als Mitregenten anerkennen. Herzog Rudolf I. regierte glücklos. Ständig war er an Kriegen beteiligt, die sein Schwiegervater König Adolf von Nassau mit dem österreichischen Herzog Albrecht von Habsburg führte. Durch die Kriegskosten verursachte finanzielle Schwierigkeiten versuchte Rudolf durch Verschlechterungen im Münzwesen zu beheben. Die damit heraufbeschworene Inflation führte 1295 zum ersten Aufstand der Münchner Bürger. Um der herzoglichen Geldnot Herr zu werden, ließ sich Herzog Rudolf als letzten Ausweg vom oberbayerischen Adel eine Notsteuer bewilligen. Die dazu 1302 in der Schnaitbacher Urkunde verankerten Regelungen waren die ersten Ansätze zu einer landständischen Verfassung. Die Landstände: Adel, Prälaten und Bürger erreichten die Anerkennung ihrer Rechte auf Zusammenschluß, auf die Bewilligung von Steuern und auf Widerstand gegen herzogliche Willkür. Im Jahre 1317 gelang es Ludwig IV. mit Hilfe der oberbayerischen Stände, seinen Bruder Rudolf aus München zu vertreiben und zur Abdankung in Oberbayern zu zwingen.

Ludwig IV. der Bayer, war der erste wirkliche Realpolitiker auf dem Münchner Thron. Der Herzog und seit 1314 deutsche König verfolgte zielstrebig die Interessen des gesamten bayerischen Territoriums, denn nach der 1313 übertragenen Vormundschaft über die minderjährigen Landshuter Neffen gehörte auch Niederbayern dazu. Er sorgte für einen geordneten Rechtsverkehr, wachte über die Einhaltung des Landfriedens und legte durch die Verleihung von Handels- und Selbstverwaltungsrechten sowie eines vernünftigen Zoll- und Steuerwesens die entscheidenden Grundlagen für den wirtschaftlichen Aufschwung der Städte und Märkte. Mit Ludwig dem Bayern, der 1328 in Rom zum Kaiser gekrönt wurde, begann das Zeitalter der Bürger. Den für die weitere Entwicklung des Hauses Wittelsbach und das Herzogtum Bayern entscheidenden Schritt vollzog Ludwig im Jahre 1329 mit dem Hausvertrag von Pavia. Im Vertragswerk wurde die Existenz zweier Wittelsbacher Linien festgehalten. Sie bedeutete die Trennung des Teilherzogtums Oberbayern von der Pfalzgrafschaft bei Rhein und Teilen des bayerischen Nordgaus, der »oberen Pfalz«, wie sie später genannt wurde. Die linksrheinischen Gebiete und den Anteil am Nordgau erhielten die Söhne seines Bruders Rudolf I. Oberbayern behielt Kaiser Ludwig der Bayer für sich. 1340 erlosch die Landshuter Linie, und Kaiser Ludwig der Bayer vereinigte beide Landesteile unter seiner Herrschaft, ohne jedoch die in Niederbayern geltenden Rechte, wie beispielsweise die »Ottonische Handfeste« von 1311, außer Kraft zu setzen. Deshalb galt das von ihm 1336 erlassene und in seiner endgültigen Fassung von 1346 bis 1518 angewandte Landrecht auch nur im bisherigen Teilherzogtum Oberbayern.

Im Jahre 1347 starb Ludwig der Bayer bei Fürstenfeldbruck auf der Bärenjagd, zu der er »mit lust und begyr« geritten war. Die politischen Verhältnisse unter Kaiser Karl IV. machten es unmöglich, Ludwigs Testament, das für zwanzig Jahre ein ungeteiltes Herzogtum Bayern vorsah, zu vollziehen. Im Landsberger Vertrag von 1349 teilten die sechs Söhne Ludwigs die ererbten Territorien, zu denen außer dem Herzogtum Bayern noch Holland, Seeland, der Hennegau, die Mark Brandenburg, Pommern, die Lausitz und Tirol gehörten, unter sich auf.

Herzog von Oberbayern und Tirol wurde Ludwig V. (1347-1361), ein lebens- und liebesfroher Ritter. Seit 1342 war er durch »handschlag und beyschlaf in gegenwart des kaysers« mit Margarethe Maultasch

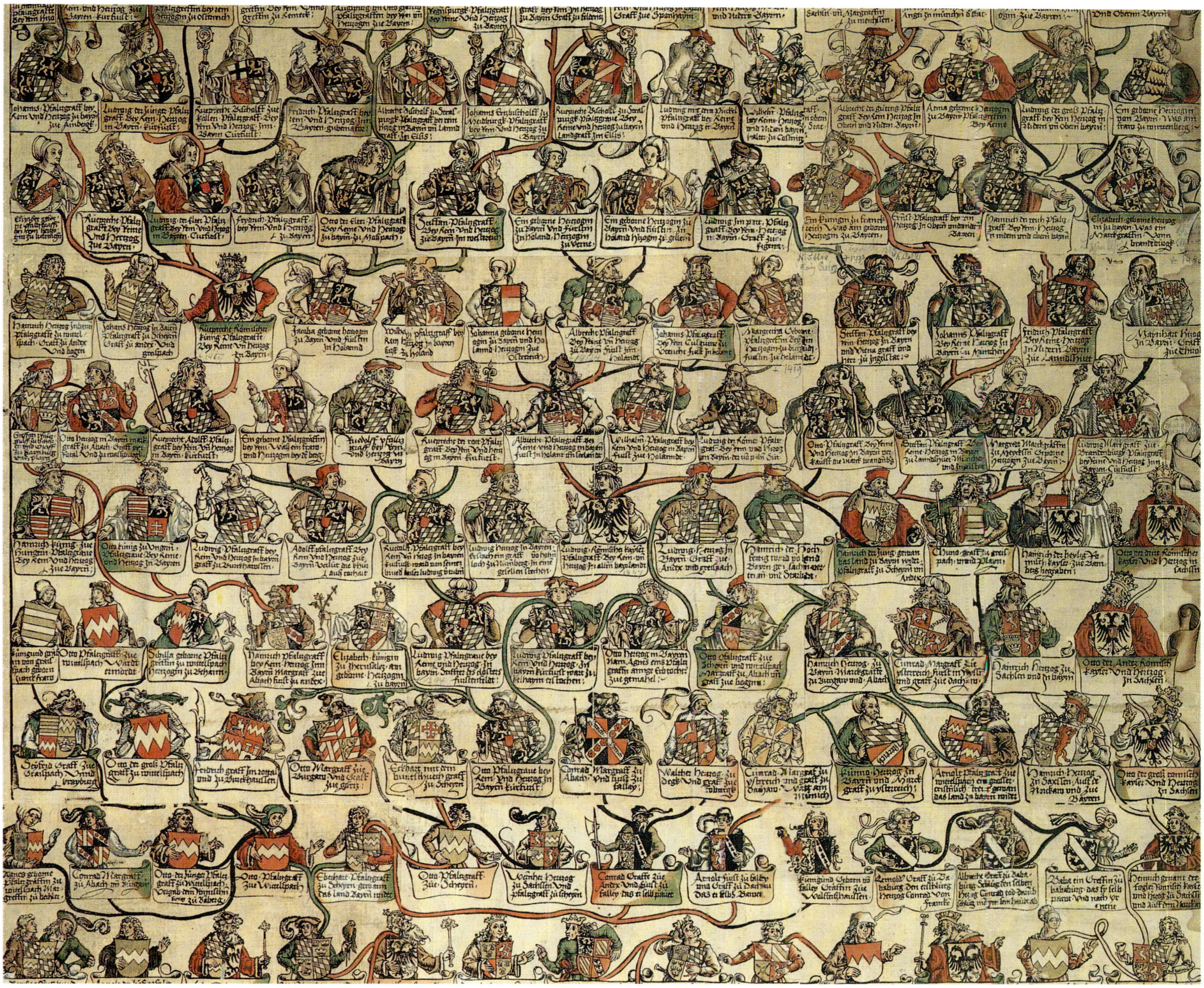

Ausschnitt aus dem Stammbaum des Hauses Wittelsbach; in der Bildmitte Kaiser Ludwig der Bayer mit dem Reichsadler im Wappen. Holzschnitt, 1501 von H. Wurm in Landshut gedruckt (Bayer. Nationalmuseum, München)

verheiratet. Nach Veit Arnpeckh war Herzog Ludwig V. »ain strenger, streitpar, milter fürst«, ein unerbittlicher Politiker und Kämpfer für das Recht, der, geprägt von seinem Vater, beständig für den wirtschaftlichen Aufschwung in Oberbayern sorgte. Als 1363 durch den Tod von Herzog Meinhard, dem Sohn und Nachfolger Ludwigs V., der oberbayerische Thron vakant wurde, annektierte dessen Onkel, der in Landshut regierende Stephan II. mit der Hafte (1347-1375), das Teilherzogtum Oberbayern. Bis zum Jahre 1392 wurde Oberbayern nun von Landshut aus regiert. Doch dann vollzogen die drei Söhne und Erben Stephans II. die dritte bayerische Landesteilung, bei der die Teilherzogtümer Bayern-Landshut, Bayern-München und Bayern-Ingolstadt entstanden. Regent in Landshut wurde Friedrich der Weise (1375-1393). Er begründete die Linie der »Reichen Herzöge«. Sein Bruder Johann II. (1375-1397) zog nach München, und Stephan III. der Kneißl (1375-1413) erhielt den Thron in Ingolstadt. Das Herzogtum Bayern war durch diese Teilungen nach außen hin bedeutungslos geworden. Innenpolitisch führten die von den Ingolstädtern wegen angeblicher Benachteiligung bei der Verteilung des Erbes angezettelten Wittelsbacher Hauskriege zu ständiger Unruhe und Zerstörung im ganzen Land.

Aus künstlerischer Sicht erlebte Bayern trotz aller Wirren in den folgenden einhundert Jahren einen ungeheuren Aufschwung. München, Ingolstadt und Landshut entwickelten sich zu Zentren spätgotischen Kunstschaffens. Überall entstanden Bauhütten, Werkstätten der Maler und Bildhauer; aus den verschiedensten Gegenden wanderten Künstler zu. Es war das Jahrhundert der großartigen Hallenkirchen der Bürger und der herzoglichen Stadtburgen, die Zeit, in der die Steinhäuser in den Städten mit farbenprächtig bemalten Fassaden geschmückt wurden und die vielen Hofmarken des Adels ihre Gotteshäuser erhielten. Das Mäzenatentum der Herzöge, des Adels und der zu Reichtum gekommenen Bürger war dabei fast unerschöpflich.

Der Ingolstädter Herzog Stephan III., nach Ulrich Fuetrers Chronik »aine klaine person des leibs, aber des hertzens und seines muets vast gross«, begann seine Residenzstadt an der Donau im gotischen Stil zu gestalten, doch hielt es ihn nie lange in seiner bayerischen Heimat. Er lebte lieber an den Renaissancehöfen der oberitalienischen Städte. Dort hat er auch den Umgang mit Geld gelernt, denn er war der erste, der trotz schwieriger finanzieller Verhältnisse mit Devisenbeschränkungen und einem einheitlichen Münzsystem versuchte, den Kurswert seiner Währung zu erhalten. 1413 trat sein Sohn Ludwig VII. der Gebartete (1413-1447) die Nachfolge an. Lange Jahre war er am Hofe seiner Schwester, Königin Isabeau de Bavière, in Frankreich. Nun konnte er sein dort erworbenes Wissen anwenden. Der bewegliche Diplomat wurde zum gewissenhaften Organisator und Verwalter seines Staatswesens. Über jeden fiskalischen und steuerlichen Vorgang mußte genau Rechnung gelegt werden; Ein- und Auszahlungen wurden schriftlich angewiesen, ihr Vollzug mußte quittiert sein. Es war eine kamerale Buchführung, wie sie noch heute dem staatlichen Rechnungswesen zugrundeliegt. Gleichermaßen genau waren seine Aufzeichnungen über den Besitz und die Rechte des Staates. Keine Urkunde, Verordnung oder Dienstanweisung durfte die Hofkanzlei verlassen, ohne unterschrieben zu sein.

Aus Frankreich brachte Ludwig VII. auch die Bauwut und seine Ausprägung des spätgotischen Stils mit. Gerade das unfertige Äußere der Kirche Zur Schönen Unserer Lieben Frau läßt im Detail viele französische Einflüsse erkennen. Ludwig VII. ließ aber auch bayerisch bauen, wofür das Neue Schloß und die Stadtbefestigung von Ingolstadt gute Beispiele sind. Mit bürokratischer Akribie hat der »Wittelsbacher Bauwurm«, wie er genannt wurde, die für seine Städte von Ingolstadt über Schrobenhausen, Aichach, Friedberg, Lauingen bis Wasserburg und Schärding erbrachten Bauleistungen auf marmornen Dokumenten überliefert. Ludwig VII., der Gebartete, starb 1447 in Gefangenschaft auf der Burg von Burghausen. Herzog Heinrich der Reiche (1393-1450) annektierte das Teilherzogtum. Ohne Unterbrechung führten die Landshuter jedoch die unter Ludwig VII. begonnenen Vorhaben fort. Ingolstadt blieb kulturelles Zentrum, das mit der Gründung der ersten bayerischen Universität im Jahre 1472 seine Krönung erfuhr.

Zeitgenossen der Ingolstädter Herzöge Stephan III. und Ludwig VII. waren in München die Herzöge Wilhelm III. (1397-1435) und Ernst (1397-1438) sowie dessen Sohn Albrecht III. der Fromme (1438-1460). Ihre gute Aufgabenverteilung in der Regierung des Herzogtums und ihr gemeinsames soziales und religiöses Engagement führten trotz der Wittelsbacher Fehden und dem Aufstand der Münchner Zünfte im Jahre 1397 zu einem gesunden wirtschaftlichen Wachstum. Zu ernsten Differenzen zwischen ihnen kam es jedoch wegen der Beziehung Albrechts III. zu der schönen Baderstochter Agnes Bernauer. Von ihr schrieb der Chronist Veit Arnpeckh: »ain wunderschöne frawen, (...) wann sy roten wein getrunken hett, so hett man ir den wein in der kel hinab sechen gen«. Durch das in Straubing am 12. Oktober 1435 vollstreckte Urteil war das dynastische Problem zwar gelöst; Vater und Sohn versöhnten sich jedoch erst 1437, als Albrecht III. standesgemäß Anna, die Tochter des Herzogs von Braunschweig, ehelichte.

Nach dem Tode Herzog Albrechts III. übernahmen dem Testament entsprechend Johann IV. (1460-1463) und Sig-

MÜNCHEN: Abguß der Rotmarmorgrabplatte Kaiser Ludwig des Bayern in der Frauenkirche. Das von Herzog Albrecht IV. um 1480 gestiftete Werk wird dem Münchener Bildhauer Hans Haldner zugeschrieben. In vollem Ornat sitzt der Kaiser auf seinem Thorn; darunter die Versöhnung des Münchner Herzogs Ernst mit seinem Sohn Herzog Albrecht III. im Jahre 1437. (Bayer. Nationalmuseum, München)

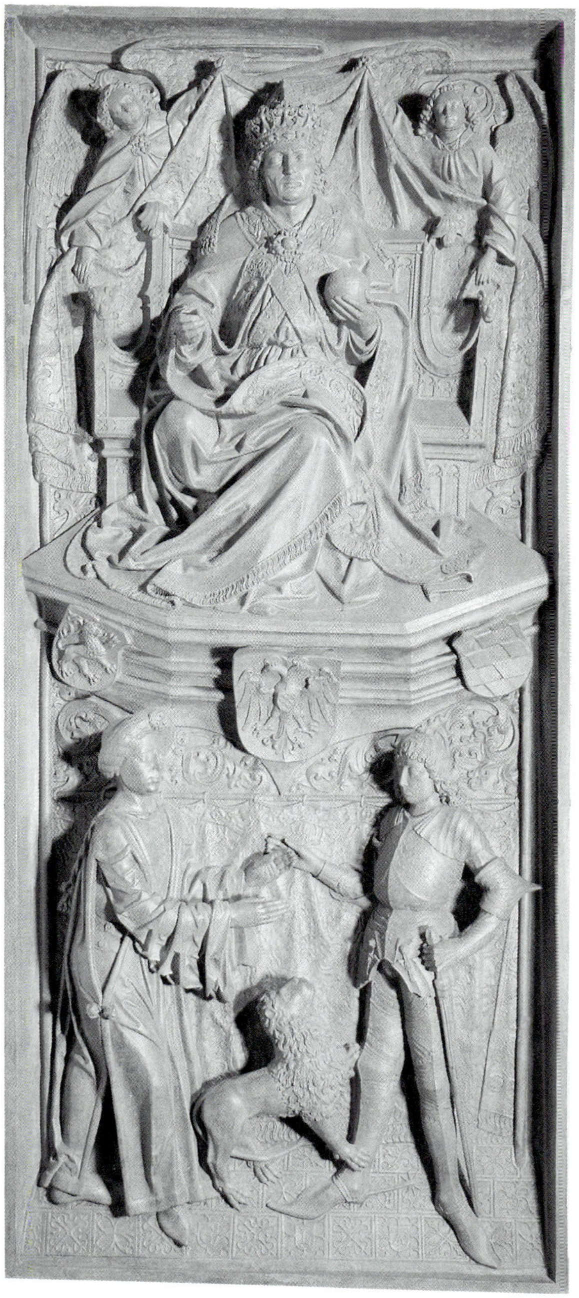

mund (1460-1467), die beiden ältesten seiner fünf Söhne, die Regentschaft. Sie waren so gegensätzlich wie nur möglich: Herzog Johann IV. ein kluger, tüchtiger Politiker und Sigmund etwas kränklich, verschwenderisch und an der hehren Staatsführung völlig uninteressiert. 1463 wurde Johann IV. ein Opfer der Pest. Sigmund regierte nun allein und schaffte es innerhalb von zwei Jahren, daß in der herzoglichen Verwaltung der Schlendrian einzog und große Teile des Landbesitzes an den Münchner Stadtadel überschrieben wurden. Angesichts der für das Herzogtum heraufziehenden Gefahr erzwang der drittälteste Bruder Albrecht IV. (1465-1508) die Mitregierung und erreichte 1467 die formelle Abdankung seines Bruders Sigmund. Mit dem Satz: »Infolge Blödigkeit des Leibes nicht gerne Mühe und Arbeit tragend und mehr geneigt, mir ein ruhiges Wesen ohne alle Bekümmernisse zu machen, will ich mein Regiment in eine Hand stellen, in der für Land und Leute besser und fleißiger gesorgt ist«, erklärte er seinen Rücktritt. Der herzogliche Frührentner litt nicht unter seiner Abdankung. Endlich konnte er sich unbehindert seinen persönlichen Neigungen widmen: der Kunst, fröhlichen Festen, schönen Frauen und der Religion. Er tat es ausgiebig, denn er starb erst 1501 im Alter von 62 Jahren. Während der Regentschaft des kunstsinnigen Herzogs Sigmund setzte der Aufstieg der wirtschaftlich solventen Residenzstadt München zu einem Mittelpunkt spätgotischen Kunstschaffens ein. Es entstanden in diesen letzten Jahren der Gotik jene Denkmale, die noch heute das historische Stadtbild prägen. Die Stadt an der Isar zog Künstler an, die den spätgotischen Stil rund um München zum Höhepunkt führten. Die Entwicklung wurde durch den Regierungswechsel zu Herzog Albrecht IV. nicht unterbrochen. Getragen von der wirtschaftlichen Bedeutung, die München inzwischen erlangt hatte, wurde sie noch verstärkt. Der herzogliche Hof war, wie Herzog Sigmund und seine Kirchen an der Würm zeigen, entscheidend daran beteiligt.

Mit Herzog Albrecht IV. hatte der für den Fortbestand des bayerischen Herzogtums wichtigste Wittelsbacher den Thron in München bestiegen. In seinem politischen Handeln war er ein Technokrat, der seine Ziele darin sah, dem Staat zu nützen. Handel und Wirtschaft kurbelte er an, indem er weitere Zollfreiheiten für die Münchner Geschäftsleute erwirkte und das Land durch bessere Verkehrswege erschloß. Die Kesselbergstraße zwischen Kochel- und Walchensee, die 1492 eröffnet wurde, verläuft noch heute auf der unter Herzog Albrecht IV. gewählten Trasse. Der Juristerei und den Wissenschaften war der Herzog mehr verbunden als den Turnierspielen. Diese Eigenschaften brachten ihm einerseits den Ehrentitel »der Weise« ein, andererseits aber auch die Kritik des Adels, ein »Stubenschreiber und Federfuchser« zu sein. Seinen politischen Höhepunkt erlebte Herzog Albrecht IV., der letzte Herzog des Spätmittelalters, durch die Wiedervereinigung des Herzogtums Bayern nach dem Ende des Landshuter Erbfolgekriegs im Jahre 1505. Sein 1506 erlassenes Primogeniturgesetz schuf die Voraussetzungen für den Bestand Altbayerns bis heute.

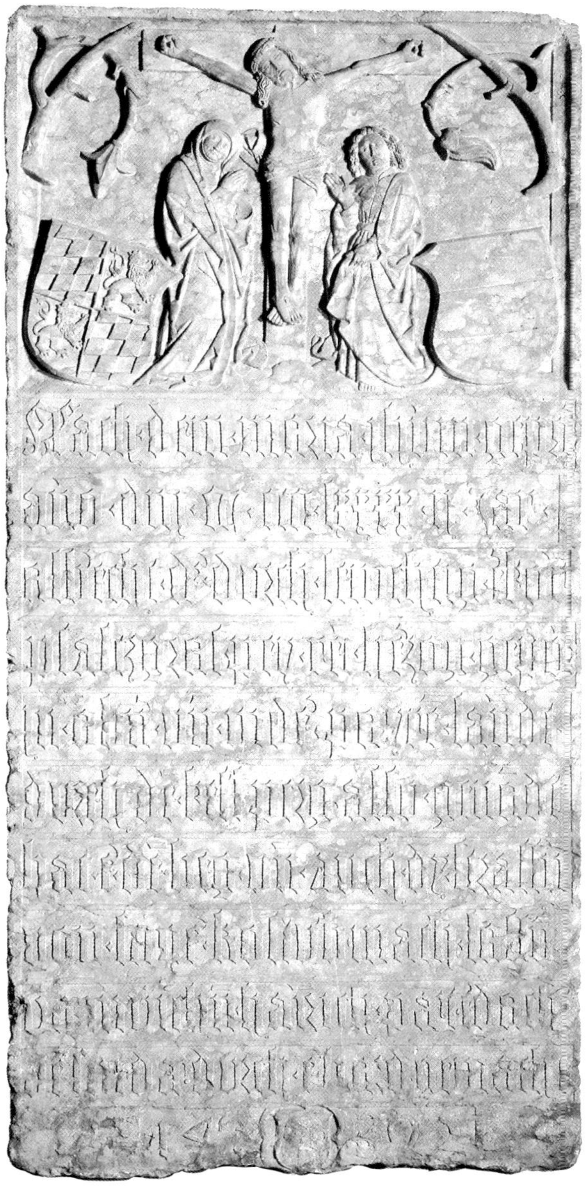

Gedenkstein von 1492 zur Eröffnung der unter Herzog Albrecht IV. angelegten Kesselbergstraße vom Kochel- zum Walchensee (Bayer. Nationalmuseum, München)

Die Gesellschaft im Spätmittelalter

Zu Beginn des 13. Jahrhunderts lebten die meisten Bewohner des Landes noch in der an der Grundherrschaft orientierten feudalen Ordnung. Wem das Land zu eigen war, der hatte die Befehlsgewalt, dem war man Untertan. Gegenüber dem Grundherren waren die Abgaben und die Frondienste zu leisten. Er bestimmte, wer die Höfe zu bewirtschaften hatte und ob der Sohn dem Vater nachfolgen durfte. Diese Ordnung und Abhängigkeit spiegelte sich auch in der Religion wider. Gott war oberster Lehensherr, der Mensch unterwarf sich ihm in einem streng geregelten Vertrauensverhältnis. Gott bestimmte den Platz, den der Mensch in dieser Hierarchie einzunehmen hatte. Diesen Platz zu verlassen, lag nicht in der Macht des einzelnen.Im Kampf gegen den Teufel und das Böse stand dem sündigen Menschen die Gottesmutter Maria als Schirmherrin des Himmelreichs und eine zunehmende Zahl von Heiligen bei.

Durch die Städtegründungen der Wittelsbacher Herzöge und der Fürstbischöfe trat im 13. Jahrhundert eine revolutionäre Veränderung im Feudalsystem ein. Die neuen Rechte, die den Städten verliehen wurden, lösten eine ungeheure Landflucht aus. »Stadtluft macht frei, binnen Jahr und Tag« wurde zum Leitmotiv jener Zeit. Lebten ein Höriger und seine Familie über ein Jahr in der Stadt und hatte das Bürgerrecht erworben, konnte er von seinem früheren Grundherren nicht mehr zurückgefordert werden; er war frei. Diese Freiheit wurde besonders vor Gericht deutlich. In den Städten gab es keine Standesgerichte und keine Gottesurteile wie die Feuer- oder Wasserprobe. Letztere wurden eingesetzt, wenn die Beweislage nicht eindeutig erschien. Jeder Bürger war vor dem Richter gleich. Doch auch in der städtischen Gesellschaft herrschte eine streng hierarchische Ordnung. Angeführt wurde sie von einer kleinen Oberschicht, den Geschlechtern oder Patriziern. Zu ihnen gehörten die Adeligen, die in die Stadt abgewandert waren, und die großen Handelsherren, die ihren Reichtum im Fernhandel gewonnen hatten. Bis ins 14. Jahrhundert stellten nur diese Familien die Ratsherren und Bürgermeister. Die mittlere Schicht, die in der Regel ebenfalls das an Haus- und Grundbesitz gebundene volle Bürgerrecht besaß, bildeten die in Zünften vereinigten Handwerksmeister, die Kaufleute und Krämer, die Advokaten, Apotheker sowie die höheren städtischen Beamten. Gegen Ende des 14. Jahrhunderts erkämpften sich in den bayerischen Städten besonders die wirtschaftlich bedeutenden Zünfte in meist blutigen Aufständen den Zugang zum Rat. Bürger der unteren Schicht waren die vielen Ge-

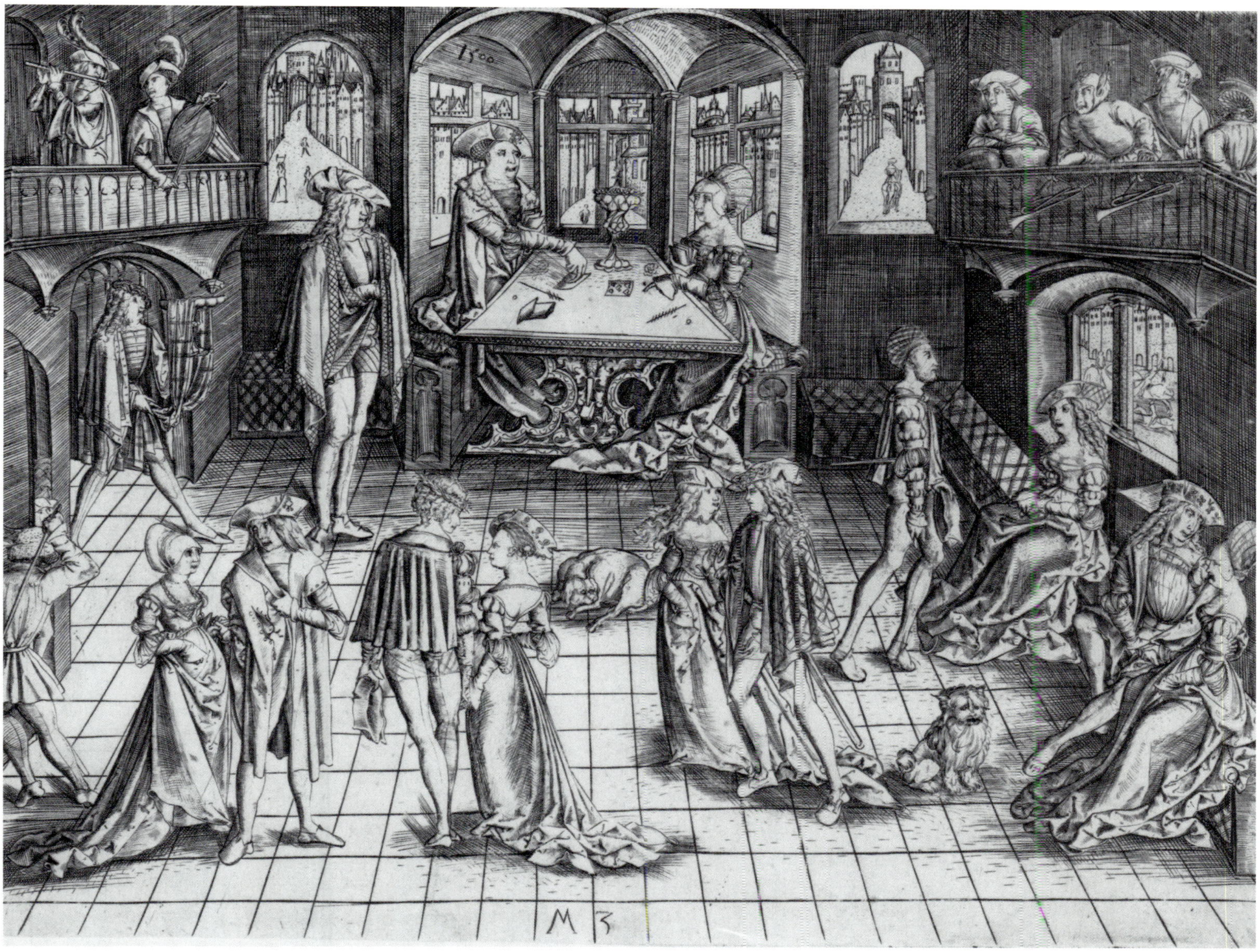

MÜNCHEN: Tanzfest in der Neuveste; am Tisch im Erker sitzen Herzog Albrecht IV. und seine Gemahlin Kunigunde. Kupferstich von Matthäus Zausinger, 1500 (Staatl. Graphische Sammlungen, München)

sellen, Knechte und Mägde, die Hausierer, Kleinkrämer oder Fragner, die Tagelöhner, aber auch die Kranken und Alten in den Spitälern oder Siechenhäusern, die Bettler und die Obdachlosen. Sie wurden auch als Kleinbürger bezeichnet, galten vor Gericht als frei und waren damit rechtsfähig.

Neben den Stadtbürgern gab es noch zwei Gruppen: die Geistlichkeit und die »unehrlichen Leut«. Die Pfarrer und die Klosterinsassen waren ein eigener Stand in der Stadt. Er genoß Immunität und unterlag nicht der städtischen Steuerpflicht. In den Statistiken, die man meist aus steuerlichen Gründen erstellt hat, wurden deshalb die Kirchenleute nicht mitgezählt. Die unehrlichen Leute bildete die Gruppe der Rechtlosen. Sie durften bei Gericht nicht einmal als Zeugen auftreten. Daß zu ihnen die Spielleute, Gaukler und Possenreißer, die Dirnen, der Scharfrichter, der Abdecker oder Schinder und die Totengräber zählten, ist allgemein bekannt. Es wurden aber auch Menschen mit durchaus ehrbaren Berufen wie der Nachtwächter, der Büttel oder Gerichtsdiener, der Bachfeger oder Grübler und nicht zuletzt der Bader dieser sozialen Unterschicht zugerechnet.

Oberstes Gebot für jeden war die strikte Einhaltung der Grenzen zwischen den Gesellschaftsschichten. Als Bürger mit dem Scharfrichter oder dem Abdecker an einem Tisch zu zechen, galt als eine den ehrbaren Ruf belastende, schwere Verfehlung. Die Gesellschaftsschicht durch Heirat zu wechseln, war nur in Ausnahmen möglich; beispielsweise konnte ein Handwerksgeselle, wenn es die Zunft erlaubte, eine verwitwete Meisterin ehelichen und die Werkstatt fortführen. Es war oft der einzige Weg, als Geselle zu Meisterehren zu kommen. So hat der Altgeselle Michael Wolgemut die Werkstatt des Gabriel Mälesskircher und die Stadt München verlassen, weil ihm der Meister seine Tochter nicht zur Frau gab. Wolgemut ging nach Nürnberg und heiratete dort die Witwe des Malers und Stechers Hans Pleydenwurff.

Nicht nur die Zünfte der Handwerker griffen mit ihren Regeln tief in das private Leben der Mitglieder ein, auch die Verwaltung der Städte verlangte von ihren Bürgern die Einhaltung von Verordnungen, die das Dasein bis ins Kleinste regelten. Das Zusammenleben vieler Menschen auf dem beengten, von Mauern, Türmen und Toren begrenzten Raum war nicht einfach. Dazu kam, daß in vielen Häusern noch Kühe, Schweine und Geflügel für die Versorgung der Familie gehalten wurden. In den Ratsbüchern zahlreicher Städte und Märkte findet man deshalb Satzungen, die bestimmten, zu welcher Tageszeit welche Tiere auf die Straßen getrieben werden durften. Bis gegen Ende des 15. Jahrhunderts waren die Straßen, Gassen und Plätze meist ungepflastert. Hatte es geregnet, schwamm in den lehmigen Gassen der Kot, denn der Abfall und der Mist wurden einfach vor das Haus geleert. Die Reinhaltung von Straßen und Gassen war aber nicht nur »durch der gest und der stat eren wegen« notwendig, wie es in einer Münchner Verordnung hieß, es war die wichtigste Maßnahme zur Vermeidung von Seuchen. Vor Sonn- und Feiertagen oder wenn hohe Gäste angesagt waren, mußten die Straßen und Plätze von den anwohnenden Bürgern gekehrt werden. Trotz der Aufsicht durch städtische Bußmeister hat man die Ratsbeschlüsse offenbar nur widerwillig befolgt: Im Jahre 1360 wurde deshalb die ganze Stadt auf Kosten des Rats gereinigt und 1397 stellte man einen Kleinbürger an, »daz er daz kott und mist aus der stat für«. Wie sehr dem Rat der Stadt München die hygienischen Verhältnisse angelegen waren, beweisen auch die acht öffentlichen Bedürfnisanstalten, sinnreich »prifets«, »sekrets« oder schlicht »heimliche Gemächer« genannt, die im späten Mittelalter im Stadtgebiet eingerichtet wurden. Die Leerung der zu den Häusern gehörenden Versitzgruben hatte die private Gesellschaft der »Goldgrübler« übernommen. Sie verrichteten ihre Arbeit nachts, um die Nasen der Bewohner zu schonen.

Eine zweite, für alle Bewohner einer Stadt wichtige Aufgabe, war der Feuerschutz. Es gab kaum eine Stadt, die während des späten Mittelalters nicht von verheerenden Brandkatastrophen heimgesucht worden ist. In der engen Bebauung mit Häusern, deren Obergeschosse aus Holz gezimmert waren und die zudem oft weit in die Gassen vorkragten, lagen die Hauptursachen, daß Feuerbrünste derart vernichtend wüten konnten. Aber auch hier halfen Verordnungen, in denen der Umgang mit dem Herdfeuer, den Essen in den Schmieden, das Zuleiten von Löschwasser aus den Brunnen, das Vorhalten von Ledereimern, Messingspritzen, Feuerhaken und Leitern sowie die Brandwachen in den Stadtvierteln geregelt wurden, nicht, die häufig aus Leichtsinn entstandenen Katastrophen zu verhindern.

Das Arbeitsleben in den Werkstätten spielte sich zwischen Sonnenauf- und -untergang ab. Im Sommer war der Arbeitstag etwa fünfzehn, im Winter noch rund zehn Stunden lang. Am Samstag beziehungsweise am Tag vor Feiertagen wurde die Arbeit mit dem Angelusläuten (Herzog Stephan III. der Kneißl hatte die Einführung in Bayern beim Papst erwirkt) am Nachmittag beendet. Der kirchliche Kalender kannte aber neben den Sonntagen noch etwa fünfzig Feiertage. In einigen Städten haben die großen Zünfte dazu noch den »blauen Montag« als arbeitsfreien Tag durchgesetzt. Die Bezeichnung ist von dem letzten Montag vor Beginn der Fastenzeit abgeleitet, ab dem die liturgische Farbe Blau in der Kirche vorgeschrieben war. Der Tag war bereits arbeitsfrei und wurde von den Handwerksgesellen zum feuchtfröhlichen Feiern genutzt, was letztlich zur übertragenen Bedeutung des Namens führte. Später wurde auch der erstrittene wöchentliche freie Arbeitstag so genannt. Die Fünf-Tage-Woche ist also keine Erfindung unserer Zeit.

Was machte man am Feierabend, wie gestaltete sich die Freizeit? Betrachtet man den Grundriß der Handwerkerhäuser, so war im Erdgeschoß der Laden und die Werkstatt untergebracht. Die Küche und der Raum, in dem sich alle zu den Mahlzeiten zusammenfanden, lagen im ersten Stock. Auf Erd- und Obergeschosse verteilt waren die Schlafkammern für den Meister und die Meisterin, die Kinder, das Hauptgesinde und die Lehrlinge. Die Gesellen schliefen meist in eigenen Gesellenherbergen. Eine Wohnstube gab es nur selten. Die freie Zeit wurde gewöhnlich außer Haus verbracht.

Die Sonn- und Feiertage gehörten dabei der Kirche. Der Besuch der Messe und das Hören der Predigt waren für jeden Pflicht. Am Ende eines Arbeitstags ging der Meister in seine Zunftstube, der Geselle ins Gasthaus oder in die Gesellenstube. Man trank Wein und ab dem 14. Jahrhundert auch Bier und vertrieb sich die Zeit mit Karten- oder Brettspielen. In der Faschingszeit freute man sich über die derben Schwänke und Possen, die fahrende Schauspieler zum besten gaben; in der Osterzeit lauschte man ergriffen den religiösen Mysterienspielen. Einen wichtigen Platz im Leben aller damaligen Stadtbewohner nahm das Badhaus ein, das man regelmäßig mit Freunden oder mit der ganzen Familie und dem Gesinde aufsuchte. Die Badhäuser waren die Kommunikationszentren, in denen man sich für Stunden mit Schwitzen und Baden, Essen und Trinken sowie ausgiebigem Plaudern und Scherzen die Zeit vertrieb. Zahllos sind die Holzschnitte, die diese Lustbarkeiten schildern. Das Badewesen war im späten Mittelalter hoch entwickelt. Jede Stadt und jeder Markt verfügte über seine Dampf- und Wannenbäder. Allein für München sind Ende des 14. Jahrhunderts zwanzig öffentliche Badhäuser bekannt. Es waren sehr einträgliche Unternehmen, die sich auch manche Klöster wie Tegernsee oder Schäftlarn nicht entgehen ließen. War ein Badhaus gut geführt, achtete eine Gewandhüterin auf die Kleider, und die Badegäste wurden von Personen ihres Geschlechts bedient. Sehr plastisch zeigt aber der folgende Bericht, daß nicht alle Zeitgenossen des 15. Jahrhunderts mit dem Badewesen und seinen Begleiterscheinungen einverstanden waren: »Wie oft sehe ich die Mägdlein von 10 bis 18 Jahren ganz nackend und nur mit einem kurzen leinenen, oft auch zerschlissenen Bademantel, nur vorn bedeckt und hinten um den Rücken, die Oberschenkel und die Füße nackt, und die eine Hand gebührlich auf den Hintern haltend, von ihrem Haus über die lange Gasse mitten am Tag zum Bad laufen! Und neben ihnen her eine Menge ganz unbekleidete 10- bis 16jährige Knaben; das ehrbare Gesindel begleitet einander ins Schand- und Wüsthaus hinein! Ja, wie oft läuft der Vater nur mit einer Badehose an, zusammen mit seinem unbekleideten Weib und nackten Kindern über die Gasse zum Badhaus hin! (...) Das Männerbad ist von dem für die Frauen zwar mit dünnen Holzwänden getrennt, aber die obere Wand ist wie ein Gitter gemacht, damit die Hitze hindurch kann und Holz zum Heizen gespart wird. Und außerdem ist die Tür immer offen, und die Bader und Knechte laufen hin und her; so können sie einander wohl sehen. Und so, wie mit einer Badehitze beide Räume geheizt werden, so werden auch beide Geschlechter mit einer Unzucht verstrickt. (...) In den Schwitzbädern wird außerdem so viel gefressen und getrunken, daß man gar nicht recht weiß, ob das Schwitzbad ein Bad oder aber ein Freß- oder Sauf- oder Unzucht- und Luderhaus ist. (...) Und die Badenarren, zu denen man die meisten rechnen kann, bleiben nicht bloß so lange, bis sie sich gründlich gereinigt haben, wozu eine halbe Stunde genügte, sondern zwei, drei, vier, fünf, sechs, sieben, acht Stunden und andre den ganzen Tag im Bad (...)«. Trotz der Klagen des leider unbekannten Verfassers, waren die sittlichen Zustände insgesamt aber von einer gesunden Natürlichkeit gekennzeichnet. Diese Einstellung galt auch gegenüber den Frauenhäusern. In einer Zeit, in der selbst Bischöfe und Päpste Abgaben aus solchen Einrichtungen bezogen, manche sogar als Lehen vergeben waren, gehörte der Betrieb kontrollierter öffentlicher Häuser durchaus zu den Aufgaben eines städtischen Gemeinwesens. Aus dem im Bayerischen Hauptstaatsarchiv aufbewahrten Privilegienbuch entnommen ist die im Jahre 1435 von den Herzögen Ernst, Wilhelm III. und Albrecht III. an die Stadt München gerichtete Verpflichtung »daz sy auch ain frawenhaus machen sollen den gemainen dochterlein, auch daz besetzen und zurichten, damit die gemainen dochterlein hie der

stat dester pas beleiben mögen. daraus aber der stat kain gult noch zins gevallen soll dann allein, was es ze pauen un ze pesseren kostet, sunder nur herinn anzesehen, daz dadurch vil übels an frawen un jungckfrawen understanden werde«. Der Rat der Stadt ließ 1436 »von merclicher notdurft wegen« und »zu fursehung vil schäden« am Anger ein Frauenhaus errichten. 1437 wurde es seiner Bestimmung übergeben. Im Erd- und im Obergeschoß hatte das Haus je eine große Stube und insgesamt Zimmer für zwölf Mädchen. Eine hohe Mauer umschloß den Garten. Die Leitung des Hauses wurde in München einem sogenannten Frauenmeister übertragen; in anderen Städten gehörte dieses Amt häufig zu den Nebentätigkeiten des Scharfrichters. In den Jahren 1437 bis 1460 mußte der Frauenmeister wöchentlich zwischen 40 und 60 Münchner Pfennige an die Stadt abführen. Ausgenommen war die Karwoche, in der er die Mädchen geschlossen zur Messe und zur Predigt zu führen hatte. Zu den Pflichten des Pächters gehörte es, die Mädchen zu verpflegen, für ihre Kleidung zu sorgen und sie vor Gewalt und Übervorteilung zu beschützen. Das tägliche Mahl mußte dem Wert von drei Pfennigen entsprechen und drei Nebengerichte einschließen. Die Dirnen bezahlten dem Frauenmeister dafür mit einem Teil des tariflich festgelegten Liebeslohns: von jedem Lagergenossen bei Tag und Nacht zwei Pfennige. Waren die »gemainen dochterlein«, was nicht selten vorkam, zu städtischen Festlichkeiten geladen, sorgte die Stadt zusätzlich für eine angemessene Bekleidung. Es entsprach den Regeln der Gastfreundschaft, hochgestellten Besuchern auch auf diese Weise zu dienen. Durch die Einrichtung von Frauenhäusern versuchten die Städte vor allem ein soziales Problem zu mildern: In jener Zeit durfte nur der heiraten, der eine Familie ernähren und unterbringen konnte. Es war eine Auflage, die von Knechten, Mägden und Handwerksgesellen kaum zu erfüllen war und zu einer großen Zahl unehelicher Kinder führte. Aus Not wurden die rechtlosen Geschöpfe meist vor das Findelhaus gelegt. Die Kinder waren dann zwar vorerst versorgt, ergänzten aber später die Schar der Bettler und Obdachlosen in der Stadt.
Ehemänner, Juden und Geistliche waren vom Besuch der Frauenhäuser ausgeschlossen. Das Verbot förderte wiederum die nicht erlaubte Straßenprostitution und die heimlichen »Lotterstuben«. In Gerichtsakten aus dem 15. Jahrhundert sind immer wieder Fälle von »Bübinnen« zu finden, die wegen verbotener Buhlerei bestraft wurden. »Item 32 Pfennige haben wir geben dem züchtiger von ainer frawen, der schönen Urselen von Wolfartzhausen, von des pfaffen wegen, den sie bezaybert soll haben, auszejagen«, vermerkt der Gerichtsschreiber über eine Urteilsvollstreckung im Jahre 1427. Der verzauberte Pfaffe kam auch nicht ungeschoren davon; er hatte zur Begleichung des Lottergeldes den Ornat und das Meßbuch bei einem Juden versetzt.

Auf die Sittlichkeit ihrer Genossen achteten auch die Zünfte. Bei strenger Strafe verbot die Münchner Zunft der Wagner und Schmiede ihren Meistern und Gesellen den Umgang mit einer »Hübscherin«, wenn sie beim Wein beisammen saßen. Die Zunft der Messerschmiede dagegen bestrafte einen Gesellen nur, wenn er täglich ins Frauenhaus ging.

Mit ihrem Frauenhaus müssen die Münchner über lange Jahre zufrieden gewesen sein. Erst 1498 wird über einen Aufstand von Handwerksgesellen berichtet, die vorgaben, von den Dirnen im Frauenhaus mit der Lustseuche, der Syphilis, angesteckt worden zu sein. Der Rat der Stadt mußte damals 35 Gewappnete aufstellen, die 46 Tage und Nächte das Haus bewachten und die Frauen vor Übergriffen schützten. Das Auftreten der Franzosenkrankheit, wie sie im Volksmund auch genannt wurde, bedeutete das Ende dieser städtischen Einrichtung. Im Jahre 1507 wurde das Frauenhaus verkauft.

Das Ausbrechen von Seuchen wie Pest, Cholera oder Pocken erschreckte die Menschen zutiefst. Im Frühjahr 1349 brach erstmals die Lungenpest in der Residenzstadt aus. Wie zuvor die Städte Landshut, Mühldorf, Braunau, Regensburg und Passau wurde auch München entvölkert. Das »grozz sterben«, das »prechen«, die »seuch« oder die »pestilenz«, wie die Leute die Krankheit nannten, soll nach einer Klosterchronik jeden zehnten Einwohner von München hinweggerafft haben. Der ersten Epidemie folgten bis

1495 noch elf weitere. Das Leben in der Stadt lag jedesmal darnieder. In den Jahren 1473 und 1495 konnten keine Ratssitzungen und keine Jahrmärkte abgehalten werden; 1439, 1463 und 1483 wurden keine Steuern erhoben. Die Kassen waren leer und selbst unterste Bedienstete konnten nicht bezahlt werden. Auf einem Auszahlungsbeleg für das Jahr 1483 vermerkt der Münchner Stadtschreiber, Magister Hans: »... und das jar hat man dem mangmeister als spät ausgezellt von des prechens und sterbens wegen, der die zeyt laider im lan ze bairn un in allen landen gewesen ist, des der statschreiber laider wol inne worden ist an seine liben hausfraw un seiner dochter junckfraw Dorothe. god genad un allen durch sein gotlich Gnad.« Es gab keine wirksamen Mittel gegen diese todbringende Krankheit. Wer konnte, floh aus der Stadt; andere glaubten die Pest abschütteln zu können, wenn sie sich auf einer Bärenhaut in die Luft schleudern ließen.

Nach der spätmittelalterlichen Glaubensauffassung der Menschen waren die hereinbrechenden Seuchen ein Gottesgericht, das sie für ihren manchmal wenig gottgefälligen Lebenswandel bestrafte. Die Menschen bekehrten sich und taten Buße. In langen Reihen zogen die zerlumpten Gestalten der Geißler durch die Städte. Sie sahen das Jüngste Gericht nahen, wie es der Evangelist Johannes prophezeit hatte. Als Ankündigung der kommenden Endzeit wertete man das verheerende Erdbeben, das am 25. Januar 1348 von Kärnten bis nach Bayern den gesamten Alpenraum erschütterte. Wer konnte, stiftete für das Heil seiner Seele; Bettler erhielten Almosen, damit sie für den Spender beteten; Geistliche wurden bezahlt, damit sie Messen lasen. Blieb man von Krankheit und Leid verschont, gelobte man zum Dank eine Wallfahrt zu einer der gegen Ende des 15. Jahrhunderts zahlreich aufkommenden Marienwallfahrtsstätten.

Für den gläubigen Menschen des späten Mittelalters war das Erdenleben nur die Vorstufe für das Leben in der Ewigkeit. Im Gegensatz zu der demütigen Auffassung der Romanik konnte er nun selbst etwas tun, um sich einen angemessenen Platz im Jenseits zu erwerben. Das ganze diesseitige Handeln mußte darauf ausgerichtet sein, den in der Offenbarung verheißenen Plan Gottes erfüllen zu helfen. Jeder hatte im Rahmen seiner Möglichkeiten dazu beizutragen, das »Himmlische Jerusalem« bereits im Diesseits zu errichten. Das Urteil, ob die frommen Taten ausreichend waren, ob der einzelne zu den Seligen gehörte oder der ewigen Verdammnis anheimfiel, blieb dem Jüngsten Gericht vorbehalten. Es war eine Glaubensauffassung, die sich im Stil der Gotik Ausdruck verschaffte.

Verkündet wurde diese Frömmigkeit von den Predigern des Dominikanerordens und vom Bettelorden der minderen Brüder, den Minoriten oder, nach ihrem Gründer Franz von Assisi, Franziskaner genannt. Bereits kurz nach Gründung der beiden Orden (Dominikaner 1216, Franziskaner 1220) haben sich die ersten Mönche in Augsburg (1225) und Regensburg (um 1230) niedergelassen. Von hier aus folgten Klostergründungen in München (1257), Ingolstadt (1257), Eichstätt (1270) und Landshut (1271). Die Entstehung der beiden Ordensgemeinschaften hing neben der Vertiefung der Religiosität besonders mit der Kritik an kirchlichen und sozialen Mißständen im 13. Jahrhundert zusammen. Die Brüder erhoben Einfachheit, Sittenstrenge, Armut und Pflichteifer zu den obersten Geboten ihres mönchischen Lebens. Die Schwerpunkte ihrer Tätigkeit sahen sie in der Predigt und dem Abnehmen der Beichte, in der Pflege der Armen und Kranken und im Sammeln von Almosen, ihrer einzigen erlaubten Einnahmequelle.

Die Dominikaner als Vertreter der Scholastik sahen vor allem im höheren Bürgertum die Zielgruppe ihrer Glaubensarbeit. Der berühmteste Vertreter des Ordens in Bayern war Albert von Bollstädt aus Lauingen, besser bekannt als Albertus Magnus (1193-1280). Bis zu seinem Tode lehrte und predigte er in Regensburg. Dort bekleidete er auch von 1260 bis 1262 das Bischofsamt. Mit der Scholastik vertrat der Orden ein universales christliches Gedankengebäude, unter dessen Dach Glaube und rationales Wissen harmonisch vereinigt waren. Die Lehre der Kirche und selbst der Glaube an das Böse waren durch die Vernunft erklärbar und erfuhren ihre wissenschaftliche Begründung.

Elementar auf das Volk ausgerichtet war das Wirken der Franziskaner. Derb und deftig lesen sich heute die Predigten des wortgewaltigen Berthold von Regensburg (1210-1274), in denen er den herbeiströmenden Gläubigen ihr sündhaftes Leben vorhielt und sie zu einem gottgefälligen, auf das Jenseits gerichteten Handeln aufforderte. Die Franziskanerbrüder waren Geistliche für kleine Leute. Sie redeten wie der Mensch auf der Straße, kein Gassenjargon war ihnen fremd. Sie übersetzten die Anliegen Gottes in die Sprache der Handwerker, Bauern und Tagelöhner. Wie moderne Sozialarbeiter nahmen sie sich der Nöte der Armen und Kranken an, führten ihnen aber auch die Fehler in ihrem eigenen Verhalten, ihrer Faulheit und Dummheit drastisch vor Augen.

Die Bettelorden siedelten am Rande der Städte. In den Mauerring einbezogen wurden die Klöster meist erst im 15. Jahrhundert. Die Klosterkirchen waren an ein Baukonzept gebunden, das im 13. und 14. Jahrhundert an dem aus der Romanik gewohnten Grundriß der Basilika ohne Querhaus festhielt. Die Formen und Proportionen der Gotteshäuser mußten schlicht und streng sein. Geräumige Laienräume sollten möglichst vielen Gläubigen Gelegenheit geben, die Predigten zu hören. Die Dominikaner deckten ihre dreischiffigen Klosterkirchen mit klar geschnittenen Kreuzrippengewölben. Ihrer Geisteshaltung kamen das Himmelstrebende und alles in sich Vereinende der frühen und hohen Gotik ebenso entgegen wie die konstruktiven Elemente des Bauwerks: die Kombination von Pfeilern, Strebewerken, Spitzbogen, Kreuzrippengewölben und Maßwerk. Das eindrucksvollste Beispiel und Vorbild für zahlreiche Nachbauten in ganz Bayern ist die um 1300 vollendete frühgotische Kirche St. Blasius in Regensburg. Beim Franziskanerorden durften nur die Altarräume ein Gewölbe tragen; die Langhäuser ihrer Kirchen erhielten Flachdecken oder blieben zum Dachstuhl hin offen. Für beide Orden waren Kirchtürme und Wandfresken verboten, nur das Fenster hinter dem Hochaltar durfte mit Malereien von Johannes, Maria und dem gekreuzigten Christus verglast werden. Ab dem 15. Jahrhundert lockerten sich die strengen Auflagen zur Ausstattung. Die profanierte Minoritenkirche in Regensburg bietet mit ihren freskierten Langhauswänden dafür sehenswerte Beispiele.

Der Glaube, aber auch die gesellschaftlichen Verhältnisse, nach denen eine Frau von Stand nur heiraten oder den Schleier der Nonne nehmen konnte, führte ab der Wende zum 13. Jahrhundert zur Gründung zahlreicher Frauenklöster. Durch ihre oft abgeschiedene Lage wurden besonders die Klöster der Zisterzienserinnen und Dominikanerinnen zum Hort der im 12. Jahrhundert aufgekommenen Mystik mit ihrer zutiefst verinnerlichten Form der Liebe zu Christus und der Gottesmutter Maria. Der Meditation und der mystischen Versenkung in das Leiden Jesu dienten jene vom Schmerz geprägten Vesperbilder, die das 14. Jahrhundert hervorgebracht hat und dessen ergreifendstes Beispiel in der Kirche von Salmdorf bei München steht. Von der Mystik beeinflußt und aus tiefer Volksfrömmigkeit heraus entstanden in den Städten ab dem späten 13. Jahrhundert die ordensähnlichen Gemeinschaften von gleichgesinnten Frauen und Männern: die Beginen und Begarden. Sie übernahmen, wie beispielsweise in München, die Betreuung von Siechen und Kranken in den von Patriziern gestifteten Spitälern. Daneben richteten sie in ihren Häusern häufig erste Schulen ein, in denen sie Kinder von Bürgern und Handwerkern das Lesen, Schreiben und Rechnen lehrten.

Das von den Ordensbrüdern gepredigte Glaubensideal erfaßte alle Schichten der Bevölkerung. Die Furcht vor dem Jüngsten Gericht und vor der ewigen Verdammnis, wie sie sehr plastisch auf Rückwänden der spätgotischen Flügelaltäre oder in Wandfresken dargestellt wurde, führte in den drei Jahrhunderten der Gotik in Oberbayern zu der beinahe grenzenlosen Opferbereitschaft der Menschen zur Errichtung und Ausstattung immer neuer Kirchen, zur Stiftung von ewigen Messen, von Klöstern und Spitälern. Die Grabmale und Epitaphien von Wohltätern in den Kirchen und Kreuzgängen der Klöster, die Wappenschlußsteine in den Gewölbescheiteln der Gotteshäuser von Städten, Märkten und Dörfern, die Hinweise auf die Stifter an den Altären, in den Wandfresken, Tafelbildern und Glasmalereien

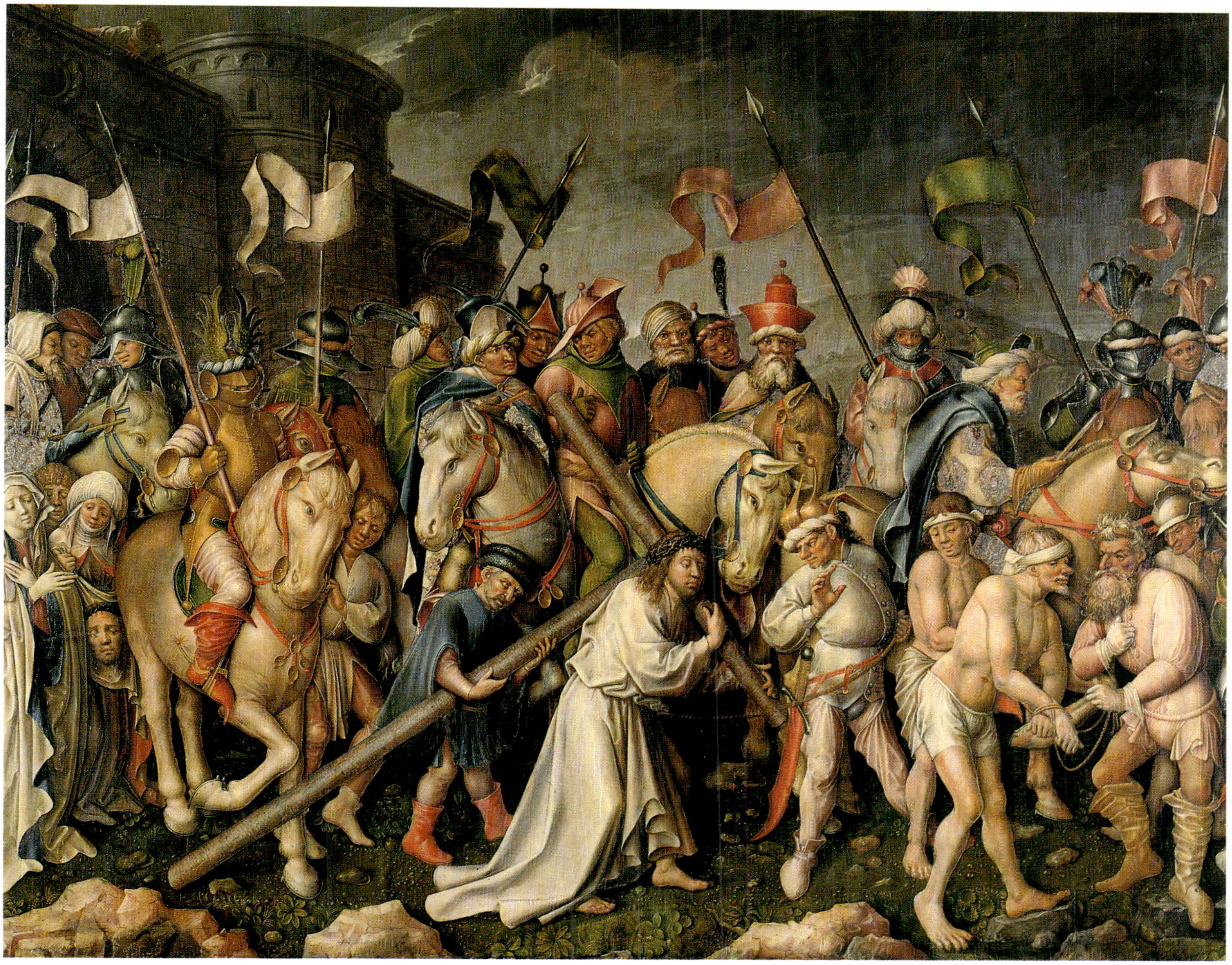

Kreuztragung. Tafelbild eines Flügelaltars aus dem Kloster Tegernsee um 1445/46. Die volkreiche Szene – der Hintergrund ist barock übergangen – verdankt ihre starke Anschaulichkeit dem in der Mitte des 15. Jahrhunderts aufkommenden neuen Wirklichkeitssinn, der auch vor der Darstellung des Häßlichen nicht zurückschreckte. (Bayer. Nationalmuseum, München)

belegen eindrucksvoll, wie stark die gotische Frömmigkeit in den Menschen verwurzelt war.

Die Aussicht und Hoffnung, durch eigene, gegenüber der Kirche erbrachte Leistungen einen Platz unter den Seligen im Jenseits zu erlangen, führte bald auch zu extremen Formen: Durch einen vom Papst oder von einem Bischof gewährten Ablaß konnte man sich von zeitlichen Strafen für begangene Sünden loskaufen. Diese anfänglich nur mit dem Empfang des Bußsakraments verbundene Vergebung entwickelte sich im Verlauf des 15. Jahrhunderts mehr und mehr zum Handelsobjekt. Es erlebte in den sogenannten Butterbriefen seinen Höhepunkt, denn hier wurde der Nachlaß der Sünden noch um die Befreiung von Fastengeboten erweitert. Der Handel mit dem Ablaß wurde zu einer Geldquelle für den Kirchenbau, ersetzte die Almosen der Bettelorden und verhalf den Bischöfen und dem Papst zu ständig fließenden Einnahmen. Die Abkehr von den reinen, religiösen Idealen führte zwangsläufig zu einer Veränderung der moralischen Einstellung in der Gesellschaft. Der Dualismus der Gotik: die innere Ausrichtung des Menschen auf das Jenseits und die diesseitige Lust an Glanz und Reichtum, trat nun voll in Erscheinung. Die in der zweiten Hälfte des 15. Jahrhunderts vollendeten großen Hallenkirchen dienten nicht mehr nur der Verherrlichung Gottes; mit ihren die Dachlandschaften der Städte überragenden Dimensionen und ihren prachtvollen Altären,

Figuren, Fresken und Glasmalereien waren sie zu Zeugnissen für das Selbstbewußtsein der Bürger sowie die Bedeutung und den Wohlstand der Gemeinwesen geworden.

Gotik in Oberbayern

Die Kunst ist immer ein Ausdruck ihrer Zeit. Sie braucht zu ihrer Entwicklung gleichermaßen die geistige Grundlage und den Auftraggeber, der dem Künstler zur Verwirklichung der Werke verhilft. Legt man der Gotik in Oberbayern die in der Kunstgeschichte übliche zeitliche Differenzierung zugrunde, so dauerte die Phase der frühen Gotik etwa von 1250 bis 1320. Der Zeitraum bis um 1400 zeigte die Stilformen der hohen Gotik. Mit dem Übergang zu einem gewissen Realismus in der bildenden Kunst setzte die Spätgotik ein, die bis um 1525 festzustellen ist.
Statistisch betrachtet sind die Zeugnisse der frühen und hohen Gotik im heutigen Oberbayern selten. Die neuen Formen in der Architektur und der bildenden Kunst blieben weitgehend auf die geistlichen Zentren beschränkt: die Bischofsstädte und die Klöster der Prediger- und Bettelorden. Im Jahre 1256 begann unter Bischof Heinrich IV. von Württemberg (1246-1259) der Bau des frühgotischen Westchors am Eichstätter Dom. Ab 1314 ließ der Freisinger Bischof Gottfried von Greiffenberg (1311-1314) das nördliche Schiff der Vorhalle zwischen den romanischen Domtürmen im Stil der frühen Gotik neu gestalten. Unter seinem Nachfolger, Bischof Konrad III. Sendlinger (1314-1322), entstand ab 1319 die Kirche St. Johannis auf dem Freisinger Domberg. In ihrer klaren architektonischen Schönheit kann das Gotteshaus am wenigsten das Vorbild, die um 1300 vollendete Dominikanerkirche St. Blasius in Regensburg, leugnen. Sie ist ein Hinweis auf die wichtigen Impulse, die im 13. Jahrhundert von der alten Herzogs- und Bischofsstadt Regensburg ausgegangen sind. Im Osten Oberbayerns wurde zwischen 1283 und 1303 der Chor der Augustiner-Chorherren-Stiftskirche von Berchtesgaden gebaut. Das durch Salzburger Bauten inspirierte Werk läßt durch seine strengen Formen und das genau gefugte Mauerwerk die Stilauffassung des Zisterzienserordens spürbar werden. Neben den gotischen Dombauten und den Baukonzeptionen der Bettelorden waren die Bauvorschriften der Zisterzienser eine dritte Quelle, aus der die Gotik in Oberbayern gespeist wurde. Im freien Land sind aus der frühen Zeit kaum Zeugnisse frühgotischer Architektur verblieben. Der Turmchor der Kirche von Högling, die Kirchtürme von Nußdorf bei Rosenheim und von Mühldorf am Inn oder die kleinen Kirchen bei Neumarkt-St. Veit sind Beispiele, an denen die Frühgotik erkennbar geblieben ist.

In welchem Umfang die Werke der frühgotischen Bildhauer und Maler in Oberbayern Verbreitung gefunden haben, läßt sich nur schwer beurteilen. Bezeichnend für das 13. und frühe 14. Jahrhundert ist jedoch, daß alle Künstler noch stark von den französischen und oberrheinischen Stilformen beeinflußt waren. Besonders deutlich zeigen dies die 1297 von dem Kanoniker Siboto gestiftete Figur der Gottesmutter mit Kind im Westchor des Eichstätter Doms und die Sandsteinskulptur der sogenannten »Feldkirchner Madonna« in Mailling bei Ingolstadt. Ebenso ist die an der Wende zum 14. Jahrhundert geschaffene Gnadenmadonna von Altötting wohl einem rheinischen Künstler zuzuschreiben. Bereits in der zweiten Hälfte des 13. Jahrhunderts wurde das Astkreuz mit dem gekreuzigten Heiland in der Dominikanerinnen-Klosterkirche von Altenhohenau geschnitzt. Die große Leistungsfähigkeit der Handwerker zeigt das Chorgestühl aus der Zeit um 1310 in der romanischen Kirche des ehemaligen Kollegiatsstifts Ilmmünster. Ein frühes Beispiel für gotische Wandmalerei ist der Freskenzyklus mit der Gottesmutter und den zwölf Aposteln, den ein unbekannter Künstler um 1320 an die Wände des Chorraums der Pfarrkirche von Dollnstein im Altmühltal gemalt hat.

Auch die hohe Gotik hat ihre Werke überwiegend in den aufstrebenden Städten und in den wirtschaftlich starken Klöstern hinterlassen. Noch herrscht die mehrschiffige Basilika vor. Viele der in diesem Schema erbauten Stadtkirchen, wie die von 1327 bis 1386 erneuerte Pfarrkirche St. Peter in München oder die aus der ersten Hälfte des 14. Jahrhunderts stammende Kirche St. Moritz in Ingolstadt, wurden jedoch in späterer Zeit so tiefgreifend verändert, daß ihre Entstehungszeit sich lediglich ahnen läßt. Stiltypische Beispiele blieben noch am nördlichen und östlichen Rand des heutigen Regierungsbezirks Oberbayern bestehen. Unter Bischof Berthold von Hohenzollern (1355-1365) begann die gotische Erneuerung des Eichstätter Doms. Bis 1420 – der rasche Baufortschritt läßt sich an der Inschrift am Nordportal ablesen – entstanden unter Bischof Bertholds Nachfolgern, Rabanus Schenk von Wildburgstetten (1365-1383) und Friedrich V. Graf von Oettingen (1383-1415), der einschiffige Chor sowie die drei Schiffe des Langhauses, die Kapellenreihen und das Querhaus. Im frühen 14. Jahrhundert wurde das zweischiffige Dormitorium des Chorherrenstifts Berchtesgaden erbaut. Mit seinen schlanken achteckigen Pfeilern und dem fein geschnittenen Kreuzrippengewölbe ist es der einzige rein gotisch erhaltene Raum dieser Art in Oberbayern. Die erste Hälfte des 14. Jahrhunderts brachte in der Kirche St. Mariae Himmelfahrt in Laufen die zisterziensische Form der Hallenkirche in unser Gebiet. Sie ist für den südbayerischen Raum der Urtyp jener Gotteshäuser, die, erweitert um einen Chorumgang, den Höhepunkt spätgotischer Architektur in Bayern bildeten. Auch die Hochgotik hat das freie Land noch gemieden. Eines der wenigen, in Teilen erhaltenen Beispiele ist die Wallfahrtskirche St. Wolfgang bei Trostberg.

Nahezu vollständig verlorengegangen sind die profanen Bauwerke aus der frühen und hohen Gotik. Von vielen stolzen Burgen künden nur noch Ruinen, andere wurden den Erfordernissen der späteren Jahrhunderte angepaßt. Brandkatastrophen haben die Wohn- und Geschäftshäuser in den Städten und Märkten zerstört. Die Mauern, Türme und Tore sind bis auf kleine Reste der Erweiterung der Siedlungsräume zum Opfer gefallen. Die Teile der vom niederbayerischen Herzog Heinrich XIII. im 13. Jahrhundert errichteten Hauptburg in Burghausen, der Schmalzturm in Landsberg am Lech aus dem frühen 14. Jahrhundert oder das an der Wende zur Spätgotik erbaute Kreuztor in Ingolstadt können nur einen kleinen Einblick in die architektonische Gestaltung von Wohn- und Wehrbauten jener Zeit gewähren.

Die bildende Kunst war im 14. Jahrhundert noch ganz dem gotischen Ideal verbunden, Teil eines Gesamtwerks zu sein. Die Marienstatuen in den kleinen Dorfkirchen des Bistums Eichstätt, die Sandsteinmadonna in der ehemaligen Klosterkirche Fürstenfeld oder die in der ersten Hälfte des 14. Jahrhunderts geschaffene Figur des Schmerzensmanns im Münchner Liebfrauendom können ihre volle Ausdruckskraft nur zusammen mit der klar geschnittenen Architektur eines hochgotischen Kirchenraums entfalten. Dies gilt gleichermaßen für die mit farbenprächtigen Medaillons verglasten Fenster, wie der Rotgrünen Passion im Liebfrauendom zu München oder dem Hornpeckfenster in der Benediktuskirche auf dem Freisinger Domberg.

Nur lückenhaft sind die Kenntnisse über die Malerei des 14. Jahrhunderts. Die Freskenfragmente in der Alten Kirche St. Martin in Garmisch, der Zyklus der Heiligen und das Jüngste Gericht in der Taufkapelle der Kirche St. Vitus in Kottingwörth und die ausgangs der hohen Gotik gemalte »biblia pauperum« in Urschalling geben dennoch Aufschluß über den Grad der Entwicklung in der Malerei. Erstmals wurde die Perspektive zur Bildgestaltung eingesetzt; der Bildinhalt löste sich von der Darstellung eines einzigen Ereignisses, er begann eine Geschichte zu erzählen. Ein Vergleich der Fresken veranschaulicht auch die vielfältigen Stilauffassungen, die damals in Oberbayern vertreten waren. Oberrheinische und schwäbische Einflüsse sind ebenso vorhanden wie solche aus Böhmen und aus Italien. Der Künstler des 14. Jahrhunderts hatte noch keine feste Werkstatt; er wanderte von Auftrag zu Auftrag und nahm überall Anregungen auf.

Mit dem Eintritt in das 15. Jahrhundert begann die Gotik in Bayern eigenständige Formen zu entwickeln und gleichsam das Land zu erobern. Die einheimischen Handwerker überwanden ihre gestalterischen Grenzen; zugewanderte Baumeister, Maler und Bildhauer ergänzten und bereicherten die bodenständige Formensprache. Eine weitere wesentliche Ursache für die Formenvielfalt der Spätgotik im südbayerischen Raum lag in der kleinteiligen territorialen Gliederung. Die Ansprüche der Landesherren, des Adels, der Geistlichkeit und der Bürger ließen jede der neuen Residenzstädte zu einem spätgotischen Bau- und Kunstzentrum werden. In den Städten wuchsen die monumentalen Hallenkirchen empor. Die Herzöge bauten ihre schloßartigen Burgen, die Bürger ihre repräsentativen Rat- und Tanzhäuser. Baumeister und Gehilfen, die an diesen Baustellen gelernt hatten, zogen aus, um die vielen spätgotischen Kirchen in den Märkten und Hofmarken zu errichten. Maler und Bildhauer aus München, Landshut, Salzburg, aber auch aus Ulm und Augsburg wie Erasmus Grasser, Jan Polack, Hans Leinberger und viele andere haben die Innenräume der Gotteshäuser mit Altären, Schnitzwerken, Tafelbildern, Fresken und Glasmalereien gestaltet. Die wohlhabenden Bürger ließen die Fassaden ihrer Häuser mit bunten Malereien schmücken.

Im 15. Jahrhundert veränderte sich die Einstellung zur Kunst der Gotik. Der bildende Künstler löste sich allmählich aus der Unterordnung unter den Baumeister. Er wollte mit seinen Werken nicht mehr nur einen Teil einer Gesamtheit schaffen; er wollte seine eigene Auffassung verwirklichen. Die Maler, Bildhauer, Holzschnitzer begannen aus ihrer Anonymität hervorzutreten. Die Bildwerke und Plastiken des 15. Jahrhunderts wurden realistisch. Bereits in der bis um 1430 dauernden Phase des »Weichen Stils« war dieser Wechsel zu spüren. In ihrer adeligen Anmut verkörperten die »Schönen Madonnen« zwar noch das Idealbild der Himmelskönigin, ihre Gesichter scheinen jedoch Frauen nachgebildet worden zu sein, denen man jederzeit hätte begegnen können. Auf den Tafelbildern und den Wandmalereien wurden ab der Mitte des 15. Jahrhunderts die Szenen aus den Legenden der Heiligen in eine bestehende Landschaft übertragen und die Personen in Haltung, Ausdruck und Kleidung der Zeit entsprechend dargestellt. Die Reliefs der Verstorbenen auf den Grabmälern oder den Epitaphien bekamen porträthafte Genauigkeit. Die bildende Kunst übernahm an der Wende zum 16. Jahrhundert das Gedankengut des Humanismus. Die Abbildung des diesseitigen Menschen stand nun gleichberechtigt neben der allegorischen Darstellung geistlicher Themen.

Das späte Mittelalter und die Kunst der Gotik haben Oberbayern geprägt. Die Zahl der Städte und Märkte hat sich seit jenen drei Jahrhunderten nur wenig verändert. Rund drei Viertel der vorhandenen Gotteshäuser wurden in gotischer Zeit erbaut; die meisten davon in den letzten sechs Jahrzehnten der gotischen Epoche von 1450 bis 1510. Die damaligen Bewohner der Region haben diese außerordentlichen Leistungen erbracht, obwohl gerade Oberbayern im 15. Jahrhundert von Seuchen und Kriegen erschüttert wurde. Diese Leistungen und ihre verbliebenen Zeugnisse zu erschließen, sie im Kontext mit der Zeit in der sie geschaffen wurden, verstehen zu helfen, ist die Absicht dieses Buches.

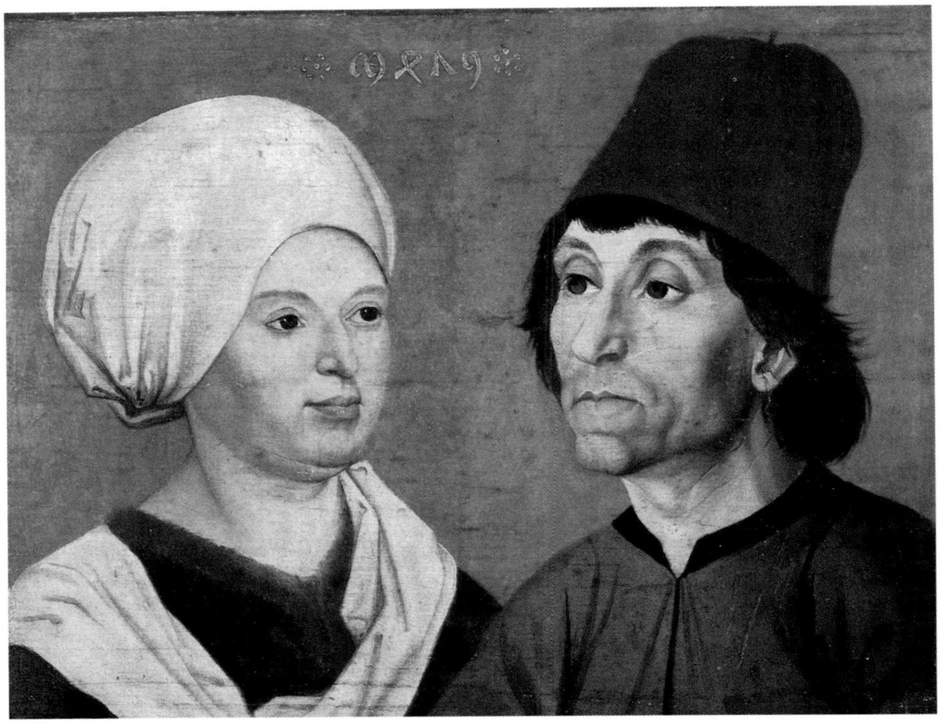

Bürgerliches Ehepaar. Das 1479 von dem Ulmer Hans Schüchlin gemalte Tafelbild ist ein wichtiges Zeugnis für die in den letzten Jahrzehnten der späten Gotik stark aufkommende Portraitkunst. (Bayer. Nationalmuseum, München)

München

Die Stadt, die Bürger, die Landesherren

Ab 1240 waren die Wittelsbacher im Besitz der Stadt: Nach der Landesteilung von 1255 machte sie Herzog Ludwig II. der Strenge zur Residenzstadt des Teilherzogtums Oberbayern. Der wohl 1258 vollendete Alte Hof an der Nordostecke der »Welfenstadt« Heinrichs des Löwen war sein erster Wohnsitz. Das Gemeinwesen blühte auf, und bereits 1271 war die befestigte Stadt über den welfischen Bering hinausgewachsen. Unter Ludwig dem Strengen begann der Bau eines neuen Mauergürtels. Ein geschlossener Mauerring war im 13. Jahrhundert noch selten und für eine Stadt ein teures Unternehmen. Herzog Rudolf I., Sohn und Nachfolger Ludwigs II., überließ deshalb der Stadt ab 1301 das Ungeld, d. h. seinen Anteil an den Zolleinnahmen am »Unteren« und am »Oberen Tor«. 1315 war der erweiterte Bering fertig. Ein stolzes Bauwerk, das um 1494, zur Zeit seiner größten Wehrhaftigkeit, sieben Tore oder Einlässe, 118 Türme und einen doppelten Mauerring aufwies. München war von den 17 Hektar der »leonischen« Stadt Heinrichs des Löwen auf rund 90 Hektar unter den ersten Wittelsbachern gewachsen; eine Siedlungsfläche, die bis ins 18. Jahrhundert die eigentliche Stadt umfaßte.

Trotz der verheerenden Zerstörungen des Zweiten Weltkriegs, trotz modernen Großstadtgetriebes – gotisches München ist noch zu erleben. Es blüht verborgen in der Liebe der Bürger zu den alten Kirchen und den verbliebenen Bauwerken. Es ist sichtbar im Bild der Altstadt, die durch den Fleiß der Bürger, die Wirtschaftskraft der Stadt und das Mäzenatentum des Herrscherhauses entstanden ist. Der Geist jener Zeit lebt weiter in den wie Perlen rund um die Stadt aufgereihten gotischen Kirchen in den Hofmarken, Klostergütern und Wallfahrtsorten.

Auf den breiten Straßenschneisen des Altstadtrings oder den noch heute unbebauten Flächen der ehemaligen Gräben vor der Stadtmauer (wie zwischen Sendlinger Tor und Karlstor) läßt sich die gotische Stadt noch umrunden. Die mächtige Domkirche Zu Unserer Lieben Frau und das Alte Rathaus bilden noch heute den geistlichen und bürgerlichen Mittelpunkt des Gemeinwesens. Erhalten sind auch die Salvatorkirche, die Heilig-Kreuz-Kirche und die winkligen Straßenzüge im Hakkenviertel mit dem ältesten Gasthaus der Stadt, der seit 1440 bezeugten Hundskugl: Dem Heilig-Geist-Spital gehörte dieses Haus, ein Badhaus, das »Huntzfutbad« oder »Huntzguglbad« genannt wurde. In die Chronik ist es 1419 eingegangen, als der Henker eine Frau mit dem Schandstein aus der Stadt treiben mußte, weil sie ein »Pfaid«, ein Hemd, »in der Huntzfut« gestohlen hatte.

Nicht weit davon steht der trutzige Bau des ehemaligen städtischen Zeughauses, das heutige Stadtmuseum. Seine große Pfeilerhalle im Erdgeschoß zeugt von der Bedeutung der Stadt in der zweiten Hälfte des 15. Jahrhunderts. Und da ist der Alte Hof. Sein Südflügel mit Erker und Turm, der Burgstock aus den Jahren um 1460 und der westlich anschließende Zwingerstock, im Kern aus dem 14. Jahrhundert, zeigen heute ihre alte Gestalt mit den restaurierten und ergänzten Fassadenmalereien des 15. und 16. Jahrhunderts. Bewacht wird die Altstadt noch immer von drei, allerdings veränderten Stadttoren aus der Spätgotik – dem Isartor, dem Sendlinger Tor und dem Karlstor. Die Zeit und der zunehmende Verkehr haben viele Veränderungen erzwungen. Jedoch an dem 1330 als östlichem Zugang errichteten Isartor mit den beiden Achtecktürmen an den Ecken des Wehrhofes und dem hohen Hauptturm ist die Wehrhaftigkeit der spätmittelalterlichen Stadtbefestigung noch abzulesen.

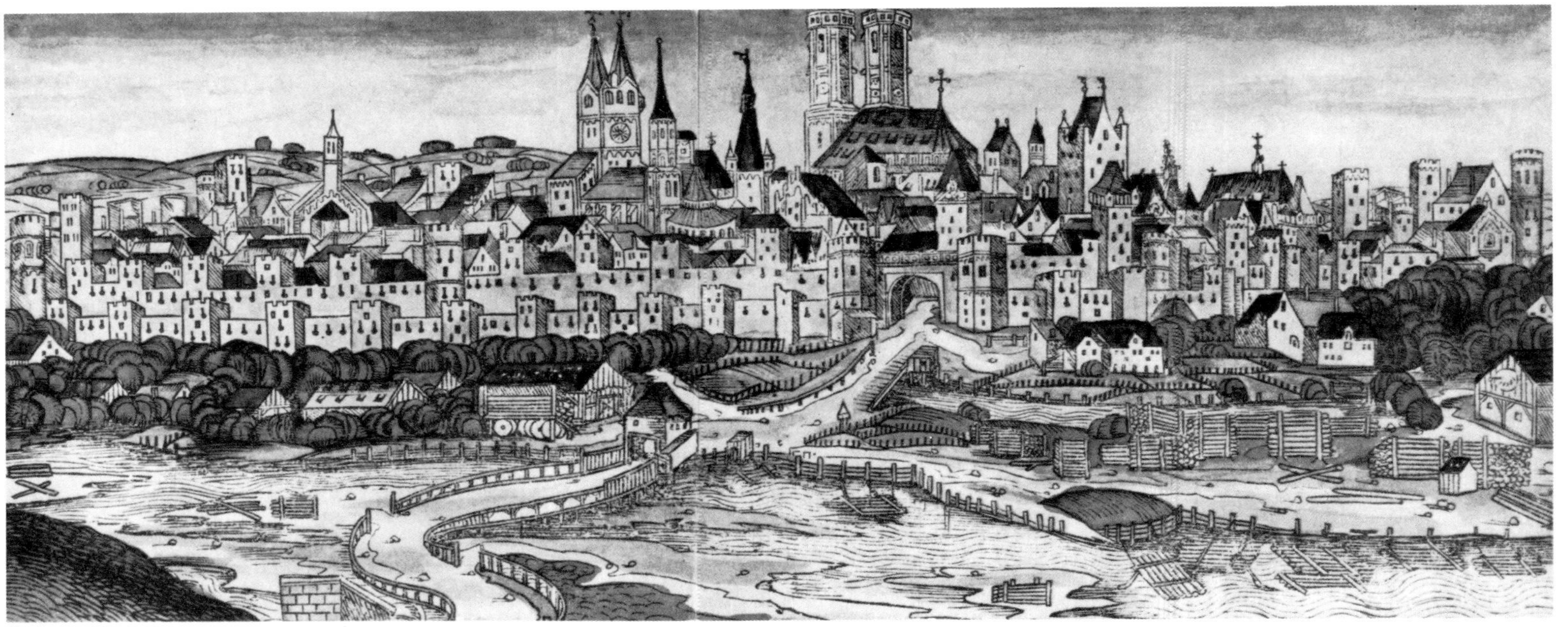

MÜNCHEN: Ansicht der spätgotischen Stadt um 1493. Holzschnitt von Michael Wolgemut aus der Schedelschen Weltchronik

Das Spätmittelalter war für München das Zeitalter der Bürger. Die ersten Jahrhunderte der Stadtentwicklung standen im Zeichen eines stetigen Ausbaus der bürgerlichen Unabhängigkeit gegenüber der herzoglichen Gewalt und des Werdens einer Stadtgemeinde mit eigener Kultur, eigenen Verfassungs- und eigenen Verwaltungsorganen. Aus dem Jahre 1239 stammt das erste Stadtsiegel. 1286 wurde in einem Streit zwischen dem Augustinerchorherrenstift Dietramszell und dem Heilig-Geist-Spital erstmals ein Rat der Stadt genannt. In der 1294 in deutscher Sprache verfaßten Handfeste Herzog Rudolfs I. waren alle der Stadt verliehenen Rechte zusammengefaßt. München war nach dieser ältesten Stadtrechtsurkunde eine »gebanniu stat«, d. h. ein aus der zuständigen Grafschaft Dachau herausgelöster, selbständiger Gerichtsbezirk. Der Rat der Stadt, der Rat der Zwölfer oder der Innere Rat, war bereits als zentrale Behörde mit Satzungsautonomie, mit Polizeigewalt und der niederen Gerichtsbarkeit ausgestattet; die hohe Gerichtsbarkeit allerdings wurde der Stadt erst Mitte des 15. Jahrhunderts zuerkannt. Im Jahre 1340 wurde unter Mitwirkung des Rats und der Bürgerschaft das Münchner Stadtrechtsbuch vollendet und von Kaiser Ludwig dem Bayern bestätigt. Der Kaiser verlieh der Stadt als Zeichen ihres Rangs die Reichsfarben Schwarz-Gold; sie sind bis heute die Stadtfarben geblieben. Einen vorläufigen Abschluß fand das Unabhängigkeitsstreben in der Ratswahlordnung von 1403.

Das Ausmaß der bürgerlichen Freiheiten, das München als landesfürstliche Stadt erreichte, unterschied sie nur wenig von einer freien Reichsstadt. Auf dem Höhepunkt der Entwicklung um 1500 beschränkten sich die herzoglichen Rechte in der Stadt im wesentlichen auf die Erbhuldigung der Bürger beim Regierungsantritt eines neuen Herzogs, auf die jährliche Bestätigung und den Treueid des Inneren Rats, auf eine jährliche Stadtsteuer in Höhe von 600 Pfund Pfennig, auf begrenzte Kriegsdienste und auf die Blutbannleihe an den Stadtrichter. Die Stadt verfügte ohne jede übergeordnete obrigkeitliche Aufsicht über ihren Haushalt und ihr Vermögen, veranlagte die Bürger nach eigenem Ermessen zu Steuern und Abgaben, zu Wacht- und Rüstgeld, war allein verantwortlich für die Stadtverteidigung, für den Bau und Unterhalt der Stadtbefestigung, für Rüstung und Musterung des Bürgeraufgebots, stellte die Tor- und Stadtwachen und hatte die Torsperre. Die Stadt besaß Bündnis- und Fehderecht und entfaltete im eigenen Interesse eine lebhafte diplomatische Tätigkeit.

Grundlage der Entwicklung war die Wirtschaftskraft Münchens. Die Zahl der Bewohner in der größten Stadt des Herzogtums schwankte von 1369 bis 1500 zwischen 10.810 und 13.447 Personen. Seit 1158, dem Jahr ihrer Gründung, war die Stadt mit dem gewinnbringenden Zoll- und Niederlagemonopol für Salz ausgestattet. Als zentraler Salzmarkt südlich der Donau wurde München 1332 durch die

Goldbulle Kaiser Ludwigs des Bayern bestätigt. Für »ewige Zeiten« durfte alles zwischen Landshut und den Alpen westwärts geführte Salz nur in München die Isar überqueren und mußte in der Stadt niedergelegt werden, sonst war es den Zollgesetzen verfallen, d. h., es wurde beschlagnahmt. Die Salzsender, die Münchner Großhändler, wachten peinlich genau darüber, daß die Vorschrift eingehalten und das Salz in ihren Salzstädeln zwischengelagert wurde. Wie groß der Umschlag dieser reichen Handelsherren war, hat der ehemalige Stadtarchivdirektor Pius Dirr zu errechnen versucht: Er kam für die Zeit um 1370 auf jährlich über 139.000 Zentner Salzscheiben, die auf ungefähr 6.000 Fuhrwerken in München über die Isar setzten.
München war aber nicht nur eine Salzstadt. Nach dem Haushaltsbuch des Viztumamtes Oberbayern von 1291 bis 1293 gab es daneben reiche Tuch-, Eisen- und Weinhändler. Zwischen 1288 und 1370 haben nachweislich 75 Münchner Bürger mit Löwener Tuch, Goldbrokat, Samt und Seide in Tirol Handel getrieben. Bereits vor 1300 waren Münchner Handelsherren die größten Abnehmer für Südtiroler Weine in Oberbayern. Als Bankiers machten Münchner Geschlechter gute Geschäfte. Das Geschlecht der Sendlinger wurde in der Amtsstubensprache nur als die »Wechsler« bezeichnet. Der Münchner Pfennig hatte einen ähnlich guten Ruf wie der aus Regensburg. Das Kirchenrecht verbot zwar den Christen den Zinserwerb; die Geistlichkeit beschränkte sich aber darauf, nur gegen jene zu wettern, die den Verleih von Geld des Wuchers wegen betrieben. Stand hinter den Darlehen oder den Wechseln ein Warengeschäft, wurden auch hohe Zinsen zum Abdecken des Risikos sanktioniert. Unterstützt wurde die wirtschaftliche Blüte durch Zoll-, Schutz- und Handelsprivilegien, die den Münchner Bürgern von den Herrschern zuerkannt worden waren. Münchens Händler konnten sich frei im Reich bewegen, genossen den persönlichen Schutz des Kaisers und konnten ihre Geschäfte ohne kleinliche Zollschranken abwickeln. Bereits 1280 gewährte König Rudolf I. von Habsburg den Bürgern von München im ganzen Reich dieselben Handelsfreiheiten wie den Regensburger Kaufleuten. Im Jahre 1323 sorgte Kaiser Ludwig der Bayer dafür, daß die Münchner in der Reichsstadt Nürnberg und die Nürnberger in der kaiserlichen Residenzstadt München zollfrei Handel treiben konnten. Die Stadt an der Isar wurde ein wichtiger Umschlagplatz für den Warenaustausch mit Venedig.
Die dritte Stütze der Wirtschaftskraft Münchens waren die Handwerks- und Gewerbebetriebe. Im Jahre 1290 schlossen sich die Schuster zur ältesten Handwerkerzunft in der Stadt zusammen. Herzog Ludwig II. der Strenge gewährte ihnen das Schuhverkaufsprivileg und verbot den Gerbern den Lederausschnitt, d. h. das Zuschneiden von Leder und den Kleinhandel. An den weit verzweigten Stadtbächen, der wichtigsten Energiequelle der Stadt, ratterten Getreide-, Walk-, Schleif- und Sägemühlen, dröhnten Schmiedehämmer und stampften die Gerber ihre Lohe. Nach den Steuerbüchern von 1368 wurden im inneren Stadtbereich neun Mühlen, im äußeren fünf Mühlen und ein Lohstampf betrieben. Alle Mühlen waren nach der Zahl der Mahlgänge genau festgelegt, so daß jeder sein wirtschaftliches Auskommen hatte. Die Gewerbepolitik war Sache des Rats der Stadt; die Herzöge hatten die Rechte nach und nach auf die Stadt übertragen. So durfte die Stadt in der zweiten Hälfte des 15. Jahrhunderts auf einem von ihr erworbenen Gelände ein Gewerbegebiet nach ihren Bedürfnissen ausweisen und einrichten. Ausgenommen war nur der Bau eines Kupferhammers, denn die Stadt sollte nach dem Willen der Herzöge keine Waffenschmiede werden.

Nicht immer verlief das städtische Leben in den drei Jahrhunderten des Spätmittelalters harmonisch. Zu groß wurden die sozialen Unterschiede zwischen den ratsfähigen Geschlechtern der reichen Handelsherren, den Zünften der Handwerker und den übrigen Bürgern. Die Führung der Stadt lag weitgehend in den Händen von gut zwanzig Familien. Sie besetzten die zwölf Sitze des maßgebenden Inneren Rats und einen großen Teil der vierundzwanzig Sitze des Äußeren Rats. Nach den ab 1295 vorliegenden Ratslisten stammten die Familien aus dem Landadel, aus Ministerialen- oder Rittergeschlechtern wie die Sendlinger, die Diener, die Gollier oder die Schrenck. Sie waren Stadtbürger ge-

worden und hatten es als Handelsherren, Fabrikanten oder Bankiers zu Reichtum und Macht gebracht. Nicht die adelige Herkunft, sondern der Reichtum bestimmte, ob eine Familie ratsfähig war. Im Jahre 1381 brachten allein die Mitglieder im Rat der Stadt ein Viertel der Stadtsteuer auf, und Geld mußte man haben, wollte man ein städtisches Amt bekleiden. Bis ins 16. Jahrhundert hinein waren die Bürgermeister, die Kämmerer und Steuerer, die Zeugherren und Viertelhauptleute ehrenamtliche Bedienstete. War die Amtsperiode auch meist auf ein Jahr beschränkt, zur Ehre gedrängt hat man sich damals nicht. Schon nach dem Stadtrecht von 1363/64 war deshalb die Ablehnung eines Amtes ein teueres Vergnügen. Die an den Stadtsäckel zu leistende Buße für das abgelehnte Bürgermeisteramt betrug 100 Pfund Pfennig, die für das Amt des Kämmerers noch 31 Pfund Pfennig.
Ein Weistum des Landgerichts Hirschberg (Beilngries) aus dem 14. Jahrhundert machte die sozialen Unterschiede dieser Zeit deutlich: Es war mit der Würde eines Ratsgeschlechts unvereinbar, ein Handwerk zu betreiben, an der Waage oder an der Elle zu verkaufen oder an der Maß zu schenken. Unvereinbar mit der Würde des Rats war es aber auch, daß ein Handwerker oder ein Krämer in den Rat der Stadt gewählt wurde. Die Zünfte der Handwerker waren damals noch nicht ratsfähig. Der Wille zur Mitwirkung und zur Mitbestimmung aller Bürger war jedoch nicht mehr aufzuhalten. Seit 1296 konnten sie in der Stadtschule von St. Peter Schreiben und Lesen lernen. Ab 1447 gab es eine erste Stadtbibliothek: Der Dekan von St. Peter stiftete sie der Stadt, um den Ausbau seines Pfarrhofes zu erreichen. 1483 wurde in München das erste Buch gedruckt, und 1490 im Stadtteil Au die erste Papiermühle gegründet. Der Bürger war mündig geworden und verschaffte seinem Unmut über die sozialen Unterschiede, wie in anderen Städten des späten Mittelalters, durch Unruhen und Aufstände Luft. Im Jahre 1295 demonstrierten die Bürger erstmals ihr gewachsenes Selbstbewußtsein. Wegen der ständigen Verschlechterung der Münzen, verursacht durch die miserable Geldwirtschaft von Herzog Rudolf I., stürmten sie die herzogliche Münze auf dem Marienplatz und erschlugen den Münzmeister. Herzog Rudolf I. erließ zwar seinen »liben burgern ze munichen« gegen Zahlung einer Buße von 500 Pfund Pfennig die Pflicht zum Wiederaufbau, er verlegte aber die Münze zur Sicherheit in die Nähe des Alten Hofs.
Die Spannungen zwischen den Ratsgeschlechtern, den reichen Handelsherren, und den Zünften, also den politisch machtlosen Handwerkern, brachen erstmals 1377 offen auf. Konnte dieser Aufruhr noch durch einen Vergleich geschlichtet werden, kam es 1385 zur Auseinandersetzung auf Biegen und Brechen. Die Bürger stürmten das Haus von Hans Impler am Marienplatz. Der angesehene Ratsherr und Tuchgroßhändler wurde wegen angeblichen Verrats enthauptet. Noch einmal trug die Macht den Sieg davon, und die Bürger mußten kniefällig um Gnade betteln. Doch die Regierenden waren aufgeschreckt. Die Herzöge fühlten sich im Alten Hof nicht mehr sicher und bauten die Neu-Veste vor der damaligen Stadtmauer an der Nordostecke der heutigen Residenz. Die folgenschwere Bürgerrevolution von 1397 brachte die Handwerker, vertreten vom »Rat der Dreihundert« und geführt von revolutionär gesinnten Patriziern an die Macht. Die reichen Handelsherren wurden vertrieben, ihr greifbares Vermögen eingezogen, dem Herzog wurde die Fehde angesagt. 1403 standen die Revolutionäre jedoch vor dem finanziellen Ruin und mußten sich der militärischen Übermacht der Herzöge Ernst und Wilhelm III. geschlagen geben. Der Kampf um die Macht in der Stadt war verloren, die Anführer der Rebellion wurden hingerichtet. Die 1403 nach dem Ende der Kämpfe neu erlassene Ratswahlordnung verstärkte zwar die Einflußnahme aller Bürger und Zünfte zum Äußeren Rat und gewährte einige demokratische Mitwirkungsmöglichkeiten, stellte aber im Grunde die alten Strukturen wieder her. Der Traum von der vollen Mitregierung der Zünfte war nicht in Erfüllung gegangen. Bis 1768 blieb diese Gemeindewahlordnung in Kraft.

Einigkeit und Gemeinsinn unter allen Bürgern herrschte immer dann, wenn Folgen von Katastrophen zu überwinden waren. Zwölfmal zwischen 1349 und 1495 brachen verheerende Pestepidemien über München herein. Gegen sie gab es außer der Flucht aus der Stadt keinen Schutz. Darüber hinaus äscherten in nahezu regelmäßigen Abständen – so 1310, 1327, 1407, 1418, 1420 und 1429 (um nur die größten zu nennen) – Brände ganze Stadtviertel ein und verursachten große Not. Als Gegenmaßnahme wurden Holzbauten verboten. Bereits nach der zweiten Brandkatastrophe 1327 gewährte der Rat der Stadt Baukostenzuschüsse zur Errichtung von Steinhäusern mit Ziegeldächern, und 1342 verbot Kaiser Ludwig der Bayer endgültig Stroh- und Holzschindeldächer in seiner Residenzstadt. Von allen getragen wurde auch die Sorge um die Armen und Kranken in der Stadt. Für den gewöhnlichen Bürger war es im Spätmittelalter ein religiöser Auftrag, sich durch milde Gaben zugunsten der Obdachlosen und Bresthaften den Weg ins Jenseits zu ebnen, für die Reichen war es sogar eine Ehrenpflicht, einen Teil ihres Besitzes dafür zu »stiften«. Die Obrigkeit, das Herzogshaus und der Rat der Stadt sorgten für die notwendige Organisation. Bereits zu Beginn des 13. Jahrhunderts wurde das Heilig-Geist-Spital – damals noch außerhalb der Heinrichsstadt gelegen – eingerichtet. Eine mit Zustimmung des Rats 1328 erlassene Spitalordnung schrieb die Rechte und Gewohnheiten fest: Der Spitalmeister und die Spitalmeisterin walteten unter der Aufsicht Münchner Ratsherren ihres Amtes – Verwaltungsstrukturen, die noch heute üblich sind. Neben der Spitalkirche, sie wurde 1392, im Jahr »der groszen gnad ze munichen«, geweiht, gehörten dazu: das Spital für die Obdachlosen, das Pfründnerinnenhaus (der sog. »Weiberbau«), das Pfründnerhaus, der Pfarrhof und die Benefiziatenhäuser, eine Findelstube, eine Gebärstube, eine Rauchstube für Spitaler mit ansteckenden Krankheiten, eine Narrenkauche für Geistesgestörte, zahlreiche Wirtschaftsgebäude, eine Schmiede und ein Badhaus. Reiche Geschlechter, wie die Sendlinger, gründeten Altenheime, die sogenannten Seelhäuser. Ihre Führung übertrugen sie den Beghinen, jenen ordensähnlichen christlichen Frauengemeinschaften des späten Mittelalters. Andere stifteten Ausspeisungen für die Armen, die von den Frauen- und Männerorden ausgegeben wurden. Häufig richteten die Wohltäter auch das dazu notwendige Kloster ein. Das ehemalige Münchner Klarissenkloster am Anger war eine solche Stiftung der Sendlinger aus dem Jahre 1284. Auch an die Zukunftssicherung wurde gedacht: 1437 gründete Herzog Ernst eine Aussteuerstiftung für arme Mädchen, das Jungferngeld. Sie hatte bis ins 19. Jahrhundert hinein Bestand.

Neben allen Katastrophen und dem ständigen Bemühen um ein gottgefälliges Diesseits hatte im München des späten Mittelalters auch die Lebensfreude ihren Platz. Gegen Ende des 14. Jahrhunderts entstanden zwei Brauereien. Sie legten den Grundstock für den Ruf Münchens als Stadt des Biers. Die Wittelsbacher Herzöge genehmigten urkundlich erstmals Fastnachtsfeiern. Im Jahre 1448 wurde anläßlich der Jakobidult auf dem »Rennweg«, der heutigen Schleißheimer Straße, das erste Scharlachrennen, ein Reiterrennen, ausgetragen. Der Gewinner erhielt ein wertvolles scharlachrotes Tuch, der Letzte gewann die »Rennsau«. Das Schützenfest von 1467 kannte bereits einen Glückshafen, und seit 1459 tanzte man auf Maskenbällen. Irdische Ausgelassenheit und reuige Frömmigkeit waren aber nie weit auseinander. Als 1454 Johann von Capistrano auf dem Marktplatz seine Bußpredigten hielt, verbrannten viele Bürger aus Reue über ihre Sünden die Spielbretter und Karten und, so berichtet ein Chronist, »etlich gemayn töchter«, wie die Liebesdienerinnen genannt wurden, bekehrten sich.

Die Anteilnahme der Münchner Bürger am Gedeihen des Herzogshauses war sehr unterschiedlich. Treu standen sie zu ihrem Landesherren, wenn es um den Kriegsdienst ging. Zusammen mit den Bürgern von Landshut und Straubing kämpften sie 1313 in der Schlacht bei Gammelsdorf an der Seite von Ludwig dem Bayern. 1322, in der Schlacht bei Mühldorf, tat sich vor allem die Münchner Bäckerzunft durch ihre Tapferkeit hervor; König Ludwig der Bayer räumte ihnen dafür weitreichende Privilegien ein. Ein Jahrhundert später, 1422 in der Schlacht bei Alling, waren die Münchner Bogenschützen und Spießbürger maßgeblich am Sieg der oberbayerischen Herzöge über die Ingolstädter Vettern beteiligt.

Ablehnend dagegen war die Einstellung der Münchner zum Landesherren, wenn es um ihre erworbenen Rechte und ihr Wohlergehen ging. Der oben erwähnte Aufstand gegen Herzog Rudolf I. im Jahre 1295 ist ein Beispiel dafür. Geteilt war die Haltung der Bürger bei gesellschaftlichen Ereignissen am herzoglichen Hof. War der Fortbestand des Herzogshauses infrage gestellt, stand man eher auf der Seite des Herrschers; ansonsten nahm man die Dinge zur Kenntnis. Als die Heirat von Herzog Albrecht III. mit der Augsburger Baderstochter Agnes Bernauer bekannt wurde, sammelten zwar einige Bürgerinnen Unterschriften zugunsten der Bernauerin; für die Mehrheit war jedoch eine Herzogin aus dem verrufenen Berufsstand der Bader undenkbar. Der Bote, der 1435 die Nachricht vom gewaltsamen Tod der Agnes überbrachte, wurde deshalb vom Rat der Stadt fürstlich belohnt. Entsprechend groß war die Freude der Münchner, als Herzog Ernst sich mit seinem Sohn Albrecht III. aussöhnte und dieser 13 Monate danach die standesgemäße Braunschweiger Herzogstochter Anna heiratete. »Des sull wir all fro sin, dasz wir nit wider ain Bernauerin gewunnen haben«, gratulierte der Rat der Stadt voll Freude. Berührten die Folgen der morganatischen Verhältnisse des Herrscherhauses die »Staatsräson« nicht, waren die Münchner nicht prüde. Keinen Einwand gab es, als der 1440 zum Kardinal von S. Martino ai Monti ernannte Johann Grünwalder, ein unehelicher Sohn von Herzog Johann II., 1448 Bischof von Freising wurde. Niemand reagierte, als 1440 der Arzt Dr. Johannes Hartlieb von seinem Schwiegervater Herzog Albrecht III. nach München geholt wurde. (Hartlieb war mit Sybilla, einer Tochter Albrechts aus der Ehe mit Agnes Bernauer, verheiratet.)

Insgesamt betrachtet nahm aber auch umgekehrt der herzogliche Hof bis weit in das 16. Jahrhundert hinein wenig Einfluß auf das Leben der Bürger Münchens. Die Staatsgewalt des Herzogs wurde bis Mitte des 15. Jahrhunderts vom herzoglichen Richter ausgeübt. Er residierte im Dinghaus, das auf dem Marktplatz, dem heutigen Marienplatz, stand. Nach einer Münchner Hofordnung aus der Zeit um 1464 zählte der gesamte Hofstaat, einschließlich der Regierungsbeamten, nur 164 Personen. Rechnet man das Hauspersonal und die Geistlichkeit hinzu, waren es rund 500 Leute. Vier berittene Leibtrabanten reichten in der Stadt mit 12.600 Einwohnern als herzogliche Leibwache aus. Der Adel fehlte ganz, von den wenigen abgesehen, die nach dem Grundsatz handelten: »Der Adel steigt von seinen alten Burgen und schwört den Städten seinen Bürgereid«, um hier sein wirtschaftliches Glück zu machen. Noch 1536 konnte Aventinus schreiben: »der adl wont auf dem land, außerhalb der stet, vertreibt sein zeit mit hetzen, paissen, jagn; reit nit zu hof, dan wer dienst und sold hat«. Die Adeligen dieser Zeit müssen besonders »feine« Leute gewesen sein, denn über ein 1433 von der Stadt im Rathaus veranstaltetes Fest, zu dem die Herzogin und Adelige geladen waren, berichtet der Stadtschreiber: »Als feines Gebäck aufgetragen wurde, fielen die Edelleute darein und fraßens mit beiden Fäusten wie die Säue. Da redeten etliche Bürger sie an, ob sie sich dessen nit schameten.« Verwunderlich war diese Gier nicht, denn damals waren hundert Gramm des feinen Zuckergebäcks so viel wert wie ein warmer Mantel.

Die Stadt, ein Zentrum gotischer Kunst

München ist »die hübscheste kleine Stadt, die ich jemals sah«, schrieb 1433 Bertrandon de la Brocquière, der Truchseß am Hofe Herzog Philipps des Guten von Burgund. Und 1493 urteilte der Arzt Hartmann Schedel in seiner Weltchronik: »München ist under der fürsten stetten in teutschen landen hochberümbt und in bayerland die namhaftigst. Aber wiewol dise stat für new geachtet wirdt so fürtrift sie doch andere stett an edeln gemaynen unnd sunderlichen gepewe, dan alda sind fast schöne behawsungen, weyte gassen und gar wolgezierte gotzhewser.«

Die Entwicklung Münchens zum Mittelpunkt gotischen Kunstschaffens im Teilherzogtum Oberbayern setzte in der ersten Hälfte des 15. Jahrhunderts ein. Die ortsansässigen Meister traten aus dem handwerklichen Metier heraus und schufen ein eigenes, bodenständiges Stilempfinden. Fremde Künstler wanderten zu und befruchteten diese Ausdrucksform. Die Kirche, der herzogliche Hof und nicht zuletzt der Wohlstand der Bürger sorgten

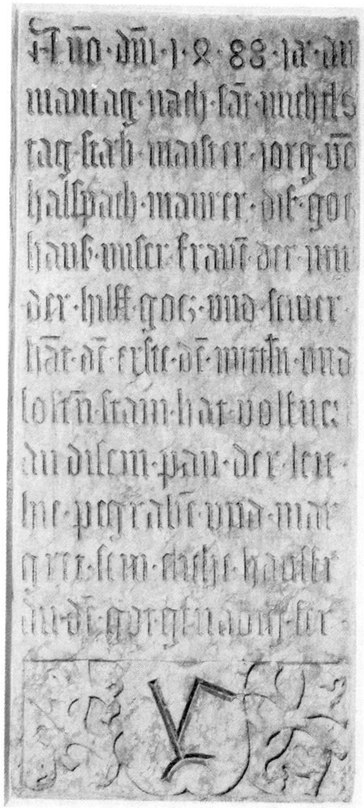

München, *Frauenkirche: Marmorepitaph für den 1488 verstorbenen Dombaumeister Jörg von Halspach. Im Wappenschild das Meisterzeichen (südlicher Turmpfeiler)*

für die notwendigen Aufträge. Um 1453 begründete Meister Gabriel Mälesskircher († 1495) eine Münchner Malerschule. In dieser Werkstatt hat 1470 auch der Nürnberger Michael Wolgemut als Altgeselle gearbeitet. – Der Münchner Maler und Chronist Ulrich Fuetrer war wegen seiner kunstvollen Fassaden- und Wandmalereien geschätzt. Mit seiner von 1478 bis 1481 verfaßten Bayerischen Chronik hat er auch ein wertvolles zeitgeschichtliches Dokument hinterlassen.
Über die Grenzen ihrer Heimatstadt hinaus bekannt war in jenen Jahren die Bildhauer- und Steinmetzfamilie Haldner. Immer wieder stößt man in den Kirchen des Landadels und der Klöster in Oberbayern auf Grabmonumente oder Figuren, die die Brüder Hans und Matthäus Haldner oder der Sohn des Hans, Markus Haldner, geschaffen haben oder die ihnen zuzuschreiben sind.
1474 kam der Bildhauer und Schnitzer Erasmus Grasser aus Schmidmühlen in der Oberpfalz nach München und beantragte beim Rat der Stadt, als Meister zugelassen zu werden. Das Ansuchen des neuen Konkurrenten rief sofort die alteingesessenen Meister aus der Zunft der Maler, Schnitzer, Glaser und Seidennater auf den Plan. In einer 1475 an den Rat gerichteten Eingabe wird Grasser von ihnen als »unfridlicher, verworner und arcklistiger knecht« bezeichnet, was er »dickmengen [oft genug] pewyst hat«; es sei, meinten die Zunftgenossen, nicht einzusehen, warum der Oberpfälzer »fur [vor] uns all mit solichm vortail pegnadt soll sein«. Doch der Rat entschied gegen die Zunft, gewährte Erasmus Grasser 1475 das Bürgerrecht und ließ ihn als Meister zu.
1479 ist erstmals der wohl aus Polen zugewanderte Maler Jan Polack in München nachweisbar. Ab 1482 wurde er als Bürger im Stadtsteuerbuch geführt. 1488 ernannte ihn der Rat zum Stadtmaler.
Mit Jörg von Halspach und Lukas Rottaler holte man auch die Baumeister nach München, deren Werke die spätgotische Architektur der Stadt bis heute prägen.

Man schrieb das Jahr 1468, als Jörg von Halspach zum Obristbaumeister der Stadt ernannt wurde. »Wir haben vernummen, ir wellet unser frauen ainen merclichen pau tuen«, schrieb schon 1458 der Abt von Tegernsee, Conrad Airinschmalz (1461–1492), seinem Schwager, dem Maler Gabriel Mälesskircher. Acht Tage nach Lichtmeß im Jahre 1468 legte Herzog Sigmund den Grundstein zu einer neuen, größeren Marienkirche, der *Domkirche Zu Unserer Lieben Frau*. Das Anwachsen der Bevölkerung machte den Neubau der nach St. Peter zweiten Pfarrkirche im Herzen Münchens notwendig. Noch im gleichen Jahr begann man, die beiden Türme der alten Frauenkirche niederzulegen. Da »warde ain groß kot und gestein obeinander« und »mit vil gieriger mue« beseitigten die Bürger den Schutt, notierte der Stadtschreiber.
Meister Jörg wurde die Ausführung des Neubaus übertragen. Bereits 1473 standen die Außenmauern, vier Jahre später konnten, nach einer Konferenz aller bedeutenden Gewölbebauer der Spätgotik, die Jörg von Halspach einberufen hatte, die Gewölbe geschlossen werden. Der Zimmermeister Heinrich von Straubing setzte 1477/78 den Dachstuhl auf: 2200 Baumstämme wurden dafür mit 140 Flößen auf der Isar herangeführt. Die Bürger hatten sich jedoch finanziell übernommen. Die Kassen waren leer, der Bau stockte. Neue Geldquellen mußten erschlossen werden. Hier konnte nur der Papst helfen, und Papst Sixtus IV. bewilligte das damals probate Mittel zur Finanzierung sakraler Bauwerke: Er gewährte einen vollkommenen Ablaß für alle Pilger, die nach Beichte und Kommunion so viel für die Frauenkirche stifteten, als jeder für seinen Lebensunterhalt in einer Woche benötigte. Während der drei folgenden Jahre saßen bis zu 270 Beichtiger in den Beichtstühlen; 122.000 Pilger kamen nach München, um den Ablaß zu erlangen. Ihre 15.232 Gulden retteten den Bau. 1488, dem Sterbejahr des Jörg von Halspach, waren die beiden mächtigen Westtürme bis zur Höhe der Türmerstuben emporgewachsen. Lukas Rottaler trat die Nachfolge von Meister Jörg an und vollendete das Werk. 1494 wurde die feierliche Weihe des Gotteshauses vollzogen.
Eine der größten und letzten spätgotischen Hallenkirchen Süddeutschlands war fertiggestellt. Über Quadern aus Nagelfluh erhebt sich der äußerlich schlichte Ziegelbau. Die Wände werden nur durch die vier Seitenportale und die tief herunterreichenden Fenster unterbrochen. Das

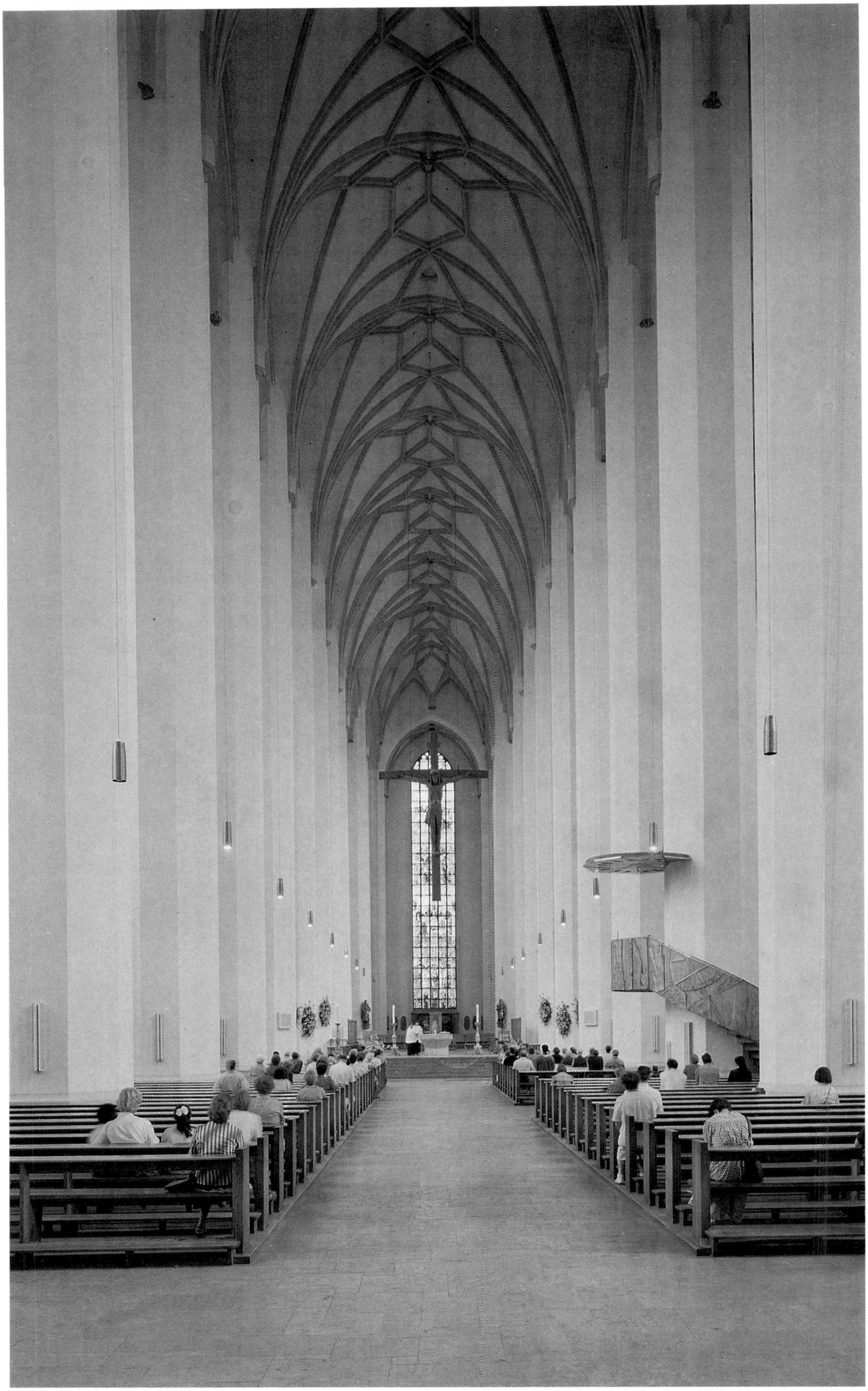

MÜNCHEN, *Frauenkirche: Blick durch das Mittelschiff zum Chor*

MÜNCHEN, *Frauenkirche: Südliche Langhauswand mit Brautportal und Westturmpaar*

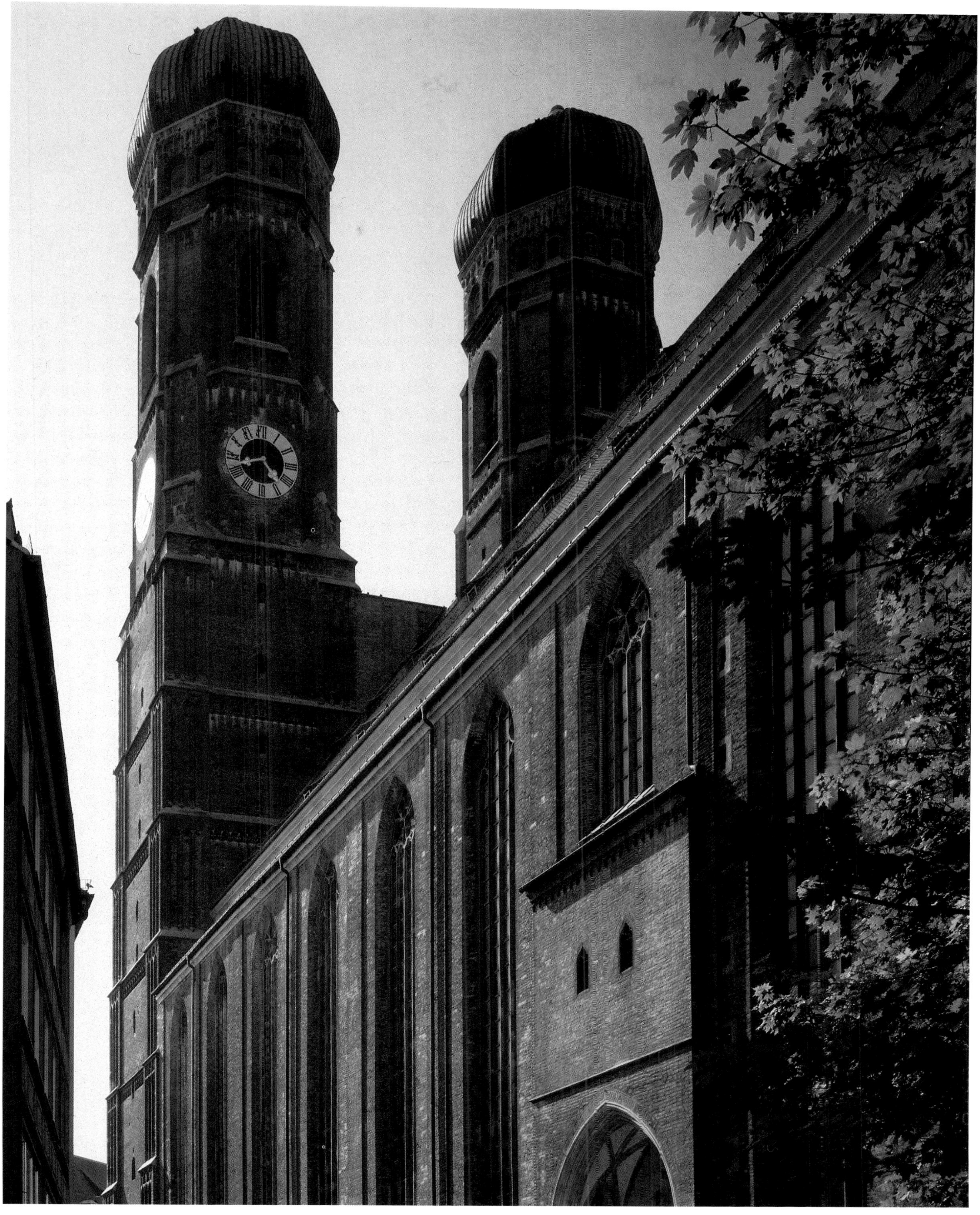

nicht abgesetzte Chorhaus schließt in fünf Seiten des Achtecks. Langhaus, Chor und die angesetzten Seitenkapellen werden von einem riesigen, leicht abgetreppten Satteldach gedeckt. Die beiden wuchtigen Türme im Westen steigen in je fünf quadratischen Geschossen, gefaßt von gemauerten Lisenen mit Maßwerk bis zur Höhe des Dachfirstes empor. Zwei Achteckgeschosse mit angesetzten Strebepfeilern und die 1524/25 über einem Tambourgeschoß aufgesetzten welschen Hauben bilden den Abschluß in rund hundert Meter Höhe.
Im Inneren tragen elf enggestellte, achteckige Pfeilerpaare die Gewölbe über den drei Schiffen. Die Rippen der Sterngewölbe entspringen in allen Schiffen hoch angesetzten Konsolen. Der Chorraum ist architektonisch nicht abgesetzt. Die Seitenschiffe vereinigen sich im Chorhaupt zu einem Umgang, der nach innen durch den etwas geringeren Abstand der beiden östlichsten Pfeiler angedeutet wird. Den Umgang begleiten hohe Seitenkapellen, die wie die Seitenportale zwischen die tief eingezogenen Strebepfeiler eingefügt sind. In der Anlage ist der Bau den Hallenkirchen des Hans von Burghausen verwandt, doch obwohl hohe Fenster die drei Schiffe durchlichten, fehlt das leichte und freie Raumgefühl der Landshuter Schule. Ein Blick von Westen entlang der Mittelachse des Langhauses zum Chor verdeutlicht den Eindruck: Die enge Stellung der Pfeilerpaare gibt keinen Blick in die Seitenschiffe frei.
Durch zahlreiche Umgestaltungen und durch die verheerenden Schäden des letzten Krieges sind viele Kunstwerke aus der gotischen Epoche abgegangen; dennoch gibt die heutige Ausstattung der Frauenkirche eine Vorstellung von ihrem einstigen Reichtum an gotischen Werken. Ein kleiner Rundgang – er soll in der Westvorhalle zwischen den Türmen beginnen und im Uhrzeigersinn dem Seitenschiffsumgang folgen – wird zeigen, daß der Liebfrauendom zu München nicht nur architektonisch ein spätgotisch geprägtes Gotteshaus geblieben ist: Die Statue des hl. Christophorus mit dem aufgeblähten Umhang in der Westvorhalle ist um 1525 entstanden.
Dem Freisinger Bischof Johannes Tulbeck aus dem Münchner Patriziergeschlecht ist die Kapelle unter dem Nordturm gewid-

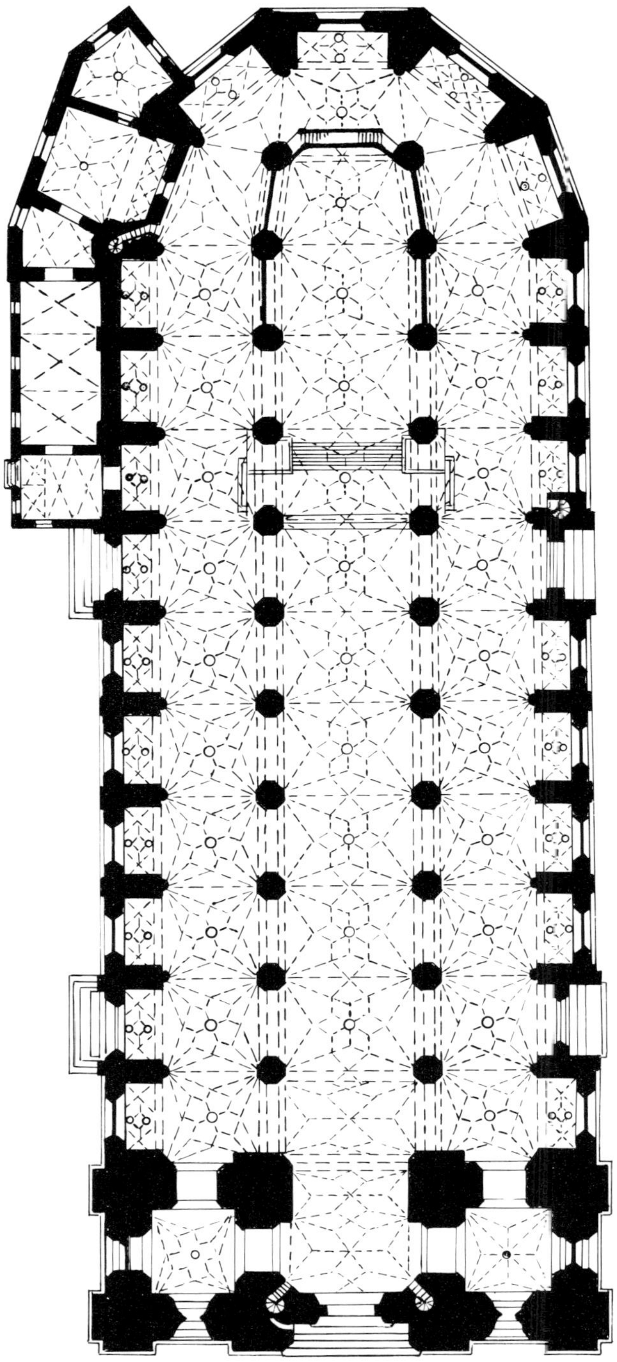

MÜNCHEN, Frauenkirche: Grundriß

met; der 1476 gemeißelte Grabstein des Bischofs wurde hier aufgestellt. Nach 1475 wurde die thronende Madonna mit Kind geschnitzt, die im 19. Jahrhundert dem neugotischen Altar eingefügt worden war.
Hans Leinberger wird die um 1525 entstandene Figur des hl. Georg über dem Windfang des nordwestlichen Seitenportals (»Sixtusportal«) zugeschrieben.
Die zweite Kapelle nach dem Portal ist dem hl. Korbinian geweiht: In ihr hängt eine vergrößerte Kopie eines Tafelbilds vom Tod des Bistumsheiligen (Original in der Alten Pinakothek in München); Jan Polack hat es für den Flügelaltar des Klo-

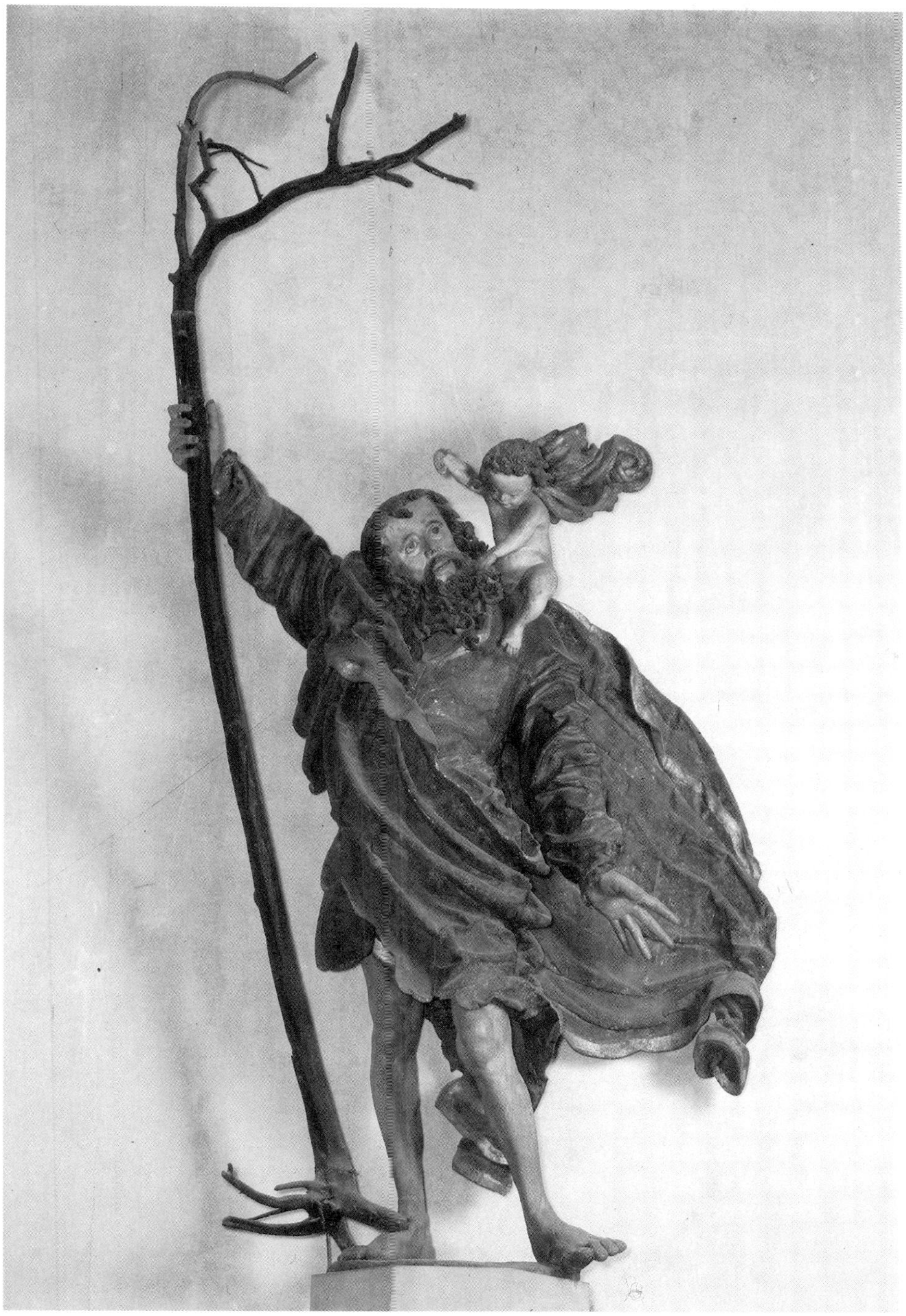

MÜNCHEN, *Frauenkirche: Hl. Christophorus in der Westvorhalle. Um 1525 wohl aus dem Werkkreis um Hans Leinberger*

Seite 38
MÜNCHEN, *Frauenkirche: Ausschnitt aus dem sog. »Dreikönigsfenster«, um 1430 (erste Kapelle südlich neben dem Chorhaupt)*

Seite 39
MÜNCHEN, *Frauenkirche: Szenen aus dem sog. »Legendenfenster«, um 1485 (zweite Kapelle südlich neben dem Chorhaupt)*

sters Weihenstephan gemalt. (Wegen der im Hintergrund sichtbaren Ansicht der spätgotischen Stadt Freising ist es auch topographisch interessant.)
Bereits um 1390 entstanden die Glasmalereien mit einzelnen Szenen der Passion im Fenster über der letzten Kapelle vor dem nordöstlichen Seitenportal (»Bennoportal«). Mit den alten Scheiben kombiniert wurden Glasbilder, die um 1460 geschaffen wurden. Aus dem Werkkreis um Hans Leinberger stammen die Figuren der hl. Anna Selbdritt, des hl. Georg und des hl. Mauritius in der dritten Kapelle nach dem nordöstlichen Seitenportal; sie entstanden zu Anfang des 16. Jahrhunderts. Die um 1500 gemalte Verkündigungsszene im Fenster über der Kapelle wurde aus der Salvatorkirche überführt.
1483 hat Friedrich Pacher die Mitteltafel des Altars in der Sebastianskapelle, der letzten nördlichen Kapelle vor dem Chorhaupt, gemalt. Die vier Passionsszenen auf den Altarflügeln wurden später hinzugefügt. Um 1510 entstanden, sind sie dem Werkkreis um Jan Polack zuzuordnen. Aus der alten Marienkirche, der Vorgängerin des Liebfrauendoms, stammen die 1392 gemalten Medaillons mit dem Schmerzensmann und der Verkündigung Mariens im Fenster über der Kapelle. Der Münchner Patrizier Erhart Astaler hat sie gestiftet. Die zwei unteren Bildzeilen von 1497 wurden aus einem Fenster der Salvatorkirche überführt. Über den Medaillons wurde das 1486 geschaffene sogenannte Herzogenfenster, eine Stiftung von Herzog Albrecht IV., eingesetzt. Als Meister des Herzogenfensters wird Leopold Zauner angesehen.
Der Münchner Patrizier Wilhelm Scharfzandt stiftete das Fenster über der Chorhauptkapelle mit den Szenen aus dem Leben Christi, datiert 1493. Als Künstler des sogenannten Scharfzandtfensters wurde bisher der Elsässer Meister Peter Hemmel, auch Peter von Andlau genannt, angenommen. Neuere Untersuchungen sehen eher den Münchner Ulrich Neunhauser, genannt Kriechbaum, als den Schöpfer des Werks an. Von Kriechbaum stammt auch die um 1455 für eine Kirche des Münchner Umlands geschaffene sog. Große Münchner Domkreuzigung in der ersten Kapelle südlich neben dem Chorhaupt. Um 1430 haben unbekannte Künstler die Glasmalereien des Dreikönigsfensters, des zwölfjährigen Jesus im Tempel und die sogenannte Rotgrüne Passion geschaffen. Das Bildfenster, das die Szenen umrahmt, ist um 1480 entstanden.
Der Werkstatt des Meisters des Herzogenfensters werden die großen Szenen des Legendenfensters in der südwestlich folgenden Herz-Jesu-Kapelle zugeschrieben. Um 1425 sind die Glasbilder der Sieben Freuden Mariens und der Marienkrönung im Fenster über der Immaculatakapelle, der dritten Kapelle südlich des Chorhaupts, entstanden. Die Leuchtkraft der Farben läßt den Meister der Rotgrünen Passion als Künstler vermuten.

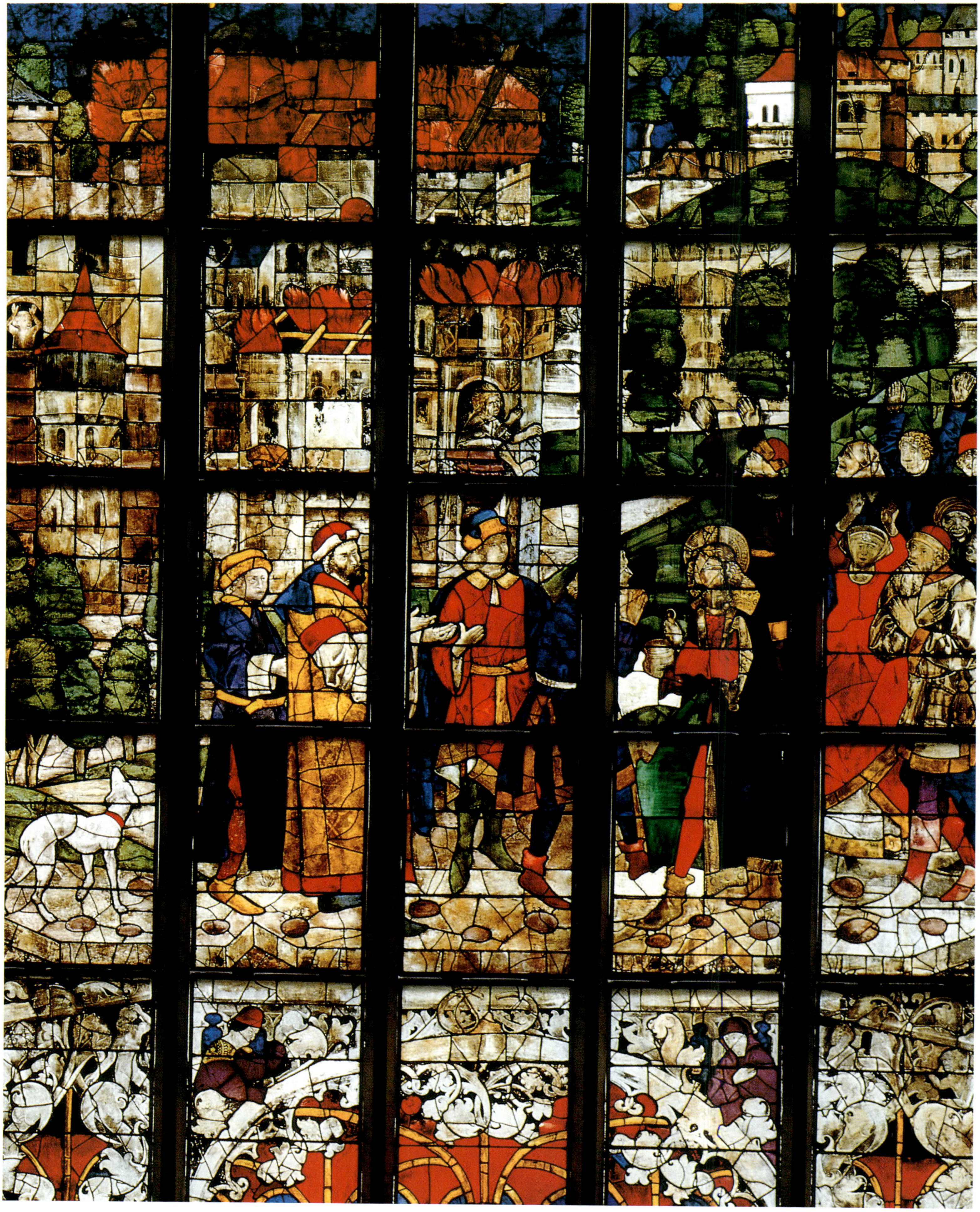

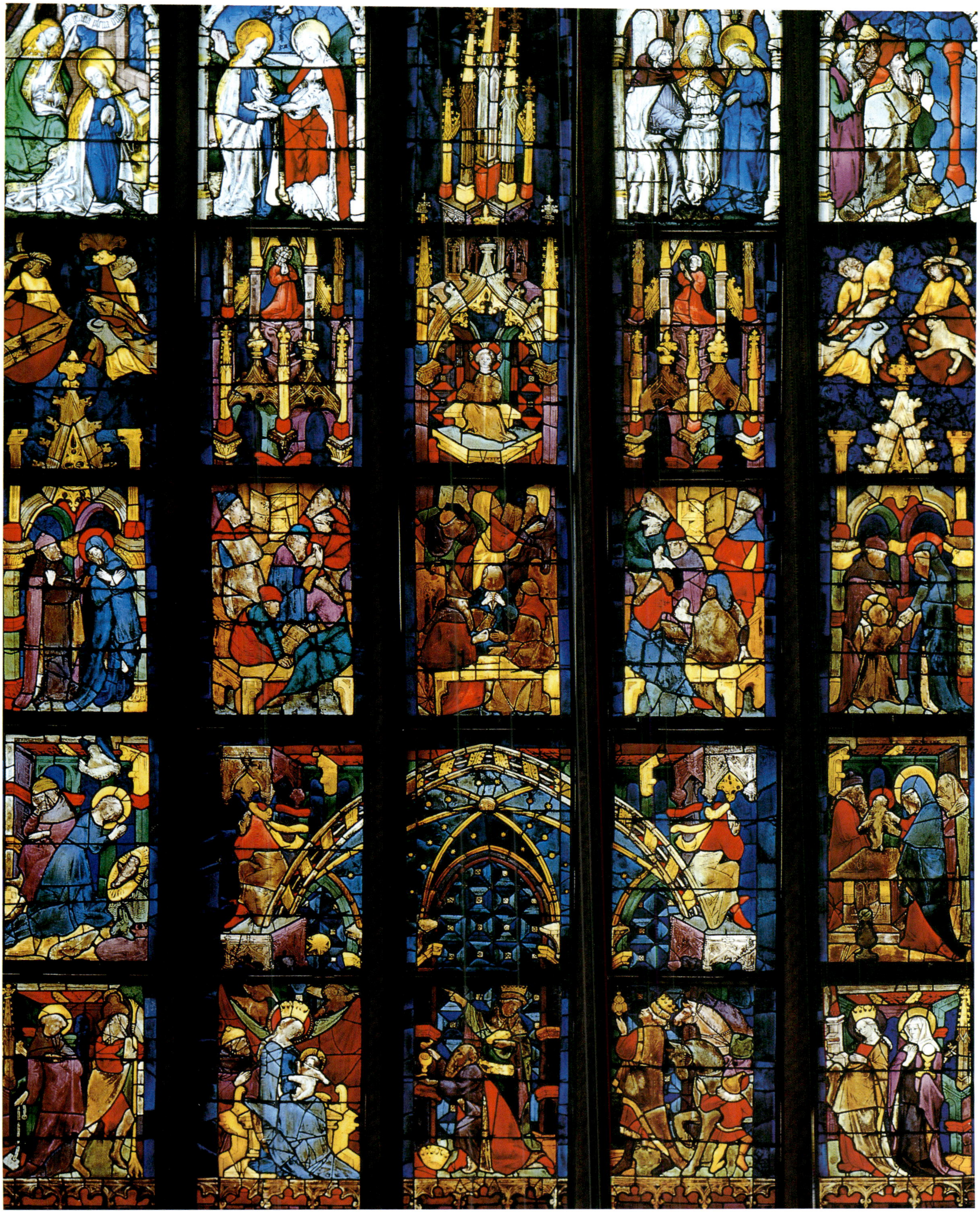

Etwa um 1380 wurde die Figur des Erbärmde-Christus in der Taufkapelle vor dem Südostportal (dem »Brautportal«) geschaffen. Das Fenster darüber ist als das sogenannte Püttrichfenster, um 1490, bekannt.
Die mystische Pietà in der Bartholomäuskapelle östlich vor dem Südwestportal wurde um 1400 geschaffen.
Eindrucksvoll, allein durch das Pathos eines Castrum doloris, ist das Denkmal für Kaiser Ludwig den Bayer. Dem Münchner Bildhauer Hans Haldner wird die zwischen 1475 und 1480 entstandene Deckplatte der Tumba vor der Kapelle unter dem Südturm, der Sendlinger-Kapelle, zugeschrieben: In vollem Ornat sitzt der Wittelsbacher Kaiser auf seinem Thron; ihm zu Füßen ist die Versöhnung der Herzöge Ernst und Albrecht III. dargestellt. Stifter der Grabplatte war Herzog Albrecht IV.
Aus der Zeit um 1390 stammen die Szenen der Passion im Fenster der Sendlinger-Kapelle. An ihrem Turmpfeiler befindet sich die Grabplatte für den Baumeister der Frauenkirche, Jörg von Halspach: »Anno Domini 1488 jar an montag nach sant michels tag starb maister jörg von Halspach maurer dis gotzhauß unser Fraue der mit hilff gotz und seiner hant den ersten, den mittln und lostn stain hat volfuert an disem pau«, lautet die ausführliche Inschrift. Unmittelbar daneben ist der Rotmarmorepitaph für den 1473 verstorbenen blinden Hoforganisten Conrad Paumann eingelassen: Im Jahre 1450 hat Herzog Albrecht III. den Nürnberger Stadtorganisten unter abenteuerlichen Umständen an seinen Hof geholt. Mit Conrad Paumann, der bei seinen Zeitgenossen als »der kunstreichist alle instrument und der Musica maister« galt, begann die Münchner Musikgeschichte.
Gegenüber den prächtigen Glasmalereien und der figürlichen Ausstattung der Seitenkapellen ist das Mittelschiff schmucklos. Am nördlichen Chorpfeiler wurde eine im frühen 14. Jahrhundert entstandene Steinfigur des Schmerzensmanns aufgestellt; sie stammt aus der alten Marienkirche und hatte dort im Gewände des Westportals ihren Platz. Die Madonna mit Kind am südlichen Chorpfeiler wurde um 1520 in einer Hans Leinberger nahestehenden Werkstatt geschnitzt. In der Werkstatt von Erasmus Grasser entstan-

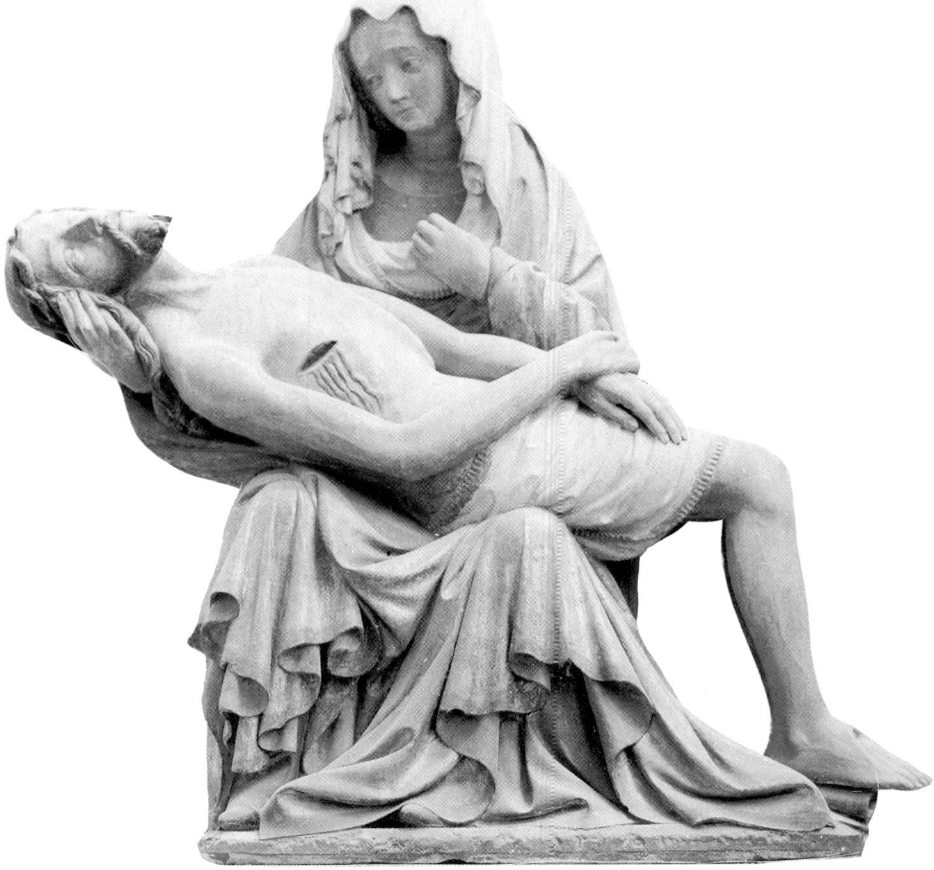

MÜNCHEN, *Frauenkirche: Vespergruppe an der Ostwand der Bartholomäuskapelle neben dem Südwestportal, um 1400*

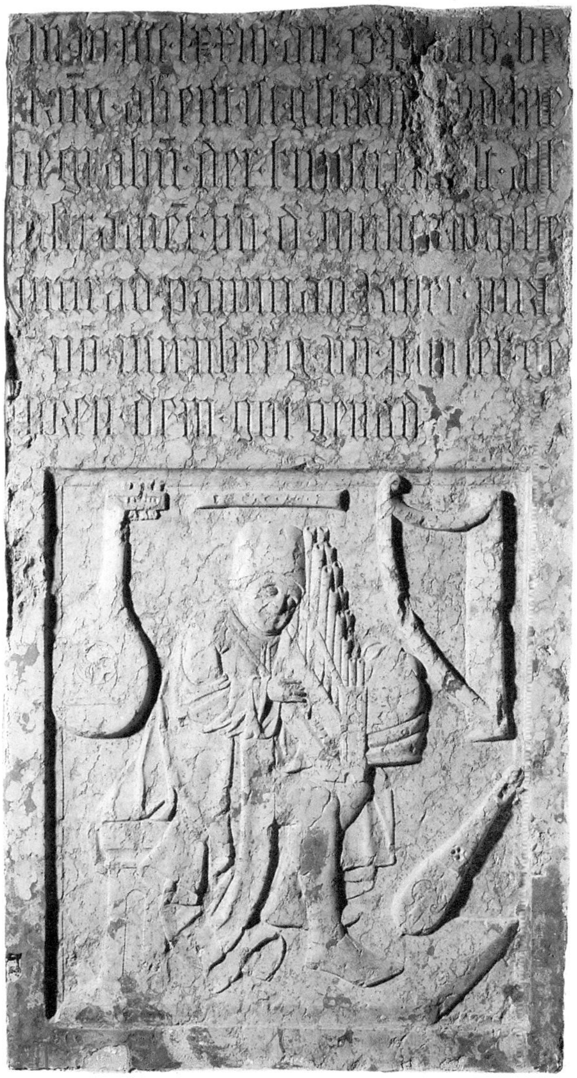

MÜNCHEN, *Frauenkirche: Rotmarmorepitaph, für den 1473 verstorbenen blinden Hoforganisten Conrad Paumann (südlicher Turmpfeiler)*

MÜNCHEN, *Frauenkirche: Kaiser Ludwig der Bayer; Ausschnitt aus der Deckplatte der Tumba, um 1480, dem Münchner Bildhauer Hans Haldner zugeschrieben*

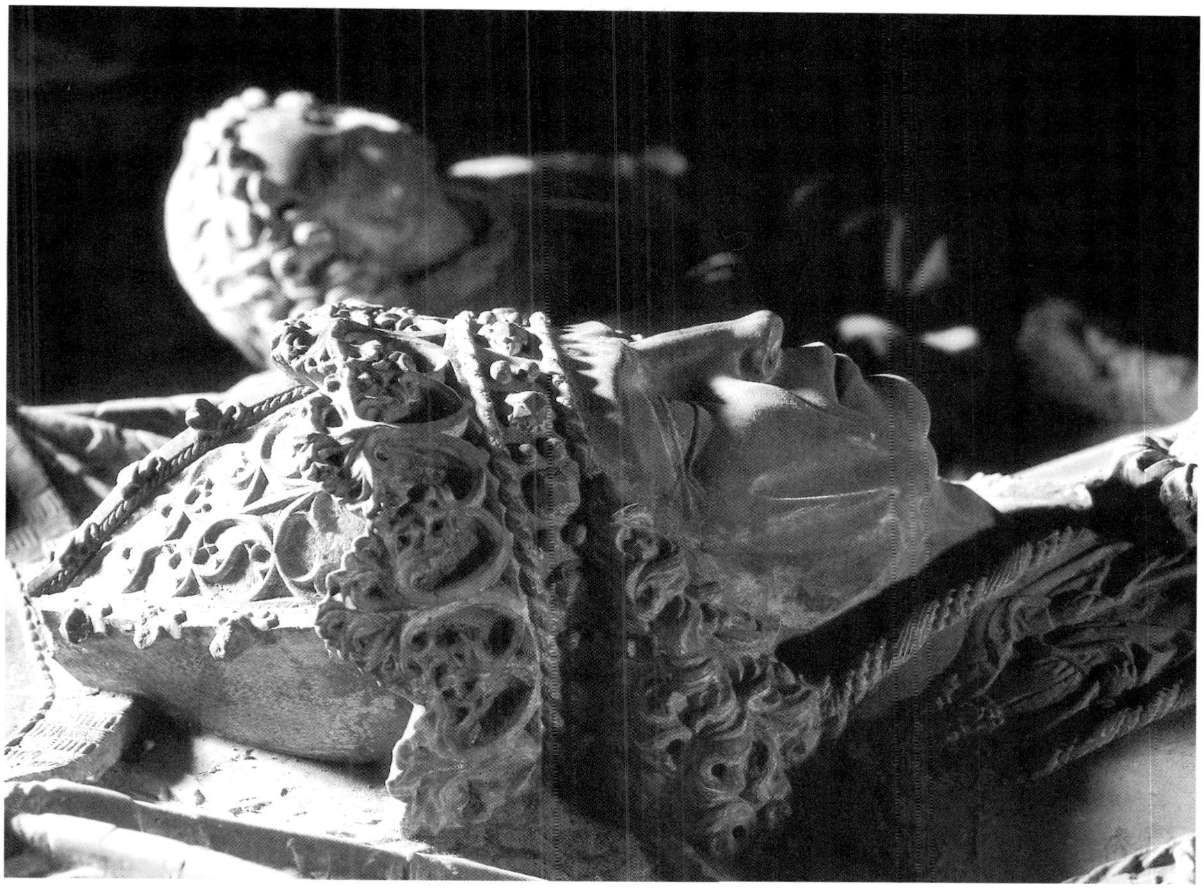

den 1502 die Figuren der Propheten, der Apostel und der Heiligen, die einst das Chorgestühl zierten und von denen heute einige zwischen den Säulen, die den Altarraum begrenzen, aufgestellt sind.
Ihres gotischen Figurenschmucks weitgehend beraubt sind die Gewände vor den Portalen. Nur vor dem südöstlichen Seitenportal, dem Brautportal, stehen noch die Figuren des Schmerzensmanns und einer Madonna aus der Zeit um 1430. Sie sind noch ganz dem Weichen Stil der frühen Spätgotik verhaftet. An der westlichen Seite der Gewände ist auch die Inschrift über die Grundsteinlegung eingelassen.

Das *Alte Rathaus* war im 15. Jahrhundert ein umfangreicher Baukomplex; heute vermitteln nur der wiedererrichtete Saalbau und der erneuerte Torturm des ehemaligen Talbrucktors, welche Bedeutung der Rat und die Stadt im späten Mittelalter hatten. Eine Ratsordnung im ältesten Ratsbuch der Stadt erwähnt für 1310 erstmals ein Rathaus. 1392 mußte es erweitert werden. Damals wurde der Torturm aus dem Mauerring Heinrichs des Löwen in den Bau einbezogen und zum Rathausturm umgewidmet.
1470 erhielt Meister Jörg von Halspach den Auftrag, einen neuen Saalbau zu errichten. Es sollte ein würdiger Repräsentationsbau werden. Um dem Wunsch des Rats gerecht zu werden, sah sich Meister Jörg die städtischen Tanzhäuser in Ulm und Augsburg an und holte sich die notwendigen Anregungen. 1475 war das Haus unter Dach. Meister Heinrich von Straubing leitete (wie am Dom) die Zimmererarbeiten, der Polier Peter Manhard überwachte die Maurer, Hans Haldner und Jörg von Halspach arbeiteten als Steinmetze. In den Jahren 1476 und 1477 setzte der Kistlermeister Hans Wenger die berühmte hölzerne Flachtonnendecke ein und brachte die diagonalen Ziergurte und das Maßwerk an. Erasmus Grasser schnitzte die Wappenscheiben mit dem Reichsadler, mit den Rauten und Löwen der bayerischen Herzöge, mit den Wappen der mit ihnen verwandten Fürstengeschlechter, mit dem Mönch der Stadt sowie die Sonne und den Mond für die elf Schnittpunkte der Ziergurte. 1477 war diese Huldigung an den wittelsbachischen Stadtherrn fertig. Prächtig war der neue Rathaussaal; Fresken des Gabriel Mälesskircher schmückten die Wände, und Ulrich Fuetrer malte 1478 den Wappenfries an den

Längsseiten des Saals: Er wiederholt das Programm der geschnitzten Wappen an der Decke. Der Kaiser war der oberste Lehensherr. Auf sein Wappen und das der sieben Kurfürsten folgen je vier Wappen nach dem im 15. Jahrhundert beliebten Quaternionensystem, wie es Hartmann Schedel in seiner 1493 erschienenen Weltchronik beschreibt: »Da das römische Kaisertum an die Teutschen gewendet wart, so ist es zu sterkerer Beständigkeit gestift und gefertigt worden auf vier Sewln, als auf vier Hertzogen, vier Marggrafen, vier Lantgrafen, vier Burggrafen, vier Grafen, vier Panierherren, vier Freyen, vier Ritter, vier Stett, vier Doerfer und auf vier Paurn.« Ihnen folgen die Wappen des bayerischen Adels, bis die Zahl 96 erreicht ist.
Im Jahre 1480 ist der Neubau fertig. Gerade rechtzeitig konnte Erasmus Grasser seine wohl bekanntesten Schnitzwerke, die »16 pilder maruschka tanntz« für den Repräsentationsraum der Stadt, den Tanzsaal, abliefern. Fürstlich war die Entlohnung für diese Meisterwerke: Er erhielt 150 Pfund Pfennig, eine bedeutende Summe, da nach den Rechnungsbüchern der Stadt der gesamte Haushalt nur 1900 Pfund Pfennig ausmachte. Das Thema der Maruskatänzer entsprach der dramatischen und musikantischen Bewegungslust der Spätgotik: Die Maruska war ein beliebter Schautanz, der nach zwei Kupferstichen des Holländers Israhel von Meckenem (um 1470 und um 1490) und einer Aufzeichnung von 1491 aus Nürnberg ein fastnachtsartig komisches, aber durchaus erotisches Werben um eine schöne Frau zum Ausdruck bringen wollte.
Unbeschadet von den im 19. und 20. Jahrhundert für den Verkehr eingebrochenen Durchfahrten, dem vereinfachten Wiederaufbau nach dem Zweiten Weltkrieg und dem erneuerten Turm, blieb das Alte Rathaus ein markantes Bauwerk, das noch heute den Repräsentationsraum der Stadt enthält. Der Tanzsaal mit den teilweise originalen Deckenziergurten, den wiedererstellten Wappentafeln und den Kopien der Moriskentänzer auf den Konsolen (die Originale sind im Stadtmuseum) läßt den Bürgerstolz und seine Repräsentation in den Formen der späten Gotik spürbar werden.
Jörg von Halspach baute neben diesen

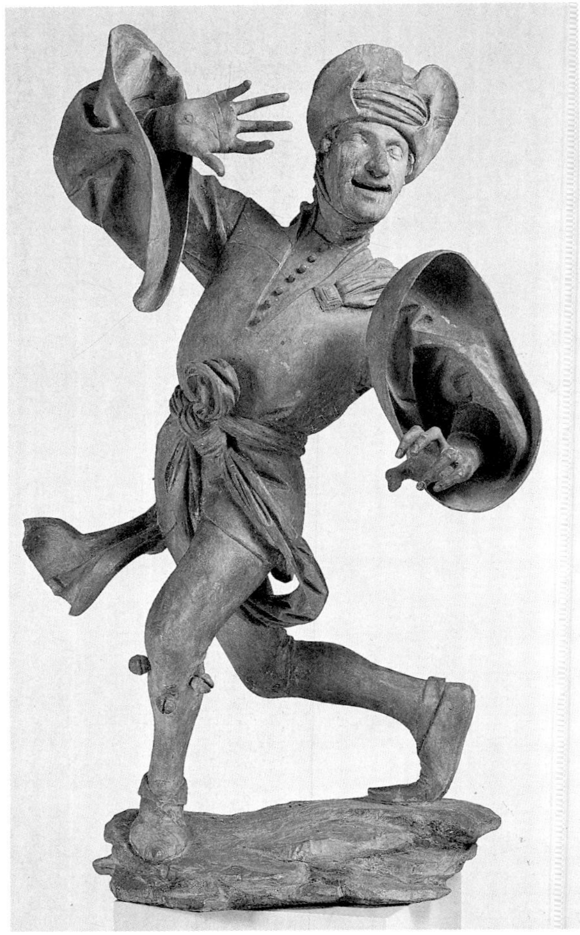

MÜNCHEN: *Moriskentänzer um 1480 von Erasmus Grasser für den Tanzsaal im Alten Rathaus geschnitzt. (Originalfiguren im Stadtmuseum München)*

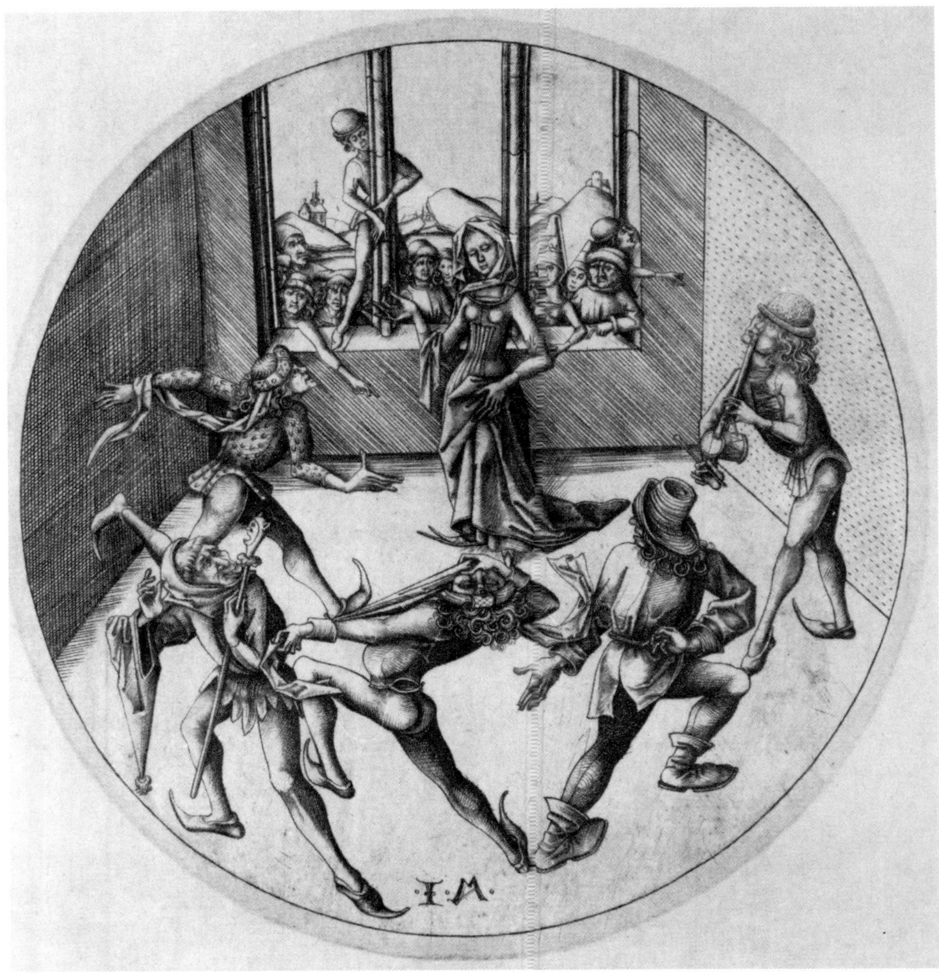

MÜNCHEN: *Moriskentanz oder »Tanz um das Ringlein«, um 1470. Kupferstich von Israhel von Meckenem. (Staatl. Graphische Sammlung München)*

MÜNCHEN, *Stadtpfarrkirche St. Peter: Ausschnitt aus dem Stadtmodell des Jakob Sandtner, um 1570. Das Holzmodell zeigt die älteste Pfarrkirche Münchens in ihrer gotischen Gestallt mit dem 1379 bis 1386 errichteten und von zwei Spitzhelmen bekrönten Mittelturm. (Bayer. Nationalmuseum, München)*

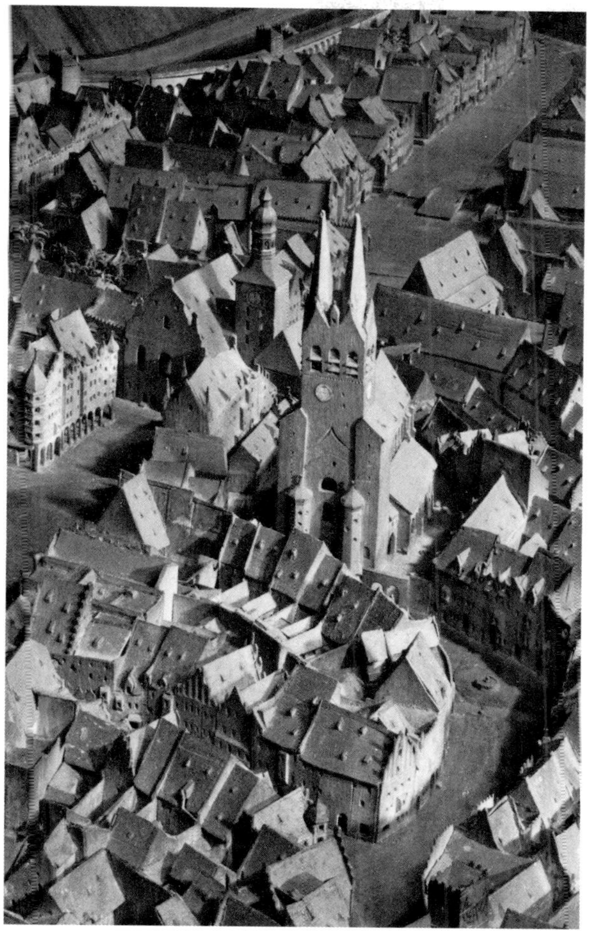

großen Aufgaben von 1478 bis 1485 auch die *Allerheiligenkirche am Kreuz* und wirkte wohl 1479 am Bau der Kirche St. Wolfgang in Pipping (s.S. 46) und kurz vor seinem Tode 1488 noch an den Plänen für die Schloßkapelle im Jagdschloß des Herzogs Sigmund in Blutenburg (s.S. 48) mit. Sein Nachfolger als Stadtbaumeister, Lukas Rottaler, errichtete von 1493 bis 1499 in München noch ein stilreines Werk der Landshuter Schule, die ehemalige *Friedhofskirche St. Salvator.* Stiftungen der Bürger und der Zünfte ermöglichten den einschiffigen fünfjochigen Backsteinbau mit dem angebauten schlanken Nordturm und die wertvollen Glasfenster, von denen sich die meisten heute im Liebfrauendom befinden. Dem Maler Gabriel Mälesskircher, der maßgeblich Münchens Ruf als Zentrum spätgotischer Kunst begründen half, werden die Fresken in dem portalähnlichen Vorbau außen an der Nordwand des Langhauses zugeschrieben. 1494 vollendet, sind sie sein einziges Werk, das am ursprünglichen Platz die Jahrhunderte überdauert hat. Gestiftet wurden die Bilder von der Familie Ridler, die seit 1295 zu den bedeutenden Münchner Ratsgeschlechtern zählte: An eine Verkündigungsszene in der Spitze des Bogenfeldes reihen sich kniend und betend die männlichen Mitglieder der Familie (links) und ihre Ehefrauen (rechts). Ihre Namen sind teilweise noch den Schriftbändern zu entnehmen. Weibliche Angehörige und Kinder sind auch in der nordöstlichen Seitenwand des Vorbaus noch zu erkennen.

Ein gotisches Bauwerk war im späten Mittelalter auch die älteste Münchner *Pfarrkirche St. Peter.* Nach dem Ergebnis archäologischer Grabungen stammt der Gründungsbau aus der ersten Hälfte des 11. Jahrhunderts und ist somit älter als die Stadt selbst. In der zweiten Hälfte des 13. Jahrhunderts wurde die bis dahin bestehende romanische Basilika durch einen größeren frühgotischen Neubau ersetzt. Folgt man den vorhandenen Ablaßbriefen, lag die Bauzeit zwischen 1278 und 1293; für 1294 ist die Weihe bezeugt. Die Westfassade der dreischiffigen Kirche bildete ein Doppelturmpaar; seine unteren Geschosse mit den Blendfeldern sind noch zu sehen. Sie haben die Brandkatastrophe, der 1327 das Gotteshaus zum Opfer fiel, überstanden. Nur langsam ging der Wiederaufbau voran. Erst 1368 hat man den gotischen Chor wieder geweiht. Von 1379 bis 1386 mauerte man zwischen den ausgebrannten Turmstümpfen im Westen den mächtigen Mittelturm auf. Bekrönt wurde er mit zwei viergiebeligen Spitzhelmen, wie sie das 1572 von Jakob Sandtner geschaffene Stadtmodell im Bayerischen Nationalmuseum zeigt. Den heutigen Abschluß erhielt der Westturm nach seiner Zerstörung durch Blitzschlag im Jahre 1607. In der letzten Kapelle vor dem nordöstlichen Seitenportal hat sich mit dem um 1406 geschaffenen Schrenkaltar das älteste noch am ursprünglichen Platz befindliche gotische Steinbildwerk Münchens erhalten. Wenig ist dagegen von der spätgotischen Ausstattung in der Kirche verblieben: Erasmus Grasser schuf 1482 den Epitaph für den 1485 verstorbenen Dekan Ulrich Aresinger am nördlichen Turmpfeiler. 1517 hat Grasser den sitzenden Apostel Petrus im Hochaltar geschnitzt. Die als Gnadenbild verehrte Figur (seit 1730 in den Asamschen Hochaltar eingefügt) stand ursprünglich im Schrein des im ersten Viertel des 16. Jahrhunderts aufgestellten mächtigen Flügelaltars; fünf der Tafelbilder aus seinen drei

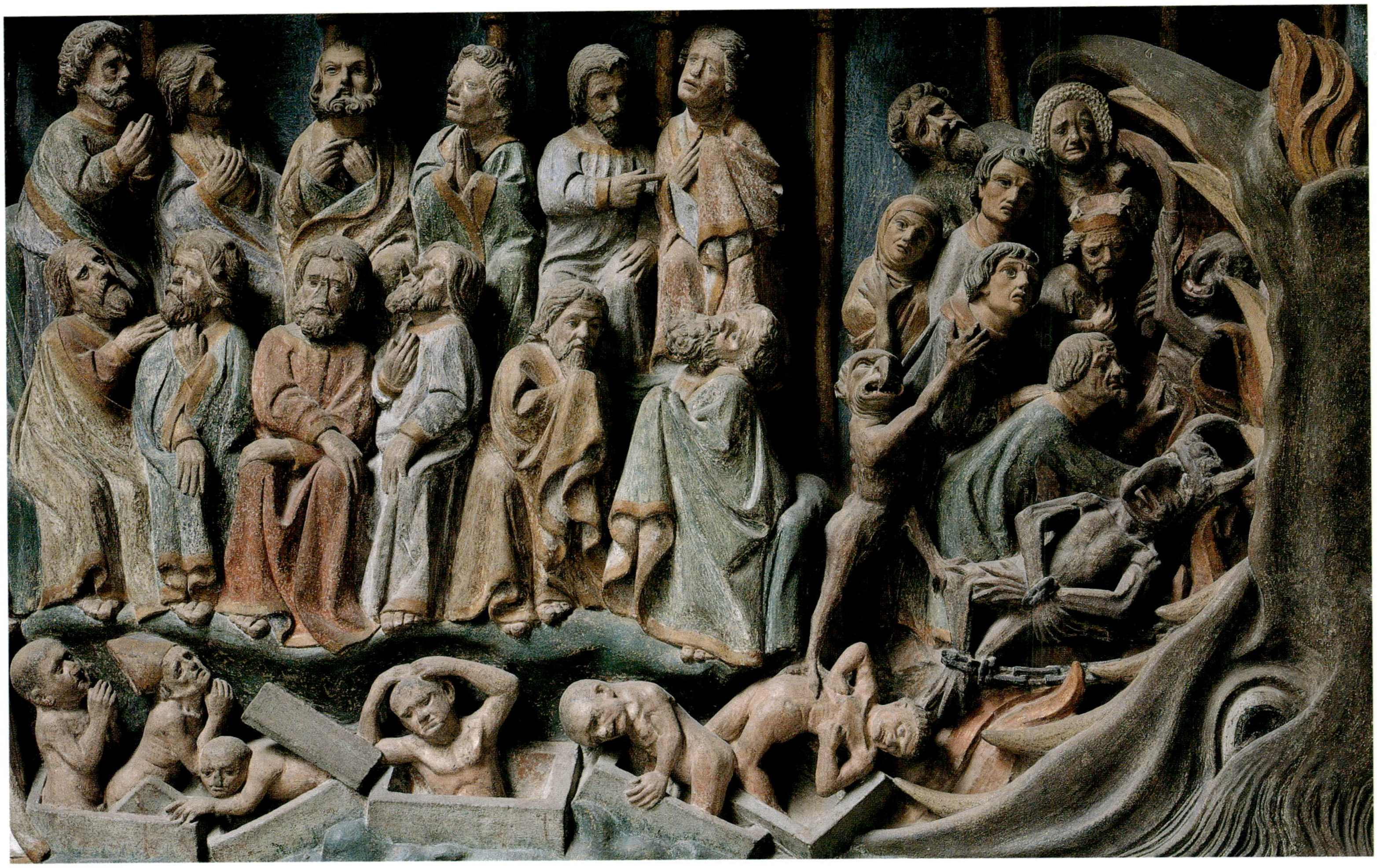

Flügelpaaren mit Szenen aus dem Leben des hl. Petrus hängen heute an den Chorwänden (weitere Bilder des Altars im Bayerischen Nationalmuseum in München und im Germanischen Museum in Nürnberg). Gemalt hat die eindrucksvoll erzählenden Bildtafeln Jan Polack um 1517.

An der Nordwand des Langhauses der *Wallfahrtskirche Maria Himmelfahrt* im Stadtteil Ramersdorf steht mit dem Kreuzaltar ein weiteres Meisterwerk des Schnitzers Erasmus Grasser. Der Flügelaltar mit dem Kreuzigungsrelief im Schrein wurde 1483 gestiftet. Das in der Anlage spätgotische Gotteshaus war vor der 1490 stark aufblühenden Wallfahrt nach Altötting einer der bedeutendsten Marienwallfahrtsorte in Oberbayern. Das Gnadenbild im Hochaltar, eine thronende Madonna mit Kind, entstand um 1465. Es wird heute dem Münchner Ulrich Neunhauser, genannt Kriechbaum, zugeschrieben.

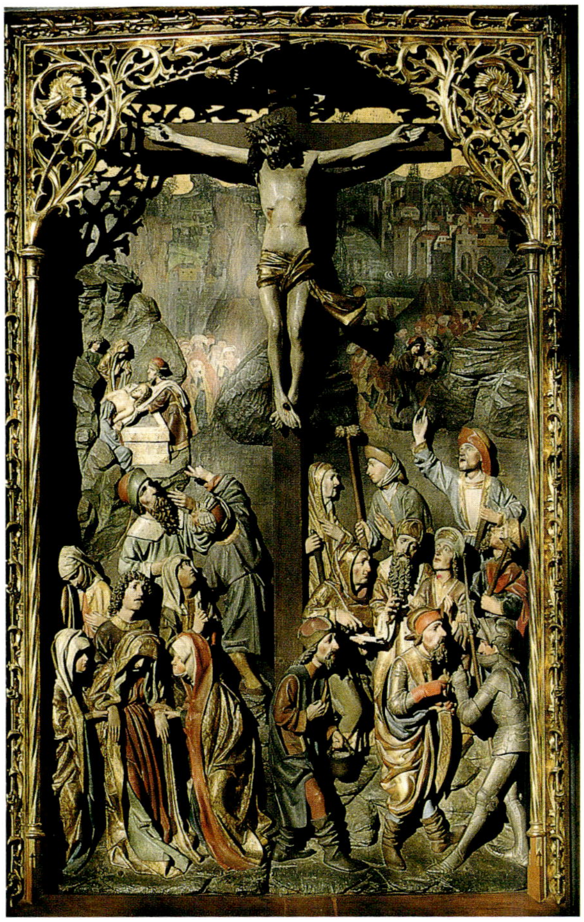

MÜNCHEN, *Stadtpfarrkirche St. Peter: Sog. »Schrenkaltar«: Jüngstes Gericht (Ausschnitt). Sandstein, farbig gefaßt, 1406*

MÜNCHEN: *Wallfahrtskirche Maria Himmelfahrt in Ramersdorf. Schrein des 1483 gestifteten Kreuzaltars. Das Relief stammt von Erasmus Grasser*

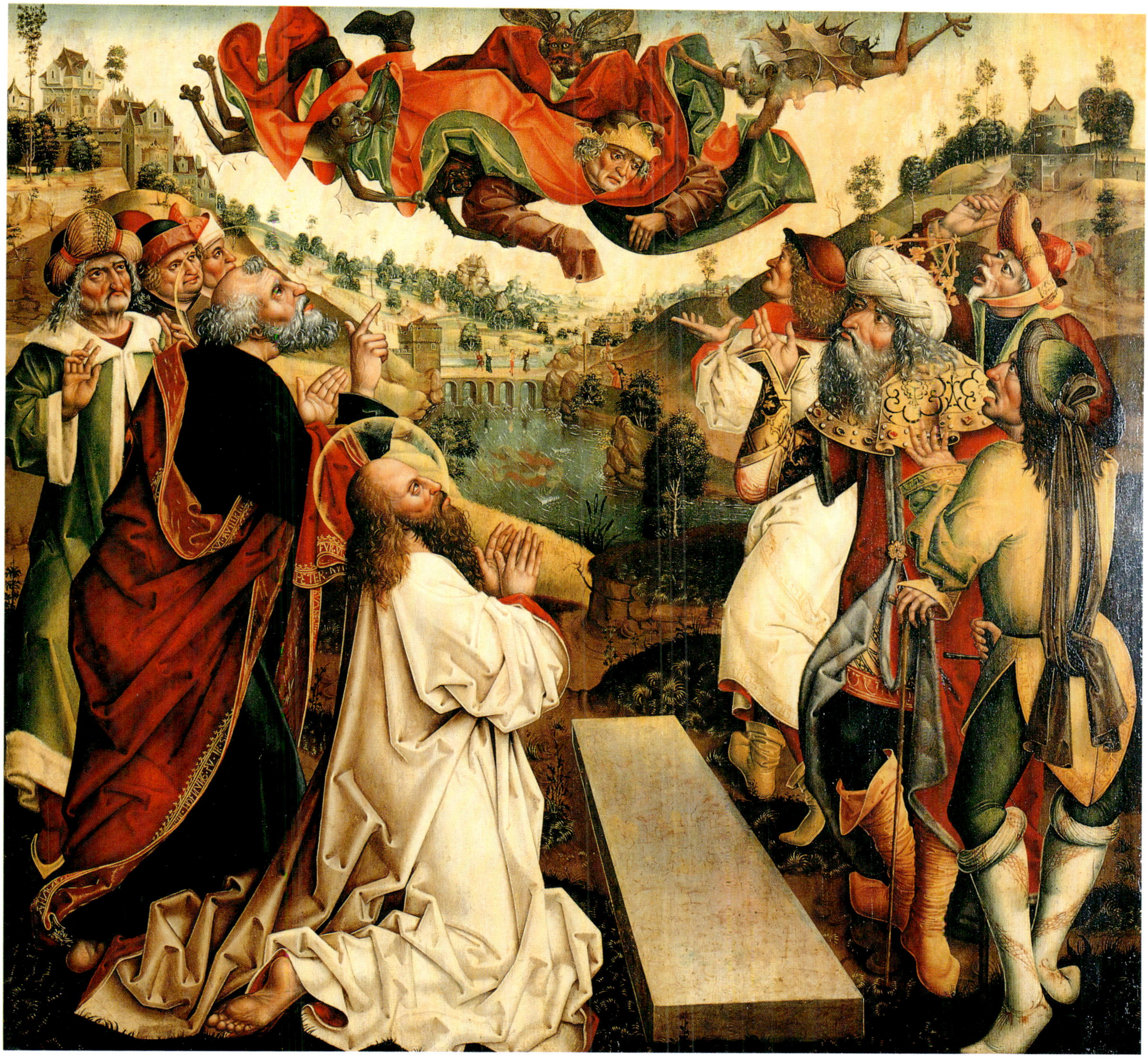

MÜNCHEN: *Die Apostel Petrus und Paulus beschwören den Magier Simon. Tafelbild vom ehemaligen spätgotischen Hochaltar der Stadtpfarrkirche St. Peter; 1517 von Jan Polack gemalt. (Bayer. Nationalmuseum, München)*

Spätgotische Kleinodien am westlichen Stadtrand

In den letzten Jahrzehnten des 15. Jahrhunderts erreichte die Spätgotik im Westen der Residenzstadt noch einmal einen künstlerischen Höhepunkt. Entlang der Würm entstanden zwischen 1478 und 1500 im herzoglichen Jagdschloß sowie mit Herzog Sigmund als Mäzen in den Hofmarken Pipping und Menzing jene Gotteshäuser, die in ihrer Ursprünglichkeit zeigen, in welchem liturgischen Rahmen Edelmann und Bauer den Dienst an Gott leisteten und erlebten.
Als Herzog Sigmund 1467 zugunsten seines jüngeren Bruders Albrecht IV. abdankte, fühlte er sich nicht als gestürzter Herrscher. Er liebte das Leben mit seinen angenehmen Seiten und die Kunst. Fröhlich ging es auf seinen Schlössern Blutenburg, Dachau, Grünwald und Starnberg zu. Der Chronist Veit Arnpeckh schrieb über ihn: »Herzog Sigmund thet sich des regimencz bald ab, er was ain milter herr.« – Etwas lebensnäher charakterisiert Aventinus den Herzog, den er »liderlich« nennt: »Im was wol mit schönen frawen und mit weissen tauben, pfauen, swein und vöglen und allen selzamen klein tierlein, auch mit singen und saytenspiel. er hätt albey gut cantores und singer bei im. er hätt kain elich weib – aber von der margarete Pfättendorferin zwei buben und ein mädel. Menzing [gemeint ist die Blutenburg] liebet er vast und machet die kirchen da gar köstlich und schön.« Dem spätmittelalterlichen Hang zu ausgelassener Freude am Diesseits stand bei Herzog Sigmund aber auch eine tiefe religiöse Gesinnung gegenüber. Sie bestätigte Ulrich Fuetrer in seiner Chronik: »Er was sein zeit ain milter herr, wolerpieten, redsam, den leutten angenäm, kurzweilig, ain liebhaber der schönen frawen, mit langs leibs; er leget viel auf den gotzdienst, het sein aigen briester und singer in rotten, vehen cappen und der vil ganz fürstlich und mit antlas von dem Papst begabt, muessten im alle horas singen täglich; pauet mer dann ain kirchen klain, zieret die vast wol und fürstlich, gestuend in järlichs vil.«

Seit ihrer Erbauung, bis auf den spitzbehelmten Turm nahezu unberührt, steht die spätgotische Dorfkirche *St. Wolfgang* von PIPPING inmitten eines kleinen Friedhofs über dem Ufer der Würm. Ab 1478 ließ Herzog Sigmund das Gotteshaus wohl unter Leitung von Baumeister Jörg von Halspach aufführen. Daß die Kirche errichtet wurde, verdankt sie (nach den neuesten Erkenntnissen) der Lage an dem Pilgerweg von Augsburg zu der damals blühenden Wallfahrt in St. Wolfgang am Abersee. Die an der Innenseite des Chores entdeckten Pilgerzeichen und die Inschrift auf einer der beiden Glocken aus dem späten 15. Jahrhundert lassen vermuten, daß viele Pilger hier Zwischenstation gemacht haben. Ihre Almosen und die im späten Mittelalter üblichen Ablaßgelder, von denen auch Ulrich Fuetrer berichtet, mögen neben den Geldmitteln des Herzogs zu der reichen Ausstattung beigetragen haben.
Harmonisch in ihren Proportionen wirkt das Äußere des Gotteshauses mit dem stark eingezogenen, einjochigen Chor. Ein gemaltes Maßwerkfries mit eingefügten Wappenscheiben unter dem Dachgesims am Chor, gemalte Umrahmungen an den Fenstern und zwei schlichte spitzbogige Portale beleben die einfachen, glatten Wände des Baus. Der Turm, 1794 durch Blitzschlag beschädigt, erhielt im 19. Jahrhundert seinen spitzen Helm. Seine volle Schönheit aber entfaltet das Kirchlein im Inneren. Der Saalbau des Langhauses mit der originalen, bemalten Balkendecke, den geschnitzten Deckleisten und der mit einem Netzgewölbe gedeckte Chorraum vermitteln ein heimeliges Raumgefühl. Die Brüstung der Westempore nimmt die Schnitzereien und die Bemalung der Langhausdecke auf.
Im Chor konnte bei den Restaurierungsarbeiten (seit 1975) die ursprüngliche Farbigkeit wieder gewonnen werden. Die Rippen des Netzgewölbes steigen aus Kopfkonsolen auf; ihre in Stein gehauenen Gesichter lassen keine eindeutige Erklärung zu: Sind es Heilige oder nur Handwerker, Fürsten oder nur Bauern? Die Schlußsteine im Chorgewölbe zeigen das herzogliche Wappen, den hl. Wolfgang, die Gottesmutter mit Kind und das Wappen der Kaisertochter Kunigunde, der Gemahlin von Herzog Albrecht IV. Mit großem Einfühlungsvermögen hat ein unbekannter Künstler die 1479 und 1480 datierten Fresken mit Szenen der Passion Christi, dem Tod Mariens auf der Innen-

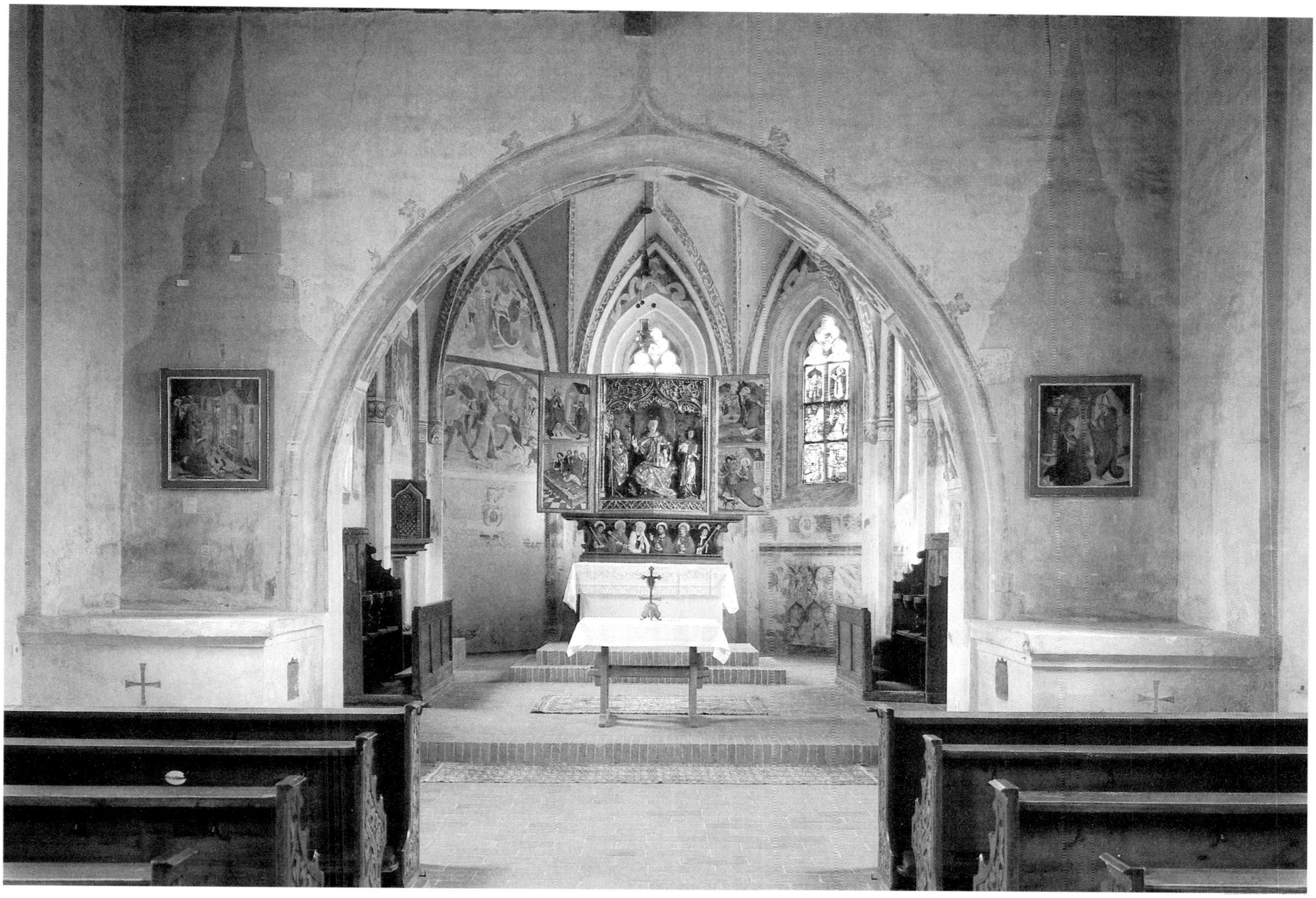

MÜNCHEN, Kirche St. Wolfgang in Pipping: Blick zum Chor. (Die Seitenaltäre werden derzeit restauriert)

seite über dem Chorbogen, den Propheten an den Wänden und den Klugen und Törichten Jungfrauen am Triumphbogen gemalt. Dramatisch ist das Geschehen beispielsweise in der Kreuztragung oder der Dornenkrönung gestaltet: Zu Grimassen verzerrte Gesichter, übertriebene Gesten, extrem gespreizte gotische Schrittstellungen demonstrieren zusammen mit kräftigen Farben die Dramatik der Leidensszenen.

Aus der Erbauungszeit der Kirche stammen auch die drei Altäre. Münchner Meister haben die guten handwerklichen Arbeiten geschaffen. Im Schrein des mit Ranken und Zinnen geschmückten Hochaltars steht der Kirchenpatron St. Wolfgang; zwei Diakone, die ihm Stab und Buch tragen, begleiten ihn. Die Tafelbilder der beiden Altarflügel schildern Szenen aus der Wolfgangslegende. Die Predella zeigt Christus und Maria mit den Aposteln Matthias, Petrus, Johannes und Matthäus. Auf der Rückseite des Schreins wurden zwei gemalte Engelsgestalten mit den Leidenswerkzeugen Christi freigelegt.

Der Mittelschrein des südlichen Seitenaltars zeigt den auferstandenen Christus zwischen den Heiligen Antonius Eremita und Laurentius. Das Martyrium des hl. Laurentius und des hl. Sebastian sind Inhalt der Tafelbilder auf den Flügeln.

Der hl. Wolfgang und der hl. Leonhard sind die Begleitfiguren der Muttergottes mit dem Kind im Schrein des nördlichen Seitenaltars. Seine Flügelbilder zeigen St. Leonhard als Befreier der Gefangenen und die Enthauptung des hl. Sigismund.

Fresken der vier Kirchenväter zieren die Brüstungsfelder der steinernen, spätgotischen Kanzel. Durch seine perspektivische Wirkung interessant ist der an die Wand über dem Kanzelkorb gemalte Schalldeckel, ein gotisches Beispiel für Architekturmalerei. Aus einer Münchner Werkstatt stammen die Einzelscheiben in den Chorfenstern: die im östlichen sind von »maricz pogner anno dni 1479«, die im

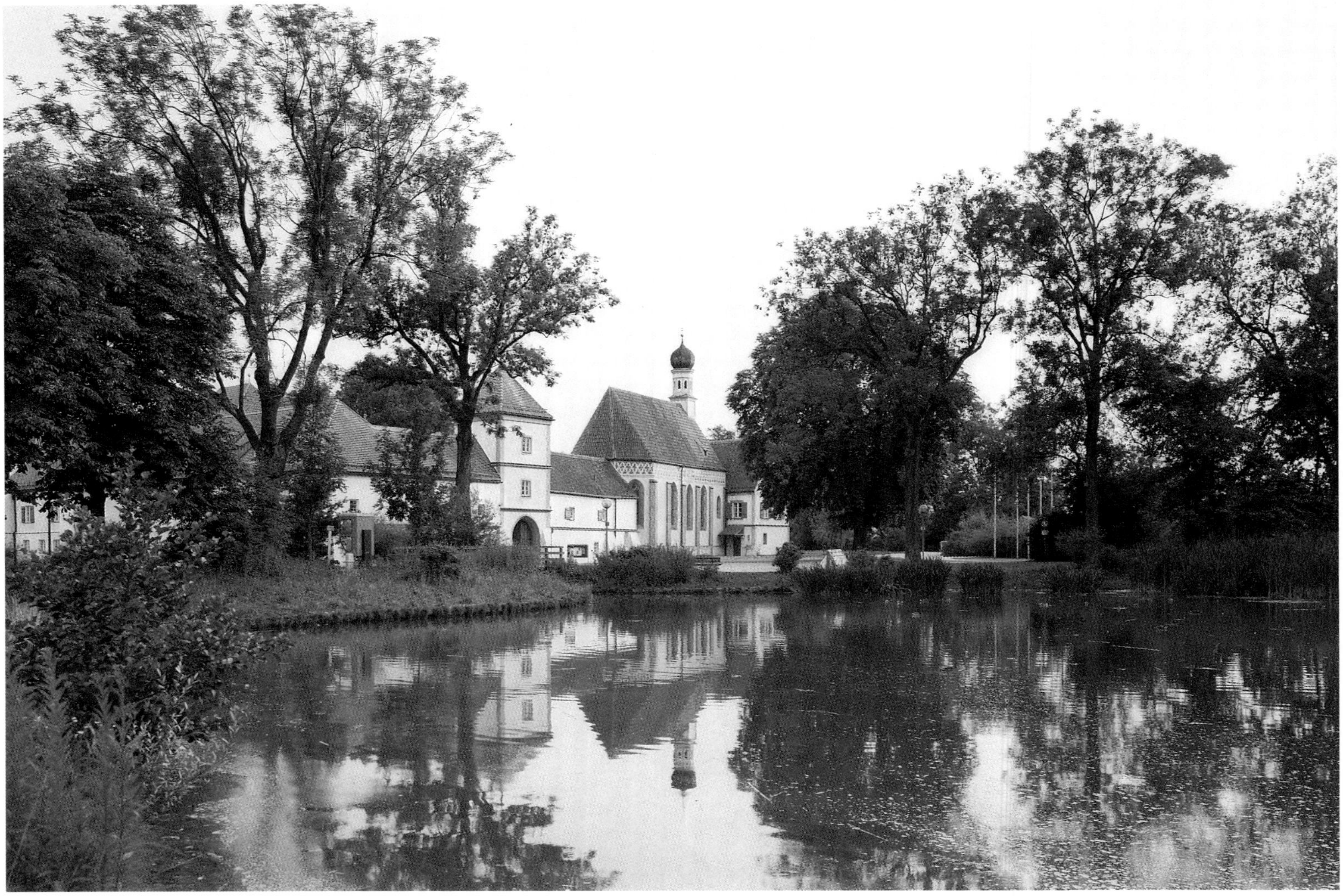

südöstlichen von »doctor balthasas mannsveldt 1479« gestiftet worden.

Nur wenig würmabwärts von St. Wolfgang steht das Wasserschloß *Blutenburg* oder, wie es zu Zeiten des Herzogs Sigmund hieß, die »Pluetenburg«. Herzog Albrecht III. hatte sie 1438/39 zu einem fürstlichen Landsitz ausbauen lassen. Sein Sohn Sigmund setzte das Werk fort und ließ ab 1488 an der Nordwestseite der Anlage die *Schloßkirche Hl. Dreifaltigkeit und St. Sigismund* errichten. Sie ist vollständig in den Schloßkomplex integriert. Die verputzten Außenwände sind schlicht und nur von schmalen Strebepfeilern und einem treppenförmigen Portalvorbau untergliedert. Schmuckvoll ist jedoch das gemalte Fries unter der Dachlinie aus Flechtwerk mit eingestreuten Wappenschilden der Wittelsbacher. Von den Wandmalereien in der Sockelzone der Südwand sind nur die Anbetung der Könige und die Hl. Sippe zu sehen. Die übrigen mit dem hl. Florian, Adam und Eva vor dem Baum der Erkenntnis und St. Onuphrius, dem in Bayern verehrten Einsiedler aus Ägypten, sind durch vorgelegte Platten vor Zerstörung und Verfall geschützt. Im Giebelfeld des Portalvorbaus ist die Hl. Dreifaltigkeit als Gnadenstuhl dargestellt, datiert 1488. Jörg von Halspach hat vor seinem Tode 1488 wohl noch an der Planung des Gotteshauses mitgewirkt.

Das Langhaus der einschiffigen Kirche wird von einem einfach figurierten Netzgewölbe gedeckt. Die Rippen ruhen auf Konsolen mit vorgelegten Wappenscheiben. Nur durch einen wenig einspringenden Triumphbogen abgetrennt, schließt sich in gleicher Breite der einjochige und dreiseitig geschlossene Chorraum an. Sternförmig figurierte Rippen überziehen sein Gewölbe.

Den Besucher des Gotteshauses nehmen sofort die prächtigen Altarbilder gefangen. Jan Polack hat sie 1491 geschaffen. Auf dem Hochaltar mit dem Gnadenstuhl ein Gottvater mit juwelenbesetzter

MÜNCHEN, *Wasserschloß Blutenburg: Torturm und Schloßkirche Hl. Dreifaltigkeit und St. Sigismund, 1488*

MÜNCHEN, *Schloßkirche Blutenburg: Chorraum mit den 1491 von Jan Polack gemalten Altartafeln, den Markus Haldner zugeschriebenen Schnitzfiguren des auferstandenen Christus (links) und der Madonna (rechts) sowie dem fialengeschmückten Sakramentshäuschen, Ende 15. Jahrhundert*

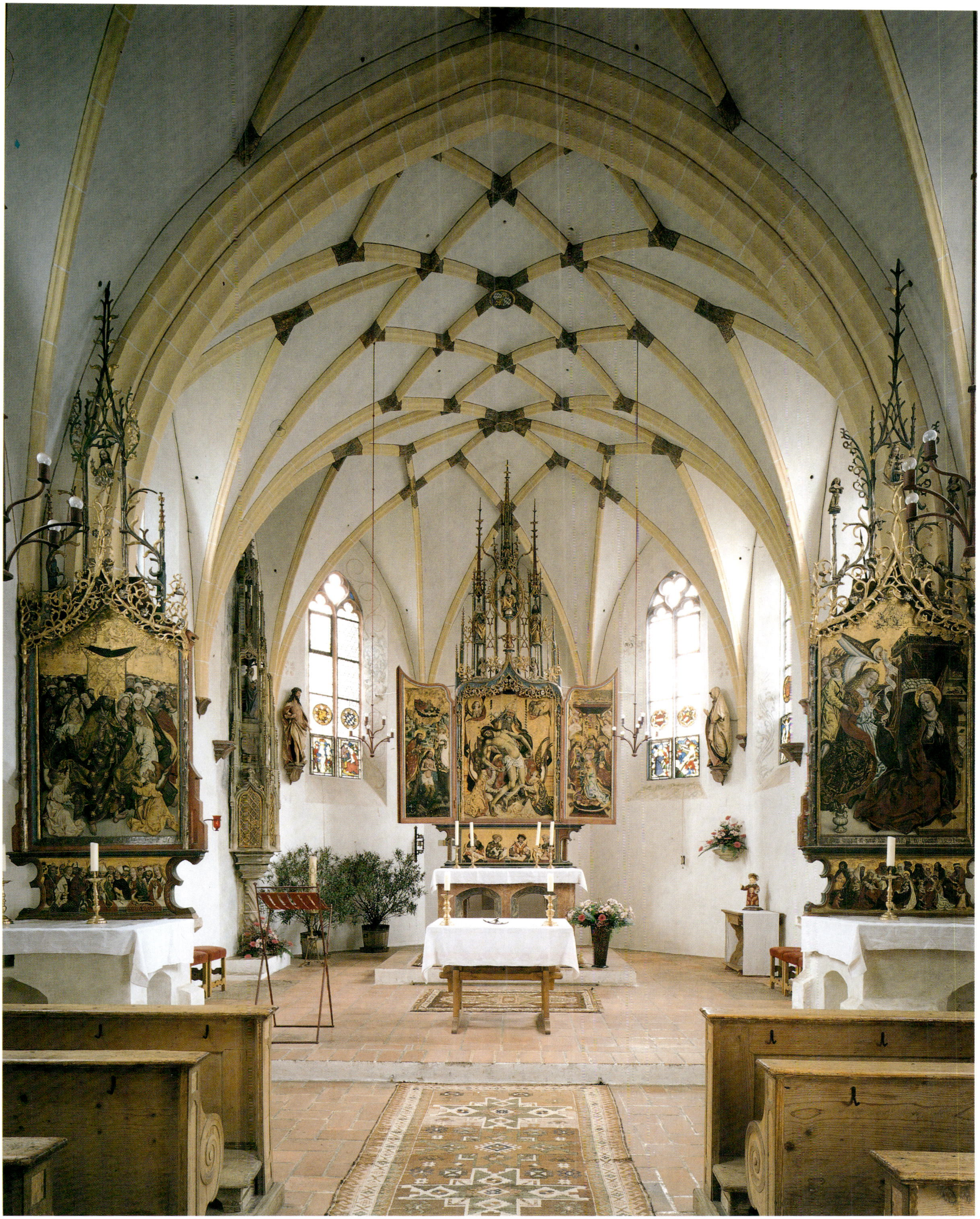

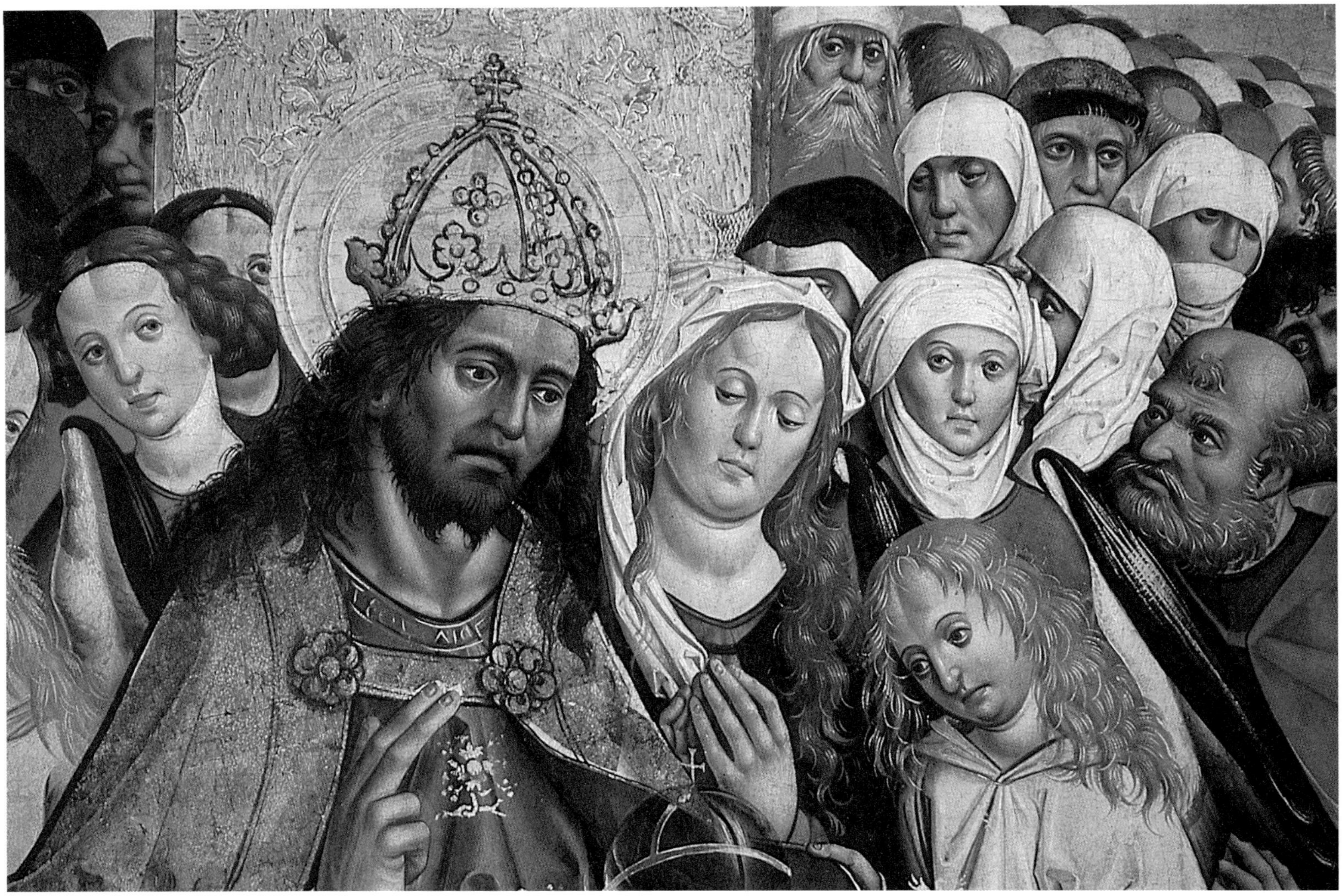

MÜNCHEN, Schloßkirche Blutenburg: Christus Salvator mit Maria und der Mutter Anna, umgeben von Engeln und Heiligen. Ausschnitt aus dem Tafelbild auf dem nördlichen Seitenaltar, 1491, von Jan Polack

Krone, der seinen toten Sohn Jesus Christus in den Armen hält; zwei Engel neben den Schultern Gottes halten seinen reich verprämten königlichen Mantel, zwei Engel zu seinen Füßen halten einen kunstvoll gemalten durchsichtigen Schleier. Der linke Altarflügel trägt innen ein Tafelbild mit der Taufe Christi im Jordan, wobei die Burg im Hintergrund an die Blutenburg erinnert. Auf der Innenseite des rechten Flügels ist die Krönung Mariens dargestellt: Die personifizierte Dreieinigkeit – Gottvater, Sohn und Heiliger Geist in königlichen Gewändern – segnet sie und bietet ihr Szepter und Weltkugel dar. Die geschlossenen Flügel zeigen den hl. Sigismund und seinen herzoglichen Namensvetter als Stifter mit dem hl. Bartholomäus. Prächtig, einer Hofkirche angemessen, sind die Brustbilder der vier Evangelisten mit ihren Symbolen auf der Predella des Hauptaltars.

Wie die seitlichen Kulissen eines Bühnenbildes wirken die beiden etwas tiefer stehenden flügellosen Seitenaltäre in bezug zu dem sie rahmenden Hochaltar. Das Tafelbild mit der 1491 datierten Verkündigung Mariens im südlichen Seitenaltar erinnert in seiner Feierlichkeit an die italienische Renaissancemalerei: Jan Polack gestaltet das geheimnisvolle Geschehen als Szenerie, die wie ein intimes Stilleben arrangiert ist. Sehenswert ist die Predella mit der Heiligen Familie in der Kleidertracht des 15. Jahrhunderts.

Auf dem nördlichen Seitenaltar ist Christus Salvator dargestellt, begleitet von Maria und der Mutter Anna, umgeben von Engeln und vielen Heiligen. Die Frauengesichter des Altarbildes und der Predella des südlichen Seitenaltars kehren hier wieder. Die Vierzehn Nothelfer auf der Predella vervollständigen das Altarwerk.

Gekrönt sind die Altäre durch Gesprenge, die mit ihren Pflanzen, Ranken und spielenden Vögeln noch einmal den ganzen Formenreichtum und die Gestaltungsfreude der Schnitzkunst der späten Gotik aufleben lassen. Über dem Kielbogen des Hochaltars begleiten Adam und Eva, die

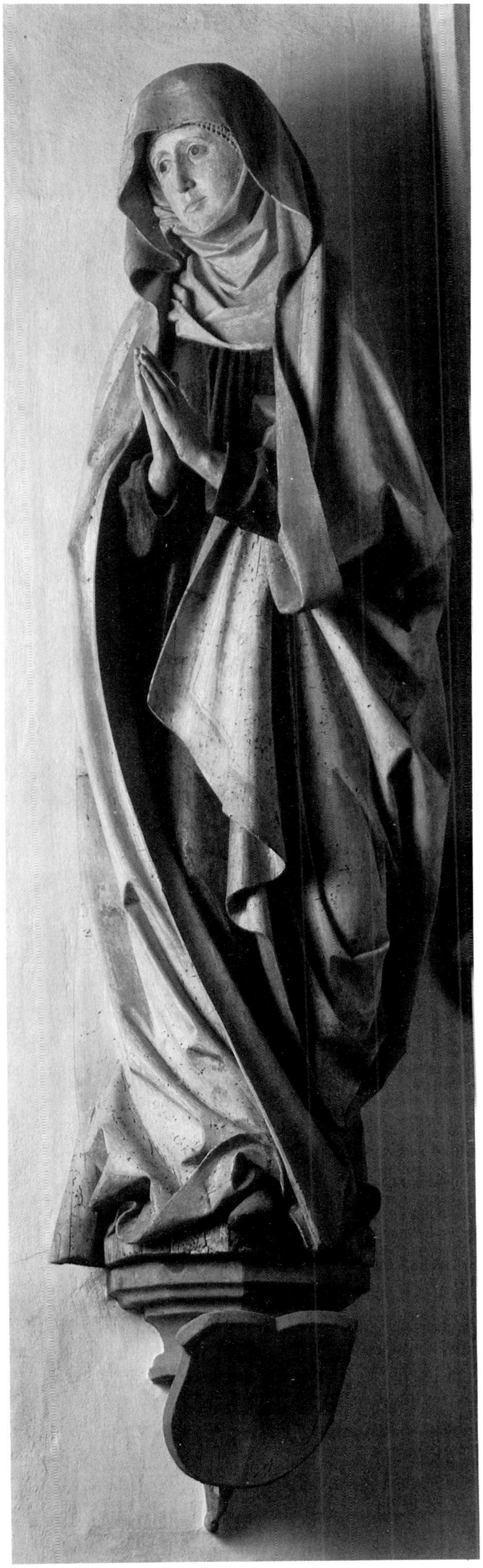

MÜNCHEN, Schloßkirche Blutenburg: Blutenburger Madonna, Markus Haldner zugeschrieben, Ende 15. Jahrhundert

Gottesmutter und Johannes der Täufer den in der Mitte als Weltenrichter thronenden Christus. Im Aufsatz des südlichen Seitenaltars steht Christus als Retter; seine Entsprechung im nördlichen Altar ist Maria.
Abhängig von der Aussage der Szenen sind in strahlenden oder in düsteren Farben die 16 Glasbilder des 1497 datierten Zyklus aus dem Leben Christi in den Fenstern der Schloßkirche gehalten. Beginnend mit der Verkündigung im ersten Fenster der Südwand des Langhauses kann man die Stationen von Fenster zu Fenster bis zur Auferstehung nachvollziehen. Über den Bildern zieren Wappenscheiben der mit den Wittelsbachern verbundenen Fürstenhäuser die Fenster.
An den Wänden des Kirchenraums und des Chors stehen, seitlich der Fenster auf Konsolen, die dem »Meister der Blutenburger Madonna« zugeschriebenen lebensvollen Schnitzfiguren des auferstandenen Christus, der zwölf Apostel und der Madonna. Heute wird der Münchner Bildhauer Markus Haldner als ihr Schöpfer vermutet. Bei der Restaurierung unmittelbar nach dem letzten Krieg wurde zwar die Ölfarbenfassung des 19. Jahrhunderts entfernt, mit ihr aber auch Teile der ursprünglichen Fassung. Die Figuren gehören dennoch zu den herausragenden Schöpfungen oberbayerischer Bildschnitzkunst des auslaufenden 15. Jahrhunderts. Ihre Gestalt, die Art und der Faltenwurf ihrer Kleidung deuten, wie die Altäre, aber schon die beginnende Renaissance an; nur die ausdrucksstarken Gesichter und Gesten verkörpern noch die tiefe Gläubigkeit des späten Mittelalters.
Erwähnenswert ist auch das fialengeschmückte Sakramentshäuschen: 1489 geschaffen, dient es noch heute seiner Bestimmung – der Aufbewahrung des Allerheiligsten.
Die Schloßkapelle von Blutenburg ist einzigartig in der Geschlossenheit von Architektur und Ausstattung aus der Erbauungszeit. Wie selbstverständlich verbindet sich das geschnitzte Gesprenge des spätgotischen Hochaltars mit den senkrechten Linien des Chorraums und bildet zusammen mit den Netzgewölben des Langhauses eine Raumeinheit. Genau sind die Proportionen der Altäre auf diesen Raum abgestimmt. Noch einmal wurden in diesem Gotteshaus die Ziele der Gotik verwirklicht: Jedes Bau-

teil, jedes Ausstattungsstück hat zur Einheit des Ganzen beizutragen.

Die kleine, von hohen Bäumen und einem kleinen Friedhof umgebene Kirche *St. Martin* in UNTERMENZING, etwa eine halbe Wegstunde weiter würmabwärts, ist das dritte Beispiel einer weitgehend unberührt erhaltenen Landkirche im Weichbild Münchens. Auch hier haben der Glaube und die Liebe zur Kunst, einschließlich der herzoglichen Gulden, der uralten Verehrung des hl. Martin einen festlichen Rahmen gegeben.
Im Jahre 1499 ließ Herzog Sigmund durch den Steinmetz und Bildhauer des Klosters Ebersberg, Ulrich Randeck, die einschiffige Kirche mit dem eingezogenen Chor, dem vierjochigen Langhaus und dem wuchtigen, von einem Treppengiebel bekrönten Südostturm bauen. Gestufte Strebepfeiler, schönes Maßwerk an den Fenstern und das von Wandpfeilern getragene Netzgewölbe, dessen Rippen aus figurenbesetzten Konsolen entspringen, zeigen die Spielarten spätgotischer Baukunst in einer Landkirche. Auch die beiden Chorjoche und die dreiseitige Apsis werden von einem Netzgewölbe gedeckt. Der Bau strömt urtümliche, bodenständige Kraft aus – wie sich dies selbst in dem mit spätgotischen Flachornamenten geschmückten hölzernen Pfeiler unter der Westempore zeigt. Dieselbe Kraft verraten auch die zu Beginn des 16. Jahrhunderts gemalten Fresken der Apostel und heiligen Frauen zu beiden Seiten der Langhausfenster. (Die Wandbilder an der Nordwand des Chores sind erst in der zweiten Hälfte des 16. Jahrhunderts entstanden.) »von gots gnaden Sigmund pfalzgraf pei rein herzog in ober und niderpairn 1499«, lautet die vom pfälzischen und baierischen Wappen begleitete Inschrift auf einer der sechs mit einer Madonna, dem hl. Nikolaus, dem hl. Petrus und Stifterfiguren bemalten Glasscheiben im Chor. Der 1499 als Nebenaltar geschaffene Flügelaltar mit seinen Tafelbildern der Gottesmutter, der hl. Katharina und der hl. Barbara im Schrein, steht heute im Bayerischen Nationalmuseum in München. Er mußte einem Renaissancealtar weichen.

Im späten Mittelalter war die Hofmark MILBERTSHOFEN in Besitz des Benediktinerklosters Schäftlarn. Von dort kam im Jahre 1510 der Auftrag zum Bau der alten *Pfarrkirche St. Georg*. 1944 wurde sie ein Opfer der Bomben. Nur der Chor und der vom Vorgängerbau übernommene Turm blieben erhalten. Gerettet und vorübergehend in die 1910 bis 1912 errichtete neue St. Georgskirche überführt wurde der 1510 datierte Flügelaltar mit dem auf einem Schimmel reitenden hl. Georg im Schrein und den Tafelbildern mit drastischen Marterszenen aus der Georgslegende auf den Flügeln: Auf dem rechten Flügel ist innen die Enthauptung des Heiligen, außen die Marter des hl. Georg auf

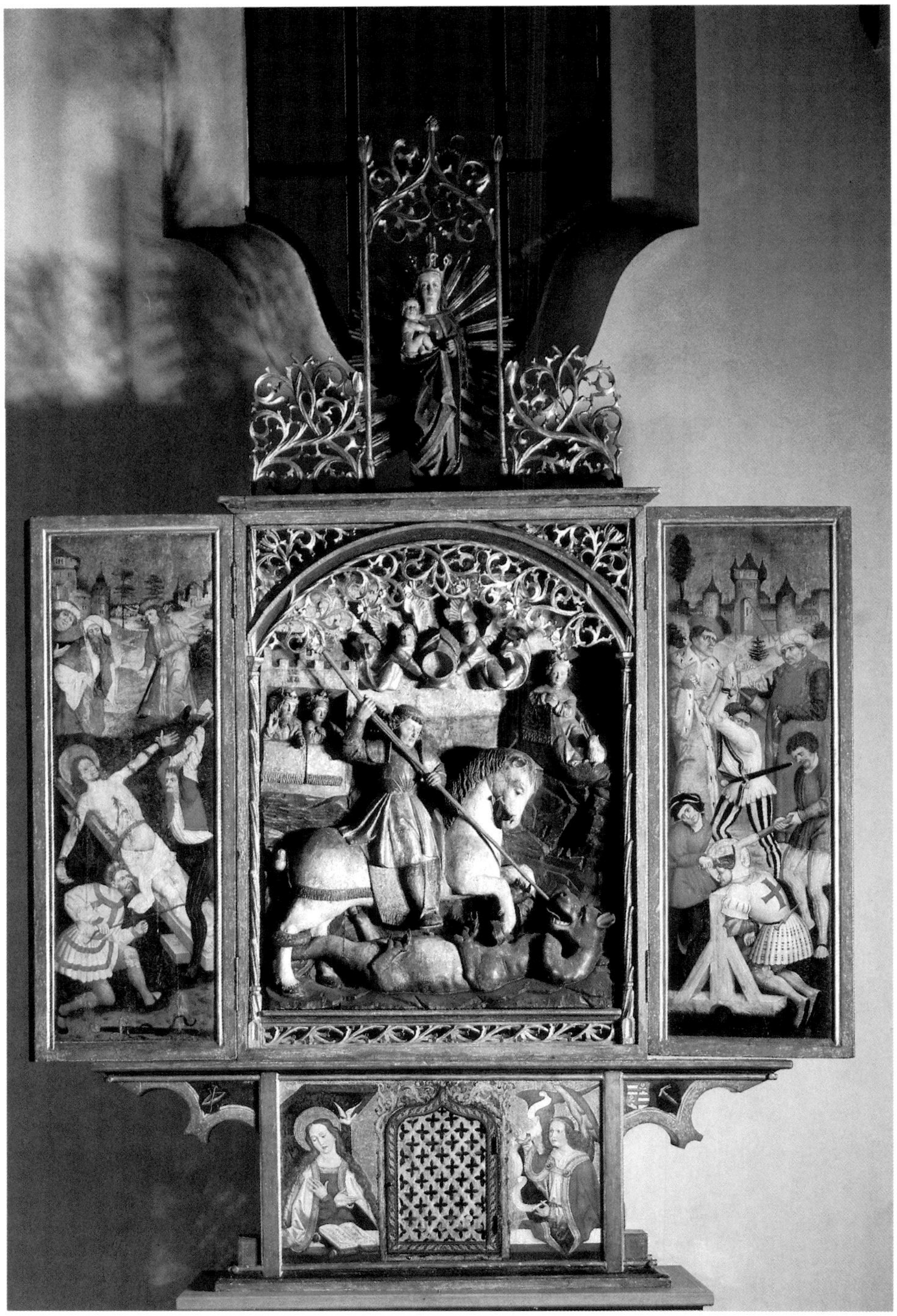

MÜNCHEN, Pfarrkirche St. Georg in Milbertshofen: Spätgotischer Flügelaltar aus einer Münchner Werkstatt, 1510 datiert

MÜNCHEN, Pfarrkirche St. Georg in Milbertshofen: Tafelbilder mit Szenen aus dem Martyrium des hl. Georg (rechts) und dem Sieg über den Drachen (links) auf den Außenseiten der Altarflügel, 1510 datiert; der Werkstatt des Jan Polack zugeschrieben

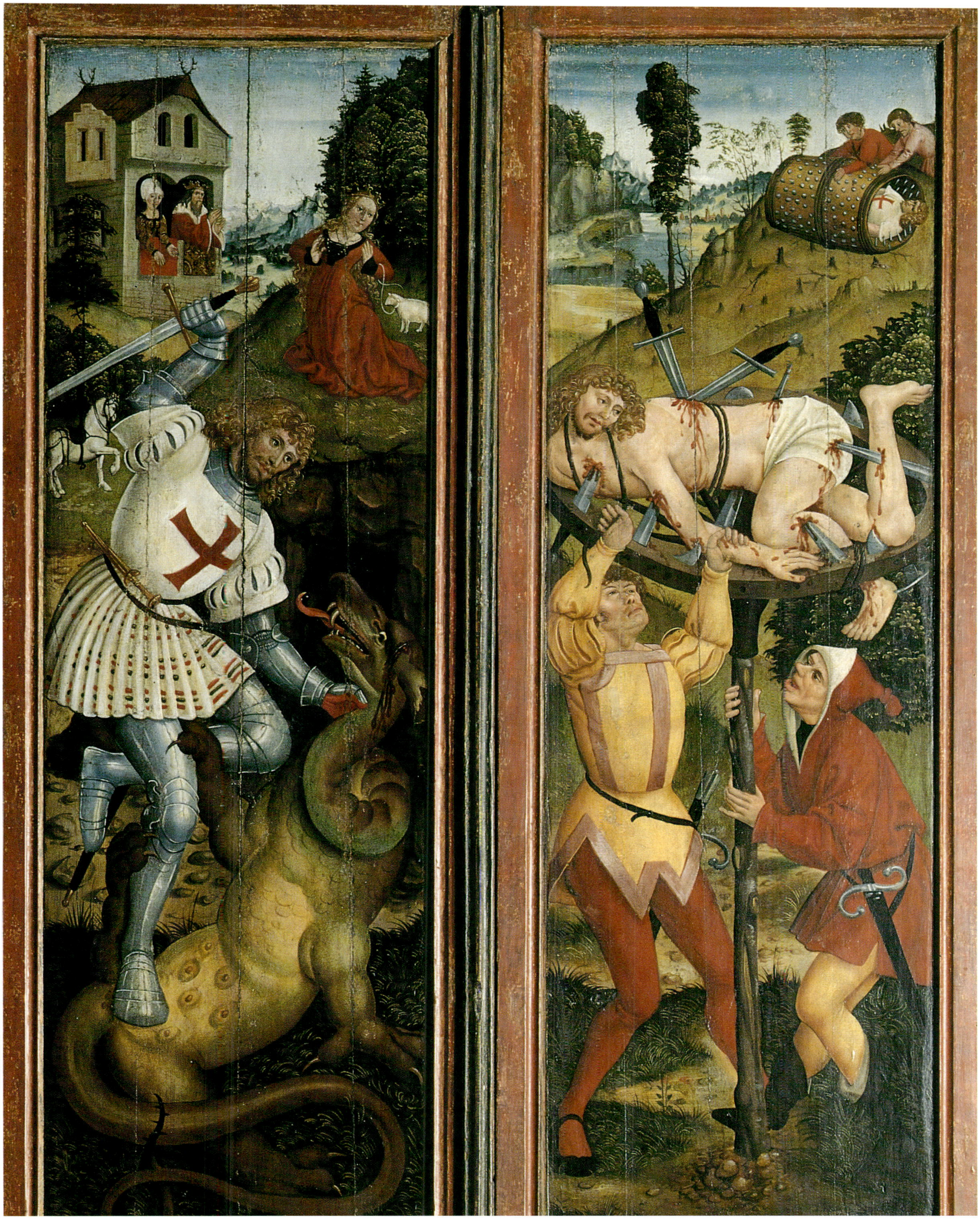

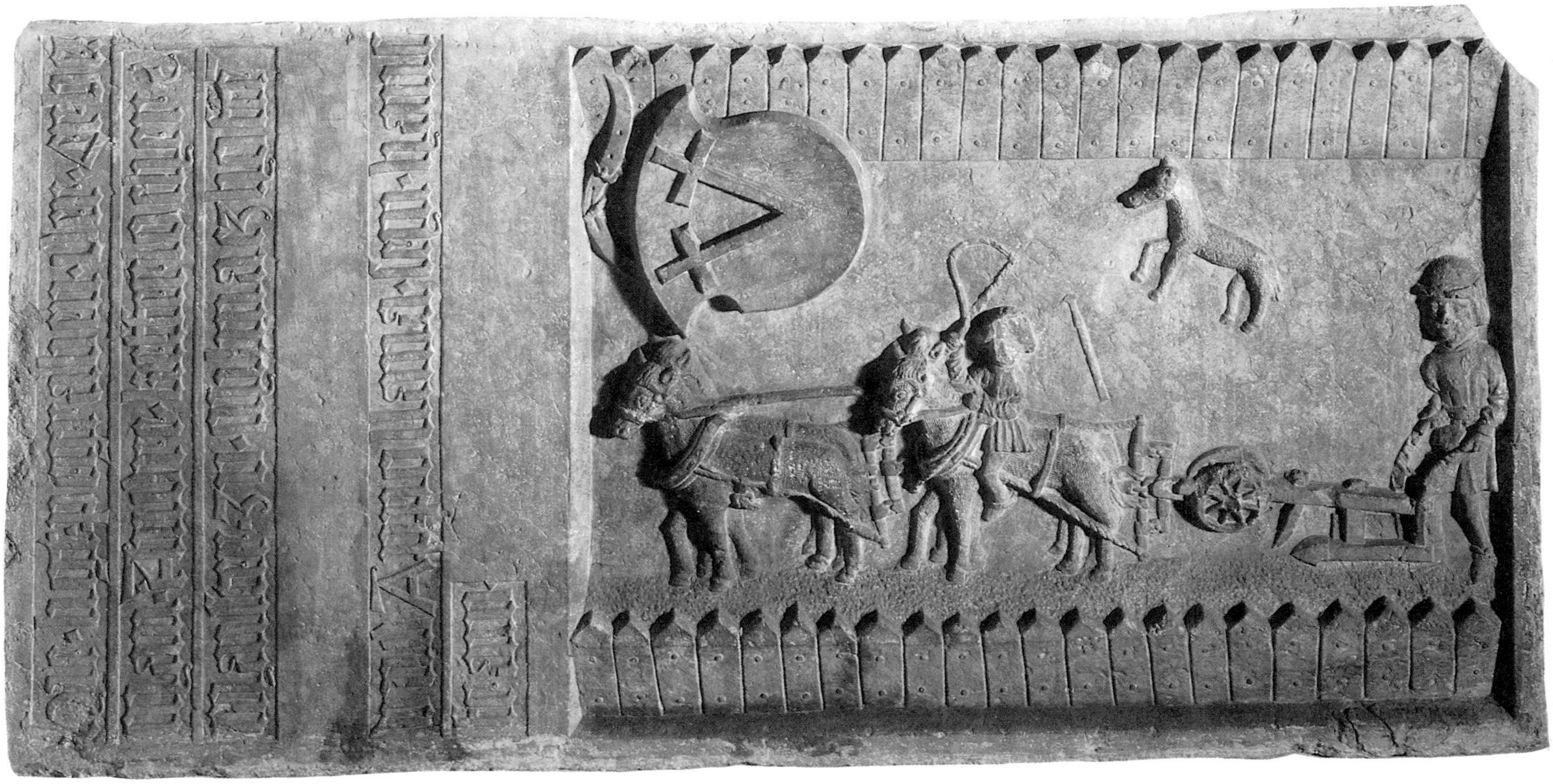

dem Messerrad und in dem mit Nägeln gespickten Faß dargestellt. Das Martyrium setzt sich auf dem linken Flügel innen fort, wo der hl. Georg auf ein Brett gespannt und mit Beilen zerhackt wird. Die Außenseite zeigt den hl. Georg, wie er den Drachen erschlägt. Der Altar ist ein bedeutendes Werk der Münchner Spätgotik. Während der Schnitzer unbekannt ist, werden die Tafelbilder der Werkstatt des Jan Polack zugeschrieben.

Nicht übersehen werden sollte der im Chor der alten Kirche St. Georg aufgestellte Rotmarmorgrabstein aus dem Jahre 1500: »Hie ligt pegraben der erber man Andre Kefferlocher maister zu milmaczhoffen und Appolona sein hausfraw«, vermeldet die Inschrift. Daneben entdeckt man das stattliche Relief eines pflügenden Bauern: Der Pflug wird von vier Pferden gezogen; auf einem der Pferde reitet ein Junge mit der Peitsche und neben dem Gespann läuft ein Fohlen her. Es ist ein für die spätgotische Zeit ungewöhnlich diesseitiges Grabmonument, das als Motiv den zunehmenden Blick fürs Reale verrät.

MÜNCHEN, Alte Pfarrkirche St. Georg in Milbertshofen: Rotmarmorgrabstein für Andreas Kefferloher und seine Ehefrau Appolonia, 1500

Zwischen Isar und Amper

Bauernland liegt zwischen Freising, Moosburg und Dachau. Das Hochstift Freising, das Kloster Weihenstephan, das Chorherrenstift in Moosburg und der landsässige Adel waren die Grundherren in den spätmittelalterlichen Hofmarken. Wie die mit Wappen besetzten Schlußsteine in den Gewölbescheiteln oder die Glasmalereien in den Fenstern der Kirchen verraten, sind viele der spätgotischen Landkirchen adeligen Stiftungen zu verdanken. Geistliche und künstlerische Zentren des Gebiets waren Freising und Moosburg. Beide wurden geprägt durch zwei frühe Heilige, den hl. Korbinian in Freising und den hl. Kastulus in Moosburg. Die über die Grenzen des Hochstifts Freising hinausreichende pastorale Zuständigkeit des Bischofs ließ das kleine Hochstift zu einer Brücke zwischen den Teilherzogtümern Ober- und Niederbayern werden. An den spätgotischen Kunstwerken, ihrer Herkunft, ihrer Entstehung und ihren Künstlern wird dieser Gedankenaustausch deutlich. Da sich in Freising keine eigene Kunstschule gebildet hatte (wie in Regensburg oder Salzburg), nahm das Hochstift vor allem an der künstlerischen Entwicklung in den herzoglichen Residenzstädten München und Landshut teil.

Freising

Die »geistlichste Stadt Altbayerns«, die Stadt, von der gesagt wird, »die Geschichte Baierns beginne mit den Bischöfen Freisings«, birgt auf ihrem Domberg mit die ältesten gotischen Bauwerke Oberbayerns.

Der *Domberg* war immer Mittelpunkt: der geistliche des Bistums und ab dem späten Mittelalter auch der weltliche, der Regierungssitz des Hochstifts. Es gibt nicht viele Orte, an denen jede Epoche, jede Entwicklung so deutlich ihre Spuren hinterlassen hat und wo alle Stilrichtungen bis hin zur Moderne so in Einklang und Gleichgewicht stehen wie auf dem »mons doctus«, dem gelehrten Berg, der Stadt und Landschaft beschützend überragt.

Die Stadt Freising und ihr Domberg, in der Gotik durch Tore, Türme und einen gemeinsamen Mauerring miteinander verbunden, haben sich immer gegenseitig respektiert. Keiner versuchte von dem anderen Besitz zu ergreifen. Das bäuerliche Bürgertum lebte unten, die geistlichen Herren regierten oben. Zu Anfang des 14. Jahrhunderts erreichten die Unabhängigkeitsbestrebungen des Hochstifts ihre Endphase: Der von 1314 bis 1322 regierende Bischof Konrad III. Sendlinger aus dem Münchner Patriziergeschlecht konnte 1315 einen entscheidenden Schritt in diese Richtung vollziehen. Er erreichte bei Herzog Rudolf I. von Oberbayern das Recht, daß die im Herzogtum lebenden freisingischen Untertanen allein dem Freisinger Recht unterstanden. Bischof Konrad III. war staatsrechtlich der erste Souverän des Hochstifts.

Die politische Lage des kleinen Territoriums war nicht einfach. Ab 1328 galt zwar eine eigene Rechtsordnung, das Freisinger Landrecht. Die großen Nachbarn kümmerte das aber wenig. Immer wieder war das Hochstift Durchzugsgebiet für fremde Heere. Waren es 1313, 1334 und 1336 die Streitigkeiten um die Macht in Niederbayern, folgten gegen Ende des 14. Jahrhunderts die kriegerisch ausgetragenen Familienfehden der Wittelsbacher. Und trotzdem: Der Domberg und seine Ausstrahlung blieben erhalten.

Wie die Einwohner Freisings heute die Silhouette des Dombergs erleben, hat sie schon den Bürger der Gotik beeindruckt. Dank Jan Polack ist dieses Bild überliefert: Auf seinem 1489 für das Kloster Weihenstephan gemalten Flügelaltarbild vom Tode des hl. Korbinian – eine Kopie hängt in der Korbinianskapelle im Liebfrauendom zu München (s.S. 36) – hat er

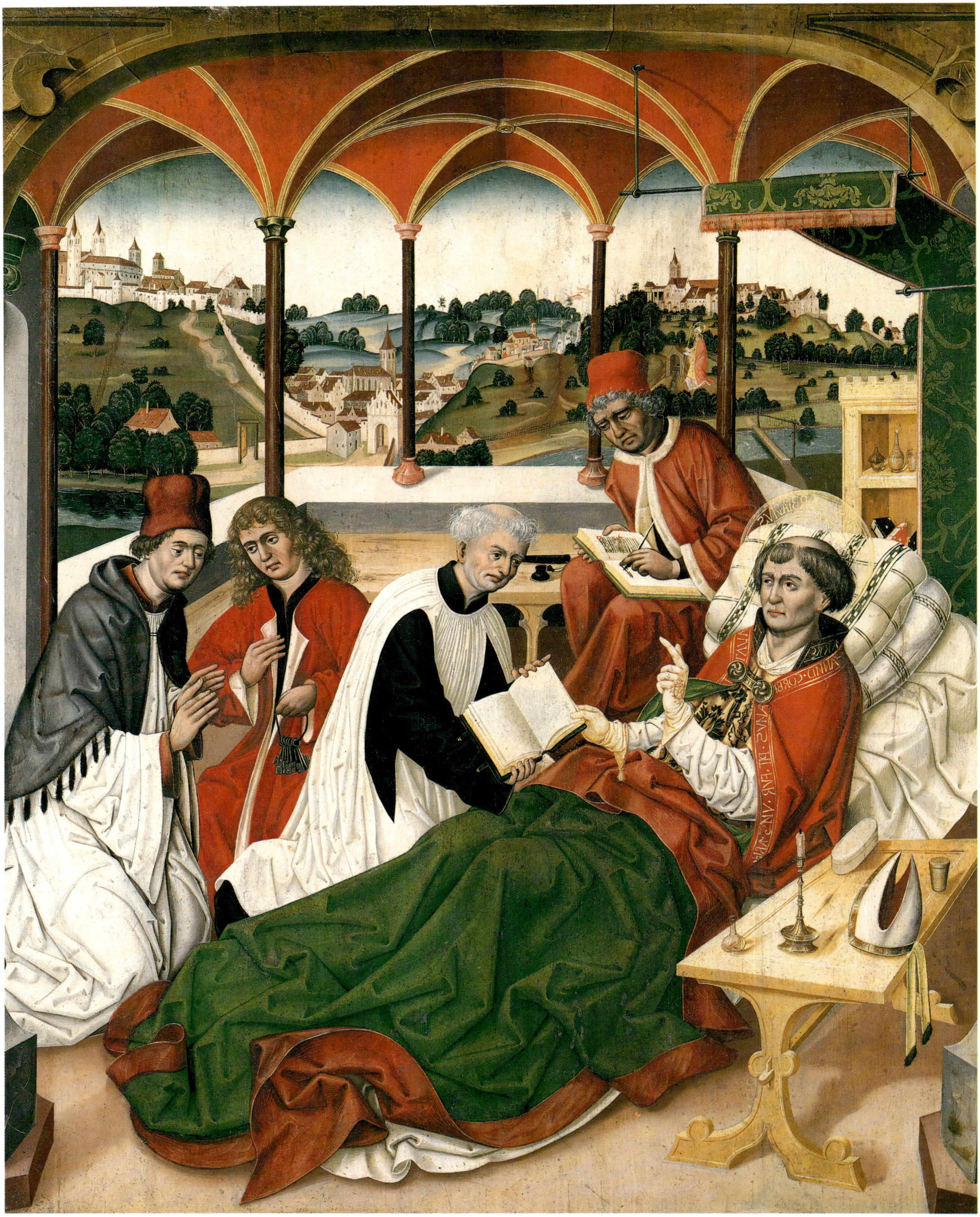

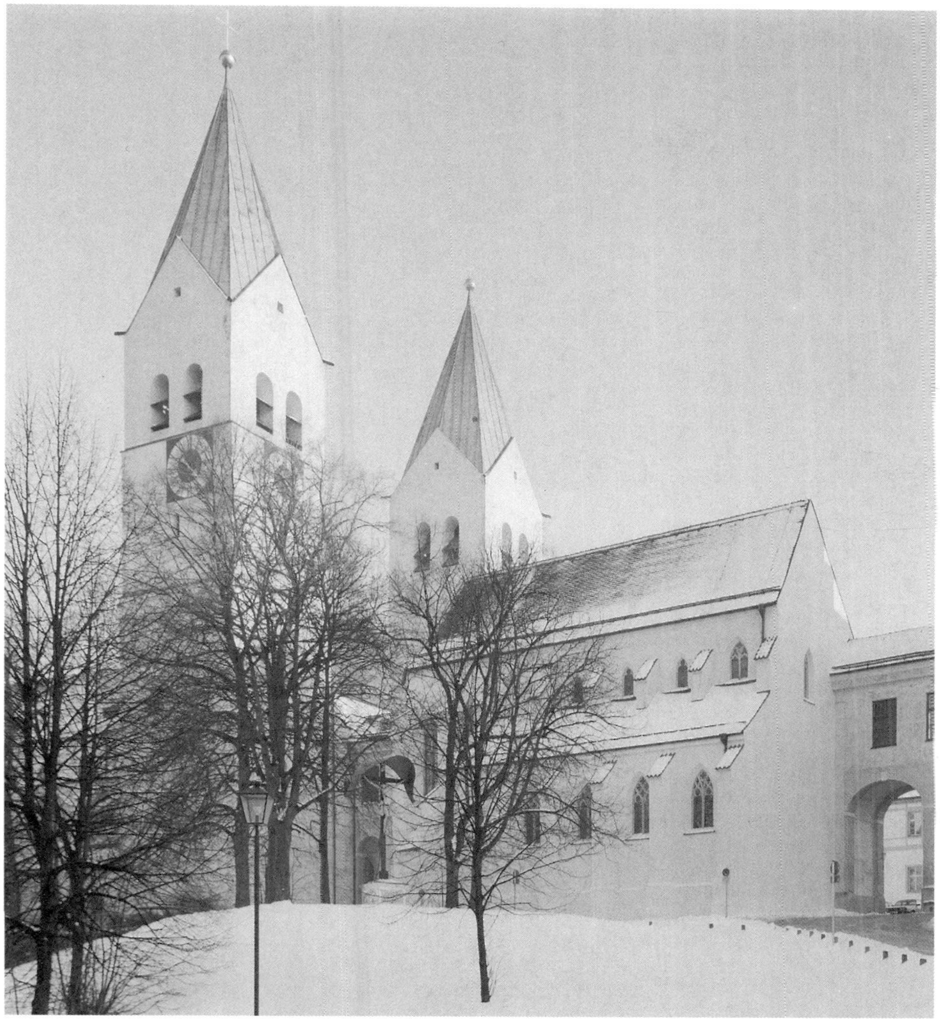

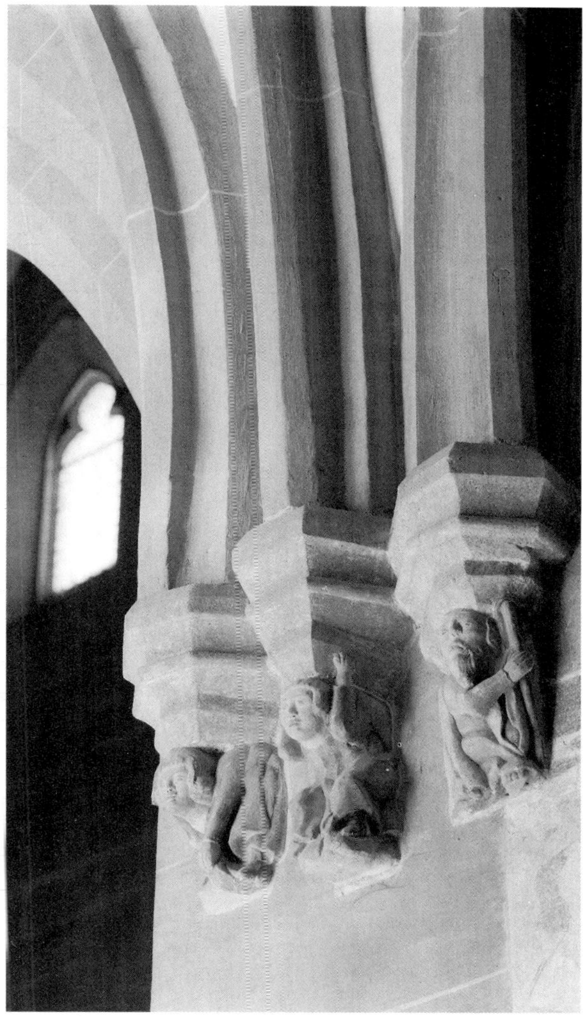

FREISING, *Langhaus der ehem. Chorherrenstiftskirche St. Johannis: von 1319 bis 1321 unter Bischof Konrad III. als gotische Basilika erbaut*

FREISING, *ehemalige Chorherrenstiftskirche St. Johannis: Gotische Konsolfiguren im Langhaus*

FREISING, *Tod des hl. Korbinian. Altarflügel aus dem ehemaligen Benediktinerkloster Weihenstephan, 1489, von Jan Polack. Im Hintergrund sind das Kloster (links), die Stadt Freising und der Domberg dargestellt. (Alte Pinakothek, München)*

das Aussehen von Stadt und Domberg im späten Mittelalter festgehalten.
Unter Bischof Gottfried von Hexenagger (1311-1314) und verstärkt unter Bischof Konrad III. (1314-1322) hielt der gotische Stil Einzug in den geistlichen Bezirk.
Durch zwei spätgotische Tore, die im Jahre 1479 unter Bischof Sixtus von Tannberg (1473-1495) errichtet wurden, führt der Weg aus der Stadt auf den Domberg. Das östliche Tor hat seine damalige Gestalt bewahrt. Die Befestigungen wurden von denselben Baumeistern gebaut, die 1480 im Auftrag des Landshuter Herzogs die Wehranlagen der Burg zu Burghausen verstärkten.

In den Jahren 1319 bis 1321 ließ Bischof Konrad III. die ehemalige *Hofkapelle und Chorherrenstiftskirche St. Johannis,* nordwestlich des romanischen Domes, erbauen. Die dreischiffige Basilika ist eines der frühesten gotischen Bauwerke in Oberbayern, das in seinen Formen sehr an die Dominikanerkirche in Regensburg erinnert. Vier Joche umfaßt das Langhaus; in der Breite und Höhe des Mittelschiffs schließen die zwei Joche des Chorhauses an, das in fünf Seiten des Achtecks endet. Die beiden Seitenschiffe werden in Höhe des ersten Jochs des Altarraums von rechteckigen Kapellen abgeschlossen. Einfache Arkadenpfeiler tragen die hoch aufragenden Wände des Hauptschiffs. Die Rippen des Kreuzgewölbes entspringen zum Teil aus vorgelegten Diensten mit Blattkapitellen und zum Teil aus figurenbesetzten Konsolen. Bei der letzten Renovierung konnte die originale Raumfassung wiederhergestellt werden.
Um 1360 entstand die große Steinplastik des hl. Korbinian an der neugotischen Westempore. Der Grabstein des Bauherrn, Bischof Konrads III., ist an der Westwand des Langhauses aufgestellt; er wurde 1322 mit der Relieffigur des Verstorbenen geschaffen und war die Deckplatte eines Hochgrabs, das früher im Chorraum stand.
Von der ursprünglichen gotischen Ausstattung haben sich nur Freskenreste aus dem 14. und 15. Jahrhundert an den Ein-

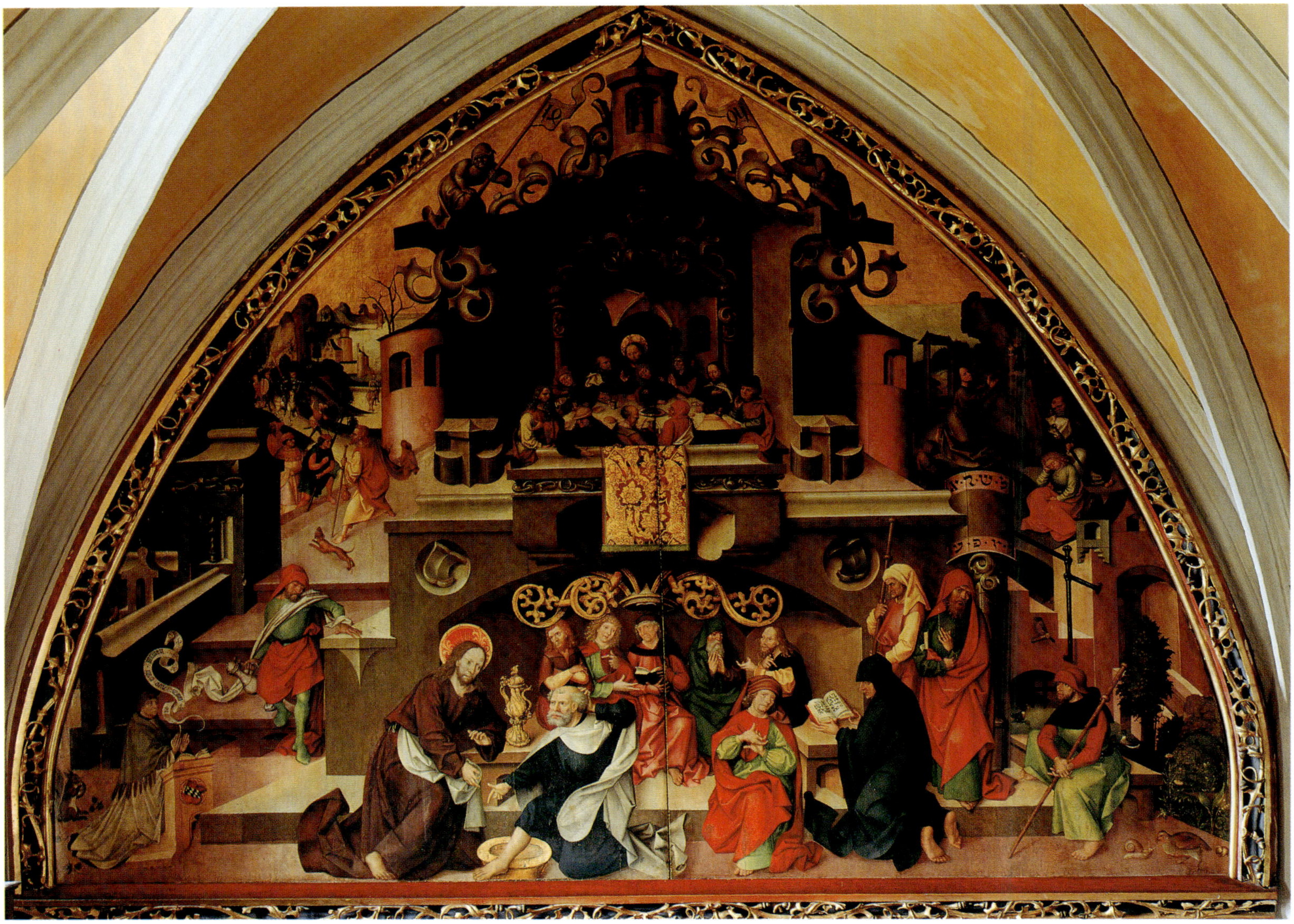

gängen zu den Seitenkapellen erhalten. Während die Schnitzfiguren der Bistumsheiligen Korbinian und Sigismund (entstanden 1515) im Schrein des neugotischen Hochaltars erst im 19. Jahrhundert in die Kirche überführt wurden.

Von Bischof Gottfried von Hexenagger stammt der älteste gotische Bauteil der *Domkirche St. Maria und St. Korbinian,* die um 1314 umgebaute ehemalige Katharinenkapelle, heute das nördliche Schiff der dreischiffigen Vorhalle vor dem romanischen Domportal. Aus frühgotischen Hornkonsolen steigen die herben Rippen des Kreuzgewölbes auf und vereinigen sich in einem Schlußstein mit dem Relief des Gotteslamms. Das südliche Schiff der Vorhalle, die ehemalige Dreifaltigkeitskapelle, dürfte nach dem Wappenrelief auf einem Schlußstein von den Fraunbergern zu Haag gestiftet worden sein.
Nach den Stilformen des Kreuzgewölbes ist das Ende des 14. Jahrhunderts als Bauzeit anzunehmen. Die Rippen entspringen Wandkonsolen, die mit Fabelwesen besetzt sind. Das mittlere Schiff der Vorhalle deckt spätgotisches Netzgewölbe aus dem Jahre 1483.
Die Domkirche selbst, eine in üppigem Barock überformte dreischiffige Basilika, kann trotz der verschwenderischen Pracht den romanischen Ursprung nicht verleugnen. Kaum vorstellbar ist, daß der Dom auch einmal ein spätgotisches Kleid trug: Begonnen wurde die gotische Umgestaltung unter Bischof Nicodemus della Scala (1422-1443). Er bestellte bei dem in Wien arbeitenden Jakob Kaschauer einen monumentalen Flügelaltar. Nach den Chroniken muß der neue Hochaltar, der 1443 geweiht wurde, mit sechs Flügeln und überlebensgroßen Schreinfiguren alles damals in Oberbayern Vorhandene übertroffen haben. Einen Eindruck von der Größe und der Ausdruckskraft der

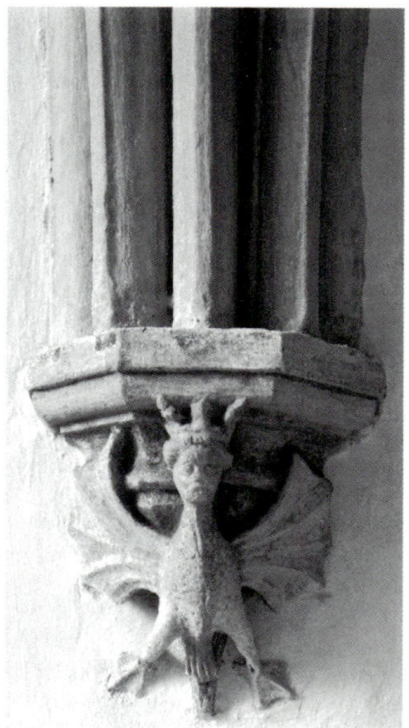

FREISING, *Domvorhalle: Fabelwesen als Konsolträger im südlichen Schiff, Ende 14. Jahrhundert*

FREISING, Domsakristei. Passion Christi, Fußwaschung: Tafelbild von Nikolaus Mair aus Landshut, 1495 vom Domkustos Tristram von Nußberg gestiftet

Schreinfiguren geben die beiden verbliebenen Statuen der Madonna und des hl. Korbinian im Bayerischen Nationalmuseum in München. Unter Bischof Johannes Grünwalder (1448-1452) und seinem Nachfolger Johannes Tulbeck (1453-1473) wurden die Seitenschiffe und die sie begleitenden Kapellen spätgotisch gewölbt. Bischof Sixtus von Tannberg (1473-1495) gab schließlich den Auftrag für die Einwölbung des bis dahin flachgedeckten Hauptschiffs. Kein Geringerer als Jörg von Halspach fertigte die Pläne und ließ sie unter Aufsicht seines Poliers Lukas Rottaler 1481/1482 ausführen.

Ein Werk der Gotik bestimmt noch heute den bühnenartigen Chorraum des Gotteshauses – das von 1486 bis 1488 unter Leitung des Augsburger Meisters Ulrich Glurer entstandene Chorgestühl mit den Reliefbüsten aller bis 1485 regierenden Bischöfe. Der Künstler erhielt für seine Arbeit den stattlichen Betrag von 1100 Gulden. 1489 wurde Erasmus Grasser für den Bau eines neuen Sakramentshauses mit 389 Gulden bezahlt. 1493 lieferte er dazu die noch vorhandenen Halbfiguren einer Beweinungsgruppe, die heute im Ostende des nördlichen Seitenschiffs steht. Der vor ihr ruhende Leichnam Christi (um 1440) stammt vermutlich von einem Heiligen Grab. Nach den Chroniken verlangte Grasser für den Auftrag nur

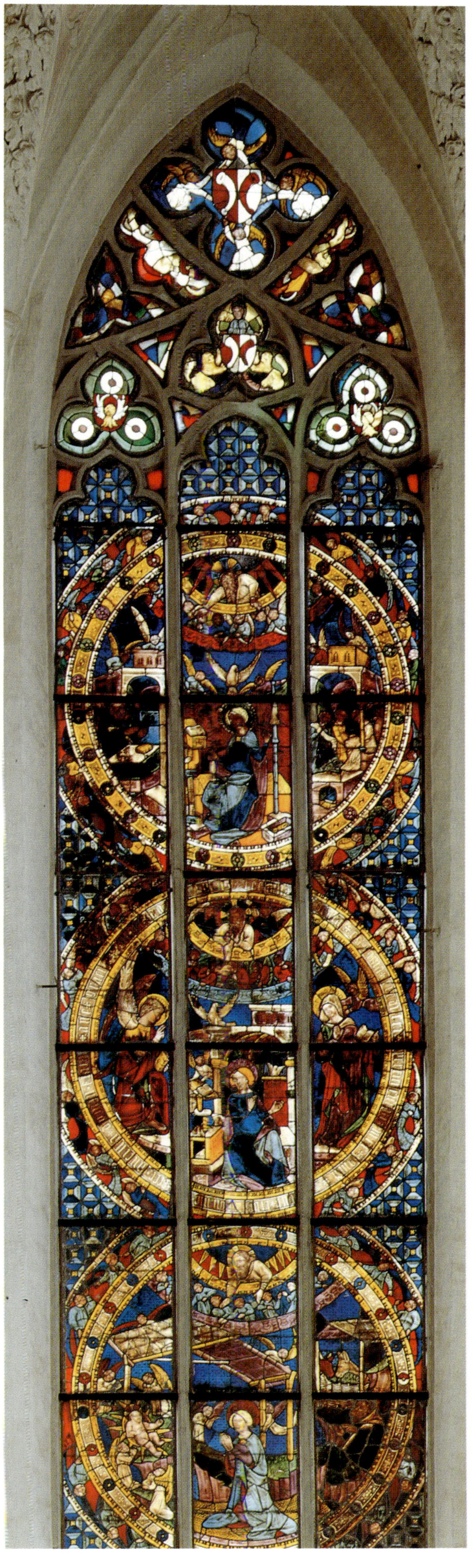

rechts
FREISING, Kirche St. Benedikt: Hornpeckfenster im Chorhaupt, 1412

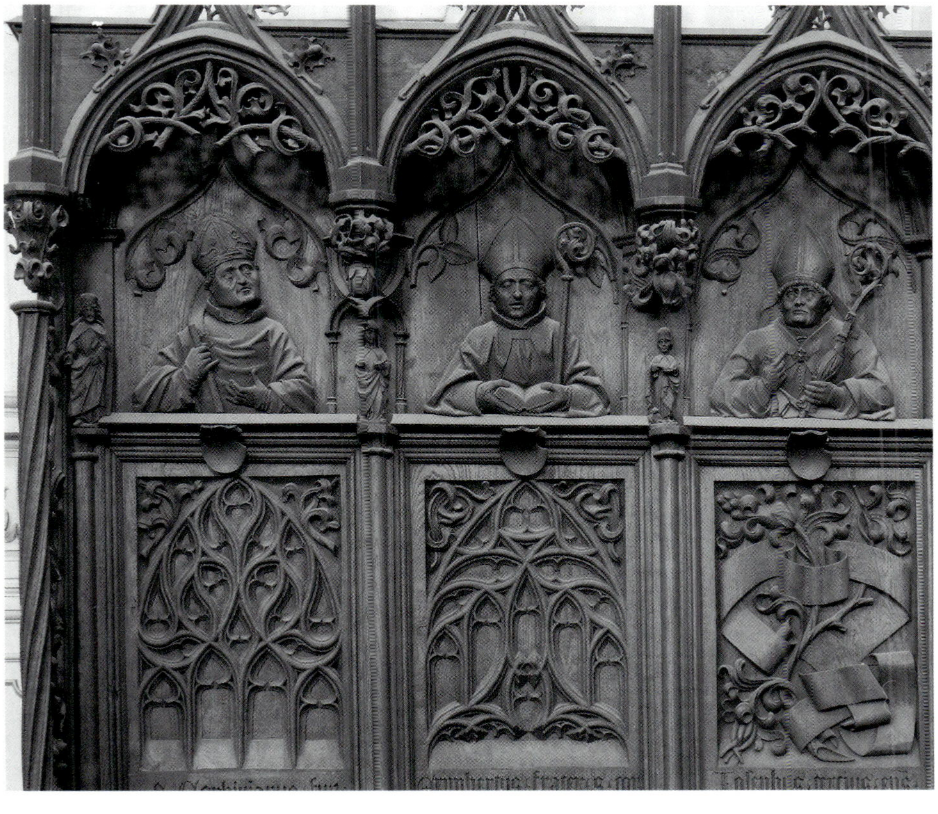

unten
FREISING, Dom St. Maria und St. Korbinian: Ausschnitt vom Chorgestühl; von 1486 bis 1488 unter Leitung von Ulrich Glurer entstanden

14 Gulden. Der Betrag entsprach den Kosten für das Material, den Transport und die Aufstellung: Mit dem Angebot hat der »arcklistige, verworne knecht«, wie er von seinen Künstlerkollegen in München bezeichnet wurde, den angesehenen Münchner Bildhauer Hans Haldner aus dem Geschäft gedrängt.

Zwischen 1457 und 1460 entstand die doppelstöckige *Sakristei* am Ostende des südlichen Seitenschiffs. Während das obere Stockwerk barock umgestaltet wurde, blieb die von zwei rotmarmornen Pfeilern gestützte Erdgeschoßhalle mit den beiden ungleich breiten Schiffen in ursprünglichem Zustand erhalten. Auch das in den westlichen Schildbogen eingepaßte Passionsbild mit der Fußwaschung der Apostel hängt unverändert an seinem alten Platz. 1495 hat es der Landshuter Mair, der damals mit Jan Polack zusammenarbeitete, gemalt.

An den Ostflügel des im 15. Jahrhundert errichteten dreiflügeligen Kreuzgangs mit seinen zum Teil sehenswerten gotischen Grabplatten angebaut, ist die Kirche *St. Benedikt.* Ab 1347 wurde im Auftrag des Dompropsts Otto von Maxlrain an der kleinen, ganz im Schema der Bettelordenskirchen gehaltenen dreischiffigen Basilika gearbeitet. Die durch das schmale Mittelschiff sehr schlank und hoch wirkende Kirche soll der Überlieferung nach auf den Fundamenten der ersten Kirche des hl. Korbinian stehen. Um 1480 hat Jörg von Halspach das Gotteshaus spätgotisch gewölbt. 1716 wurde die Kirche zwar barock überformt, durch die Beibehaltung der hohen Maßwerkfenster im Chor aber der gotische Charakter nicht zerstört. Jedes der Fenster dieser ehemaligen Kirche des Domkapitels war mit Glasgemälden aus dem 14. und 15. Jahrhundert geschmückt. Von ihnen haben nur die Glasmalereien im Fenster des Chorhaupts die Säkularisation überdauert. Die drei in leuchtenden Farben gemalten Medaillons waren 1412 vollendet. Gestiftet hat sie der Dompropst Freiherr Eglolf von Hornpeck. Er war seit 1391 Nachfolger des Otto von Maxlrain. Die Medaillons zeigen Szenen aus dem Marienleben: Der Bestimmung Mariens zur Gottesmutter im oberen Medaillon folgen die Verkündigung und die Geburt Christi. Das Wappen des Stifters ist im Maßwerk eingelassen. Stilistisch steht die Malerei dem Astalerfenster in der Liebfrauenkirche zu München nahe, der Künstler selbst ist unbekannt.

Nicht nur die Geistlichen auf dem Domberg, auch die unten in der Stadt lebenden Ackerbürger haben ihre Bürgerkirche im Stil der Gotik bauen lassen. Freising wurde zwar 1328 zur Stadt erhoben, doch erst ab 1486 verfügten die Bürger über ein Rathaus. Eine eigene Kirche war wichtiger: 1440 wurde mit dem Bau der Stadtpfarrkirche *St. Georg* begonnen. Etwas abseits von der nach altbayerischem Muster die ganze Stadt durchziehenden Marktstraße steht die dreischiffige spätgotische Hallenkirche am Marienplatz. Jörg von Halspach soll der Baumeister gewesen sein. Und weil es zeitlich paßt, bezeichnet man dieses Gotteshaus häufig als das Gesellenstück des Meisters der Münchner Liebfrauenkirche. Der Turm allerdings entstand erst gegen Ende des 17. Jahrhunderts nach Plänen des Italieners Antonio Riva.

Moosburg

Die zweite Stadt zwischen Isar und Amper, Moosburg, gehörte seit der ersten bayerischen Landesteilung im Jahre 1255 zum Teilherzogtum Niederbayern. Das Stadtrecht erhielt sie 1331, nur wenig später als Freising. Ihren Namen übernahm die Siedlung von den Grafen von Moosburg, deren Burg bis 1207 an der Stelle der spätgotischen Chorherrenhäuser auf dem Platz mit dem schönen Namen »Auf dem Plan« stand. Mit Graf Konrad IV. von Moosburg starb 1281 das eng mit dem Bistum Freising verbundene Geschlecht aus. Das Wappen der Moosburger mit den drei Rosen soll Kaiser Ludwig der Bayer 1313 dem Markt für die Waffenhilfe seiner Bürger in der Schlacht von Gammelsdorf als Marktwappen verliehen haben.

Moosburg steht auf altem bayerischen Siedlungsgrund. Bereits ab 788 ist ein Benediktinerkloster urkundlich erwähnt. König Arnulf schenkte es gegen Ende des 9. Jahrhunderts den Bischöfen von Freising. Unter Kaiser Heinrich II. und seinem Kanzler Bischof Egilbert von Freising, einem Sohn des Moosburger Grafen, wurde das Kloster zu Beginn des 11. Jahrhunderts in ein Chorherrenstift umgewandelt. Damit begann die bis in die Renaissancezeit reichende Bautätigkeit an den beiden, mit ihren Türmen das Stadtbild beherrschenden Kirchen.

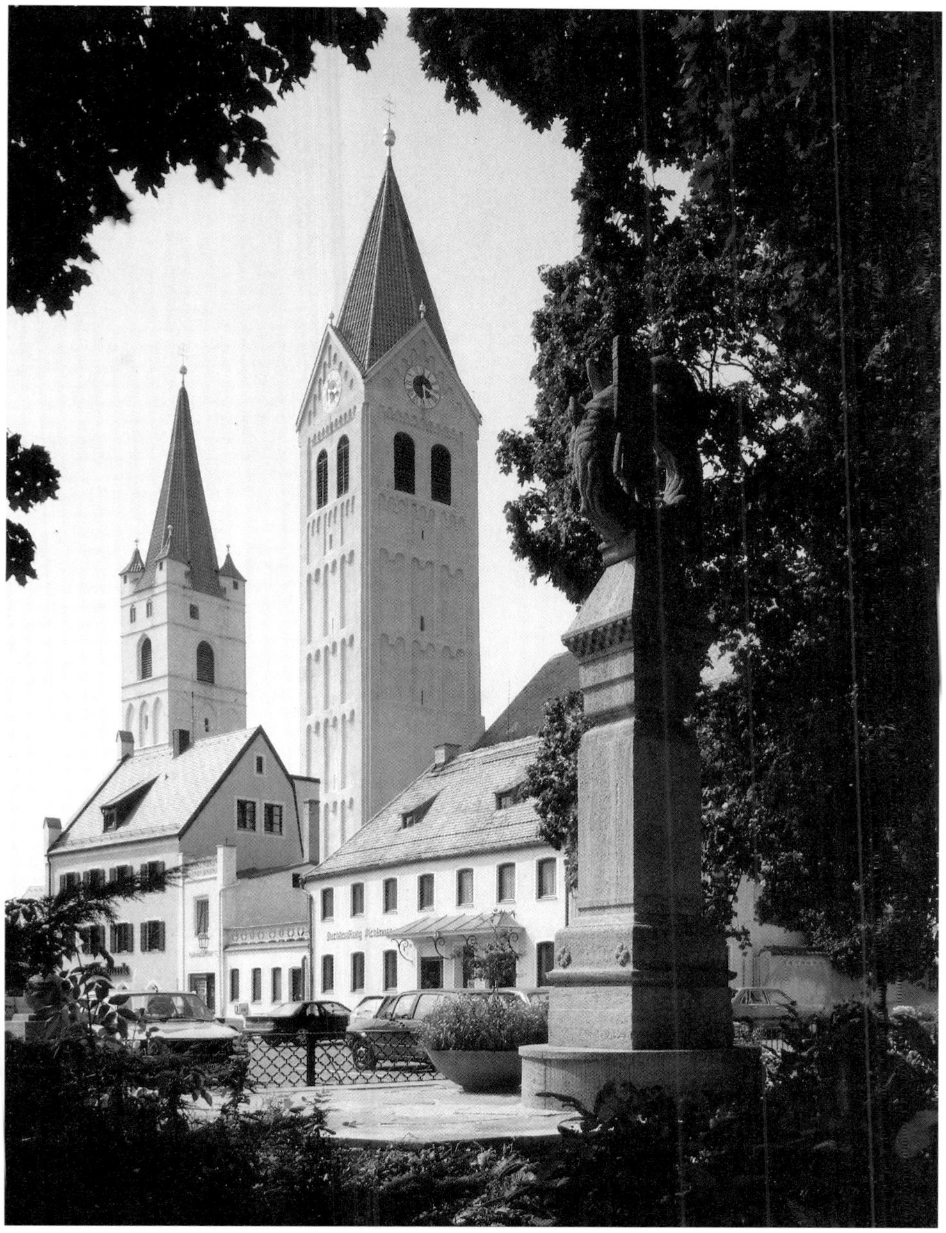

MOOSBURG, Türme der Münsterkirche St. Maria und St. Kastulus (rechts) und der Kirche St. Johannes der Täufer (links)

Die ehemalige Stifts- und Münsterkirche *St. Maria und St. Kastulus* wurde erstmals zwischen 1160 und 1170 errichtet. Nach einer Brandkatastrophe im Jahre 1207, der auch die Grafenburg zum Opfer fiel, wurde die dreischiffige romanische Basilika wieder aufgebaut. Damals entstanden das romanische Portal und der mächtige, schön gegliederte Turm im Südwesten. Für das Jahr 1212 ist die erneute Weihe verbürgt. Nach vorhandenen Baurechnungen wurde 1468 der Landshuter Baumeister Seitz beauftragt, den Chor des St. Kastulusmünsters von Grund auf im spätgotischen Stil zu erneuern. Eine Inschriftentafel im Chorscheitel hinter dem Hochaltar besagt, daß Herzog Ludwig der Reiche von Landshut »den ersten stain an dem kor sand castls münster« gelegt hat. Steil aufragend erhebt sich der einjochige Chor mit seinem Schluß in fünf Seiten des Achtecks. Hohe, lichte Spitzbogenfenster und abgestufte Strebepfeiler gliedern die Blankziegelmauern bis zu dem gemalten Maßwerkfries unter dem Dachgesims. Die beiden niedrigeren Seitenschiffe schließen außen gerade neben dem Joch des Altarraums. Feingliedrig figuriertes Netzgewölbe deckt den Innenraum des in Breite des Mittelschiffs gebauten Chorhauses. Der hohe Triumphbogen läßt vermuten, daß auch der Kirchenraum spätgotisch umgebaut werden sollte. Da es dazu aber nicht kam, blieb das querschifflose romanische Langhaus mit seinen zwölf Arkaden über quadratischen Pfeilern erhalten. Um 1500 wurde im Westen eine Empore über vier Marmorstützen eingebaut. Zwischen 1507 und 1517 erhielten die Seitenschiffe Sterngewölbe; außerdem wurden die Nebenapsiden innen mit einem dreiseitigen Schluß versehen.

Der kostbarste Besitz des Münsters ist sein Hochaltar, das erste bekannte Werk des Landshuter Bildhauers Hans Leinberger. Gewaltig steigt der heute seiner Flügel beraubte Altar mit einer Höhe von 14,40 Metern und einer Breite von 4,30 Metern in den Chor auf. Von 1511 bis 1514 hat der Künstler an dem zu den größten Altären der spätesten Gotik zählenden Kunstwerk gearbeitet. Sein Aufbau folgt streng den gotischen Regeln: In der Predella befinden sich, wie in einem Tabernakel, die Reliquien des Kirchenpatrons St. Kastulus. Die Bilder auf den geschlossenen Türen zum Reliquienschrein hat 1516 Hans Wertinger gemalt: Auf dem rechten Flügel Propst Theodor Mair, der Initiator des Kunstwerks, mit seinen Chorherren in der von Papst Urban VI. (1378-1389) verliehenen Tracht. Auf dem linken Bild knien betend die Stifter des Altars, Herzog Wolfgang und die drei Söhne seines Bruders Albrecht IV.: Wilhelm, Ludwig und Ernst. Im Zentrum des dreigeteilten Schreins steht die überlebensgroße Statue der Kirchenpatronin Maria mit dem Kind, das in der Haltung des Weltenherrschers auf dem linken Arm thront. Ihr assistieren zur Rechten der zweite Kirchenpatron St. Kastulus und zur Linken der erste Stifter der Kirche, Kaiser Heinrich II., der Heilige. Begleitet werden die Figuren von St. Johannes Baptist und St. Johannes Evangelist.

Der Aufsatz über dem Schrein endet in

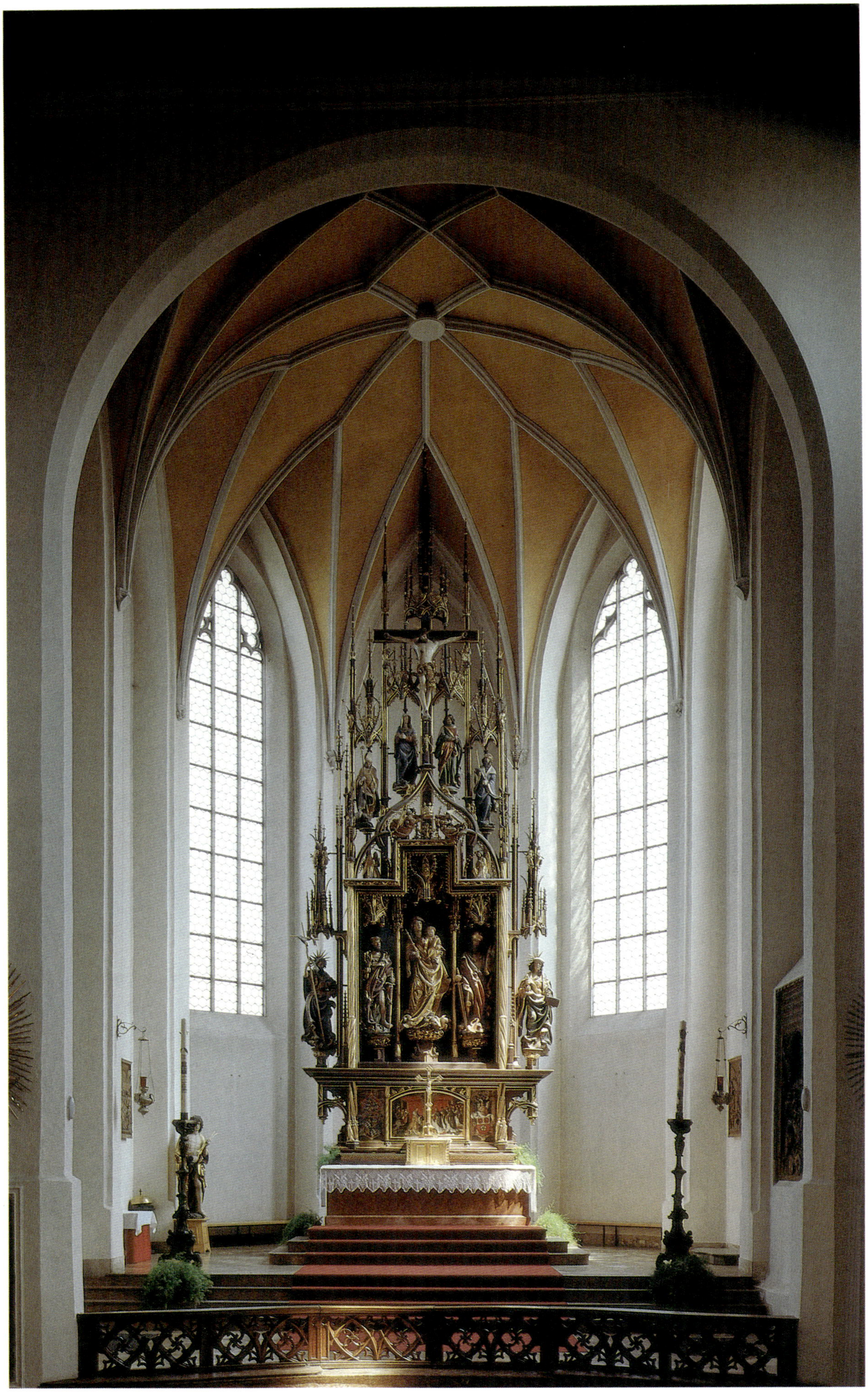

MOOSBURG, *Münsterkirche St. Maria und St. Kastulus: Chorraum von 1468 mit dem von Hans Leinberger zwischen 1511 und 1514 geschaffenen spätgotischen Schnitzaltar*

MOOSBURG, *Münsterkirche St, Maria und St. Kastulus: Sog. Pestepitaph; Votivtafel aus Sandstein, farbig gefaßt, 1515, von Hans Leinberger*

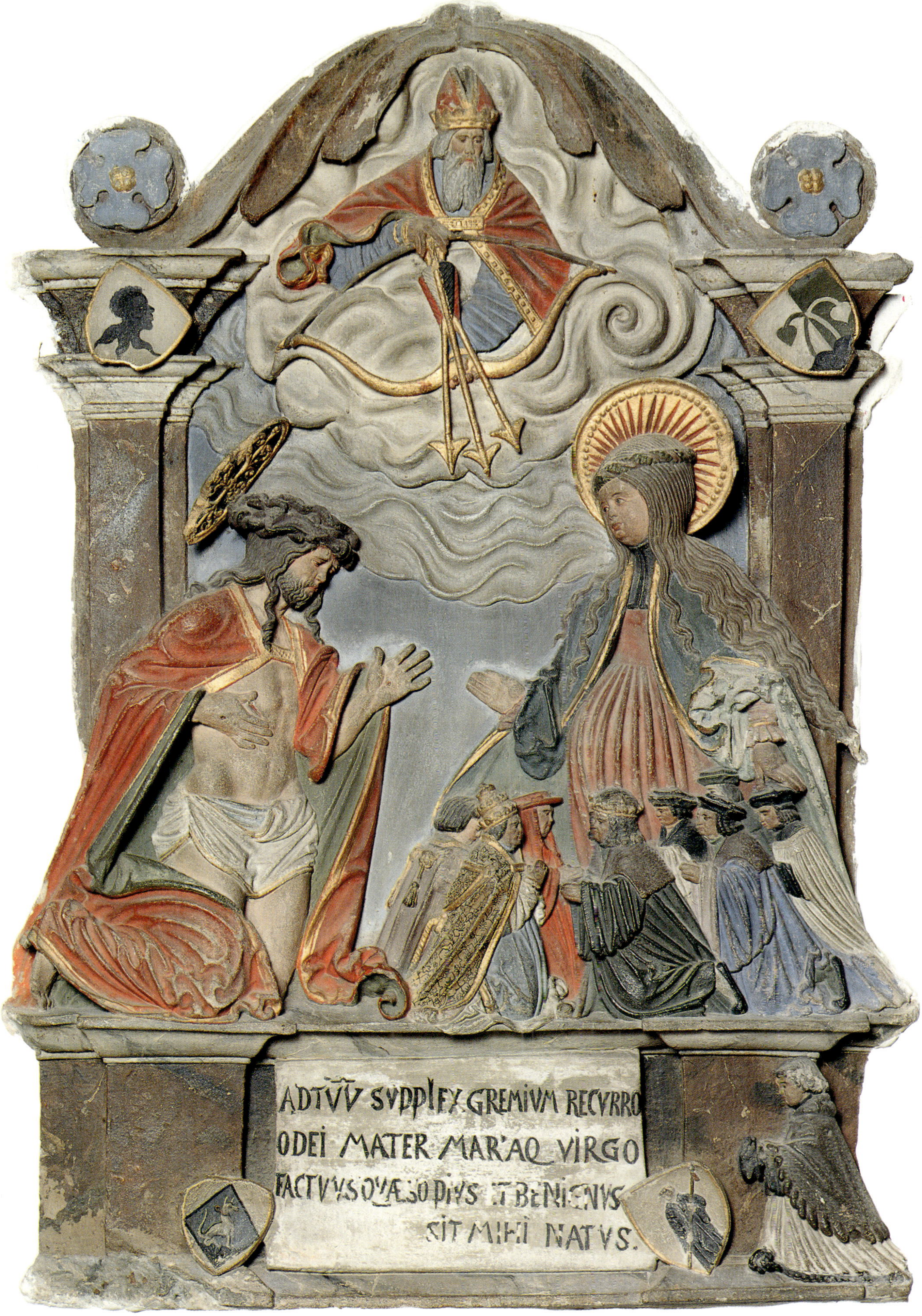
ADTŪV SUPPLEX GREMIUM RECURRO
O DEI MATER MAR'A Q VIRGO
FACTUS QUÆSO PIUS ET BENIGNUS
SIT MIHI NATUS.

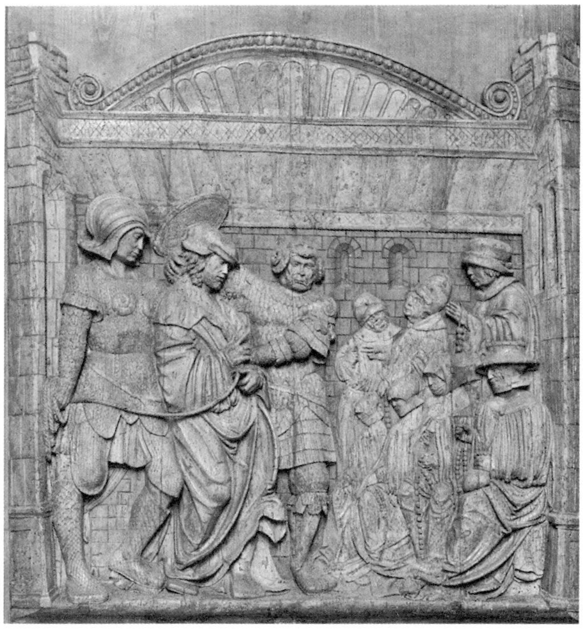

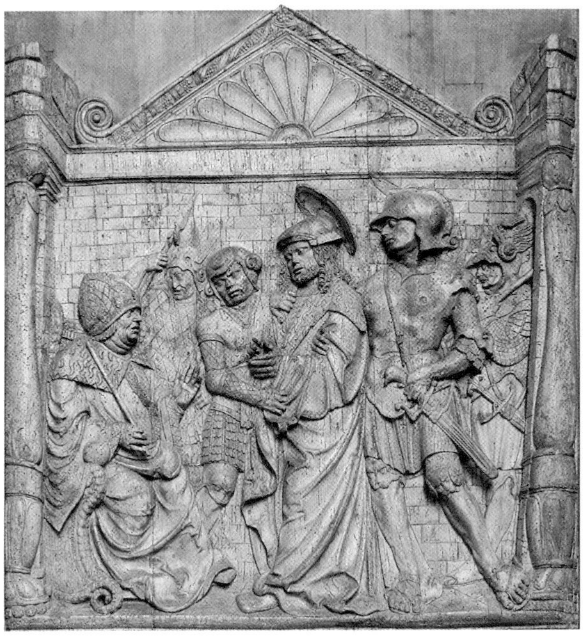

MOOSBURG, Münsterkirche St. Maria und St. Kastulus: Relieftafeln von den Innenseiten der Flügel des Hochaltars mit Szenen aus der Kastuluslegende; 1511 bis 1514 von Hans Leinberger. Von links oben nach rechts unten: Gefangennahme des Heiligen im Palast des Kaisers Diocletian; Verhör vor dem Kaiser; Martyrium der Prügelstrafe; Verscharren des Märtyrers bei lebendigem Leibe

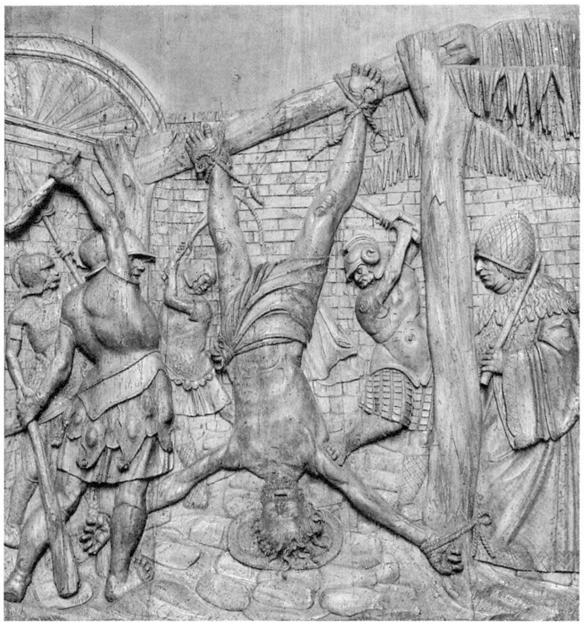

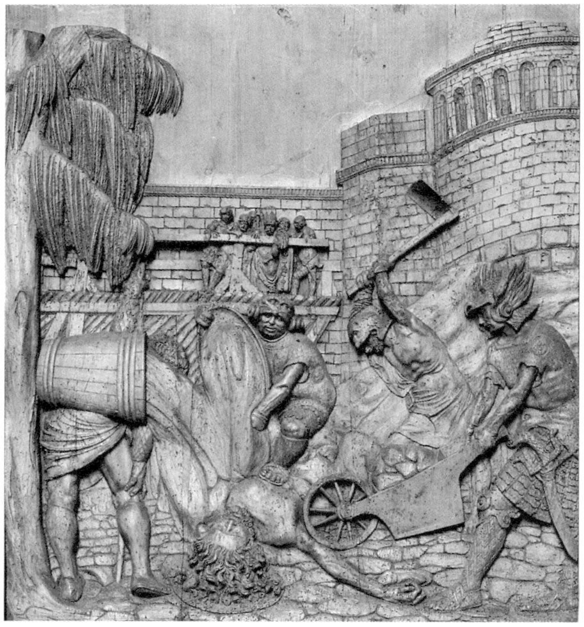

sieben Fialen und einer Kreuzigungsgruppe: Den Gekreuzigten, Maria und Johannes flankieren die Bistumspatrone St. Korbinian mit dem Bären und der hl. König Sigismund, der seit dem 14. Jahrhundert in Freising verehrt wird.

Trotz der neugotischen Fassung des Altars haben die Figuren nichts von ihrer Ausdruckskraft verloren. Ähnlich den Aposteln in Blutenburg oder den Figuren in Rabenden deuten sie den Wechsel einer Epoche der Kunst an. Der heldenhafte Ausdruck, der von den Gesichtern der Figuren mit den wildbewegten, von tiefen Faltenwürfen durchzogenen Gewändern und ihrer kraftstrotzenden Körperlichkeit ausstrahlt, führt aus dem späten Mittelalter heraus. Es sind »barocke« Ahnungen, die Hans Leinberger in ihnen spürbar werden läßt.

Vier Relieftafeln von den Innenseiten der Altarflügel hängen unter den Chorfenstern. Dargestellt sind Szenen aus der Kastuluslegende: die Gefangennahme während der Predigt im kaiserlichen Palast, das Verhör vor Kaiser Diocletian, das Martyrium durch die Prügelstrafe und das Verscharren des Heiligen bei lebendigem Leib. Gleichfalls von Hans Leinberger sind das vom ehemaligen Kreuzaltar stammende Kruzifix an der südlichen Hochgadenwand des Langhauses (um 1515) und jenes an der Westwand des nördlichen Seitenschiffs (um 1525). Letzteres erinnert durch seine manieristische Art an das Triumphbogenkreuz in Erding

MOOSBURG, Münsterkirche St. Maria und St. Kastulus: Geschnitzte Fabelwesen und Tiere auf den Wangen des Chorgestühls, um 1480

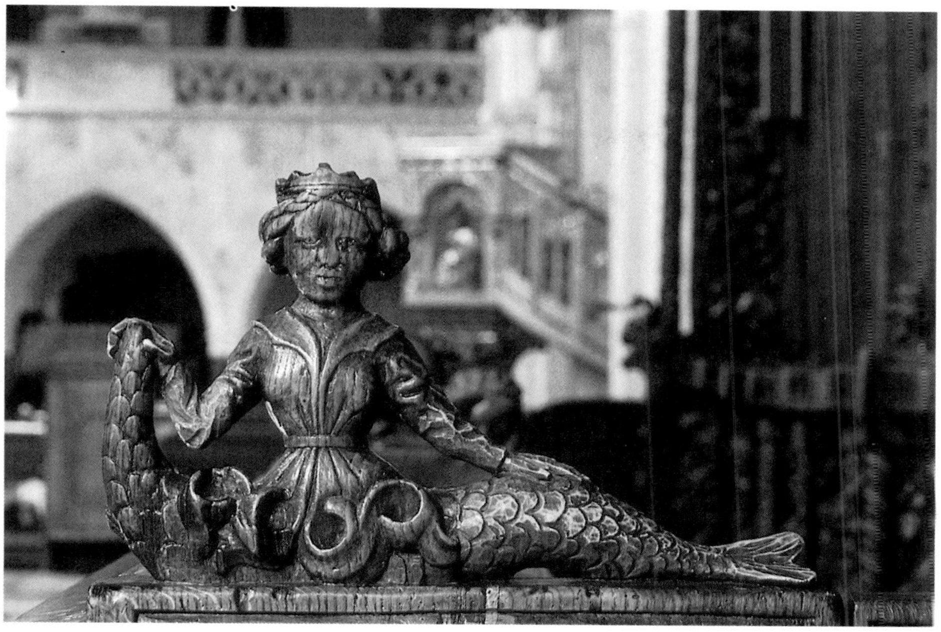

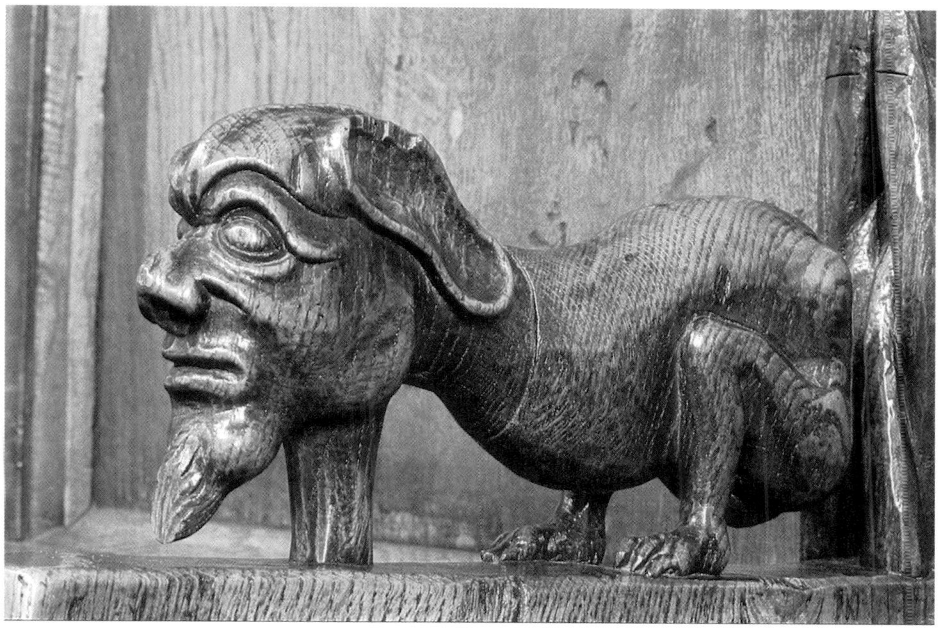

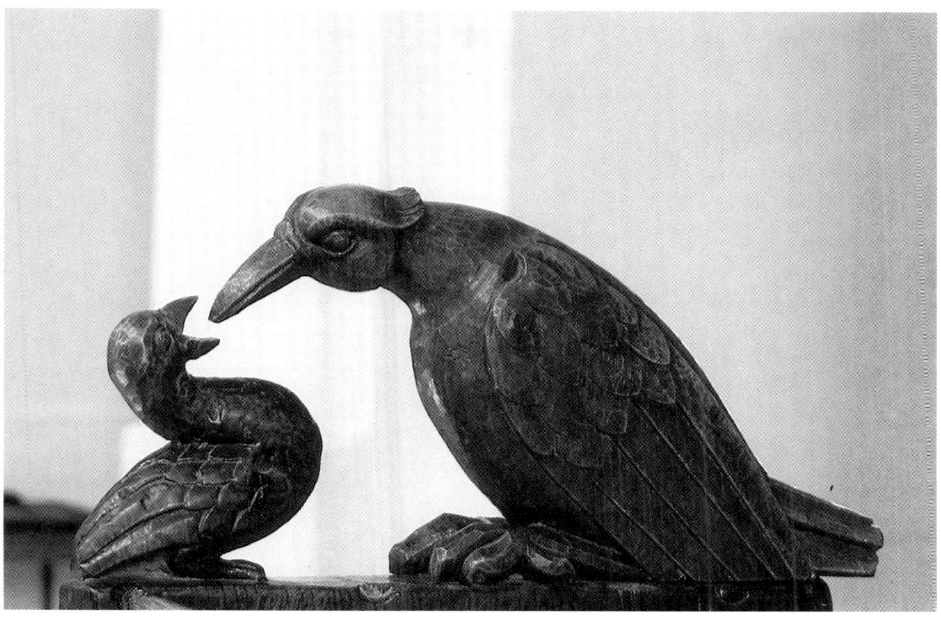

(s.S. 108). Leinberger war auch der Künstler des Pestvotivbilds für den Kanoniker Mornauer im nördlichen Seitenschiff: 1515 entstand die farbig gefaßte Votivtafel aus Sandstein mit dem Pestpfeile schleudernden Gottvater, vor dem sich die Menschen aller Stände unter dem schützenden Mantel Marias verbergen. Christus als Schmerzensmann steht, als Sinnbild der Erlösung, der Schutzmantelmadonna gegenüber; am rechten Sockelrand kniet betend der Stifter.

Neben Leinberger und Wertinger haben noch andere Künstler und Werkstätten der späten Gotik für das Chorherrenstift gearbeitet. Die um 1510 geschaffene Figur des hl. Sebastian, nördlich des Hochaltars, wird dem »Meister von Rabenden« zugeschrieben. Um 1490, vor dem Tod des Stifters, meißelte der Augsburger Bildhauer Hans Peurlin (auch Beierlein genannt) die Rotmarmorgrabplatte des Propstes Theodor Mair an der Südwand des Chors: Auf dem Relief kniet der Propst betend vor einer Anna Selbdritt, die von Johannes Ev. und dem Pestheiligen Sebastian begleitet wird.

Beste Handwerks- und Schnitzkunst bietet das reich verzierte eichene Chorgestühl, das um 1480 zu beiden Seiten des östlichen Langhauses aufgestellt wurde. Tiere, Fabelwesen und kunstvoll gestaltete Rankenmotive mit Weinstöcken zieren die zweimal dreizehn Sitze. Dem Landshuter Bildhauer Stephan Rottaler wird der im beginnenden Renaissancestil gehaltene Rotmarmorepitaph in der südlichen Seitenapsis mit der Relieffigur des 1514 verstorbenen Ritters Sigmund Pucher in voller Rüstung zugeschrieben.

Ein Schüler von Erasmus Grasser soll der Schöpfer des Holzreliefs vom Martyrium der hl. Ursula und ihres Gefolges im neugotischen Altar der Ursulakapelle neben dem Ostende des südlichen Seitenschiffs sein.

Seiner geistlichen Bedeutung als Stift enthoben wurde das Münster im Jahre 1591, als durch Beschluß des Herzogs Wilhelm V. das Kollegiatsstift an die Kirche St. Martin in Landshut verlegt wird. Geblieben ist die kunstgeschichtliche Bedeutung, die von den großartigen Schöpfungen der Romanik über die herausragenden Werke der späten Gotik bis hin zu den manieristischen Fresken unter der spätgotischen Emporenbrüstung reicht.

Wie das Kastulusmünster, hat die in unmittelbarer Nachbarschaft stehende Kirche *St. Johannes der Täufer* ihr heutiges Aussehen im 15. Jahrhundert erhalten. Begonnen wurde sie zwischen 1343 und 1353 als einschiffiges, turmloses Gotteshaus, nachdem das Chorherrenstift die Pfarrechte für die Johannespfarrei zugesprochen erhalten hatte. Im 15. Jahrhundert wurden dem Langhaus zwei niedrigere Seitenschiffe angefügt und im Westen der »ehrgeizige« Turm errichtet. Sein Aussehen im Stil der Landshuter Schule ist dem des Münsterturms angeglichen und nur an den Spitzbogenblenden der acht Geschosse läßt sich sein geringeres Alter ablesen. Die vier Scharwachttürmchen am Fuß des achtseitigen Spitzhelms verraten die gleichzeitige Funktion des Kirchturms als Stadtturm, auf dem der Stadtwächter seinen Dienst tat. Im Inneren ist die Kirche eine dreischiffige Pfeilerbasilika mit eingezogenem, netzgewölbtem Chor. Das flachgedeckte Langhaus begleiten zwei Seitenschiffe mit einfachem Netzgewölbe. Die ursprüngliche spätgotische Ausstattung ist durch die vielfache Umgestaltung des Gotteshauses abgegangen. Von dem von Hans Leinberger um 1515 zu Ehren des hl. Johannes d. T. geschaffenen Schreinaltar haben sich nur zwei Flügelreliefs erhalten: Eines, mit der Wüstenpredigt des Johannes, ist im Diözesanmuseum in Freising ausgestellt; das zweite befindet sich in Berlin.

Das Freisinger Umland

Nach diesen Höhepunkten gotischen Kunstschaffens ist es dennoch lohnend, das Land zwischen der Isar im Osten, den Hopfenfeldern der Hallertau im Norden und den Ausläufern des Dachauer Hügellands im Westen zu durchstreifen. Rund sechzig gotische Bauwerke registrieren die Kunstdenkmäler Bayerns für das altbayerische Bezirksamt Freising. Gewiß: oft sind es nur Teile, wie ein Chor oder ein Turm, die in ein wiedererrichtetes Gotteshaus eingegliedert worden sind und somit für die Gotik nur noch kulturhistorische Bedeutung haben. Neben der Architektur zeugen aber noch viele kostbare Ausstattungsstücke in den Gotteshäusern davon, daß die beschriebene Landschaft von der späten Gotik geprägt wurde.

Eine Überraschung in der dünn besiedelten Gegend ist die große ehemalige *Wallfahrtskirche Maria Heimsuchung* in der nur wenig nördlich von Moosburg gelegenen Ortschaft FELDKIRCHEN (Stadt Moosburg). Die dreischiffige Kirche mit dem von einem Spitzhelm und vier Eckaufsätzen bekrönten Westturm geht auf eine blühende Wallfahrt zur hl. Anna zurück. Auf den Resten eines Vorgängerbaus wurde im frühen 15. Jahrhundert der Chor im spätgotischen Stil erneuert und mit einem Fünfachtel-Schluß versehen. An der Wende zum 16. Jahrhundert kamen die beiden Seitenschiffe hinzu. Ihr östliches Joch ist jeweils seitlich durch eine Arkade zum Hauptchor geöffnet. Das Mittelschiff mit dem Chor und das südliche Seitenschiff deckt Sterngewölbe, das nördliche Seitenschiff ist netzgewölbt. Ende des 15. Jahrhunderts sind die drei Fresken aus dem Leben Mariens in den Schildbögen des Altarraums entstanden: Das Bild mit der Heimsuchung an der Nordwand zeigt im Hintergrund die mittelalterliche Stadt Moosburg; die Gemälde in den Schildbögen der Südseite zeigen in guter handwerklicher Arbeit den Tod Mariens und die Ausgießung des Hl. Geistes. Die Kirche besitzt zwei schöne Madonnen, von denen die im neugotischen Hochaltar unschwer ihren Künstler Hans Leinberger erkennen läßt (um 1525). Die andere, eine sitzende Madonna aus dem 14. Jahrhundert mit einer Birne in der linken Hand und mit der Rechten das mit einem Apfel spielende Kind haltend, zeigt in ihrer Haltung und dem Faltenwurf ihres Gewandes noch das feine Stilempfinden der hohen Gotik.
Vollkommen abseits vom Getriebe der Zeit, versteckt im hügeligen Land, liegt der kleine Weiler GELBERSDORF (Gemeinde Gammelsdorf): Zwei Bauernhöfe, ein Mesnerhaus und die kleine Kirche *St. Georg* bilden den ganzen Ort. Im späten 15. Jahrhundert wurde das äußerlich unscheinbare Gotteshaus mit dem nördlich angesetzten spitzbehelmten Turm gebaut. Es beherbergt einen wundervollen und nahezu unversehrten sechsflügeligen Hochaltar aus dem Jahre 1482, den die Kunstgeschichte der Werkstatt des Landshuter Meisters Heinrich Helmschrot zuschreibt. Die im 19. Jahrhundert ersetzte Marienfigur in dem von zierlicher Architektur eingefaßten Schrein wird von vier Engeln mit

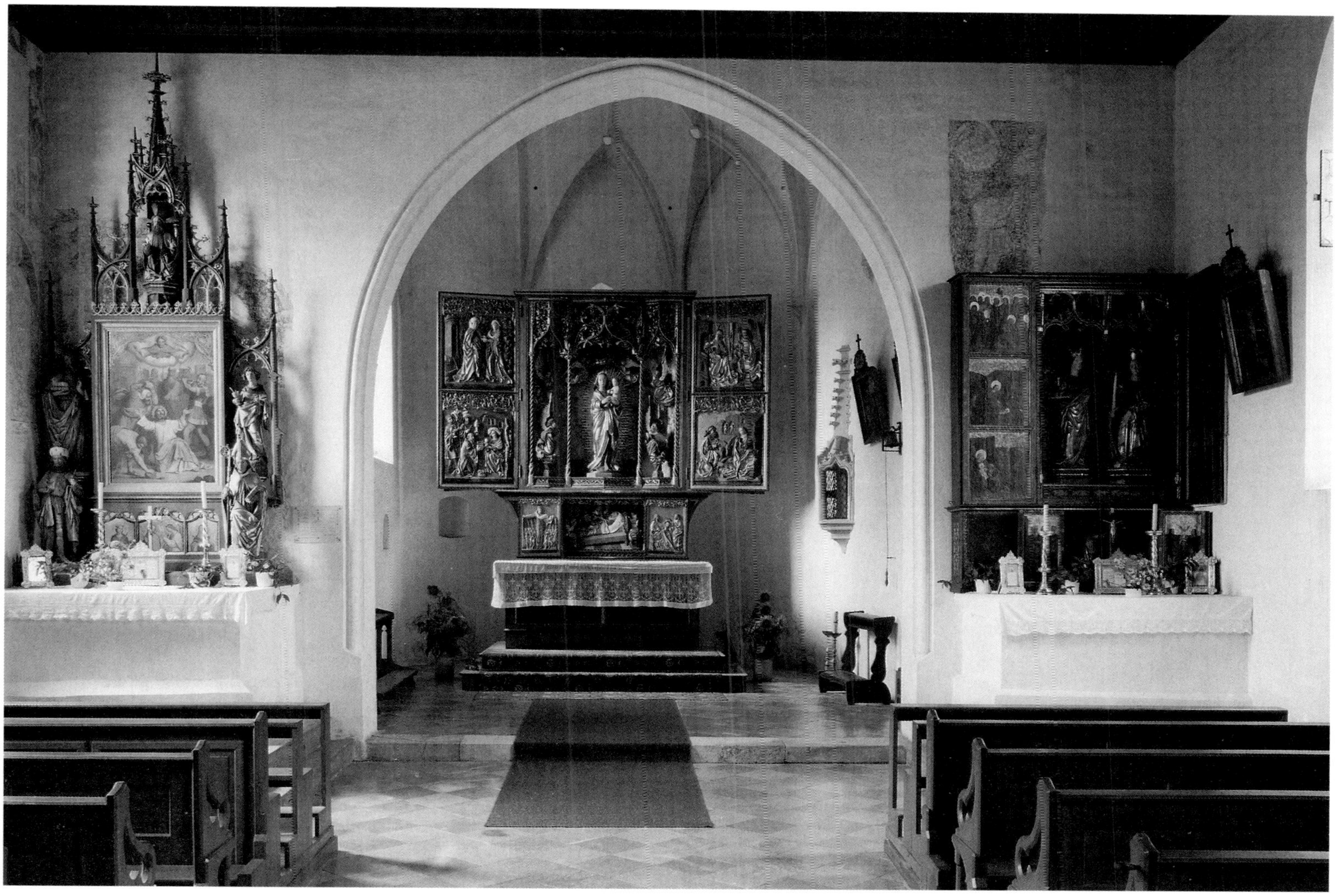

GELBERSDORF, Kirche St. Georg: Chorraum mit spätgotischem Flügelaltar von 1482. Er wird der Werkstatt des Landshuters Heinrich Helmschrot zugeschrieben

anmutig hochgezogenen Flügeln umgeben: Die beiden oberen verharren in anbetender Haltung, die unteren halten Spruchbänder in den Händen. Jeremias und Jessaias, die Propheten der Geburt des Messias, stehen als Schreinwächter an den seitlichen Pfeilern. Das Gesprenge des Altars wurde im 19. Jahrhundert erneuert, ursprünglich hingegen sind die Figuren des hl. Kaisers Heinrich II., von St. Johannes d. T. und dem hl. Nikolaus. Die Figur des hl. Georg als drachentötender Ritter, die früher ebenfalls im Aufsatz über dem Schrein ihren Platz hatte, steht jetzt auf einer kleinen Konsole an der südlichen Langhauswand. Vier Schnitzreliefs aus der Weihnachtsgeschichte tragen die Innenseiten der Festtagsflügel. Die Bildfolge beginnt mit einer ergreifenden Verkündigungsszene; ihr folgt die Heimsuchung Mariens in einer bühnenähnlichen Szenerie; darunter die Geburt Jesu mit Maria und Joseph, umgeben von der Schar der Engel; sowie die Anbetung des Kindes durch die Hl. Drei Könige. Die Tafelbilder auf den Flügeln des einmal geschlossenen Altars erzählen eine bewegende Bildergeschichte aus dem Leben der Gottesmutter, wobei ein Teil der Szenen in reich gestaltete Landschaften eingebettet ist. Von links oben nach rechts unten: Joachim, der Vater Mariens, beim Gebet im Tempel, als er die Geburt eines Kindes erfleht; die Zurückweisung seines Opfers; die Verkündigung seiner Erhörung auf dem Felde; die Begegnung Joachims mit seiner Frau Anna an der Goldenen Pforte des Tempels; die Geburt Mariens; die Darstellung des jungen Mädchens Maria im Tempel; die Vermählung Marias mit Joseph und als letztes die Heilige Sippe. (Auf ihm ist mit 1482 das Entstehungsjahr des Altars verzeichnet.) Die Bilder des völlig geschlossenen Altars sind den im späten Mittelalter besonders verehrten Heiligen gewidmet – der hl. Katharina bei der Vermählung mit Christus, der hl. Elisabeth und dem hl. Martin, der hl. Barbara und der hl. Magdalena sowie dem hl. Georg und dem hl. Florian.

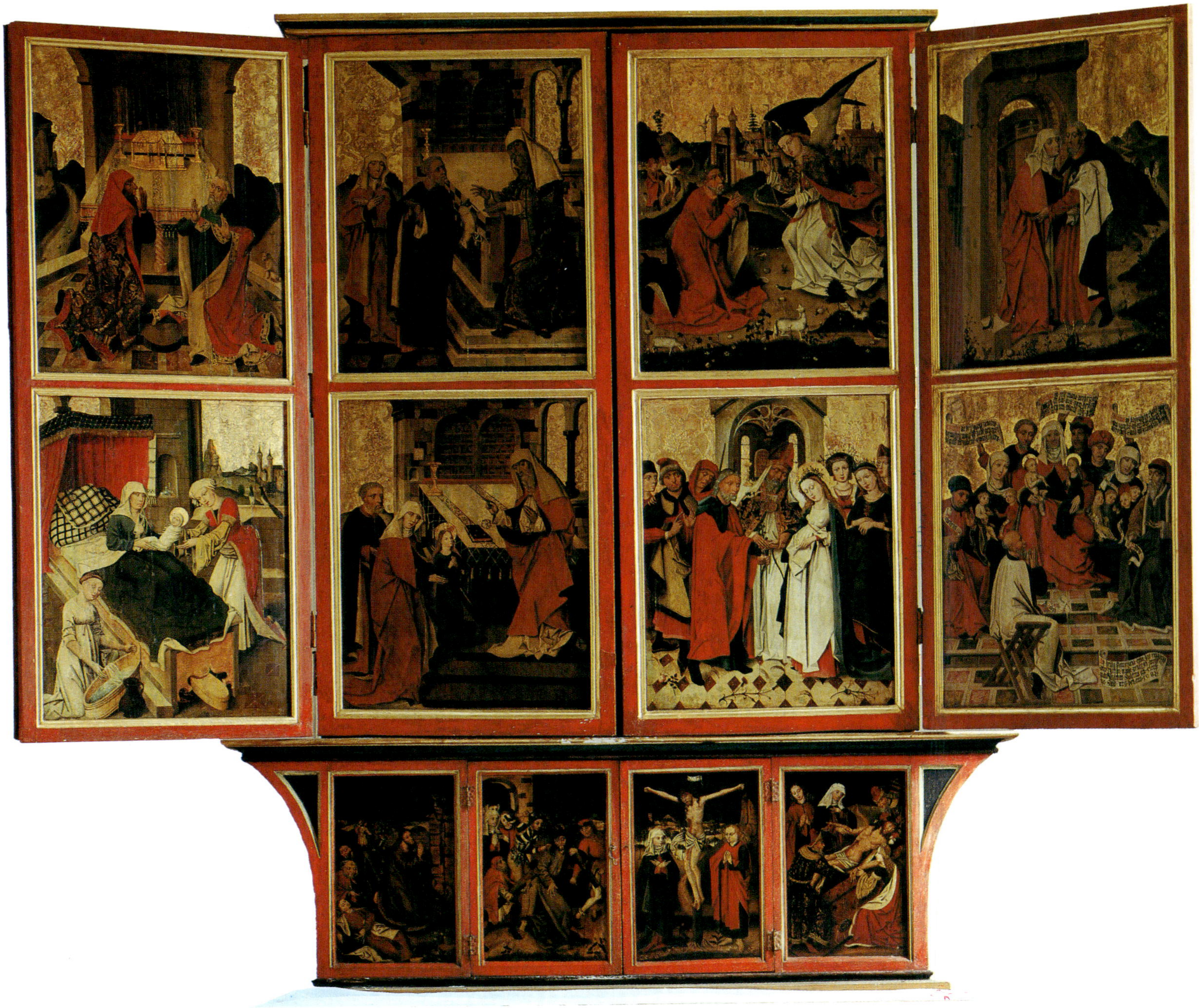

Die geöffnete Predella beendet die auf den vier Werktags- und den zwei Festtagsflügeln begonnene Geschichte mit dem Holzrelief vom Tode Mariens in der Mitte, dem Relief der Krönung der Gottesmutter auf dem linken und der Schutzmantelmadonna auf dem rechten Flügel. Die gemalten Außenseiten dagegen zeigen Szenen aus der Leidensgeschichte Jesu. Beeindruckend durch den Realismus in der Darstellung ist das Gemälde eines Jüngsten Gerichts auf der Rückseite des Flügelaltars.

Dieser Hochaltar ist als Kunstwerk nicht nur für diese Gegend von Bedeutung. Aufschlußreich ist er besonders, weil er zeigt, daß die Bildschnitzer der Spätgotik eine beinahe serienmäßige Produktionsweise entwickelt haben müssen. Die Ähnlichkeiten mit den Flügelaltären in Jenkofen bei Landshut oder in Heiligenstadt bei Gangkofen sind auffallend. Sie gehen bei den Flügelreliefs bis in die Details der Figuren, beispielsweise bei ihrer Kleidung, ihrer Komposition und ihrer Gestik.

Zur ursprünglichen Ausstattung des Gotteshauses gehören auch die beiden Seitenaltäre. Diese kleinen, schlichten Flügelaltäre aus dem späten 15. Jahrhundert bergen ansprechend geschnitzte Figuren weiblicher Heiliger: Im Schrein des nördlichen Seitenaltars stehen die hl. Katharina und die hl. Agathe, im südlichen die hl. Barbara. Die Tafelbilder auf den Flügeln

GELBERSDORF, *Kirche St. Georg: Spätgotischer Hochaltar, 1482, mit einmal geschlossenen Flügelpaaren. Die Tafelbilder zeigen Szenen aus dem Marienleben. Der Leidensgeschichte Jesu sind die Tafelmalereien an der Predella gewidmet*

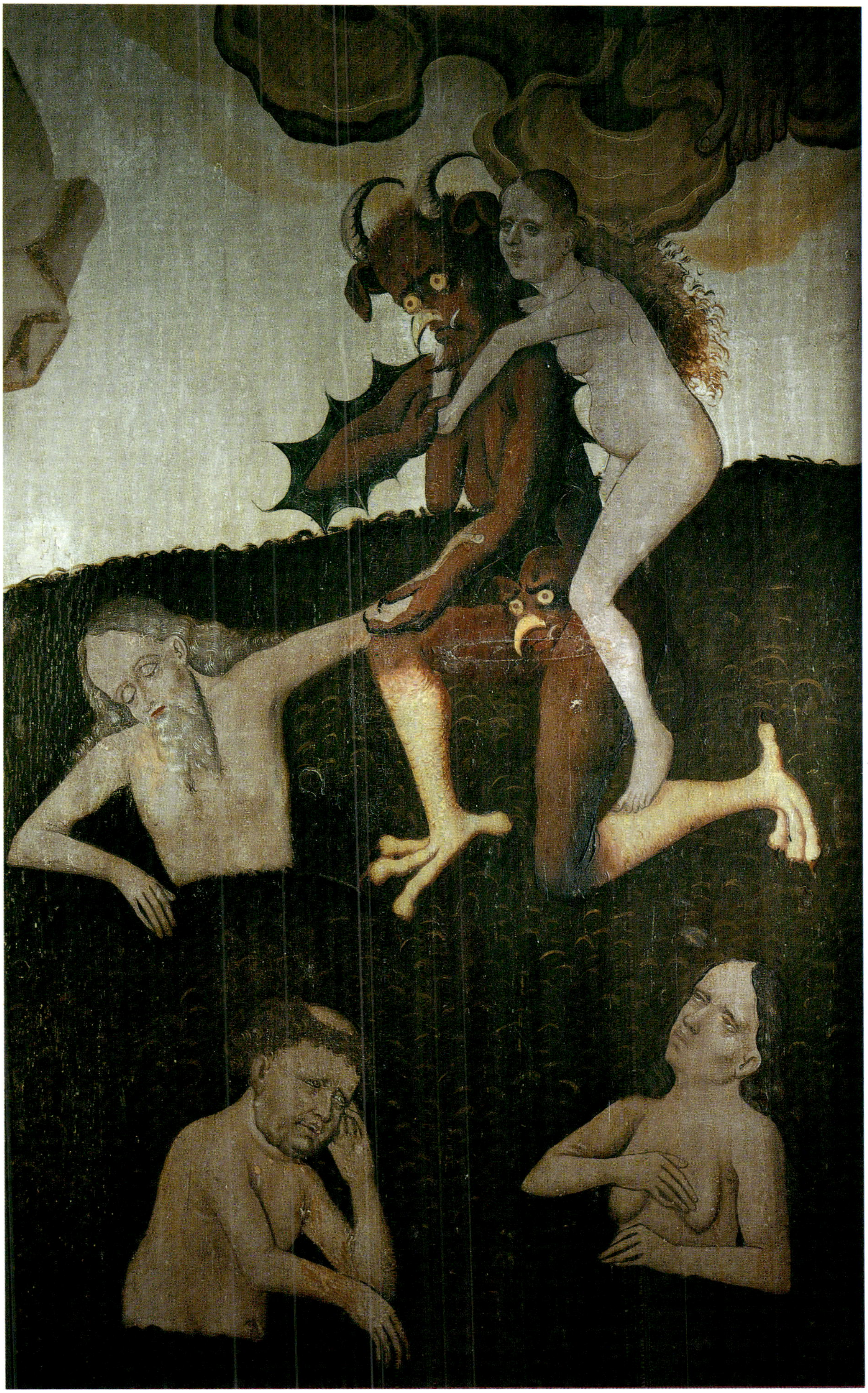

GELBERSDORF, *Kirche St. Georg: Höllenfahrt der Verdammten beim Jüngsten Gericht, Ausschnitt aus dem Tafelbild auf der Rückseite des spätgotischen Flügelaltars*

sind leider stark übermalt worden, so daß sie für unser Thema außer Betracht bleiben können.

Auf halbem Wege zwischen Freising und Moosburg liegt in RAST (Gemeinde Langenbach) von weitem sichtbar die *Wallfahrtskirche Maria Rast*. Die zweischiffige spätgotische Halle mit drei Jochen ist ein harmonisch gestalteter Bau. Die Rippen des Sterngewölbes wachsen ansatzlos aus den Rundpfeilern hervor und enden auf Wandkonsolen. Ihre Schnittpunkte tragen keine Schlußsteine. Der von Kreuzgewölbe gedeckte Altarraum ist gerade geschlossen. An ihn ist östlich eine dreiseitig geschlossene Sakristei angefügt. Der Turm ist südöstlich in das Langhaus einbezogen. Bis auf das Gnadenbild, eine um 1480 geschnitzte Gottesmutter im neugotischen Hochaltar, wurde die spätgotische Ausstattung der Kirche im 19. Jahrhundert entfernt.

Die Wallfahrt Maria Rast gründet sich auf eine Legende: Kaiser Ludwig der Bayer soll hier vor der Schlacht bei Gammelsdorf im Jahre 1313 gerastet haben. Er gelobte, an diesem Rastplatz eine Marienkirche zu erbauen, falls er die Schlacht gewinnt. Erbaut wurde das Gotteshaus aber erst Ende des 15. Jahrhunderts nach seinem Tod.

An der Amper im Süden des Freisinger Gebiets liegt WENG (Gemeinde Fahrenzhausen) mit der Kirche *St. Georg*. Nur der spätgotische Altarraum blieb von der 1468 erbauten Kirche bestehen, nachdem das Langhaus 1728 barock umgebaut wurde. Das hohe Chorhaus ist nach Meinung mancher Kunsthistoriker in seinen Proportionen besser gelungen als das des Münsters von Moosburg. Die Schlußsteine des auf Wandpfeilern ruhenden Netzgewölbes im Chor sind gleichsam Urkunden der Baugeschichte und der Geldgeber: Das Erbauungsjahr auf dem westlichen, der Kirchenpatron St. Georg auf dem östlichen und auf dem mittleren das Wappen der Bauherrn: das springende weiße Pferd im roten Feld der Fraunberger zu Haag.

Trotz der tiefgreifenden Umgestaltung des Langhauses und der barocken Erneuerung der Ausstattung sind zahlreiche gotische Kunstwerke in der Kirche verblieben. Allen voran an der Nordwestseite des Langhauses die Tumba aus rotem Marmor: »Hye ligt die edelfraw fraw Anna von frawenberg fraw zum Hage geboren ain Marschalkin von Bappenhaim der got genadig welle sain, der stain ist gemacht zu S. Georgen-Tag MCCCCLXXII jaren«, lautet die in Minuskeln gehaltene Umschrift. Der Münchner Bildhauer Matthäus Haldner hat die Grabplatte 1472 geschaffen; sie gehört zu den besten Leistungen spätmittelalterlicher Plastik der Münchner Schule in der Gegend um Freising: In einem kräftigen Relief knien Frau Anna und ihr Gemahl, beide in reiche Gewänder gekleidet, auf einem von zwei Engeln gehaltenen Grabtuch, über ihnen, das Brustbild Christi. Den Hintergrund hinter den Verstorbenen hat der Künstler als waagrecht verlaufendes Flechtwerk kunstvoll gestaltet. (Die Grabplatte hat eine spätgotische Kopie in der Kirche von Amerang (s.S. 154), der Grablege der Laiminger, die von dem Burghausener Steinmetz Franz Sickinger 1476 angefertigt wurde.) Auf Stiftungen der Fraunberger gehen auch die Glasgemälde aus der zweiten Hälfte des 15. Jahrhunderts in den Chorfenstern zurück: Das Fenster südlich des Chorhaupts zeigt die Wappen der Fraunberger und der Pappenheim, das Fenster im Chorhaupt St. Georg, den hl. Sebastian, Johannes den Täufer, die Anna Selbdritt, die hl. Katha-

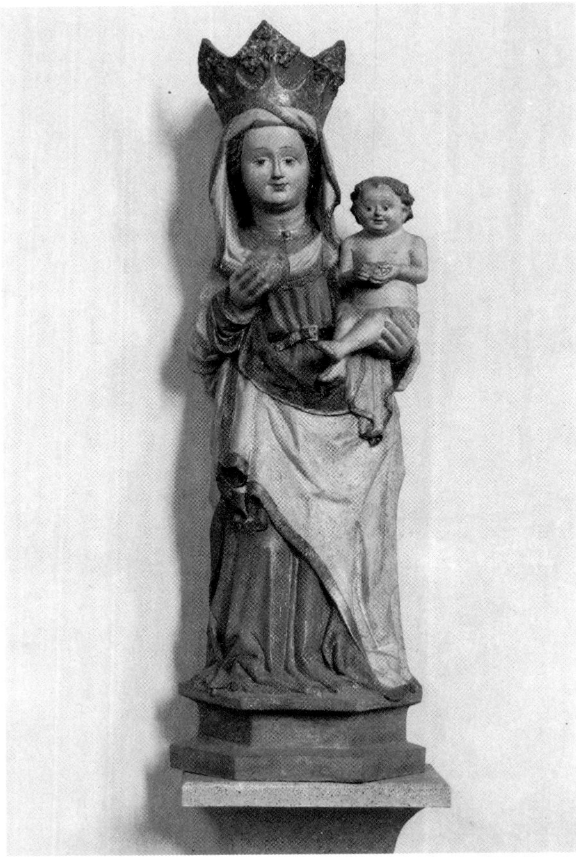

WENG, *Kirche St. Georg: Madonna mit Kind, Tonplastik, 14. Jahrhundert*

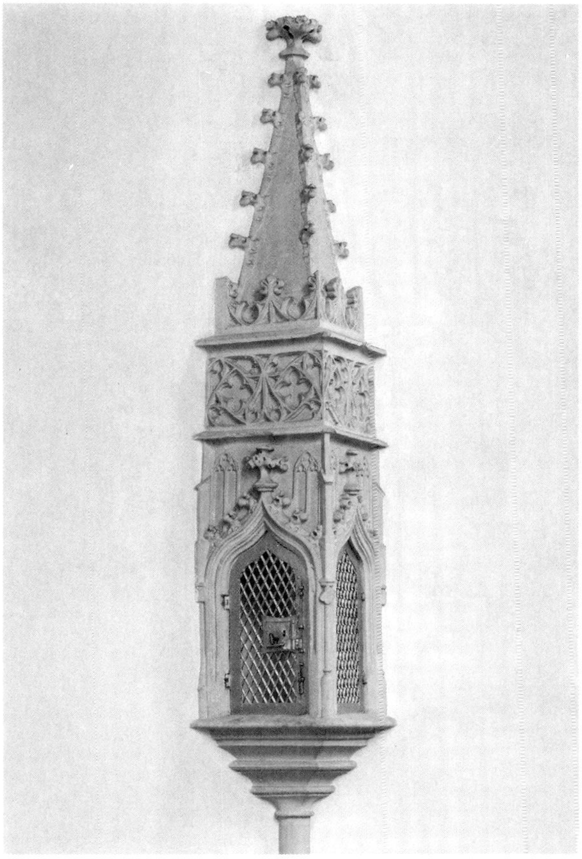

WENG, *Kirche St. Georg: Sakramentshäuschen, 2. Hälfte 15. Jahrhundert*

rina, die hl. Barbara und darunter, kleiner, den Stifter und seine Gemahlin. Gute handwerkliche Schnitzarbeiten aus der zweiten Hälfte des 15. Jahrhunderts sind die Flachornamente am Chorgestühl an der Nordseite des Chors. Bereits im 14. Jahrhundert entstand die Tonplastik einer Madonna mit Kind.

Es gibt viel zu entdecken im Freisinger Land, gleichgültig, welche Vorliebe für gotisches Kunstschaffen vorhanden ist. Für den Freund gotischer Steinplastik mag es die Pietà aus dem ausgehenden 15. Jahrhundert im gotischen Chor der Kirche *St. Lampertus* in PFETTRACH (Gemeinde Attenkirchen) sein, für den Liebhaber der Grabmalkunst die frühen Versuche gotischer Porträtbildnerei auf dem Grabmal des Otto Seemoser aus dem Jahre 1230 im Dom zu Freising oder an gleicher Stelle die in guter Handwerksarbeit gefertigten Wappensteine der Massenhauser von 1309 und 1347.

Die Reife spätgotischer Steinmetzkunst zeigt der Grabstein der Jungfrau Elspet, der innen an der Nordwand der Kirche *St. Quirinus* in KRANZBERG aufgestellt ist. »Am Montag nach Walpurgis 1495 starb Jungfrau Elspet« lautet die Umschrift auf dem Rahmen: Anmutig ist die Hochrelieffigur des betenden Mädchens aus dem roten Marmor der Grabplatte herausgearbeitet.

Der Bewunderer spätgotischer Fresken sollte den Besuch der Kirche *Mariä Heimsuchung* in MASSENHAUSEN (Gemeinde Neufahrn bei Freising) nicht versäumen. Die zwischen 1400 und 1410 entstandenen Malereien an der Außenwand des aus der zweiten Hälfte des 14. Jahrhunderts stammenden Chorhauses beeindrucken durch ihre große Farbigkeit: Das von Ornamenten gerahmte, vierteilige Gemälde am Chorhaupt mit dem hl. Christophorus, einem Gnadenstuhl, einer Schutzmantelmadonna und einem ritterlichen Heiligen erinnert an einen geöffneten Flügelaltar. Das Wandfeld daneben zeigt eine Kreuzigung und einen unbekannten Heiligen. Stilistisch sind die fast lebensgroßen Gestalten mit Darstellungen auf Wandbildern italienischer Maler zu vergleichen. Die im 17. Jahrhundert im Innern vollständig umgestaltete Kirche von Massenhausen besitzt im nördlichen Chorfenster noch drei kleine runde Wappenscheiben: Die im ausgehenden 15. Jahrhundert entstandenen Glasmalereien zeigen die Wappen der Geschlechter der Massenhauser, der Fraunberger und der Pappenheim.

Den größten Reichtum an gotischen Werken bilden die vielen Holzplastiken aus dem 15. Jahrhundert, die nahezu alle Landkirchen schmücken. Stellvertretend sollen einige der Kirchen aufgeführt werden, die neben den spätgotischen Figuren noch spätgotische Bausubstanz aufweisen. So besitzt die im 15. Jahrhundert gebaute spätgotische Kirche *Hl. Kreuzauffindung* in ENGHAUSEN (Gemeinde Mauern) mit den Figuren des hl. Blasius von 1440, des hl. Martin von 1480, der hl. Magdalena und dem hl. Stephanus aus der Zeit um 1500 sehr gute Beispiele für das Können der handwerklichen Bildschnitzer der Gegend.

Bemerkenswert sind die gefaßten Holzfiguren auf dem Hochaltar der Kirche *St. Thomas* in BERGHASELBACH (Gemeinde Wolfersdorf). Auf das Ende des 15. Jahrhunderts gehen der hl. Thomas, die Gottesmutter und der hl. Sylvester zurück. Auf dem nördlichen Seitenaltar des Kirchleins mit dem romanischen Chor und dem gotischen Langhaus stehen mit den Heiligen Sebastian, Korbinian, Florian und einem Vesperbild Schnitzwerke, die um

1480 geschaffen wurden. Bereits um 1400 entstand die Figur des hl. Nikolaus auf dem südlichen Seitenaltar.
Die stehende Madonna mit Kind auf dem Hochaltar der spätgotischen Kirche *St. Jakobus* von GESSELTSHAUSEN (Gemeinde Fahrenzhausen) ist um 1500 geschnitzt worden.
Beachtliche Werke sind die Figur der hl. Ottilia, der handwerklich gearbeitete Christus am Kreuz (beide aus dem 14. Jahrhundert) und die spätgotischen Schnitzornamente an den beiden viersitzigen Chorstühlen in der im 14. und 15. Jahrhundert erbauten Kirche *St. Ottilia* in KÜHNHAUSEN (Gemeinde Kranzberg).
Aus der zweiten Hälfte des 15. Jahrhunderts stammt der Bau der Kirche *St. Sixtus* in SIXTHASELBACH (Gemeinde Weng): Hoch ragt der spitzbehelmte Turm an der Südseite des eingezogenen Chors auf. Unter dem aus Wandpfeilern aufsteigenden Netzgewölbe stehen im Hochaltar die aus der Erbauungszeit stammenden spätgotischen Figuren der Heiligen Sixtus, Agnes und Barbara.
Ziele volkstümlicher Heiligenverehrung stehen in der spätgotischen Kirche *St. Pankratius* in HIRSCHBACH (Gemeinde Kirchdorf) mit dem hl. Pankratius, einer Madonna und der Figur des Apostels Markus. Nur wenige der spätgotischen Marienstatuen befinden sich noch in dem Gotteshaus, für das sie geschaffen worden sind, wie die im frühen 15. Jahrhundert entstandene Madonna im sterngewölbten Chor der Kirche *St. Ägidien* in KIRCHAMPER (Stadt Moosburg).

Im Dachauer Hügelland

Das Gebiet westlich vom Dachauer Moos wurde von den Klöstern Altomünster und Indersdorf sowie von dem alten Verwaltungssitz Dachau geprägt. Eine eigenständige gotische Kunst konnte sich in der Region, abseits vom Verkehr, ohne tragende Adelsschicht und ohne städtische Mittelpunkte, nicht entwickeln. Die künstlerischen Impulse kamen aus München. Abhängiger Landadel und zugezogene Münchner Patrizierfamilien bewirtschafteten mit ihren Bauern das fruchtbare Land und verwalteten die Hofmarken mit den kleinen Landschlössern.

ALTOMÜNSTER war seit dem 8. Jahrhundert als Klosterort bekannt. Im Jahre 1047 zogen die Benediktinerinnen in das vom hl. Alto gegründete Kloster ein. Fünfzehn Äbtissinnen leiteten bis 1477 die Geschicke des für adelige Damen bestimmten Konvents. Ab 1450 geriet das Kloster zunehmend in wirtschaftliche Not; seine Auflösung war nicht mehr abzuwenden. Als Herzog Georg der Reiche von Niederbayern auf Wunsch seiner Gemahlin Hedwig ein Kloster des Ordens der hl. Birgitta von Schweden stiften will, wurde er von Graf Wolfgang von Sandizell auf Altomünster aufmerksam gemacht. Auf Antrag des Herzogs erwirkte im Jahr 1485 Graf Wolfgang bei Papst Innozenz III. die Auflösung des Benediktinerinnenklosters und die Übergabe an die Birgitten. Noch im gleichen Jahr stellte Herzog Georg den Stiftungsbrief aus, und 1487 bestätigte der Papst die Neugründung. Auf Kosten des Herzogs ließ Graf Wolfgang – seine Gemahlin war seit 1482 Birgittin – die Bauten renovieren und nach den Ordensregeln zu einem Doppelkloster für 25 Mönche und 60 Nonnen ausbauen. 1497 zogen die Mönche und Nonnen ein. Unter ihnen war als Laienbruder auch Graf Wolfgang. Der Mönchskonvent bestand bis zur Säkularisation von 1803, das Nonnenkloster besteht bis heute, als einziges Birgittinnenkloster in Deutschland.

Eine Gründung des frühen 12. Jahrhunderts war das KLOSTER INDERSDORF. Pfalzgraf Otto IV. von Scheyern mußte das Augustiner-Chorherren-Stift als Sühne für seine Beteiligung an der Gefangennahme von Papst Paschalis II. stiften: Die Buße wurde ihm von Kaiser Heinrich V. und Papst Calixtus II. auferlegt. Am 26. August 1126, dem Todestag des hl. Augustinus, wurde das Kloster geweiht. Zu großer Blüte gelangte es unter dem Berater Kaiser Ludwigs des Bayern, Propst Konrad (1306-1355), sowie unter den Pröpsten Erhard Prunner (1411-1442) und Johannes Rothuet (1442-1470). Im 15. Jahrhundert wurde das Kloster auf Betreiben der oberbayerischen Herzöge Ernst, Wilhelm III. und Albrecht III. zu einem Zentrum der Melker Klosterreform.

Auf eine lange Zeit der Besiedlung kann die Stadt DACHAU zurückblicken: sie ist 805 erstmals urkundlich bezeugt und erlebte unter den Grafen von Dachau eine kurze Blütezeit. Im Jahre 1182 kam die Grafschaft Dachau an die Wittelsbacher. Bis zur ersten bayerischen Landesteilung von 1255 blieb die Burg Dachau über der Amper eine ihrer Hofhaltungen. Anschließend wurde sie Sitz eines Pfleggerichts der Herzöge von Oberbayern. 1394 erhob Herzog Johann II. die Siedlung am Fuß des Burgbergs zum Markt. Nicht lange währte der wirtschaftliche Aufschwung: Zwischen 1398 und 1403 hatten Dachau und sein Hinterland schwer unter den kriegerischen Auseinandersetzungen zwischen den Herzögen von Oberbayern und denen von Ingolstadt zu leiden. Am Ende lagen Burg und Markt Dachau in Schutt und Asche. Wegen der Bedeutung Dachaus als regionales Handels- und herzogliches Verwaltungszentrum wurde der Wiederaufbau von den Münchner Herzögen Ernst und Wilhelm tatkräftig unterstützt. 1436 überschrieben sie den Bürgern die Einnahmen aus einem Ungeld,

damit sie sich am Neubau der Burg beteiligten. Zur Wiederbelebung von Handel und Gewerbe mußte auf herzoglichen Befehl der Handelsweg von München nach Augsburg wieder über Dachau geführt werden. Den Marktbürgern wurde die Erhebung einer Straßenmaut und das Niederlagerecht gewährt. Dachau war wieder lebensfähig. Ab 1467 wohnte auch der Lebenskünstler Herzog Sigmund für längere Zeit in dem neuen spätgotischen Schloß (Anfang 15. Jahrhundert errichtet), das im folgenden Jahrhundert dem vierflügeligen Renaissancebau Herzog Wilhelms IV. und Albrechts V. weichen mußte; erhalten ist allerdings nur der Südtrakt.
Viele Kirchen und Kapellen mit abwechslungsreich gestalteten Türmen bilden die Orientierungspunkte in der weiten, hügeligen Landschaft. Nicht wenige sind in der späten Gotik neu oder aus romanischen Gotteshäusern entstanden. Keine Kirche hat aber ohne Veränderungen die Jahrhunderte überdauert. Rund vierzig davon können auch heute noch ihre Herkunft aus dem 15. Jahrhundert nicht verleugnen.
Sehenswerte Werke des vielfältigen gotischen Kunstschaffens beherbergen nahezu alle Kirchen der Region: Figürliche Konsolträger sind es beispielsweise im Chor der alten Kirche *St. Martin* in AMPERPETTENBACH (Gemeinde Haimhausen), in anderen Gotteshäusern schmücken spätgotische Figuren die Barock- oder Rokokoaltäre oder bedecken Fresken die Wände und Gewölbefelder. Bei drei Kirchen im Dachauer Hügelland ist trotz mehrfach veränderter Ausstattung der gotische Charakter beinahe vollständig erhalten geblieben: In MÜHLDORF (Gemeinde Petershausen), einem kleinen Weiler an der Glonn, steht die ehemalige *Wallfahrtskirche St. Ulrich.* 1480 wurde der einschiffige, einheitlich spätgotische Bau errichtet. Sein Grundriß mit drei Jochen im Langhaus und einem eingezogenen und zu fünf Achtel geschlossenen Chorraum ist typisch für die Sakralräume des späten 15. Jahrhunderts in dieser Region. Abgestufte Strebepfeiler gliedern das Äußere des Gebäudes. Der markante Turm ist südlich an den Altarraum angebaut. In den unteren Geschossen quadratisch, geht er in ein Achteck über und endet über acht Giebeln in einem Spitzhelm. Hoch und schlank, mit ausgewogenen Raumproportionen ist das Innere der im Ganzen netzgewölbten Kirche. Die Gewölbebeschlußsteine im Langhaus tragen die Wappen adeliger Wohltäter und Stifter. Das bayerische Herzogswappen sowie die Heiligen Ulrich, Andreas und Maria zieren jene des Chorraums über dem 1670 eingefügten großen Altar.
Auf einer Geländeterrasse steht in der kleinen Ortschaft WEBLING (Stadt Dachau), eingebettet zwischen Bauernhöfe und Wald, die spätgotische Kirche *St. Leonhard:* In der zweiten Hälfte des 15. Jahrhunderts wurden die drei Joche des Langhauses, der eingezogene Chor mit Fünfachtel-Schluß und der stattliche Satteldachturm nach dem gebietstypischen Bauplan vollendet. Der netzgewölbte Innenraum der einschiffigen Kirche hat sich erhalten, die Fenster, die oberen Teile des Turms und die Ausstattung mußten jedoch im 17. Jahrhundert Veränderungen hinnehmen.
Ein nördlich am Altarraum angesetzter Satteldachturm überragt auch die Kirche *St. Nikolaus* in MITTERNDORF (Stadt Dachau). Der nach dem üblichen Plan errichtete einschiffige Bau – dreijochiges Langhaus, eingezogener Chor mit Fünfachtel-Schluß – wurde 1496 geweiht. Das flache Netzgewölbe in Langhaus und Chor zeigt jetzt wieder seine spätgotische Farbigkeit. In den Gewölbefeldern und an der nördlichen Chorwand konnte ornamentaler und figürlicher Freskenschmuck aus der Bauzeit freigelegt werden. Um 1460 wurde die thronende Gottesmutter mit Kind im barocken Hochaltar geschnitzt.

Beachtenswerte Zeugnisse der Bildhauerkunst des ausgehenden 15. Jahrhunderts beherbergt die 1792 barock veränderte Kirche *St. Nikolaus* in DEUTENHAUSEN (Gemeinde Bergkirchen). Die Figuren der Madonna mit Kind, des hl. Sebastian und des hl. Nikolaus in dem 1660 aufgestellten Hochaltar sind um 1500 in Werkstätten der von Erasmus Grasser und der Familie Haldner geprägten Münchner Schule geschaffen worden.
Gleichfalls um 1500 gestaltete ein unbekannter Künstler die lebensgroße, tiefempfundene schmerzhafte Maria an der nördlichen Langhauswand der Kirche *St. Peter* in AMPERMOCHING (Gemeinde Hebertshausen): Die kleine Dorfkirche aus

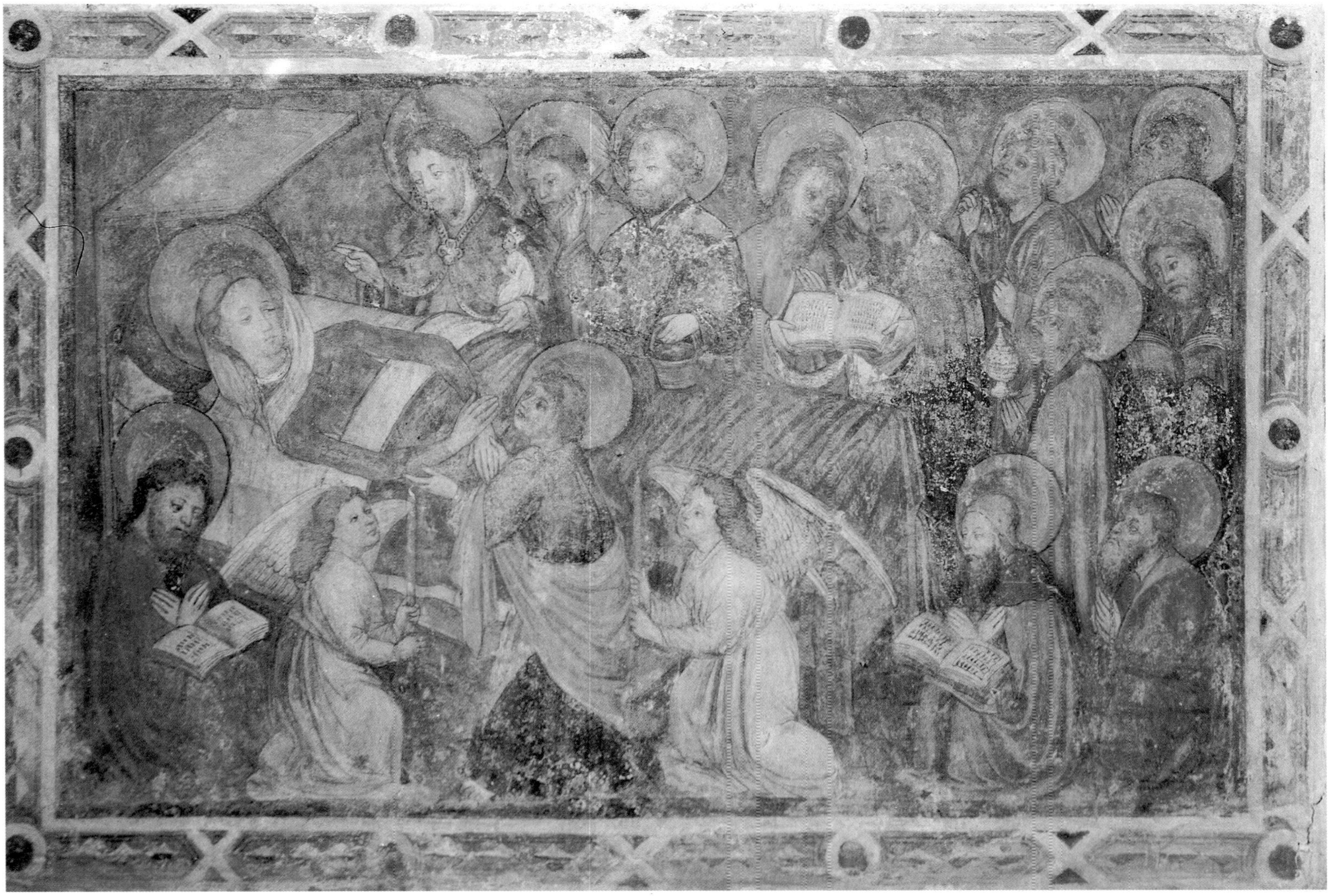

INDERSDORF, Rosenkranzkapelle neben der ehemaligen Augustiner–Chorherren–Stiftskirche: Tod der Gottesmutter Maria; Malerei auf der Altarmensa, zwischen 1442 und 1450

dem späten 15. Jahrhundert besticht durch den nordwestlich des Chors angesetzten Satteldachturm. Seine unteren Geschosse ziert Stabwerk, das reich mit Ornamenten versehen ist. Im Inneren läßt nur noch der Chorraum seine Entstehung in spätgotischer Zeit erkennen. Einfaches Netzgewölbe deckt seine beiden Joche und den dreiseitigen Schluß.

Eine Besonderheit hat das ehemalige Augustiner-Chorherren-Stift INDERSDORF vorzuweisen. In der südlich an die Klosterkirche angebauten *Rosenkranzkapelle* befindet sich die einzige figürlich bemalte Altarmensa der Spätgotik in Oberbayern: Hinter den Tüchern des Rokokoaltars verbirgt sich das zwischen 1442 und 1450 in leuchtenden Farben gemalte Bild vom Tod Mariens im Kreise der zwölf Apostel. Nach der Klosterchronik hat Propst Johannes Rothuet 1442 den Auftrag zu der von schlichten geometrischen Ornamenten umrahmten Malerei gegeben.

Gegen Mitte des 15. Jahrhunderts entstanden auch die gut erhaltenen Fresken im Altarraum der im Kern spätgotischen Kirche *St. Mariae Verkündigung* in GLONNBERCHA (Gemeinde Petershausen): Ein Augustiner-Chorherr und ein weltlicher Stifter knien betend unter einem Wandbild mit dem Marientod und der Kreuzigung Christi. Die drei weiblichen Heiligen Katharina, Agnes und Barbara sind um die südlichen Chorfenster gemalt. Im mittleren Feld des Netzgewölbes ist Christus als Weltenherrscher von den Symbolen der vier Evangelisten umgeben. In den Gewölbefeldern über dem Altar halten sechs Engel die Leidenswerkzeuge Christi. Bereits um 1400 entstanden die Wandmalereien im romanischen Turmchor der Kirche *St. Laurentius* in RUMELTSHAUSEN (Gemeinde Schwabhausen): Szenen der Verkündigung, der Geburt Christi und der Darstellung Jesu im Tempel sind fragmentarisch an der Südwand erhalten. Bilder vom Martyrium des Kirchenpatrons St. Laurentius bedecken die Westwand des Chors.

Künstlerisch interessante spätgotische Glasmalereien enthält das Fenster im Chorhaupt der barock veränderten Kirche *St. Jakobus* in LAUTERBACH (Gemeinde Bergkirchen). Die in zwei mal zwei Feldern eingesetzten Scheiben zählen wegen ihrer Farbenkraft zu den besten, die aus der ersten Hälfte des 15. Jahrhunderts im ländlichen Oberbayern verblieben sind. Die linke Scheibe in der oberen Reihe zeigt Christus am Kreuz mit Maria und dem Evangelisten Johannes. Eine Vespergruppe ist Inhalt des rechten Glasbilds. In den Feldern darunter stehen von links die hl. Barbara mit dem Turm, die hl. Maria Magdalena mit dem Salbtopf, der hl. Jakobus d.Ä. mit der Pilgermuschel sowie der Einsiedler St. Antonius mit dem Kreuz und dem vor ihm aufspringenden Schwein. Unter den Heiligen sind vier Stifterwappen zu sehen. Nach ihnen läßt sich die Entstehungszeit der Glasmalereien zwischen 1437 und 1449 festlegen. Die beiden linken Schilde, das Egloffsteiner und das Dachauer Wappen, gehören dem Stifterpaar; die beiden rechten stehen für die Eltern des Stifters Konrad von Egloffstein und Anna von Nußberg. Nach den Urkunden heiratete Veit von Egloffstein im Jahre 1437 mit Margareth eine Tochter des letzten Dachauers von Lauterbach. Als Hochzeitsgabe erhielt das junge Paar den halben Anteil am Lauterbacher Besitz. 1449 verkauft Veit von Egloffstein den Lauterbacher Anteil an seinen Schwager Hanns Hundt, dem durch die Ehe mit Margareths Schwester, Martha Dachauerin, bereits die andere Hälfte gehörte. Lauterbach ist bis heute der Wohnsitz der Grafen Hundt zu Lauterbach. Ihr berühmtester Vorfahre ist der 1588 verstorbene Rechtsgelehrte und Historiker Dr. Hanns Wiguleus Hundt, kaiserlicher Pfalzgraf und Hofkammerpräsident der bayerischen Herzöge. Sein verwitterter Grabstein wurde nach dem Abbruch des Münchner Franziskanerklosters im Gefolge der Säkularisation 1802 in die Familiengruft neben der Kirche in Lauterbach überführt.

An der Amper bei Fürstenfeldbruck

Dort, wo das Dachauer Moos noch nach Westen herüberreicht, bestimmt fruchtbarer Ackerboden die Landschaft. Hingegen herrschen in den Moränenzügen der eiszeitlichen Schotterebene ausgedehnte Weideflächen vor.

Die Entwicklung dieses Landesteils war während des Spätmittelalters eng mit den oberbayerischen Herzögen verbunden: »Auf des Fürsten Feld« gründete Herzog Ludwig II. der Strenge im Jahre 1263 auf Geheiß des Papstes sein Sühnekloster und besetzte es mit Zisterziensern. Zeitlebens sorgte er für die Buße, die ihm wegen der Freveltat an seiner Gemahlin Maria von Brabant auferlegt worden war. In der Klosterkirche fand er 1294 auch seine letzte Ruhestätte. Ein Wohltäter des Klosters war auch sein Sohn Ludwig der Bayer. Als 1324 die Reichskleinodien nach München kamen, durften vier Mönche von Fürstenfeld das »Hailtum« betend betreuen. Ganz in der Nähe, in der kleinen Ortschaft Puch, ist der Kaiser 1347 in den Armen eines Bauern verstorben. 1480 hat sich der zwischen lustvollem und gottesfürchtigem Leben schwankende Herzog Sigmund in Fürstenfeld als Confrater aufnehmen lassen, wirklich eingetreten in die Gemeinschaft der Mönche ist er aber nie. Die asketische Lebensform einer Klostergemeinschaft stand wohl doch nicht in seiner Absicht.

Aus der gotischen Zeit des *Klosters Fürstenfeld* (Stadt FÜRSTENFELDBRUCK) stammen zwei schöne Madonnen in der ehemaligen *Klosterkirche St. Mariä Himmelfahrt* – die thronende Madonna mit Kind in der ersten südlichen Seitenkapelle entstand um 1480; sie war wohl eine Stiftung Herzog Sigmunds und wird dem Münchner Bildhauer Hans Haldner zugeschrieben. Die Sandsteinmadonna in der letzten südlichen Seitenkapelle wurde in der hohen Gotik des 14. Jahrhunderts geschaffen; nach der Überlieferung war sie ein Geschenk Kaiser Ludwigs des Bayern.

Hauptort des Gebietes war der alte Markt Bruck. Seine planmäßige Anlage mit der platzartig erweiterten Hauptstraße deutet auf eine Gründung an der Wende zum 13. Jahrhundert hin. Aus dem Jahre 1306 stammt die erste Nachricht über den Markt. 1342 erwarb ihn das Kloster Fürstenfeld. Mit dem Kauf kam keine glückliche Verbindung zustande, denn ab 1399 bis zur Säkularisation im Jahre 1803 lagen die Bürger ständig mit dem Kloster im Streit. FÜRSTENFELDBRUCK, wie die Stadt heute heißt, besitzt mit der Kirche *St. Leonhard* an der Amperbrücke ein vom Grundriß her originelles Bauwerk der Spätgotik. An einen dreiseitig geschlossenen Chor mit Netzgewölbe schließt ein nur zwei Joche großes dreischiffiges netzgewölbtes Langhaus an. Der Raum mit den beiden runden Pfeilern erweckt den Eindruck, als würde er quer zum Chor stehen. Die großen, einander gegenüberliegenden Eingänge im Norden und Süden des Schiffs und das Patrozinium der Kirche lassen eine Wallfahrt zu dem Viehheiligen St. Leonhard vermuten und geben so der Raumgestalt – die auf dem Durchritt der Pferde beruht – einen Sinn. Der massige, mit Maßwerkfriesen verzierte Viereckturm steht im Westen in der Verlängerung der Mittelachse des Chores; er ist nur durch das Kircheninnere zugänglich. Gebaut wurde das Gotteshaus – heute eine Gedenkstätte für die Toten der Kriege – unter dem Fürstenfelder Abt Andreas (1432-1451). Die Weihe ist für das Jahr 1440 überliefert. Nach einer barocken Umgestaltung erfuhr die Kirche 1854 eine Regotisierung.

Dem Barockstil des 16. und 17. Jahrhunderts hat man in dem Landstrich Tribut gezollt: Die meisten Kirchen der späten Gotik wurden der neuen Kunstrichtung angepaßt. Ausnahmen bilden beispielsweise die Kirche *St. Peter und Paul* in HOLZKIRCHEN (Gemeinde Alling), die um 1450 entstandene Kapelle *St. Georg* in

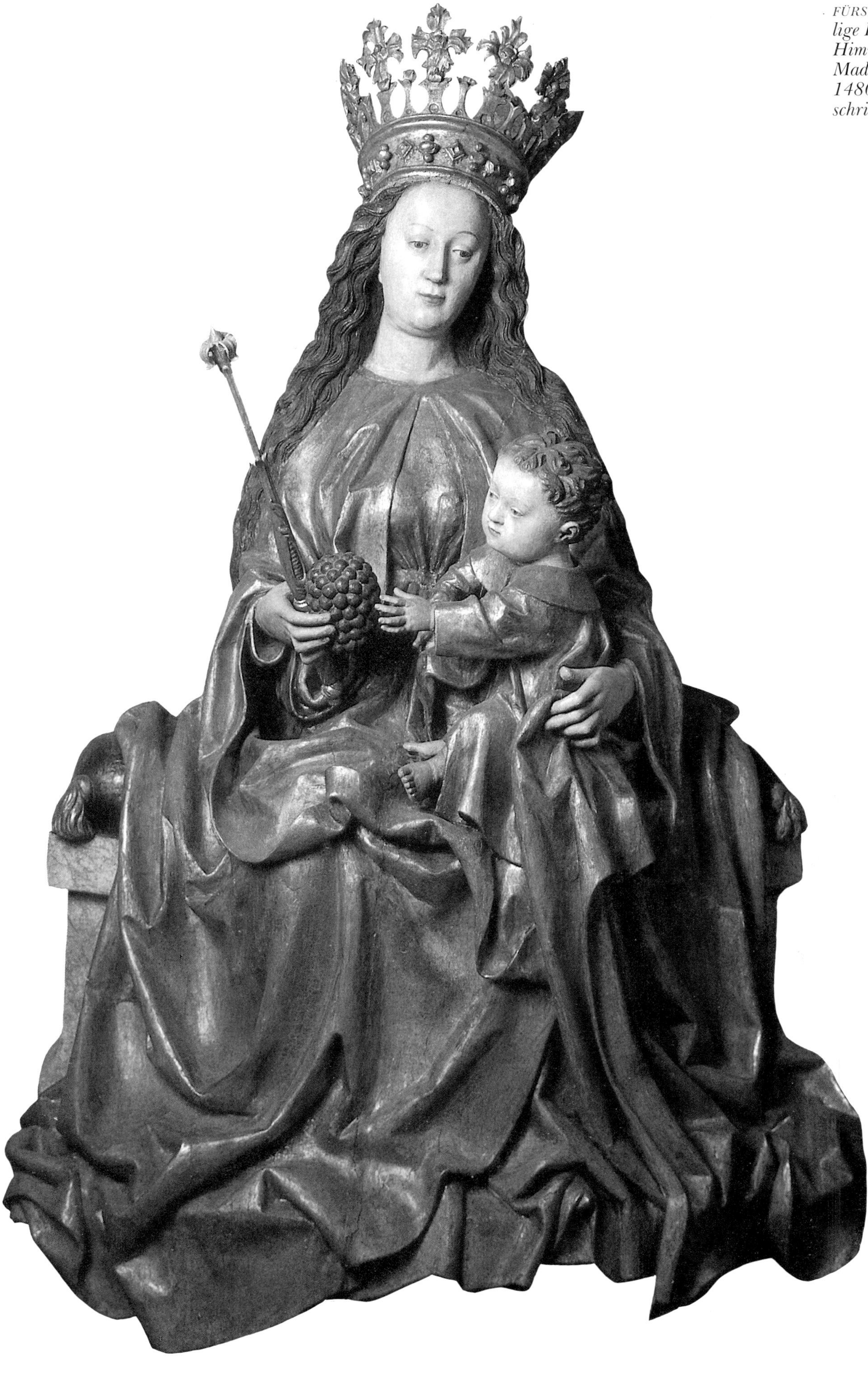

FÜRSTENFELDBRUCK, *ehemalige Klosterkirche St. Mariä Himmelfahrt: Thronende Madonna mit Kind, um 1480, Hans Haldner zugeschrieben*

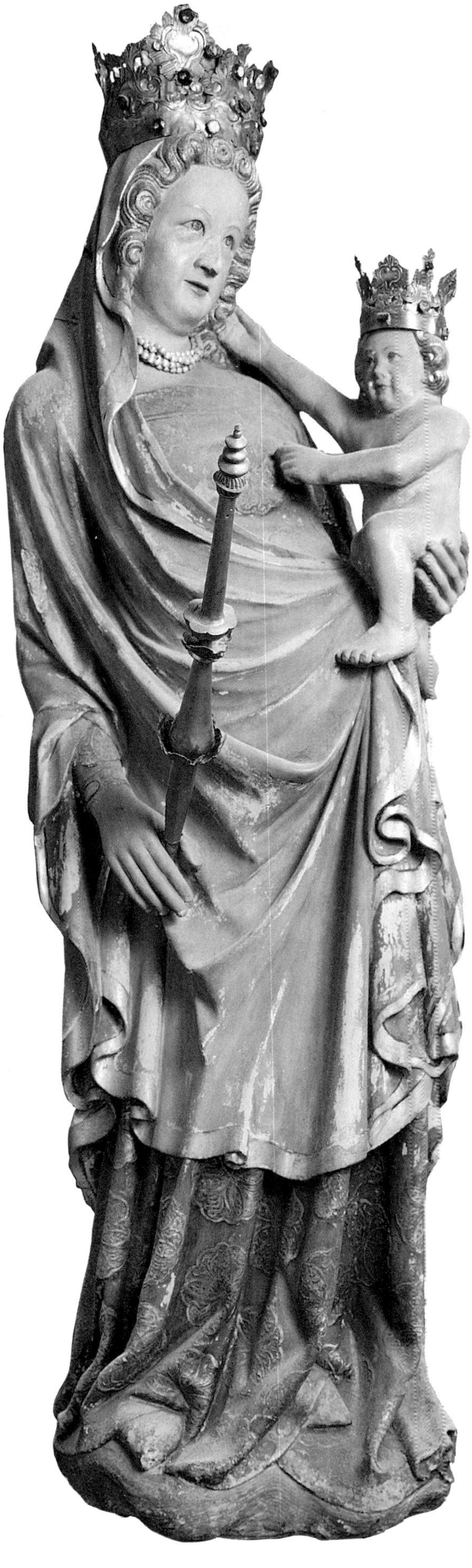

FÜRSTENFELDBRUCK, ehemalige Klosterkirche St. Mariä Himmelfahrt: Madonna mit Kind, Sandstein, 14. Jahrhundert

MAUERN (Gemeinde Grafrath) oder die *Leonhardskapelle* in DIEPOLTSHOFEN (Gemeinde Maisach): Ihr Chor ist der aus der Gotik verbliebene Rest einer 1780 eingestürzten Kirche, die an der Schwelle zum 15. Jahrhundert gebaut wurde.

Das Gebiet um Fürstenfeldbruck hält aber noch drei Überraschungen bereit: Die erste liegt nur wenige Kilometer östlich der Kreisstadt auf dem steil ansteigenden Moränenzug über dem Ampertal in HOFLACH (Gemeinde Alling). Im Jahre 1422 wurde in der Gemeindeflur von Alling die entscheidende Schlacht zwischen Herzog Ludwig VII. dem Gebarteten von Bayern-Ingolstadt und den Herzögen Ernst, Wilhelm III. und Albrecht III. von Bayern-München geschlagen. Die Schlacht gewann Herzog Ernst. Es war »ein gar resches Schlagen« vermeldet der Chronist Veit Arnpeckh. In große Gefahr geriet dabei der Herzogssohn Albrecht III., als sein Pferd zusammenbricht, während er einem Ingolstädter Bannerträger gerade die Feldstandarte entreißen will. Albrecht wurde aus dem Sattel gehoben und verschwand im Schlachtgetümmel. »Do dies sein Vater vermerkt, entbrannt er vor jaher Hitz und Zorn und ergriff seinen Kolben mit beyden Händen, wiewohl er schon sehr blutig war, und klopfte rechts und links dermassen plump und kuebig darein, bis er endlich auf den todten Körpern sich einen Weg machte und ihn befreyte«, schreibt der Chronist über die mutige Tat, die das Ende der Schlacht bedeutet haben dürfte. Zum Dank für den Sieg und die Rettung seines Sohnes ließ Herzog Ernst im Weiler Hoflach am Rande des ehemaligen Schlachtfeldes die *Votivkirche St. Maria und Georg* bauen. Von weitem grüßt der stattliche Satteldachturm mit den sechs Fialen im Norden der schlichten, einschiffigen Kirche. Nahtlos schließt das ehemalige Benefiziatenhaus an die Westwand des Langhauses. Um 1430 dürfte der Bau mit dem dreiseitig geschlossenen, sterngewölbten Chor und dem flachgedeckten Langhaus entstanden sein. Interessant ist das Innere durch das großartige spätgotische Fresko an der Nordwand; Gabriel Angler, ein Meister der Münchner Spätgotik, hat es gemalt: Angeführt von den drei Münchner Herzögen kniet das siegreiche Heer unter dem Schutz des hl. Georg vor der Madonna, der Mutter Anna und der Heiligen Sippe. Kulturgeschicht-

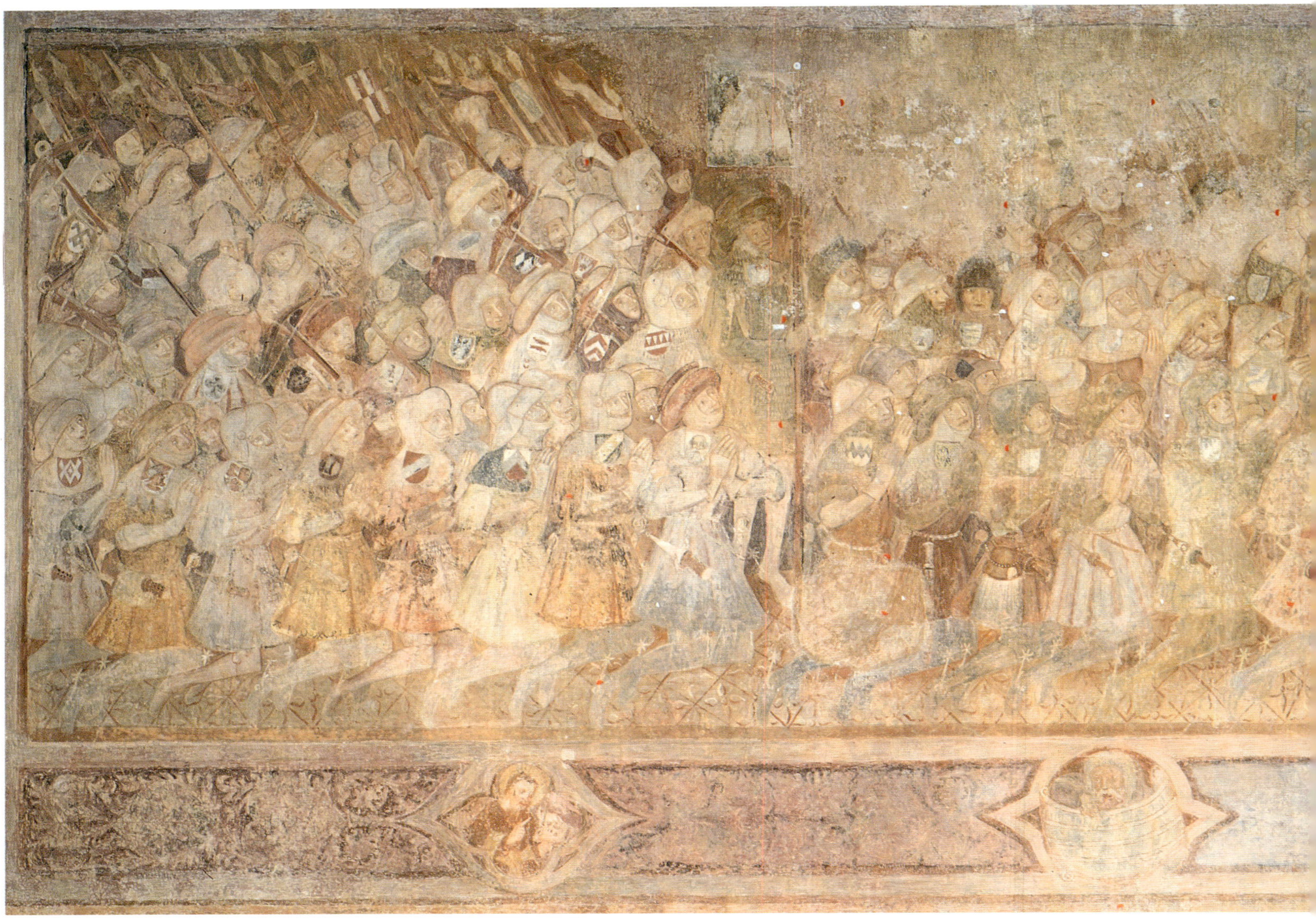

lich von Bedeutung ist das Wandgemälde deshalb, weil auf ihm – erkennbar an den Wappen – die Adelsgeschlechter der Gegend sowie die Münchner Spießbürger und Bogenschützen dargestellt sind. Die 37 Münchner Handwerkerzünfte hatten entscheidende Anteile am Sieg.

Der zweite Höhepunkt liegt westlich von Fürstenfeldbruck auf freiem Feld vor JESENWANG. Im Jahre 1314 kam die alte Siedlung und die umliegende Flur an das Kloster Fürstenfeld; 1331 erscheinen die Herren von Esting als Eigentümer. Zu Beginn der späten Gotik wurde die *Wallfahrtskirche St. Willibald* östlich des Dorfes erbaut. Es ist das einzige Gotteshaus in Oberbayern, das dem Viehpatron St. Willibald geweiht wurde. Nach der Legende geht die Wallfahrt auf eine überstandene Pferdeseuche zurück. In einer Inschrift an der Nordseite der Kirche ist die 1414 von dem Fürstenfelder Abt Johann II. Fuchs von Bibrach vorgenommene Grundsteinlegung überliefert. 1478 ließ Abt Jodok von Fürstenfeld das Langhaus vergrößern. Der Schatz der unverfälscht erhaltenen Kirche mit ihrem eingezogenen dreijochigen Chor und dem breiten Langhaus sind die Holzdecke und die Empore im Westen. Die flache Decke trägt noch die ursprüngliche ornamentale Bemalung auf den Bohlen und Deckleisten sowie die Maßwerkfriese an den Querbalken. Bemalung und Friese setzen sich an der Brüstung der hölzernen Empore fort. Je ein großes spitzbogiges Tor im Süden und im Norden ermöglichen es, daß sich die Prozession mit den zu segnenden Pferden durch die Kirche bewegen konnte. Von der übrigen spätgotischen Ausstattung sind nur eine um 1500 entstandene bäuerliche Schnitzfigur des hl. Willibald und Fragmente von Fresken im Chorraum verblieben.

Auf dem letzten Ausläufer des bewaldeten Moränenzugs, der sich vom Kloster Für-

HOFLACH, *Votivkirche St. Maria und Georg: Dank der Münchner Herzöge Ernst, Wilhelm III. und Albrecht III., der Adels und der Münchner Spießbürger für den 1422 gegen die Wittelbacher Herzöge von Ingolstadt errungenen Sieg in der Schlacht bei Alling. Fresko von Gabriel Angler, um 1430*

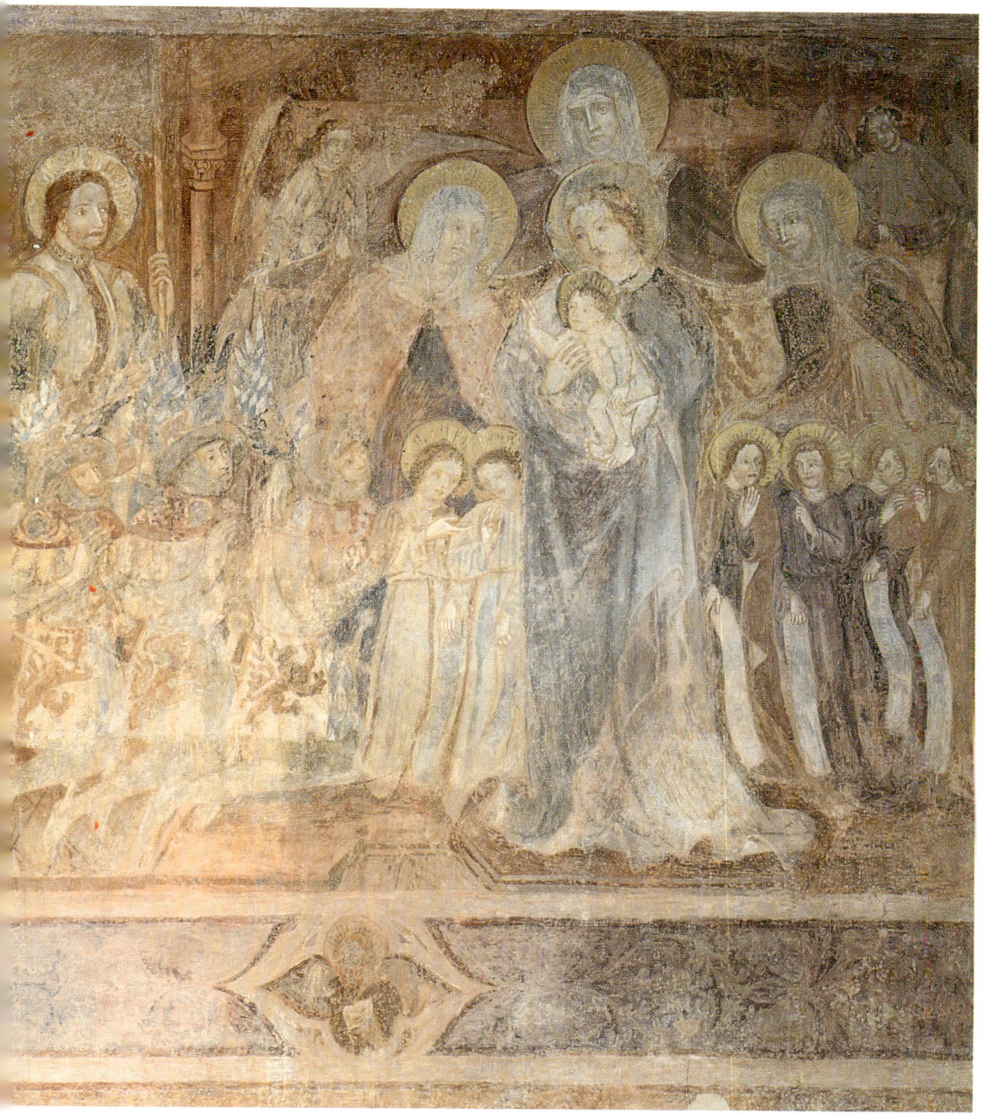

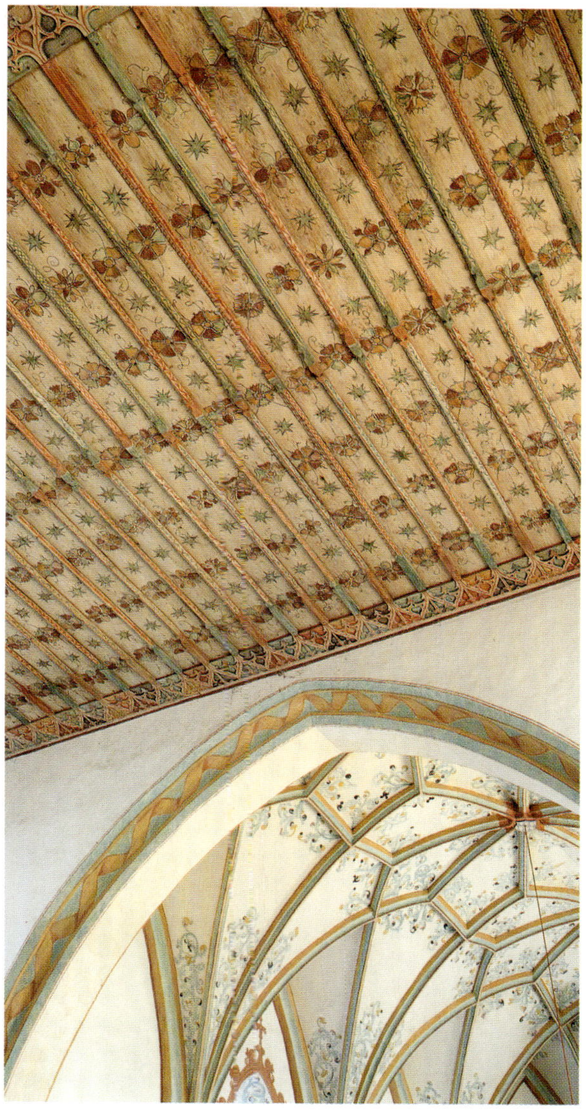

rechts
JESENWANG, *Wallfahrtskirche St. Willibald: Netzgewölbe im Chorraum und kunstvoll bemalte Holzdecke im Langhaus, um 1478*

stenfeld bis in das Hochmoorgebiet im Westen von München zieht, liegt das alte Gut ROGGENSTEIN (Gemeinde Emmering). Es war der Meierhof einer Burg gleichen Namens, die im Jahre 1317 Engelmar dem Chuchenmaister und seiner Gemahlin Agnes von Gegenpoint gehörte. 1347 tauchen die Herren von Eisenhofen als Besitzer auf. Von ihnen erwarb 1371 das Kloster Fürstenfeld die schon baufällige Burg und den zugehörigen Gutshof; bis 1803 blieben sie in Klosterbesitz. An die Burg erinnert nur noch ein Burgstall, geblieben ist die ehemalige *Burgkapelle St. Georg*, ein schlichter, rechteckiger Saalbau vom Ende des 14. Jahrhunderts. Das Innere ist einfach: Es zeigt eine flache Holzdecke, auf der sich Reste der gotischen Bemalung aus farbigen Girlanden erhalten haben. Teilweise freigelegt werden konnten Wandmalereien aus der ersten Hälfte des 15. Jahrhunderts, die trotz des mäßigen Erhaltungszustands eine erstaunliche Farbigkeit aufweisen. Die Nordwand bedeckt ein überlebensgroßer Christophorus. Ihm folgt eine Bildfolge mit Szenen der Passion Christi: Ölberg, Kreuztragung und Kreuzigung. Hinter dem Altar setzen sich die Stationen mit der Grablegung und der Auferstehung fort. Ein Fresko des hl. Georg zu Pferd an der Ostwand sowie Heilige, Engel und Apostel an der Südwand geben einen Eindruck von der ehemals reichen Ausschmückung der Burgkapelle.

Im Süden von München

Die Eiszeiten haben die typische Voralpenlandschaft zwischen der Amper im Westen und den Straßen- und Schienenwegen nach Rosenheim im Osten gebildet. In malerischen Flußtälern durchfließen Isar und Würm das Land. Von Hochmooren und Rodungsdörfern durchsetzte Wälder bedecken die sanften Hügel im Westen und die Schotterebene im Osten. Seit Urzeiten ist die Region besiedelt und, obwohl im Bannkreis einer Großstadt gelegen, ist sie noch bemerkenswert unberührt geblieben. Das Land war reich an gotischen Bauten, doch wie ein Pfarrer einer der Rodungsorte sagte: »In der Barockzeit mußten die Kirchen erweitert und ebenso wie die Profanbauten dem neuen Stil angepaßt werden. Auf die Rippen der Gewölbe folgte der Stuck. Auf klare aufsteigende Linien und eine zweckgerichtete Führung von Licht und Schatten folgte der Überschwang. Barocke Lebensfreude brach sich überall Bahn, sie erfaßte die Kirchen wie die Hofmarkssitze, Herrengüter, Lust- oder Jagdschlösser.« Im gotischen Sinne rein erhalten haben sich auf diese Weise nur wenige profane und sakrale Bauwerke; doch die Gotteshäuser bewahren noch viele sehenswerte Kunstwerke aus gotischer Zeit.

In der Kirche *Mariae Himmelfahrt* in SALMDORF (Gemeinde Haar), einem kleinen Gotteshaus aus dem 15. Jahrhundert, steht in der Nordwestecke des Chorraums eines der sehenswerten und seltenen Kunstwerke: Um 1340 wurde die Vespergruppe für die ehemalige Gruftkirche in dem nach einem Pogrom zerstörten Judenviertel von München geschaffen. Überlebensgroß und von gewaltiger Ausdruckskraft sind die Gestalten im Stil der hohen Gotik. Der Schmerz und die Hoffnungslosigkeit sind bildhaft in der Qual ihrer Gesichter. Der Schrei der Klage über das Unrecht äußert sich in dem expressionistischen Körper des Gottessohnes. Diese Pietà macht die mystische Beziehung deutlich, in der die Gläubigen des 14. Jahrhunderts zu Maria und Jesus Christus standen. Sie ergriff die Künstler, die sich des Themas annahmen, in einer Härte und Unmittelbarkeit, wie sie später nicht mehr erreicht wurde. Daß dieses tiefe Erleben nicht auf den oberbayerischen Raum beschränkt war, sondern allerorten die Mystik den Glauben bestimmte, beweist ein ebenso ergreifendes Vesperbild, das gegen Ende des 13. Jahrhunderts für das Zisterzienserinnenkloster Sonnefeld geschaffen wurde und heute in den Kunstsammlungen der Veste Coburg steht.

Die Grabplatte aus Sandstein für den 1381 verstorbenen Ritter Hilprand Tauffkircher an der südlichen Außenwand der Kirche *St. Johann Baptist* in TAUFKIRCHEN ist einer der wenigen figürlichen Grabsteine des 14. Jahrhunderts in Oberbayern. Angetan mit seiner Rüstung ruht der Verstorbene als stark eingetiefte Relieffigur auf einem mit Quasten besetzten Kissen. Die Grabplatte war einst der Deckel einer Tumba, die überdacht neben dem mächtigen Kirchturm aus dem 13. Jahrhundert stand. Die schwer lesbare lateinische Umschrift teilt übersetzt mit: »Im Jahre des Herrn 1381 starb Hilprand Tauffkircher am Freitag vor dem Feste des hl. Apostels und Evangelisten Matthäus«. (D. h., der 18. September 1381 war der Todestag.) Bemerkenswert ist, daß die Rüstung von Ritter Hilprand genau jener gleicht, die der 1371 verstorbene Otto von Pienzenau auf der Grabplatte in der ehemaligen Klosterkirche St. Sebastian in Ebersberg (s. S. 99) trägt. Das Sandsteinrelief über der Grabplatte war früher über der Tumba an der Kirchenwand angebracht. Der Ritter und seine Gemahlin knien darauf festlich gekleidet vor dem Schmerzensmann.

Südlich von Taufkirchen liegt in einer anheimelnden Landschaft der alte Ort

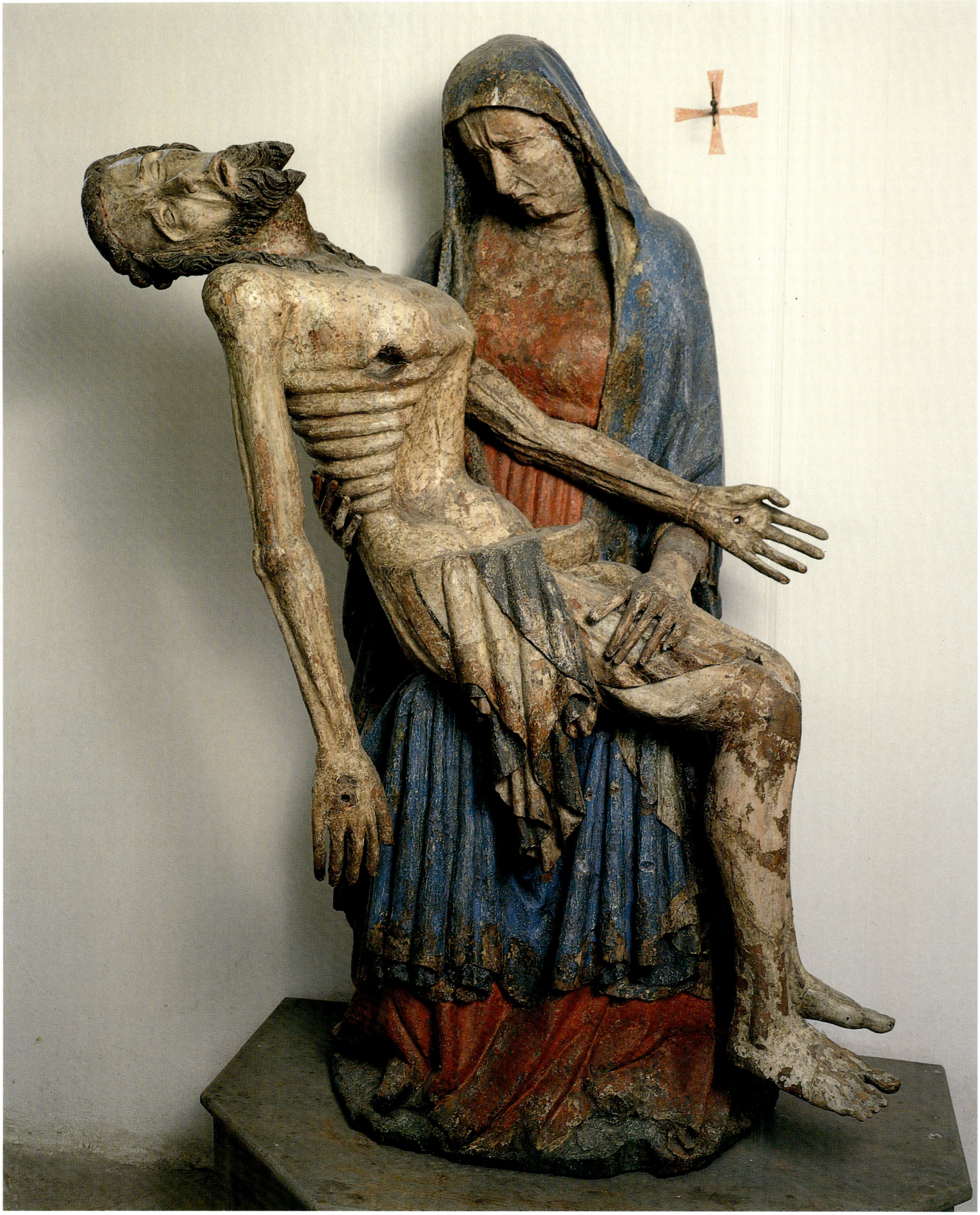

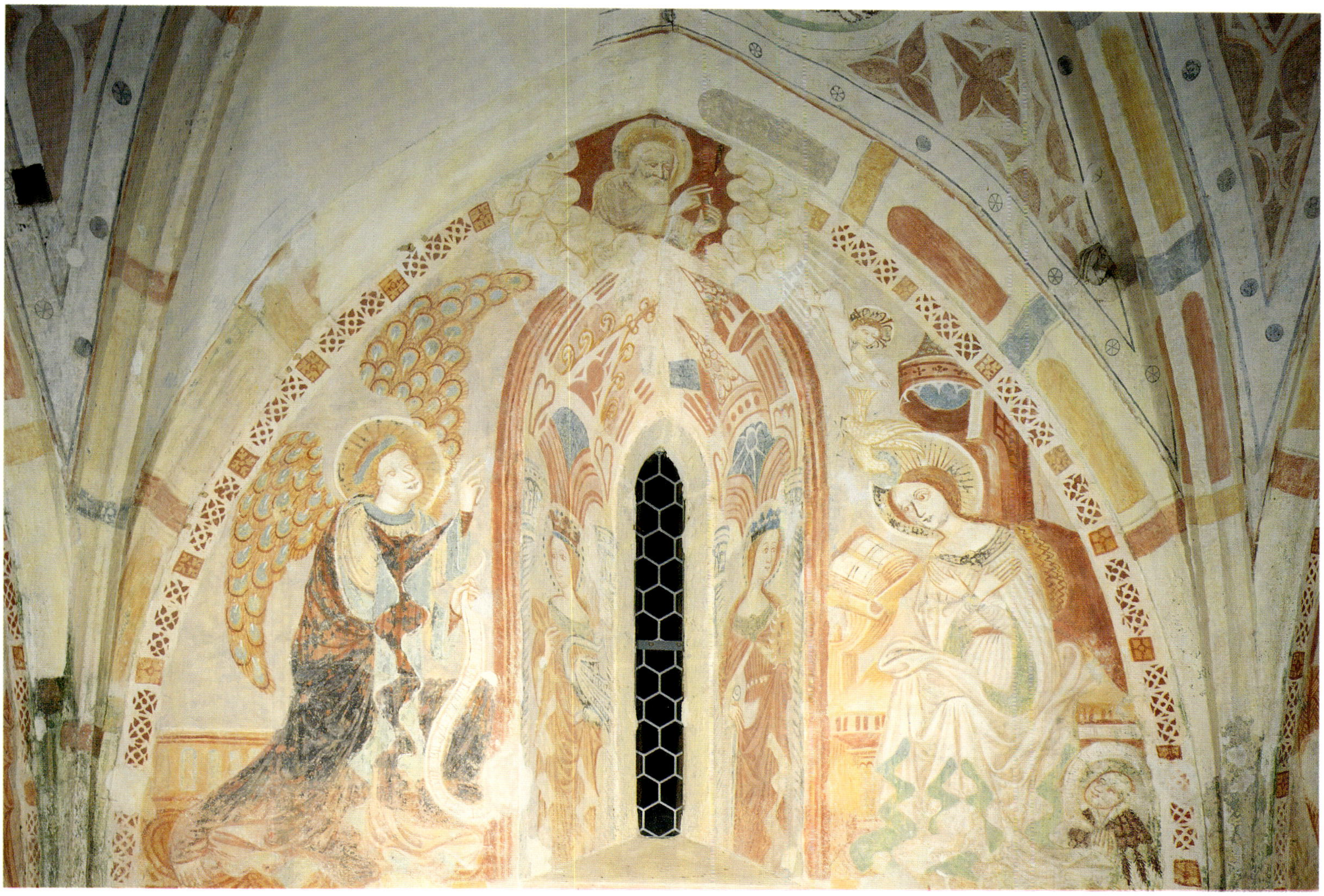

LINDEN, Kirche Zur Schmerzhaften Muttergottes und St. Maternus: Fresken in der spätgotischen Vorhalle, um 1440: Szene der Verkündigung Mariens, ergänzt durch die weiblichen Heiligen Barbara und Katharina in der Fensterleibung

SALMDORF, Kirche Mariae Himmelfahrt: Vesperbild aus der ehemaligen Gruftkirche zu München, um 1340

GROSSDINGHARTING. Ab 1306 befand sich hier die Hauptmalstätte, d.h. der Richtplatz des herzoglich-bayerischen Landgerichts Wolfratshausen. Aus jener Zeit stammen wohl die beiden Steinkreuze an der Kirche, eines an der Südseite unter dem Dach und eines in der Ostwand in der Nähe des Erdbodens. »Asylkreuze« nennt sie der Volksmund: Nach der Überlieferung wurde einem Verurteilten die Freiheit geschenkt, wenn er auf dem Weg zur Richtstatt fliehen und die Kreuze berühren konnte, bevor ihn die Häscher wieder eingefangen hatten.

Massig überragt der Chorturm mit seinem Satteldach das eher kleine Langhaus der Kirche *St. Laurentius*. Der Turm wurde in der ersten Hälfte des 15. Jahrhunderts aus Tuffquadern errichtet. Der Altarraum in seinem Inneren wölbt sich mit einem von kräftigen Rippen getragenen Kreuzgewölbe. Nach der Jahreszahl am Portal ist das spätgotische Langhaus mit seinen drei Jochen und starken Wandpfeilern erst 1497 erbaut oder geweiht worden. Ein Netzgewölbe, dessen Rippen aus kleinen figürlichen Kragsteinen entspringen und in runden, reliefbesetzten Schlußsteinen enden, überspannt das Kirchenschiff. Die Schlußsteine zieren Brustbilder verschiedener Heiliger und das Wappen des adeligen Geschlechts der Fußsteiner. Der Schöpfer des Langhauses hat sich auf einem Konsolstein in der nordwestlichen Ecke verewigt: Der Kopf mit der Meisterkappe gehört wohl Jörg von Weikertshofen, der ab 1486 als Baumeister in der nahe gelegenen Burg Grünwald tätig war.

Zur Gemeinde Dietramszell gehört der kleine Ort LINDEN mit seiner Kirche *Zur Schmerzhaften Muttergottes und St. Maternus*. Die Chorturmkirche entstand um 1400, das in der Spätgotik erneuerte Langhaus wurde 1630 barock umgestaltet. Erhalten blieb die quadratische Vorhalle mit den um 1440 gemalten Wandbildern. Man sieht eine für die Zeit typische Bildfolge: An der Ostwand, über der Türe zum Gotteshaus, die Verkündigung Mariens, wobei der Engel und Maria durch ein Fenster

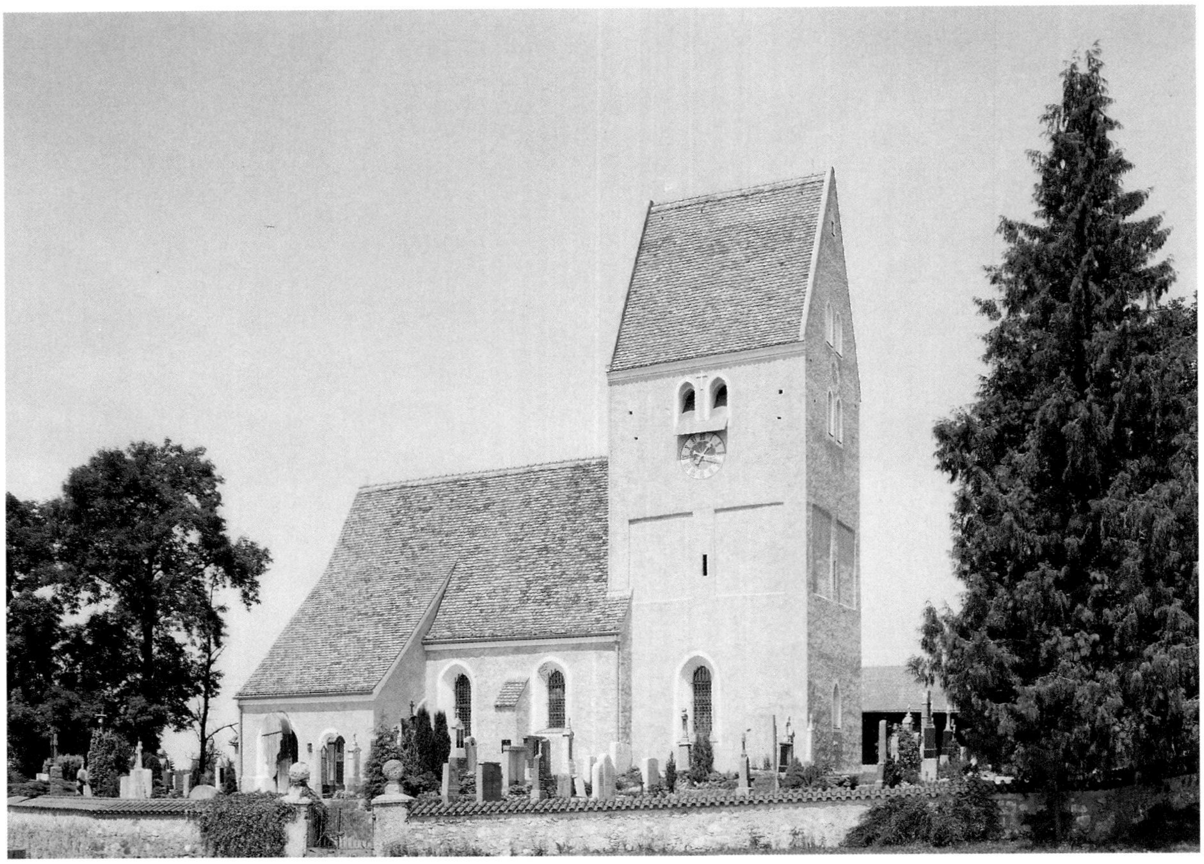

GROSSDINGHARTING, *Kirche St. Laurentius: Turm aus der ersten Hälfte des 15. Jahrhunderts, Langhaus um 1497*

getrennt sind. In die Leibung des Fensters sind die hl. Barbara und die hl. Katharina gemalt. Die Südwand zeigt die Geburt Christi und die Anbetung der Hirten. Über dem Fenster ist das Schweißtuch der Veronika und rechts davon die Darstellung Jesu im Tempel zu sehen. Im Zwickel über der Türe an der Westwand ist die Anbetung des Kindes durch die Heiligen Drei Könige dargestellt. Im Türgewände vermitteln die Klugen und Törichten Jungfrauen ihre Botschaft. Der nordwestliche Schildbogen enthält den Tod Mariens. Die Felder des Kreuzgewölbes schmücken die vier Evangelisten mit ihren Symbolen.

Im Gebiet von Dietramszell wurde bis in die Mitte des 16. Jahrhunderts am Baustil der späten Gotik festgehalten. Das beweisen die Kirche *St. Valentin* in HECHENBERG, deren Chor allerdings in die erste Hälfte des 15. Jahrhunderts zu datieren ist, sowie die Kirche *St. Anna* in HUMBACH, ein um 1500 entstandener, einheitlich spätgotischer Bau. Um 1520 baute der Tegernseer Baumeister Thomas Gugler die spätgotische Kirche *St. Magdalena* in LOCHEN mit Wandmalereien aus der Erbauungszeit. 1530 entstand in RAMPERTSHOFEN die Kirche *St. Georg*, und noch 1545 wurde die Kirche *St. Quirin* in JASBERG als spätgotisches Gotteshaus errichtet. Trotz der immer wieder dem Zeitgeschmack angepaßten Ausstattungen der Kirchen – die Bauwerke zeigen dennoch das beharrliche Festhalten an der dreihundertjährigen Tradition des gotischen Stils.

In großen Teilen erhalten blieb ein profanes Bauwerk, das erlaubt, sich in die Welt des 14. und 15. Jahrhunderts zu versetzen. Nur wenig von München isaraufwärts, dort wo der Fluß eine letzte, von den Gletschern aufgetürmte Geröllbarriere durchbricht, steht auf einem Steilhang die spätmittelalterliche unregelmäßige Rechteckanlage der *Burg Grünwald.* Der Osttrakt mit dem kraftvollen, spätgotischen Torturm und dem Wappenschmuck unter dem Stufengiebel entstand 1487. Auf das gleiche Alter kann die ehemalige Pflegerwohnung mit dem eingestellten kleinen Turm, dem Glöcklturm und dem Großen Turm, einem fünfstöckigen Bergfried, an der Nordostecke zurückblicken. Auch der ehemalige Küchen- und der Kasernenbau sowie der kleine Turm im Westtrakt wurden gegen Ende des 15. Jahrhunderts erbaut. Aus dem Jahre 1497 stammen Graben und Mauer des Zwingers. Die verbliebenen Reste des Palas aus dem 13. Jahr-

hundert im Südteil des Geländes sind die ältesten Teile der Burg. Sie mußten zusammen mit der dem hl. Georg geweihten Burgkapelle im Jahre 1680 abgetragen werden, als der Steilhang, durch ein Hochwasser der Isar unterspült, abzurutschen begann. Die zugänglichen Teile der Burg präsentieren innen wie außen das 15. Jahrhundert. Die restlichen Gebäude wurden um 1880 im Stil des romantischen Historismus umgestaltet. (Heute ist in der Burg ein Zweigmuseum der Prähistorischen Staatssammlung eingerichtet.)
Das Land um die Burg Grünwald gehörte ursprünglich zu Gütern von Ministerialen der Klöster Tegernsee und Schäftlarn, des Stifts Dießen sowie der mächtigen Herzöge von Andechs-Meranien. Nach dem Wittelsbacher Herzogsurbar von 1280 erwarb Herzog Ludwig II. der Strenge bis 1272 von den Andechser Ministerialen Liebhard von Endlhausen und Ulrich von Vellenberg sowie vom Kloster Tegernsee zwei Höfe, eine Hube und zwei Drittel Zehnt in »derbolfingen«, wie Grünwald damals noch hieß. Um 1293 kommt noch ein Hof des Stifts Dießen hinzu. Ziel der herzoglichen Erwerbspolitik war es, den Isarübergang in seine Hand zu bekommen und die Südflanke seiner Residenzstadt München gegen Angriffe zu schützen. Zu diesem Zweck ließ er auch bis 1293 die bereits vorhandene Burg ausbauen. Er gab ihr den Namen »grounenwalde«. Im 14. Jahrhundert ging der Name der jetzt als »iaidhaws« (Jagdhaus) bezeichneten Anlage auch auf die bestehende Siedlung über und verdrängte den Ortsnamen »derbolfingen« oder »derblfing«. Als der Herzog 1294 starb, wurde Grünwald seiner letzten Gemahlin Mechthild als Witwensitz zugewiesen; sie soll dort bereits 1295 mit ihren Söhnen Rudolf I. und Ludwig IV. eingezogen sein. Ludwig IV., der spätere Kaiser Ludwig der Bayer, verbrachte hier frohe Jugendjahre. Nach dem Hausvertrag von Pavia ging das Jagdschloß Grünwald 1329 dann vollends in seinen Besitz über.
Bei Epidemien war Grünwald oft der Zufluchtsort der herzoglichen Familie. Der erste war der Sohn von Ludwig IV., Herzog Stephan II. mit der Hafte; er floh vor der Pest. Grünwald bot aber auch Schutz und Schirm in Herzensdingen. Herzog Johann II. brachte seine Geliebte, die Tochter eines Münchner Schneidermeisters, hier unter. Sie schenkte ihm einen Sohn, der als Johannes Grünwalder bis zum Kardinal aufstieg. In der Mitte des 14. Jahrhunderts soll Herzog Otto V. der Faule auf dem Jagdsitz einen Teil der 200 000 Gulden »lustig verlebt« haben, die er für den Verkauf der Markgrafschaft Brandenburg erhalten hatte. Auch der lebenslustige Herzog Sigmund hat Grünwald sehr geschätzt, verlebte er doch hier mit der Witwe eines Offiziers, Margareta Pfättendorferin, eine schöne Zeit: Drei Kinder sind aus der Verbindung hervor-

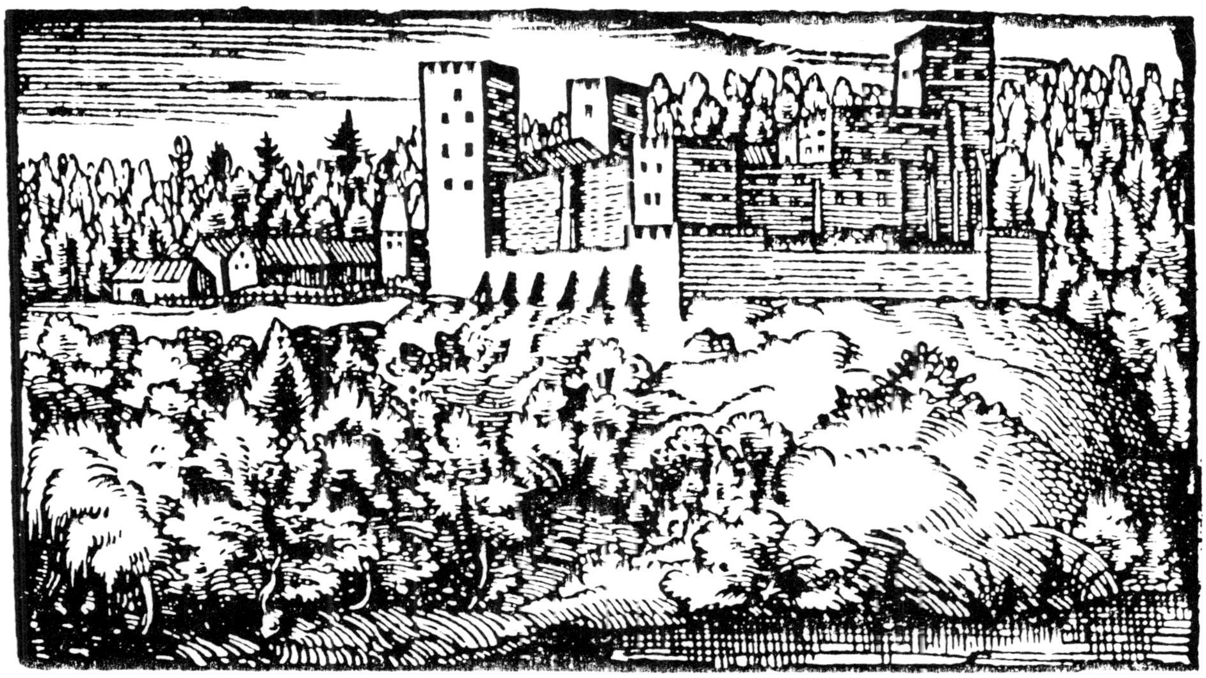

GRÜNWALD: *Burganlage, Holzschnitt von Jost Amman, um 1563*

gegangen. 1485 schenkte Sigmund die Burg, gleichsam als Hochzeitsgabe, der Braut seines Bruders Albrecht IV., der Habsburgerin Kunigunde.
Unter der Regierung Albrechts und Kunigundes wurde Grünwald mit Mauern und Türmen bewehrt. Der Maler Ulrich Fuetrer erhielt den Auftrag, die Wappen in den Giebelstufen des Torbaus zu malen: Der Herzog wollte so die Verschwägerung des Hauses Wittelsbach mit den angesehendsten Fürstengeschlechtern des späten Mittelalters jedermann vor Augen führen und seine eigene Bedeutung herausstellen. Von links unten über die Spitze des Giebels nach rechts unten ergibt sich ein wahrhaft europäisches Verwandtschaftsregister. Es beginnt mit dem Wappenschild von Polen: Herzog Georg der Reiche von Niederbayern heiratete 1475 die Königstochter Jadwiga. Das nächste Wappen steht für das Königreich Neapel-Sizilien: Elisabeth, die erste Gemahlin von Herzog Stephan II., mit der Hafte, war die Tochter Friedrichs III. von Sizilien aus dem Hause Aragon. Das dritte Wappen gehört zu Holland, Seeland, Friesland und dem Hennegau: Kaiser Ludwig der Bayer brachte diese Gebiete durch seine zweite Gemahlin Margarethe, einer Tochter des Grafen Wilhelm III. von Holland, ein. Darüber ist das Braunschweiger Wappen: Herzog Albrecht III., der Fromme, heiratete nach dem gewaltsamen Tode der Agnes Bernauerin Anna, die Tochter von Herzog Erich I. von Braunschweig: Das rot-weiß-rote Wappen von Österreich steht seit 1477 für das Haus Habsburg: Es gilt Kunigunde, der Tochter des Kaisers Friedrich III. von Habsburg, die seit 1487 mit Herzog Albrecht IV. verheiratet war – sein bayerisches Herzogswappen ziert die Spitze des Giebels. – Die rechte Wappenreihe abwärts beginnt mit dem Wappenschild Portugals: Es ist eine Ehrung der Burgherrin, denn Kunigundes Mutter war Eleonore von Portugal aus dem Haus Braganza. Das Wappen mit der Schlange, die das Kind verschlingt, gehört dem Hause Visconti in Mailand, das in mehrfacher Verbindung zu Wittelsbach stand: Den Anfang machte 1364 der Ingolstädter Stephan III. der Kneißl mit Thaddäa Visconti, 1381 heiratete der Niederbayer Friedrich der Weise Magdalena, der dritte im Bunde wurde 1396 Herzog Ernst von Oberbayern mit Elisabeth. Auch das neunte Wappenschild, das der Grafschaft Görz, verkörpert lange Familienbande mit dem Haus Wittelsbach: Die Tochter Herzogs Otto II. des Erlauchten und Witwe von König Konrad IV., die Mutter des letzten Staufers Konradin, Elisabeth, heiratete 1259 in zweiter Ehe den Grafen Meinhard II. von Görz und Tirol; ihr Urenkel, Herzog Johann II. von Oberbayern vermählte sich 1372 mit Katharina von Görz. Den Grafen von Kleve gehört das zehnte Wappen der Reihe: Herzog Stephan III. von Ingolstadt der Kneißl heiratete 1393 in zweiter Ehe Elisabeth, die Tochter des Grafen Adolf V. von Kleve. Herzog Wilhelm III. von Oberbayern, ein Neffe des Ingolstädters, vermählte sich mit Margarethe, einer Tochter des inzwischen zum Herzog aufgestiegenen Adolf I. von Kleve und Mark. Das letzte Wappen betrifft die niederbayerische Linie mit Herzog Otto IV. dem Abbacher: Er heiratete 1325 Richarda, die Tochter des Herzogs Wilhelm I. von Jülich und Berg. Obwohl nur wenig Systematisches hinter der Anordnung der Wappenschilde sichtbar wird – die Wittelsbacher haben eine durchaus erfolgreiche Heiratspolitik betrieben. Die Darstellung verwandtschaftlicher Bindungen eines Fürstenhauses war in der Spätgotik ein beliebtes Motiv. (So kehren die Verbindungen der Wittelsbacher beispielsweise in den Wappenscheiben der Fenster in der Schloßkapelle von Blutenburg, s.S. 51, wieder.)

Gegenüber der Burg Grünwald steht auf dem westlichen Isarhochufer in der Gemeinde PULLACH die ehemalige Pfarrkirche *Zum Heiligen Geist*. Gegen Ende des 15. Jahrhunderts wurden das einschiffige Langhaus und der in gleicher Breite angesetzte Chor errichtet. Der Turm an der Südwestecke des Kirchenschiffs wurde von einem Vorgängerbau übernommen. Der Bauplan der dreijochigen Wandpfeilerkirche mit dem in fünf Seiten des Achtecks geschlossenen Altarraum kann den Einfluß der Bauhütte des Münchner Liebfrauendoms kaum verleugnen. Schönes, rautenförmig figuriertes Netzgewölbe überzieht Langhaus und Chor. Die Rippen steigen aus Kragsteinen auf. Ihre Schnittpunkte in der Mittelachse sind mit reliefierten Wappenschlußsteinen der Stadt München, des Herzogtums und des Patriziergeschlechts der Pötschner besetzt.

PULLACH, Kirche Zum Hl. Geist: Ausgießung des Heiligen Geists, Schnitzrelief im Schrein des Hochaltars, um 1480, Münchner Werkstatt

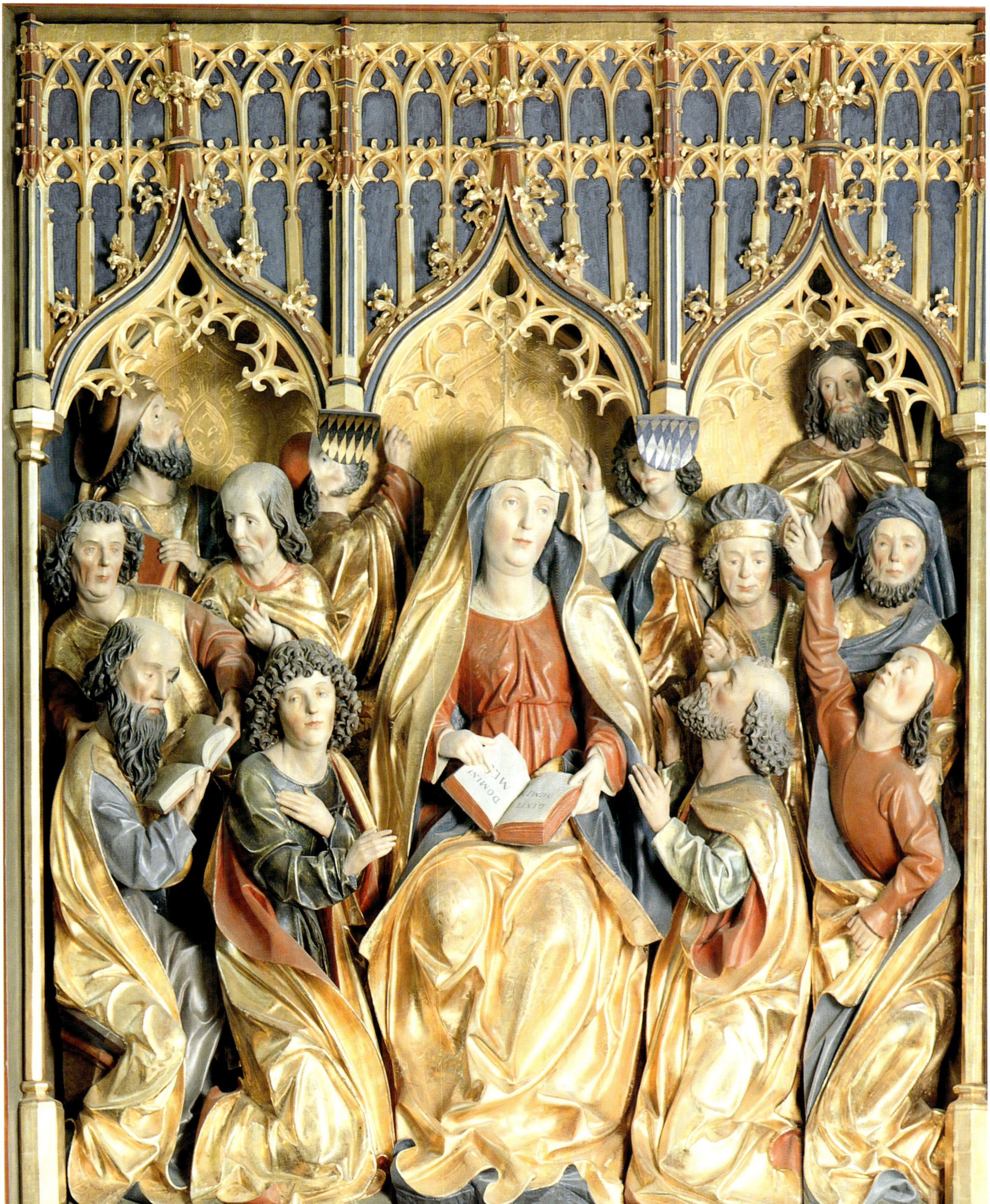

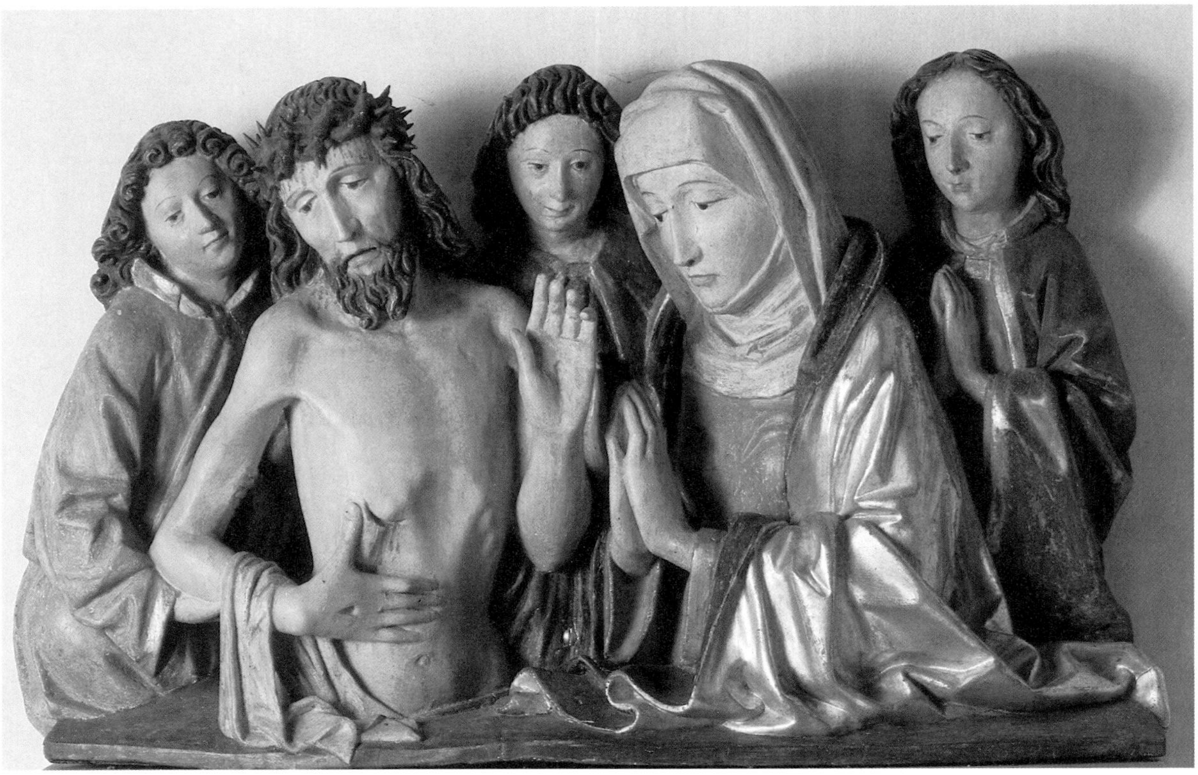

PULLACH, *Kirche Zum Hl. Geist: Der Schmerzensmann zeigt, gestützt vom hl. Johannes, den drei Marien (der Gottesmutter, Maria Salomas und Maria Cleophas) seine Wundmale; Schnitzrelief, um 1500*

Sie geben Aufschluß über die frommen Stiftungen zum Bau dieses spätgotischen Gotteshauses.
Die Ausstattung im Inneren war nur zum Teil für diese Kirche bestimmt. Vieles wurde zudem gegen Ende des 19. Jahrhunderts stark überarbeitet. Ursprünglich ist die hervorragende Figurengruppe der Ausgießung des Hl. Geistes im neugotischen Schrein des Hochaltars. Die Schnitzarbeit einer Münchner Werkstatt von 1480 wird (wie das Schnitzrelief mit dem Pfingstwunder auf dem nördlichen Seitenaltar der kleinen Kirche St. Alto von Leutstetten im Würmtal) heute dem Münchner Bildhauer Markus Haldner zugeschrieben. Die Flügel des Pullacher Hochaltars wurden später hinzugefügt. Die vier Tafelbilder auf den Innenseiten zeigen die Heiligen Margarethe, Barbara, Laurentius und Stephanus. Sie wurden um 1500 gemalt, weisen jedoch nicht die Qualität des Schreinreliefs auf. Die Bilder auf den Außenflügeln sind Werke des 19. Jahrhunderts. Die Figuren im Gesprenge: Christus am Kreuz, Maria und Johannes, zeigen besonders bei den Assistenzfiguren Linienführungen, die an den Weichen Stil erinnern. Sie sind wohl bereits in der ersten Hälfte des 15. Jahrhunderts entstanden.
Der nördliche Seitenaltar wurde 1887 in der Kirche aufgestellt. Das Schnitzrelief mit der Marienkrönung im neugotischen Schrein und die Beweinung Christi in der Predella wurden zu Beginn des 16. Jahrhunderts geschaffen. Die um 1515/20 geschnitzten Heiligen Vitus und Stephanus im Auszug werden der Werkstatt des Meisters von Rabenden zugeschrieben. Im neugotischen Gestängeaufbau des südlichen Seitenaltars steht in strenger Haltung die schlanke Figur des Salvator Mundi: Die ausdrucksvolle Skulptur, um 1430 geschnitzt, strahlt trotz der Überarbeitung noch das Empfinden des Weichen Stils aus. Um 1500 wurde das große Kruzifix an der Nordwand des Langhauses geschaffen. Der ausgehenden Gotik des 15./16. Jahrhunderts gehören aber die beiden Einzelfiguren des hl. Leonhard und der hl. Barbara an. Im Chorhaupt haben sich zwei Glasfenster aus Münchner Werkstätten der Zeit um 1470 erhalten: ein Gnadenstuhl und der auferstandene Christus. Ein ikonographisch interessantes Relief (um 1500) hängt an der südöstlichen Chorwand. Auf ihm zeigt der Schmerzensmann, gestützt von Johannes, den drei Marien (der Gottesmutter, Maria Salomas und Maria Cleophas) seine Wundmale. Herausragende Werke sind die beiden ehemaligen Altarflügel mit Tafelbildern von Martern, die die Heiligen Vitus und Stephanus erdulden mußten: Die 1489 datierten Gemälde stehen dem

bedeutenden Maler Jan Polack nahe. Nicht übersehen sollte man die riesige Kreuzigungsgruppe, die um 1500 an der südlichen Außenwand des Turms aufgestellt wurde: Nach der Gestaltung der Figuren der Maria und des Evangelisten Johannes dürfte die Arbeit aus einer Erasmus Grasser verpflichteten Werkstatt stammen.

Im waldigen Hügelland auf dem Höhenrücken zwischen der Isar und dem Starnberger See liegt die Kirche *St. Stephan* in MÖRLBACH (Gemeinde Berg). Der einschiffige spätgotische Bau war im Langhaus ursprünglich flach gedeckt, der Altarraum mit einem Sterngewölbe versehen. Die flache Stichkappentonne im Langhaus wurde im 17. Jahrhundert eingefügt. Bemerkenswert ist das kleine Kirchlein wegen seiner kostbaren Einrichtung. Stifter waren die Thorer von Eurasburg, ein altes Dienstmannengeschlecht, das auf dem zur Isar hin gelegenen Berghang seinen Sitz hatte. 1955 wurden im Altarraum der Kirche spätgotische Wandmalereien freigelegt: In den Gewölbefeldern sind es naturalistische Motive heimischer Pflanzen und Blumen, an der Nordwand das Martyrium des hl. Stephanus und ihm gegenüber jenes des Pestheiligen Sebastian. Im Hochaltar, einer guten oberbayerischen Arbeit von 1510, stehen in dem schön gestalteten Schrein die Heiligen Stephan, Jakobus d. Ä. und Sebastian. Die Flügel tragen innen vier Flachreliefs mit den zwölf Aposteln in Dreiergruppen. Die Außenseiten sind mit vier Szenen der Passion Christi bemalt. Die Standflügel zeigen den Evangelisten Johannes und die schmerzhafte Gottesmutter. Ergänzt wird die Bildfolge durch die Grablegung, die Beweinung und die Auferstehung Christi in der Predella. Auf der Rückseite des Altars schweben zwei gemalte Engel, die das Schweißtuch der Veronika tragen.
Die Schreinfiguren werden dem Schulkreis des Meisters von Rabenden zugeschrieben.
Ein bemerkenswertes Werk spätgotischen Kunstschaffens ist der Verkündigungsaltar an der Nordwand des Langhauses. Beinahe vollplastisch sind die Schnitzfiguren von Maria und dem Verkündigungsengel im Schrein. Andächtig lauscht die Gottesmutter der Botschaft. Ein königliches Diadem ziert ihr langes geflochtenes Haar. In reichen, fast barocken Falten fällt ihr Gewand. Unnahbar und doch voll Zuneigung steht der Himmelsbote Maria gegenüber. Hoch schwingen seine Flügel in den Raum des Schreins. Der kostbar verzierte, stark gebauschte Mantel gibt der Figur ein majestätisches Aussehen. Um 1480 wurde der Altar in einer unbekannten Münchner Werkstatt geschaffen. Die Tafelbilder auf den Innenseiten der Flügel zeigen vier Szenen aus dem Leben Mariens: die Vermählung mit Joseph, die Heimsuchung, die Beschneidung Jesu und die Flucht nach Ägypten.
Nicht übersehen sollte man die beiden Tafelbilder an der Süd- und an der Nordwand des Altarraums: In naturnahe Landschaften sind die Zurückweisung von Joachims Opfer und die Vermählung von Joachim und Anna gemalt. Die an die Naturauffassung der Donauschule erinnernden Gemälde sind Reste eines Altars vom Ende des 15. Jahrhunderts. – Um 1510 entstanden die beiden gemalten Glasscheiben im Chorraum: der hl. Stephan und der Schmerzensmann, der hl. Andreas mit dem Stifter Caspar Thorer zu Eurasburg und zwei Wappen im Maßwerk des Fensters, von denen eines den Thorern gehört.

Weiter südlich auf dem Höhenrücken liegt STAUDACH (Gemeinde Münsing) mit der *Kapelle St. Vitus*. Im Jahre 1861 hat der als »Kasperlgraf« bekannte Graf Pocci das neben einem alten Meierhof gelegene spätgotische Kirchlein mit seinem netzgewölbten Chorraum und dem flachgedeckten Langhaus restaurieren lassen. Der neugotische Flügelaltar beherbergt einige einfache Figuren und Tafelbilder vom ausgehenden 15. Jahrhundert. Im Schrein stehen neben Johannes dem Täufer die hl. Maria Magdalena mit dem Salbgefäß und St. Veit mit Becher und Palmzweig. Das Tafelbild auf der Innenseite des linken Flügels zeigt die Marter des hl. Vitus, seines Lehrers Modestus und seiner Amme Crescentia. Auf dem rechten Flügelbild ist die Himmelfahrt der hl. Maria von Ägypten in ihrem Haarkleid dargestellt. Aus der späten Gotik stammt auch das Tafelbild auf der Predella mit einigen der Vierzehn Nothelfer. Unter ihnen sind auch die »drei heiligen Madl« – die hl. Margarethe, die hl. Barbara und die hl. Katharina – zu finden.

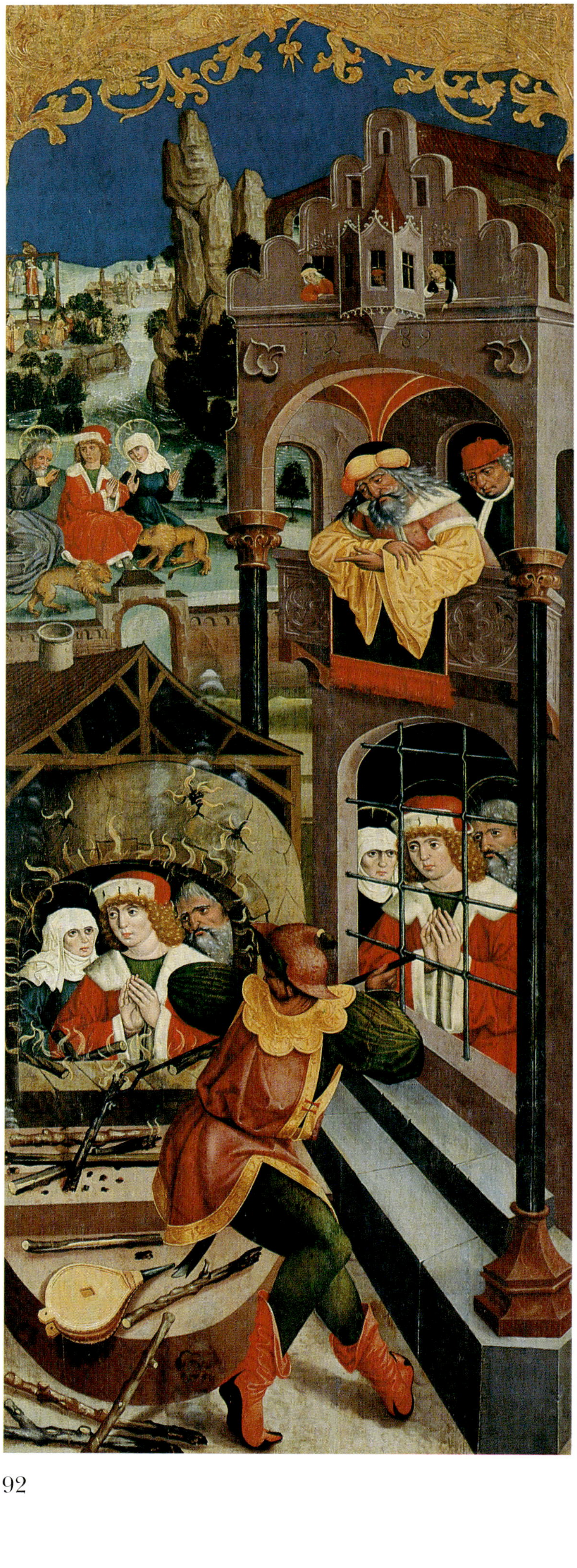

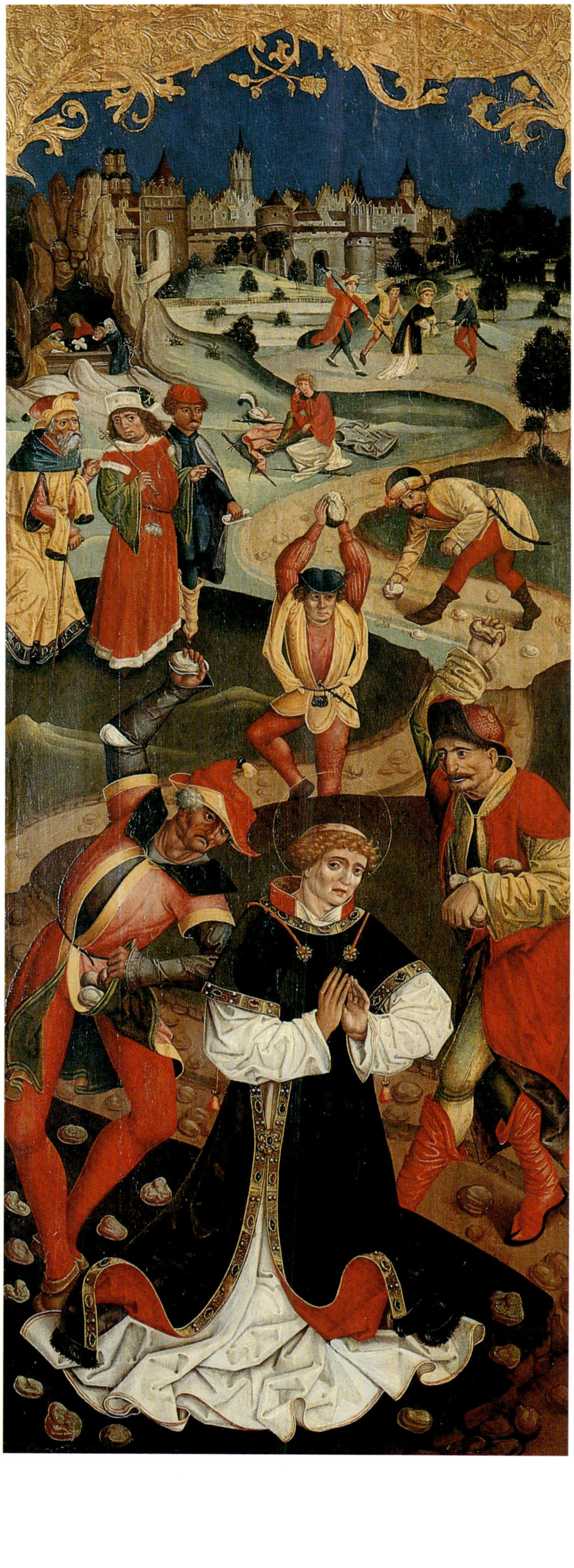

PULLACH, *Kirche Zum Hl. Geist: Ehemalige Altarflügel mit Tafelbildern von den Martyrien der Heiligen Vitus (links) und Stephanus (rechts). 1489 datiert von einem Jan Polack nahestehenden Künstler*

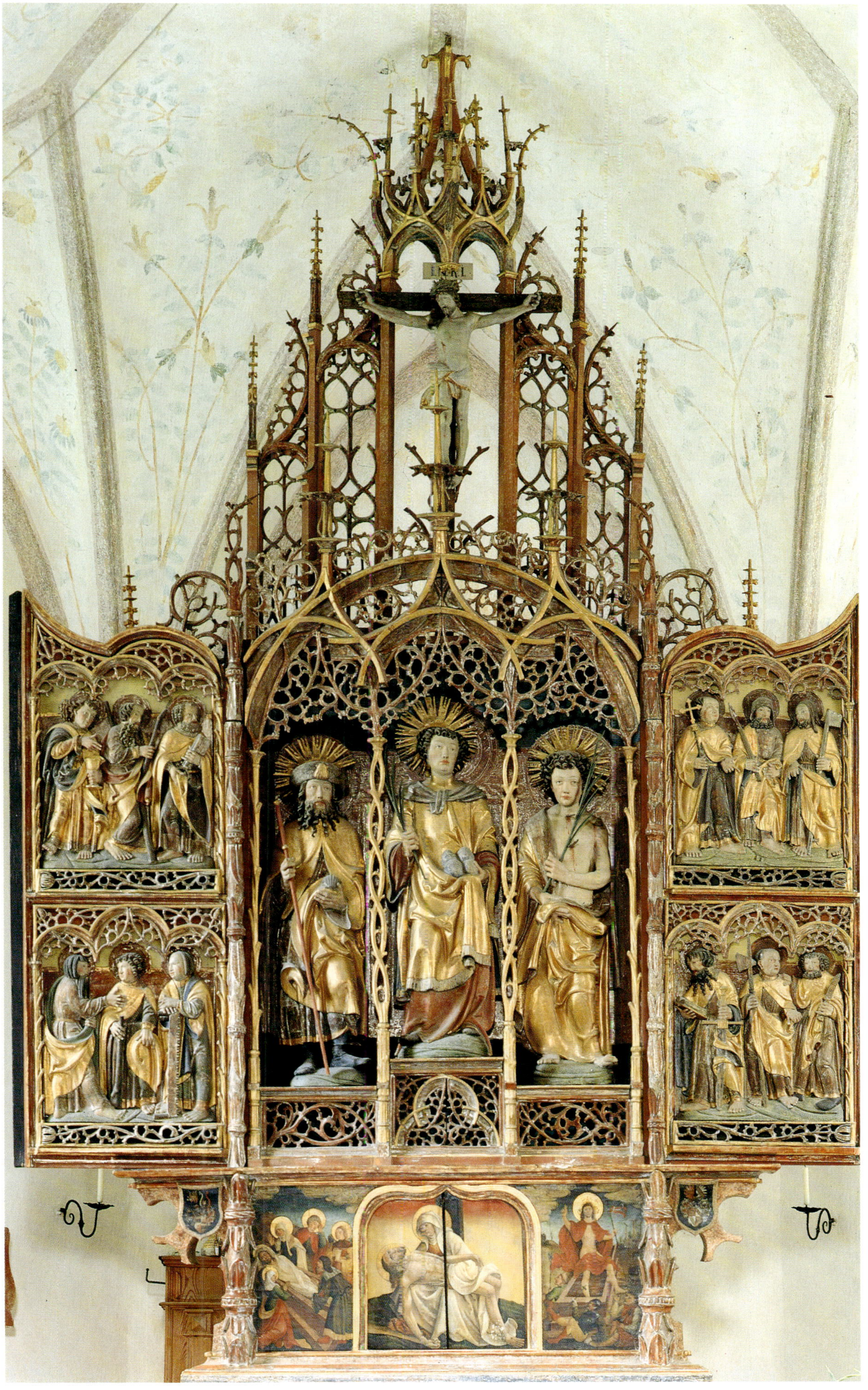

MÖRLBACH, *Kirche St. Stephan: Spätgotischer Hochaltar aus einer heimischen Werkstatt, 1510. Die Schnitzreliefs auf den Festtagsseiten der Flügel zeigen die Zwölf Apostel in Dreiergruppen. Im Schrein stehen die Schnitzfiguren der Heiligen Jaobus d.Ä., Stephan und Sebastian. Sie werden dem Werkkreis des »Meisters von Rabenden« zugeordnet*

Das Land des Klosters Ebersberg

Das Land des Klosters umfaßte vorwiegend jene 90 Quadratkilometer Wald, der die Moränenlandschaft zwischen Isar, Isen und Mangfall östlich von München bedeckt. An der Wende zum zweiten Jahrtausend gehörte das Gebiet den Grafen von Sempt-Ebersberg; Adalbero III., der letzte Sproß des einst mächtigen Geschlechts, starb 1045. Noch zu seinen Lebzeiten vermachte er den Besitz dem von seinem Vater Ulrich 1013 gestifteten Benediktinerkloster zu Ebersberg und übergab dieses in die Obhut des Königs. Reichsunmittelbar blieb das Kloster Ebersberg und das dazu gehörende Land bis in die Zeit Kaiser Ludwigs des Bayern; dann wurden die Herzöge von Oberbayern die Landesherren.

Der Wald war der Reichtum des Klosters. Ihn zu schützen haben die Mönche immer als eine ihrer wichtigsten Aufgaben betrachtet. Bereits im 13. Jahrhundert erließen sie Regeln zur Nutzung des ursprünglichen Mischwaldes. Die bayerischen Herzöge führten den Forstschutz weiter. Die von ihnen im 14. Jahrhundert in deutscher Sprache verfaßten Verordnungen zur Waldnutzung sind die ältesten in Deutschland. Vorschriften waren notwendig, denn das von den freien Bauern in die Wälder getriebene Vieh führte zur Überweidung und das Streurechen, d.h. das Sammeln von Laub, auf Dauer zu großen Schäden und teilweise zur Vernichtung der Laubgehölze. Es war schwer, die alten Gewohnheitsrechte der Bauern abzuschaffen, viele galten bereits seit der bayerischen Landnahme. Die letzten der »Allmende« genannten Rechtstitel konnten im heutigen Staatswaldgebiet Ebersberger Forst erst durch ein 1957 beschlossenes Gesetz endgültig abgelöst werden.

Hauptort des ehemaligen Klosterlandes war die heutige Stadt EBERSBERG. Spätestens zwischen 1229 und 1237 erhielt die Siedlung, die sich westlich des Klosterbezirks entwickelt hatte, das Marktrecht. Ab dem 14. Jahrhundert war die Klosterhofmark mit der niederen Gerichtsbarkeit ausgestattet, die von weltlichen Klosterrichtern ausgeübt wurde. Die wirtschaftliche Entwicklung des Marktes Ebersberg war eng mit der überregionalen Bedeutung des Klosters verbunden; es war im Spätmittelalter das Zentrum der Verehrung des Pestheiligen Sebastian in Bayern. Seit 931, dem Jahr, als die Hirnschale des heiligen Märtyrers von Pilgern aus Rom hierher überführt wurde, besteht die Sebastiani-Wallfahrt ohne Unterbrechung. Bis 1388, dem Jahr des Reliquienfundes in Andechs, war es die größte Wallfahrt im Herzogtum. Sie erlebte einen neuen Aufschwung, als die von den Klöstern Melk und Tegernsee ausgehende Klosterreform im Jahre 1446 auch vom Ebersberger Abt Eckhardt (1446-1472) angenommen wurde. Im gleichen Jahr gründete Abt Eckhardt die Sebastianibruderschaft, der nach den Chroniken viel Volk, Herzöge und Kaiser beitraten. Ihre Stiftungen und Schenkungen brachten dem Kloster großen Reichtum. Um 1420 wurde die Hirnschale des hl. Sebastian in eine fein getriebene Silberbüste eingearbeitet; um 1490 besetzte man die Büste zusätzlich mit schönen Steinen und Zierat. Das Reliquiar steht heute in der frühbarocken Sebastianikapelle, die 1668 anstelle der gotischen Klosterbibliothek über der Sakristei erbaut wurde. An hohen Wallfahrtstagen wurde die Hirnschale des hl. Sebastian der Büste entnommen und den Pilgern daraus der sogenannte Sebastianitrunk gereicht.

Ab 1450 hielt die Spätgotik im Kloster und in der ehemaligen *Klosterkirche St. Sebastian* ihren Einzug. Unter Abt Eckhardt begann die Erneuerung der Klosterbauten; Reste des damals errichteten Kreuzgangs sind noch im Untergeschoß des heutigen Finanzamts erhalten. Von 1450 bis 1452 wurde der Chor der alten spätromanischen Klosterkirche im spätgotischen Stil neu gebaut. Nördlich des Chors

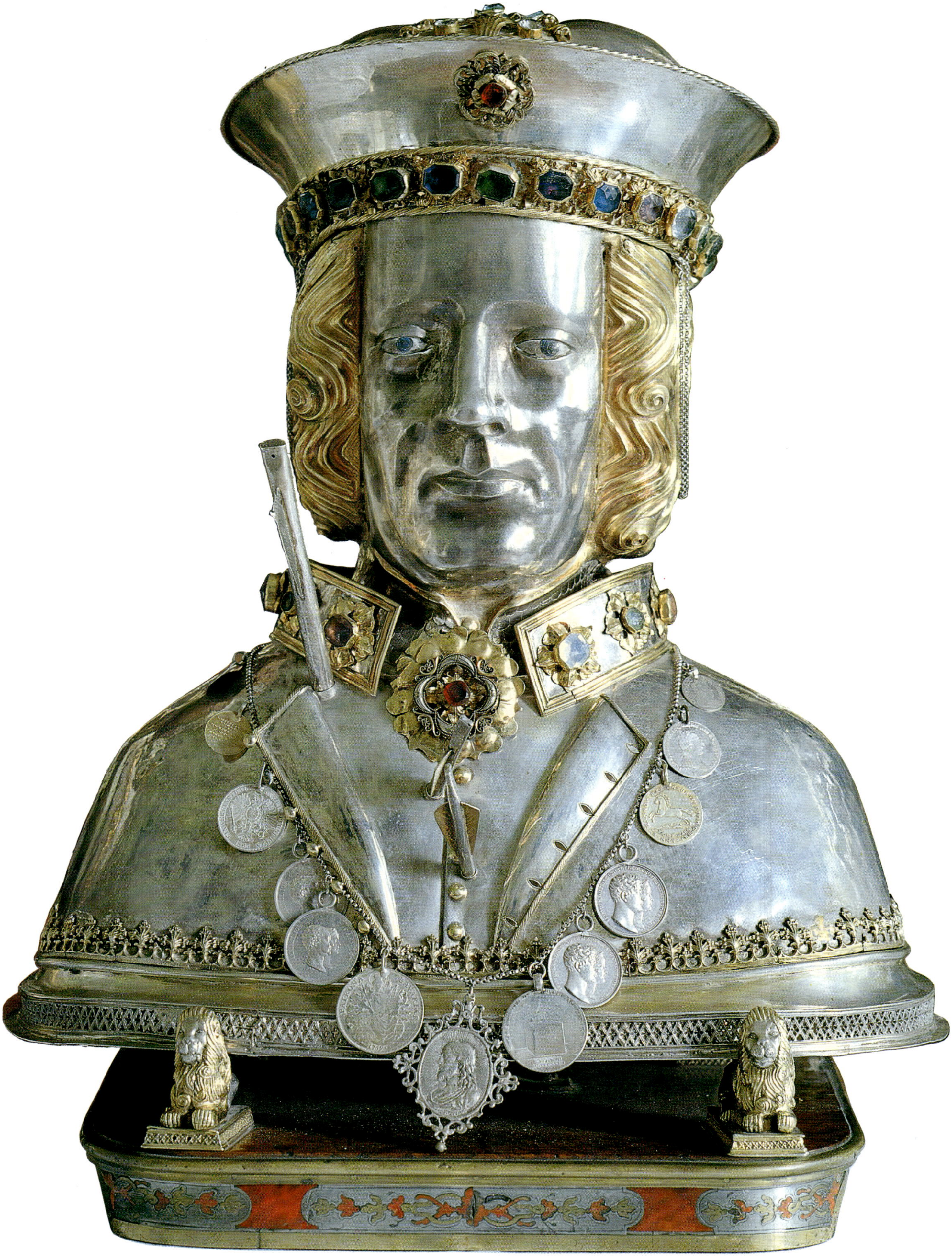

Seite 96
EBERSBERG, ehemalige Klosterkirche St. Sebastian: Sebastiansreliquiar in der Sebastianikapelle. Silberbüste mit der Hirnschale des hl. Sebastian, um 1420; um 1490 mit Schmucksteinen und Zierat besetzt

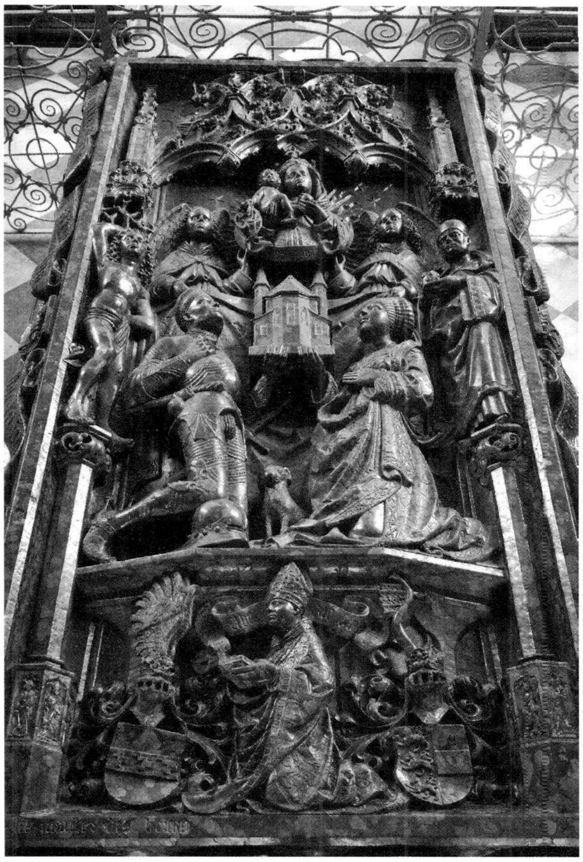

EBERSBERG, ehemalige Klosterkirche St. Sebastian: Deckplatte der Grabtumba für die Klosterstifter Graf Ulrich von Sempt–Ebersberg und seiner Gemahlin Richardis, 1500, von Wolfgang Leb

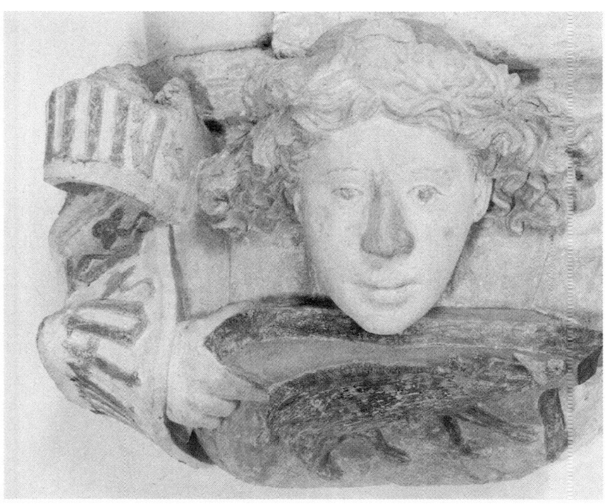

EBERSBERG, ehemalige Klosterkirche St. Sebastian: Konsolträger mit Spruchband und Ebersberger Wappen unter der Westempore; um 1484 vom Baumeister Erhard Randeck geschaffen

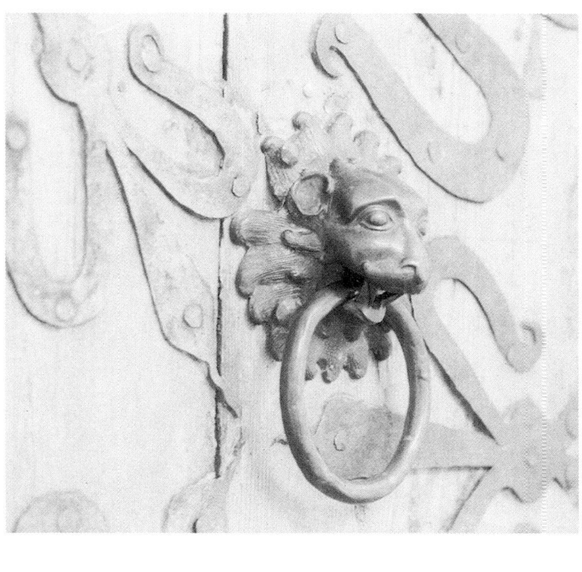

EBERSBERG, ehemalige Klosterkirche St. Sebastian: Portal in der westlichen Turmhalle; Löwenkopf von 1312; Lilienbeschläge von 1480

ließ Abt Eckhardt eine doppelstöckige Sakristei errichten, deren untere sich in ihrer spätgotischen Schönheit erhalten hat. Durch ein mit reich verziertem Gewände versehenes spätgotisches Portal, das in seiner Art an das Sakristeiportal in der Heilig-Geist-Kirche in Landshut erinnert, betritt man den von spätgotischem Sterngewölbe überspannten Raum. Aus der Erbauungszeit stammt auch das kleine Kreuzigungsfresko an der Nordwand der Sakristei.
Seine größte Blüte während der gotischen Epoche erlebte das Kloster unter dem baufreudigen Abt Sebastian Häfele (1472-1500). Er erteilte 1481 dem Baumeister Erhard Randeck den Auftrag, das Langhaus der dreischiffigen Kirche neu zu erstellen: Aus der spätromanischen Basilika wurde bis 1484 einer der freiesten und weitesten spätgotischen Hallenräume in Oberbayern, ein Raumeindruck, der trotz der barocken Ummantelung der gotischen Pfeiler und Gewölbe sowie der Rokokoausmalung von 1733 noch nachklingt. Das Ausmaß der spätgotischen Erhöhung läßt sich an dem Giebelfries der Westfront ablesen. 1500 beauftragte Abt Häfele den Wasserburger Bildhauer Wolfgang Leb mit den Arbeiten für das Stiftergrab, dem neben der Sebastiansbüste wertvollsten Kunstschatz aus der spätgotischen Epoche des Klosters. Das Grabdenkmal, das heute unter der spätgotisch unterwölbten Empore steht, zeigt das Stifterpaar, Graf Ulrich von Sempt-Ebersberg und seine Gemahlin Richardis, wie sie das Kirchenmodell der in den Wolken erscheinenden Muttergottes mit Kind darbringen; unterhalb des Podests mit den Stiftern kniet betend Abt Sebastian Häfele. Die Grabplatte aus rotem Marmor gehört zu den stilprägenden Werken spätgotischer Steinplastik in Oberbayern. An die Wände und die Ecken der Tumba gelehnt sitzen sechs betende Mönche. Zwischen ihnen finden sich die Flachreliefs mit den Wappen der Ebersberger Grafen und des Abtes Häfele. Die Rippen des Gewölbes unter der Empore steigen aus vier mit Büsten, Wappen und Spruchbändern geschmückten Konsolsteinen auf. Unter der nordwestlichen Konsole hat sich der Baumeister mit seinem Werkzeichen und der Jahreszahl 1484 verewigt. Von der gotischen Ausstattung der Kirche ist nur wenig geblieben: 1312 entstehen die Löwen-

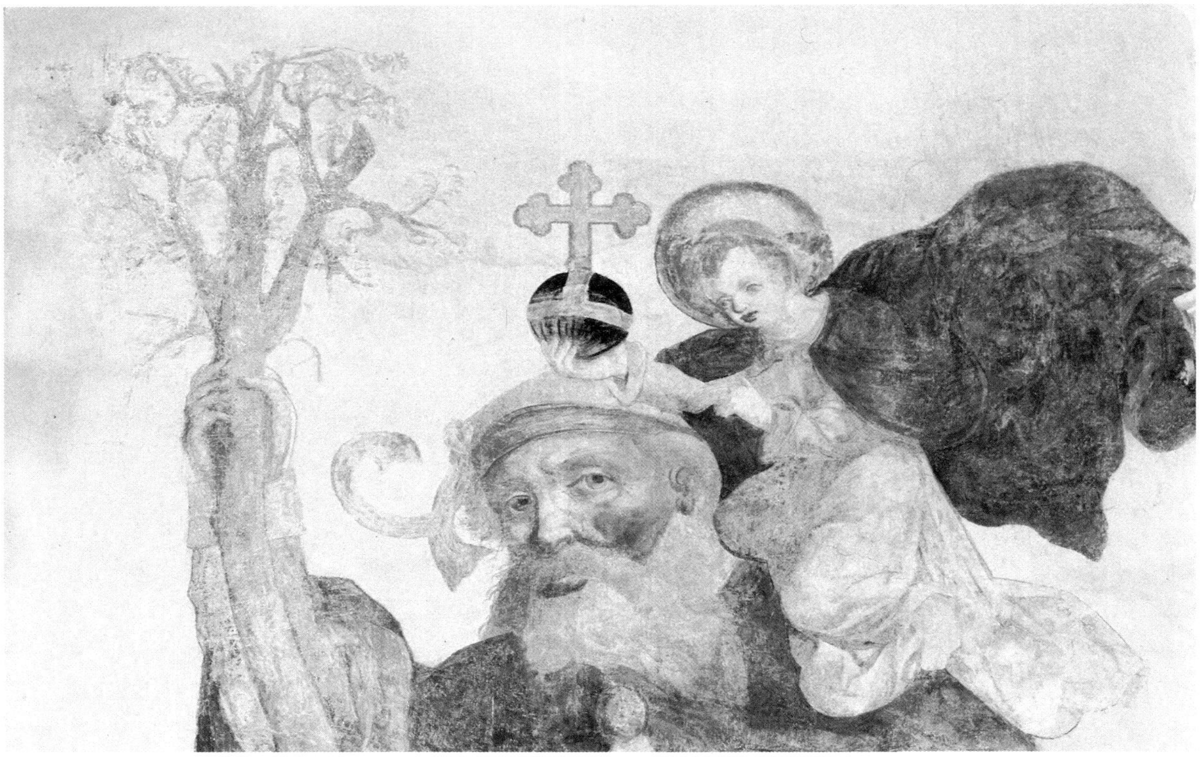

EBERSBERG, ehemalige Klosterkirche St. Sebastian: Fresko des hl. Christophorus an der Nordseite der Westwand; Ende 15. Jahrhundert

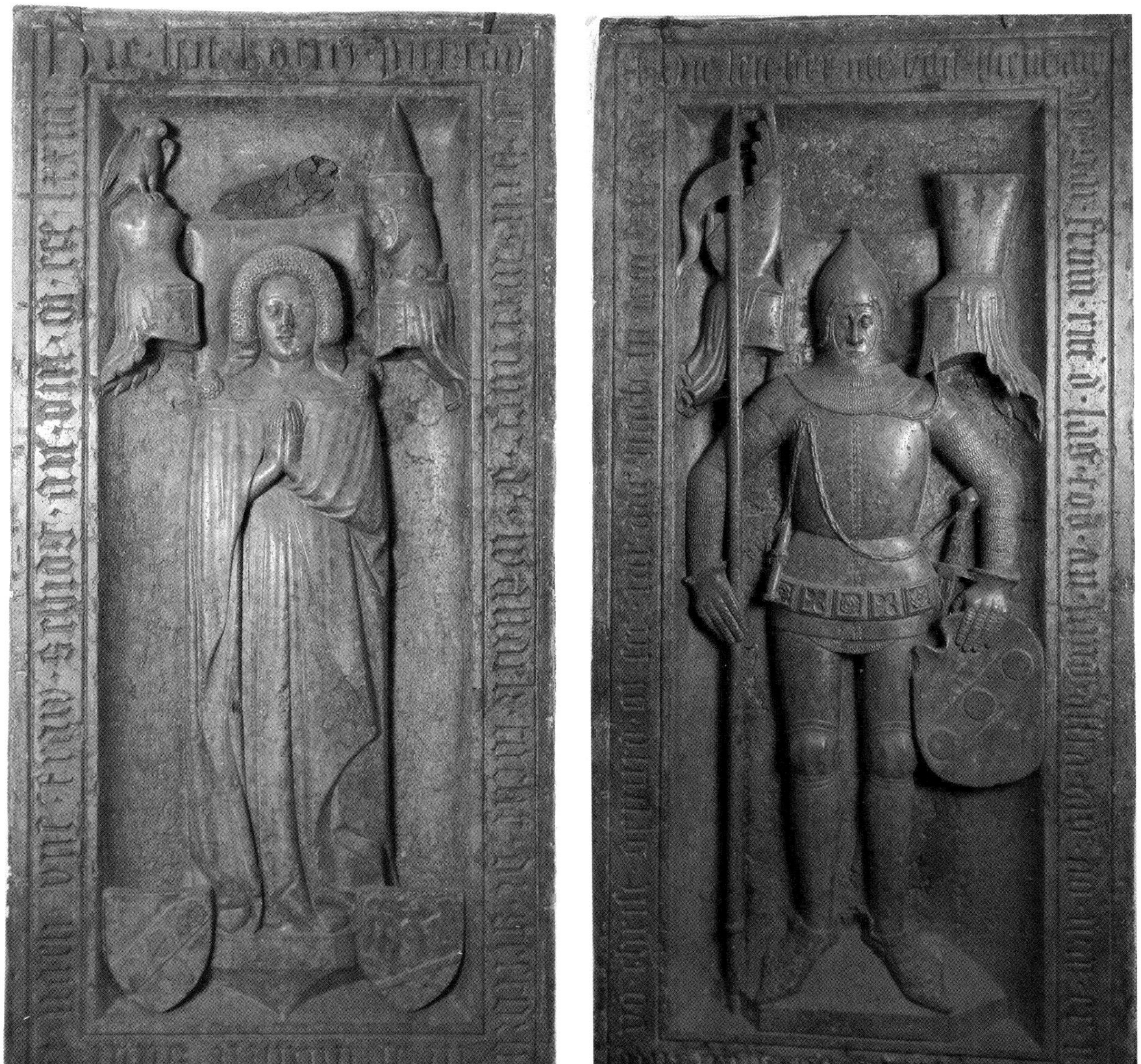

EBERSBERG, ehemalige Klosterkirche St. Sebastian, Herz–Jesu–Kapelle: Hochgotische Grabplatten für den 1371 verstorbenen Otto von Pienzenau und seine 1374 verstorbene Schwiegertochter Katharina

köpfe, 1480 die Lilienbeschläge am Portal, das von der westlichen Turmhalle in das Innere der Kirche führt. Vom ausgehenden 15. Jahrhundert stammt das monumentale Fresko des hl. Christophorus an der Nordseite der Westwand über der Empore. Das zweiteilige Fresko mit Maria Magdalena, die Jesus die Füße salbt, und der Grablegung Christi über dem vermauerten spätgotischen Portal an der Nordwand des Langhauses stammt bereits aus der Renaissance des 16. Jahrhunderts. 1655 werden die Fenster im südlichen Seitenschiff erneuert und die 1484 von Herzog Albrecht IV. gestifteten bemalten Scheiben entfernt; an sie erinnert nur noch eine Inschrift.

Die Klosterkirche war die Grablege der Pienzenauer, jenes alten Geschlechts, dem man auf dem Weg durch das gotische Oberbayern häufig begegnet. In der Herz-Jesu-Kapelle, nördlich des Chors, stehen die gotischen Grabplatten des 1371 im biblischen Alter von über 80 Jahren verstorbenen »frommen Ritters« Otto von Pienzenau und seiner Schwiegertochter Katharina, die 1374 den Tod findet. In die Kapellenwand ist auch die Grabplatte des 1504 verstorbenen Abts Sebastian Häfele eingelassen. Bei der 1967 durchgeführten Renovierung wurde in den Altarstufen der beschnittene Grabstein des von 1385 bis 1412 regierenden Abts Philipp Höhenberger gefunden. Die jetzt an der Südwestwand des Langhauses aufgestellte Grabplatte mit der als Relief ausgeführten Figur des Abts ist eine Arbeit im Weichen Stil der Gotik und wohl um 1420 entstanden.

Nur wenig südwestlich der Klosterkirche steht der alte Klosterbauhof mit seinem gotischen Torbogen. Über der spitzbogigen Durchfahrt ist das Wappen des Klosters und das des Bauherrn Abt Häfele mit der Inschrift »1495 Sebastianus abbas« zu sehen. In der ausgehenden Spätgotik, 1529, baut Ulrich Randeck, der Sohn des Kirchenbaumeisters, im Auftrag von Abt Leonhard II. das Hofwirtshaus (oder die »Untere Taferne«) am Westende des Marktplatzes: Der Strom der Pilger machte den Bau notwendig. Der stattliche Gasthausbau mit seinem riesigen Dach und dem Eckerker, dessen untere Ansätze mit zwei Köpfen verziert sind, beherbergt heute das *Rathaus*. Bemerkenswert ist der Flez, der sich durch das ganze Erdgeschoß zieht und von einem abwechslungsreich figurierten Netzgewölbe überspannt wird. An der Rippenformung im Nordteil des Ganges deutet sich bereits der Übergang zur Renaissance an. Die ehemalige Gaststube, der heutige Ratssaal, ein großes Eckzimmer im Erdgeschoß, deckt eine spätgotische Holzdecke mit Flachschnitzereien an den Balken und Bohlen.

Abt Sebastian Häfele hat seine Baufreude nicht nur in Ebersberg ausgelebt. Über die Jahre vor 1500 berichtet eine Chronik: Abt Sebastian hat »auch gepawt den Pawhof, die Librej, die Kirchen zue Ecklpurg gewelbt und gepesset, die zue Haslbach erweyttert, zue Höchenlinden von grund auff erpawtt«. Die stolze Summe von 12 000 Gulden hat er während seiner Amtszeit für seine Bauvorhaben ausgegeben. Daneben war Abt Häfele ein eifriger Werber für Stiftungen zum Bau von Gotteshäusern. Angeregt durch die von Herzog Albrecht IV. für die Klosterkirche gestifteten Glasmalereien, galt in den kleinen Kirchen die besondere Liebe des Abts den bemalten Scheiben. Auch hierfür fand er immer wieder fromme Stifter. Abt Häfele war sehr stolz auf seine Leistung, denn in jedem Bauwerk, das durch seine Initiative oder mit seinem Geld entstand, ist sein Wappen zu finden. So auch in der Kirche der zu Ebersberg gehörenden Ortschaft HASELBACH. Abt Sebastian hat 1498 die Kirche *St. Margaretha* »erweitert«: Von einem unbekannten Baumeister erhielt das Langhaus die vier Joche und der Chor den dreiseitigen Schluß. (Der Turm und die Sakristei wurden erst um 1700 hinzugefügt.) Das Netzgewölbe der einschiffigen Wandpfeilerkirche entwickelt sich aus Kragsteinen, von denen einige mit Wappen geschmückt sind. Runde Schlußsteine besetzen die Rippenschnittpunkte im Gewölbe; einer davon trägt das Abtswappen. Aus der Münchner Werkstatt des Meisters Hanns Winhardt kamen die bemalten Glasscheiben in den Chorfenstern. (Meister Winhardt muß häufig für das Kloster gearbeitet haben, denn seine Werke tauchen in Traxl, in Hohenlinden und in anderen Landkirchen der ehemaligen Klosterherrschaft Ebersberg auf.) Gerahmt von Säulen und spätgotischen Ornamenten steht im südöstlichen Chorfenster der hl. Sebastian in fürstlicher Tracht und den Pfeilen in der

rechten Hand; daneben ist Abt Sebastian Häfele mit seinem Wappen und der Inschrift »Sebastianus abbas 1498« abgebildet. In der Scheibe darunter ist die hl. Anna Selbdritt mit dem verstümmelten Texthinweis auf das Stifterpaar »martan draechsl und margret sein hausfraw« zu sehen. Das Glasbild im nordöstlichen Chorfenster zeigt den hl. Christophorus und die hl. Margaretha mit dem Drachen. Das Fenster stifteten »krisstof gietler und elspet sein hausfraw 1498«. Ende des 15. Jahrhunderts entstanden die Kreuzigungsgruppe und die Figuren der hl. Apollonia mit der Zange und der hl. Katharina mit dem Schwert im barocken Hochaltar. Die beiden letztgenannten sind besonders wegen der spätgotischen Kleidung interessant.
1479 erhielt der Klosterbaumeister Erhard Randeck den Auftrag zum Umbau der Kirche *St. Michael* in HINTEREGGLBURG (Stadt Ebersberg). Er ersetzte die romanische Apsis durch einen dreiseitig geschlossenen Chor, erhöhte das einschiffige Langhaus und deckte den ganzen Innenraum mit Netzgewölbe. Die Kragsteine, aus denen die Rippen aufsteigen, hat Erhard Randeck mit Männerköpfen und Spruchbändern verziert.

Meister Erhards Sohn, Ulrich Randeck, hat im Auftrag von Abt Sebastian Häfele die Kirche *Mariae Heimsuchung* in dem alten Rodungsort HOHENLINDEN »von Grund auf erbaut«. Nach einem Ablaßbrief wurde die kleine Kirche am 16. November 1489 geweiht. Das einschiffige Langhaus umfaßt vier gedrängte Joche, ein Joch ist der nicht eingezogene Chor mit seinem dreiseitigen Schluß lang. Harmonisch figuriertes Netzgewölbe überspannt den Kirchenraum. Die Rippen entspringen aus Kragsteinen, die mit Wappen, Figuren und Spruchbändern besetzt sind. Die Bauzier hat Ulrich Randeck von seinem Vater übernommen; seine Spruchbänder sind jedoch im Vergleich zu denen des Vaters viel aufwendiger verschlungen, wie die Beispiele an den Wappenschilden von Bayern, Freising, Sempt, des Klosters Ebersberg und des Abts Sebastian Häfele sowie an den Büsten eines Bischofs, eines Fürsten und eines bärtigen alten Mannes beweisen. Die Konsole am südwestlichen Wandpfeiler trägt den Schild mit dem Meisterzeichen des Ulrich Randeck und ein Schriftband mit der Jahreszahl 1489. Das Südfenster des Chors der Kirche enthält zwei bemalte Glasscheiben mit dem Benediktinerabt Bernhard, der unter dem Schutz des hl. Sebastian kniend betet und der Gottesmutter mit dem Kind. Links ist das Wappen des Abtes Leonhard II. »Dns [Dominus], lienhardus abbas, 1502« und rechts das des Klosters Ebersberg eingefügt. Über dem Glasbild sind zwei kleine runde Scheiben mit einfachen Hausmarken zu finden: Nach der Umschrift gehört die eine »Ullrich randöck stain 1489« (das Wort -metz hat nicht mehr Platz gehabt) und die andere »Hanns winhardt glasser 1489«.

Auf einer kleinen Anhöhe über zwei großen Bauernhöfen steht in freier Wiesenflur die spätgotische Kirche *St. Anna* von TRAXL (Stadt Ebersberg). Im Jahre 1497 haben Martin Draechsel und seine Hausfrau Margarethe das Gotteshaus von dem in Haselbach tätigen Baumeister errichten lassen; angeregt hat die Stiftung wiederum Abt Sebastian Häfele. Der einschiffige Hausteinbau mit dem nördlich angesetzten spitzbehelmten Turm ist schlicht, aber in ausgewogenen Proportionen errichtet. Das vierjochige Langhaus und den dreiseitig geschlossenen Chor überzieht einheitliches Netzgewölbe. Die Rippen ruhen auf Konsolen, die alle mit Engelsköpfen und Spruchbändern verziert sind; die Rippenschnittpunkte besetzen runde Schlußsteine. Der Schatz der Kirche ist der Zyklus von Glasgemälden in den ursprünglichen Maßwerkfenstern: Die Bilderreihe beginnt im Nordostfenster des Chores mit dem hl. Christophorus und dem betenden Stifter; daneben steht der Apostel Matthias, der die Hand auf das Kopftuch der betenden Stifterin legt. Von »christof gietler elspett sein hausfraw anno 1497 iar« wurden die Bilder gestiftet. Auskunft über den Auftraggeber des Kirchenbaus gibt das Fenster im Chorhaupt mit der Inschrift: »Ich martein drachssel und margareth mein hausfraw sein stiffter des gotz[zu ergänzen: -haus] 1497« und dem Wappen der Eheleute darunter. Das südöstliche Chorfenster enthält eine Vespergruppe, den hl. Sebastian mit einem knienden Mönch, der einen Abtsstab hält sowie das Wappen des Abtes Sebastian Häfele. Die Glasbilder im folgenden Fenster an der südlichen Lang-

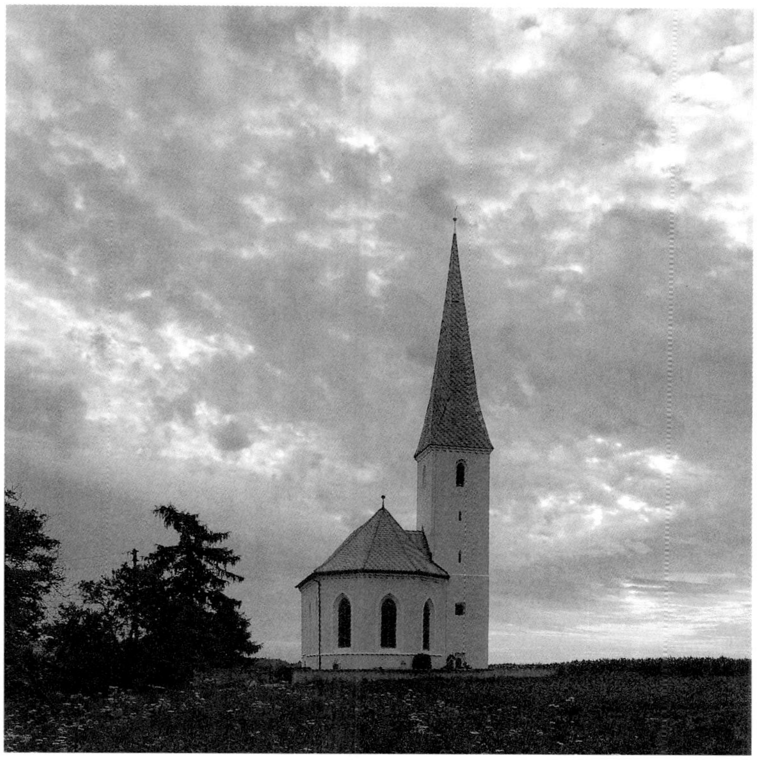

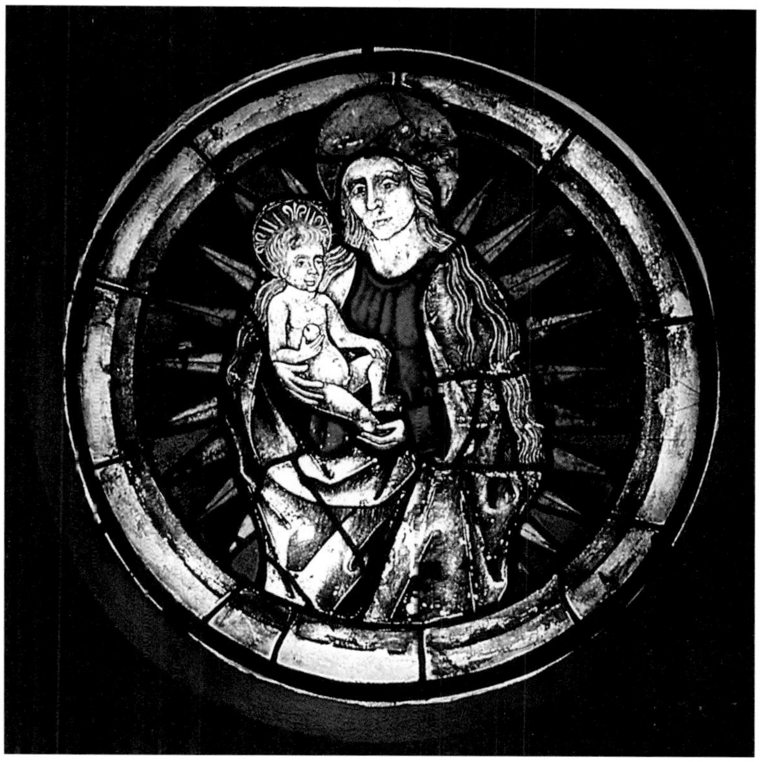

TRAXL, Kirche St. Anna, 1497

TRAXL, Kirche St. Anna: Gottesmutter mit Kind, Rundfenster in der Westwand, um 1497

hauswand zeigen die hl. Barbara und die hl. Katharina, den hl. Sebastian und den hl. Wolfgang; die Inschrift darunter sagt, daß »ulrich ramsauer elspett sein hausfraw 1497« die Stifter waren. Die hl. Anna Selbdritt und die Gottesmutter mit dem Kind, davor das kniende Stifterpaar im nächsten Fenster, wurden nach den Hausmarken in den Scheiben wieder von Martin und Margarethe Draechsel gestiftet. Das Rundfenster in der Westwand des Langhauses enthält eine in zarten Farben gemalte Madonna mit Kind. Schöpfer der Glasmalereien war der aus Hohenlinden und Haselbach bekannte Münchner Meister Hanns Winhardt.

Die Einrichtung der Kirche hat im Verlauf der Jahrhunderte stark gelitten. So ist vom Hochaltar nur die Predella ursprünglich; auf ihr sind mit ihren Hausmarken auch die großherzigen Stifter »christof gietler 1497« und »mardtan drächssel 1497« wiederzufinden. Eine geradezu naturalistische Arbeit ist der nördliche Seitenaltar aus den Jahren 1497 und 1499; leider ist nur mehr der Schrein mit dem farbig gefaßten Relief der Kreuzigung erhalten. Die Flügel mit vier Flachreliefs mit Szenen aus dem Leben Jesu auf den Innenseiten sowie den datierten Tafelbildern von »S. elisabet 1497« und »S. maria 1499« auf den Außenseiten der Flügel, wurden gestohlen.

Den zahlreichen um 1500 errichteten spätgotischen Dorfkirchen liegt im wesentlichen derselbe Bauplan zugrunde: an ein einschiffiges, vierjochiges Langhaus fügt sich ein kurzer Chor mit dreiseitigem Schluß an. Das Netzgewölbe ruht in der Regel auf Wandpfeilern. Die von Satteldächern gedeckten Türme sind meist nördlich der Altarräume angesetzt. Unterschiede ergeben sich allerdings in der Bauzier am Außenbau oder in der Gestaltung der Innenräume, wie beispielsweise in dem über einem älteren Kern errichteten Tuffquaderbau der Kirche *Unschuldige Kinder* in ESTERNDORF (Gemeinde Oberpframmern). Die Rippen des Netzgewölbes enden hier in runden und viereckigen Schlußsteinen aus Ziegel. Aus geformten Ziegelsteinen sind auch die Kassetten an der spätgotisch profilierten Umrahmung des Chorbogens gemauert. Von der spätgotischen Ausstattung dürfen der Chorstuhl und die mit Flachschnitzereien versehenen Wangen der Kirchenbänke nicht unerwähnt bleiben.

In dem einheitlich spätgotischen Raum der Kirche *St. Lambert* in ADLING (Markt Glonn) ruhen die Rippen des Netzgewölbes im Langhaus auf profilierten Kragsteinen, die an die Wandpfeiler gesetzt sind. Im Chorgewölbe fügen sich die Rippen zu einem kunstvoll gestalteten Stern zusammen.

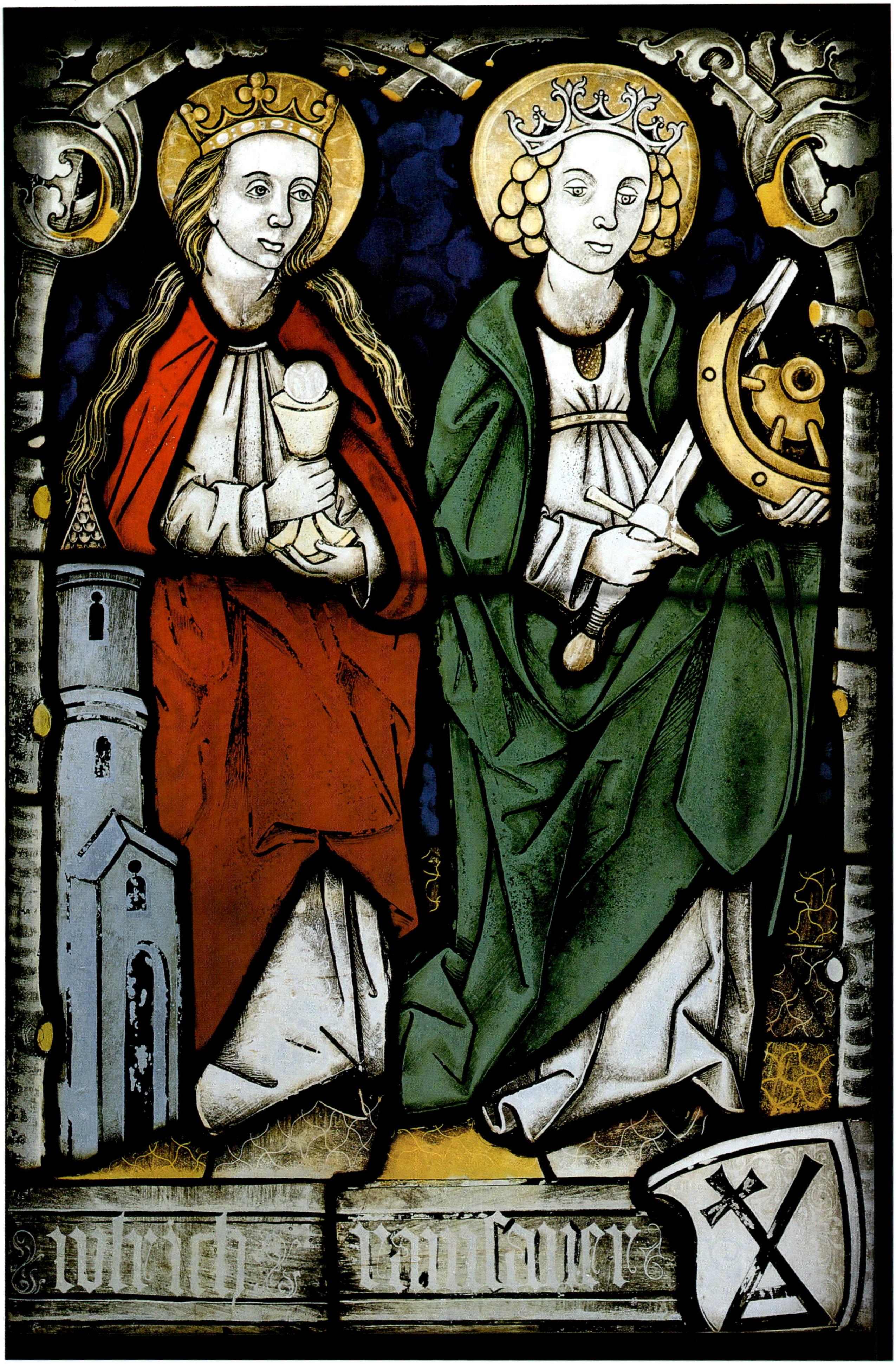

wlrich ramsauer

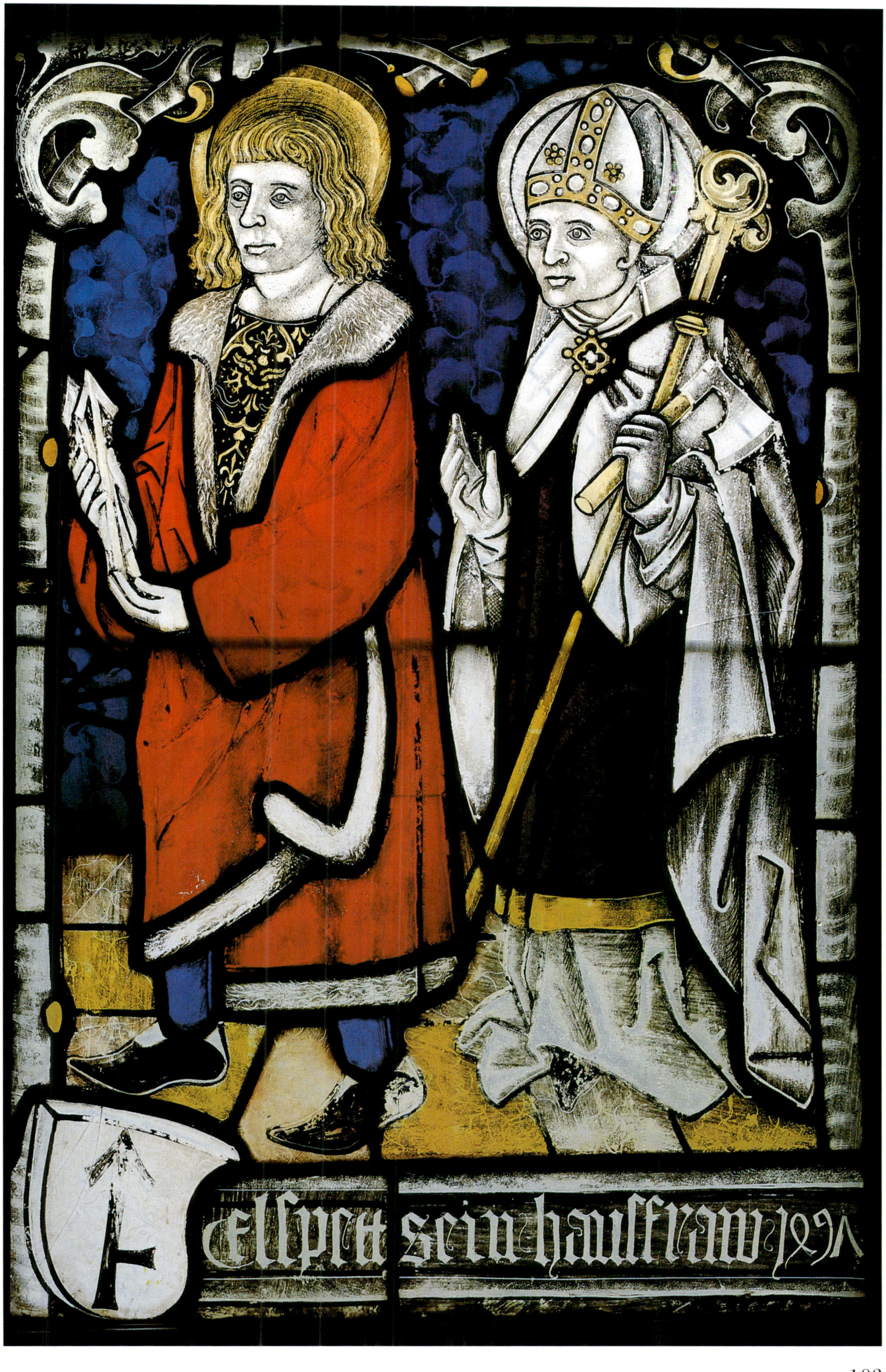

Seiten 102 und 103
TRAXL, Kirche St. Anna: Glasmalereien in den Fenstern der südlichen Langhauswand. Die von »ulrich ramsauer« und »Elspett sein hausfraw« 1497 gestifteten Bilder zeigen die weiblichen Heiligen Barbara und Katharina im linken, St. Sebastian und St. Wolfgang im rechten Fenster

Schief erhebt sich der Satteldachturm – er weicht 1,20 Meter von der Senkrechten ab – der Kirche *St. Martin* von SENSAU (Gemeinde Steinhöring). Bäuerlich schlicht stellt sich der netzgewölbte Innenraum dar. Vorzüglich gearbeitet ist die in der zweiten Hälfte des 15. Jahrhunderts geschnitzte Figur des hl. Georg als Drachentöter, die auf dem nördlichen Seitenaltar steht.
Als letztes Beispiel sei die Kirche *St. Kastulus* in MEILETSKIRCHEN (Gemeinde Steinhöring) genannt: An den mit Gesimsen aus Rundbogenfriesen und einem deutschen Band gegliederten Satteldachturm aus der frühen Gotik wurden um 1500 das übliche Langhaus und der Chor angebaut. Aus der Bauzeit stammt die in der Tracht der späten Gotik gekleidete Figur des Kirchenpatrons St. Kastulus auf dem Hochaltar.

Ein Kleinod der gotischen Freskenmalerei aus dem ersten Jahrzehnt des 15. Jahrhunderts ist die Kirche *St. Leonhard* in GRAFING. Bereits in der zweiten Hälfte des 13. Jahrhunderts wurde das Gotteshaus gebaut. An eine kleine Vorhalle schließt sich das Langhaus als flachgedeckter Saalbau mit drei Fensterachsen an. Ein enger, spitzer Chorbogen führt in den eingezogenen und zu fünf Achtel geschlossenen Altarraum; auf seine Mauern wurde im frühen 18. Jahrhundert der Turm mit der Zwiebelhaube gesetzt. Eine einfache barocke Umgestaltung erfuhr auch das Innere des Gotteshauses. Die 1408 entstandenen Malereien an den Chorwänden sind dabei glücklicherweise nur übertüncht worden: 1967 wurden sie freigelegt und konserviert. Die Qualität und der Erhaltungszustand machen sie zu einmaligen Beispielen gotischer Freskenmalerei des Weichen Stils. In einem rund 1,5 Meter breiten Band zieht sich ein Bilderzyklus über alle Wandflächen des Chorraums. Der unbekannte Künstler begann sein Werk an der südlichen Jochwand des Chors mit dem nur als Fragment erhaltenen Bild des hl. Leonhard. In der Leibung des Südfensters folgt die hl. Margaretha mit ihrem Attribut, dem Drachen: Die schlanke, blondgelockte Frauengestalt trägt ein langes grünes Gewand, das in weichen Falten zu Boden fällt.
Die Fensterleibung gegenüber zeigt das am besten erhaltene Fresko des Zyklus – höfisch elegant wirkt die hl. Katharina. Die Zeichen ihrer Marter, das Rad und das Schwert, hält sie in den Händen. Fürstlich ist das rosa Gewand. Eng anliegend formt es den Oberkörper bis zur Taille, um dann in üppig drapierter Weite die schlanke Frauenfigur zu umhüllen. Auf der Wandfläche links neben ihr ist die Himmelfahrt der hl. Maria von Ägypten in ihrem Haarkleid zu erkennen. Der obere Teil des Bildes ging verloren.
Nur Fragmente blieben auch von den nächsten Bildern bis zum Chorhauptfenster. In die rechte Leibung ist fürstlich gekleidet der hl. Sebastian gemalt. Er steht in einer Scheinarchitektur, die der Maler perspektivisch um die innere Wandkante herum gestaltet hat und so eine eindrucksvolle Raumwirkung erzielt. Der gleiche gestalterische Kunstgriff wurde in der linken Leibung angewendet: In diesem Scheinraum steht in weißem Kleid und Schleier die hl. Maria Magdalena mit dem Salbgefäß.
Das Fresko an der nordöstlichen Chorwand zeigt den hl. Diebold; sein Name ist in einem Schriftband über ihm verzeichnet. – In die Fensterleibung neben ihm hat der Künstler die hl. Barbara mit dem Turm gemalt. Über ihrem Kopf ist mit der Inschrift »hans swithart MCCCCVIII« einer der Stifter und das Entstehungsjahr der Fresken angegeben.
Die restlichen Bilder bis zur westlichen Innenwand des Chorraums sind nur in Teilen erhalten. Alle Wandbilder gehen auf fromme Stiftungen zurück: Insgesamt konnten drei Stifterfamilien bestimmt werden.
Der unbekannte Maler von Grafing und seine Gehilfen müssen zu Beginn des 15. Jahrhunderts gefragte Künstler gewesen sein: In der Kirche *St. Leonhard* in HAGING (Gemeinde Frauenneuharting) und in der Kirche St. Martin von Högling (s. S. 140) wurden Fresken von Heiligen aufgedeckt, die von ihnen stammen dürften. Möglicherweise haben sie auch die Heiligen in den Wandmedaillons der Kirche Maria Himmelfahrt in Grassau (s. S. 176) geschaffen.

GRAFING, *Kirche St. Leonhard: Ausschnitt aus dem Freskenzyklus im Chor. In der linken Leibung des Fensters die hl. Katharina in höfisch eleganter Kleidung. Ihr gegenüber steht die hl. Margaretha mit ihrem Attribut dem Drachen. Um 1408 im Weichen Stil gemalt*

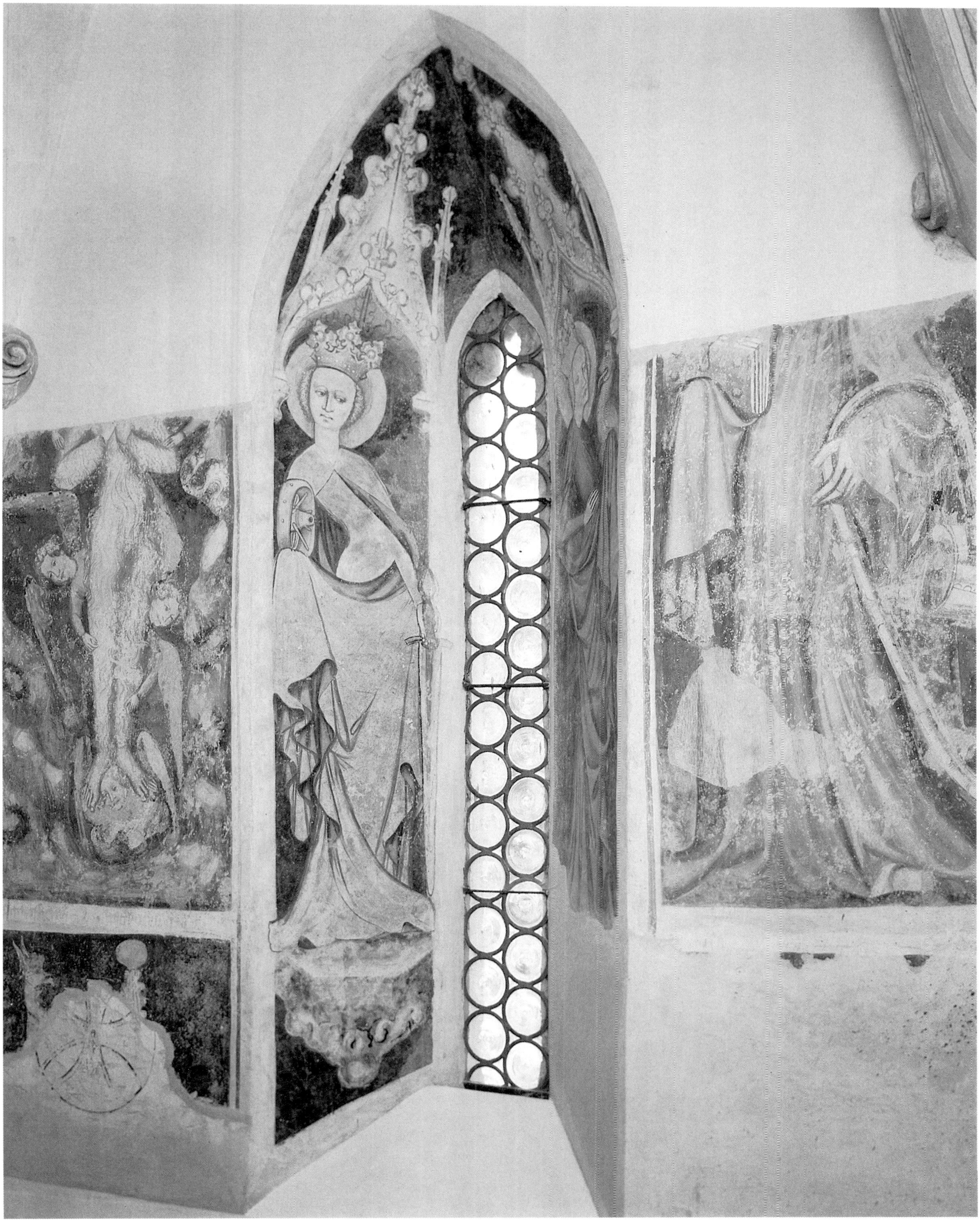

Das Erdinger Land

Das Erdinger Land mit dem sich von der Sempt bis zur Isar erstreckenden Moor im Westen und den eiszeitlichen Hügeln mit den Tälern der Isen, der Goldach, der Schwindach und der jungen Vils bei Taufkirchen im Osten fiel 1045 von den Grafen von Sempt-Ebersberg an die Wittelsbacher Seitenlinie der Grafen von Wartenberg. Nach dem ab 1225 geführten ältesten Wittelsbacher Salbuch gehörte das Erdinger Schergenamt und spätere Landgericht zum Viztum Reichersberg bei Pfarrkirchen. Dem herzoglichen Verwaltungssitz in Niederbayern war auch das Gericht Dorfen zugeordnet. Beide kamen bei der ersten bayerischen Landesteilung im Jahre 1255 zum Teilherzogtum Niederbayern. Die Grenze zu Oberbayern verlief nur wenige Kilometer vor München, entlang der kleinen Orte Finsing und Neuching, die noch zum oberbayerischen Gericht Schwaben (heute Markt Schwaben) gehörten. Bei der politischen Situation verwundert es nicht, daß in der späten Gotik alle bedeutenden künstlerischen Impulse von Landshut und Niederbayern ausgehen. Das Fehlen bedeutender Klöster und die überwiegend ländliche Bevölkerung lassen keine eigenständige künstlerische Entwicklung entstehen. Dennoch besitzt das Gebiet eine Vielzahl bäuerlich geprägter und unverfälscht erhaltener Kirchenbauten, die – verbunden mit der Landschaft und ihrer Besiedelung – bisweilen noch die spätmittelalterlichen Lebensformen erahnen lassen.

ERDING, das Zentrum der Region, ist eine frühe Gründung der Wittelsbacher. Herzog Otto II. der Erlauchte ließ die Siedlung im zweiten Viertel des 13. Jahrhunderts auf der Flur von Altenerding planmäßig anlegen und befestigen. Die Stadt war eine strategische Gründung: Sie schützte die sogenannte Herzogsstraße, eine Fernhandelsstraße von Schongau über München und Landshut bis nach Cham, die das Hochstift Freising umging. »Wie auf einer Insel«, berichtet Apian, liegt die seit 1250 mauerbewehrte Stadt mit ihren vier Toren, umgeben von den natürlichen Wasserläufen der sich gabelnden Sempt. Genau festlegen läßt sich die Gründungszeit allerdings nicht. In einer Urkunde aus dem Jahre 1271 taucht erstmals der Name Altenerding auf, was bedeutet, daß es ein neues Erding gegeben haben muß. Für 1229 und 1231 wurden in herzoglichen Urkunden neben Einkünften aus dem Dorf bereits Markt, Zoll und Gericht erwähnt, ohne daß das alte und das neue Erding getrennt aufgeführt werden.
Die Stadt zeigt den typischen Grundriß der Wittelsbacher Gründungsstädte: ein Straßenkreuz und Flächen für den Markt. Die Größe der Anlage gibt einen Hinweis auf die Bedeutung, die die neue Stadt als bäuerliches Handelszentrum in einem fruchtbaren Umland von Anfang an hatte. Erding besaß das Recht der niederen Gerichtsbarkeit und der Selbstverwaltung. Sie wurden durch den von den Bürgern gewählten Inneren und Äußeren Rat wahrgenommen und durch den »kammerer« bzw. ab 1500 den Bürgermeister ausgeführt.
Vom Bürgersinn der Bewohner zeugt das größte Bauwerk aus spätgotischer Zeit, die Pfarrkirche *St. Johann.* Der verheerende Stadtbrand von 1648, dem der gesamte Baubestand der Stadt zum Opfer fiel, hat auch die Kirche nicht verschont. Neugotische Überformungen taten ein Übriges, daß das Gotteshaus nur noch in Teilen die Gestalt aus der Erbauungszeit zeigt und Rückschlüsse auf das blühende Leben in der Stadt des Spätmittelalters zuläßt. Das Gotteshaus, ein dreischiffiger Hallenbau der Landshuter Schule, ist wohl zwischen 1370 und 1460 erbaut worden. Der architektonisch schön gegliederte Turm, der Stadt- und Kirchturm zugleich war, steht etwa fünf Meter neben dem Altarraum und ist mit diesem zusammen der älteste,

gegen Ende des 14. Jahrhunderts entstandene Bauteil. Kraftvolle Wandpfeiler trennen die drei Joche und den dreiseitigen Schluß im Altarraum. Fünf Joche umfaßt das Mitte des 15. Jahrhunderts errichtete Langhaus, in dem achteckige Pfeilerpaare das Gewölbe tragen. Die Seitenschiffe sind durch Kapellen, die zwischen die Strebepfeiler eingefügt wurden, erweitert. Seit der Erbauung unverändert geblieben ist die Vorhalle mit dem spitzbogigen Portal im Westen: Gedeckt von einem Netzgewölbe des 15. Jahrhunderts, das aus figurenverzierten Konsolsteinen entspringt, beherbergt sie das älteste gotische Relikt des Erdinger Landes, den Grabstein des herzoglichen Pflegers Ernst von Eck. Um 1345 entstanden, vermittelt das Relief des Verstorbenen durch seine Kleidung einen aufschlußreichen Einblick in die Mode jener Zeit. Bis auf das mächtige, bereits manieristisch gestaltete Triumphbogenkreuz, das 1525 der Landshuter Hans Leinberger geschaffen hat, verstecken sich die Reste der spätgotischen Ausstattung in den neugotischen Altären oder an den Pfeilern: Um 1500 entstanden die Figuren der beiden Johannes im Aufsatz des Hochaltars; noch dem 15. Jahrhundert zuzurechnen sind die thronende Gottesmutter im nördlichen Seitenaltar und die Madonna am Pfeiler gegenüber der Kanzel; aus einer Seitenkapelle stammt das um 1500 geschnitzte Holzrelief mit dem hl. Abendmahl am (heutigen) Volksaltar; das Sandsteinrelief mit dem Schweißtuch der Veronika nahe dem südlichen Portal schuf ein unbekannter Künstler um 1500; bereits 1464 entstand das kleine steinerne Ölbergrelief neben dem Nordportal. Zu gleicher Zeit wurde die Figur des Erbärmde-Christus geschaffen, die heute in einer Nische im südwestlichsten Pfeiler steht.

Auf die Zeit der Sicherung des Territoriums unter den Herzögen Ludwig I. und Otto II. geht die Gründung der Stadt DORFEN zurück. Die planmäßige Anlage am linken Ufer der Isen wurde um 1230 als Stützpunkt gegen das Hochstift Freising, das die Herrschaft Isen-Buchrain besaß, und gegen die Grafschaft der Fraunberger in Haag gebaut. Ab 1331 mit Marktrechten versehen, entwickelte sich der Ort schnell zu einem bäuerlichen Handelsplatz, der durch die geschlossene Bauweise schon immer ein städtisches Gesicht zeigte und 1954 endgültig zur Stadt erhoben wurde. Mittelpunkt ist die 1390 gebaute, im 17. und 18. Jahrhundert barock umgestaltete Marktkirche St. Vitus. Sie beherrscht den durch zwei mittelalterliche Tore, das Kirchtor oder Münchner Tor und das Untere oder Altöttinger Tor, abgeschlossenen Marktplatz.

In der zweiten Hälfte des 15. Jahrhunderts wurde im Land rund um Erding, Dorfen und Taufkirchen viel gebaut. Überall sind die Vorstellungen der Landshuter Baumeister und Künstler zu spüren. Fast einheitlich wirken die Anlagen der kleinen Landkirchen mit polygon geschlossenen, nicht eingezogenen Chören und Kirchenschiffen, in denen Wandpfeiler die Netzgewölbe tragen, wobei die Rippen häufig aus figuren- oder wappengeschmückten Konsolen entwachsen. Viele der Gotteshäuser haben glatte, schmucklose Außenmauern. Sind gliedernde Strebepfeiler vorhanden, erfüllen sie nur bei den frühen Kirchen die stützende Funktion. Je später der Kirchenbau entstanden war, um so zierlicher wurden sie, und am Ende der späten Gotik verkümmerten sie zu schmückenden Lisenen. Eine Besonderheit sind die asymmetrischen Bauten, bei denen das Hauptschiff der Kirche nur von einem Seitenschiff begleitet wird: Die 1468 gebaute Kirche *St. Georg* in OBERDORFEN (Stadt Dorfen), mit einem nördlichen Seitenschiff oder die Kirchen im Gemeindegebiet von Taufkirchen, wie der um 1500 entstandene unverputzte Backsteinbau der Kirche *St. Stephanus* in MOOSEN und die hochgelegene Kirche *St. Maria* in MAISELSBERG vom Ende des 15. Jahrhunderts, sind bezeichnende Beispiele. Die Seitenschiffe wurden häufig als Grablegen des Ortsadels benützt. Die Kirche *St. Nikolaus* in GRÜNTEGERNBACH (Stadt Dorfen) sieht von außen einer dreischiffigen gotischen Basilika täuschend ähnlich: Bei der 1875 regotisierten spätgotischen Anlage sind die Strebepfeiler tief in das Langhaus eingezogen; in die gewonnenen Seitenräume wurden hohe Seitenkapellen eingebaut. Tatsächlich mit drei Schiffen wurde in der zweiten Hälfte des 15. Jahrhunderts die Kirche *St. Michael* in GROSSCHWINDAU (Gemeinde St. Wolfgang) erbaut. Die Umgestaltung und die vor 1785 vorgenommene Verlängerung nach Westen verbergen heute weitgehend den spätgotischen Ursprung des Gotteshauses.

Wie Farbtupfer leuchten die vielen unverputzten Backsteinkirchen aus gotischer Zeit in den kleinen Dörfern und Weilern. Oft krönen sie einen der Hügel, dann wieder liegen sie geborgen in den sanften Talniederungen. Die Landshuter bauten gerne mit Ziegeln: Ihre Maurerkolonnen spielten im Grenzland zu Oberbayern noch einmal ihr ganzes spätgotisches Können aus.
Weit über das Land schaut seit dem Ende des 15. Jahrhunderts die Kirche *St. Laurentius* in STEINKIRCHEN. Bereits auf die Zeit um 1300 geht der noch halbrunde Chor der reizvollen kleinen Kirche *St. Laurentius und St. Stephanus* in EBERING (Gemeinde Steinkirchen) zurück. In der späten Gotik wurde er mit einem Netzgewölbe versehen und durch einen spitzen Chorbogen von dem flachgedeckten Langhaus abgetrennt. Die Figur des hl. Laurentius mit dem Rost vom Ende des 15. Jahrhunderts auf dem Hochaltar ist eine gute ländliche Arbeit.
Zahlreich sind die um 1500 entstandenen Backsteinrohbauten in den Ortschaften der Gemeinde Taufkirchen an der Vils zu finden, wie die Kirche *St. Martin* in BLAINTHAL; die malerisch gelegene Kirche *St. Maria* in FRAUENVILS, die über spätromanischen Resten erbaut wurde und deren Altar eine gute Madonnenfigur aus der zweiten Hälfte des 15. Jahrhunderts schmückt; der schöne kleine Bau der Kirche *St. Valentin* in GROSSKÖCHLHAM; die Kirche *St. Margaretha* in JETTENSTETTEN und die Kirche *St. Johannes der Täufer* in JOHANNRETTENBACH mit ihrem auf die Spätromanik zurückgehenden Turm. Sehenswert ist die zu Anfang des 16. Jahrhunderts gebaute Kirche *St. Ulrich* in GEBENSBACH: Ein stolzer Turm mit Satteldach und Treppengiebel überragt Langhaus und Chor. Das spätgotische Netzgewölbe mit seinen wappenverzierten Schlußsteinen überwölbt auch die interessante, rundum in Rauten gemauerte Altarmensa. Aus der Zeit um 1500 stammt auch die neben der Kirche stehende *Seelenkapelle* mit einer schönen Anna Selbdritt aus der Erbauungszeit.

Es ist schwer, aus der großen Zahl der spätgotischen Dorfkirchen im Erdinger Land eine Auswahl zu treffen. Als Teil des Dorfbildes, als Bauwerk oder auch nur durch Details sind sie beachtenswerte Zeugnisse des späten Mittelalters – wie beispielsweise die Kirche *St. Jakobus d. Ä.* in GADEN (Stadt Dorfen): Erbaut hat sie der 1431 verstorbene Einsiedler Heinrich Löffler. Sein Grabstein an der Nordwand des flachgedeckten Langhauses zeigt in einem Flachrelief unter Maßwerk den kniend ins Gebet versunkenen, bärtigen Klausner in Kutte und Mantel mit Pilgerstab und Rosenkranz. Auf dem Altar unter dem Kreuzrippengewölbe des Chors steht eine sehenswerte Madonna aus Terrakotta, die gegen 1450 entstanden ist.
Zu nennen sind die spätgotische Kirche *St. Leonhard* in ESTERNDORF (Stadt Dorfen) mit den figurengeschmückten Schlußsteinen im Netzgewölbe und der Madonna mit Kind auf der Mondsichel; die Kirche *St. Nikolaus* in STAFFING (Stadt Dorfen), ein hoch gelegener Bau des späten 15. Jahrhunderts mit einem spätromanischen Turm; die einheitlich spätgotische Kirche *St. Maria* in INNING AM HOLZ aus der zweiten Hälfte des 15. Jahrhunderts und die Kirche *St. Ulrich* in INNERBITTLBACH (Gemeinde Lengdorf) mit dem wohl Ende des 15. Jahrhunderts geschaffenen Grabstein im Chor: »hie ligen die menpecke un piedtpecke«.

Ein spätgotisches Kunstwerk besonderer Art beherbergt die Friedhofskirche *St. Georg* im Ortsteil Rockelfing von WARTENBERG mit dem 1464 in einer Landshuter Werkstatt entstandenen Flügelaltar. Er wurde für die Kirche im nahegelegenen Apolding geschaffen und kam, als diese abgebrochen wurde, nach Rockelfing. Von dem 1516 erbauten Gotteshaus sind allerdings auch nur noch das Chorhaus und der Turm erhalten geblieben: Weinranken umrahmen den Schrein mit der von sieben Engeln umgebenen Hl. Dreifaltigkeit in der Art des Gnadenstuhls. Die Standflügel zeigen die Heiligen Barbara und Apollonia auf der linken, Katharina und Ursula auf der rechten Seite. Die beweglichen Flügel tragen innen Tafelbilder mit der Verkündigung Mariens, der Taufe Christi, der Krönung der Gottesmutter und der Predigt des Apostel Petrus. Die Rückseiten sind mit der Marter des hl. Laurentius, dem hl. Stephanus vor dem Richter und dem hl. Georg bemalt. In der Predella ist das Pfingstwunder und auf den Flügeln sind die vier Kirchenväter dargestellt. Im Aufsatz thront der Salvator Mundi, begleitet von Maria und dem Evangelisten Johannes. Die Schnitzfiguren des ganzen Altars strahlen eine derbe, aber individuelle Auffassung aus.

Das Erdinger Land in seinen heutigen Grenzen umfaßt mit der Gemeinde ST. WOLFGANG ein Gebiet, das in der Spätgotik zur Herrschaft Haag gehörte. Die Freiherrn Johann Georg und Sigismund von Fraunberg zu Haag legten 1430 den Grundstein zu der stattlichen Kirche *St. Wolfgang*. Sie stifteten auch die notwendigen Geldmittel, damit der Bau 1477 vollendet werden konnte. Die Weihe der Kirche fand jedoch erst 1484 statt. Ein Streit der Stifter mit Bischof Sixtus von Freising über die Errichtung eines Kollegiatsstifts, dessen Einkünfte und die pastorale Zuständigkeit war der Anlaß für die Verzögerung. Die Auseinandersetzung konnte auch auf dem Konzil von Konstanz nicht beigelegt werden. Die Konkurrenz zum freisingischen Stift in Isen war dem Bischof aus wirtschaftlicher Sicht zuwider. Erst 1733 wurde die Stiftung der Haager Reichsfreiherren und (seit 1509) Reichsgrafen endlich Wirklichkeit.
Entstanden war ein eigenwilliger Kirchenbau: Das vierjochige Hauptschiff und der Chor mit seinen drei Jochen und dem dreiseitigen Schluß liegen einige Stufen höher als das Seitenschiff im Norden; es endet in der nach 1400 erbauten Wallfahrtskapelle. Vielreihig figuriertes Netzgewölbe überzieht die beiden Schiffe und den Altarraum. Die Rippen entspringen Wandpfeilern mit vorgelegten Diensten. Das Westjoch im Hauptschiff überspannt eine Empore, die von vier achtseitigen Marmorstützen getragen wird; Sterngewölbe deckt den Raum unter ihr. Zwei Türme überragen das Gotteshaus und das malerische Dorf im Schwindachtal: Siebzig Meter hoch ist der stattliche, landshuterisch gegliederte Turm im Süden, den vier mit Fialen geschmückte Eckaufsätze und ein hoher, spitzer Helm bekrönen; sehr schlank und ebenfalls mit hohem Spitzhelm besetzt ist der kleinere Turm im Nordwesten. Reich profiliert sind die Gewände der Portale im Norden und Süden. Das Maßwerk in den Fenstern stammt noch aus der Erbauungszeit. Bis 1541, als die seit 1434 reichsunmittelbare Herrschaft Haag eine Enklave des evangelisch reformierten Glaubens in Altbayern wurde, war St. Wolfgang eine blühende Wallfahrt. Mit dem Tode des letzten Fraunbergers zu Haag, Ladislaus, im Jahre 1566, wurde sie von den neuen Landesherren, den Wittelsbachern, im Zuge der Gegenreformation neu belebt und die Kirche neu eingerichtet.
Anders als bei vielen Umformungen der Renaissance- und Barockzeit blieben aber die spätgotischen Kunstschätze erhalten. So zieren die Wappen der Fraunberger, der Pappenheimer und weiterer Stifterfamilien zusammen mit den Figuren des hl. Wolfgang und der Madonna mit Kind noch die Schlußsteine im Gewölbe von Langhaus und Chor; wurden die spätgotischen Schnitzfiguren der Heiligen Wolfgang, Georg und Sigismund wieder im Mittelschrein des Hochaltars von 1679 aufgestellt. Eingefügt wurden auch die vier Reliefbilder der Flügel des spätgotischen Altars mit Szenen der Wolfgangslegende; die um 1475 entstandenen Tafelgemälde von den Außenseiten der Flügel hängen an der Südwand des Chores. Die Szenen aus dem Marienleben fesseln den Betrachter durch die hohen, schlanken Gestalten und den klaren, faßbaren Aufbau der Bilder; hervorragend in der Präzision der Abbildung ist der priesterliche »Arzt« bei der Beschneidung Christi. Ausdrucksvoll, mit den verkniffenen Gesichtern aber eigenartig anmutend, ist die um 1485 entstandene Gruppe der Anna Selbdritt auf dem südlichen Seitenaltar.

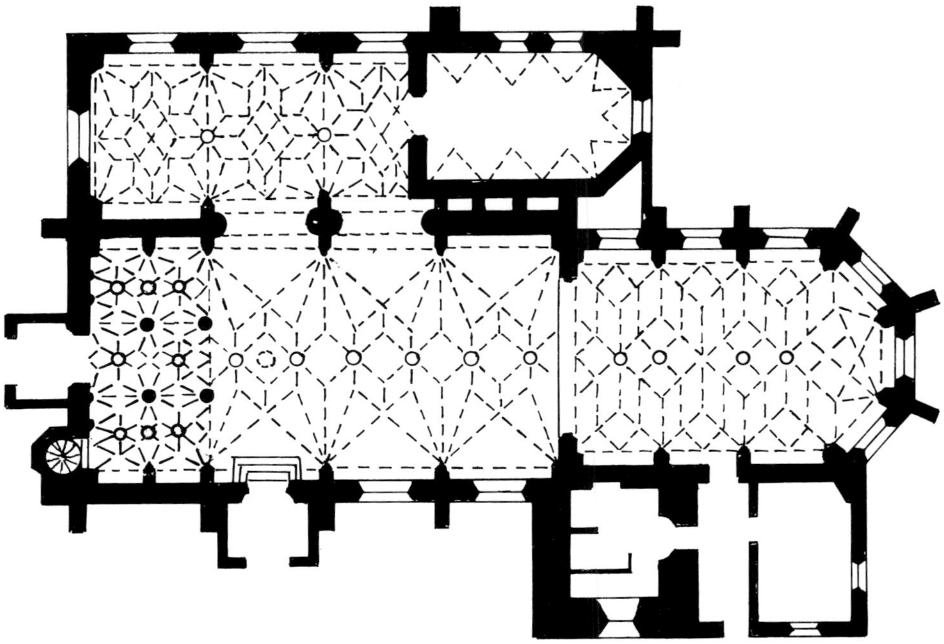

ST. WOLFGANG, *Kirche St. Wolfgang: Grundriß*

ST. WOLFGANG, *Kirche St. Wolfgang: Beschneidung Jesu im Tempel, Tafelbild von den Außenflügeln des ehemaligen spätgotischen Hochaltars, um 1475*

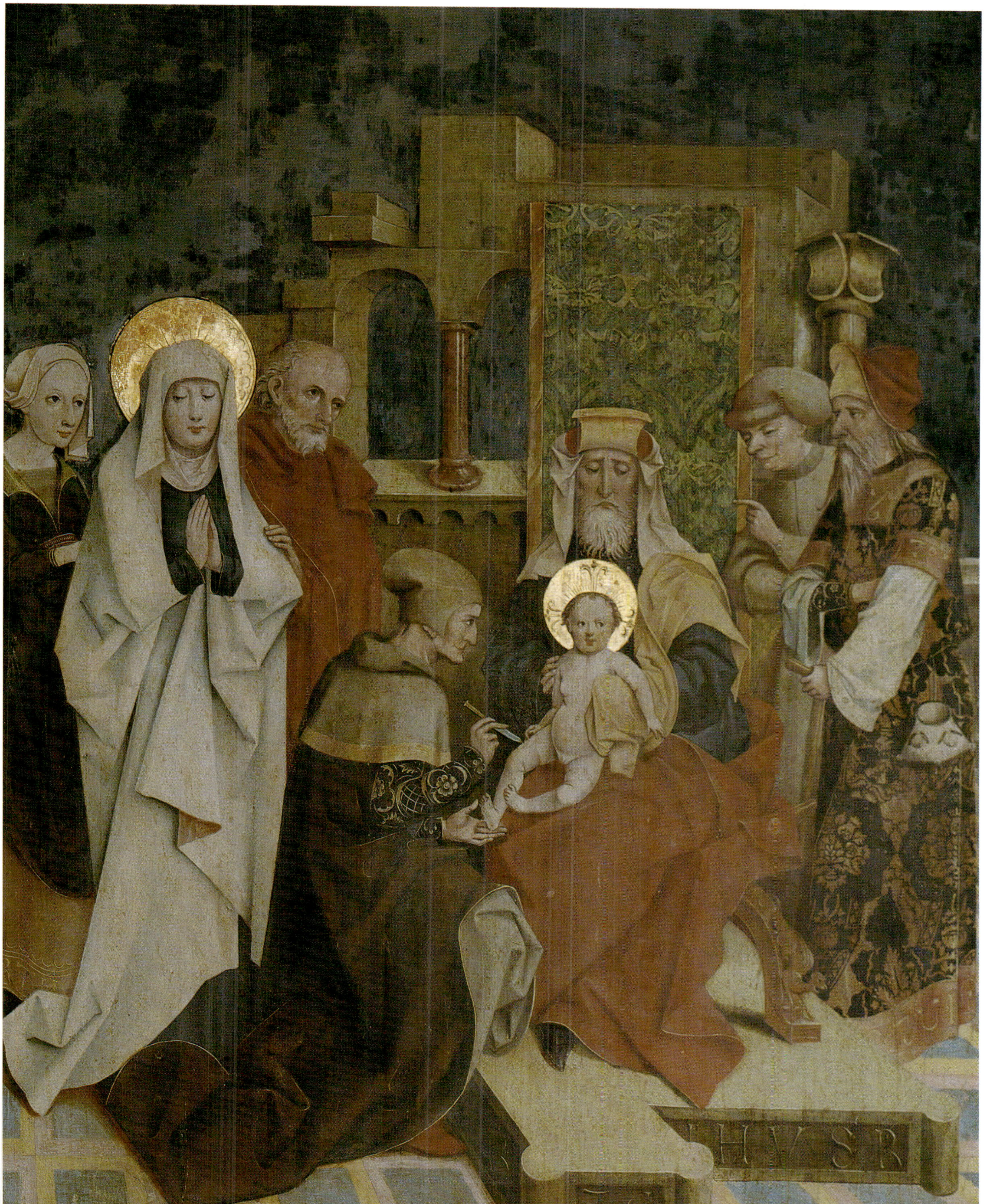
I H V S R

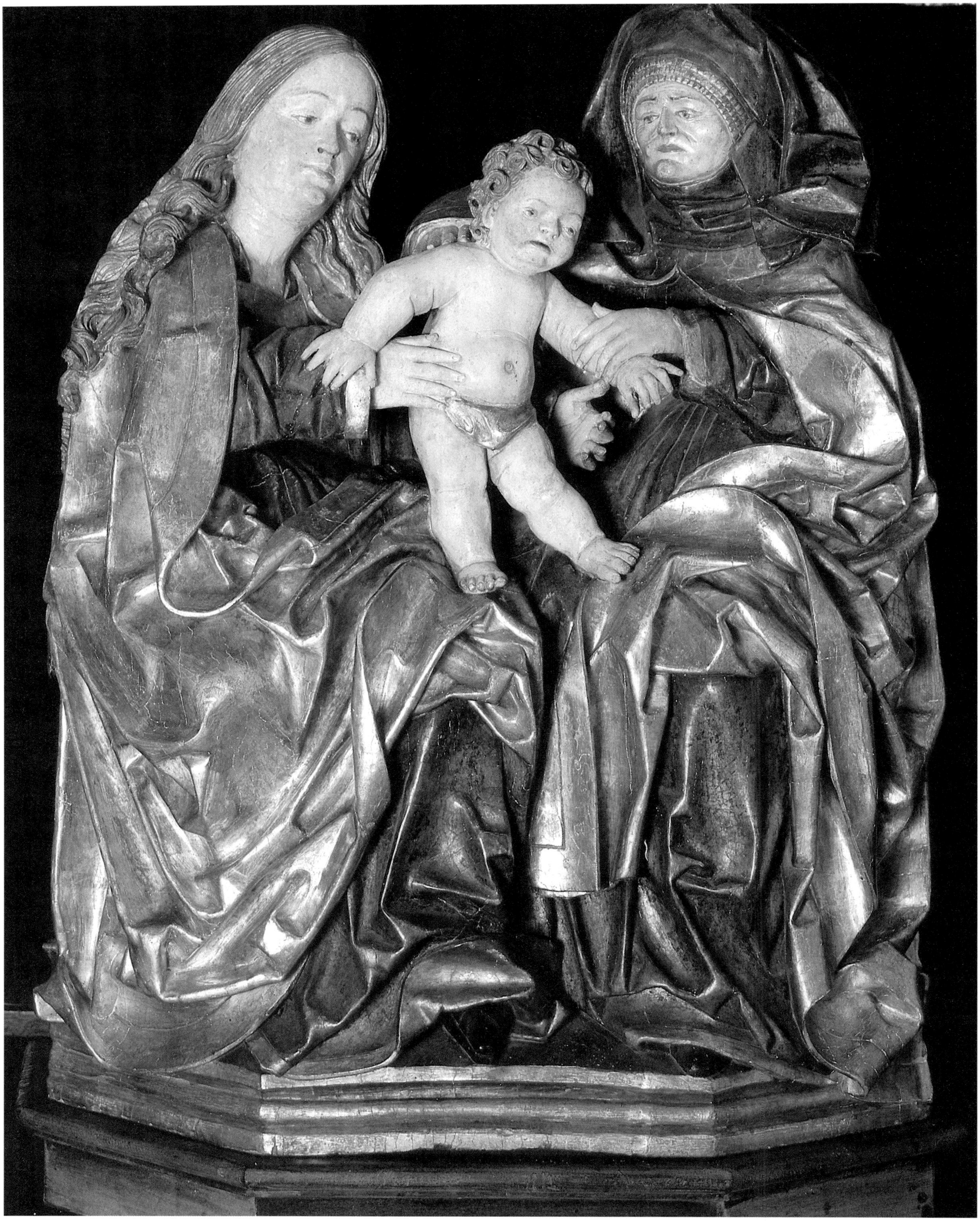

ST. WOLFGANG, Kirche St. Wolfgang: Anna Selbdritt, Figurengruppe auf dem südlichen Seitenaltar, um 1485

rechts
ST. WOLFGANG, Kirche St. Wolfgang: Geburt Mariens, Figurengruppe auf dem nördlichen Seitenaltar, 2. Hälfte 15. Jahrhundert

unten
LAPPACH, Kirche St. Remigius: Fresken mit Szenen aus der Passion Christi und üppig gemaltes Rankenmuster am Gewände der Sakristeitür; Ausschnitt aus dem um 1425 entstandenen Bilderzyklus im Chor

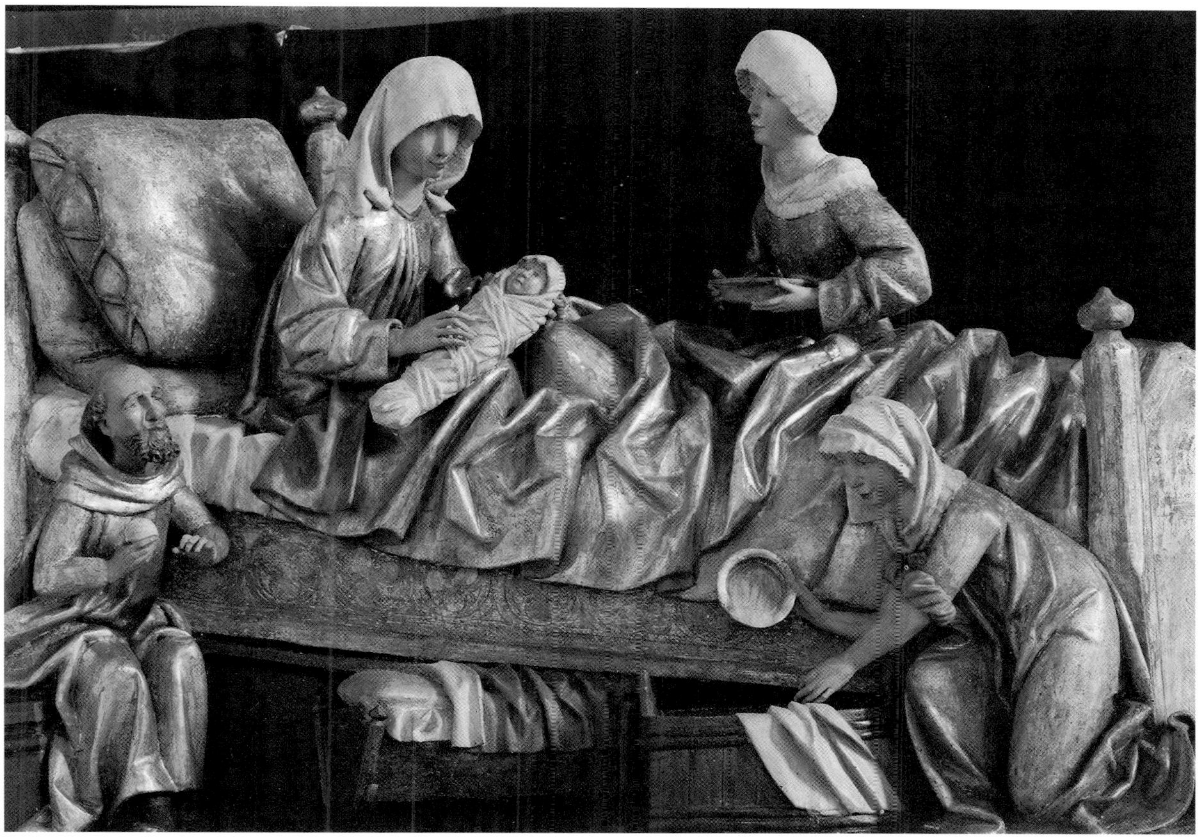

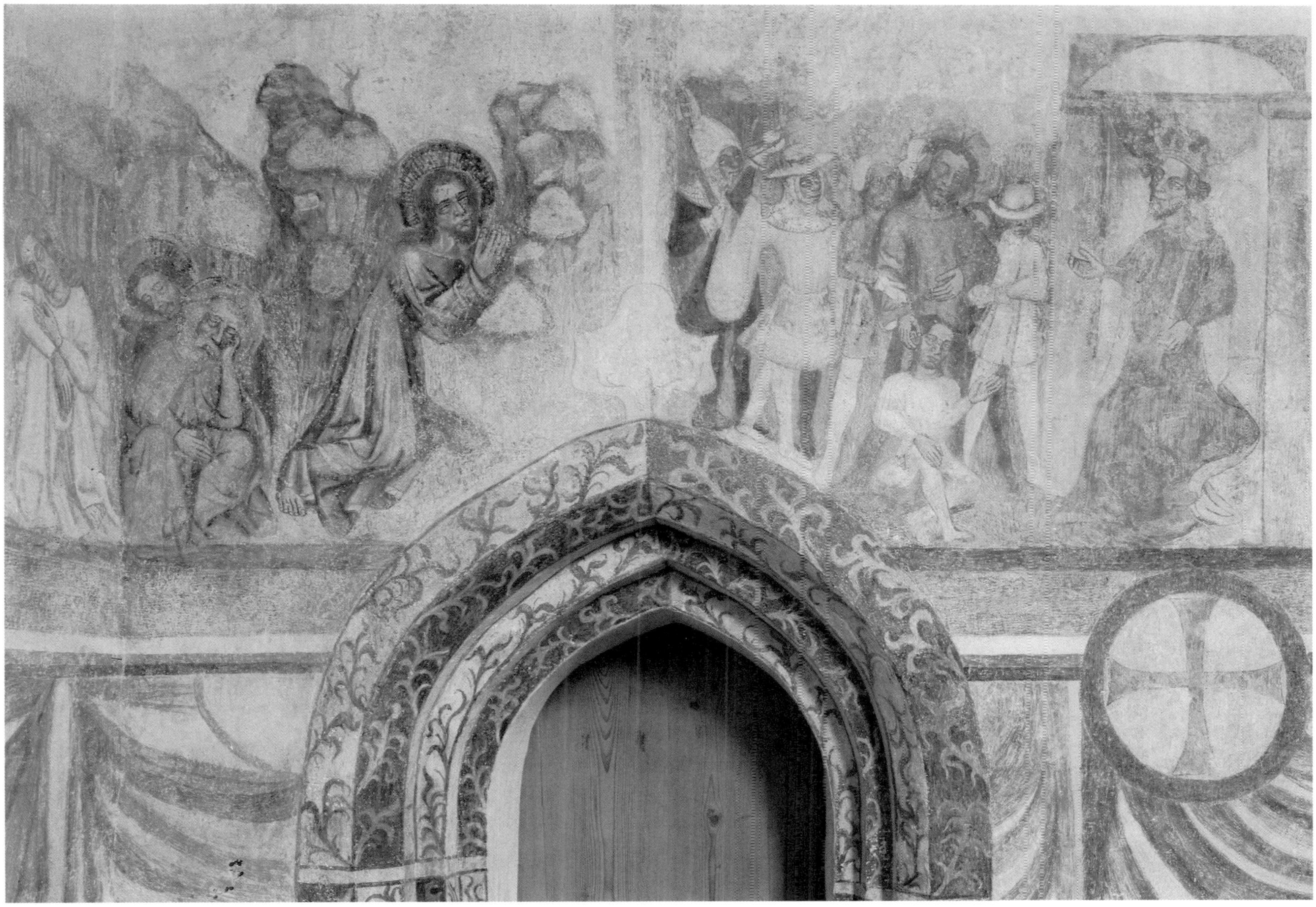

Sehr lebensnah, als ob man das Gespräch der Frauen belauschen könnte, ist das spätgotische Schnitzwerk der Geburt Mariens auf dem nördlichen Seitenaltar. Wie ein Diorama mit lebenden Figuren wirkt das große bemalte Kreuzigungsrelief von 1490 auf dem Kreuzaltar aus dem 17. Jahrhundert.

Die Gemeinde St. Wolfgang besitzt mit der Kirche *St. Remigius* in LAPPACH ein weiteres gotisches Kleinod: Um 1420 wurde der einschiffige Bau mit den sehr tief eingezogenen Wandpfeilern im quadratischen, zweijochigen Schiff und dem lichten, eingezogenen Chor begonnen. Auf älteren Fundamenten steht der hohe, mit Lisenen und Bogenfriesen verzierte Nordturm. Wie in St. Wolfgang ist er mit einem Spitzhelm und vier Eckaufsätzen gekrönt. Herausragend sind die um 1425 gemalten Wandfresken mit vier Aposteln, einem Bilderstreifen der Passion Christi im Chor, dem prächtigen hl. Christophorus an der südlichen Chorbogenwand und der üppigen Rankenmalerei an der Leibung der Sakristeitür. Mitte des 15. Jahrhunderts wurde das Gotteshaus mit einem harmonisch figurierten Netzrippengewölbe versehen; der letzte Stein wurde 1467 gesetzt. Die Kragsteine, aus denen die Rippen im dreiseitig geschlossenen Chor aufsteigen, zieren Köpfe mit Spruchbändern. Die Schlußsteine auf den Rippenschnittpunkten sind mit den Stifterwappen der Herren von Haag und von Aichberg besetzt.

Die Grenze zu Schwaben

Der Lech bildete schon immer eine natürliche Grenze zwischen den zwei Volksstämmen – den vom Alemannischen geprägten Schwaben im Westen und den Bayern im Osten. Bis zur Säkularisation war der Fluß auch eine politische Grenze: Er trennte im späten Mittelalter das Fürstbistum Augsburg und die vielen reichsunmittelbaren Territorien in Schwaben von dem östlich gelegenen Herzogtum Bayern.

Die Stadt LANDSBERG AM LECH war ab dem ausgehenden Mittelalter bestimmend für die Entwicklung im bayerischen Teil der Moränenlandschaft, die der Gletscherfluß hinterlassen hatte. Der Ursprung der Siedlung war »phetine«, ein kleines Dorf an dem zum Lechufer hin abfallenden Berghang und spätere Hofmark der Herren von Pfetten. Im Jahre 1160 gründete der Welfenherzog Heinrich der Löwe auf dem Moränenhang über dem Lech eine »landespurc«; sie diente dem Schutz des Flußübergangs und der neuen Salzhandelsstraße zu den welfischen Besitzungen rund um Memmingen. Die Burg war zudem Verwaltungsmittelpunkt und bildete ein Bollwerk in dem Keil, den Heinrich zwischen das damalige Herrschaftsgebiet der Grafen von Andechs und der Pfalzgrafen von Wittelsbach getrieben hatte.
Begünstigt durch die Lage an der Salzstraße und dem Flußübergang entwickelte sich im Schutz der Burg bald eine aufstrebende Siedlung am Lechufer; bereits 1260 erhielt sie das Stadtrecht. Nach der Art der Welfen wurde sie durch Tore und Mauern gesichert. Auch die Wittelsbacher, die ab 1268 die Stadtherren wurden, nutzten die strategisch wichtige Lage von Landsberg und bauten die Befestigung aus. Reste des ersten Berings sind im Unterbau des Schmalzturms am Hauptplatz und im Bäckertor in der Hinteren Mühlgasse erhalten.
Die Wittelsbacher schenkten der Stadt ihre Gunst. Kaiser Ludwig der Bayer gewährte den Bürgern die gleichen Handelsrechte wie jenen in München, verlieh ihnen das Zollregal und das Salzstapelrecht. Unter der Regierung seiner Söhne wurde sogar die Salzniederlage von München nach Landsberg verlegt. Auch nach der dritten Landesteilung von 1392 blieben die Herzöge der Stadt gewogen. Folgt man den Chronisten, vergnügte sich Herzog Ernst gerne bei Neckarwein und frohem Tanz mit den Bürgern und Bürgerstöchtern der Stadt. Wie in München stiftete er 1437 auch in Landsberg das »Jungferngeld«, um den armen, aber tugendsamen Bürgerstöchtern eine anständige Aussteuer zu sichern.
Im 15. Jahrhundert wuchs die Stadt über ihre Mauern hinaus; ein größerer Mauerring mußte erbaut werden. Noch heute umschließen neun Kilometer Mauern, Türme und Tore die vom Lechufer bis zur Kammlinie des Höhenrückens sich erstreckende Stadt. Nur durch ihre Tore gewährt sie dem Besucher Einlaß. Mächtig steht das *Bayertor* an der von München kommenden Straße. Ab 1425 wurde die Anlage mit dem durch Wappen und einer Kreuzigungsgruppe verzierten Haupttorturm gebaut. Bis ins 17. Jahrhundert hat man sie verstärkt. Mit dem äußeren Umgang, dem Treppenturm im Zwinger, den beiden quadratischen Nebentürmen und den nach Westen gerichteten Vortürmchen erinnert die Verteidigungsanlage stark an das Isartor in München.
In ihrer spätgotischen Gestalt erhalten sind auch das *Färber*- und das *Bäckertor* in der Hinteren Mühlgasse sowie der *Schmalzturm* oder auch Schöner Turm genannte Stadtturm am Hauptplatz.
Mittelalterlich, eigentlich noch ganz im Stil der welfischen Stadtgründungen verlaufen die Straßen in der Altstadt, sind die Plätze angelegt. Trotz aller Zerstörungen der Kriege im 16. und 17. Jahrhundert, die der Stadt letztlich die herrlichen Ba-

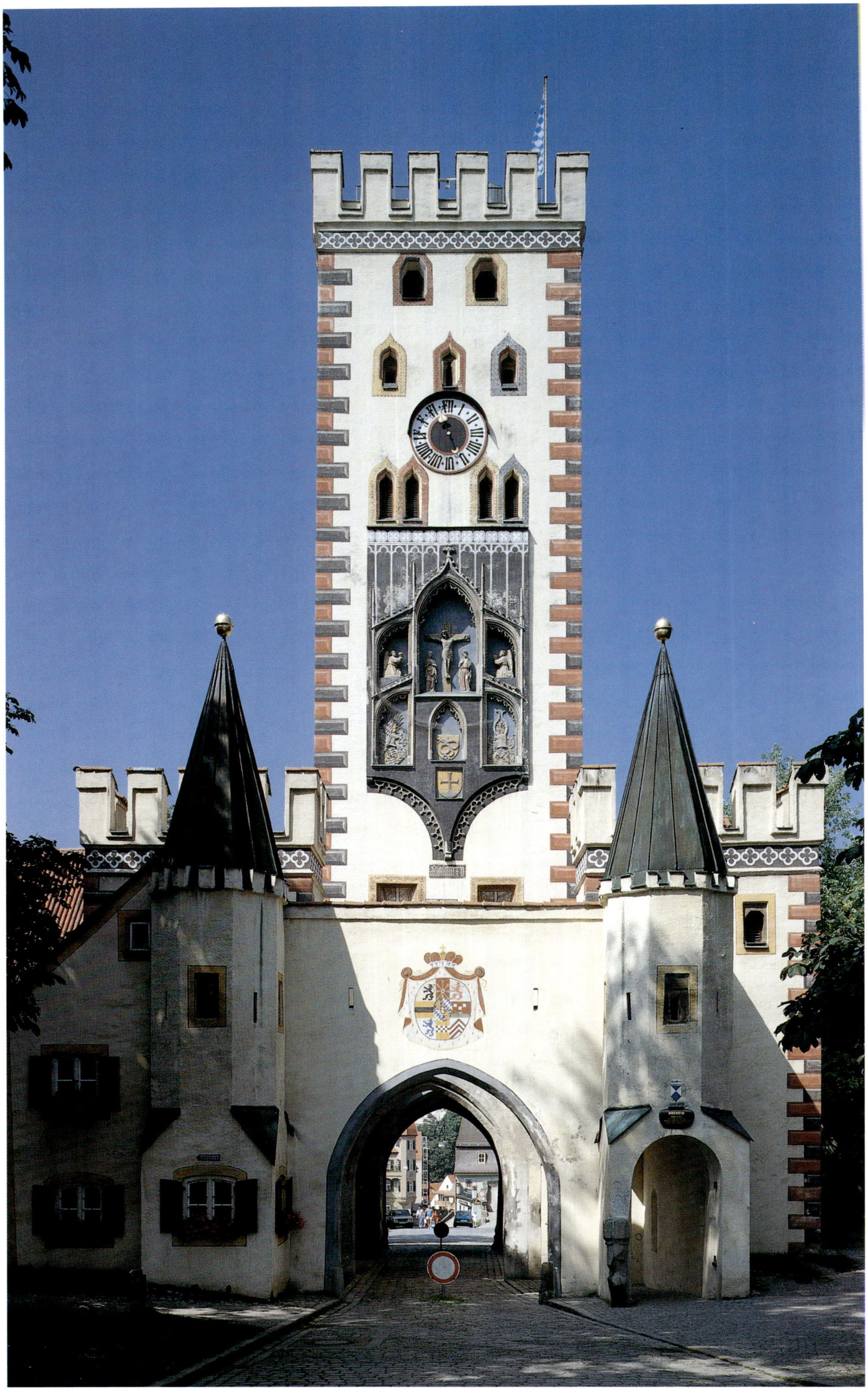

LANDSBERG AM LECH: *Bayertor, ab 1425 errichtet*

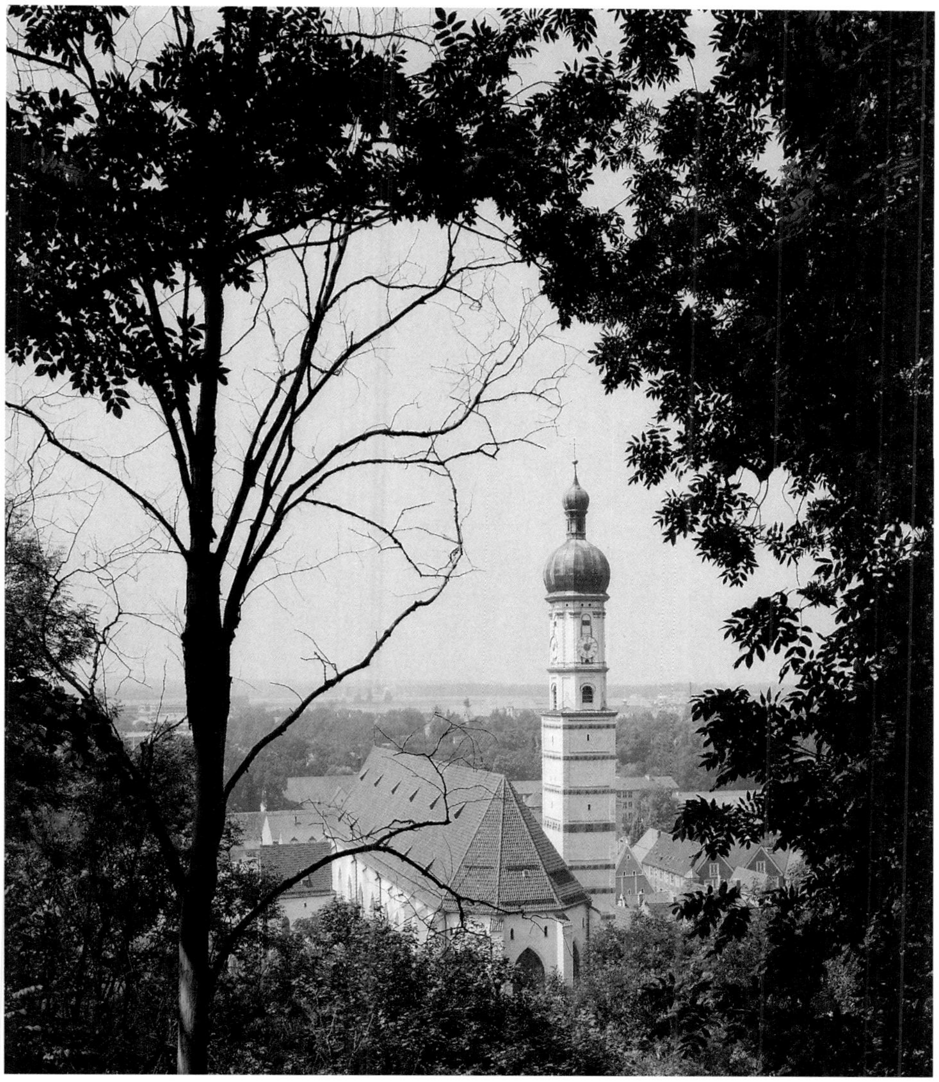

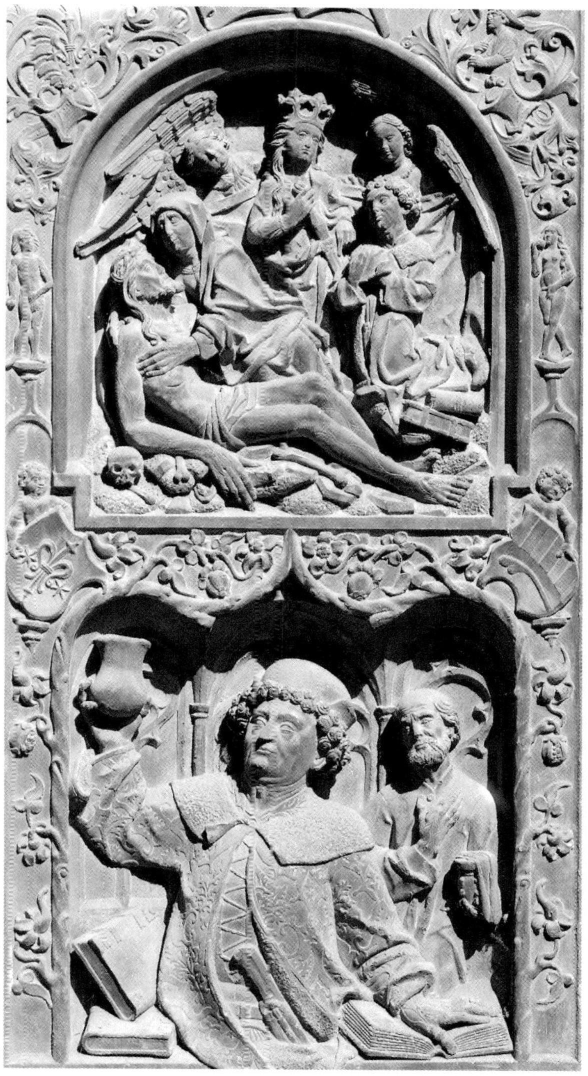

links
LANDSBERG AM LECH, *Stadtpfarrkirche Mariae Himmelfahrt: Langhaus und Chor von 1458 bis 1488 unter Valentin Kindlein und Ulrich Kiffhaber erbaut. Die unteren Geschosse des Turms wurden von der Vorgängerkirche aus dem 14. Jahrhundert übernommen*

rechts
LANDSBER AM LECH, *Stadtpfarrkirche Mariae Himmelfahrt: Vorhalle des Südwestportals; Marmorepitaph mit der Darstellung eines praktizierenden Arztes, 1510*

rock- und Rokokobauten gebracht haben, hat sich in den Häusern der Bürger und Handwerker noch vieles aus der späten Gotik erhalten. Spätgotische Giebel aus der zweiten Hälfte des 15. Jahrhunderts in der Ludwigstraße, in der Ledergasse, in der Herkomerstraße, in der Vorderen Mühlgasse und am Vorderen Anger (um nur einige zu nennen) machen dies noch sichtbar. Die ehemalige Wirtschaftskraft der Stadt repräsentiert noch der im 15. Jahrhundert erbaute *Alte Salzstadel* an der Hinteren Salzgasse am Lech.
Der älteste datierte Profanbau ist das *Spöttinghaus* am Hindenburgring: Der Bau mit spätgotischem Giebel und Aufzugsöffnungen wurde 1468 gebaut. Residenz der Herzöge war das heutige Gasthaus »Herzogsstuben« am Hauptplatz; ausgebaut wurde das Haus für den 1514 gestorbenen Herzog Wolfgang. Er weilte gerne in der Lechstadt. Das Haus birgt noch eine zweigeschossige Hauskapelle aus der zweiten Hälfte des 15. Jahrhunderts.

In den Jahren 1458 bis 1488 bauten der Straßburger Valentin Kindlein und, nach dessen Weggang, ab 1464 Ulrich Kiffhaber, die schöne spätgotische Stadtpfarrkirche *Mariae Himmelfahrt* inmitten der Stadt. Von der St. Veit geweihten Vorgängerkirche wurde der aus dem 14. Jahrhundert stammende gotische Turm am Nordwestende des Chorraums übernommen. In der Barockzeit ab 1702 hat man das Gotteshaus im Innern durch ein neues Gewölbe und durch Stuck tiefgreifend umgestaltet. Das Äußere zeigt aber noch in schönen Proportionen die für die Spätgotik in Oberbayern seltene Form einer stattlichen dreischiffigen Pfeilerbasilika. Das südwestliche Portal mit seinen Gewänden und dem Figurenschmuck ist ein gutes Beispiel für die qualitätvolle Steinmetzkunst des späten 15. Jahrhunderts. Interessant ist in der Vorhalle des Portals der 1510 angebrachte Marmorepitaph eines praktizierenden Arztes, der die für diese Zeit typische Untersuchung einer

Urinprobe vornimmt. Vom selben unbekannten Meister sind die beiden Epitaphien des Konrad Frech und des Pfarrers Michael Holl († 1509) an den beiden nördlichen Portalen. In den Chorfenstern sind gute spätgotische Glasmalereien, von denen beispielsweise der Tod Mariens oder die Passionsszenen an Hans Holbein d. Ä. erinnern. Die an der Nordwand der Kirche im Rosenkranzaltar aufgestellte lebensgroße Muttergottes aus der ersten Hälfte des 15. Jahrhunderts wird dem schwäbischen Meister Hans Multscher zugeschrieben. Sie stammt aus der gotischen Vorgängerkirche und wurde 1903 von einem Landsberger Bürger wieder der Kirche vermacht.

Von vielen spätgotischen Kirchen am mittleren Lech haben nur die Außenmauern die Wirren des Dreißigjährigen Krieges überstanden; welche dies waren, ist am besten an ihren Türmen zu erkennen: Sie zeigen noch die schönen Gliederungen und Friese, die gotischen Satteldächer oder die spitzen Helme und beeindrucken bisweilen durch ihre Mächtigkeit. Die Gotteshäuser selbst wurden meist in der Barockzeit neu gestaltet. Erhalten blieben nur solche Kirchen, deren Erneuerung man wegen der wirtschaftlichen Not durch die Kriegsfolgen nicht mehr leisten konnte, wie beispielsweise in der Gemeinde SCHEURING die Kirche *St. Johannes:* Das auf einem Hügel stehende Gotteshaus, um 1472 entstanden, ist einer der bedeutendsten einheitlich spätgotischen Bauten der Gegend, bestechend durch die originale Farbigkeit der schönen, weißen und roten Lilienfriese an Chor und Turm; im Dreißigjährigen Krieg als Pferdestall mißbraucht, blieb von der ursprünglichen Einrichtung allerdings nichts mehr übrig. Die heutige Ausstattung stammt aus dem 19. Jahrhundert. Der gedeckte Treppenaufgang zur Kirche ist eine Zutat des 17./18. Jahrhunderts.
Beinahe vergessen ist die ehemalige Wallfahrtskirche zu dem Schutzheiligen für das Vieh, *St. Gangolf* in DORNSTETTEN (Gemeinde Unterdießen). Der spätgotische Bau entstand, wie eine Bauinschrift am Dachansatz über dem Chor mitteilt, im Jahre 1478: »moster veyt statmoster ze landsperg hat dyssen kor zu gebelbt [gewölbt] am freytag vierzehen tag vor sant jörgen tag da man zalt 1478 iar + dye maurer gesellen lyenhart kirchperger konrad franck veyt strobel bythalm paur«. Das wertvolle Holzrelief mit dem Tod Mariens, die Kreuzigungsgruppe und die sitzende Muttergottes gehörten zur ursprünglichen Ausstattung des späten 15. Jahrhunderts.
Wiederentdeckt wurden die hervorragenden, noch der Gotik der zweiten Hälfte des 14. Jahrhunderts zuzurechnenden Wandmalereien im Untergeschoß des frühgotischen Chorturms der Kirche *St. Georg* in PÜRGEN, einer alten Hofmark der Herren von Pfetten. Die Wandbilder zeigen an der Ostwand eine Kreuzigungsgruppe mit dem knienden Stifter Ulrich dem Pfettner (1359-1408), an der Nordwand den hl. Georg und ihm gegenüber, an der Südwand, sechs weitere Heilige. In den Feldern des Kreuzrippengewölbes umgeben die Symbole der vier Evangelisten und Spruchbänder Christus in der Mandorla. Die Kirche selbst, seitlich an den alten Turm gesetzt, wurde nach dem Meisterzeichen und der Jahreszahl im Chor im Jahre 1500 fertiggestellt. 1955 wurde sie nach Westen verlängert.
Ein für Oberbayern seltenes Beispiel aus spätgotischer Zeit bietet PRITTRICHING mit den Resten seines Wehrfriedhofs. Der »Spatzenturm« mit seinem spitzen Helm, den vier mit einem Ausguckfenster versehenen Eckerkern und dem spitzbogigen Tordurchgang beschützt den ummauerten Friedhof und die Kirche *Zu Unserer Lieben Frau.* Ein spätgotischer Bau, wie an der Form des Chores mit den Strebepfeilern und dem mit Maßwerkfriesen schön gegliederten mächtigen spitzbehelmten Turm unschwer zu erkennen ist. Innen ist die Kirche seit 1730/40 gänzlich barock umgeformt. Ausgelegt wurde der Wehrfriedhof und seine teilweise noch mit Zinnen bekrönten Mauern, mit dem Spatzenturm und einem Schalenturm, in der zweiten Hälfte des 15. Jahrhunderts. Er diente den Bauern als Schutz in der Zeit, als die ersten Bauernkämpfe gegen die sie unterdrückenden Land- und Hofmarksherren aufflackerten. Auch das zweite Gotteshaus des Ortes, die Kirche *St. Peter und Paul,* ist nur noch als Bauwerk spätgotisch. Wie bei der Liebfrauenkirche besticht der schön gemauerte Turm mit den Blendarkaden und Friesen. Die flache Haube wurde 1753 aufgesetzt, als im Inneren das Barock Einzug hielt.

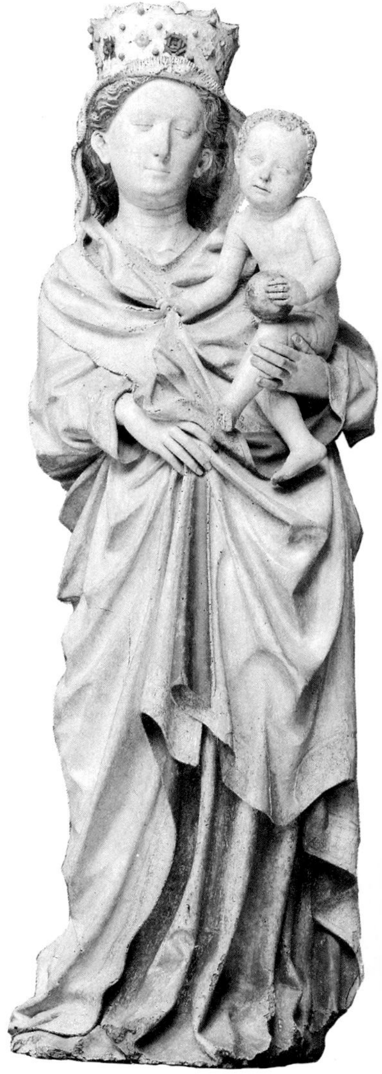

LANDSBERG AM LECH, *Stadtpfarrkirche Mariae Himmelfahrt: Madonna mit Kind vom Rosenkranzaltar; 1. Hälfte des 15. Jahrhunderts, Hans Multscher zugeschrieben*

Die Grafschaft Werdenfels und der Pfaffenwinkel

Die fürstbischöflich-freisingische Grafschaft Werdenfels lag wie ein Sperriegel vor den wichtigen Alpenübergängen von Italien und Tirol nach Augsburg, München und Nürnberg. Sowohl die Wagen und Saumpferde auf den Paßstraßen als auch die Flöße auf den Gebirgsflüssen konnten von hier aus kontrolliert werden.
Schon im hohen Mittelalter war das Bistum Freising im Werdenfelser Land begütert. Im 13. Jahrhundert gelang es dem Hochstift, durch Zukauf das Gebiet zu einem geschlossenen Territorium zusammenzufassen: 1249 verkaufte ein Swiker von Mindelberg sein Gut Garmisch an das Hochstift; 1294 folgte ihm Berthold II. von Eschenlohe, der »an sand gregorigen tach« die Grafschaft »ze Partenchirchen un ze Mittenbald« veräußerte. Im Kaufvertrag ließ er sich ein freies Wohnrecht auf Lebenszeit und etliche Fuder Wein »vom besten« verbriefen. Verwaltet wurde diese freisingische Grafschaft vom Burghüter auf der Burg Werdenfels bei Garmisch-Partenkirchen.
Die Bevölkerung des Landes lebte von der »Rott« und der Flößerei, der Landesherr von den Abgaben aus dem Niederlagezwang. Die Rott war eine Zweckgemeinschaft der Fuhrleute. Sie transportierten die Waren im Sommer auf großen Fuhrwerken, im Winter auf Schlitten von Rott zu Rott, d.h. von einem Niederlageort zum nächsten. Übergriffe in die nächste Rott waren verboten. Die Reihenfolge der Warenübernahme und der Transportweg für eine Sendung waren verbindlich, ebenso waren die Rechte der Niederlageorte einzuhalten. Zwischen Augsburg und Venedig gab es 24 Rottstationen, in denen die Waren in den Woll- oder Ballenhäusern niedergelegt werden mußten. Ab 1332 war Oberammergau eine Rottstation mit einem Ballenhaus; früher noch war es Mittenwald, das schon 1305 als Markt zeichnete und 1361 die Marktrechte bestätigt erhielt. Zu großer Blüte kam die Mittenwalder Rott ab 1470, als die Venezianer wegen Streitigkeiten mit Tirol ihre Niederlassung hierher verlegten. 1381 wurde ein Ballenhaus (oder »Wollstadl«) in Partenkirchen genannt. Der Verkehr zwischen den Rottorten verlief nicht immer reibungslos. In einem Streit zwischen Mittenwald und Partenkirchen fällte der Bischof von Freising 1381 einen salomonischen Schiedsspruch: »Welch kauffmannschaft zu Partenkirch gelegt wird in den wollstadl, die soll herein und weitergeführt werden durch die von Partenkirch und niemand andern. Was aber die von Mittenwald auf ihren wagen bringen, das solen sie fürab führen oder hinführen, wo es hingehört und niemand soll sie irren.« Um künftigen Streit zu vermeiden, erließ der Bischof drei Jahre später eine erste Rottordnung.
Neben dem Landverkehr bedurfte auch die Flößerei einer rechtlichen Sicherung: Erste Floßordnungen wurden zwar schon 1253 und 1294 erlassen, mit dem Bau des Floßhafens in Mittenwald im Jahre 1450 nahm die Wasserrott auf der Isar aber so stark zu, daß neue Ordnungen notwendig wurden. Das Floßrecht wurde nun ähnlich der Rott auf dem Lande geregelt.

Kriegerische Auseinandersetzungen und verheerende Brandkatastrophen haben die gotischen Bauten und Kunstschätze in den Orten der Grenzregion fast vollständig getilgt. So bleibt beispielsweise in Mittenwald nur der Grabstein des Johann Lapic aus dem Jahre 1380 mit dem Relief einer von gotischem Maßwerk umrahmten Kreuzigung an der Nordwand der Sakristei der Pfarrkirche übrig. In dem im Spätmittelalter abseits der Verkehrswege gelegenen GARMISCH, das ab 1455 marktähnliche Rechte genoß, ist es die Alte Kirche *St. Martin*, der Aufmerksamkeit geschenkt werden sollte. 1280 wurde das Gotteshaus noch im spätromanischen Stil neu erbaut; von diesem Bau blieben der

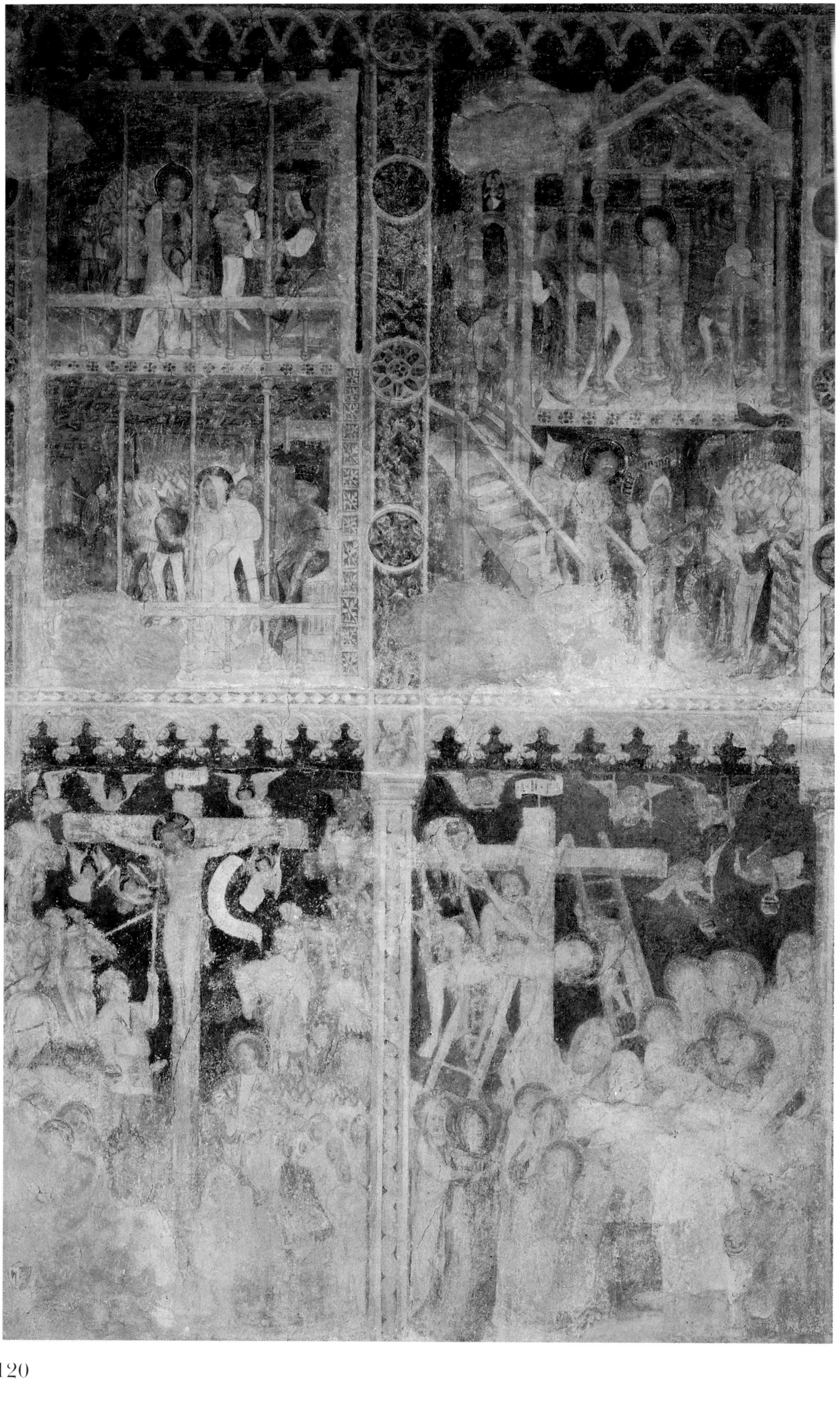

GARMISCH, Alte Pfarrkirche St. Martin: Fresken an der Nordwand des Langhauses mit Darstellungen aus der Passion Christi; obere Reihe um 1410, untere Bildreihe um 1400

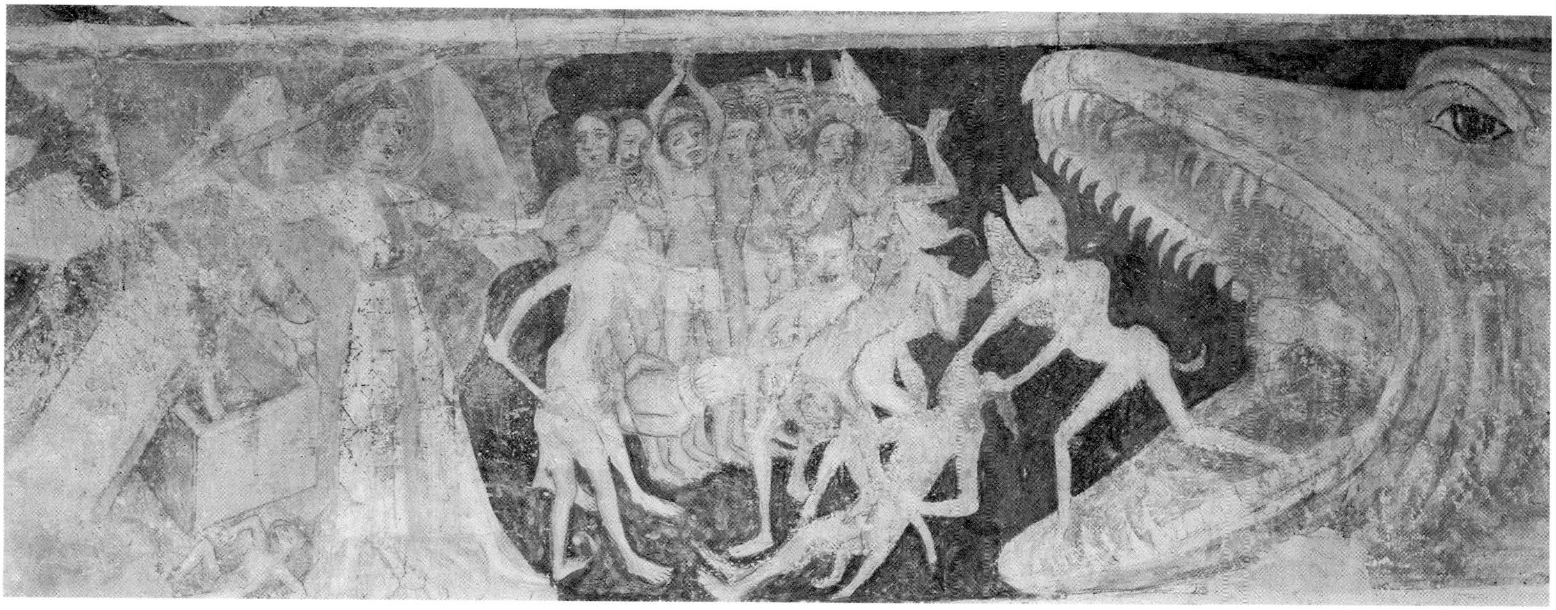

GARMISCH, Alte Pfarrkirche St. Martin: Höllenschlund, Ausschnitt aus einem Fresko des Jüngsten Gerichts an der Ostwand des Langhauses, um 1430

Turm und die Nordwand des Kirchenschiffs erhalten. 1446 erweiterte man das Langhaus nach Süden auf die Breite von zwei Schiffen; dabei wurde der Turm im Südwesten einbezogen und mit dem hohen Spitzhelm versehen, 1462 kam der gotische Chor mit dreiseitigem Schluß dazu. Sein Netzgewölbe wird von Wandpfeilern getragen. Das Gewölbe über dem Langhaus wurde, wie die Jahreszahl verrät, 1522 geschlossen. Der einfache, runde Mittelpfeiler, der das Netzgewölbe der Schiffe trägt, erzeugt den Eindruck eines Zentralraumes. Die Gewölberippen enden im Langhaus auf Kragsteinen, die mit Köpfen, Büsten und Wappen besetzt sind. Die Schnittpunkte im Scheitel des Gewölbes tragen Schlußsteine mit gemalten Heiligenbüsten. Im westlichen Joch neben dem Turm überspannt eine Empore das Langhaus. Der tiefe, netzgewölbte Raum unter ihr wird von einer Rundstütze in seiner Mitte getragen. Mit einer breiten Spitzbogenarkade öffnet er sich zum Kirchenschiff.

Der Schatz des Gotteshauses sind die gotischen Wandmalereien. Sie entstanden in der Zeit von 1320 bis 1523 und spannen den Bogen der Malkunst von der frühen Gotik bis zur Renaissance. Bezieht man das Bild des gekreuzigten Christus in der Art des »Volto Santo« von Lucca an der südlichen Chorbogenwand mit ein, sind sogar noch spätromanische Elemente erkennbar. Nach den unterschiedlichen Malstilen zu urteilen, dürften die meisten Bilder von wandernden Künstlern geschaffen worden sein. Böhmische Einflüsse sind in ihnen ebenso spürbar wie solche aus Südtirol und dem Italien der frühen Renaissance. Zu den ältesten Wandbildern im Langhaus gehört der um 1330 entstandene, sieben Meter hohe hl. Christophorus an der westlichen Nordwand. Es ist eine der ältesten Darstellungen des Heiligen im süddeutschen Raum. Zwischen 1320 und 1350 wurde der hl. Georg im Kampf mit dem Drachen an der nördlichen Chorbogenwand gemalt. Zeitgleich entstanden auf der südlichen Seite, zum Langhaus hin, die Kreuzigung mit Maria und dem Evangelisten Johannes sowie St. Martin mit dem Bettler, das älteste Bild des mildtätigen, heiligen Bischofs im Werdenfelser Land.

Im Anschluß an den hl. Christophorus sind zwei Bilder, von denen das obere den hl. Bischof Erhard und das untere eine Kreuzigung mit Maria und Johannes dem Evangelisten zeigt; an den Seiten des nach unten verlängerten Stamms des Kreuzes sind die beiden heiligen Päpste Urban und Gregor dargestellt.

Zwei Reihen mit Wandbildern der Passion Christi setzen den Freskenschmuck an der Nordwand fort: Unter einem Kleeblattfries beginnt die obere Folge mit Christus am Ölberg, dem Verhör bei Pilatus und – in zwei Ebenen gemalt – die Geißelung Christi vor Herodes. Der Bildaufbau wirkt wie ein Querschnitt durch den Palast des jüdischen Königs und berichtet gleichzeitig über zwei Szenen: Vom Obergeschoß, in dem die Folterung Jesu stattfindet, führt eine Treppe in den Kerker, wo der Schmerzensmann auf die Vollstreckung

des Urteils wartet. Die Fresken sind um 1410 zu datieren, rund zehn Jahre früher entstand die untere Reihe, deren Bilder durch Säulen und Architekturen voneinander getrennt werden. Die Kreuzwegstationen beginnen mit der Dornenkrönung, der Verleumdung durch den Apostel Petrus, der Kreuztragung, der Kreuzigung, der Kreuzabnahme und der Beweinung Christi; sie enden mit der Auferstehung des Herrn. Von gotischen Vierpässen werden die ebenfalls um 1400 entstandenen Malereien mit dem Einzug Jesu in Jerusalem, der Fußwaschung, dem Abendmahl, dem »Noli me tangere«, der Himmelfahrt und der Ausgießung des Hl. Geistes in den Leibungen der beiden Fenster gerahmt.
Um 1430 wurden die Gemälde über dem Chorbogen fertig: In einem Säulengang sitzt Christus im Kreise seiner Apostel: Darunter ist ein Jüngstes Gericht mit der Auferstehung der Seligen und der Verdammung der Bösen. (Bei der Vergrößerung des Chorbogens im Jahre 1460 wurde ein Teil der Bilder zerstört. Ebenso gingen um 1520 durch die Einwölbung des Langhauses einige Fresken verloren.) Das Wappen am südlichen Schildbogen steht für den Freisinger Fürstbischof Pfalzgraf Philipp bei Rhein (1499-1541), dem Auftraggeber dieser letzten größeren Baumaßnahme.
Nach der Erweiterung des Chorbogens wurden 1462 die Klugen und Törichten Jungfrauen in der Bogenleibung gemalt. 1520 folgte die Bemalung des Langhausgewölbes mit Blumen sowie der Schlußsteine mit Maria, der Anna Selbdritt und den Heiligen Sebastian, Ulrich und Petrus. Den Übergang zur Renaissance dokumentiert das letzte, 1523 von Paulus Traber gemalte Fresko mit der hl. Anna Selbdritt im östlichen Schildbogen auf der Nordseite des Langhauses.
Eine Heiligenversammlung bieten die Wandbilder im Altarraum: An der Vorderseite der Wandpfeiler hinter dem Hochaltar stehen der hl. Nikolaus und der hl. Wolfgang; die Innenseiten sind mit dem hl. Andreas und St. Johannes dem Täufer auf der einen Seite und dem hl. Franziskus auf der Fläche gegenüber bemalt; in der Fensterleibung dazwischen stehen die hl. Helena, die hl. Anna Selbdritt und der hl. Dionysius; am Wandpfeiler zur Sakristei ist unter der hl. Apollonia und zwei nicht benennbaren weiblichen Heiligen die Jahreszahl 1462 zu lesen; den Wandpfeiler der Nordwand schmücken St. Petrus und die hl. Barbara, am Fenster dahinter sind noch die Heiligen Cosmas und Damian erkennbar. Die gegen Ende des 19. Jahrhunderts im Altarraum freigelegten Malereien an der Nordwand, ein Gnadenstuhl und eine Schutzmantelmadonna, sind durch die Restaurierung stark entstellt.
Aus der Zeit um 1400 stammen die Reste der von Tegernseer Künstlern geschaffenen gotischen Glasmalereien mit Christus, einem Verkündigungsengel, zwei der Hl. Drei Könige und den Heiligen Antonius und Leonhard im Fenster des Chorhaupts.

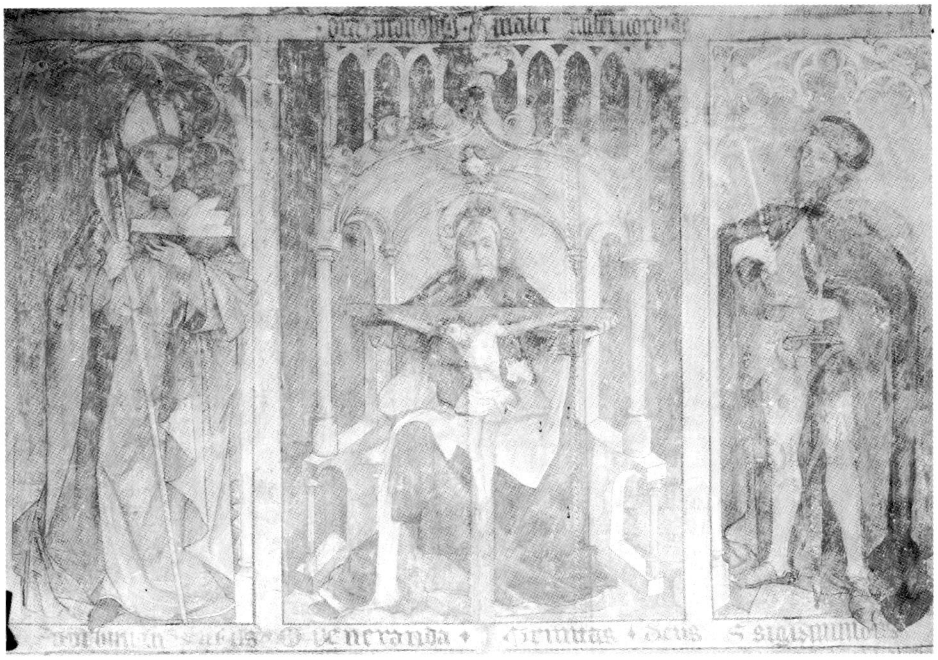

GARMISCH, Alte Pfarrkirche St. Martin: Gnadenstuhl, begleitet von den Freisinger Bistumsheiligen Korbinian (links) und Sigismund (rechts); Fresko an der Nordwand des Chorraums, 1462 (1893 freigelegt und restauriert)

An der Handelsstraße vom Loisachtal durch die Ammergauer Berge ließ Kaiser Ludwig der Bayer nach seiner Rückkehr aus Italien im Jahre 1330 »got ze lob un unser frawen ze ern« das *Marienmünster* in ETTAL bauen. Der aus diesem Grundriß eines Zwölfecks herauswachsende Zentralbau mit seinem ehemals fünfzig Meter hohen Mittelpfeiler war der gewaltigste, der je in unserem Raum errichtet wurde. 1370 fand die Weihe statt. Auf dem Hochaltar wurde die 33 Zentimeter große Marmorstatue der Madonna aufgestellt, die dem Kloster »ze unser Frawen Ettal« den Namen gab. Folgt man den »Fundationes monasteriorum Bavariae«, die Albert von Diessen zwischen 1355 und 1360 verfaßte, gehen die Gründung der Kirche

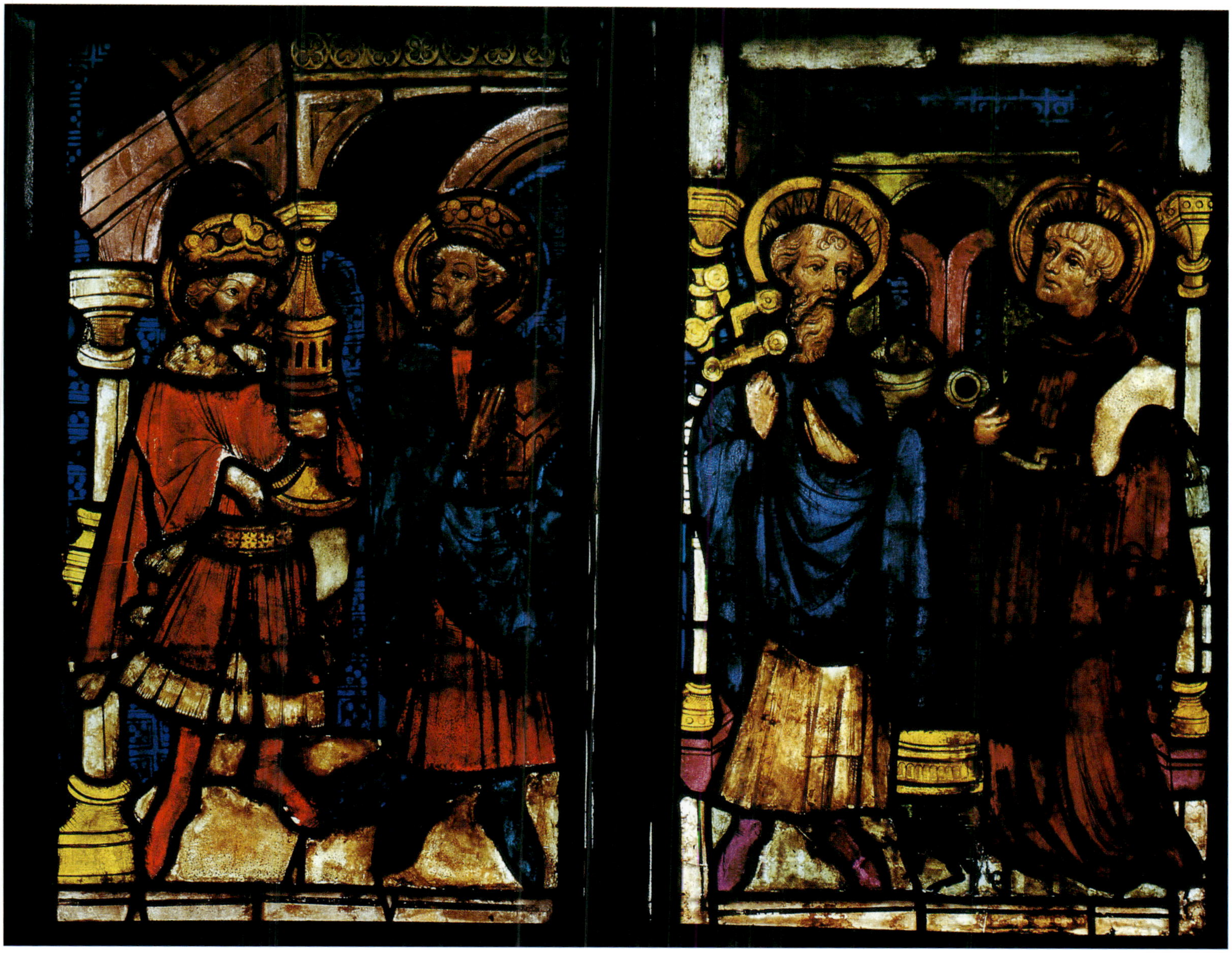

GARMISCH, Alte Pfarrkirche St. Martin: Glasmalereien im Fenster des Chorhaupts; zwei der Hl. Drei Könige (links) sowie die Heiligen Antonius und Leonhard (rechts); um 1400, von einem Tegernseer Künstler

und des Klosters auf ein Gelübde zurück, das Kaiser Ludwig in Rom einem grauen Mönch gegeben hatte: »do gab im der munch ein Marienbilde, daz waz vo alabaster und schid vo deme keiser, also daz in der keiser nummer mer gesach«.

Nach der um 1340 von Kaiser Ludwig erlassenen Ordnung – die in deutscher Sprache verfaßte Urkunde wurde auf den 17. August 1332 zurückdatiert – sollen in dem Kloster zwanzig Benediktinermönche und in dem angegliederten Stift zwölf ehr- und tugendsame Ritter mit ihren Ehefrauen leben. Ritter und Mönche mußten sich strengen Regeln unterwerfen: Ein Meister stand der Ritterrunde, eine Meisterin den Frauen und ein Abt den Mönchen vor. Sie wachten darüber, daß »die Mönche ihren Orden und die Ritter und ihre Frauen ihre Ehe recht und ordentlich halten und in keiner Weis übertreten«. Der Meister führte das Siegel und übte den Blutbann aus, den der Kaiser Stift und Kloster verliehen hatte.

Die Pflege der hochmittelalterlichen Ritterideale mag zur Gründung von Ettal beigetragen haben, die strategische Bedeutung des Stifts darf aber nicht übersehen werden. Dennoch hat der Ritterorden den Kaiser nur um ein Jahr überlebt. Seine Söhne, die Herzöge Ludwig V. und Stephan II., entzogen dem Stift die wirtschaftlichen und rechtlichen Grundlagen. Im Jahre 1348 wurde es aufgelöst, und auch das Kloster kämpfte in der unwirtlichen Gegend um sein Überleben. Der heutige, farbenprächtig ausgestaltete barocke Zentralbau entstand nach einem verheerenden Brand im Jahre 1744 innerhalb der Umfassungsmauern des spätmittelalterlichen Zentralraums.

Noch heute betritt man die Kirche von

Westen her durch das nach 1332 entstandene gotische Portal: In seinem Tympanon kniet neben der Kreuzigungsgruppe das Stifterpaar Kaiser Ludwig und seine Gemahlin Margarethe von Holland. Steht man unter der mächtigen barocken Kuppel, ist es schwer vorstellbar, daß sich hinter vorgesetzten Seitenwänden noch die Mauern der gotischen Rotunde mit dem doppelstöckigen Umgang und seinen Kreuzrippengewölben verbergen. Von diesen Arkaden aus haben die Frauen der Ritter den Gottesdiensten beigewohnt.

Seit der Mitte des 13. Jahrhunderts waren die Wittelsbacher Landesherren im Pfaffenwinkel und in den Ammergauer Bergen. Durch das Aussterben der Staufer und das konradinische Erbe erwarben sie 1268 zwei Brückenköpfe westlich des Lech, einen bei Landsberg (s. S. 115) und einen zweiten bei SCHONGAU. Nach 1225 haben noch die Staufer die Stadt planmäßig anlegen lassen, schon 1240 war sie auf dem natürlich geschützten Hochplateau an der Lechschleife ummauert. Die Wittelsbacher bauten die Siedlung über das gesamte ovale Plateau aus, verbesserten die Befestigung und bezogen im 14. und 15. Jahrhundert die nordwestlich des Maxtors vorhandene Burg und die Zollstätte in den gotischen *Bering* ein: Eindrucksvoll umschließen die Mauerzüge mit den Wehrgängen und den verbliebenen vier Befestigungstürmen die Stadt. Den Zugang zur Altstadt bewachen noch drei der ehedem fünf im Kern spätgotischen Stadttore, wie das Maxtor mit dem achteckigen Befestigungsturm aus dem 15. Jahrhundert, das Frauentor, dessen Umgestaltung und Überbauung mit einem Wohnhaus 1695 vorgenommen wurde, und der mächtige fünfgeschossige Torturm am »Alten Einlaß«, der Polizeidienerturm.
Beeindruckend ist der spätmittelalterliche Satteldachbau des ehemaligen *Steingadener Richterhauses* mit dem traufseitigen Bogenfries und dem dreigeschossigen Giebel mit Aufzugsöffnungen. Im Inneren des Hauses ist noch eine schön geschnitzte spätgotische Balkendecke aus dem Jahre 1443 zu finden.
Die Bedeutung Schongaus als Warenumschlags- und Stapelplatz wird durch das sogenannte *Ballenhaus* anschaulich: Das stattliche Speichergebäude, zugleich repräsentatives Rathaus, erhebt sich freistehend im Schnittpunkt der Marktstraßen am Marienplatz. Der 1420 errichtete Satteldachbau wurde bei dem Stadtbrand von 1493 schwer beschädigt; ab 1515 konnte er wieder genutzt werden. Um dem Verkehr Raum zu schaffen, wurde das Haus 1857 um ein Drittel gekürzt und mit neugotischen Treppengiebeln romantisierend verändert. Dennoch haben weder die Kriegswirren des 16. und 17. Jahrhunderts und die daraus folgenden barocken Umgestaltungen der Kirchen und Bürgerhäuser noch die oft mißglückte Anpassung an die modernen Erfordernisse den spätmittelalterlichen Charakter der ummauerten Stadt, den Zuschnitt der Grundstücke, den Verlauf ihrer Straßen und der Gassen, entscheidend beeinträchtigen können.

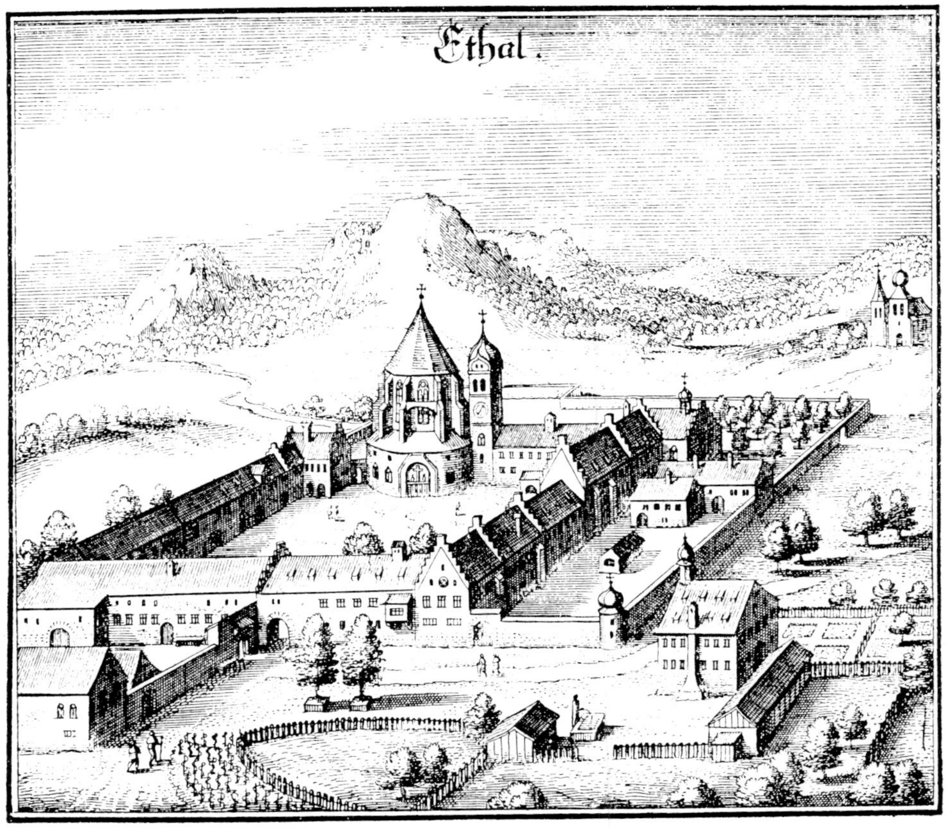

ETTAL, *Benediktinerabtei: Ansicht des Klosters vor dem barocken Umbau mit der gotischen Rotunde, Kupferstich von Matthäus Merian, um 1644*

Vor dem Aufbruch zu einem Kreuzzug stiftete der Herzog Welf IV. im Jahre 1147 das Prämonstratenserstift STEINGADEN und stattete es mit reichen Gütern aus; im Dezember 1191 fand er hier neben seinem Sohn die letzte Ruhe. Das Kloster am Lechrain, ein Zentrum der Seelsorge, Wissenschaft und Kunst, war bis 1425 reichsunmittelbar. Eine Pestepidemie und die Mißwirtschaft der Stiftsoberen brachte ab

AUERBERG, *Wallfahrtskirche St. Georg: Madonna auf der Mondsichel, zwischen 1510 und 1520*

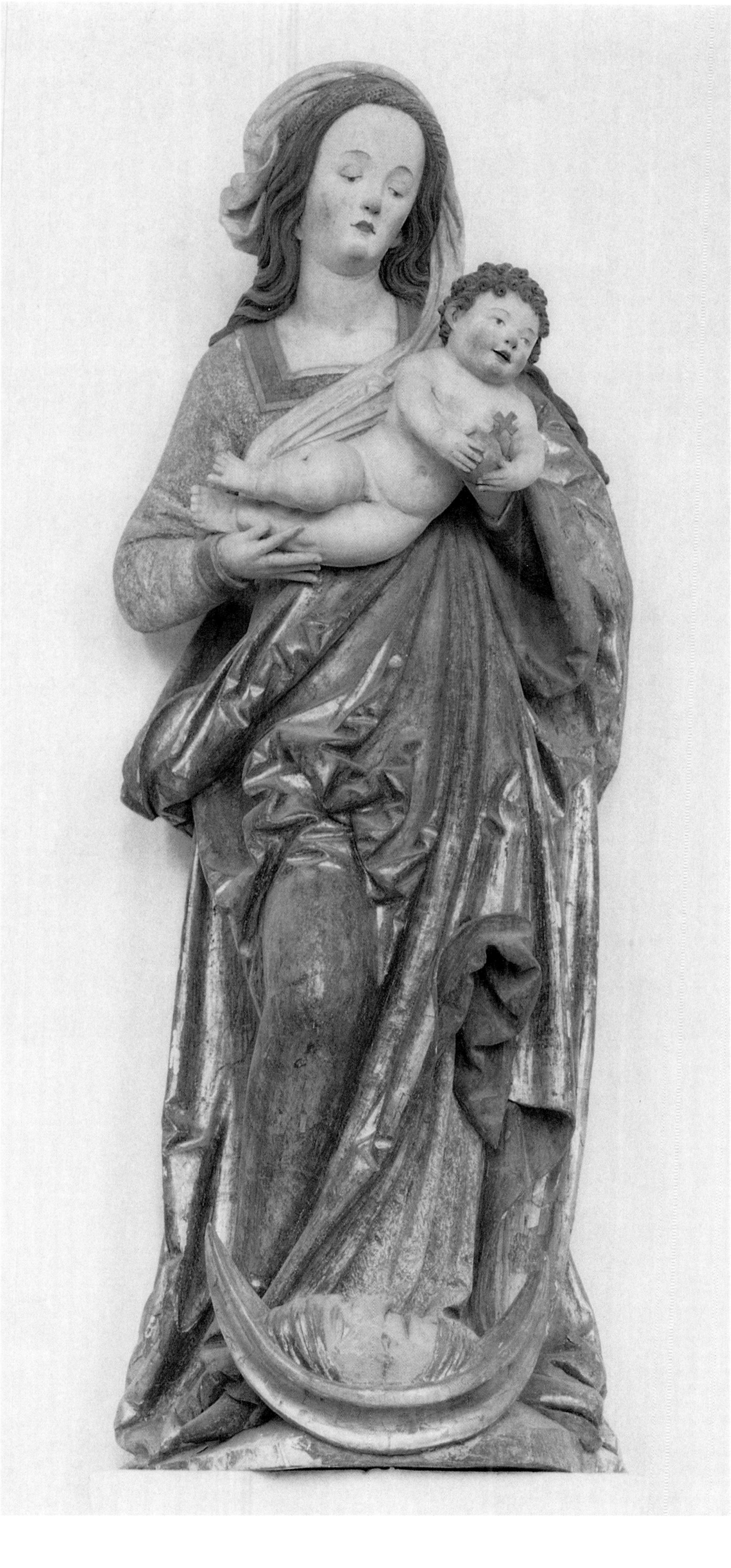

1390 das Kloster an den Rand des Ruins. 1399 lebte nur ein einziger Chorherr in seinen Mauern, die übrigen mußten in andere Klöster ziehen, da sie nicht mehr ernährt werden konnten. Der Ordensobere Sürg von Sürgenstein aus dem Mutterkloster Rot an der Rot (bei Memmingen) brachte in seiner von 1399 bis 1431 reichenden Regierungszeit wieder Ordnung in die Verhältnisse. Um die Wirtschaft sicherzustellen, verzichtete er auf den Status eines Reichsstifts und stellte das Kloster unter den Schutz der Wittelsbacher Herzöge. Mit Erfolg, denn bereits unter seinem Nachfolger Johann Scheytterer (1431-1445) wurde Steingaden zur Abtei erhoben.

Die frühe Bedeutung des Klosters wird durch die in ihren äußeren Umrissen erhaltene romanische Basilika von 1176 deutlich. Noch immer überragt das Westturmpaar der ehemaligen *Prämonstratenserklosterkirche St. Johannes der Täufer* den Klostermarkt. Zwischen 1470 und 1491 ließ Abt Kaspar Suiter die Basilika mit spätgotischen Gewölben versehen. Wie die Inschrift über dem Portal vermeldet, wurde 1491 in seinem Auftrag die spätgotische Vorhalle mit ihrem feingliedrigen Netzgewölbe erbaut und mit den Ornamenten in den Gewölbezwickeln bemalt. Spätgotisch ist noch die Altarmensa unter dem Kruzifix neben dem Portal (während die Genealogie der Welfen erst im 16. Jahrhundert entstand; Abt Gallus Theininger hat sie malen lassen). Im Auftrag des Abtes Kaspar Suiter wurde auch der romanische Kreuzgang aus dem 13. Jahrhundert im Stil der späten Gotik gestaltet, aber nur der westliche Flügel unter dem heutigen Pfarrhaus blieb erhalten. Die Rippenfiguration aus Rautensternen, die runden Schlußsteine und die Ausmalung erinnern an den Gewölbebauer Hans Wechselberger aus Niederbayern (siehe Heilig Kreuz in Burghausen, Seite 214). Brände und Plünderungen in den um 1525 aufflammenden Bauernkriegen und die Heerhaufen des Dreißigjährigen Krieges, die 1646 das Kloster verwüsten, vernichteten die meisten gotischen Einbauten. Sein heutiges Gesicht erhielt das Gotteshaus 1663 in der barokken Gestalt des Chors und der Seitenschiffe mit der 1747 vorgenommenen Rokoko-Ausgestaltung des Mittelschiffs anläßlich der Sechshundertjahrfeier.

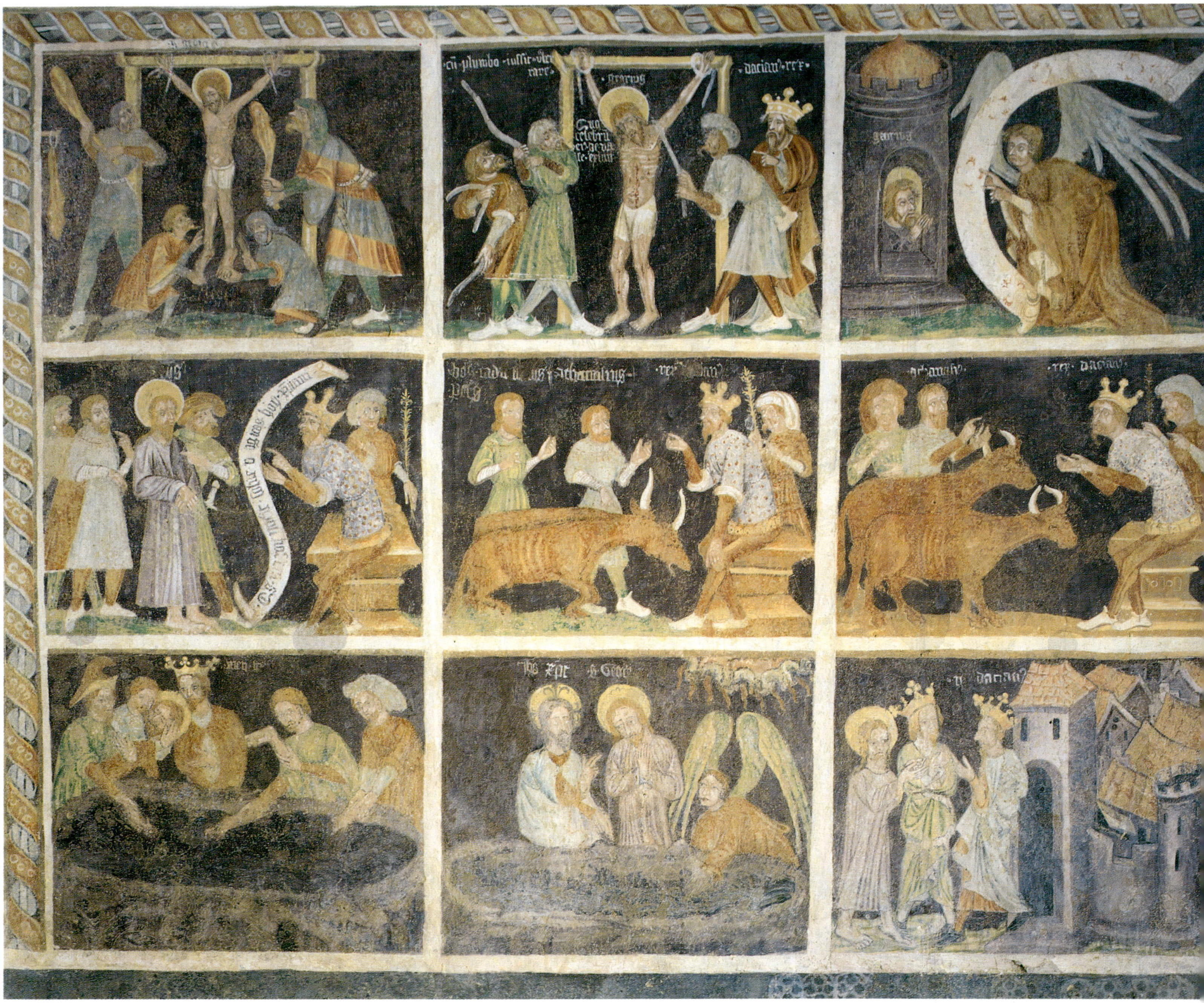

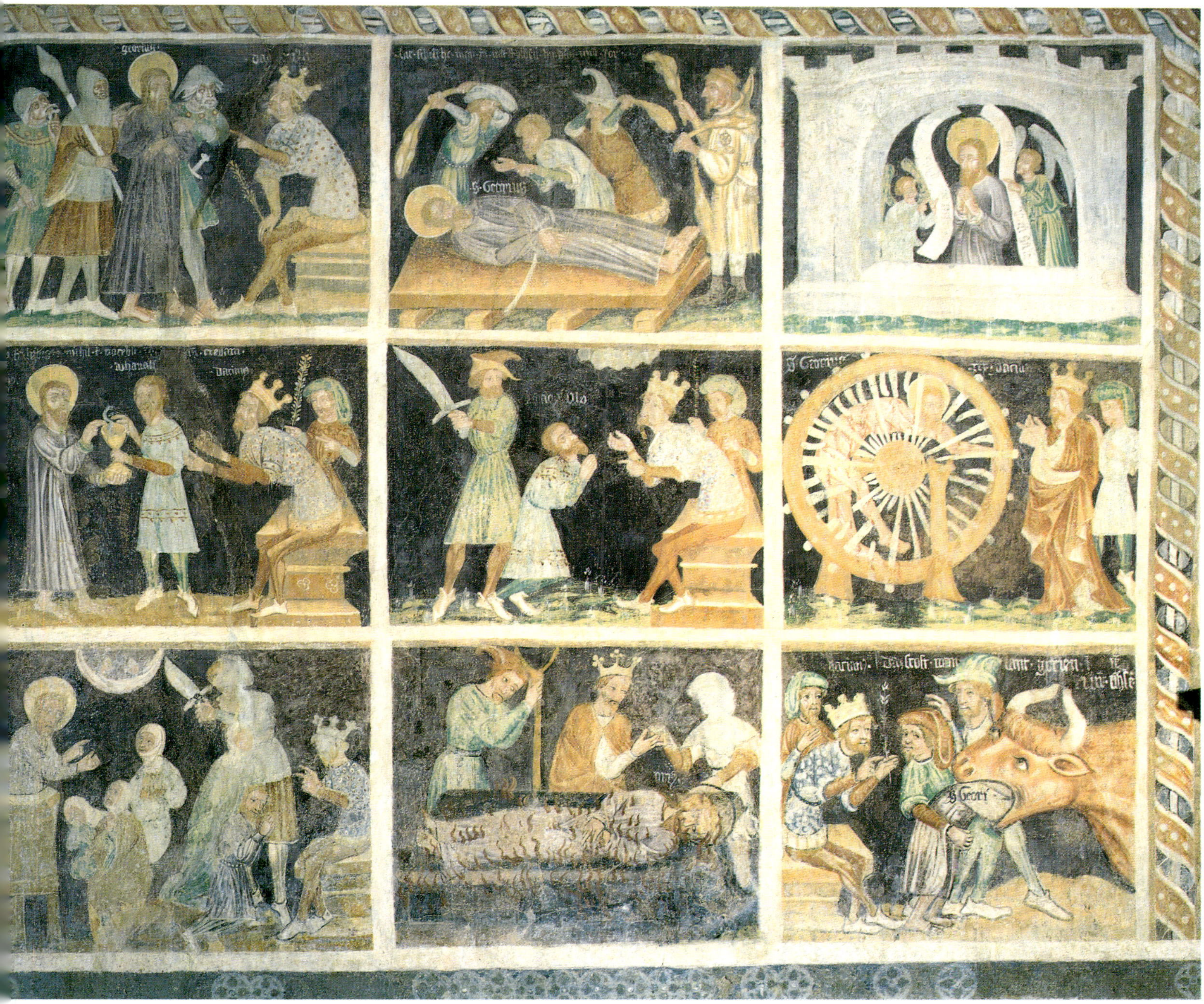

PEISSENBERG, ehemalige Burgkapelle St. Georg: Freskenzyklus mit der Georgslegende in der Fassung des »Codex Gallicanus« (6. Jahrhundert), in der das Drachenwunder noch nicht enthalten war; Malerei eines süddeutschen Künstlers zwischen 1400 und 1410

Wenige Kilometer westlich des alten Klosters liegt auf einem tausend Meter hohen, freistehenden Bergkegel der uralte Weiler AUERBERG (Gemeinde Bernbeuren). Er beherrscht mit der *Wallfahrtskirche St. Georg* weithin sichtbar die Landschaft. Nach dem Abzug der römischen Legionäre – ihre Wallanlage ist noch erkennbar – blieb der Berg besiedelt. Der Satteldachturm nördlich des Altarraums der Kirche geht auf die romanische Zeit zurück, das Langhaus mit seiner getäfelten Holzdecke und der netzgewölbte, dreiseitig geschlossene Chor wurden in der späten Gotik gebaut. Auch in ihrer barocken Fassung besticht die Schönheit der zwischen 1510 und 1520 entstandenen Madonna auf der Mondsichel. Die aus der Zeit um 1400 stammende kleine Gruppe mit dem hl. Georg, die früher die Kirche schmückte und noch immer Ziel eines Georgiritts ist, mußte zum Schutz vor Diebstahl entfernt werden.

Östlich von Steingaden erhebt sich ein weiterer, frei in der Moränenlandschaft stehender Bergkegel, der Hohenpeißenberg. An seinem Fuß erstreckt sich der Markt PEISSENBERG mit der am Südhang des Berges gelegenen ehemaligen *Burgkapelle St. Georg*. In spätromanischer Zeit entstanden, wird sie im Jahr 1497 um das Doppelte nach Osten erweitert und mit einem spätgotischen Chor versehen. Ein spitzbogiger Triumphbogen trennt das flachgedeckte Kirchenschiff von den zwei Jochen des dreiseitig geschlossenen Chors. Die Rippen seines Sterngewölbes entspringen aus profilierten Konsolsteinen. Bedeutend ist die kleine Kirche durch den Freskenzyklus, den wohl ein süddeutscher Meister zwischen 1400 und 1410 geschaffen hat: In drei Reihen bedecken 18 ausdrucksvoll gestaltete Szenen aus der Georgslegende die Nordwand des Chorraums. Die Darstellung des Martyriums geht auf die älteste Fassung der Georgslegende zurück, den lateinisch geschriebenen Codex Gallicanus, der sich aus einer griechischen Fassung des 5. Jahrhunderts ableitet und die erst im 12. Jahrhundert aufgekommene Szene des Drachenwunders noch nicht kennt. Auf dem barocken Hochaltar steht als weitere Kostbarkeit die um 1500 entstandene Figur des einst in Oberbayern verehrten hl. Onuphrius als »wilder Mann«. Auch die hl. Agathe neben ihm stammt wohl aus der Hand des gleichen unbekannten Meisters.

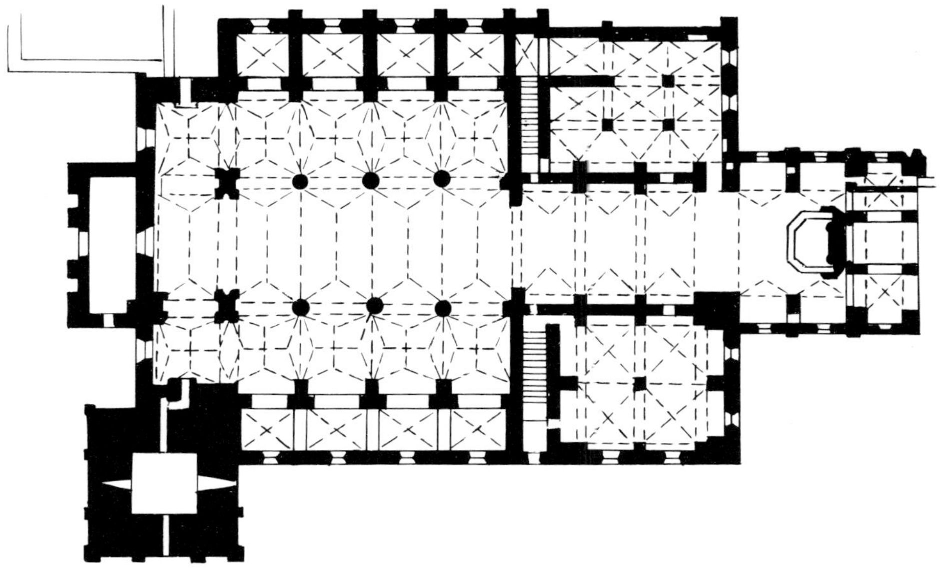

POLLING: *Grundriß der ehemaligen Augustiner–Chorherren–Stiftskirche*

Zu Beginn der späten Gotik entstand die ehemalige *Augustiner-Chorherren-Stiftskirche* in POLLING. Auf einem fast quadratischen Grundriß wurde sie zwischen 1416 und 1420 als dreischiffige Hallenkirche erbaut. Die frühbarocke, in manchem noch an die Renaissance erinnernde Umgestaltung hat die spitzen Bögen nicht versteckt. Dezent überlagern Stuck und zarte Farben die aufstrebenden Pfeiler und das Gewölbe. Die berühmte Pollinger Madonna, um 1500 von Hans Leinberger geschnitzt, wurde nicht für diese Kirche geschaffen; der niederbayerische Herzog Ludwig X. schenkte sie dem Kloster zum Dank für die Gastfreundschaft, die er bei einem Aufenthalt erfahren hat.

Nur wenig ist im Land rund um Polling und Weilheim aus dem 14. und 15. Jahrhundert geblieben. Erwähnenswert sind einige Grabmäler in der Vorhalle der Stiftskirche, wie das für Propst Schondorfer von 1382, oder jenes des Tuchsenhauser von Peißenberg aus dem Jahre 1512.

Nur in GRASLA (Gemeinde Polling) steht noch der einheitlich spätgotische Bau der *Kapelle St. Margaretha* aus dem Jahre 1499: Feines Netzgewölbe überzieht den sonst schmucklosen Raum mit seiner barocken Ausstattung.

Das Klostergericht Tegernsee und die Herrschaften an Schlierach, Leitzach und Mangfall

Die alte Kulturlandschaft vor der Nordkette der Alpen bildet heute eine einzige Verwaltungseinheit, den Landkreis Miesbach. Im Spätmittelalter war sie in fünf Herrschaftsgebiete aufgeteilt.
Die bedeutendste Herrschaft bildete das Kloster Tegernsee, dessen Gebiet noch 1803 von der Grenze zu Tirol bis wenige Kilometer vor München reichte. Eine geistliche Grundherrschaft bestand auch im Tal der Schlierach und rund um den Schliersee.
Das 1141 in ein Kanonikerstift umgewandelte Kloster Schliersee unterstand ursprünglich dem Bischof von Freising. Im 15. Jahrhundert ging das Stift an die Frauenkirche in München über. Sämtliche Liegenschaften wurden dem Kapitel »Zu Unserer Lieben Frau« übereignet; die Münchner Pfarrei wurde zum größten Grundbesitzer am Schliersee: Aus der Verbindung zwischen München und dem Stiftsland ist das Wirken namhafter spätgotischer Künstler wie Erasmus Grasser oder Jan Polack in den kleinen Kirchen dieser Gegend zu erklären.
Weltliche Herren im Tal der Schlierach, zwischen der Tiroler Grenze und dem Taubenberg, waren die Herren von Waldeck, ein aus dem Freisinger Dienstadel aufgestiegenes Geschlecht. Ihre Grundherrschaft rund um Miesbach erschien 1453 erstmals als Reichslehen. Nach ihrem Aussterben im Jahre 1483 kam das Territorium an die mit ihnen verschwägerten Herren von Maxlrain. Durch Kauf wurden sie 1516 die Rechtsnachfolger. 1521 ließen sie sich das Reichslehen bestätigen, und als sie 1522 das Recht des Blutbanns erlangten, waren sie de facto reichsunmittelbar.
Altes Wittelsbacher Gebiet war das Leitzachtal. In Mariazell, dem heutigen Bayrischzell, gründeten die Grafen von Scheyern-Wittelsbach ein Eigenkloster. Nachdem die Mönche das Kloster über Fischbachau und Petersberg bei Dachau nach Scheyern verlegten, blieb das Gebiet am Fuße des Wendelsteins unter der Obhut der Propstei des Klosters Scheyern in Fischbachau.
Die restlichen beiden Herrschaften teilten sich in das Gebiet an der Mangfall: Das südliche Ufer des Flusses gehörte dem Augustiner-Chorherren-Stift Weyarn. Die kleine Klosterhofmark, die nur geringen Grundbesitz ihr eigen nannte, war eine Stiftung des altbayerischen Adelsgeschlechts der Falkenstein-Neuburger. Im Jahre 1133 überschrieb Graf Sigbot II. von Falkenstein seine Burg über der Mangfall den Chorherren von Weyarn.
Nördlich des Flusses lag die Herrschaft Valley, eine Hofmark, die im 13. Jahrhundert an die Wittelsbacher kam und von ihnen wieder als Lehen ausgegeben wurde.

Kultureller Mittelpunkt des ganzen Gebiets war das *Kloster Tegernsee*. Die Führungsrolle wurde zwar im 13. und 14. Jahrhundert jeweils für einige Jahrzehnte unterbrochen, als innere Spannungen, unwürdige Äbte und verfallene Klosterzucht zu einem geistlichen und wirtschaftlichen Niedergang führten; Abt Kaspar Ayndorffer (1426-1461) brachte das Kloster jedoch zu neuer Blüte: Mit der Übernahme der Melker Klosterreform konnte er das Leben und Wirken des Klosters reorganisieren. Auf der Grundlage dieser Erneuerung gab sein Nachfolger Konrad Airinschmalz (1461-1492) dem kirchlichen Leben im bayerischen Oberland neue Impulse.
Die Abtei am See wurde in den letzten Jahrzehnten der Spätgotik zur treibenden Kraft für diesen Kunststil. Die Werke des spätgotischen Kunstschaffens blühen heute im verborgenen; die üppige Formenwelt von Barock und Rokoko hat die Bauten und ihre Ausstattung überdeckt, die strenge Architektur gotischer Gewölbe und Maßwerke wurde unter spielerischem

Stuck versteckt, Figuren, Reliefs und Tafelbilder wurden durch neue Fassungen der Farbigkeit des 17. und 18. Jahrhunderts angepaßt. Doch die Kunst des 15. Jahrhunderts ist noch vorhanden, zu tiefgreifend hatte die Spätgotik die Landschaft geprägt. Ein bedeutendes Beispiel ist die rotmarmorne Deckplatte vom Stiftergrab des Klosters Tegernsee; sie ist heute über dem Westportal der Klosterkirche angebracht: Im Jahre 1457 hat der Münchner Bildhauer Hans Haldner das qualitätvolle Relief der beiden Klostergründer Adalbert und Otkar mit dem Kirchenmodell geschaffen.
Gute Beispiele spätgotischer Architektur sind die vom Tegernseer Klosterbaumeister Alexius Gugler gebauten Gotteshäuser in Schaftlach und Kreuth. Wegen der verbliebenen spätgotischen Ausstattung bemerkenswert sind außerdem die Kirchen in Agatharied, Frauenried und Georgenried.
Bei der Kirche *Heilig-Kreuz* in SCHAFTLACH (Gemeinde Waakirchen) vollendete Gugler den spätgotischen Bau. Das 1476 geweihte Gotteshaus ist einer der bemerkenswertesten Sakralräume im Tegernseer Land: Einheitliches Netzgewölbe überspannt die zwei breiträumigen Joche des Langhauses und das Chorjoch mit dem dreiseitigen Schluß. Zwei hölzerne Sechskantpfeiler tragen die Westempore; die Brüstung ziert ein spätgotischer Rankenfries. Nach der Datierung am Aufgang wurde die Empore 1491 eingebaut.
Von den Resten der spätgotischen Ausstattung sind die zwei großen Tafelbilder mit dem hl. Ulrich und dem hl. Emeram sowie die kleinen Figuren des hl. Benedikt und der hl. Scholastika bemerkenswert. Letztere stammen vom Chorgestühl der Tegernseer Klosterkirche und wurden 1453 wohl von Hans Heider, dem Meister des Seeoner Stiftergrabmals, geschnitzt.
Für die Kulturgeschichte Oberbayerns von Bedeutung ist die Kirche *St. Leonhard* in KREUTH. Von 1489 bis 1491 baut Alexius Gugler das Gotteshaus an die Stelle des Vorgängerbaus von 1184. Auftraggeber für den steil proportionierten spätgotischen Saalbau und den hohen Turm mit Spitzhelm war Abt Konrad Airinschmalz. Er sicherte damit den Fortbestand der bis heute währenden Wallfahrt zum Schutzpatron der Viehbauern, Roßknechte und Fuhrleute. Es ist die älteste, dem hl. Leon-

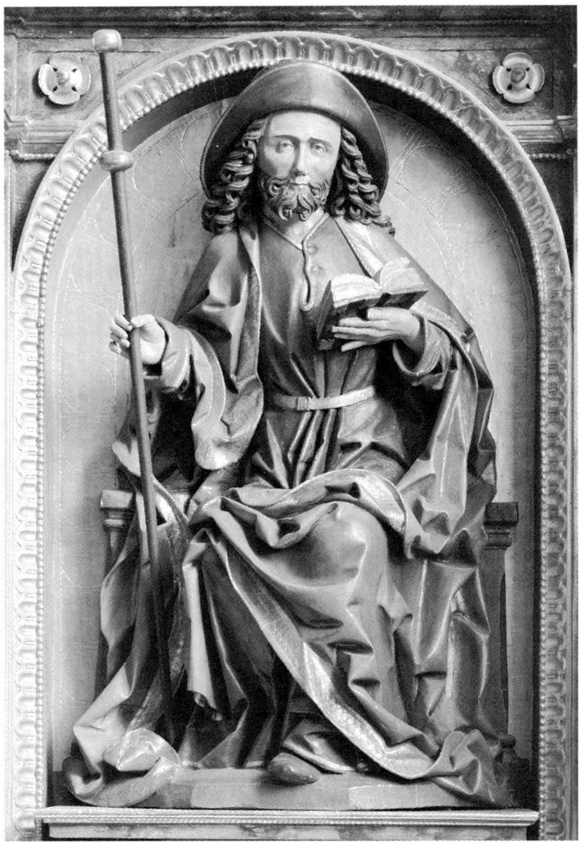

AGATHARIED, *Kirche St. Agatha: St. Jakobus d.Ä., Schnitzfigur Ende 15. Jahrhundert*

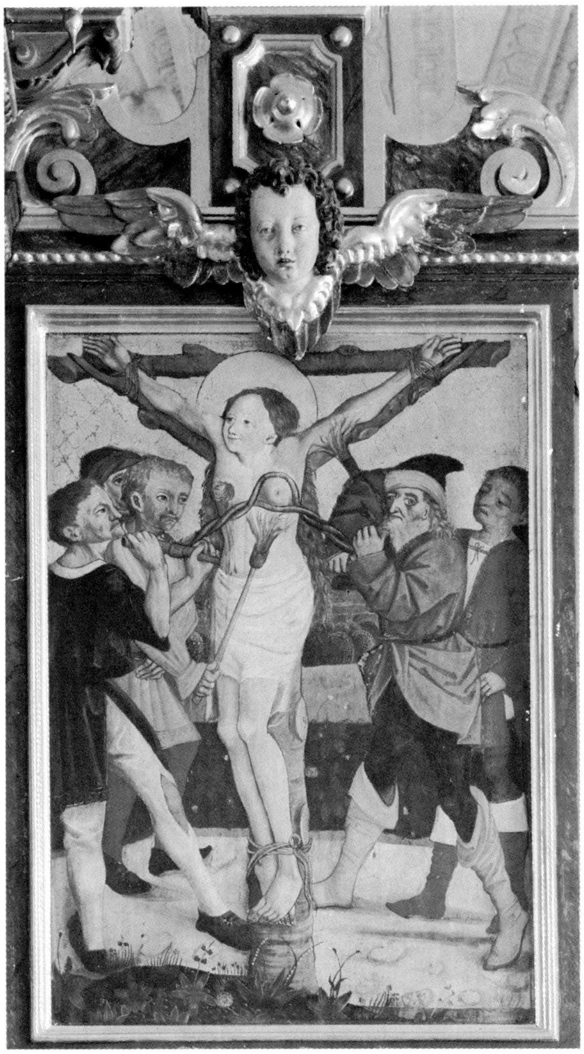

AGATHARIED, *Kirche St. Agatha: Martyrium der hl. Agatha, Tafelbild vom ehemaligen spätgotischen Flügelaltar, 1495, Münchner Werkstatt*

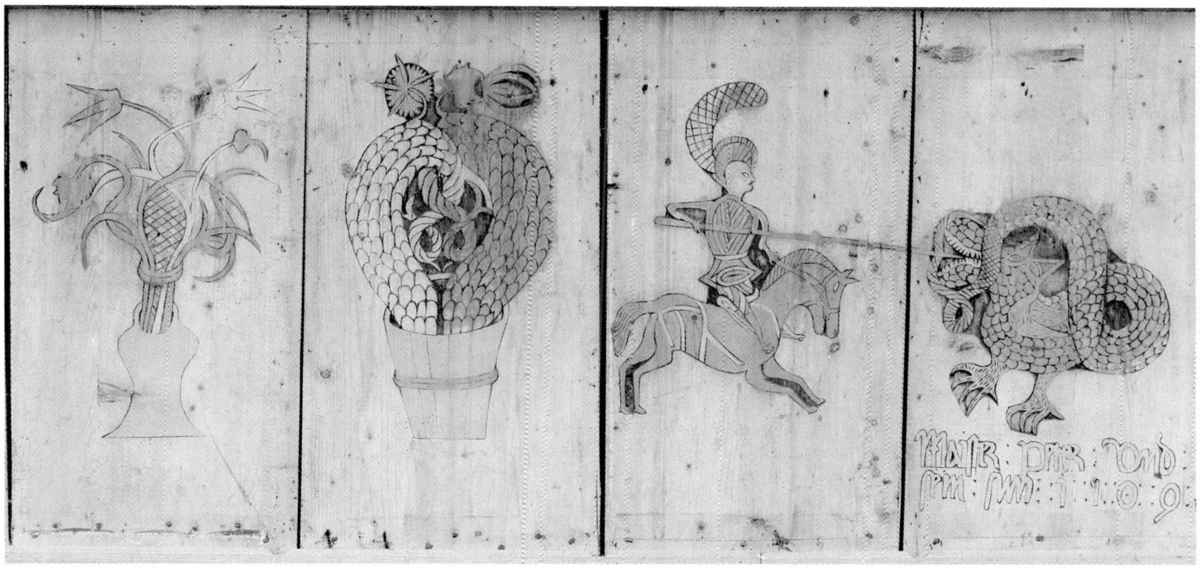

FRAUENRIED, *Kirche St. Mariä Geburt: Farbig gefaßte Flachschnitzereien an der Brüstung der Westempore, 1500*

hard geweihte Kirche Oberbayerns. Ein spätgotisches Wandgemälde von 1491 mit dem hl. Leonhard und einem Stifter im Chor und eine Figur des Kirchenpatrons hinter dem Hauptaltar sind die Reste der ursprünglichen Ausstattung in dem sich in gotisierenden Formen von 1864 darstellenden Kirchenraum.

Die drei darüber hinaus genannten Kirchen sind Gotteshäuser, die nach der Überlieferung durch ein Gelübde entstanden sein sollen: Georg von Waldeck der Jüngere hatte, als er 1444 in türkische Gefangenschaft geriet, gelobt, zum Dank – falls er seine Heimat wiedersieht – in Agatharied, Frauenried und Georgenried je eine neue Kirche erbauen zu lassen. Im Jahre 1456 starb der Stifter, ohne sein Versprechen vollenden zu können. Die reiche künstlerische Ausgestaltung der Kirchen in Agatharied und Frauenried läßt schließen, daß der Bauherr dafür gesorgt hat, daß auch nach seinem Ableben die notwendigen Geldmittel verfügbar blieben.

Die Pfarrkirche *St. Agatha* in dem zur Gemeinde Hausham gehörenden Ort AGATHARIED wurde im 15. Jahrhundert auf den Fundamenten eines Vorgängerbaus errichtet. Geweiht ist das Gotteshaus der Namenspatronin von Georg von Waldecks Gemahlin Agatha. Das vierjochige, urspünglich flachgedeckte Langhaus wurde bis 1505 mit Netzgewölbe versehen. Die Schnittpunkte der aus Wandpfeilern mit vorgelegten Diensten aufsteigenden Gewölberippen zieren zwei quadratische und zwei runde Schlußsteine. Im Jahre 1670 erhielt der Chor eine Stichkappentonne und den Stuck. Aus einer Münchner Werkstatt stammt der spätgotische Flügelaltar aus dem Jahre 1495. Sein Schrein mit den Figuren des hl. Urban und der hl. Agatha wurde 1649 zusammen mit Teilen des Rahmenwerks und den Tafelbildern der Flügel in den heutigen, frühbarocken Hochaltar übernommen. Szenen des Martyriums der Kirchenpatronin zeigen die auf den Innen- und Außenseiten bemalten Tafeln; ein spätgotisches Gemälde mit Christus als Weltenrichter bildet die Rückseite des Schreins. Zur spätgotischen Ausstattung aus dem 15. Jahrhundert gehört auch die prächtige Schnitzfigur des hl. Jakobus im südlichen Seitenaltar.

Hoch über dem Tal der Leitzach liegt abgeschieden und beschaulich die alte Rodungssiedlung FRAUENRIED (Gemeinde Irschenberg); Mitte des 15. Jahrhunderts wurde die spätgotische Kirche *St. Mariä Geburt* gebaut. Trotz der 1763 im Kircheninneren und durch Aufsetzen einer neuen Turmhaube auch äußerlich vollzogenen Barockisierung, läßt sich die ehemals reiche Ausstattung der Kirche aus dem 15. und frühen 16. Jahrhundert noch erahnen. Sehenswerte Beispiele sind die farbig gefaßten spätgotischen Flachschnitzereien an der Brüstung der Westempore aus dem Jahre 1509, die spätgotischen Fresken mit Szenen der Passion Christi und das geschnitzte Kruzifix an der Nordwand des Langhauses sowie die spätgotische Muttergottes im Hochaltar.

Eine dem hl. Georg geweihte Kirche und zwei Gehöfte bilden die Idylle des zur Gemeinde Waakirchen gehörenden Weilers GEORGENRIED. Die Siedlung erscheint

1291 erstmals in Tegernseer Urkunden. 1318 verkaufte der Ministeriale Otto von Eurasburg den Besitz an das Kloster Tegernsee. Die Kirche *St. Georg* mit ihrem achteckigen, hohen und spitzen Dachreiter zählt zu den am besten erhaltenen spätgotischen Gotteshäusern im Miesbacher Land. Der einschiffige, verputzte Tuffsteinbau mit den drei breit angelegten Jochen im Langhaus und dem nur wenig eingezogenen Chor wurde erst im Jahre 1528 im Auftrag des Klosters Tegernsee erbaut. Auf den Auftraggeber, Abt Maurus Leyer, verweisen die mit seinem und dem Klosterwappen geschmückten Schlußsteine in den kunstvoll figurierten Netzgewölben von Langhaus und Chor. Sehenswert sind die Malereien in den Gewölbefeldern. Auf den aus Ornamenten und Ranken wachsenden Blüten tummeln sich viele verschiedene heimische Vögel und Tiere. Der Stil der Malerei kündigt bereits die Renaissance an. In die späte Gotik gehören jedoch die Figuren des Kirchenpatrons St. Georg, des hl. Sebastian, der Apostel Petrus und Paulus auf dem barocken Hochaltar und das Tafelbild mit dem gekreuzigten Christus, mit Maria und Johannes, das in seinen Auszug eingefügt ist.

Den vom Kloster Tegernsee ausgehenden Impulsen haben sich die übrigen Grund- und Kirchenherren nicht verschlossen. Erasmus Grasser war der bedeutendste Künstler der Spätgotik, der in zahlreichen Kirchen der Miesbacher Gegend gewirkt hat. Von ihm ist der kleine, dem hl. Achatius gewidmete Flügelaltar, den er 1506 für die 1496 geweihte Kirche *St. Leonhard* in REICHERSDORF (Gemeinde Irschenberg) geschaffen hat, während seiner Werkstatt die auf dem Rokokohochaltar stehenden Figuren der Gottesmutter, des hl. Leonhard und des hl. Eligius zugeschrieben werden; sie sind wohl zwischen 1502 und 1505 geschnitzt worden. Die spätgotische Kirche mit den vier Jochen im Langhaus und dem zweijochigen, in fünf Achtel geschlossenen Altarraum erhielt um 1760 ihr barockes Kleid und die drei reichgeschmückten Altäre. Der Turm ist ein Werk des 19. Jahrhunderts.
In der barocken *Wallfahrtskirche St. Marinus und Anian* von WILPARTING (Gemeinde Irschenberg) sind die spätgotischen Grabplatten der beiden bekanntesten Heiligen dieser Region erhalten: Die um 1485 entstandenen Sandsteinreliefs des hl. Bischofs Marinus und seines Diakons Anian werden ebenfalls Erasmus Grasser zugeschrieben. Die Deckplatten der beiden ehemaligen Hochgräber sind heute in die Langhauswand eingelassen.
Nach den Überlieferungen soll Erasmus Grasser im Jahre 1505 auch das Wallfahrtsbild der liebreizenden Madonna mit dem Kind auf dem Hochaltar der Kirche *Maria Hilf* in ESTERNDORF (Gemeinde Weyarn) geschnitzt haben. 1496 wurde die Kirche mit dem hohen Schindeldach und dem durch Blendbogenfriese gegliederten Satteldachturm geweiht; 1735 erlebte sie ihre barocke Überformung.

Sehenswerte Kunstwerke der Spätgotik sind in den 1715 geweihten Neubau der Pfarrkirche *St. Sixtus* im MARKT SCHLIERSEE übernommen worden. In der Werkstatt von Erasmus Grasser entstanden 1490 das Schnitzwerk des Gnadenstuhls und um 1500 der thronende hl. Sixtus, die beide heute an der Nordwand des Altarraums angebracht sind. 1494 ist das Tafelbild einer Schutzmantelmadonna über der Sakristeitür datiert, das Jan Polack zugeschrieben wird.
Wie lange die spätgotische Kunst im Voralpenland Bestand hat, zeigt der spätgotische Flügelaltar in der Friedhofskapelle *St. Nikolaus* in Schliersee. Nach der Datierung wurde das vollständig erhaltene Werk erst 1541 aufgestellt, wobei wohl wesentliche Teile eines älteren Altars übernommen worden sind. Die Schnitzfigur des hl. Nikolaus im Schrein hat ein unbekannter Künstler bereits um 1480 geschaffen. Die Tafelbilder mit den Szenen aus der Nikolauslegende auf den Innenseiten der Flügel, die stark überarbeiteten Gemälde auf den Außenseiten und das Bild der Beweinung Christi in der Predella werden dem 1519 verstorbenen Maler Jan Polack zugeschrieben. Die Kapelle, in der der Altar steht, stammt aus der zweiten Hälfte des 15. Jahrhunderts. Sie war der Chor einer Kirche, deren Langhaus 1741 abgebrochen wurde.
Ein Zeugnis spätgotischer Zimmermannskunst ist die Holzdecke im Saal des Schlierseer *Rathauses*. Das Haus, der erste Steinbau des Markts, wurde während der von 1460 bis 1484 dauernden Amtszeit des Stiftsdekans Erasmus Waltenhofer

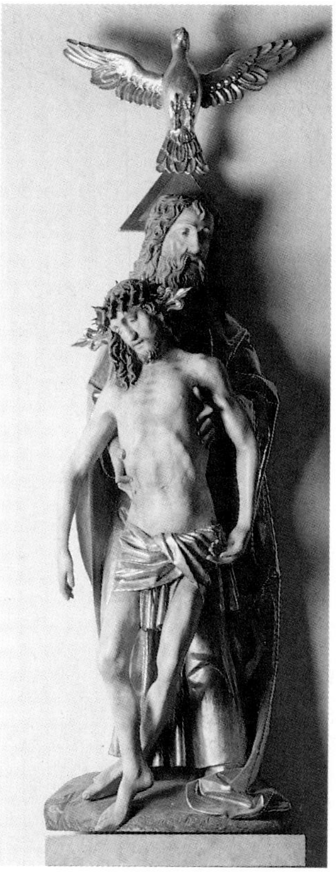

SCHLIERSEE, *Pfarrkirche St. Sixtus: Gnadenstuhl, 1490, Werkstatt des Erasmus Grasser*

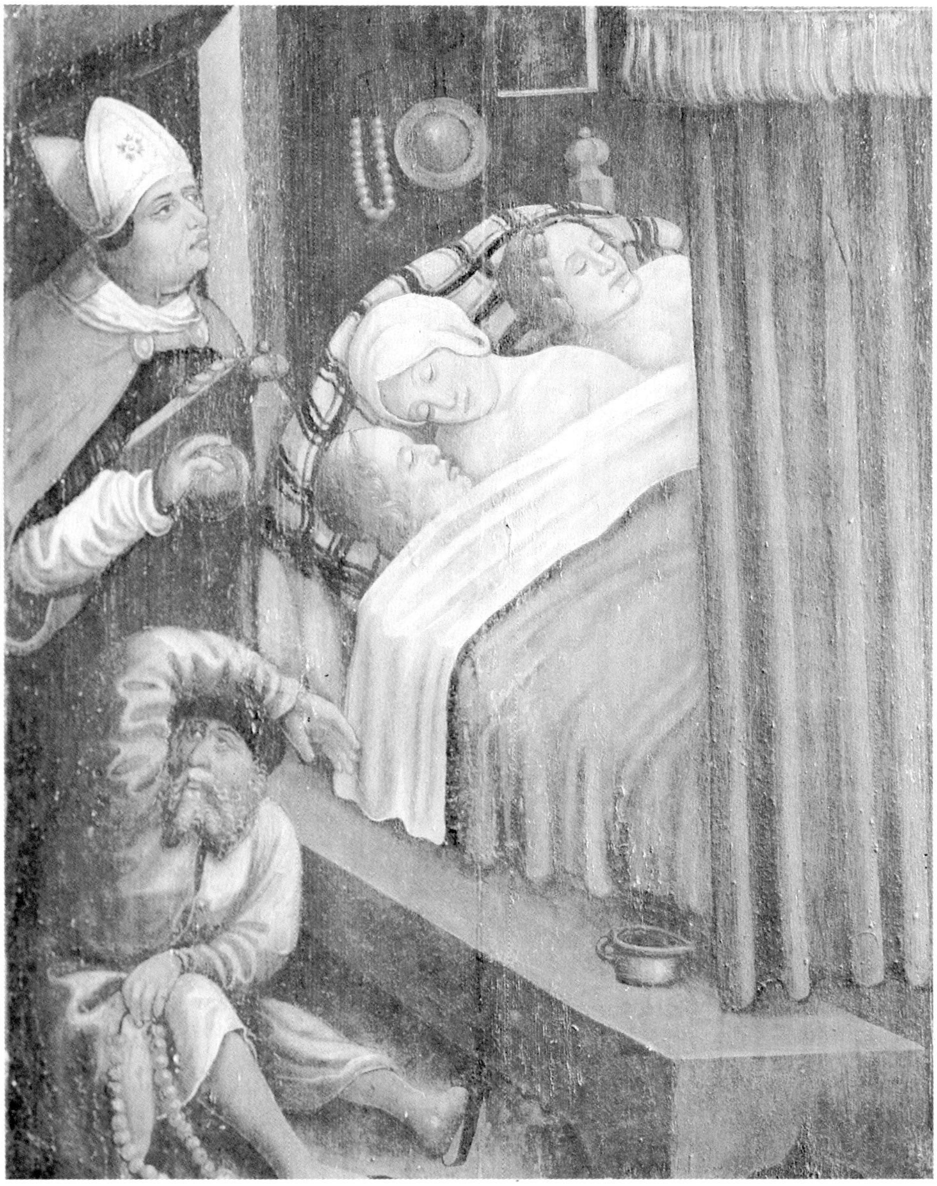

SCHLIERSEE, *Friedhofskapelle St. Nikolaus: St. Nikolaus beschenkt die drei Töchter des armen Mannes; Tafelbild vom spätgotischen Flügelaltar, der Werkstatt Jan Polacks zugeschrieben*

gebaut. Nach der Verlegung des Kollegiatsstifts nach München im Jahre 1492 wurde das heutige Rathaus Sitz des Vogteirichters der Waldecker. Im »Richterhaus«, wie es von nun an heißt, sprach er bis 1734 Recht über die Untertanen des Stifts und der Grafschaft.

Zahlreich sind die kleineren Landkirchen mit schönen Beispielen spätgotischer Handwerkskunst und bäuerlicher Frömmigkeit. Um 1500 wurde der Tuffquaderbau der Kirche *St. Johannes der Täufer* in OBERWARNGAU (Gemeinde Warngau) errichtet. Aus der Bauzeit stammen die Türe, die schmiedeeisernen Beschläge und das Schloß an der mit Engelsköpfen verzierten spitzbogigen Pforte.
Spätgotische Flachschnitzerei ziert das zu Anfang des 16. Jahrhunderts entstandene, zweisitzige Chorgestühl unter dem Netzgewölbe der kleinen, altertümlichen Kirche *Heilig Kreuz* in WETTLKAM (Gemeinde Otterfing). 1682 wurde der spätgotische Hochaltar entfernt; ein Teil seiner Schnitzfiguren und die vier Tafelbilder der Flügel mit Kaiser Konstantin, der hl. Helena, der Auffindung des Kreuzes und Kaiser Heraclius sind bis heute an der Wand des Langhauses angebracht.
Wegen ihrer seltenen Ausstattung von Bedeutung ist die ebenfalls zur Gemeinde Otterfing gehörende kleine Kirche *St. Valentin* in BERGHAM. Der 1523 geweihte, verputzte Tuffsteinbau mit dem am Chorhaupt eingesetzten Turm bietet im Inneren ein nahezu unverändertes Bild der Spätgotik. Durch ein Portal, bei dem die Türe, die Beschläge und das Schloß aus der Erbauungszeit stammen, betritt man das dreijochige, netzgewölbte Langhaus und steht vor dem einzigartigen Block von sieben spätgotischen Kirchenbänken: Reiche Flachschnitzereien mit hellen Ornamenten vor einem dunkel eingefärbten Grund zieren die Wangen. In der gleichen Technik ist die mit 1523 bezeichnete Emporenbrüstung gearbeitet; sie ruht auf dem ursprünglichen achtkantigen Stützpfeiler. St. Valentin, dem Patron der Fallsüchtigen, ist eine Glasmalerei von 1524 im Südostfenster des zu fünf Achtel geschlossenen, netzgewölbten Chors gewidmet; nach der Inschrift hat »her hans sawr pfarrer« das Bild gestiftet. Von 1520 stammt die Sitzfigur des Kirchenpatrons mit dem knienden Stifterpaar im Hochaltar.
Gute spätgotische Handwerksarbeit zeigt die hölzerne Emporenbrüstung in der *Kapelle St. Rochus und St. Sebastian* in SOLLACH (Gemeinde Valley). Die Füllungsfelder schmücken Einlegearbeiten, die den Umriß einer byzantinisch anmutenden Kirche darstellen. Gemalte Ornamente zieren Rahmen und Unterseite der Empore, die von einer Vorgängerkirche in die 1797 geweihte Pestkapelle übernommen wurde.
Ungebrochene bäuerliche Frömmigkeit verrät die kleine Kirche *St. Michael* in SONDERDILCHING (Gemeinde Weyarn). Wie sich an dem kreuzrippengewölbten Altarraum erkennen läßt, stammt der Bau aus der Gotik des 14. Jahrhunderts, während das Langhaus mit seinem Netzrippengewölbe 1496 geweiht wurde. Um diese Zeit entstanden auch die Fresken mit den Evangelistensymbolen in den Gewölbefeldern.

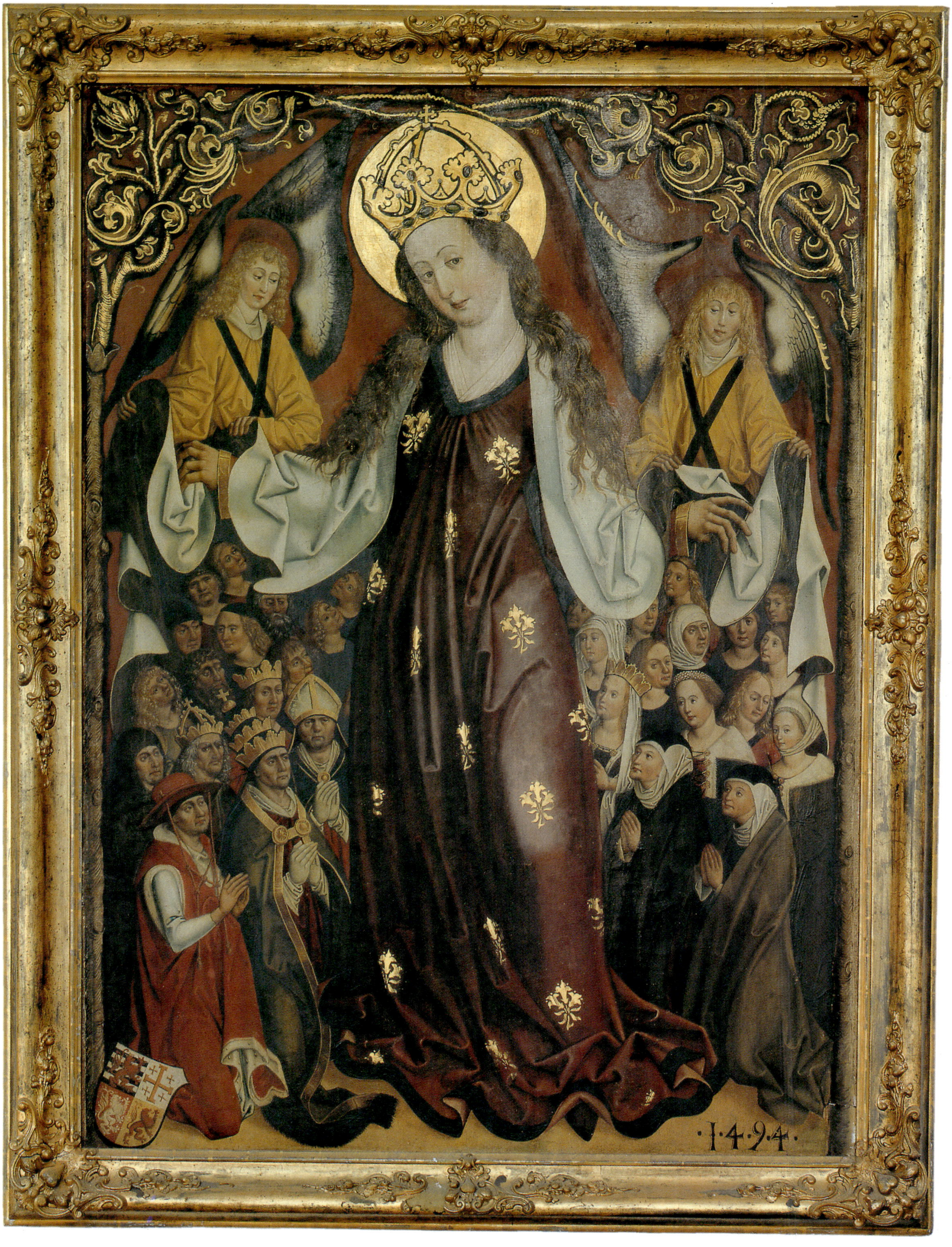
·1·4·9·4·

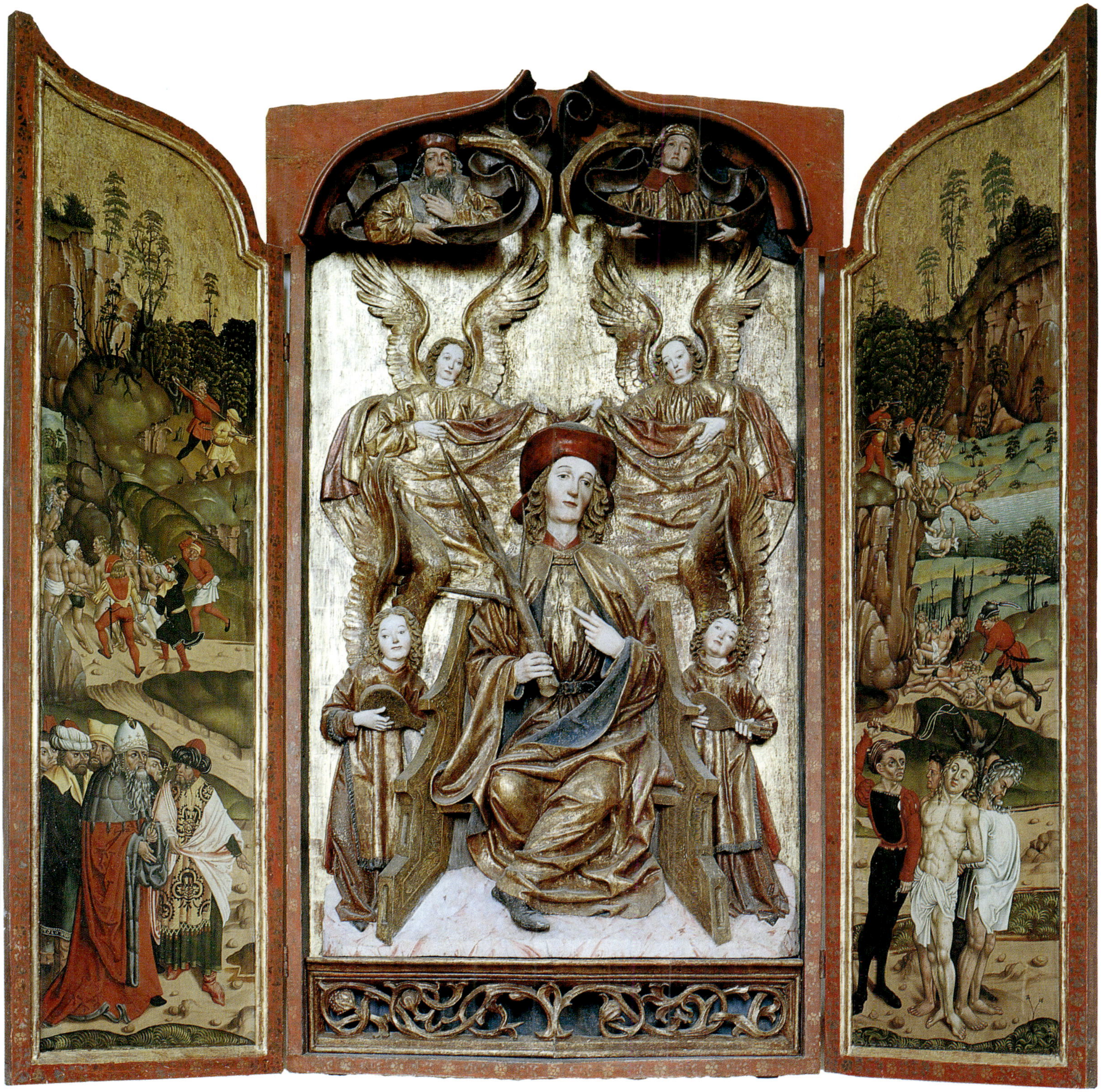

REICHERSDORF, *Kirche St. Leonhard: Achatiusaltar, 1506, von Erasmus Grasser*

SCHLIERSEE, *Pfarrkirche St. Sixtus: Schutzmantelmadonna, 1494 datiert, Tafelbild von Jan Polack*

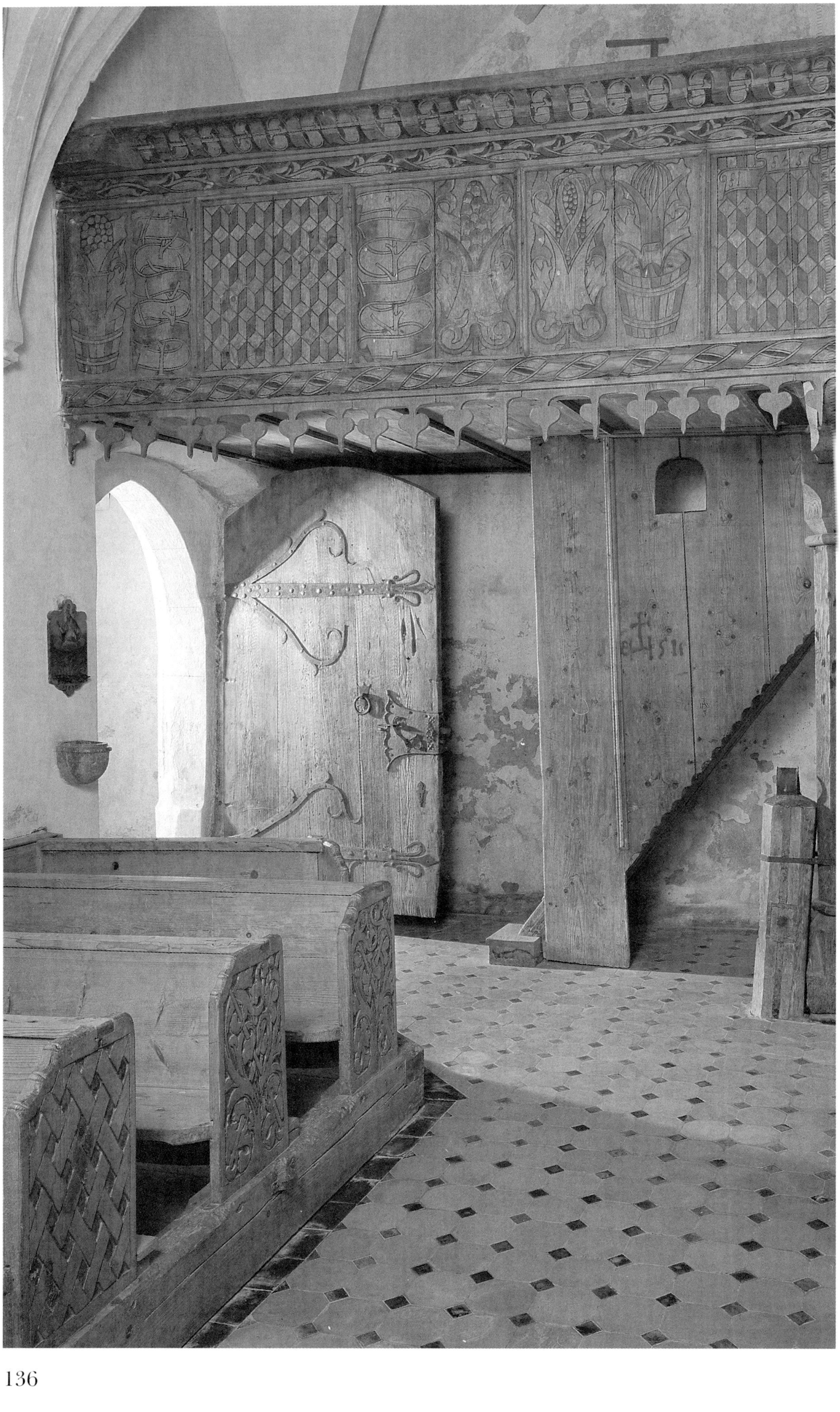

BERGHAM, *Kirche St. Valentin: Spätgotischer Stuhlblock im Langhaus; Westempore mit kunstvollen Flachschnitzereien, 1523 datiert; Südportal mit spätgotischem Beschlag und Schloß*

Der Chiemgau und das Inntal

Die Alpen, der Inn, die Traun und die Linie zwischen Trostberg und Wasserburg begrenzen den Chiemgau. Im Mittelalter war das Gebiet immer wieder Schauplatz von Auseinandersetzungen zwischen den bayerischen Herzögen und den Erzbischöfen von Salzburg im Kampf um die politische und wirtschaftliche Vorherrschaft. Als 1201 König Philipp von Schwaben dem Erzbistum Salzburg die Abteien Frauenchiemsee und Seeon schenkte, flammte der Konflikt erneut auf. Die Wittelsbacher wollten das Eindringen der geistlichen Macht in ihr Herzogtum nicht hinnehmen. Der Machtkampf erreichte seinen Höhepunkt, als der Stauferkönig Friedrich II. 1213 dem Erzstift Salzburg das Kloster Frauenchiemsee als Eigenkloster bestätigte und der Erzbischof 1217 die Gründung des Bistums Chiemsee mit Sitz auf Herrenchiemsee beurkundete. 1254 wurden die verbissen geführten Fehden endlich beendet: Das Erzstift schloß Frieden mit den seit 1253 gemeinsam regierenden Herzögen Ludwig II. und Heinrich XIII., Erzbischof Philipp von Kärnten überließ ihnen die salzburgischen Lehen der Grafen von Wasserburg einschließlich der Vogtei über das Kloster Seeon und die salzburgischen Lehen des Pfalzgrafen Rapoto von Ortenburg, diese aber ohne das Vogtrecht über das Kloster Frauenchiemsee; die Wittelsbacher ihrerseits verzichteten auf den östlichen Teil des Gerichts Chiemgau mit den Grafschaften Lebenau und Peilstein.

Das Land wurde nun verwaltungsmäßig erschlossen: Auf Salzburger Seite entstanden, der neuen Grenzlinie folgend, die Pflegeämter Tittmoning, Waging, Laufen und Teisendorf; in dem zum Herzogtum Bayern gehörenden Teil wurden die Gerichte Trostberg, Kling, Traunstein, Marquartstein und Chiemsee eingerichtet. Von nun an lag die Entwicklung des Chiemgaus ganz in den Händen der Wittelsbacher. Das Gebiet zog Gewinn aus dem wirtschaftlichen Aufschwung. Von Reichenhall aus durchschnitten die großen Salzhandelsstraßen nach Westen den Chiemgau. Sie kreuzten in Rosenheim und Wasserburg den Inn, die für den Warenverkehr nach Süden und Osten wichtige Wasserstraße. Die Städte entlang der Verkehrswege wurden zu wichtigen Marktzentren im Wittelsbacher Herzogtum. Der Chiemgau litt aber auch unter der Last der Kriege, an denen die bayerischen Herzöge beteiligt waren – beispielsweise 1320 oder 1504, als um die Regierungsgewalt in Niederbayern gekämpft wurde, 1366 beim Kampf um Tirol oder 1422 in den Hauskriegen mit der Ingolstädter Linie.

Bereits ein Jahr nach dem Frieden mit Salzburg wurde eine neue politische Grenze durch den Gau gezogen. In der ersten bayerischen Landesteilung von 1255 wurde das Gebiet östlich der Linie (Markt) Schwaben – Wasserburg – Prien am Chiemsee bis zur Tiroler Grenze und das Gebiet um Rosenheim niederbayerisch. Der verbliebene westliche Teil mit Wasserburg, dem Gericht Kling, der Herrschaft Wildenwart und das Gericht Hohenaschau wurde dem Teilherzogtum Oberbayern zugeschlagen. Die zweite bayerische Landesteilung von 1349 ließ diese Grenzziehung weitgehend unangetastet. Bei der dritten Teilung im Jahre 1392 fiel jedoch der oberbayerische Keil zwischen Gars, Rott am Inn und Prien am Chiemsee mit der Stadt Wasserburg an das neue Teilherzogtum Bayern-Ingolstadt.

Neben den politischen teilten im Spätmittelalter noch zwei kirchliche Grenzen den Chiemgau und das Inntal: Entlang dem Inn stießen das Bistum Freising und das Salzburger Suffraganbistum Chiemsee aneinander. Die Grenze des Bistums Chiemsee mit dem Erzbistum Salzburg verlief von Eggstätt zwischen Herren- und

Frauenchiemsee hindurch ins Grassauer Tal nach Süden. Diese Grenze war kirchenpolitisch wenig bedeutsam, denn eigenständig handelte das Bistum Chiemsee nie: Der Bischofssitz im Kloster auf der Herreninsel bestand nur der Form halber, regiert wurde im Chiemseehof in Salzburg. Der Erzbischof wollte auf den Einfluß auf bayerisches Gebiet nicht verzichten.

Für die Gotik war der Chiemgau Spannungsfeld und Schmelztiegel zugleich. In diesem Raum trafen ganz unterschiedliche Richtungen und Prägungen gotischer Kunstauffassung in Architektur, Bildhauerei und Malerei aufeinander und ergänzten sich. Die maßgeblichen Anstöße dazu kamen von den mächtigen Erzbischöfen in Salzburg. Ihre Vorliebe für reich geschmückte und ausgestattete Kirchen ließ viele Künstler von Böhmen, aus Oberdeutschland oder aus Italien nach Salzburg ziehen. Ihr Zusammenwirken mit den niederbayerischen Baumeistern und Steinmetzen aus Landshut, Burghausen und Braunau sowie den oberbayerischen aus München oder Wasserburg führte zu herausragenden Werken der gotischen Epoche. Umgesetzt und gesteuert wurden die Anstöße aus Salzburg häufig durch die bedeutenden Klöster Frauenchiemsee, Baumburg, Seeon und Hohenwarth (die geistlich zum Erzbistum Salzburg gehörten) sowie den Klöstern Rott am Inn, Attel und Gars, die in der Diözese Freising lagen.
Ihren kulturgeschichtlichen Beitrag leisteten auch die wirtschaftlich aufstrebenden Städte und Märkte zwischen Inn und Traun. Der Gemeindesinn ihrer Bürger brachte in der späten Gotik prächtige Bauten hervor. Nicht zuletzt war es der landsässige Adel, der durch seine Stiftungen und Spenden zur Sicherung eines angemessenen Platzes im jenseitigen Leben und zur Wahrung des notwendigen Ansehens gegenüber den im Diesseits lebenden Menschen das Land mit einmaligen Kunstschätzen überhäufte.

Durch die unsicheren Verhältnisse zu Beginn des späten Mittelalters sind Zeugnisse der frühen und der hohen Gotik des 13. und 14. Jahrhunderts nur spärlich vertreten. Neben vereinzelten Wappengrabsteinen des Ortsadels und der Klosteräbte können nur wenige Werke des Kunstschaffens dieser Zeit angeführt werden.
Um 1300 entstand der polygon geschlossene Chor der Kirche *St. Martin* in HÖGLING (Markt Bruckmühl) an der Mangfall, und als ob er den Übergang von der Romanik zur Gotik aufhalten wollte, zeigt sein Chorhaupt noch ein romanisches Rundbogenfenster.
In frühgotischen Formen wurde der Turm der Kirche *St. Vitus* in NUSSDORF AM INN errichtet. Äußerlich dem späteren Kirchenbau angeglichen, ist sein Untergeschoß aber noch von breiten rechteckigen Kreuzrippen überwölbt.
Ein Gewölbe mit schweren, abgefasten Gurten, die aus Hornkonsolen entspringen, zeigt die um 1380 entstandene Kapelle St. Anna an der Südseite der *Dominikanerinnenklosterkirche St. Peter und Paul* in ALTENHOHENAU (Gemeinde Griesstätt). Sie hat, trotz der freundlichen Ausmalung aus der Rokokozeit, ihren frühgotischen Charakter behalten. Die Klosterkirche beherbergt mit dem aus der zweiten Hälfte des 13. Jahrhunderts stammenden frühgotischen Kruzifix, einem Kreuz als Lebensbaum, ein herausragendes Werk der Bildhauerkunst dieser Zeit.
Die einzige gotische Landkirche *St. Wolfgang* ist in ST. WOLFGANG (Gemeinde Altenmarkt a.d. Alz) zu finden. Das Gotteshaus entstand durch einen Umbau gegen Ende des 14. Jahrhunderts. Es zeigt, obwohl erst in der Spätphase der Hochgotik erbaut, noch streng geführte Kreuzrippengewölbe.
Der Höhepunkt gotischer Kunst wurde im 15. Jahrhundert und in den ersten Jahrzehnten des 16. Jahrhunderts erreicht. Überall im Land wuchsen spätgotische Kirchen empor, wurden reich geschmückte Altäre und Bildwerke aufgestellt, blühte die Grabmalkunst zu Ehren bedeutender Stifter und Gönner der Klöster, Städte und Märkte. Herausragend an den Kirchen dieser Landschaft ist die Ausgestaltung mit spätgotischen Fresken. Viele schlummern sicher noch unentdeckt unter dicken Farbschichten. Die meisten wurden im 17. Jahrhundert übertüncht, weil die oft drastischen, grausamen Marterszenen nicht zu der barocken Lebensauffassung paßten. Allein die in unserer Zeit freigelegten Kunstwerke geben ein Zeugnis davon, wie farbenprächtig die Gotteshäuser in der Spätgotik gestaltet waren. Die Maler

ALTENHOHENAU, Dominikanerinnenklosterkirche St. Peter und Paul: Kopf des frühgotischen Christus am Astkreuz, 2. Hälfte 13. Jahrhundert

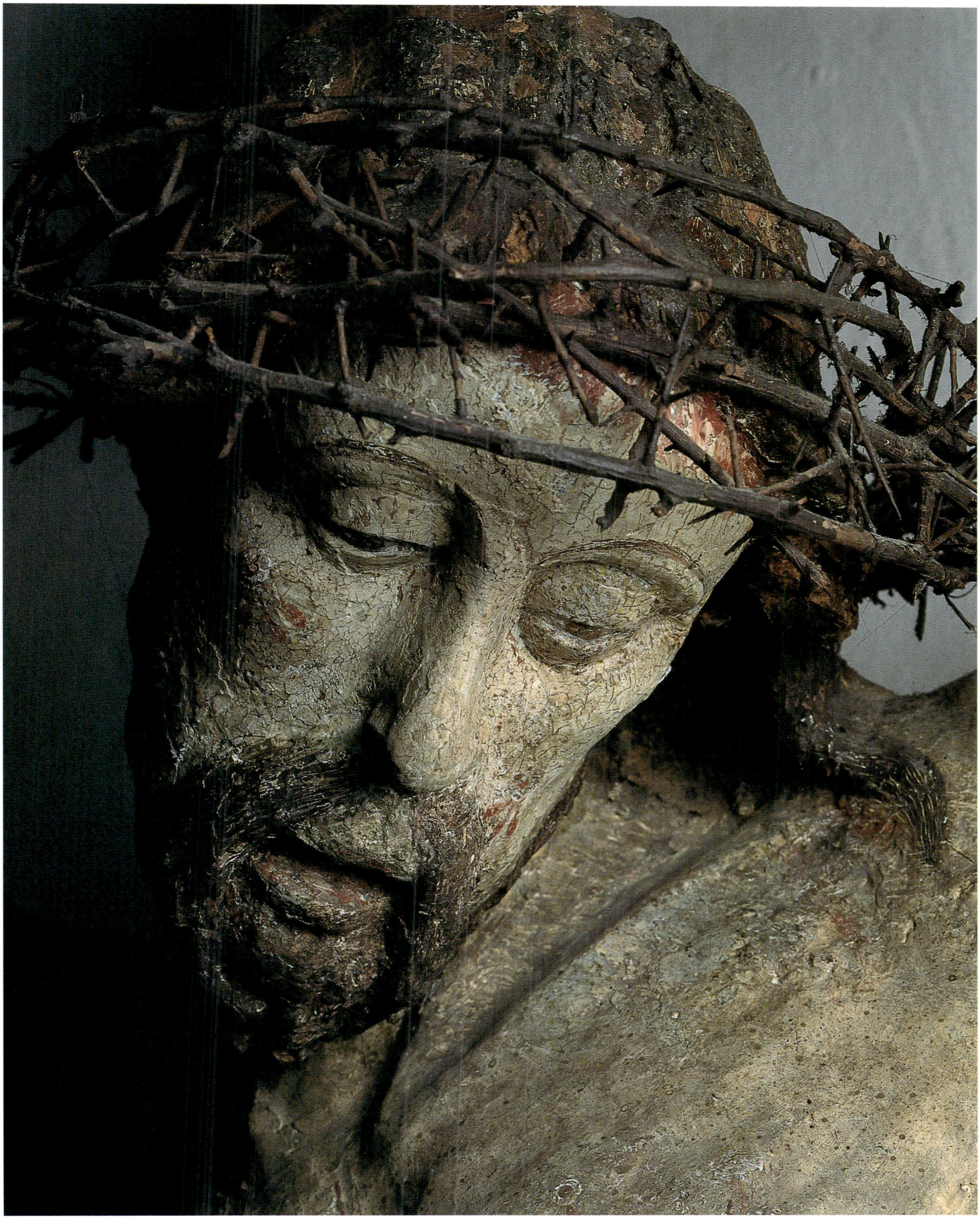

schmückten nicht nur die Neubauten mit Wandmalereien, sie gaben auch alten romanischen Kirchen und Kapellen ein neues Gesicht. In ihren Bildern erzählten sie die Geschichten der Bibel, die Legenden der verehrten Heiligen und machten sie für das Volk »lesbar«. Nicht zu übersehen sind die künstlerischen Parallelen zu den Kirchen in den abgelegenen Alpentälern Süd- und Osttirols. Die Ursachen dieser Ähnlichkeiten lagen in der Kirchenorganisation des Spätmittelalters, ragte doch das Erzbistum Salzburg mit seinen Suffraganbistümern am Chiemsee und in Kärnten weit in den Alpenraum hinein. Einige Beispiele sollen vorweg die Vielfalt der Wandmalereien im Chiemgau demonstrieren: Im 14. Jahrhundert entstanden die Wandbilder mit dem von Heiligen begleiteten Christus in der Mandorla in der Apsiskalotte der romanischen Doppelkapelle *St. Georg* von THAL (Gemeinde Tuntenhausen). Um 1400 wurden die Klugen und Törichten Jungfrauen an den Chorbogen der bereits genannten Kirche *St. Martin* in HÖGLING (Markt Bruckmühl) gemalt: Der auch in der Kirche St. Leonhard in Grafing tätige Künstler schuf um 1420 die Fresken der Heiligenfiguren an den Chorwänden. Um 1500 entstand schließlich das Kreuzigungsfresko im Erdgeschoß des Turms. Aus der Zeit um 1430 stammt das in Fragmenten vorhandene Fresko eines Jüngsten Gerichts außen an der südlichen Langhauswand der Kirche *St. Simon und Judas* in GOLLENSHAUSEN (Gemeinde Gstadt am Chiemsee). 1524 wurde der Schreinaltar der Vierzehn Nothelfer an die Ostwand des Seitenschiffs der Kirche *St. Peter und Paul* in WESTERBUCHBERG (Gemeinde Übersee) gemalt. Drei Kirchen können gleichsam stellvertretend für die alpenländische Freskenkunst der Gotik und ihre Aussagekraft stehen: die romanische Kirche *St. Jakobus* in URSCHALLING (Markt Prien am Chiemsee), die Kirche *St. Servatius* in STREICHEN (Gemeinde Schleching) und die Kirche *St. Petrus* in MEILHAM (Gemeinde Amerang).

Die Innstadt Rosenheim und ihr Umland

Der erste urkundliche Nachweis über ROSENHEIM stammt aus dem Jahre 1231. Die Schiffahrt auf dem Inn war die Grundlage für das Aufblühen des Gemeinwesens, das 1328 von Kaiser Ludwig dem Bayern den ersten Freiheitsbrief erhielt und dem 1478 das Niederlage- und Mautrecht für Getreide verliehen wurde; das Stapelrecht für Salz kam erst 1504 unter Herzog Albrecht IV. hinzu. Er nahm es Wasserburg weg, weil sich die Stadt im Landshuter Erbfolgekrieg gegen ihn aufgelehnt hatte. Rosenheim ist eine gotische Stadtgründung. Verheerende Stadtbrände in den Jahren 1469 und 1542 haben jedoch das alte Stadtbild zerstört. Nur vereinzelt stößt man in den Häusern auf einen spätgotisch überwölbten Flez oder eine Himmelsleiter, eine in geradem Lauf mehrere Stockwerke verbindende Treppe. Erhaltenes wurde erst spät wieder entdeckt, wie beispielsweise die Privatkapelle des reichen Bürgers Hans Stier, dem Stifter des Heilig-Geist-Spitals. Im Jahre 1449 entstand in seinem Auftrag die Kirche *Heilig Geist* mit dem in den Kirchenraum einbezogenen, massigen Turm. Der Raum zwischen Turm und Langhauswand wird durch zwei Geschosse ausgefüllt. Sie nehmen unten die Michaelskapelle und darüber die *Wolfgangskapelle*, die Hauskapelle des Stifters, auf. Gleich einem Oratorium ist sie durch einen großen Bogen zur Kirche hin offen. Ursprünglich war der rechteckige Andachtsraum nur durch das Stifterwohnhaus zugänglich; heute führt eine Treppe von der Kirche in die hohe, aber dennoch anheimelnde Kapelle. Die Rippen des spätgotischen Netzgewölbes entspringen Kragsteinen und enden in einem Schlußstein mit dem aufgemalten Wappen der Stifterfamilie Stier. Die Kapelle besitzt an der Ostwand ein sehenswertes spätgotisches Seccobild von 1499, das als gekonnte Illusionsmalerei einen Altar mit der hl. Kümmernis am Kreuz darstellt: Das Gemälde zeigt die Heilige und einen vor ihr knienden Geiger, dem sie gerade ihren letzten goldenen Schuh zuwirft und ihn so vor der drohenden Hinrichtung rettet. Der Darstellung liegt ein Mirakel zugrunde, das im Volk weiterlebte und überliefert wurde: Der Musiker flehte vor dem Bildnis der hl. Kümmernis um Hilfe

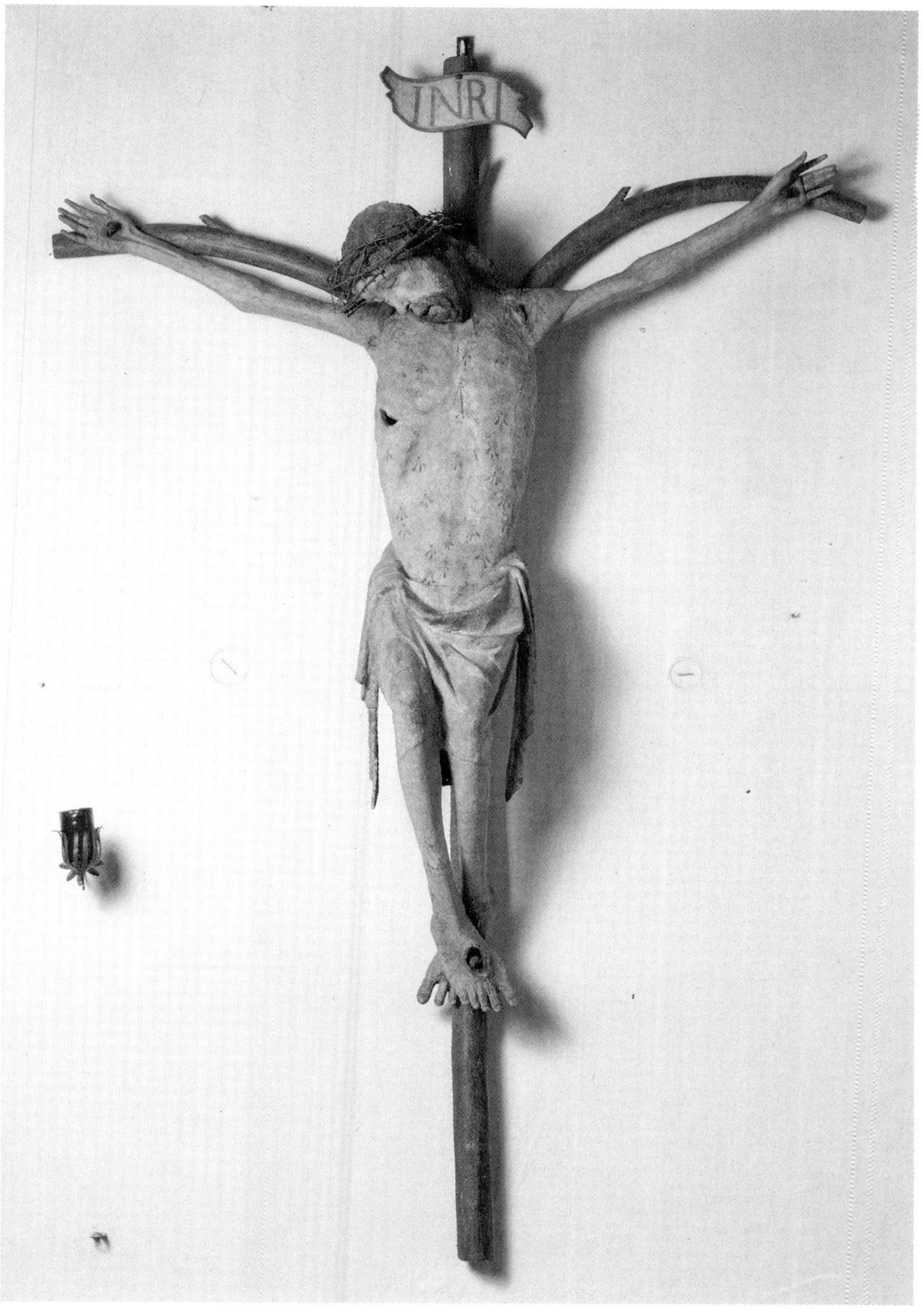

ALTENHOHENAU, *Dominikanerinnenklosterkirche St. Peter und Paul: Frühgotischer Kruzufix, 2. Hälfte 13. Jahrhundert*

aus seiner tiefen materiellen Not. Die Heilige erbarmte sich seiner und warf ihm einen ihrer goldenen Schuhe zu. Beim Verkauf dieses Schuhs wurde der Geiger festgenommen und wegen Diebstahls angeklagt. Bei den Richtern fand er mit der Geschichte seiner wunderbaren Errettung keinen Glauben und wurde zum Tode verurteilt. Sein letzter Wunsch war, noch einmal vor dem Bildnis der hl. Kümmernis beten zu dürfen. Das Wunder geschah noch einmal. Sie warf ihm ihren zweiten goldenen Schuh zu. Damit war der Beweis für seinen wunderbaren Bericht erbracht, er war frei.
Die Verehrung der hl. Kümmernis (oder, wie sie auch hieß, der hl. Wilgefortis, der starken Jungfrau) kam im 15. Jahrhundert zuerst in Holland auf. Kaufleute verbreiteten die Nachbildung des »Volto Santo« aus Lucca in Italien, eines mit langem Gewand bekleideten Christus am Kreuz. Da der Gekreuzigte bei uns nur mit einem Lendentuch dargestellt wird, war der Schritt, in der an das Kreuz geschlagenen Gestalt eine weibliche Heilige zu sehen, leicht getan. Die Heiligenvita erzählt von einer gläubigen Königstochter, die den vom Vater bestimmten Heidenprinzen nicht heiraten wollte und darum betete, körperlich entstellt zu werden. Ihr wuchs ein langer Bart. Für den Ungehorsam bestrafte sie ihr Vater mit dem Kreuzestod. Die aus dem Volksglauben entstandene Heilige wurde in Kummer und Not angerufen. Vermutlich wurde sie auch vom Stifter der Wolfgangskapelle um Hilfe gebeten, denn er kniet als alter Mann in bürgerlicher Tracht mit Vollbart und einer hohen Pelzmütze auf dem Haupt, den Rosenkranz in den Händen, unter dem hl. Wolfgang im Bischofsornat, links vor diesem Altar. Ein vom Siechtum Gezeichneter begleitet den Hans Stier und weist auf dessen hochherzige Stiftung zu Gunsten der Armen hin. Rechts neben dem gemalten Altar knien seine beiden Frauen. Bewundernswert sind ihre schönen Hauben.
Die Stichbogenfelder über dem Altar nehmen große Engelsgestalten ein. Die Brüstung der Wolfgangskapelle trägt auf der zur Kirche hin gerichteten Seite schön gemaltes gotisches Maßwerk. Die spitze Bogenöffnung war früher ebenfalls von Malerei umrahmt; sie hat sich zwischen der Brüstung und der Bogenöffnung der darunter liegenden Michaelskapelle erhalten.
Sehenswert ist das von kunstvoll gemalten Ornamenten umrahmte Sakramentshäuschen, das heute wieder seinem liturgischen Zweck dient.
Die *Michaelskapelle,* heute Vorraum zur Sakristei im Erdgeschoß des Turms, zeigt an ihrem spätgotischen Gewölbe gemalte und an den Schnittpunkten mit schönen Ranken verzierte Grate. Die Wände waren, wie die aufgedeckten Reste erkennen lassen, mit Fresken bedeckt. Hervorzuheben sind die schöne Verkündigungsszene über dem Eingang zur Sakristei und die Auferstehung Christi.
Groß ist die Zahl spätmittelalterlicher Kirchen im Gebiet um Rosenheim. Reich ist

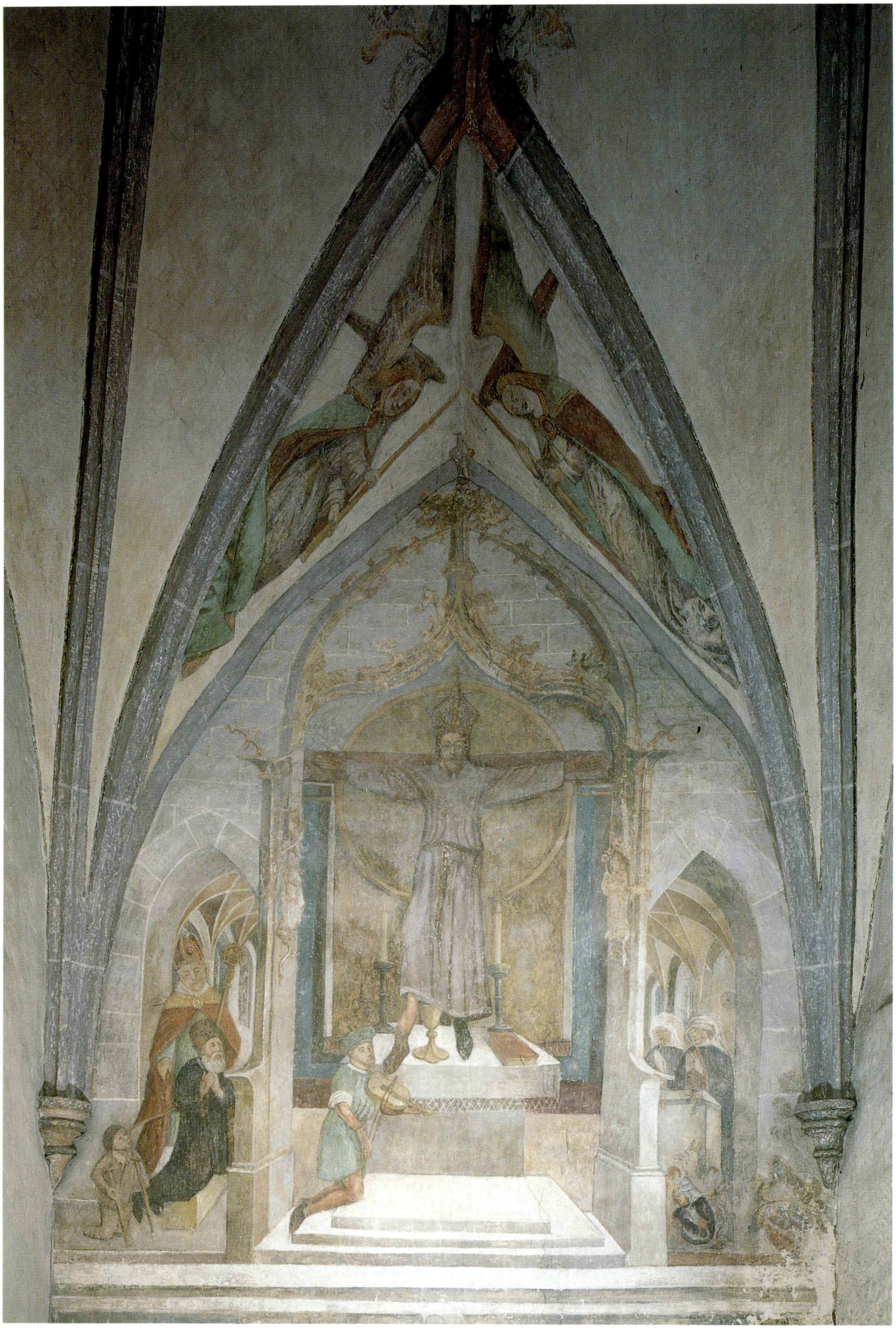

Seite 142
ROSENHEIM, Kirche Heilig Geist, Wolfgangskapelle: Volto–Santo–Altar in Seccomalerei, 1499

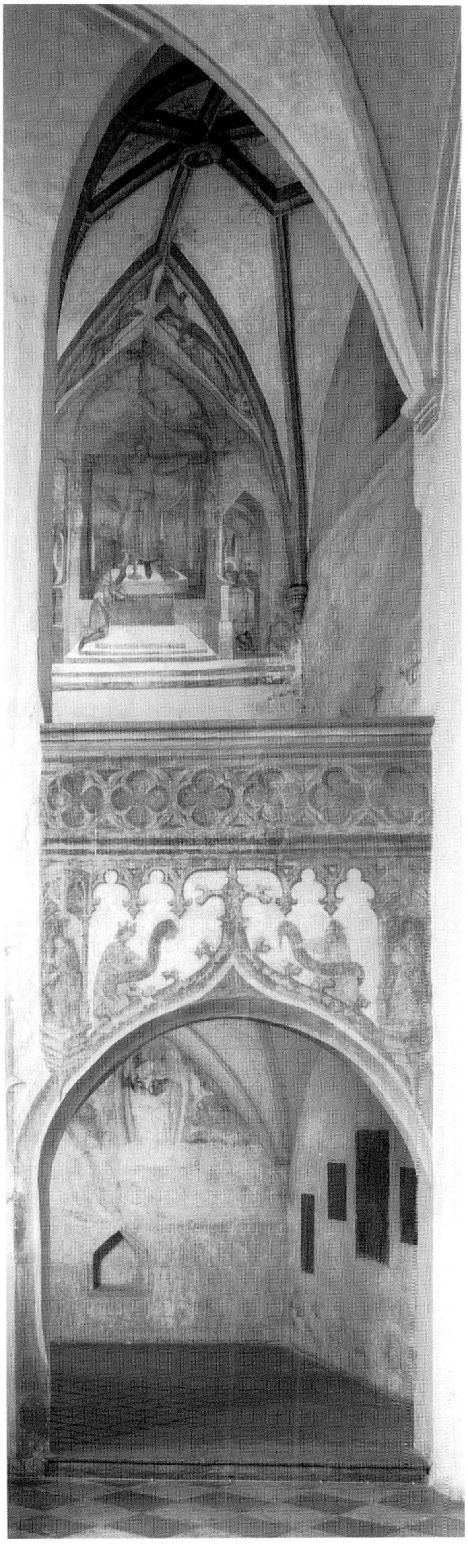

ROSENHEIM, Kirche Heilig Geist: Blick in die ehemalige Michaelskapelle (unten) und die Wolfgangskapelle (oben); 1449 im Auftrag des Spitalstifters Hans Stier erbaut

die künstlerische Ausgestaltung der Gotteshäuser: Sie sind sehenswerte Beispiele für die tief verwurzelte Glaubens- und Lebensauffassung unserer Vorfahren in dieser Region.

Malerisch liegt die kleine Kirche *Heilig Kreuz* in dem Weiler HÖHENBERG (Gemeinde Aschau). Ende des 15. Jahrhunderts erbaut, besticht das seit 1730 wegen Baufälligkeit des Gewölbes flachgedeckte Gotteshaus durch zwei in spätgotischer Fassung erhaltene Flügelaltäre. Diese beiden Seitenaltäre sind zwischen 1510 und 1520 entstanden. Ihr gleichartiger Aufbau, der bis in die schmückenden Details reicht, macht sie zu einem wesentlichen Gestaltungselement für den Kirchenraum. Die Schnitzwerke, besonders die Schreinfiguren, erinnern an Arbeiten des Meisters von Rabenden. In die Tracht des frühen 16. Jahrhunderts gekleidet, stehen die Figuren des hl. Rupert als Bischof mit dem Salzfaß und die hl. Maria Magdalena mit dem Salbgefäß im Schrein des nördlichen Seitenaltars. Die Tafelbilder auf den Innenseiten der beweglichen Flügel zeigen den hl. Benedikt als Abt und den hl. Bischof Martin mit einer sehr lebendig gemalten Gans. Der Pilger St. Jakobus d. Ä. und ein fürstlich gekleideter hl. Sebastian sind auf den geschlossenen Flügeln zu sehen. Die Standflügel schmücken Bilder mit den Aposteln Petrus und Paulus. Die Predella zeigt zwei Engel mit dem Schweißtuch der Veronika. Zwei geschnitzte Engelsfiguren begleiten auch den ritterlich gekleideten hl. Sebastian im Aufsatz.

Die farbig gefaßten Schnitzfiguren im Schrein des südlichen Seitenaltars stellen den hl. Bischof Lambert und den hl. Andreas dar. Tafelbilder mit einem hl. Bischof und dem Kirchenvater Hieronymus bedecken die Innenseiten der beweglichen Flügel. Die Außenseiten zeigen eine Verkündigungsszene, wobei der Engel mit der Schriftrolle den einen, und Maria am Betpult den anderen Flügel einnimmt. Der hl. Achatius mit seinem Dornenzweig und der hl. Christophorus sind die Figuren auf den Bildern der Standflügel. Die Malerei in der Predella ist der Anbetung der Hl. Drei Könige gewidmet. Als Pendant zum nördlichen Seitenaltar steht hier im Aufsatz die gekrönte hl. Katharina mit zwei musizierenden Engeln.

In SANKT MARGARETHEN (Gemeinde Brannenburg am Inn) ist nicht zuerst die Kirche von Interesse, sondern ein *Bauernhof* mit dem Hofnamen »beim Gugg am Guggenberg«, ein Holzblockbau mit dreiseitig umlaufender Laube, einer Giebellaube und einem Erdgeschoß aus Bruchsteinen. Über dem Türstock findet sich die Jahreszahl 1542. Auch wenn die Zeit das Haus verändert hat, dürfte der Stammhof der Dientzenhofer, jener berühmten Generation von Baumeistern des späten Barock und Rokoko, eines der ältesten oberbayerischen Bauernhäuser und in seiner Art charakteristisch für die spätgotische Zeit sein.

Die Kirche *St. Margareth,* die dem Weiler den Namen gegeben hat, stammt mit ihrem flachgedeckten Langhaus aus der Wende zum 14. Jahrhundert. In der Spätgotik wurden der netzgewölbte Chor und der Turm, den heute ein neugotischer Staffelgiebel ziert, erneuert. Auf den Chorbau bezieht sich ein päpstlicher Ablaßbrief aus dem Jahre 1485, wonach allen, die dazu beitragen, daß das Kirchlein »in seinem Gebäude hergestellt und erhalten und bewahrt werde«, die Sünden vergeben werden. 1654 wurde die Kirche nach Westen verlängert und barock umgestaltet. Erhalten blieben die spätgotischen Figuren auf dem Hochaltar. Die Heiligen Katharina und Barbara sowie der Apostel Petrus sind um 1500 entstanden – gute Beispiele für das Können der Handwerker in dieser Gegend. Zum alten spätgotischen Altar gehörte auch das Tafelbild mit Christus am Ölberg auf der Vorderseite und den Szenen aus dem Leben und dem Martyrium der hl. Margaretha auf der Rückseite. Die Malereien stammen von einem unbekannten Münchner Maler des ausgehenden 15. Jahrhunderts.

Die Kirche *St. Stephanus, Laurentius und Quirinus* von OSTERMÜNCHEN (Gemeinde Tuntenhausen) gehörte einst zum Kloster Tegernsee. Ihr Bau entstand um 1504, viele Erneuerungen haben von der spätgotischen Kirche nur das Südportal belassen. Das für eine Landkirche reich ausgestattete Portal steht unter einer kleinen Vorhalle mit Kreuzrippengewölbe. Der Schlußstein in der Mitte ist mit dem Wappen der Neuchinger aus der Erdinger Gegend besetzt. In dem schön profilierten Gewände des Portals sitzen zwei männliche Figuren auf Blattwerkspostamenten. (Nach der Überlieferung sollen sie ursprünglich auf Spruchbändern als Abraham und Moses bezeichnet gewesen sein.) Über ihnen ist ein dreigeteiltes Bogenfeld. Im mittleren Feld thront der hl. Quirinus. Die Figur wurde im 17. Jahrhundert erneuert. Ihm werden Erzeugnisse des Landes dargebracht: Im linken Feld bringt ein Bauer ein Kalb und im rechten eine Bäuerin einen Laib Brot, um den Heiligen zu ehren. Die beiden seitlichen Felder stammen noch aus der späten Gotik.

Auch in TUNTENHAUSEN trägt die *Wallfahrtskirche Mariä Himmelfahrt* ihre gotische Herkunft nicht mehr offen zur Schau: Nach einem Brand im Jahre 1548 völlig zerstört, erhielt sie 1628/29 ihre heutige Gestalt; 1630 konnte die Kirche erneut geweiht werden. Vom Feuer verschont blieben lediglich die spätgotischen Chormauern und das zwischen 1513 und 1533 gebaute eigenwillige, enggestellte Doppelturmpaar. Sein Erdgeschoß birgt eine wegen der prächtigen Bauzier sehenswerte Kapelle. Sie war früher die Vorhalle oder das »Paradies« der Kirche. Zwei schöne, kannelierte und gedrehte Marmorsäulen und ein Bogen trennen die beiden Joche des heute quer genutzten Kapellenschiffs. Aus acht figurenbesetzten Konsolsteinen entspringt ein reiches Netzgewölbe, das je Joch in einem Stern endet. Die Rippenschnittpunkte zieren je 21 mit Halbfiguren besetzte Schlußsteine. Im südlichen Joch gruppieren sich rund um Christus Adam und Eva, Apostel und Heilige, im nördlichen Joch, mit Maria als Mittelpunkt, sind es einige der Vierzehn Nothelfer sowie Kirchenväter und Propheten. Trotz der derben Ausführung bieten die Figuren ein dekoratives Bild aus der spätesten Phase der Gotik.

Ein einheitlicher spätgotischer Bau ist die um 1500 entstandene Kirche *St. Florian* im gleichnamigen Weiler der Gemeinde FRASDORF. Über die freie Wiesenflur ruft noch heute eine Glocke von 1503 die Gläubigen zur Andacht. Trotz einer Restaurierung und Überformung von 1890 strahlt der zu Beginn des 16. Jahrhunderts entstandene spätgotische Flügelaltar seine alte Kraft aus: Er ist das Werk eines unbekannten Künstlers und gehört zu den schönsten Arbeiten der Schnitzkunst in der Gegend westlich des Chiemsees. Unter dem reichen gotischen Baldachin des Schreins fesseln drei bemalte Holzfiguren den Betrachter: In der Mitte die hl. Anna

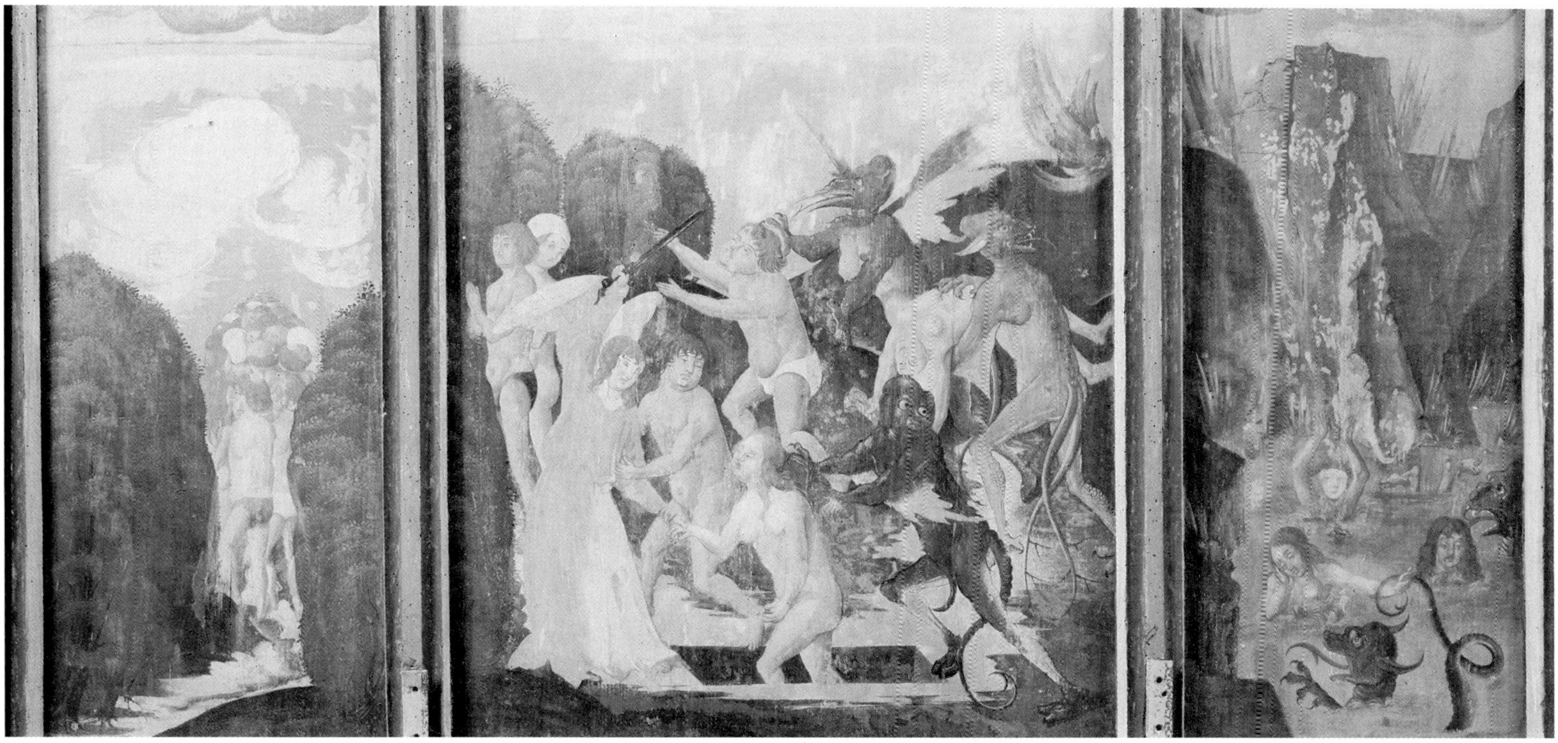

FRASDORF, Kirche St. Florian: Tafelbilder mit Szenen eines Jüngsten Gerichts auf der Rückseite des spätgotischen Flügelaltars. In der Bildmitte die Trennung der Seligen von den Verdammten; rechts der Höllensturz, links der Einzug der Auserwählten in das Reich Gottes

Selbdritt flankiert von dem geharnischten hl. Florian zur Linken und dem hl. Wolfgang zur Rechten. Der Darstellung des Lebens des römischen Legionärs Florian sind die Hochreliefs auf den Innenseiten der Flügel gewidmet: In den beiden ersten Reliefs wird Florian von den Häschern gefangen und vor den Richter geführt. Nach der Verurteilung bringen sie ihn auf eine Brücke, hängen ihm einen Mühlstein um den Hals und stürzen ihn in den Fluß. Das letzte Relief zeigt den hl. Florian, wie er wundersam an das Ufer getrieben wird. Bemerkenswert ist die abwechslungsreiche Gestaltung der Landschaft im Hintergrund der geschnitzten Szenen. Vor Landschaften spielen auch die Stationen der Passion auf den Tafelbildern der Werktagsseite der Flügel. Sehenswert ist die Malerei auf der Rückseite des Altars. In einem breiten und zwei schmalen Abschnitten zeigt sie ein Jüngstes Gericht: Christus als Weltenrichter thront auf einem Regenbogen über einer ergreifenden Szene der Auferstehung der Toten mit der Erhöhung der Guten im Paradies und der Verdammung der Bösen in der Hölle. Je ein Engel begleitet die beiden Fürbitter: links die betende Jungfrau Maria und rechts Johannes der Täufer. Das Fesselnde an den Schnitzwerken wie an den Tafelbildern ist die Darstellung der Lebendigkeit des Geschehens und des Ausdrucks der Bosheit. Die alles übertreffende Figur des hl. Florian ist eine besonders gründliche Betrachtung wert.

Die im 15. Jahrhundert errichtete spätgotische *Wallfahrtskirche St. Bartholomäus* in ROSSHOLZEN (Gemeinde Samerberg) mußte 1755 eine durchgreifende barocke Umgestaltung über sich ergehen lassen; die wertvollsten Stücke der ursprünglichen Ausstattung, die Figuren eines spätgotischen Altarschreins und die Flügelreliefs zweier Altäre, blieben jedoch erhalten. Die Heiligen Bartholomäus, Urban und der Evangelist Johannes stehen jetzt wieder im Hochaltar. An der Wand hinter dem Altar hängen die Standflügel des früheren südlichen Seitenaltars. Die Flachreliefs mit dem hl. Laurentius und dem hl. Andreas werden dem Meister von Rabenden zugeschrieben. Das daneben hängende Schnitzrelief mit einer Szene aus der Bartholomäuslegende stammt von der Innenseite der Flügel des spätgotischen Hochaltars. Die übrigen drei Reliefs dieser Szenenfolge befinden sich in der Sakristei. Die sehr lebendig gestalteten Arbeiten aus der Zeit um 1520 gehören mit denen von St. Florian zu den besten dieser Gegend.

Auf einem Moränenhügel über dem Westufer des Chiemsees liegt das Dorf URSCHALLING (Markt Prien am Chiemsee). Erst seit 1369 ist es urkundlich faßbar und doch war es bereits im hohen Mittelalter Standort einer Burg, die als Verwaltungssitz der Grafen von Falkenstein-Neuburg

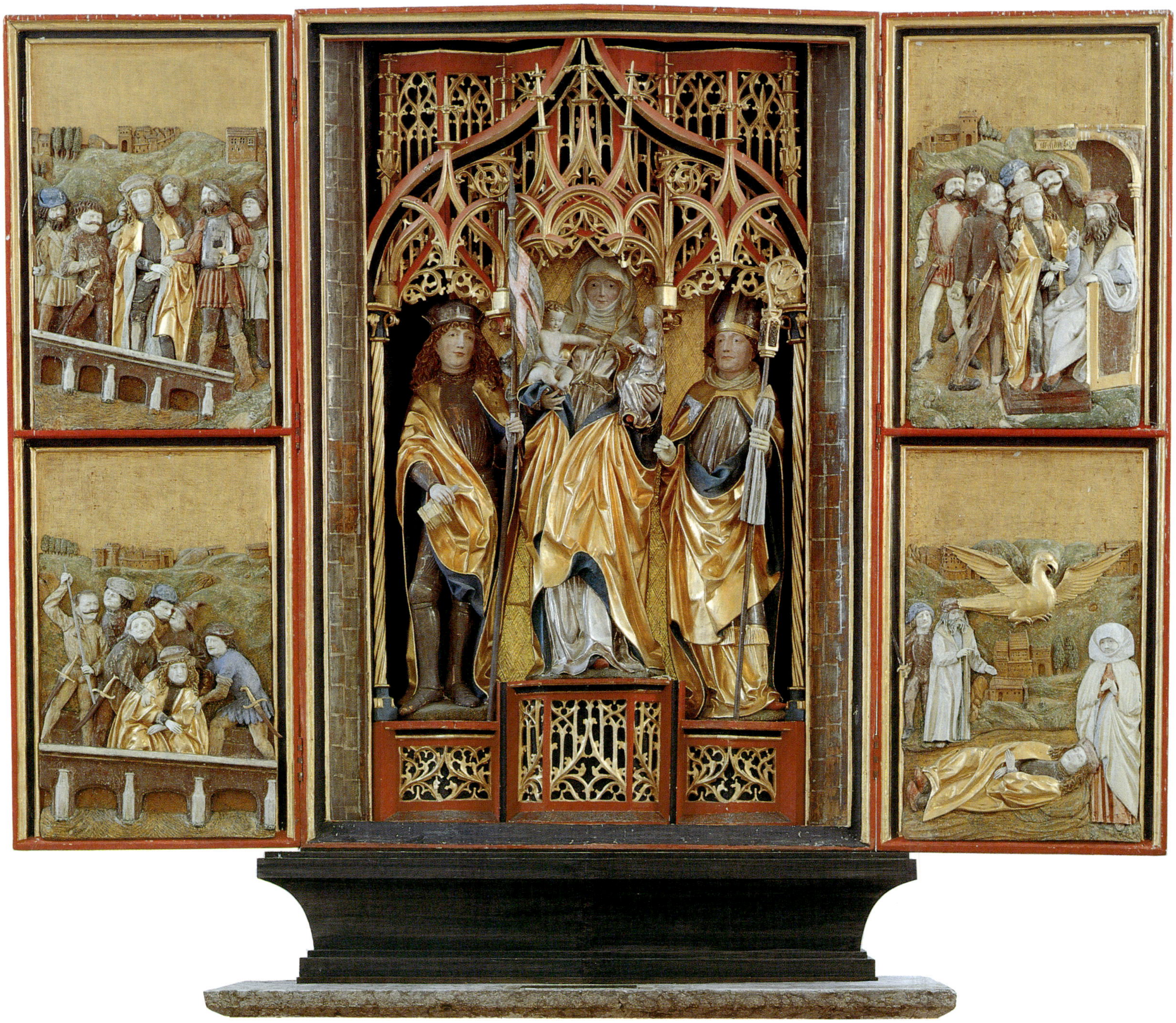

FRASDORF, Kirche St. Florian: Spätgotischer Flügelaltar, Anfang 16. Jahrhundert. Im Schrein wird die hl. Anna Selbdritt begleitet vom hl. Florian im Harnisch und dem hl. Bischof Wolfgang. Die Festtagsflügel tragen Schnitzreliefs mit Szenen aus dem Martyrium des hl. Florian

für ihre Vogtei rund um Prien diente. An der Wende zum Spätmittelalter starben die Falkensteiner aus. Graf Sigboto von Falkenstein-Neuburg, der bekannteste Sproß, fiel 1243 oder 1244 im Kampf mit den Wittelsbachern um die Lehenshoheit. Sein Bruder Kuno, der letzte männliche Nachkomme, wurde 1272 im Bad ermordet. Der Besitz fiel an die bayerischen Herzöge, die damit wohl unmittelbar darauf die Herren von Aschau-Hirnsberg belehnten. Ihnen ist das gotische Kunstwerk in der kleinen romanischen Kirche *St. Jakobus der Ältere* zu danken. Der letzte aus dem Geschlecht der Aschau-Hirnsberger, Wolfgang, gab um 1390 den Auftrag, die bereits in der Apsis und im Chorjoch romanisch freskierte Kirche – Adam und Eva unter dem Baum der Erkenntnis sind davon erhalten geblieben – mit dem wundervollen Freskenzyklus einer »biblia pauperum« auszustatten: In herrlichen Bildern zeichnete der unbekannte Meister mit seinen Gesellen die Menschheitsgeschichte des Alten und Neuen Testaments. Noch ganz im Stil romanischer Feierlichkeit thront Christus als Herrscher der Welt in der Mandorla, umgeben von den Symbolen der vier Evangelisten in der Kalotte über der Apsis. Gewissermaßen romanisch schlicht sind auch noch die Reihe der disputierenden Apostel darunter sowie die Medaillons mit den Klugen und Törichten Jungfrauen und die

URSCHALLING, *Kirche St. Jakobus d.Ä.: Fresken eines Höllenrachens und eines Gehenkten; Beispiele für die ab 1390 im gotischen Stil entstandene »biblia pauperum«. Das Gotteshaus mit seinem überaus reichen Bilderschmuck wird derzeit einer vollständigen Restauration unterzogen*

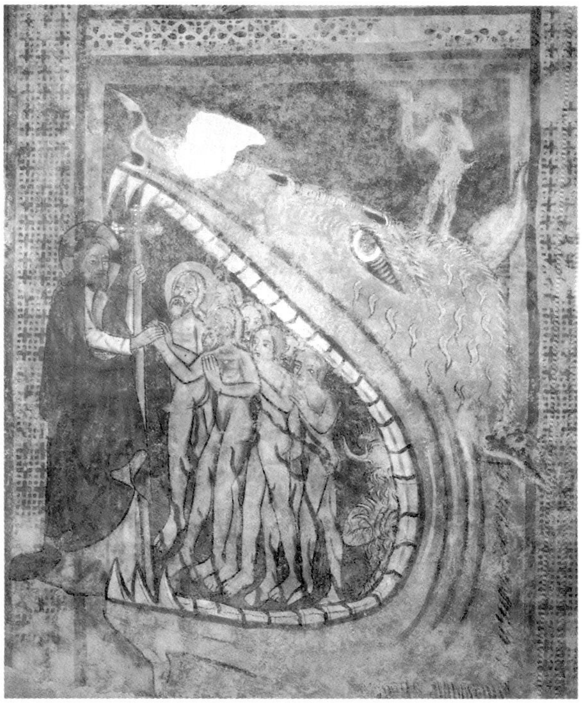

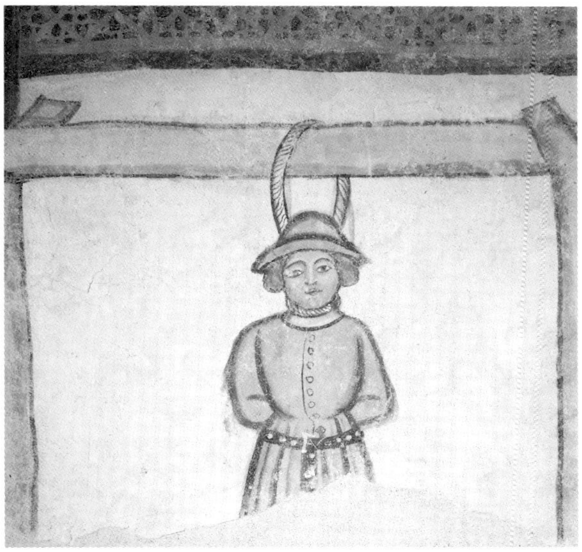

Propheten und die Könige des Alten Bundes im Bogen des Chorraums. Schon im Chorjoch und mehr noch im Langhaus bricht die Erzählkunst gotischer Maler durch. Sie verstehen es meisterhaft, die biblische Heilsgeschichte in die Gestik und die Kostüme des späten Mittelalters zu übertragen. Beginnend mit dem romanischen Fresko von Adam und Eva wird die Geschichte des Alten Testaments im Kreuzgratgewölbe des Chorjochs fortgesetzt. In den Feldern zwischen den groben Rippen sind Abraham, Moses, die Könige David und Salomon dargestellt. Das Ende bildet die Verheißung des Messias im brennenden Dornbusch. Er erscheint hier in strahlender Mandorla, die Maria und das Kind umgibt. Diese symbolische Verbindung leitet gleichsam über zum Neuen Testament. Seinen Anfang an der Südwand des Chorjochs bildet die Verkündigung Mariens durch einen wunderschönen Engel. Über die Geburt Christi und die sehr menschliche Szene der Anbetung der Könige (auf der gegenüberliegenden Wand) setzt sich die Geschichte auf der Südwand des ersten Langhausjochs fort. In zehn Bildern wird dem »Leser« die Passion Christi vom Einzug in Jerusalem bis zur Grablegung am Karfreitag nahegebracht. In der letzten Szene ist am linken Rand vor der Leiter auch der Stifter Wolfgang von Aschau-Hirnsberg mit Barett verewigt. Den Abschluß findet der Bildbericht auf der Nordwand dieses Jochs mit der Auferstehung Christi, der Befreiung der Gerechten aus dem Höllenschlund, dem Tod Mariens und ihrer Aufnahme in den Himmel als ergreifend schönes, betendes Mädchen, geborgen auf dem Schoß Gottvaters, der sich ihm gütig zuwendet. Der Bogen, der Chorjoch und Laienraum trennt, gibt noch einmal einen Rückblick auf das Alte Testament: auf Kain, den Bösen, personifiziert durch den Teufel hinter ihm, und Abel, den Guten, den ein Engel begleitet. Unvermeidlich für eine spätgotische Kirche ist die Darstellung der im Himmel vereinten Heiligen. Wir finden sie überall in der Kirche verteilt. In den Medaillons der Gewölbefelder des ersten Langhausjochs sind es die weiblichen Heiligen Hedwig und Elisabeth sowie entgegen dem Uhrzeigersinn, die Heiligen Helena und Apollonia, Amalberga und Agatha, Ursula und Agnes. Der Seelenwäger Michael, Antonius der Einsiedler, Maria mit dem Kind, Barbara, Katharina und St. Georg, der drachentötende Ritter, bevölkern die südliche Wand des Chorjochs. Ihnen gegenüber stehen die Heiligen Stephan und Laurentius, Paulus und Norbert. Die hl. Margaretha und der hl. Oswald sind an den Wandpfeilern zum Langhausjoch abgebildet. Der Bogen zum westlichen Joch gehört den Diözesanheiligen des Erzbistums Salzburg, dem hl. Rupert und dem hl. Virgil sowie den Heiligen Vitus, Wenzel und Pankratius. Auch der zweite Ritterpatron, der hl. Achatius, fehlt nicht: Sein Bildnis unter dem Tod Mariens vermittelt den Auftrag, den die Herren von Hirnsberg gesehen haben: der Kirche Gottes Schutz zu gewähren.

Das Gebiet der ehemaligen Herrschaft Wildenwart zwischen Chiem- und Simssee weist zahlreiche spätgotische Gotteshäuser auf. Häufig sind sie in exponierter Lage erbaut und weisen allein schon dadurch dem Besucher den Weg. Trotz späterer Veränderungen bergen sie noch manchen Kunstschatz aus den Jahren ihrer Entstehung, der zweiten Hälfte des 15. Jahrhunderts.
Chunrad von Freyberg auf Hohenaschau vermachte 1411 der Kirche *St. Petrus und St. Leonhard* von GREIMHARTING (Gemeinde Rimsting) eine größere Stiftung, eine »ewige gült«. Das vierjochige Langhaus und der Turm mit seinem spitzen Helm wurden Mitte des 15. Jahrhunderts erbaut; der niedrigere Chor ist wohl etwas älter. Das Gotteshaus ist noch heute Ziel einer Wallfahrt zum Viehpatron St. Leonhard. Nach der Überlieferung sind die Fundamente der Kirche aus den Steinen der abgegangenen Burg der Herren von Greimharting gemauert. Im Jahre 1758 wurde die Kirche barockisiert und Ende des 19. Jahrhunderts teilweise regotisiert. Die spätgotischen Wandmalereien wurden dabei glücklicherweise immer nur übertüncht. Bei der letzten Restaurierung wurden im Chor Reste eines um 1450 gemalten großen Bilderzyklus und im Langhaus ein großer Christophorus aus dem beginnenden 16. Jahrhundert freigelegt. Der Hauptaltar im Chor ist aus mehreren Teilen, die ab 1940 in die Kirche kamen, zusammengefügt worden: Um 1520 wurde die schöne Figur des hl. Leonhard im Schrein geschnitzt. Die vier Schnitzreliefs mit Szenen aus dem Marienleben auf den Altarflügeln deuten auf eine Allgäuer Werkstatt hin. Sie sind um 1500 entstanden.
Wie sich aus dem Namen ableiten läßt, ist MAUERKIRCHEN (Markt Endorf in OB) eine alte Siedlung. Im Spätmittelalter war sie der bedeutendste Marktort im westlichen Chiemgau. Drei Bannmärkte durften abgehalten werden; schon 1455 bezeichnete sie ein Pfleger von Wildenwart als altes Herkommen. Von einem romanischen Vorgängerbau wurde die nördliche Langhauswand in die zu Anfang des 16. Jahrhunderts neu errichtete Kirche *St. Johannes Baptist und Paulus* übernommen. Das Gotteshaus erweist sich insgesamt als gut erhaltenes spätgotisches Bauwerk. Dekorative spätgotische Ornamentmalerei überzieht das Netzrippengewölbe. Schöne spätgotische Beschläge zieren die Türe zu dem im Norden an den Chor gebauten Turm, und eine gute Arbeit des ausgehenden 15. Jahrhunderts ist die Madonna mit Kind an der südlichen Langhauswand. Sie wird begleitet von St. Johannes dem Täufer und dem Apostel Paulus. Die übrige Ausstattung ist barock.

Die Stadt Wasserburg und der westliche Chiemgau

WASSERBURG ist die Stadt der Gotik in Oberbayern. Ihr Aufblühen, ihre wirtschaftliche und kulturelle Entwicklung ist mit den drei Jahrhunderten des späten Mittelalters verbunden, die vom gotischen Stil geprägt wurden. Am Übergang vom 12. zum 13. Jahrhundert wurde die befestigte Siedlung angelegt. Von Beginn an diente sie als wirtschaftlicher und politischer Stützpunkt, dessen Mauern einen sicheren Umschlags- und Stapelplatz für Salz, Wein und Getreide gewährleisteten. Die topographischen Gegebenheiten und die Lage am Kreuzungspunkt zweier wichtiger Verkehrswege – der Innschiffahrt und der Salzstraße – machten die Stadt ideal geeignet für die Doppelfunktion, Handelsplatz und strategisch wichtige Verteidigungsbastion zu sein. Nicht umsonst wurde Wasserburg unter den oberbayerischen Wittelsbachern als der Handels- und Kriegshafen Münchens bezeichnet.
Der Inn hat die löffelartige Landzunge geformt, die von drei Seiten durch den im Mittelalter breiteren Fluß und die bis zu siebzig Meter aufragenden Steilhänge auf dem östlichen Flußufer geschützt wird. Den nur 150 Meter breiten Hals der Landzunge als einzigem Zugang im Westen, schützt der dahinter emporsteigende Höhenrücken, der zudem, wie durch einen Sperriegel, von der ab 1137 durch den Hallgrafen Engelbert erbauten »Burg am Wasser« gesperrt wird. Unter seiner Regierung wurden Innbrücke und Mauthaus gebaut. Damit begann der wirtschaftliche Aufstieg der ehemaligen Fischer- und Schiffersiedlung Hohenau. Zwischen 1160 und 1220 wurde der Ort erstmals mit einer Mauer umgeben und bereits 1201 wurde er als Markt urkundlich, den Namen Wasserburg trug die Siedlung ab

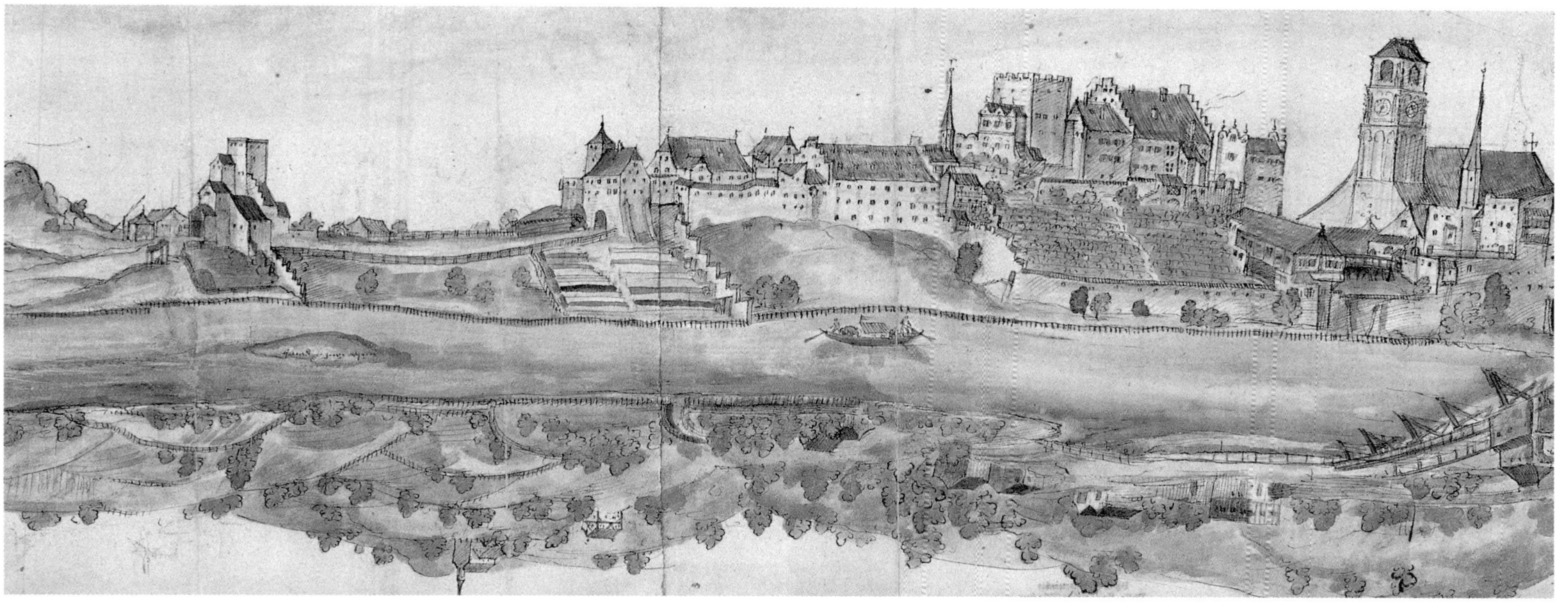

WASSERBURG AM INN: *Ansicht der spätgotischen Stadt, die ein unbekannter Zeichner um 1580 geschaffen hat. Aus einem Gerichtsakt im Bayerischen Hauptstaatsarchiv, München*

Mitte des 13. Jahrhunderts. Vermutlich waren ihr damals bereits Stadtrechte verliehen. Seit 1248 waren die Wittelsbacher die neuen Stadtherren. Herzog Otto II. der Erlauchte nimmt dem letzten Hallgrafen Konrad Stadt und Burg gewaltsam ab. Anton Wilhelm Ertl berichtete darüber in seinem 1687 erschienenen Churbayerischen Atlas: »Graf Conrad, der letzte dieses Geschlechts, weil er von seiner Gemahlin Kunigund kein Kind gehabt, setzte zum Erben Hertzog Otto zu Bayern, seiner Schwester Enckle. Als er sich aber hernach der Pabstlichen Parthey aus Anstifftung Albert Böhams Chorherrn und Erzdiacon zu Passau wider Kayser Friderich den II. anhängig gemacht, wurde er auf Befehl deß Kaysers durch Hertzog Otto, zu Wasserburg 119 Tag belägert, entrann aber nach Österreich, worauf Hertzog Otto dessen Güter mit Gewalt erobert im Jahr 1248. Der Graf ist in Ungarn elendiglich gestorben.«
Wasserburg stand bei den Wittelsbachern in hoher Gunst. 1250 wurde der Bau des ersten Rathauses begonnen, und ab 1255 entsteht die erste Kirche, St. Jakob. Wie eine Urkunde vom 2. April 1255 berichtet, gab Bischof Konrad I. von Freising den Bürgern die Erlaubnis zum Kirchenbau. Kaiser Ludwig der Bayer verlieh der Stadt 1332 das Recht zur Salzniederlage und unterstützte tatkräftig den raschen Wiederaufbau nach der verheerenden Brandkatastrophe von 1339. Aus dieser Zeit stammt der Stadtgrundriß, der das Bild der Innstadt heute noch bestimmt.

Ihre größte Ausdehnung erreichte die Stadt im 14. und 15. Jahrhundert. Das Anwachsen der Bevölkerung machte 1324 den Bau einer zweiten Kirche, der Frauenkirche am Stadtplatz, notwendig. 1341 wurde das Spital und die Kirche Heilig Geist gebaut. Der Bürger Zacharias von Hohenrain hat die dazu notwendigen Mittel gestiftet. 1374 schloß sich der Bau des ersten Brucktores an, und 1392 wurden die Salzstadel auf dem Gelände der jetzigen Hofstatt errichtet. Die heutige Kirche St. Jakob wurde 1410 begonnen.
Ab 1392 gehörte die Stadt zum Teilherzogtum Bayern–Ingolstadt. Unter dieser Herrschaft wurde ab 1415 die Befestigung von Stadt und Burg ausgebaut. Herzog Ludwig VII. der Gebartete hat Mauern, Tore und Zwinger so erhöhen und verstärken lassen, daß weder Herzog Heinrich XVI. der Reiche von Landshut trotz einmonatiger Belagerung im Jahre 1422, noch zweihundert Jahre später die Schweden und Franzosen die Stadt einnehmen konnten. Von dem Ausbau zeugt noch der Gedenkstein für Ludwig VII. an der Kirche St. Jakob: »Als man zallt von Christi gepurd 1415 jar hat herczog ludbeig herczog in bayern und grafe czw mortany etc. der künigin von frankchreich prueder angefangen vnd dy mawer vnd den turn über den halls vor der aussern vesst gemawrt zu bayden seitten bis an den jn darnach den obrenperg mit ainer mawr eingefangen und ainen zwinger gemawrt vnder der vesst auf den jn vnd den gefuetert vor der vesst gein der stat vnd mawr

darczu ain news kastenhaws vnd dy statmawr lassen erhöhen vnd dy türn vnd dy verdakchten umbgenden were gepawen vnd vil ander nüczleich pew getan an der stat vnd vesst wasserburg bey seinen czeiten bittet got für sein sele zt' [etc.]«.
Herzog Ludwig VII. sorgte auch für den Unterhalt des Verteidigungswerks. Allein zu diesem Zweck bewilligte er der Stadt 1416 am St. Dorotheentag das Recht, von jeder über die Brücke kommenden Salzscheibe einen Pfennig Zoll zu erheben. Handel und Gewerbe florierten. 1448 wurden in der Stadt 43 Wein- und 20 Metschänken betrieben, um den Durst der Reisenden, Fuhrleute und Schiffer zu löschen.
1504 wurde die wirtschaftliche Entwicklung Wasserburgs jäh beendet: Weil sie gegen Herzog Albrecht IV. Politik gemacht hatten, bestrafte er die Stadt Wasserburg nach seinem Sieg im Landshuter Erbfolgekrieg mit dem Entzug des Salzstapelrechts. Mit der Auflösung des Rentamts im Jahre 1505 folgte dem wirtschaftlichen Niedergang unmittelbar das politische Ende. Zwar wurde in den Jahren 1531 bis 1540 das alte Grafenschloß noch zum herzoglichen Pflegschloß umgebaut, doch Wasserburg wurde nun zur Provinzstadt und konnte nur als Flußhafen seinen alten Rang behaupten. Über das Spätmittelalter hinaus brachten Wasserburger Schiffsmeister aus Österreich und Ungarn Getreide und Wein an die Lände.

Das spätgotisch geprägte Stadtbild Wasserburgs läßt sich am besten vom Steilufer des Inn im Südosten erleben. Geschlossen erhebt sich die Uferfront der Bürgerhäuser mit dem mächtigen Brucktor und dem Spitalbau. Aus der Landschaft der Grabendächer und der waagrechten Vorschußmauern ragt die gewaltige Dachfläche und der massige, von einem stumpfen Pyramidendach gedeckte Turm der Stadtpfarrkirche St. Jakob hervor. Gegengewichte bilden die kleinere Frauenkirche mit dem schlanken, spitzbehelmten städtischen Wachturm und die mit Treppengiebeln geschmückte Fassade des Rathauses. Beherrscht wird die Stadtlandschaft von der ehemaligen herzoglichen Burganlage, die mit ihren hohen Giebelfronten schützend über der Bürgerstadt steht. Bis vor wenigen Jahren nahm der Verkehr durch die Stadt noch den Weg, den die Stadtplaner der Spätgotik vorgegeben hatten. Wo früher die Fuhrleute über die »Hundsreib'n« auf dem engen, winkeligen Weg den Burgberg hinunter durch die Schmidzeile am Mauthaus vorbei, über den südlichen Zipfel des Marienplatzes, um das scharfe Eck zum Brucktor hin geflucht haben, schrammten die Lastzüge an den Hausecken und ihren Prellsteinen entlang.
Gleichwohl – das Leben in der Stadt ist beschaulich geblieben und vielleicht war es diese Verkehrsführung, die keine Hektik aufkommen ließ. Um 1500 entstanden die heimeligen, zum Teil kreuzgratgewölbten Laubengänge mit ihren spitzbogigen Arkaden rund um den Marienplatz, in der Herrengasse, an der Hofstatt und an der Schmidzeile. Viele Häuser haben noch ihren spätgotischen Kern: In dem einen ist es eine Gewölbehalle (wie im Erdgeschoß der Salzsenderzeile 3), in anderen sind es steinerne Türgewände und Kielbogenfelder an der Fassade (wie in der Ledererzeile), Reste von Fresken (wie am Surauerhaus in der Schmidzeile 1) oder der Eckerker mit einem Engel und Wappen im Ansatz, den Wolfgang Leb 1497 für das Irlbeckhaus, das sogenannte Mauthaus (in der Schmidzeile 2), geschaffen hat. Es lohnt, die alten Straßen und Gassen zu durchstreifen, den Marienplatz mit seinen alten Läden zu umrunden. Beim Anblick der alten Marienapotheke und der prächtigen Laubengänge wird man vom Flair spätgotischer Stadtgestaltung verzaubert und eingenommen. Wasserburg ist »eine Stadt voll von Menschen und sehr ansehnlichen Palästen und Brunnen«, schrieb 1429 Silvio Enea Piccolomini. Ein Blick in einen Fletz der Häuser, der früher Laden, Lager und Werkstatt der Handwerker und Händler war, oder in einen der reizvollen Innenhöfe mit ihren oft mehrgeschossigen Arkadengängen läßt erahnen, wie die Bürger einer spätmittelalterlichen Stadt gelebt haben.

Die Eindrücke wecken das Verständnis für die Repräsentationsbauten, in denen sich der Bürgerstolz und die Wirtschaftskraft des Gemeinwesens spiegelt. »Wir der rat und gemeinichlich die burger der stat ze Wasserburg sein ainmütigchlich miteinander überain worden die kirichen ze sand Jacoben zu gewelben und ze pawen«, heißt der Beschluß zum Neubau der

WASSERBURG AM INN, Stadtpfarrkirche St. Jakob: Westportal, um 1478 nach Plänen von Stephan Krumenauer von Wolfgang Wieser vollendet

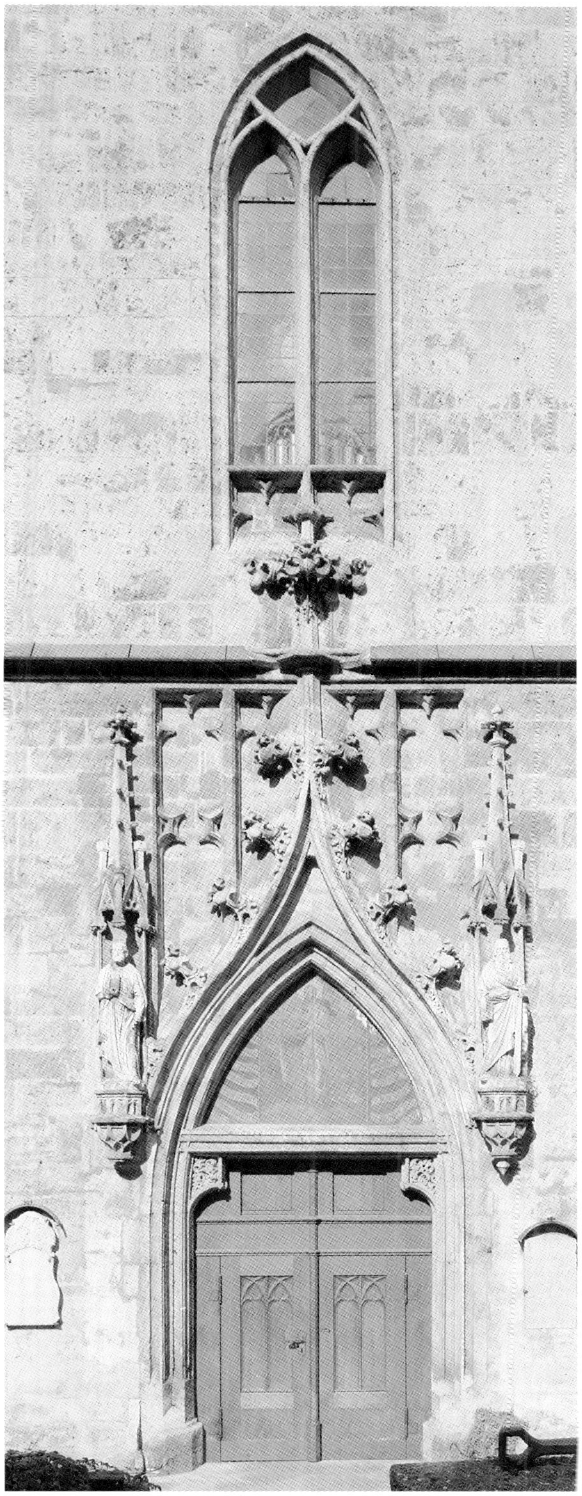

Stadtpfarrkirche *St. Jakob* aus dem Jahre 1410 im Salbuch des Stadtarchivs von Wasserburg. Planung und Leitung wurde niemand Geringerem als Hans von Burghausen übertragen. Schleppend ging der Bau voran. Nach den Rechnungsunterlagen war Meister Hans noch 1431 in Wasserburg tätig, doch erst 1437/38 wurde das Langhaus fertig. 1445 begann der Neubau des Chores. Stephan Krumenauer, einem Sohn des Passauer Dombaumeisters Hans Krumenauer, wurde der Auftrag übertragen. Krumenauer baute auch die Kapellen zu beiden Seiten des Turms und dessen drei unteren Geschoße. 1448 konnten die Chorweihe und bis 1454 die Weihen der Seitenkapellen gefeiert werden. 1478 waren die durch Gesimse und oben durch Fialen geschmückten sechs Geschoße des Westturms vollendet. Die letzten drei Stockwerke sind ein Werk des Wasserburger Baumeisters Wolfgang Wieser, der 1461, nach dem Tode Krumenauers, dessen Aufgaben übernommen hatte.

Heute stellt sich die große dreischiffige Hallenkirche mit ihren fünf Jochen in regotisierter Form dar. Längsrechteckige Pfeiler und profilierte Arkaden tragen die Gewölbe. Zwischen tief eingezogene Strebepfeiler sind Seitenkapellen und hohe Fenster gesetzt. Der nicht abgetrennte Chorraum faßt in einem Umgang alle drei Schiffe zusammen. Die Netzgewölbe in den drei Schiffen sind nahezu unversehrt: Die Stukkateure der Renaissancezeit haben die Rippen nicht, wie in den Seitenkapellen, abgeschlagen; bei der Rückführung zum gotischen Aussehen mußten nur einige der mit lebensvollen Köpfen besetzten Kragsteine erneuert werden. Neu geschaffen wurde hingegen die Unterwölbung der Westempore. Auf der Empore öffnet sich der einspringende Turm in drei profilierten Arkaden zur ehemaligen Elisabethkapelle. Den Raum deckt Sterngewölbe. Trotz aller barocken und neugotischen Veränderungen im Raumschmuck und in der Ausstattung blieb die niederbayerisch geprägte Hallenarchitektur der späten Gotik bestehen. Der weite, lichte Kirchenraum erstrahlt in einer Helligkeit, die in der Enge der verfügbaren Siedlungsfläche nicht zu vermuten ist. Das Innere birgt noch eine Reihe spätgotischer Steinplastiken, unter denen besonders die Grabplatte des um 1500 verstorbenen Hans Paumgartner, Rentmeister zu Wasserburg, in der Kapelle hinter dem Hochaltar herausragt: Das Relief zeigt den Verstorbenen mit schön gelocktem Haupthaar in voller Rüstung über seinem Wappen mit Helmzier. Begleitet wird der Tote von Propheten mit Spruchbändern in den Zwickelfeldern der Grabplatte. Das Werk wird dem Steinmetz Wolfgang Leb zugeschrieben.

Dem Turm der Kirche St. Jakob gegenüber steht die *St. Michaels- und Allerseelenkapelle.* Die interessante Doppelkapelle wurde in den Jahren 1501/02 erneuert. Im unteren Raum ruht das einfache Netzgewölbe auf kräftigen Wandpfeilern. In der profanierten oberen Kapelle – sie ist von der Schmidzeile und über eine Stiege von der Pfarrkirche erreichbar – sind die Netzfigurationen reicher und die Wandpfeiler zierlicher gehalten. Die Kapelle verkörpert den Eigensinn der Wasserburger Bürger: Bereits der erste, ab 1378 errichtete Bau war eine Doppelkapelle, obwohl der damals für den Pfarrsprengel zuständige Abt des Klosters Attel den Bürgern nur den Bau einer mannshohen Gruftkapelle als Beinhaus für den zu kleinen Friedhof erlaubt und die Feier heiliger Messen in dieser Kapelle ausdrücklich verboten hatte.

Die Kirche *Unserer Lieben Frau* am Marienplatz hat nur nach außen ihr gotisches Gesicht bewahrt. 1324 erstmals erwähnt, wird für 1386 die Vollendung der Gewölbe gemeldet. Der Backsteinbau, eine dreischiffige basilikale Anlage unter einem einzigen (!) Dach vereint, wurde 1753 im Stil des Rokoko umgestaltet. Lediglich in der Sakristei und am Westende des Mittelschiffs haben sich die Rippenfigurationen von 1386 erhalten. Der städtische Wach- und Kirchturm, eine im 14. Jahrhundert häufige Kombination, bekam 1501/02 seinen Helm mit den vier gemauerten Erkern an den Ecken. Sie hat der Wasserburger Wolfgang Wieser angefügt.

Viele Umbau- und Erneuerungsmaßnahmen mußte auch das *Rathaus* über sich ergehen lassen. Seine Fassaden mit den unterschiedlichen Staffelgiebeln im Süden, die Fensterfront im Osten, sämtliche Treppenhäuser und Flure sind Zutaten des 19. Jahrhunderts. Gotische Substanz blieb nur im Erdgeschoß des größeren, östlichen Bauteils mit den Brotlauben (die immer noch Verkaufsstände der Bäcker beherbergen), der ehemaligen Kornschranne und der Waage an der Salzsenderzeile sichtbar. Hier tragen die Räume noch die rippenlosen Kreuz- und sternförmigen Netzgewölbe der späten Gotik. Nach den Kammerrechnungen stammen sie vom durchgreifenden Umbau in den Jahren 1457 bis 1459. Brände und eine funktionsgerechtere Gestaltung machten dann noch die aus der Gotik übriggebliebenen Reste zunichte.

Das romantisch-historisierende Stilempfinden des 19. Jahrhunderts hat ebenso die Innfront der Stadt mit dem *Brucktor* und dem anschließenden *Heilig-Geist-Spital* verändert. Das mächtige Stadttor wurde 1470 unter Leitung von Wolfgang Wieser neu gebaut. Er verband es mit den ab 1380 erneuerten Spitalflügeln und ihrer Kirche. 1568 entstanden die Fresken an der Flußseite des Tores und des Spitals; seit der Rekonstruktion 1983 strahlen sie wieder in farbiger Pracht. Das 1341 von Zacharias von Hohenrain gestiftete Heilig-Geist-Spital sollte besonders die Teilnehmer an der Schlacht bei Mühldorf aufnehmen. Die Stiftung besteht noch heute. Die zum Spital gehörige spätgotische *Heilig-Geist-Kirche* wurde an dessen nördlichen Flügel mit Erdgeschoßlauben angebaut; sie ist ein rechteckiger Raum ohne deutliche Trennung von Chor und Langhaus. Eingezogene Wandpfeiler tragen das Netzgewölbe, dessen Rippen in profilierten Kragsteinen enden. 1850 erhielt die Kirche die Westempore. Einfach ist die Ausstattung. Nur ein farbig gefaßtes Holzrelief mit dem Pfingstwunder vom Ende des 15. Jahrhunderts und Reste der ehemaligen Wandbemalung sind als Relikte der Spätgotik nennenswert.

Jenseits der alten Innbrücke verlief im späten Mittelalter die Grenze des von Salzburg abhängigen Bistums Chiemsee. Deshalb gehörte die von Wolfgang Wieser zwischen 1483 und 1485 erbaute, ehemalige städtische Leprosenhauskirche *St. Achatius* kirchenrechtlich zur Pfarrei Kircheiselfing. 1484 wurde das Gotteshaus geweiht, 1485 war der Westturm vollendet. Ein ausgewogenes Netzrippengewölbe deckt das breiträumige, drei Joche lange Kirchenschiff mit seinen Wandpfeilern. In gleicher Breite schließt der zu fünf Achtel geschlossene Chorraum an; er ist durch einen stark einspringenden Triumphbogen vom Laienraum getrennt. Die Empore im Westen überspannt in drei Bögen auf roten Marmorsäulen die Breite des Langhauses. Ihre Untersicht zeigt einfache Sterngewölbe. Die Emporenbrüstung wurde im 19. Jahrhundert erneuert.

Vom Ostufer des Flusses reicht der Blick hinüber zu der hochaufragenden ehemaligen *Burg*, einem dreigeschossigen, mächtigen Satteldachbau mit Treppengiebeln aus dem Jahre 1531, und zu dem herzoglichen Getreidekasten mit seinem langgestreckten Dach, den Gauben und Aufzugsluken. Die in Treppengiebeln endende

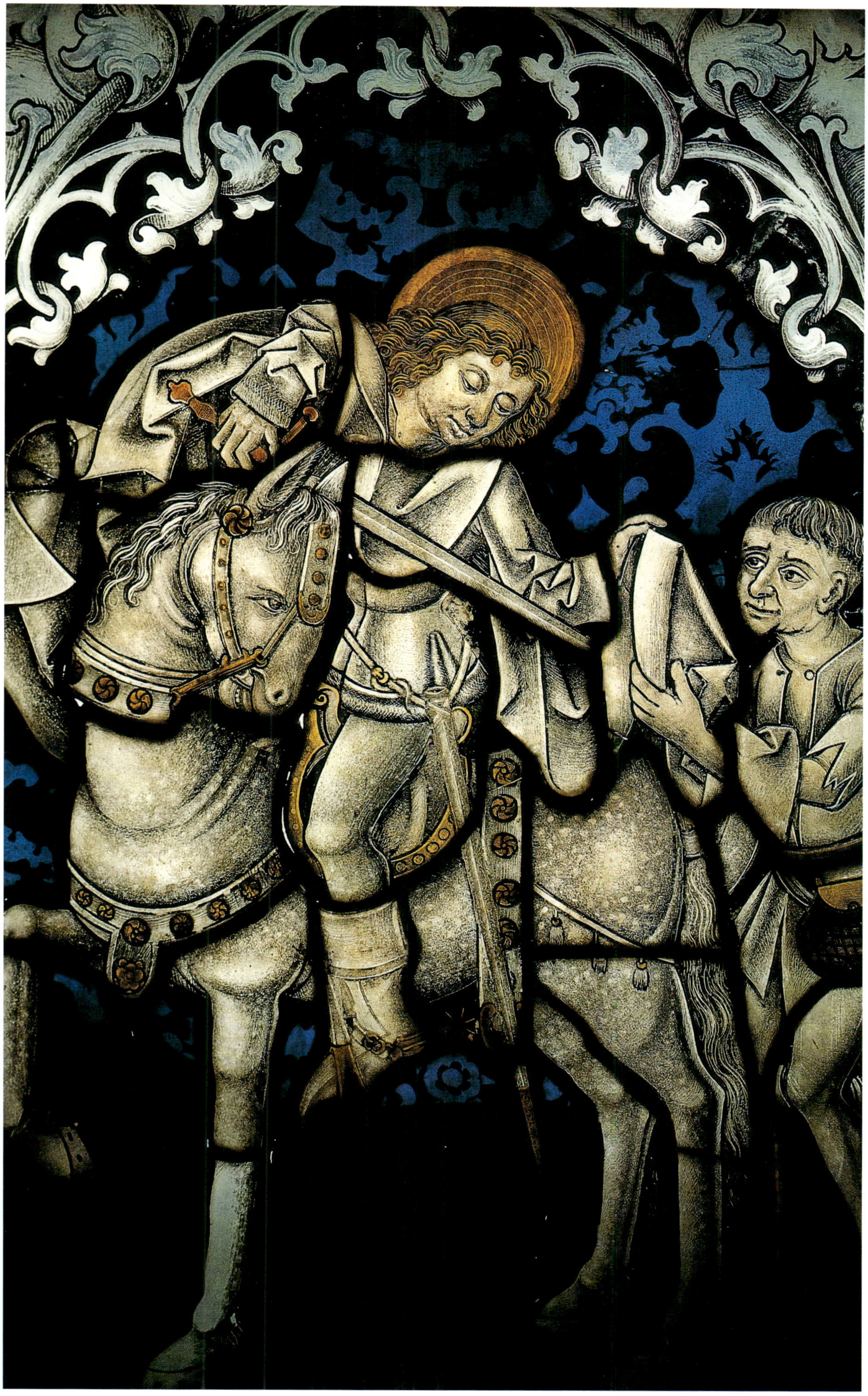

WASSERBURG AM INN: *Glasmalerei aus der Kirche St. Achatius, um 1484. Der hl. Martin teilt seinen Mantel mit einem Bettler (Heimatmuseum Wasserburg)*

Front des 1526 errichteten Bauwerks schmücken die Wappen von Bayern und Baden für den Bauherren Herzog Wilhelm IV. und seine Gemahlin Jacobäa, einer Markgräfin von Baden. – Etwas vorspringend und in ihrem Grundriß abgeschrägt – sie wurde dem Gelände angepaßt – steht die 1464 erbaute Schloßkirche *St. Aegidius*. An der Außengestalt und im Erdgeschoß des an der Chornordwand angebauten Turms sind die spätgotischen Architekturformen erhalten; alle übrigen Bauteile des Gotteshauses wurden 1710 im Stil des Rokoko stuckiert und ausgestattet. Es sind nicht die spätgotischen Details an den Bauwerken, die beeindrucken, sondern vielmehr das Zusammenwirken von Burg und Stadt, einer Einheit, die gleichsam unberührt in der Gestalt des späten Mittelalters aus dem Fluß emporsteigt.

Das in den Chiemgau hineinreichende Land um Wasserburg erstreckt sich zwischen den Klöstern Rott am Inn und Gars entlang des Inn und nach Südosten bis zu den zahlreichen kleinen Seen, die von den eiszeitlichen Gletschern geblieben sind. Im Spätmittelalter gehörte das Land Angehörigen des landsässigen Adels, die als Ministeriale des Landesherrn, der Klöster und Bistümer die Verwaltung besorgten. Immer wieder tauchen Burgen oder Herrensitze in der Landschaft auf, die im Kern auf spätmittelalterliche Bauten zurückgehen: Das malerisch an einem kleinen See gelegene *Schloß Penzing* (Gemeinde Babensham) mit der 1483 geweihten Schloßkapelle St. Johannes Baptist oder das aus dem Wald herausleuchtende *Schloß Amerang* (Gemeinde Amerang) sollen als Beispiel für andere stehen.
Vielfältig sind die in ihrem Bestand gut erhaltenen kleinen spätgotischen Kirchen, die abseits der Straßen im Schutz der Weiler und Einzelgehöfte erbaut wurden. Im späten Mittelalter war die prächtig gelegene Waldburg über dem Ort AMERANG ein wichtiger Adelssitz, der dem Turnieradelsgeschlecht der Laiminger zu Amerang gehörte. Sie waren mit der Linie der Laiminger verwandt, die in Seeon das Amt der Klostervögte ausübten. Besondere Bedeutung erlangten die Laiminger zu Amerang durch ihre Verbindung mit den Scaligern, dem mächtigen Adelsgeschlecht aus Verona: Im Jahre 1500 heiratet Margarethe von Laiming den Veroneser Hans von der Loyter (oder della Scala). Sie begründeten das Geschlecht der Herren von der Leiter auf Amerang, jenen Nachfahren der Scaliger, die nach dem Verlust Veronas hier eine neue Heimat gefunden haben.
Die Pfarrkirche *St. Rupertus* im Ort Amerang hat ihren Ursprung in einem Bau des ausgehenden 14. Jahrhunderts; im Jahre 1475 wurde das Gotteshaus um ein Seitenschiff erweitert. Es diente fortan als Grablege der Laiminger oder der Herren von der Leiter auf Amerang. Der bemerkenswerteste Epitaph steht an der Nordwand des Chors: »Hye ligt begrabn d'edl vn vest Jorg Laiminger czu amrang [....] de' gestarbn ist 1476.« Die Grabplatte, die wohl einmal der Deckel eines Hochgrabs war, trägt das Relief des Schmerzensmanns mit zwei Engeln, die ein Tuch halten. Darunter knien der Verstorbene in voller Rüstung und seine Gemahlin, eine geborene Anna Stauff zu Ernfels. Eigenwillig, aber äußerst sorgfältig gearbeitet, ist das als Bildhintergrund in diagonalen Bahnen in den Stein gemeißelte Korbgeflecht. Geschaffen hat die Grabplatte Franz Sickinger aus Burghausen. Im Auftrag der Witwe des Verstorbenen hat er dabei ein anderes Hochgrab nachempfunden, das in der Kirche von Weng bei Freising steht, die Deckplatte des Grabmals der Fraunberger zu Haag; 1472 wurde sie von dem Münchner Bildhauer Matthäus Haldner geschaffen (s. S. 70). Die Nachahmung der Grabplatte hatte familiäre Gründe: die Schwester Jörgs von Laiming, Barbara, war seit 1457 mit Georg von Fraunberg zu Haag vermählt.
Zwischen 1480 und 1490 wurde die spätgotische Kirche *St. Petrus* in MEILHAM (Gemeinde Amerang) erbaut. Drei Joche umfaßt das Langhaus, an das sich die zwei Joche des zu drei Achtel geschlossenen, eingezogenen Chors anfügen. Reiches und schön gestaltetes Netzgewölbe überzieht Langhaus und Chor. Wie in vielen Kirchen dieser Gegend sind im Chor alle Schnittpunkte der Rippen, im Langhaus nur die in der Mittelachse mit runden bemalten Schlußsteinen besetzt. Herausragend ist dieses Gotteshaus aber durch seine nahezu vollständig erhaltenen Wand- und Deckenmalereien. Reiche Ornamente füllen die Gewölbefelder, szenische Bilder die Wandflächen im Chor. An der nord-

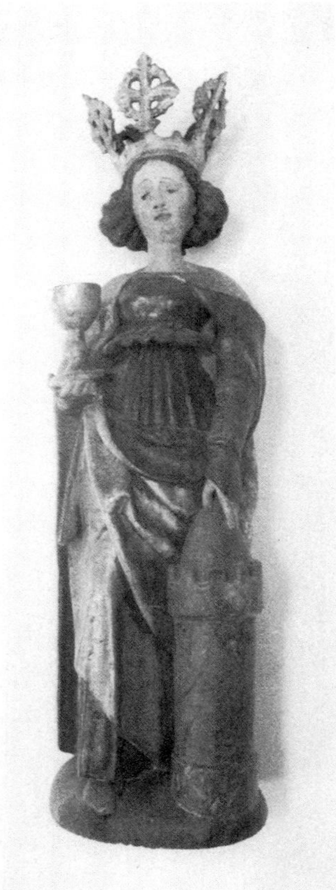

MEILHAM, *Kirche St. Petrus: Hl. Barbara, Schnitzfigur an der Langhauswand; 2. Hälfte 15. Jahrhundert*

östlichen Wand ist die Heimsuchung Mariens und die Geburt Christi dargestellt. Im Hintergrund des Bildes beschäftigt sich der hl. Joseph als guter Hausmann hingebungsvoll mit Kochen. Gegenüber an der Südwand über der Sakristeitür ist die um 1480 entstandene Anbetung der Heiligen Drei Könige zu sehen. (Als höfischer Gestus ist die Körperhaltung der drei Weisen aus dem Morgenland auffallend, besonders die für die spätgotische Sitte typische, nach außen gerichtete Stellung des linken Fußes beim dritten König.)
Mitte des 15. Jahrhunderts entstand die Kirche *St. Bartholomäus* in dem kleinen Weiler GUNTERSBERG (Gemeinde Höslwang); sie ist in vielem mit Meilham zu vergleichen. Das Netzgewölbe, das die drei Joche des Langhauses und die beiden Joche des wenig eingezogenen Chors überwölbt, wird von Dreiviertelsäulen getragen, die den Wandpfeilern vorgelegt sind. Aus der Erbauungszeit stammt die figürliche Bemalung der Schlußsteine. (Erst um 1500 malte ein unbekannter Meister die sehenswerte Ausschmückung der Kirche mit Ornamenten, Ranken und figürlichen Fresken. Im Jahre 1952 wurden die spätgotischen Wandmalereien mit den Szenen aus dem Marienleben und der Passion Christi freigelegt.
Das Gotteshaus besitzt gut gefaßte, spätgotische Holzfiguren, von denen die um 1500 geschaffene gekrönte Madonna mit dem auf beiden Armen liegenden Kind hervorzuheben ist. Gute Arbeiten stellen auch die um 1520 geschnitzten Figuren des hl. Jakobus d.Ä. und des hl. Bartholomäus dar.
Spätgotische Grabmale lohnen einen Besuch in dem hoch über dem Inn gelegenen KLOSTER ATTEL mit der 1713 neu erbauten Kirche *St. Michael*. Gleich in der ersten südwestlichen Seitenkapelle steht der Grabstein des um 1450 gestorbenen Conrad Zeller, »Jegmaist' czu Lanczhut gebesen«, und seiner Gemahlin Anna Haydenreich: Das lebensgroße Hochrelief zeigt Conrad Zeller in einer sehr sorgfältig aus dem Stein gehauenen Ritterrüstung.
In der Kapellenmitte steht das Hochgrab des Stifters Graf Engelbrecht zu Limburg mit einer Deckplatte aus rotem Marmor. Es wurde posthum errichtet und wie eine kleine Inschrift auf dem Schrägrand sagt, hat Wolfgang Leb es 1509 im Auftrag des damaligen Abtes Leonhard gefertigt. Ausgehend von der Qualität der Arbeit hat Leb zumindest die Deckplatte geschaffen und die weniger guten Seitenteile wohl seinen Gesellen überlassen. »Herr Graf Englbrecht zw Limpurg der annder, Stiffter ditz gotzhaus Attl. Fraw Mathild sein gmahl vnd Gebhard Dyetrich sein sun den got genad anno dni MLXXXVII«, sagt die umlaufende Inschrift zwischen den Wappen an den Ecken: des Reichs, des Herzogtums Bayern, des Bistums Freising und des Abtes Leonhard von Attel. Das Relief auf der Platte zeigt den auf einem Sockel unter einem gotischen Baldachin knienden Stifter und seine Gemahlin mit dem Kirchenmodell; im linken oberen Zwickel erscheint Maria mit dem Kind und rechts ein Engel mit einem Spruchband; die Wappen unter dem Stifterpaar sind mit Limburg und Attel eindeutig, das in der Mitte könnte die Hallgrafen andeuten. Stilistisch interessant sind die auf der Grabplatte vereinten Gegensätze: die Umrahmung und das Beiwerk rund um die Relieffiguren sind spätgotisch, die Kleidung des dargestellten Paares deutet dagegen bereits die Mode der Renaissance an. Die Längsseiten der Tumba schmücken je fünf sitzende Gestalten in gotischen Nischen. Sie werden angeführt von Abt Leonhard an der Kopfseite.
Eine prachtvolle spätgotische Tumba, die ebenfalls posthum zu Ehren der Klosterstifter errichtet wurde, besitzt auch die ehemalige Benediktinerklosterkirche *St. Marinus und Anianus* von ROTT AM INN: 1485 wurde das Grabmal in der Vorhalle aufgebaut; geschaffen hat es Franz Sickinger aus Burghausen. Auf einem Postament stehen im Relief die beiden Stifter, Graf Kuno von Rott und sein Sohn, beide wehrhaft in einem gotischen Plattenharnisch; der Vater trägt dazu die Grafenkrone und einen Mantel. Er hält das gräfliche Banner in der Rechten. Der Sohn mit einer Eisenhaube hat die Hand am Schwertknauf. Beide halten das Modell einer Kirche empor. Wie in Attel sind unter dem Sockel des Grabmals die Stifterwappen eingemeißelt: Neben dem Wappen der Grafen von Rott ist eines, das dem bayerischen Wappen sehr ähnelt. Wappen verzieren auch die Seitenflächen der Tumba. Bemerkenswert ist die kniende weibliche Figur am Fußende der Tumba:

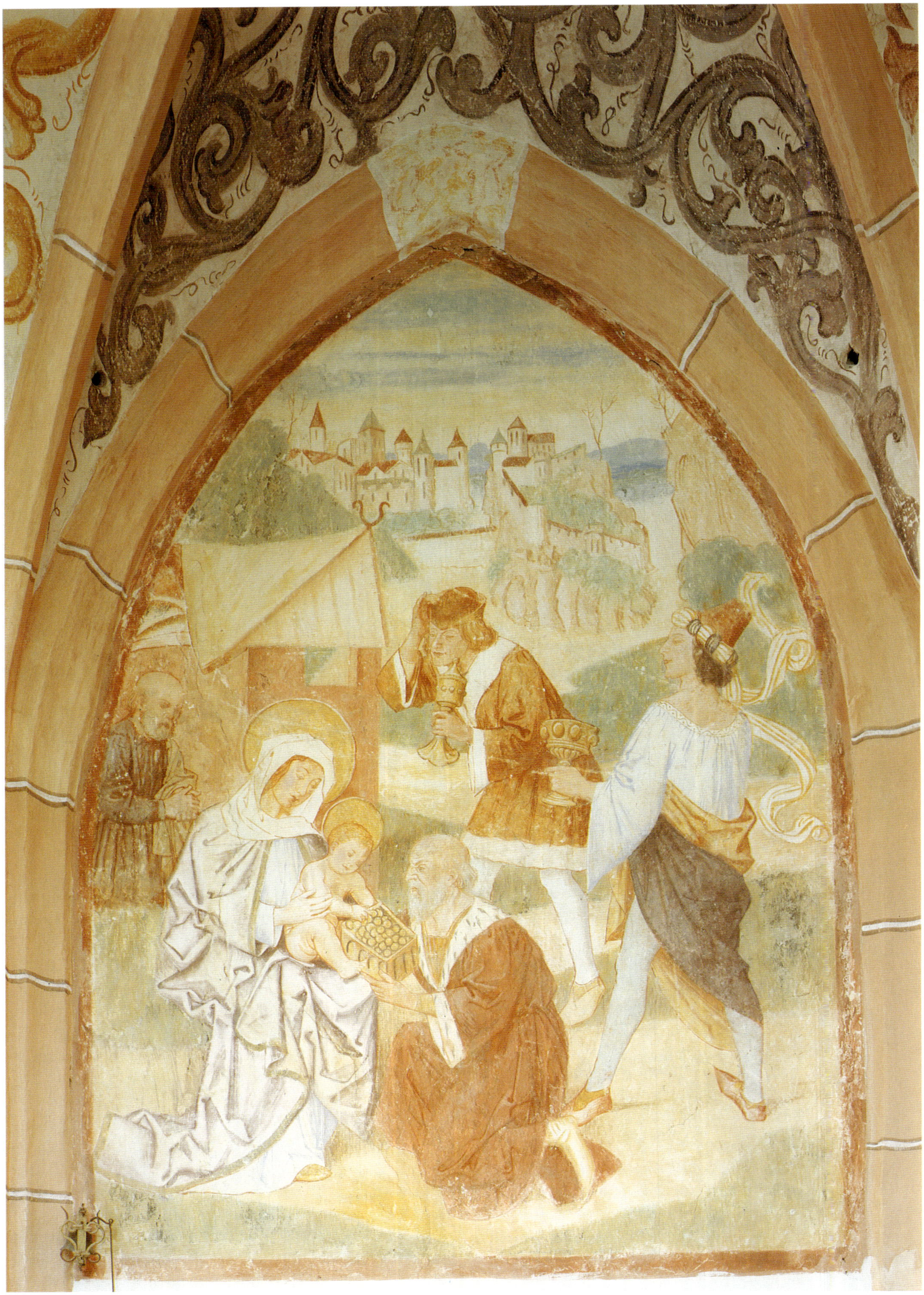

Die begleitenden Wappenschilde (links der Grafen von Rott, rechts der Herzöge von Lothringen) und das Schriftband »Dna [Domina] Elisabet ducissa ex Luttring fundatrix hic« weisen sie als Herzogin von Lothringen und als Zustifterin zu der erneuten Gründung des Klosters durch ihren Schwiegervater aus. Elisabeth wurde 1081 zur Witwe, denn ihr Gemahl, der Sohn des Grafen Kuno von Rott, fiel in der Schlacht bei Höchstätt. Die erneute Gründung des Klosters oder auch nur eine Zustiftung war nach dem Gelübde des Grafen für den Fall vorgesehen, daß er und sein Sohn ohne Nachkommen sterben würden.

Der nördliche Chiemgau

Die Gotik im Land um Trostberg mit den Klöstern Baumburg und Seeon wurde von zwei unterschiedlichen Seiten geprägt: Den Baumeistern aus dem Herzogtum Niederbayern oblag die architektonische Gestaltung der Bauwerke, die Künstler aus den von Salzburg beeinflußten Werkstätten schufen die Figuren und Malereien. Dank der guten Quellenlage sind viele spätgotische Baumeister namentlich bekannt, wie beispielsweise Konrad Pürkhel und sein Vetter Oswald »aus Burghausen«. Sie bauten in Schnaitsee ab 1431 den Dreistützenraum der Kirche, jener eigenwilligen und am unteren Inn häufiger anzutreffenden Anlage, deren Grundfläche sich aus einem regelmäßigen Sechseck entwickelt. Ihr Ursprung ist die Heilig-Geist-Kirche in Braunau. In Anger, in Burgkirchen am Wald und in Oberbuch ist diese Grundrißform ebenfalls zu finden.

Konrad Pürkhel leitete den spätgotischen Umbau des Klosters Seeon. Auch die Autorität des Meisters der spätgotischen Hallenarchitektur, Hans von Burghausen, war als Schiedsrichter und Gutachter gefragt. Der Gewölbebauer »Michel Sällinger, werchmaister, burger zu Pfarchirchen«, wirkte nach einer alten Urkunde in Trostberg mit. Vergleicht man die Baugestaltung, die Gewölbestrukturen oder auch nur die Gewände der Portale, läßt sich bei den Kirchen von Diepoldsberg, Ischl, Truchtlaching, den Chorräumen von Einharting und Erlstätt, der Sakristei von Sankt Wolfgang, der zweischiffigen Kirche von Heilig Kreuz oder den großen dreischiffigen Hallenkirchen von Obing und Engelsberg unschwer der Einfluß Burghausener Baumeister erkennen. Auffallend ist die Häufung schöner spätgotischer Westemporen in den Gotteshäusern rund um Trostberg, wobei die am reichsten gestaltete in der Marktkirche der Stadt an der Alz selbst zu finden ist: Emporen waren eine besondere Vorliebe der Salzburger. In der späten Gotik waren sie mit Altären und Heiligenfiguren bestückt und gleichsam eine Kirche in der Kirche.

Die Stadt TROSTBERG bildet den nordöstlichen Zugang zum Chiemgau; ihr Gebiet gehörte bis ins 13. Jahrhundert zum Kloster Baumburg. Zwischen 1230 und 1240 gründeten Wittelsbacher Pfalzgrafen die Siedlung. Als Vögte des Klosters konnten sie über das Land verfügen. Nach dem Ausgleich der bayerischen Herzöge mit den Erzbischöfen von Salzburg bekamen Trostberg und die Mitte des 13. Jahrhunderts auf dem Burgberg errichtete »Trozzeberch« strategische Bedeutung: Das geschützt zwischen der Alz und dem Burgberg gelegene Dorf war bayerischer Grenzort gegen Salzburg geworden. Die Grenzlage an einer Handelsstraße für Salz und Getreide hob mit den Maut- und Niederlagezwängen die wirtschaftliche Bedeutung des seit 1457 mit Marktrechten ausgestatteten Trostberg. Durch den starken Fuhrwerksverkehr mit allen seinen Bedürfnissen wuchs der Markt schnell über die erste planmäßige Straßensiedlung hinaus: Bereits zwischen 1260 und 1300 mußte sie zum Vormarkt hin erweitert werden. Im 17. Jahrhundert vernichteten zwei verheerende Brandkatastrophen den alten Baubestand. Die Trostberger Altstadt behielt den Typus eines gotischen Straßenmarktes, bei dem alle Häuser giebelseitig an der Hauptstraße aufgereiht sind, während die Kirche abseits vom Getriebe der Marktstraße errichtet worden war.

Trostberg war nie von einem Mauerring umgeben. Zum Schutz und zur Verteidigung dienten neben der Burg nur einige Wehrtürme. Bedingt durch die geringe Siedlungsfläche waren die Grundstücksparzellen für ein Ackerbürgertum zu klein; die Handwerker mit ihren Werkstätten bestimmten deshalb den Markt. Die Wittelsbacher wußten um die Bedeu-

MEILHAM, *Kirche St. Petrus: Anbetung der Heiligen Drei Könige, Fresko um 1480*

tung der Siedlung an ihrer Ostgrenze und förderten nachhaltig ihr Gedeihen. Nach einer Urkunde im Marktarchiv von Trostberg gab Kaiser Ludwig der Bayer im Jahre 1344 am Pfinztag vor Mitterfasten »der kirchen, die vor dem margt zu Trosberg stiftet und bawet« zu einem rechten Seelgeräth die Gilten zu Thalheim, die zum Kasten zu Trostberg gehören. Heute würde man sagen: Der Kaiser hat zur Sicherung einer geordneten Seelsorge (Seelgeräth) verfügt, daß die Grundabgaben (Gilten) aus Thalheim, die an das Finanzamt (Kasten) Trostberg abgeführt werden, für den Kirchenbau in Trostberg zu verwenden sind.

1367 wurde die Pfarrkirche *St. Andreas* mit drei Altären geweiht. Für 1420 ist die Weihe einer neuen Kirche mit fünf Altären durch Bischof Englmar Kräll von Chiemsee überliefert: Aus diesem Bauabschnitt stammen der einjochige und zu fünf Achtel geschlossene Chor sowie die nördlich anschließende Frauenkapelle. Im Jahre 1485 begann, als dritte Bauphase, der Bau der Sakristei an der Nordseite des Chores und 1498 der Neubau des dreischiffigen Langhauses mit seinen vier Jochen. Eine von Franz Sickinger gefertigte Tafel aus rotem Marmor im Süden des zweiten östlichen Jochs überliefert dieses Datum: »Anne dni [domini] m.cccc.lxxxx.viii jar in der wochen vor sand Jacobs tag ist dicz lackhaws vernewt vn angefage wordn.« Die Kosten des Neubaus wurden größtenteils von dem Ritter und Kaiserlichen Rat Hans III. Herezheimer getragen, dessen 1497 von Franz Sickinger ausgeführter Epitaph innen an der Südwand des Langhauses angebracht ist. 1504 vollzog der Titularbischof Nicolaus von Hippo die neuerliche Weihe. Die spätgotische Bauphase für die Marktkirche war damit abgeschlossen.

Noch oft haben die Trostberger an ihrem Gotteshaus umgebaut und es verändert. Aus der Barockzeit ist der Turm südlich des Altarraums verblieben. Im Jahre 1865 hat man die Kirche im Westen um ein Joch verlängert und die heutige doppelgeschossige Vorhalle angefügt. Der Innenraum wurde wieder in seinen spätgotischen Zustand versetzt. Die dreischiffige Hallenkirche gehört zu den bemerkenswerten Bauten Altbayerns. Ihre Anlage erinnert an die Landshuter Schule und zeichnet sich durch harmonische Maßverhältnisse aus. Einen besonderen Reiz erhält das Kircheninnere durch die malerische Figuration der kräftigen Netzrippen über den Rundpfeilern im Langhaus und den reichen architektonischen Schmuck an der Brüstung der Westempore: Mit fünf geschweiften Spitzbögen auf Rotmarmorpfeilern überspannt sie die drei Kirchenschiffe, die Bögen sind mit Krabben besetzt; der Mittelbogen ist zusätzlich von Figuren bekrönt. Kragsteine mit Büsten und Baldachine bilden den Rahmen für die über den Stützen aufgestellten Heiligenfiguren. Reiches Detail zeichnet die durchbrochene Maßwerkbrüstung aus. Die schönen Steinmetzarbeiten der Burghausener Schule sind in allen wesentlichen Teilen ursprünglich erhalten, lediglich die Gewölbe unter der Empore wurden bei der Verlängerung des Langhauses durch einfache Gewölbeschalen ersetzt.

Erneuert wurden die Rippen im Netzgewölbe des Chors; sie entspringen aber den alten Wandpfeilern mit den vorgelegten Runddiensten.

Von der spätgotischen Ausstattung ist im südöstlichen Fenster des Langhauses noch ein Stifterbild erhalten: In eleganter spätgotischer Umrahmung zeigt das Glasgemälde in der Mitte den hl. Andreas, links den hl. Johannes Evangelist mit dem betenden Stifter im Harnisch und rechts den hl. Jakobus mit der betenden Stifterin. Die Stifter des um 1500 entstandenen Glasgemäldes waren nach den Wappen Hans von Pienzenau und seine Gemahlin Magdalena von Seibolstorf. (Ritter Hans von Pienzenau war von 1492 bis 1499 Pfleger in Trostberg und anschließend Pfleger von Kufstein. Nach der Einnahme der Burg Kufstein durch Kaiser Maximilian I. im Landshuter Erbfolgekrieg wurde er dort am 17. Oktober 1504 hingerichtet.)

Ein spätgotisches Denkmal steht im Vormarkt. Die *Martersäule* aus rotem Marmor haben im Jahre 1520 Jacob Ernst, Bürger zu Trostberg, und seine Gemahlin Apollonia, geborene Schrötlin, gestiftet: Vier figürliche Reliefs zeigen die Geißelung Christi, die Kreuztragung, die Kreuzigung und den hl. Christophorus.

Ein Beispiel für die in diesem Gebiet sehr stattlichen spätgotischen Landkirchen ist die einschiffige Kirche *St. Sixtus und St. Sebastian* in DEINTING (Stadt Trostberg). Von 1483 bis 1506 wurde der Nagelfluhqua-

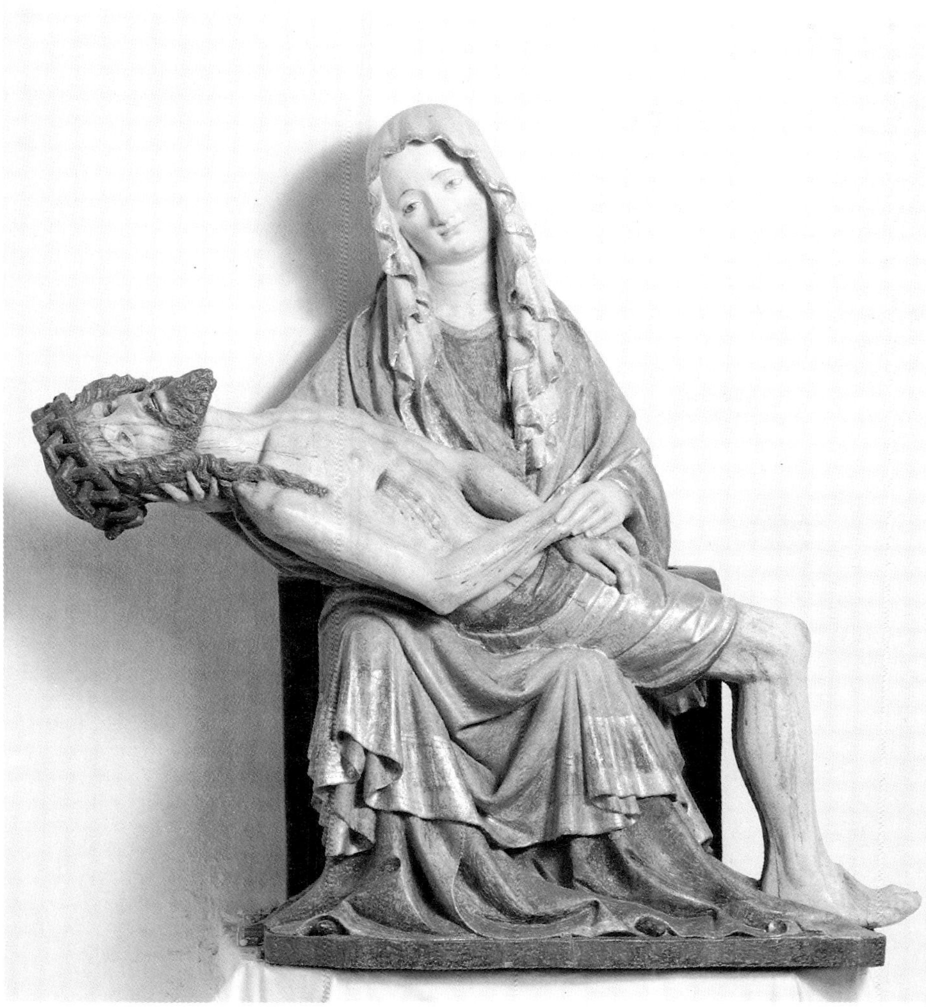

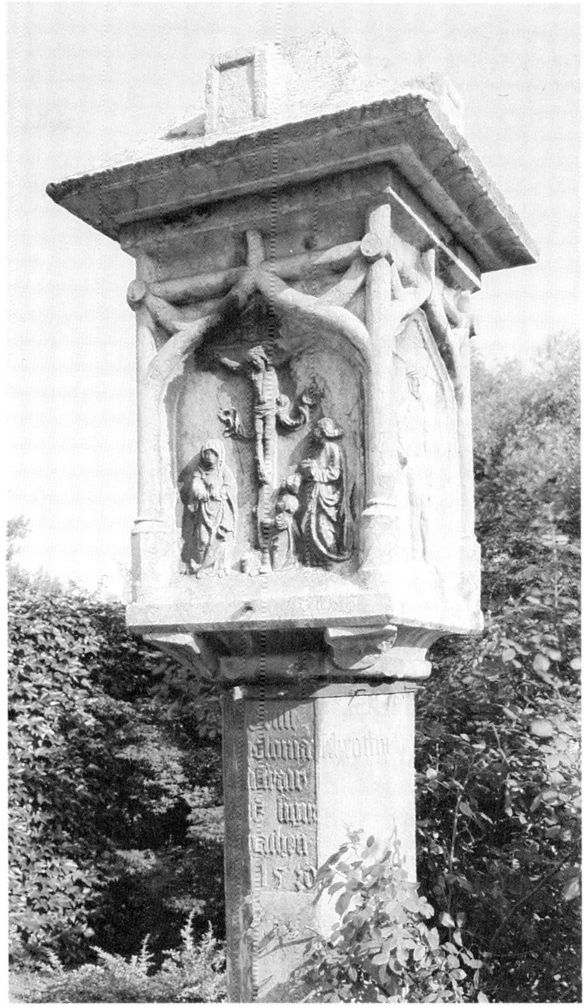

links
HEILIGKREUZ, *Kirche Heilig Kreuz; Pietà, um 1425, dem Meister der Seeoner Madonna zugeschrieben*

rechts
TROSTBERG: *Martersäule aus rotem Marmor; 1520 von dem Trostberger Bürger Jacob Ernst und seiner Gemahlin Apollonia gestiftet. Der Bildstock zeigt auf drei Seiten Passionsszenen und auf der vierten den hl. Christophorus*

derbau von dem Trostberger Christian Planckher erbaut. Der zweieinhalb Joche tiefe, geräumige Chor mit dem dreiseitigen Schluß ist deutlich von den vier Jochen des Langhauses abgesetzt. Einfach figuriert ist das Netzgewölbe im Kirchenschiff, dagegen ist das sternförmige Netzgewölbe im Chorscheitel sehr fein gestaltet. Die erneuerten Rippen entspringen kräftigen, achteckigen Wanddiensten mit Kapitellen. Ende des 15. Jahrhunderts wurde die gemauerte Westempore mit den drei, von achteckigen Stützen geteilten Kielbogenöffnungen und dem noch originalen Netzgewölbe in der Untersicht eingebaut. Urspünglich ist auch die Kirchentüre mit den schönen Lilienbeschlägen unter der großen, spätgotischen Vorhalle. Beachten sollte man den im Westen des Langhauses erbauten Turm: Er steht in einem Abstand von einem halben Meter neben der Kirche.
Zeitgleich mit dem Gotteshaus wurde der doppelgeschossige *Karner* neben der Kirche erbaut.
Im Jahre 1434 wurden die fünf Joche des zweischiffigen Langhauses der Kirche *Heiligkreuz* in dem gleichnamigen Ort HEILIGKREUZ (Stadt Trostberg) begonnen. Der stark eingezogene Chor mit dreiseitigem Schluß wurde wohl erst 1470 angefügt: Er ersetzte zwei nebeneinanderliegende Altarräume. Bereits von außen bietet die Kirche eine beeindruckende Ansicht. Gurtgesimse gliedern den ungewöhnlich großen, massiven Turm mit einem Spitzhelm über Kreuzgiebeln. Eine Inschrift an der Ostseite des Turmsockels überliefert 1482 als Baujahr. Das Erdgeschoß des Turms dient als Vorhalle vor dem spitzbogigen Südportal, das mit den profilierten Gewänden an eine Burghausener Arbeit erinnert. Die schwere Holztüre ist mit schön geschmiedeten Beschlägen verziert. Drei in ihrer Stellung bemerkenswerte schlanke Rundpfeiler trennen die beiden Kirchenschiffe. Vor dem Chor markiert ein rechteckiger Pfeiler noch die Lage der alten Altarräume. Die Rippen des Netzgewölbes im Langhaus steigen ansatzlos aus den Pfeilern und stützen sich auf schwache Wandpfeiler; im Chor wachsen

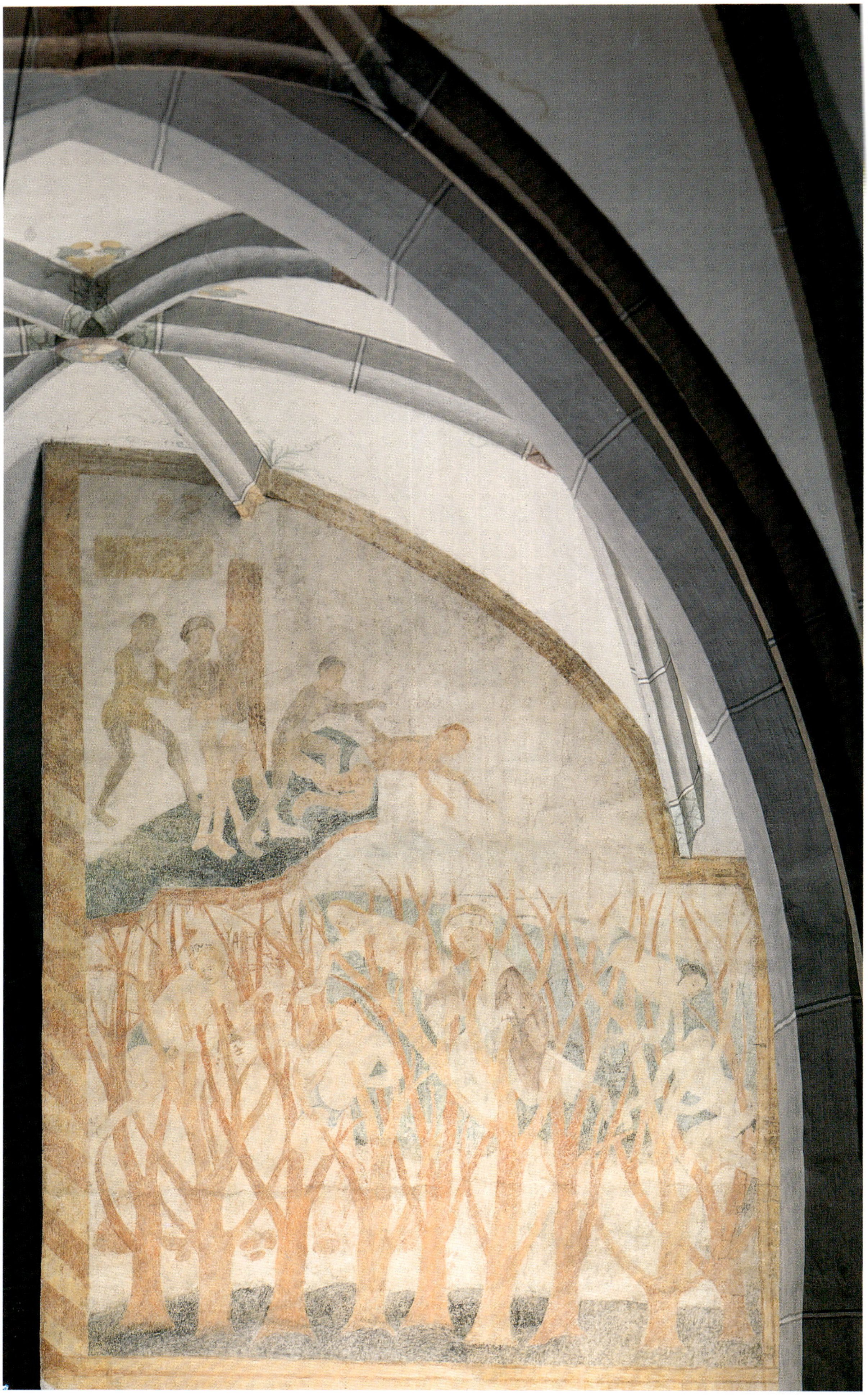

HEILIGKREUZ, *Kirche Heilig Kreuz: Fresko mit der Marter der hl. Achatius und seiner zehntausend Gefährten, Ende 15. Jahrhundert*

RABENDEN, *Kirche St. Jakobus d.Ä.: Chorraum mit Flügelaltar des sog. »Meisters von Rabenden«, um 1510. Heute wird angenommen, daß hinter dem Notnamen der Wasserburger Bildhauer Wolfgang Leb zu sehen ist*

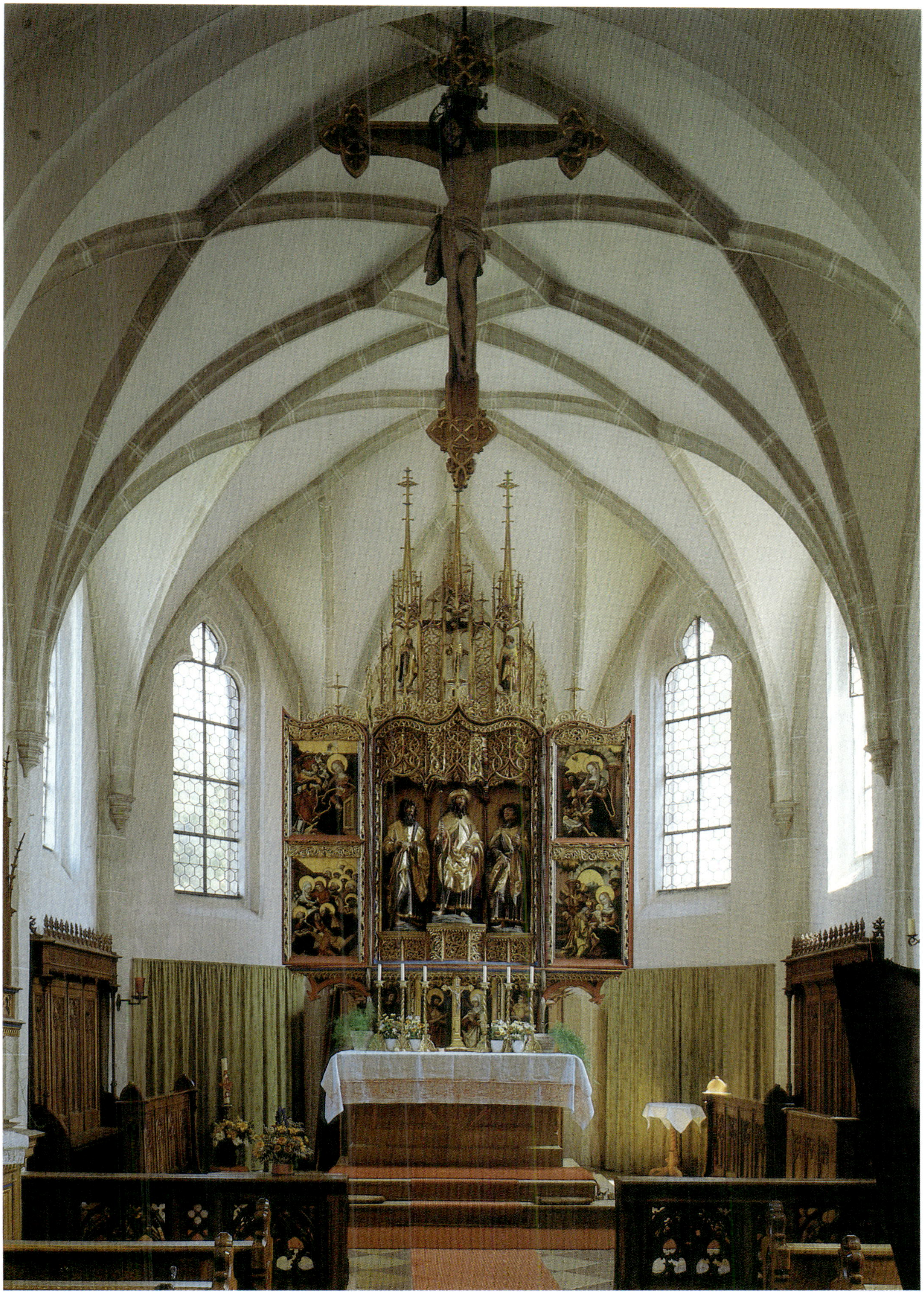

sie aus halbrunden Diensten. Mit Netzgewölbe unterwölbt ist auch die gemauerte Empore im Westjoch. Die Brüstung mit schönem Maßwerk wird von vier Spitzbögen über Pfeilern getragen. Altes Maßwerk ziert die Fenster des Chors.

Inmitten der neugotischen Einrichtung steht an der nördlichen Wand, neben dem Chorbogen, eine eindrucksvolle Vespergruppe. Die um 1425 entstandene Pietà wird dem Meister der Seeoner Madonna zugeschrieben. Sie leitet gleichsam über zu den spätgotischen Fresken in der Ecke dieser Wand und der anschließenden Nordwand, in denen die Verkündigung, die Vermählung der hl. Katharina mit dem Jesuskind und die Krönung Mariens dargestellt sind; nach Westen folgen die Fresken des hl. Christophorus, das Pfingstwunder und die Vierzehn Nothelfer. An der Südwand des Langhauses konnte die Wandmalerei mit der realistisch gemalten Marter der Zehntausend erhalten werden. Wieder aufgedeckt wurde auch ein Teil der spätgotischen Ranken- und Ornamentmalereien in den Gewölbefeldern.

Auf einer steil abfallenden Moränenzunge über der Alz steht die Kirche *St. Margaretha* des ehemaligen Augustiner-Chorherren-Stifts BAUMBURG (Gemeinde Altenmarkt a. d. Alz). Nur wenige Relikte haben sich aus der gotischen Epoche des um 1110 gegründeten Klosters erhalten. Zu oft wurden die Kirche und die Klosterbauten im Verlauf der Jahrhunderte zerstört oder zweckentfremdet. In der späten Gotik gingen aber vom Kloster Baumburg wichtige künstlerische Impulse aus: So entstanden beispielsweise im Auftrag der Chorherren die Kirche und der Altar von Rabenden; namhafte Künstler schufen die hervorragenden Grab- und Gedenksteine, die in der von 1754 bis 1757 im Stil des Rokoko neu erbauten Klosterkirche aufgestellt sind; der um 1420 entstandene Wappenstein für Thomas Toerring in der Sakristei wird Hans Heider zugeschrieben. Der Burghausener Grabsteinmetz Franz Sickinger fertigte um 1475 die Deckplatte für die Tumba der Taufkircher zu Guttenberg bei Kraiburg an; sie ist in einer Kapelle an der Nordwand des Langhauses eingelassen.

Von Franz Sickinger ist auch der Epitaph für Propst Dietrichinger (1488 - 1515), der den Altar von Rabenden mitgestiftet hat. Der Stein steht im Vorraum zur Sakristei. Nach einer vorhandenen Urkunde des 1515 verstorbenen Dietrichinger wurde der Gedenkstein zwischen 1496 und 1500 in seinem Auftrag angefertigt. Ebenfalls von dem Burghausener Meister stammen die Epitaphien für die Baumburger Pröpste Caspar Ebenhauser (1436 - 1479) und Paulus Pelchinger (1479 - 1488) im Norden des Vorraums zwischen dem Chor und der Allerseelenkapelle. Propst Pelchinger ließ seinen Epitaph bereits 1480, ein Jahr nach seinem Amtsantritt, meißeln. Unbekannt ist der Künstler, der um 1420 die Grabplatte für die Stifterin des Klosters, Adelheid von Frontenhausen, geschaffen hat. Der Gedenkstein für die zweite Ehefrau des Grafen Berengar von Sulzbach ist an der Südwand der kleinen Vorhalle zwischen den beiden romanischen Westtürmen angebracht: Die in ganzer Gestalt geformte Relieffigur hält das Modell der ehemals dreischiffigen romanischen Basilika in Händen.

Wenige Kilometer westlich von Baumburg steht in RABENDEN (Gemeinde Altenmarkt a. d. Alz) das Hauptwerk jenes unbekannten Meisters spätgotischer Altarkunst der Salzburger Schule, der als »Meister von Rabenden« in die Kunstgeschichte eingegangen ist.

An der alten Handelsstraße von Wasserburg nach Trostberg erhebt sich in einem gepflegten Friedhof mit schönen, geschmiedeten Grabkreuzen der äußerlich unscheinbare Nagelfluhquaderbau der einschiffigen Kirche *St. Jakobus des Älteren*. Drei Joche mißt das Langhaus, an das sich, wenig eingezogen, die zwei Joche des dreiseitig geschlossenen Altarraums anschließen. 1458 wurde das Gotteshaus geweiht, in dessen Innenraum die Kunst der späten Gotik noch einmal ihre gesamte Schönheit und ihren Formenreichtum entfaltet hat: Durch die mit spätgotischen Beschlägen verzierte Türe betritt man den von Netzgewölbe gedeckten Raum. Die Rippen entspringen profilierten Kragsteinen, die an Wandpfeilern sitzen. Die Brüstung der hölzernen Empore im Westen ist mit ornamentaler, spätgotischer Flachschnitzerei verziert.

Beherrscht wird der Raum von der Pracht des urspünglich erhaltenen spätgotischen Hochaltars: Unter reich verzierten Baldachinen steht in der Mitte des Schreins die

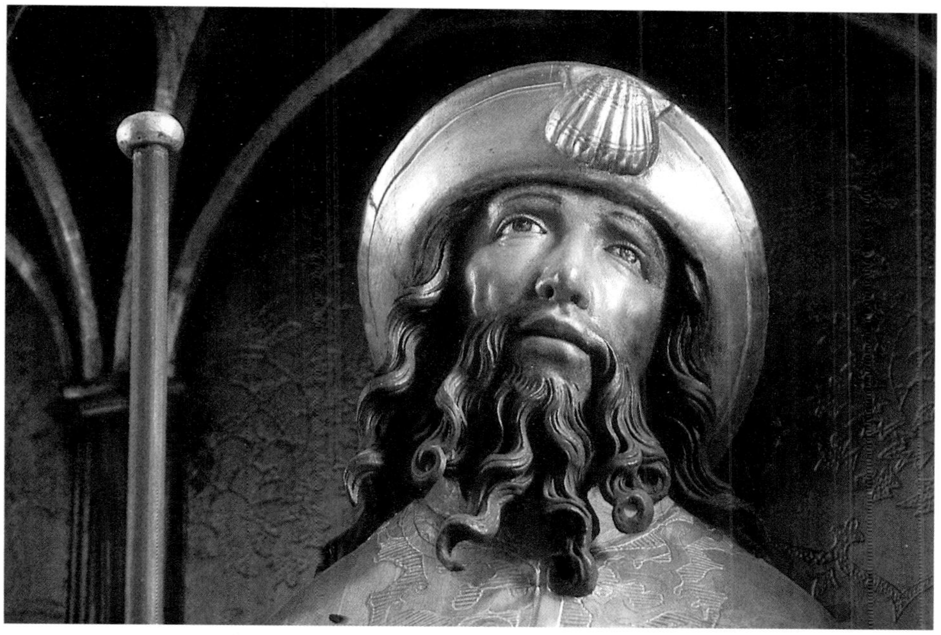

RABENDEN, *Kirche St. Jakobus d.Ä.: Kopf des hl. Jakobus aus dem Mittelschrein des Hochaltars, um 1510, von Meister von Rabenden, alias Wolfgang Leb*

Figur des Apostels und Pilgerheiligen Jakobus Major; ihn begleiten der Apostel Simon (mit der Säge) und der Apostel Judas Thaddäus (mit der Keule). Der hl. Jakobus in seiner ruhigen, abgeklärten Art und mit dem aufgeschlagenen Pilgerhut ist wie ein »Markenzeichen« des Künstlers: Wer sich die Art der Darstellung von Händen, Haaren, Stoffalten dieser Figur einprägt, erkennt überall sofort, ob er einem Werk des Meisters gegenübersteht. (Bereits in der Kirche selbst kann man diese Probe mit dem sitzenden Jakobus an der Südwand machen.) Über einem den Schrein abschließenden Kielbogen erhebt sich der Aufsatz mit filigranen Spitzen und dem gekreuzigten Heiland, begleitet von Maria und dem Evangelisten Johannes. Tafelbilder mit Szenen aus dem Leben der Gottesmutter – die Verkündigung, die Geburt Christi, die Anbetung des Kindes durch die Heiligen Drei Könige und der Tod Mariens – füllen die Festtagsseite der beweglichen Flügel. Der Bildaufbau der um 1510 gemalten Tafeln zeigt bereits den Wandel zur Renaissance. Der geschlossene Altar trägt auf den Standflügeln Bilder mit dem höfisch gekleideten hl. Sebastian, dem hl. Florian, dem Ritterheiligen Georg und noch einmal dem hl. Jakobus Major. Auf der Rückseite der beweglichen Flügel sind die vier heiligen Kirchenväter Hieronymus, Gregor, Augustinus und Ambrosius abgebildet. (Kulturgeschichtlich interessant ist die Ausstattung ihrer Schreibstuben und das von ihnen benutzte Schreibzeug.) Die Predellabilder des Schmerzensmannes und der Schmerzhaften Maria mit dem Schwert werden von den Bildern der Stifter des kostbaren Werkes eingefaßt: Links ist es »her gerg dietrichinger brost zu ba'nburg«, rechts »her gabriel gessenperg' pfarer zu truchtlinge«. (Gessenberger war Chorherr in Baumburg und Pfarrer in Truchtlaching.) Die Rückseite von Schrein und Standflügeln tragen das Tafelbild eines Jüngsten Gerichts: Es ist gemalte spätgotische Erzählkunst, urwüchsig in den Gestalten und drastisch in der Szenerie der Auferstehung der Toten, über der Christus als Weltenrichter mit dem Schwert der Gerechtigkeit und der Lilie der Milde thront; dramatisch öffnet sich der Höllenrachen unter dem Fürbitter Johannes dem Täufer, versöhnlich und beglückt scheinen die Seligen, die nach Fürbitte Mariens von Petrus durch das Himmelstor eingelassen werden.

Eine sehr gute spätgotische Arbeit ist der südliche Seitenaltar: Wie das Wappen am Arm des hl. Eustachius im Schrein zu erkennen gibt, hat ihn Hans Sneider von Herezheim (Heretsham) um 1510 gestiftet. Im sehr elegant wirkenden Aufbau steht der auferstandene Christus; auf den Tafelbildern der Innenflügel sind die Vierzehn Nothelfer als ganze Figuren gruppiert. Auf den Außenseiten der beweglichen Flügel und auf den Standflügeln sind die Apostel Jakobus, Philippus, Petrus, Paulus, Bartholomäus und Andreas versammelt.

Die *Wallfahrtskirche Sankt Wolfgang* in dem zur Gemeinde Altenmarkt a.d. Alz gehörenden Ort SANKT WOLFGANG ist eine der seltenen, in sichtbaren Resten erhaltenen, gotischen Landkirchen Oberbayerns – eine breite und niedere Kirche, deren schlichtes Äußeres nur durch plumpe, einmal schwach abgestufte Strebepfeiler gegliedert wird. Die ältesten Teile des mittelalterlichen Tuffquaderbaus sind der Westturm und das anschließende Langhausjoch; sie entstanden in der zweiten Hälfte des 13. Jahrhunderts und weisen noch spätromanische Bauformen auf. Um 1400 wurden die restlichen drei Joche des Langhauses und der nicht eingezogene Chor angefügt. Damals entstand auch das Westportal und die Vorhalle unter dem Turm. Der Chor ist durch eine Erhöhung um zwei Stufen vom Langhaus abgesetzt. Er schließt in fünf Seiten eines Achtecks.

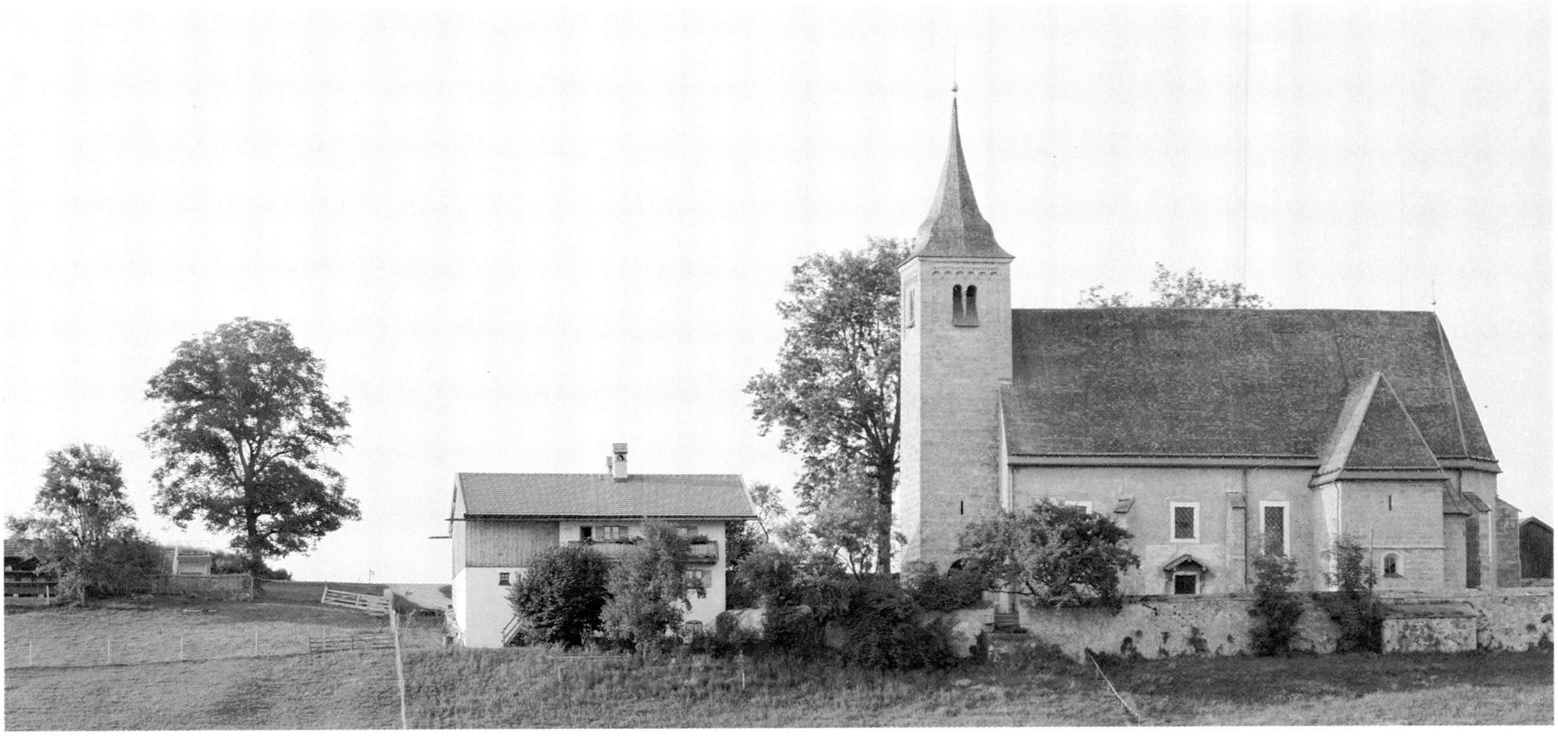

Auch wenn 1720 die Rippen abgeschlagen und durch sparsame Stukkaturen ersetzt wurden, beeindrucken dennoch die spitzbogigen gotischen Kreuzgewölbe im Kirchenschiff. Im Jahre 1400 hat Bischof Englmar Kräll von Chiemsee die Kirche geweiht.
Aus der alten Pilgerrast auf dem Wege zum Wolfgang- oder Abersee, dem Hauptort der Verehrung des heiligen Bischofs Wolfgang, entwickelte sich eine eigene Wallfahrt: Nach der Überlieferung soll das Gotteshaus auf der Stelle stehen, an der der heilige Mann gerastet hat. Als Beweis für diese Legende dienen zwei Steine neben dem Eingang und vor dem Altar, deren Vertiefungen von Fußabdrücken Wolfgangs stammen sollen. Geistesgeschichtlich aufschlußreich ist der marmorne »Schlupfstein«, eine in spätgotischen Wallfahrtskirchen häufiger anzutreffende Einrichtung: Zwängte sich der fromme Pilger – er durfte nicht allzugut ernährt sein – durch die enge Öffnung, streifte er symbolisch alle seelischen und körperlichen Qualen ab.
Um 1430 entstand die zweigeschossige Sakristei am Südostende des Langhauses: Sternförmiges Netzgewölbe auf profilierten Konsolsteinen und kleine Schlußsteine an allen Rippenschnittpunkten decken die Räume in beiden Stockwerken. Sie sind ein typisches Werk der Burghausener Bauschule. Die in den gleichen Jahren eingezogene spätgotische Westempore wurde im 18. Jahrhundert, ebenso wie die gesamte Einrichtung und der Raumschmuck, verändert.

Im Jahre 1491 wurde die stattliche Kirche *St. Laurentius* in OBING geweiht. Ein breites Mittelschiff und zwei schmale Seitenschiffe bilden das Langhaus der spätgotischen Hallenkirche. Rundstützen ohne Kapitelle tragen das Gewölbe über den fünf Jochen, von denen die beiden westlichen erst 1868 angefügt wurden. Der Chorraum ist höher als das Langhaus. Die durch seine großen Fenster einströmende Helligkeit erzeugt einen eindrucksvollen Gegensatz zum dunkleren Laienraum. Bei der Regotisierung von 1868 bis 1871 wurde das Netzgewölbe im Chor erneuert. Bemerkenswert sind die spätgotischen Kragsteine im Chorhaupt, die mit männlichen Büsten über verschlungenen Spruchbändern bzw. den Symbolen der vier Evangelisten besetzt sind.
Im dreigeteilten Schrein des neugotischen Altars stehen die Figuren des ehemaligen spätgotischen Flügelaltars: Der Meister von Rabenden hat diese Kunstwerke um 1515 geschnitzt. Überlebensgroß ist die Figur der Gottesmutter Maria, die mit beiden Händen das Kind hält. Zu ihrer Linken steht der hl. Laurentius mit dem Rost und rechts neben ihr die Lieblingsfigur des Meisters, der hl. Jakobus d. Ä.

SANKT WOLFGANG: *Wallfahrtskirche Sankt Wolfgang*

OBING, *Pfarrkirche St. Laurentius: Mittelschiff und Chorraum*

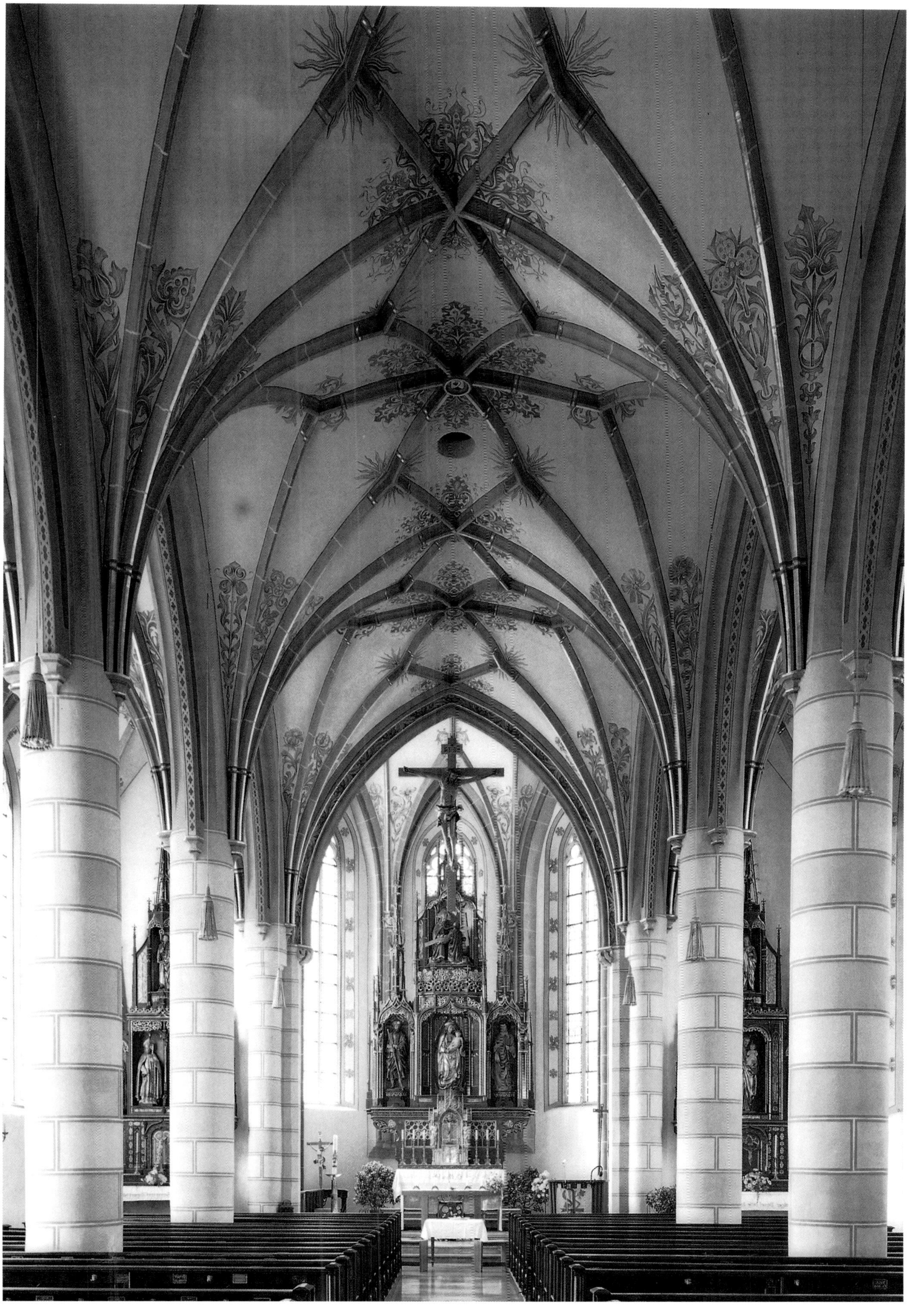

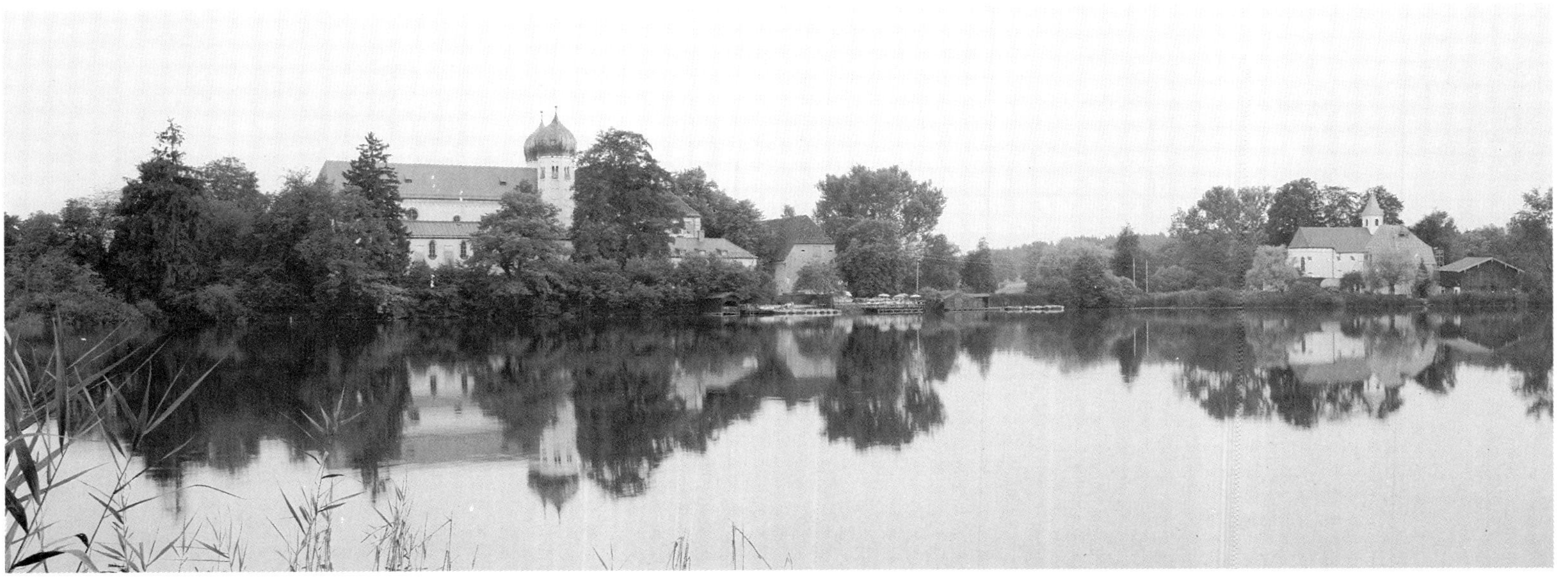

Um 1510 entstand der südliche Seitenaltar mit den Schnitzfiguren der Heiligen Servatius, Achatius und Aegidius. Vom spätgotischen Hochaltar stammen wohl die Flügelreliefs an der nördlichen Chorwand und im zweiten Joch des Langhauses.
Frei in der hügeligen Flur, steht in einem kleinen ummauerten Friedhof der Gemarkung KIRCHSTÄTT (Gemeinde Schnaitsee) die Kirche *St. Magdalena*. An den romanischen Turm wurden im 15. Jahrhundert das breite, zweijochige Langhaus und der eingezogene Chor angefügt. Das Netzgewölbe ruht im Chor auf Halbsäulen mit profilierten Kapitellen und entwickelt sich im Langhaus aus kräftigen Wandpfeilern. Im Langhaus zieren drei, im Chor zwei Schlußsteine, bemalt mit dem Lamm Gottes und der hl. Magdalena mit dem Salbgefäß, die Hauptschnittpunkte der Rippen. Durch die Farbschicht in den Gewölbefeldern zwischen den Netzrippen schimmern noch spätgotische Ornamente hindurch. Ungewöhnlich wirken die Nischen mit den profilierten Stichbogenblenden, die an den Längswänden des Schiffes zwischen die Wandpfeiler eingefügt sind.
Die Kirche *St. Andreas* von ENGELSBERG ist die älteste dreischiffige Hallenkirche im Chiemgau. Um 1475, zu einer Zeit, als dieser Kirchentypus im niederbayerischen und Salzburger Raum schon lange Fuß gefaßt hatte, wurde das Gotteshaus wohl im Auftrag der Herren von Toerring zu Tüssling erbaut. Elegante, schlanke Rundpfeiler tragen das feingliedrige Netzgewölbe im vierjochigen Langhaus. Ohne Kapitelle wachsen die Rippen aus den Säulen und enden an den Wandseiten auf Kragsteinen. In der Breite des Mittelschiffs schließen übergangslos die zwei Joche des in fünf Seiten eines Achtecks geschlossenen Chors an. Die Regotisierung im 19. Jahrhundert hat vieles am Kirchenraum und an der Einrichtung verändert, die Seitenschiffe wurden erneuert und eine neue Westempore eingebaut. Der Westturm gleicht stark jenem in Deinting.

Bei SEEON, das soviel wie »in den Seen« bedeutet, steht auf einer kleinen Insel der wuchtige Baukomplex der ehemaligen *Benediktinerabtei Klosterseeon*. Überragt werden die Klosterbauten von den beiden massigen Zwiebeltürmen der Kirche St. Lambertus.
Die Abtei – sie wurde 994 gegründet und aus St. Emmeram in Regensburg besiedelt – war ein bedeutendes kulturelles Zentrum, das im späten Mittelalter starken Einfluß auf die Entwicklung der gotischen Kunst in der umgebenden Region genommen hat. Unter den herausragenden Äbten Simon Farcher (1384-1412) und Erhard Farcher (1412-1438) sowie dem mit der Vogtei belehnten Geschlecht der Laiminger von Trenbach wurden Kirche und Klosterbauten im Stil der Gotik umgestaltet. Der erste gotische Bau war die 1392 begonnene und der hl. Jungfrau Maria geweihte Grabkapelle der Laiminger an der Nordostecke des Kreuzgangs. Im Jahre 1400 war der gotische Raum vollendet. 1617 wurde er durch eine Zwischendecke verändert, wodurch zwei Stockwerke entstanden: Das

SEEON: ehemalige Benediktinerabtei Klosterseeon mit der Kirche St. Lambertus (links) und der Kirche St. Walburgis (rechts)

Seite 167 links
SEEON, ehemalige Klosterkirche St. Lambertus: Madonna mit Kind, um 1520, Werkkreis um Hans Leinberger

Seite 167 rechts
SEEON, Sakristei der ehemaligen Klosterkirche St. Lambertus: »Schöne Madonna« mit Kind, um 1400 im Weichen Stil

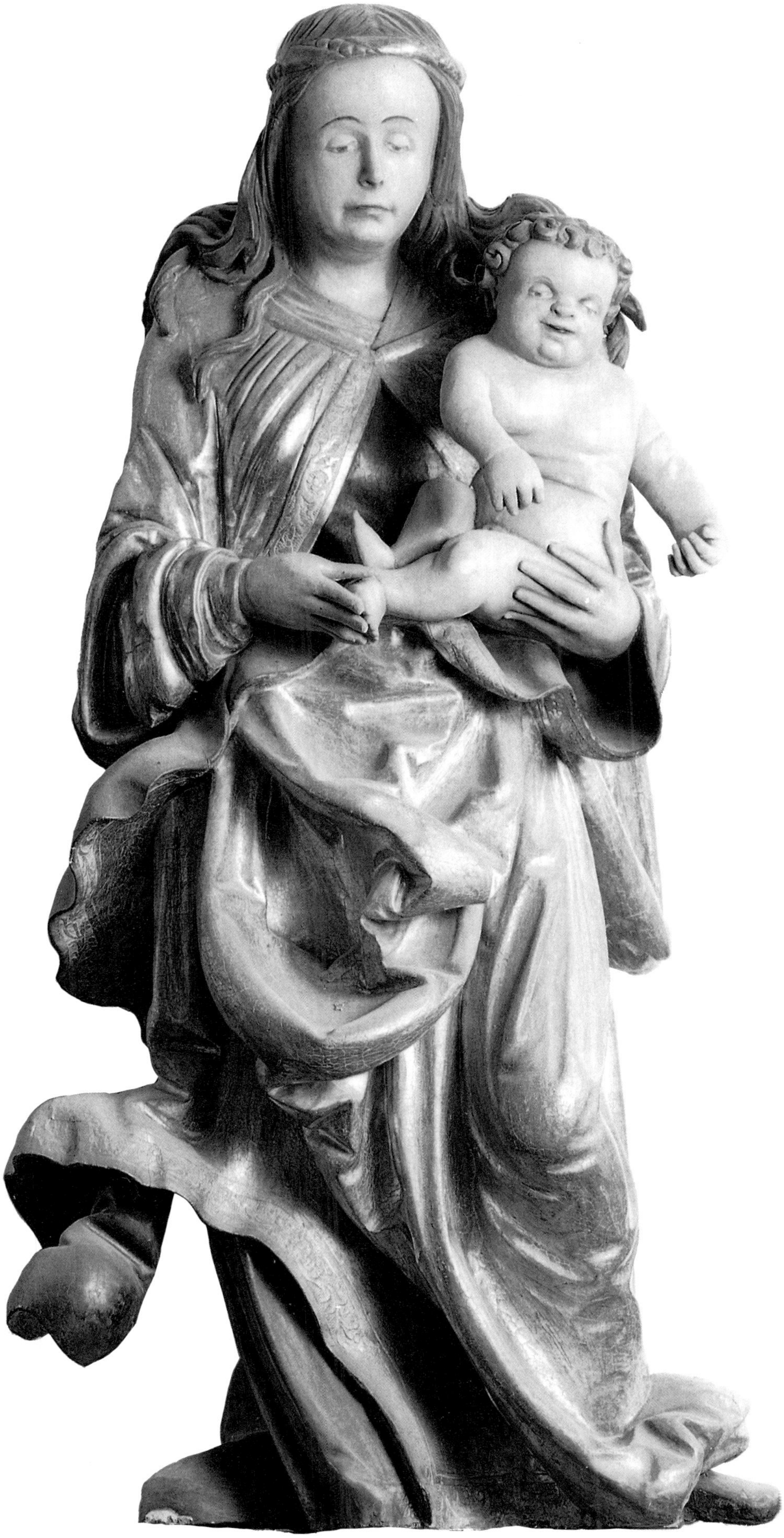

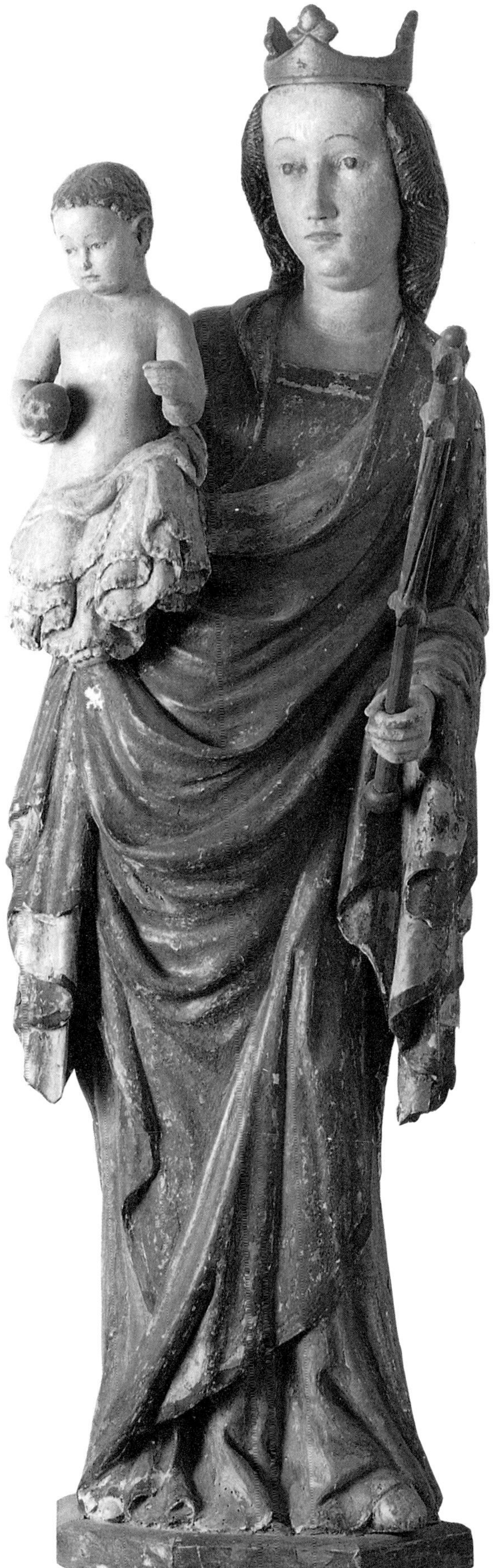

obere Geschoß wurde Mönchschor, das untere Sakristei. Geblieben ist der Unterbau einer kleinen Empore im Westen, deren drei Joche von marmornen Pfeilern getragen werden.
Von 1428 bis 1433 wurde die dreischiffige romanische Basilika *St. Lambertus* unter Leitung von Meister Konrad Pürkhel umgebaut: Er erhöhte die Wände der sechs Joche des Langhauses, verlängerte im gotischen Stil den Chor auf zwei Joche und versah ihn mit dem dreiseitigen Schluß. Die sechs romanischen Pfeilerpaare erhielten einen achteckigen Querschnitt. Um 1430 wurden der Chor und die drei Schiffe mit einem schön figurierten Netzgewölbe und zahlreichen Schlußsteinen überwölbt. (Die barocke Ummauerung der Pfeiler entstand im 17. Jahrhundert. Damals wurden auch die Seitenschiffe bis zum Ansatz des Chorschlusses verlängert.) In das in weiten Teilen erhaltene Rippennetzwerk wurden 1579 im Stil der Renaissance die bemerkenswerten Fresken gesetzt. Das reiche Bildwerk und die Ornamente, die an den Wänden des Mittelschiffs sowie den Pfeilern und Gurtbögen ihre Fortsetzung finden, bilden eine einmalige Symbiose zweier Stilrichtungen. Bemerkenswerte Reste spätgotischer Wandmalereien zeigen aber, daß die Mönche bereits im Spätmittelalter auf die bildhafte Ausgestaltung des Gotteshauses Wert gelegt haben. Gegen 1420 wurde das Wandbild an der Südwand gemalt, das wohl den hl. Bischof Lambert darstellt; an der Nordwand sind David und Hiob sowie ein riesiger St. Christophorus zu finden.
In der von romanischen Bauformen beherrschten Vorhalle zwischen den Türmen ist rechts des Portals noch ein in der späten Gotik gemalter Heiliger mit einem Spruchband erkennbar. Wie das Bauwerk, mußte die Ausstattung viele Veränderungen hinnehmen: 1853 wurde der neugotische Altar aufgestellt, dessen Mitte eine freie Nachbildung der berühmten Seeoner Madonna von 1433 einnimmt. (Das Original befindet sich im Bayerischen Nationalmuseum in München.) Eine schöne gotische Arbeit ist das Grabmal des seligen Pilgers Eberhard an der Nordwand zwischen dem ersten und zweiten Seitenaltar: Nach der Legende wurde er unweit des Klosters ermordet.
Aus der Grabkapelle der Laiminger stammt die noch in der strengen Linienführung der hohen Gotik gestaltete »Schöne Madonna« in der Sakristei: Die um 1400 entstandene Figur der Gottesmutter war urspünglich in der kleinen Kapelle des nahen Pavolding aufgestellt. Der Schule des Hans Leinberger gehört die große Madonna mit Kind an, die – um 1520 entstanden – in ihrem lebhaft bewegten Faltenwurf des Gewandes barocke Auffassung anzukündigen scheint. Sie wurde aus einer kleinen Feldkapelle bei Schachen in die ehemalige Klosterkirche überführt.
In der ersten Hälfte des 15. Jahrhunderts entstand der bis auf den Nordflügel spätgotische Kreuzgang mit seinen von Schlußsteinen besetzten Kreuzrippen. Wie die Grabsteine aus dem 12. bis 15. Jahrhundert ausweisen, diente er als Begräbnisstätte für die Wohltäter der Abtei. Bemerkenswert unter den Epitaphien ist der 1475 geschaffene Stein mit der Relieffigur des geharnischten Ritters Laiminger; er wird dem Steinmetz Hans Haldner zugeschrieben.
In der Mitte des Ostflügels des Kreuzgangs schließt der Kapitelsaal an. Durch eine spitzbogige Tür mit der für die Burghausener Schule typischen Profilierung der Gewände betritt man den harmonischen dreischiffigen Raum. Die Rippen der spätgotischen Netzgewölbe wachsen ansatzlos aus zwei achteckigen Pfeilern und aus kleinen Konsolsteinen an den Wänden.
Künstlerisch bedeutend sind die spätgotischen Epitaphien und Grabmale in der *Barbarakapelle;* ihre Zusammenstellung wurde 1646 im Auftrag des Abtes Honorat vorgenommen: In der Mitte des Raumes steht das gotische Hochgrab des Stifters, Pfalzgraf Aribo, das von 1395 bis 1400 Hans Heider geschaffen hat. Die Deckplatte zeigt den Toten in voller Rüstung auf einem Löwen stehend, die Lanze in der rechten Hand, die Linke an das Schwert gelegt. An den vier Ecken der Deckplatte sind Abbilder von vier Propheten angebracht. Ihre Köpfe ruhen auf Löwen. Spruchbänder verraten ihre Namen. Je zwei weitere Propheten sind in der Mitte der Längsseiten zu finden. Die Seitenwände zieren Wappen, und auch der Auftraggeber für die Tumba, Abt Simon Farcher, ließ sich verewigen; mit Spruchband und Wappen ist er in der Mitte der vorderen Wand abgebildet, während links

oben links
SEEON, Kreuzgang: Epitaph für den Ritter Leiminger, 1475, Hans Haldner zugeschrieben

oben rechts
SEEON, Kreuzgang: Epitaph mit dem Relief einer prächtigen Helmzier

unten links
SEEON, Barbarakapelle: Hofnarr auf dem Grabstein des 1412 verstorbenen Abts Simon Farcher, dem Bildhauer Hans Heider zugeschrieben

unten rechts
SEEON, Barbarakapelle: Deckplatte der Tumba für den Klosterstifter Pfalzgraf Aribo, von 1395 bis 1400 von Hans Heider geschaffen

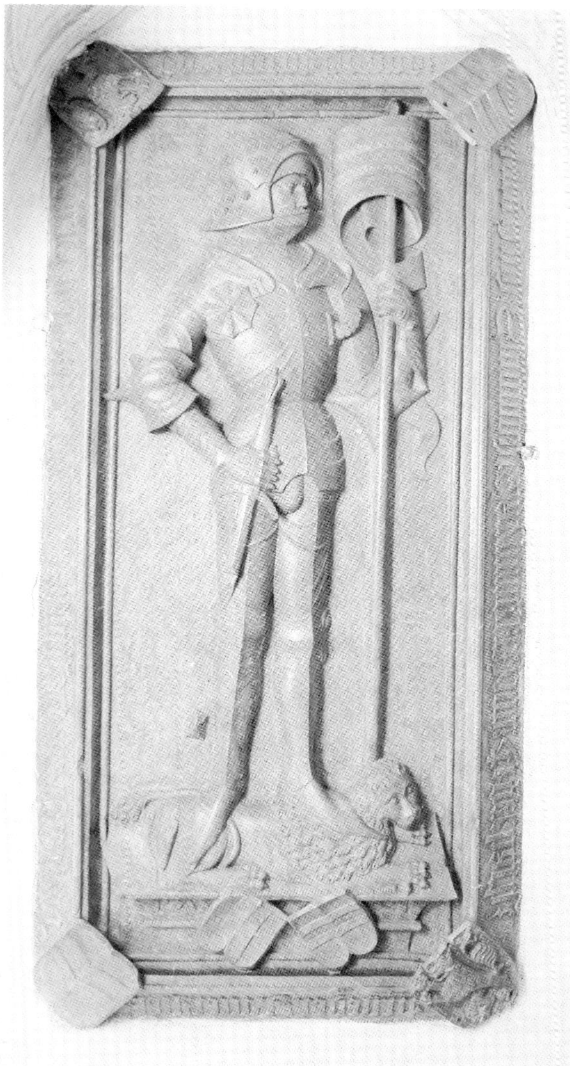

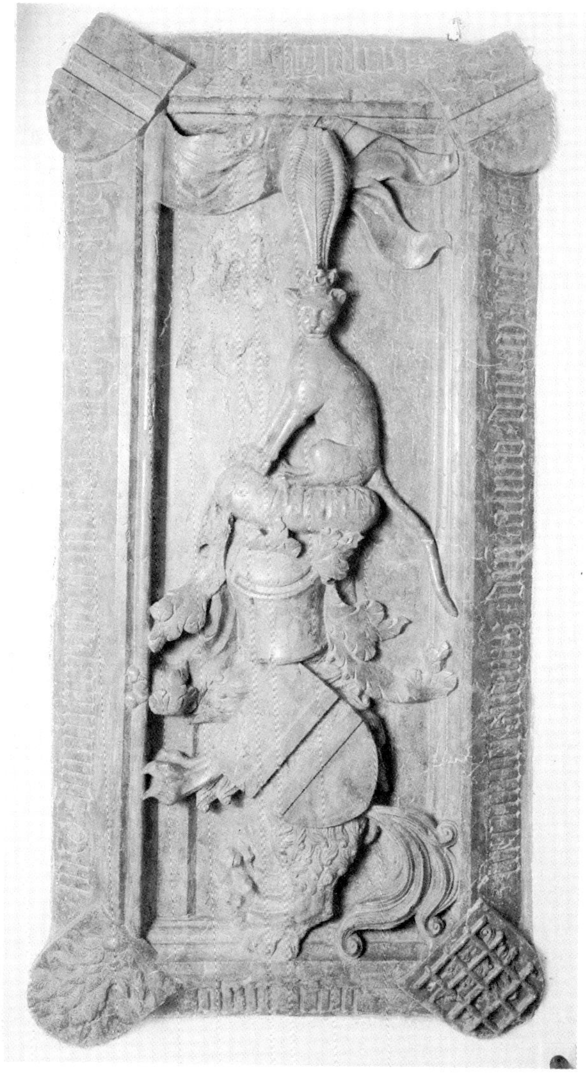

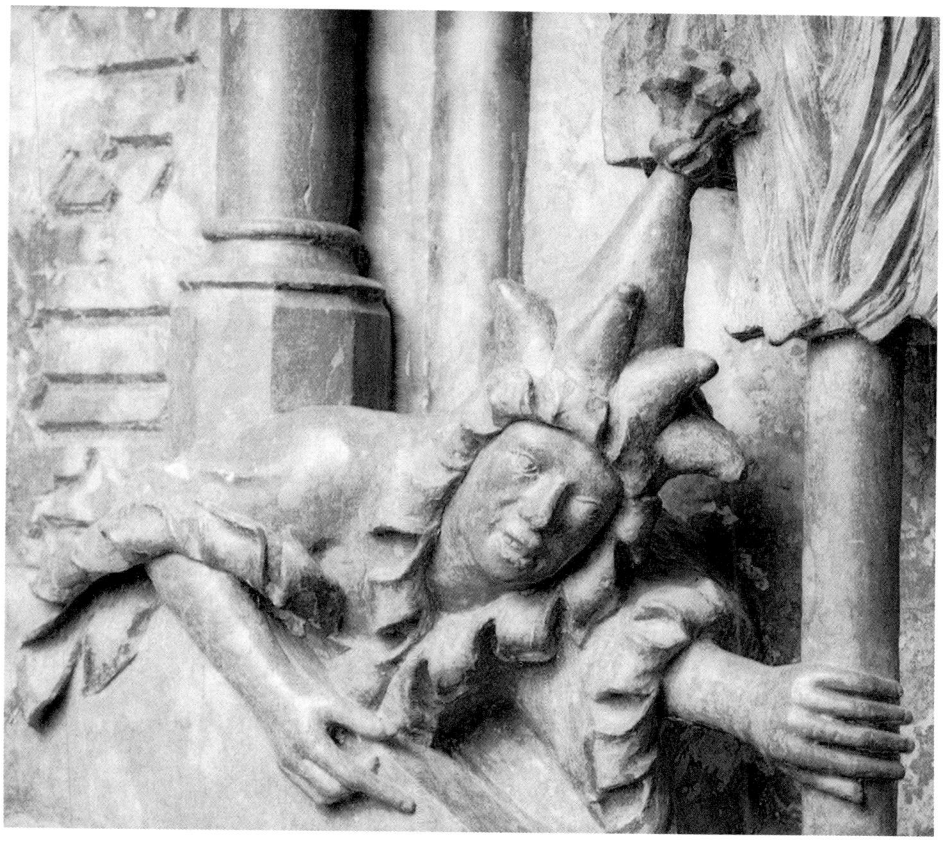

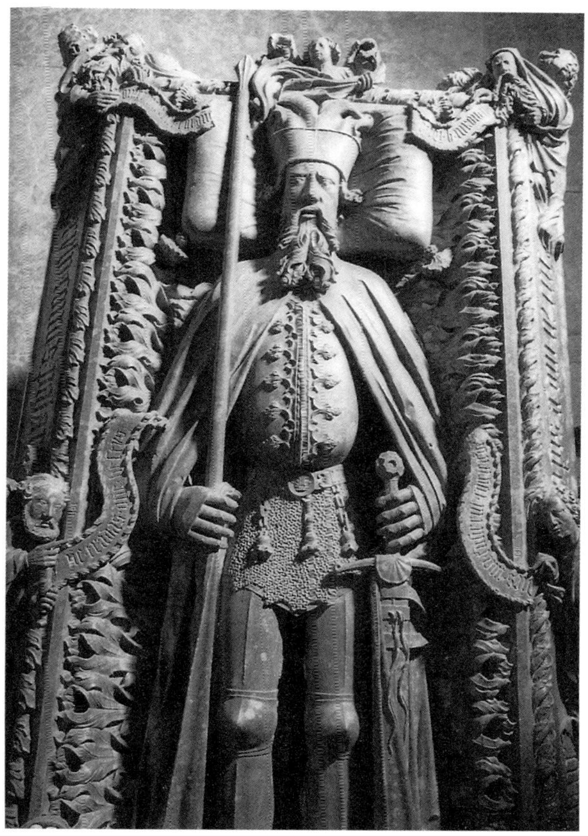

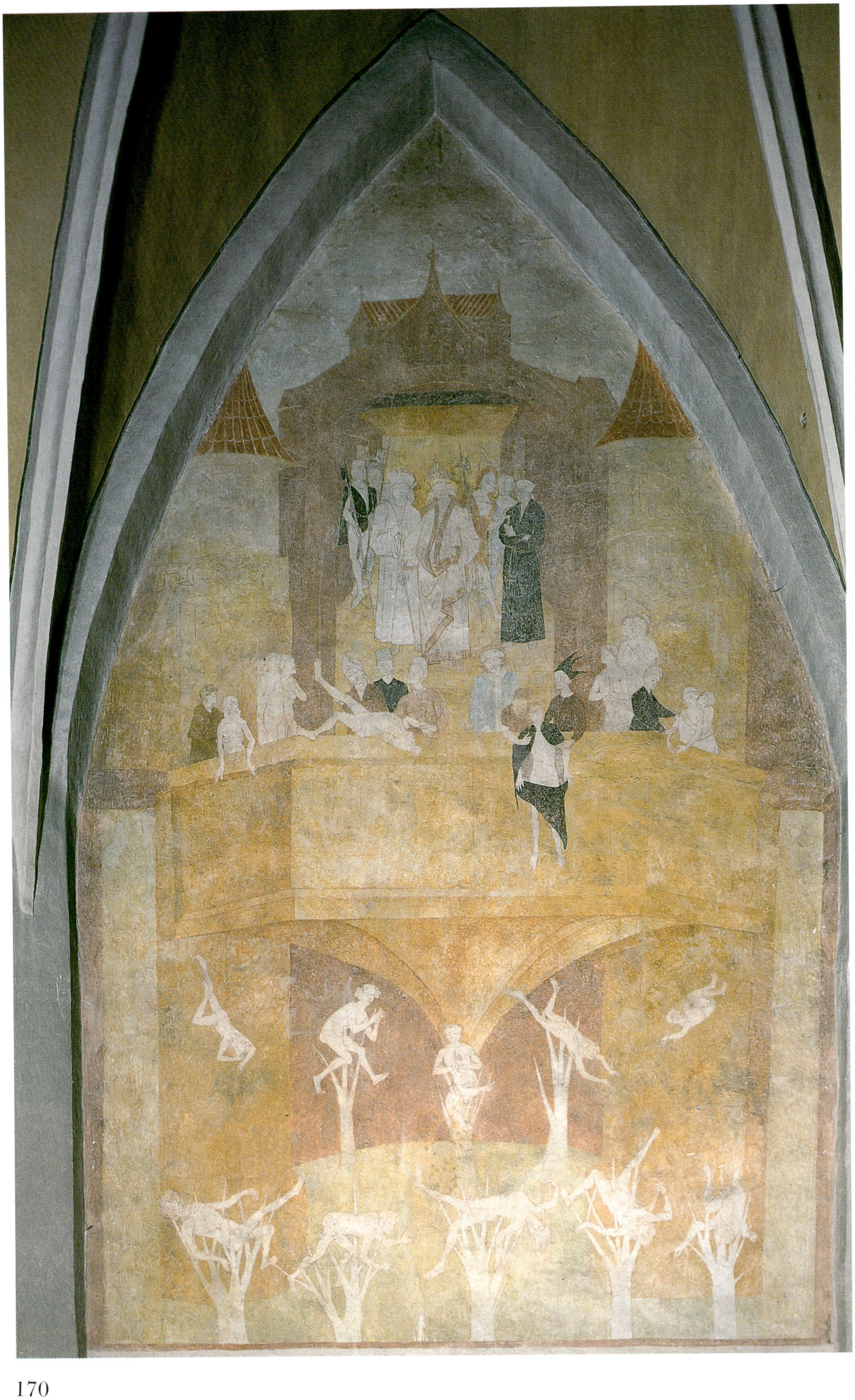

SANKT GEORGEN, *Kirche St. Georg: Fresko mit der Marter des hl. Achatius und seiner Gefährten, um 1504. Nach einem Urteil des römischen Kaisers Hadrian wurden die Gläubigen über einen Felsen hinab in Dornen gestürzt*

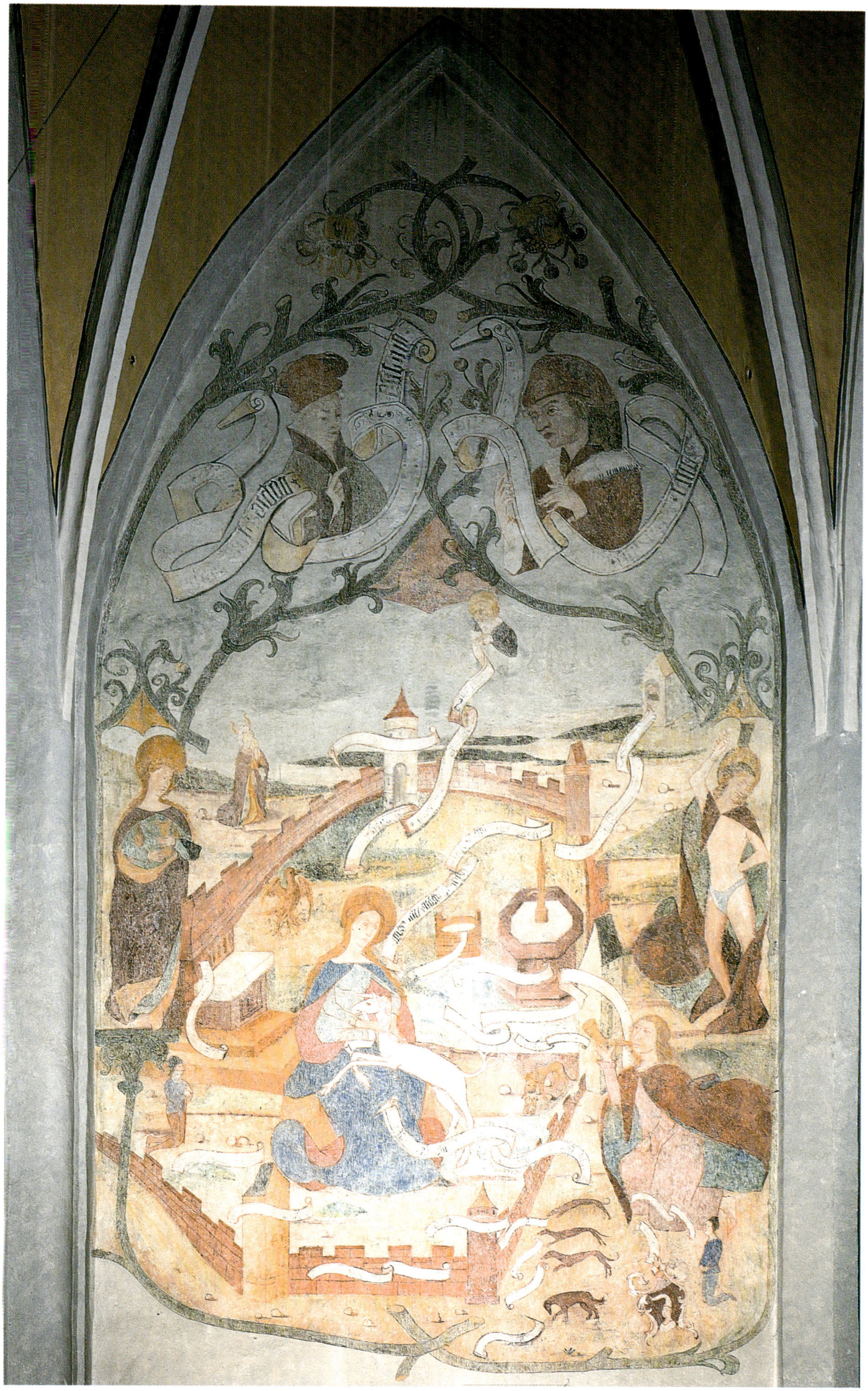

SANKT GEORGEN, *Kirche St. Georg: Fresko mit der Darstellung der Jagd auf das Einhorn, um 1504*

davon die Wappen von Laiming und Seeon, rechts die von Andechs und Bayern stehen. Das Grabmal gehört zu den herausragenden Bildhauerarbeiten in Oberbayern.
Eine Ahnengalerie bedeutender Klosteräbte verkörpern die Grabsteine an den Wänden der Kapelle: Die gotischen Epitaphien beginnen an der Westwand mit dem Bild von Abt Adalbert (994-1002), einem Stein, der um 1400 gesetzt wurde. Ihm folgt in reich geschmücktem Rahmen die auf einem Löwen stehende Figur des 1412 verstorbenen Abts Simon Farcher; die Arbeit wird Hans Heider zugeschrieben. Der dritte Grabstein zeigt Abt Erhard († 1438); auch diese Relieffigur steht auf einem Löwen. In der gleichen Form ist auch der letzte der spätgotischen Äbte, nämlich Abt Johannes († 1476), auf dem Epitaph rechts daneben dargestellt.

Auch wenn sie ihrer spätgotischen Ausstattung teilweise beraubt sind, verdienen die Nebenkirchen der Abtei Beachtung. Auf dem Festland steht westlich vor dem Kloster die Kirche *St. Walburgis.* Im Jahre 1349 wurde der gotische Bau zum ersten Male urkundlich. Er geht wohl auf ältere Vorgänger zurück, denn hier stand bis ins 13. Jahrhundert ein Frauenkloster der Benediktinerinnen. Die Kirche war später Grabkirche der Herzöge von Leuchtenberg, von deren russischer Linie die orthodoxen Grabstätten auf dem kleinen Friedhof stammen.
In der auslaufenden Gotik wurde um 1520 auf dem östlichen Ufer des Seeoner Sees die *Wallfahrtskirche Zu Unserer Lieben Frau* in BRÄUHAUSEN errichtet. Aus der Zeit um 1523 stammen ihre noch spätgotischen Deckenmalereien.
Konrad Pürkhel erbaute 1433 die Kirche *St. Aegidius* in NIEDERSEEON. Spätgotisches Netzgewölbe überspannt die drei Joche des Langhauses und den eingezogenen Chor. Ein gutes Wandbild des hl. Christophorus schmückt die Nordwand des Langhauses. Zwei Reliefs des hl. Alexius und des hl. Florian aus der Werkstatt des Meisters von Rabenden hängen im Chorraum.
Um 1451 baute Konrad Pürkhel auch die kleine Kirche *St. Martin* in ISCHL A.D. ALZ. Ihr Schatz ist die um 1520 vom Meister von Rabenden geschnitzte Muttergottes auf der Mondsichel; sie steht auf dem Hochaltar. Ein Vergleich der Figuren in Rabenden (um 1510) mit denen in Obing (um 1515) und in Ischl macht die Entwicklung deutlich, die der Künstler im Laufe seines Schaffens genommen hat: Zu Beginn noch der gotischen Formgebung verhaftet, bewegte er sich in seinen Figuren – hierin mit Leinberger vergleichbar – immer mehr zu barocker Ausdruckskraft hin.
Noch im Jahre 1504 begann der Wiederaufbau der im Landshuter Erbfolgekrieg zerstörten Kirche *St. Georg* in dem zur Stadt Traunreut gehörenden Ortsteil SANKT GEORGEN. Der Nagelfluhquaderbau hat eine eigenwillige Raumaufteilung: An die vier Joche des einschiffigen Langhauses schließt ein drei Joche langer, schmaler Chorraum an; Sakristei und Vorhalle sind Anbauten des 17. Jahrhunderts. Beachtenswert ist die Kirche wegen der spätgotischen Fresken. Äußerst lebensnah »erzählt« der namentlich unbekannte Maler die Marter des hl. Achatius und der von ihm geführten »Zehntausend Märtyrer«, wie sie vom Berg Ararat in die Dornen gestoßen werden: Neugierige, sensationslüsterne Gaffer ergötzen sich an dem grausamen Vorgang; unter den Zuschauern ist auch Kaiser Hadrian, der diese Strafe verhängt hat.
An die Wand gegenüber ist die für Oberbayern seltene Darstellung der Jagd auf das Einhorn gemalt: Das mystische Tier, das nach der Legende seine Wildheit verliert, wenn sein Kopf im Schoß einer Jungfrau ruht, legt ihn hier in den Schoß Mariens, die geschützt mit ihm in einem Garten sitzt. Als Jäger tritt der Erzengel Gabriel mit Posaune auf. Er wird begleitet von vier Hunden, die die christlichen Tugenden Liebe, Frieden, Barmherzigkeit und Gerechtigkeit verkörpern.
TRUCHTLACHING besitzt mit der Kirche *St. Johannes Baptist* noch die herrschaftliche Eigenkirche des in gotischer Zeit bedeutenden Geschlechts der Ritter von Truchtlaching. Das Geschlecht besaß im Ort eine Burg und die von Kaiser Ludwig dem Bayern verliehenen Zollrechte an der Brücke über die Alz. Zwischen 1432 und 1435 wurde die zunächst einschiffige Kirche mit dem eingezogenen Chor wohl nach den Plänen von Konrad Pürkhel erbaut. Netzgewölbe über tiefen Wandpfeilern überspannen die drei Joche des Langhauses und den kurzen Chor. Als

Herrschaftsempore dürfte die im Verhältnis tiefe Westempore gedient haben; gestützt wird sie von vier Pfeilern, von denen die beiden vorderen aus rotem Marmor und die unter der Empore zurückgesetzten gemauert sind. Drei spitze Bögen öffnen den Raum unter der Empore zum Langhaus hin. Ende des 15.Jahrhunderts wurde die Kirche an der Südseite durch ein Nebenschiff erweitert; zwei spitzbogige Arkaden verbinden es mit dem Hauptschiff. Der Anbau diente als Grablege des Edelgeschlechts und enthält einige sehenswerte Grabsteine. Das bedeutendste Grabmal befindet sich jedoch an der Ostwand hinter dem Choraltar: Ein Hochrelief mit einem geharnischten Ritter in interessanter spätgotischer Rüstung. Er steht auf einem Löwen, in der Rechten das Banner haltend, während die linke Hand das Schwertkreuz umfaßt. Sein Kopf mit dem Grafenhut ruht auf einem mit Quasten besetzten Kissen. »Hie leit wegrabn d'r edel hr' petr' dr Truchlachig' vd ist gestarben dam [da man] czalet von cr'ty gepvrt m.cccc vd darnach i de xv iar dz [des] ertag vor de pfingstag vd sen zen svn [zwei Söhne] wilhalm ein ritt' vd hans dy trvchlachinger vd ir hausfr' [Hausfrauen]«. Der Epitaph für den 1415 verstorbenen Peter von Truchtlaching, seine Söhne und deren Gemahlinnen erinnert in seiner Ausführung an die Epitaphien des Bildhauers Hans Heider, wie sie in Kloster Seeon und in Haslach bei Traunstein zu finden sind.

Traunstein und der Südosten des Chiemgaus

Zu Beginn des späten Mittelalters war Traunstein salzburgisches Pflegamt. Nach dem Frieden von 1254 kam es an das Herzogtum Bayern und wurde 1255 niederbayerisch. Die Wiege der Stadt war der heutige Stadtplatz, der als Markt- und Schrannenplatz auf der Hochterrasse über der Traun angelegt wurde. Zur Stadt ausgebaut wurde Traunstein unter Kaiser Ludwig dem Bayern mit der Absicht, den Salzhandel zwischen Reichenhall und München straffer zu organisieren. Mehrere Freiheitsbriefe gewährten Traunstein das Niederlagerecht für Salz und bewilligten das Marktrecht. 1371 brannte die Siedlung völlig nieder. Durch den aus dem Salzhandel gewonnenen Wohlstand konnte schon 1375 mit dem Wiederaufbau begonnen werden; um 1400 war das Werk vollendet und die Stadt von neuen Stadtmauern umgeben. Die heutige Altstadt entstand wiederum nach einem Brand: bei der großen Katastrophe 1851 wurden die letzten gotischen Relikte vernichtet; nur die Struktur der gotischen Stadtanlage blieb erhalten und ist in der Führung der Straßen und Gassen noch erkennbar.

Von 1263 bis 1850 war die Kirche *Mariä Verkündigung* im Traunsteiner Ortsteil HASLACH die Pfarrkirche der Stadt. 1845 wurde die Kirche neu erbaut. Von der spätgotischen Vorgängerin blieben nur der Turm und eine große Zahl von Grabmonumenten. Sie sind in der stimmungsvollen, von Netzgewölbe gedeckten Turmhalle und in der spätgotischen Friedhofskapelle St. Michael und St. Ottilia (s. u.) aufgestellt worden.

An der Südwand der Turmhalle steht der bemerkenswerte Wappenstein für den Traunsteiner Pfleger Thomas von Trenbeckh: Bewegend ist der Drachenkopf, das Wappentier der Trenbeckh, der aus der Helmzier herauswächst. Zu Beginn des 15. Jahrhunderts hat Hans Heider, der Meister des Seeoner Stiftergrabs, den Stein gemeißelt.

Um 1493 schuf der Burghausener Franz Sickinger den Epitaph für die Traunsteiner Bürgerin Lucia Apfelthalerin, geborene Ziernberger, an der Nordwand gegenüber: Die von knorpelartigen Stäben gerahmte Flachrelieffigur der betenden Frau weist in der Drapierung des Gewandes bereits deutliche Stilmerkmale der Renaissance auf.

Einen eigenwilligen Grundriß zeigt die Friedhofskapelle *St. Michael und St. Ottilia:* 1482 baute wohl der Traunsteiner Baumeister Thoman den doppelstöckigen, unregelmäßig rechteckigen Karner. Die obere Kapelle, die früher nur über eine außen angebrachte Holztreppe zugänglich war, ist dem Seelenwäger St. Michael geweiht. An die untere Kapelle, dem ehemaligen Beinhaus, wurde um 1493 ein nach Osten gerichteter Altarraum mit einem Joch und dreiseitigem Schluß angesetzt. St. Ottilia wurde die Patronin der kleinen Kirche, deren unterschiedlich alten Bauteile sehr gut an den Rippenfigurationen des Netzgewölbes zu unterscheiden sind.

Um 1450 wurde die einschiffige Kirche

St. Johannes Baptist in KAMMER (Stadt Traunstein) errichtet; nach einer Inschrift wurde sie 1455 geweiht. Der Bau aus Nagelfluhquadern mit dem Westturm, dem Langhaus zu drei Jochen und dem wenig eingezogenen einjochigen Chor mit dreiseitigem Schluß besticht durch seine harmonischen Maßverhältnisse. Ein gemaltes Fries zieht sich unter dem Dachgesims des Chorhauses entlang. Gut figuriertes Netzgewölbe deckt den Kirchenraum: Die Rippen wachsen im Langhaus aus starken, im Altarraum aus schwächeren Wandpfeilern. Die Rippenschnittpunkte sind mit runden und achteckigen Schlußsteinen besetzt. An der Nordwand des Langhauses füllt ein riesiges, handwerklich gemaltes Fresko des hl. Christophorus aus der Zeit um 1470 das Wandfeld eines Jochs aus.

Allein auf einem Hügel und umgeben von großen Bäumen steht in ETTENDORF (Gemeinde Surberg) die Kirche *St. Veit und St. Anna.* Jeden Ostermontag ist sie von Traunstein aus Ziel der großen Pferdewallfahrt zu dem im Chiemgau verehrten Viehpatron St. Veit. Nach den im Stadtarchiv von Traunstein erhaltenen Baurechnungen wurde der dreiseitig geschlossene Chor um 1450 an das damals noch romanische Langhaus angebaut. Um 1470 errichtete der Traunsteiner Baumeister Thoman dann das dreijochige Langhaus aus Nagelfluhquadern. Im Chor zeigt das Netzgewölbe noch ein klares Rippenmuster, im Gewölbe des Langhauses bereits kompliziert gewundene Reihungen. Lange wurde an der Ausstattung der Kirche gearbeitet; erst 1512 hat man die von zwei Eichenholzsäulen getragene Westempore eingebaut. Ihre Brüstung ist durch gewundene Stäbe mit Schleifen in neun Felder geteilt: In die drei mittleren Felder ist eine Art Jüngstes Gericht gemalt mit Christus als Weltenrichter und Szenen aus dem Leben der Fürbitterin Maria; der Höllensturz fehlt in der Darstellung. Die drei linken und rechten Felder zeigen die zwölf Apostel. Der Maler der sehr originellen Bilder war der Traunsteiner Hans Amberger: »Item mer geben dem Amberger sechs gulden rh. [rheinisch] von des gemels an der parkirchen«, lautet die Rechnung aus dem Jahre 1514.

Nur Reste blieben von der 1520 gemalten Ölberggruppe und der Verkündigung an der Nordwand des Langhauses.

Ein stattlicher spätgotischer Bau ist die Kirche *St. Laurentius* in dem alten Ort NUSSDORF im Hügelland am Rande des östlichen Chiemsees. Typisch für das Gebiet ist der Westturm, dessen Untergeschoß zur Vorhalle ausgebaut ist. Die Turmhaube wurde im 18. Jahrhundert aufgesetzt. Das vierjochige Langhaus wird von großzügigem Netzgewölbe ohne Schlußsteine gedeckt; es ruht auf schwachen Wandpfeilern. Netzgewölbt ist auch der eingezogene, zu fünf Achtel geschlossene Chor. Die großen Fenster im Chorhaus geben dem Altarraum eine strahlende Helligkeit.

Zu Beginn des 15. Jahrhunderts wurden an die romanischen Langhausmauern der Kirche *St. Nikolaus und St. Johannes Baptist* von SONDERMONING (Gemeinde Nußdorf) ein gotischer Chor und nördlich ein niederes Seitenschiff angebaut. Langhaus, Chor und Seitenschiff des Nagelfluhquaderbaus erhielten einheitliches Netzgewölbe. Die Hauptschnittpunkte der Rippen im Langhaus wurden mit runden, wappenverzierten Schlußsteinen versehen. Ein beinahe ursprünglich erhaltenes Werk bayerischer Altarkunst ist der um 1490 geschaffene Flügelaltar: Ein unbekannter Meister hat die Figuren von St. Johannes dem Täufer und St. Nikolaus im Mittelschrein geschnitzt. Von anderer Hand stammen die vier Schnitzreliefs auf den Innenseiten der Flügel: Die Szenenfolge beginnt mit einer sehr fein empfundenen Verkündigung, gefolgt von der Geburt Christi, der Anbetung der Könige; sie endet mit dem Tod Mariens. Die vier Tafelbilder der Werktagsseite des Altars stellen beliebte Heilige der Spätgotik dar: links Georg und Sebastian, Magdalena und Margaretha; rechts Johannes der Täufer und Nikolaus sowie die Heimsuchung von Maria und Elisabeth. Auf dem Tafelbild der Predella halten die Apostel Petrus und Paulus das Schweißtuch der Veronika. Den Altaraufbau krönt die Figur des hl. Bartholomäus.

Hoch über dem einstigen Moorland südlich des Chiemsees liegt auf einem inselartigen Moränenberg WESTERBUCHBERG (Gemeinde Übersee am Chiemsee) mit seiner alten Kirche *St. Peter und Paul.* Wie in Sondermoning wurden 1426 an die romanischen Mauern des Langhauses ein einjochiger spätgotischer Chor mit fünfseitigem Schluß und 1524, noch im spätgotischen Stil, ein südliches Seitenschiff

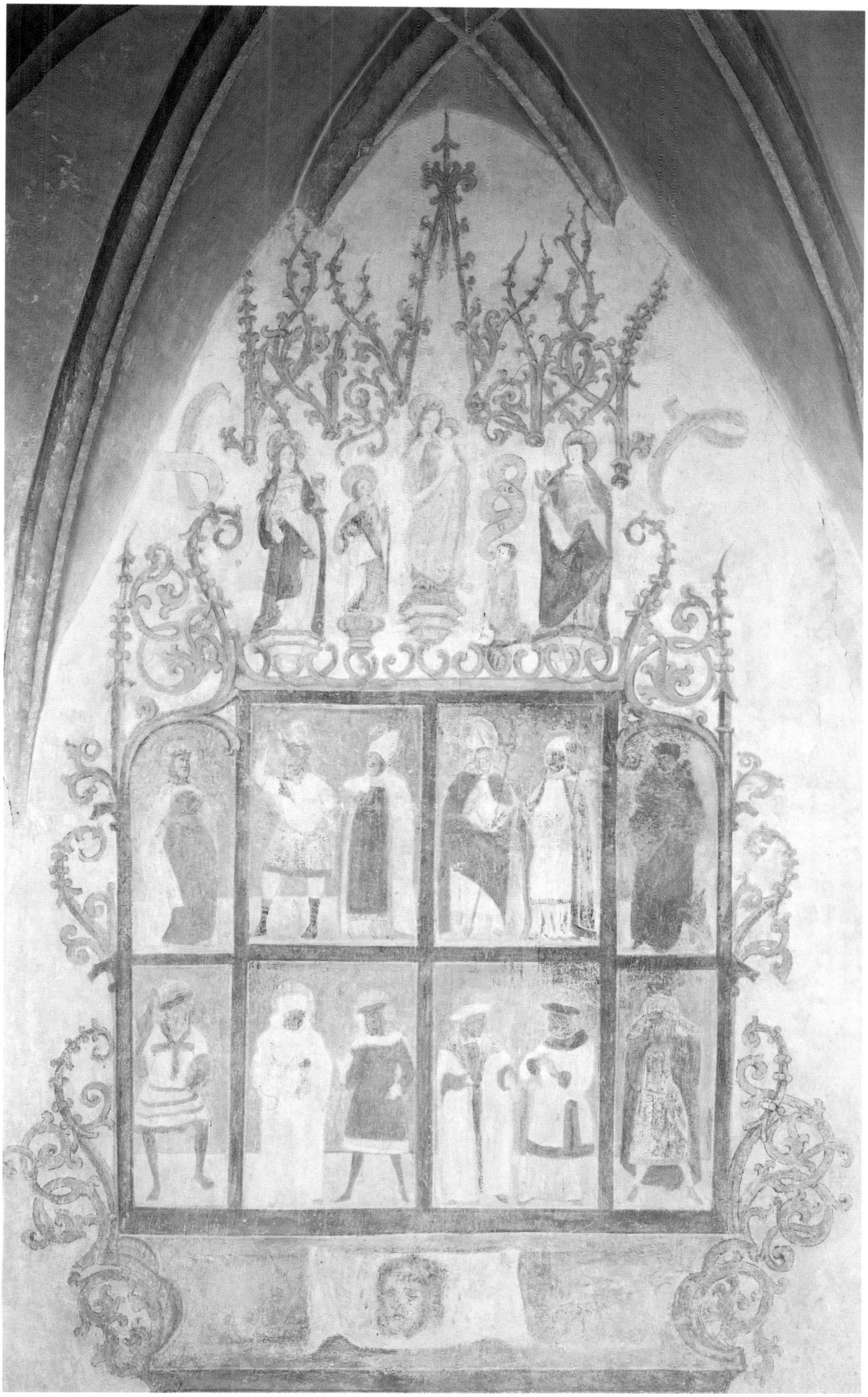

WESTERBUCHBERG, *Kirche St. Peter und Paul: Fresko in Form eines Flügelaltars mit den Vierzehn Nothelfern, spätgotisch, um 1524*

angebaut. Das Netzgewölbe im Chor mit seinen kräftigen Rippen und Schlußsteinen und das einfachere Netzgewölbe im Seitenschiff sind noch ursprünglich. Die Rippen in den drei Jochen des Langhauses wurden abgeschlagen und später wieder an die Gewölbetonne gemalt.
Sehenswert ist die ab 1410 in mehreren Abschnitten entstandene Ausmalung der Kirche: Zu den ältesten Wandmalereien gehören die von Streifen gesäumten Streumuster aus Sternen und Rosetten, die die Leibungen der romanischen Rundbogenfenster schmücken. Zwischen 1410 und 1420 ist wohl die Anbetung der Heiligen Drei Könige im ersten Joch der Südwand des Langhauses entstanden – bemerkenswert die jugendliche, edle Gestalt des knienden Königs, der gerade dem Kind sein Geschenk überreicht.
Nur wenig nach 1425 begann man die Langhauswände bis zur Höhe der damals noch romanischen Flachdecke mit gemalten Ornamenten und Figuren zu füllen; nur Fragmente sind von dieser Phase verblieben: Zwei abgenommene kleinere Fresken mit einer Anbetung der Könige wurden als Tafeln an der südlichen Chorwand aufgehängt. Um 1580 sind an der nördlichen Chorwand die letzten Wandbilder entstanden. Das erhaltene zeigt einen Teil eines Jüngsten Gerichts: Oben sind die zwölf Apostel, unten ist der Höllenrachen, dem die Teufel die Verdammten zutreiben, zu erkennen.
Eine Besonderheit befindet sich an der Ostwand des Seitenschiffes – ein den Vierzehn Nothelfern geweihter spätgotischer Flügelaltar wurde um 1524 an die Wand gemalt: Vier Felder mit je zwei miteinander disputierenden Heiligen bilden den Schrein; je zwei Heilige finden sich in den beiden rankengeschmückten Flügeln, und die beiden letzten der Vierzehn Nothelfer stehen im zierlich gemalten Aufsatz. In der Mitte des Aufsatzes steht die Madonna mit dem Kind; sie wird begleitet vom hl. Jakobus und dem Stifter, dessen Gebet auf einem Spruchband seinem Mund entspringt.

Eine bewegte Baugeschichte hat die Kirche *Maria Himmelfahrt* in GRASSAU aufzuweisen. Wie der stämmige Unterbau des Westturms erkennen läßt, geht der Ursprung des Gotteshauses auf die Romanik des 12. Jahrhunderts zurück. Im 14. Jahrhundert wurde die halbrunde Apsis durch einen zweijochigen und in drei Seiten geschlossenen Chor ersetzt. Im frühen 15. Jahrhundert wurde das Chorhaus nochmals erhöht und neu gewölbt. Zusammen mit diesem Umbau entstanden die gotischen Fresken, die in Resten im Chor und an der Nord- und Ostwand des Langhauses freigelegt werden konnten. Im Weichen Stil wurden die Klugen und Törichten Jungfrauen im Chorschluß und die gut erhaltenen Medaillons mit dem hl. Andreas und der hl. Elisabeth an der Südwand des Altarraums gemalt. (Gerade letztere weist in ihrer Gestalt sehr große Ähnlichkeit mit den weiblichen Heiligen in der Kirche St. Leonhard in Grafing, s. S. 104, auf.) An den Langhauswänden zeigen in drei übereinander angeordneten Bildstreifen einzelne Heilige und biblische Szenen – wie die Anbetung der Könige in der Nordostecke oder das Abendmahl an der Nordwand. 1491 wurde das Langhaus der Grassauer Pfarrkirche innerhalb der alten Mauern zur dreischiffigen spätgotischen Staffelhalle mit überhöhtem Mittelschiff umgebaut (Datierungen am Wappen über dem Westportal). Mächtige, vielleicht noch romanische Rundpfeiler und spitzbogige Arkaden trennen die Schiffe. Ab 1696 wurde das Gotteshaus tiefgreifend barockisiert. Der gotische Raumkörper blieb jedoch erhalten.
Unweit von Grassau erhebt sich in wehrhafter Lage über dem Dorf RAITEN (Gemeinde Schleching) die *Wallfahrtskirche St. Maria »zu den sieben Linden«*, so benannt nach den Bäumen, die sie umstehen. Die Langhausmauern sind noch romanisch; zu Beginn des 15. Jahrhunderts wurden der spätgotische Chor mit seinen zwei Jochen und dem dreiseitigen Abschluß sowie der Westturm gebaut. Das Netzgewölbe im Altarraum ruht auf Wandpfeilern mit Runddiensten. Sehenswert ist das Kirchlein wegen der um 1430 entstandenen Wandmalereien in der Leibung des östlichen Chorfensters mit den weiblichen Heiligen Agnes und Barbara sowie den männlichen Heiligen Albertus und Nikolaus. (Im Grassauer Tal hatte die Verehrung der hl. Agnes gerade in den ersten Jahrzehnten des 15. Jahrhunderts stark zugenommen.)
In dem Weiler STREICHEN (Gemeinde Schleching) am Ende des bayerischen Achentals steht an einem alten Säumer-

weg die dem alten fränkischen Heiligen geweihte Kirche *St. Servatius* oder die »Streichenkirche«, wie sie der Volksmund nennt. Äußerlich eher unscheinbar, stellt ihre Ausstattung einen Höhepunkt spätgotischer Kirchenkunst im Voralpenland dar. Es ist ein altes Heiligtum, das schon im 8. oder 9. Jahrhundert als Rast und Schutz auf dem Handelsweg diente und in Verbindung mit einer Ministerialenburg stand: Herren von »Strichen« erscheinen in der zweiten Hälfte des 12. Jahrhunderts des öfteren als Zeugen in Urkunden. Gegen Ende des 13. Jahrhunderts wurde die Burg aufgegeben. Im frühen 14. Jahrhundert erneuerte man das Langhaus der Kirche und Mitte des 15. Jahrhunderts erhielt die viel besuchte Wallfahrt den neuen Chorraum und die Sakristei.

Um 1440 entstanden die Fresken im Langhaus. Wie in Urschalling stiftete ein Adeliger zumindest einen Teil dieser Wandbilder. Nach den Wappen in den kleinen Zwickeln am Chorbogen war es der von 1434 bis 1444 auf der Burg Marquartstein amtierende Pfleger Ulrich von Freyberg. Die Malereien zeigen die Handschrift des Konrad Laib aus dem schwäbischen Oettingen, der die damals bedeutendste Malschule Salzburgs führte.

Zwei Reihen rechteckiger Bilder umlaufen die Wände des seit 1954 wieder flach gedeckten Langhauses, Bordüren mit medaillonartigen Verzierungen bilden die Rahmen; ein rotes Kleeblattfries schließt den Zyklus gegen die flache Decke ab. Inhalt der Wandbilder sind Szenen aus dem Leben verschiedener vom Volk verehrter Heiliger: Dem überlebensgroßen St. Christophorus an der Nordwand folgen Szenen mit der hl. Agnes in der Fensterleibung. Eine seltene Darstellung ist die thronende Maria mit dem in einem kurzen Hemdchen vor ihr stehenden Kind (Fresko über dem Fenster). Das Bild in der Ecke zur Chorwand zeigt den hl. Wenzel und einen Heiligen, der St. Koloman sein könnte. Die Himmelfahrt der hl. Maria Magdalena, die aus der Verbindung verschiedener Legenden heraus mit einem Haarkleid abgebildet wird, ist Thema der Malerei unter den beiden Heiligen. An der Ostwand steht der hl. Leonhard vor zwei in der Fußbank eingeschlossenen Gefangenen und das Bild darunter zeigt den hl. Bischof Wolfgang aus Regensburg als Prediger. In die Zwickel des Chorbogens ist eine Verkündigung gemalt, wobei vorgegebene Malflächen den Künstler zu einer besonderen Gestaltung haben greifen lassen: Auf einem langen Schriftband sendet ein schöner Engel die Botschaft über die Spitze des Chorbogens zu Maria, die im rechten Feld auf ihrem Betschemel kniet. Der südliche Teil der Ostwand zeigt grausam realistisch das Martyrium des hl. Erasmus und die Enthauptung des hl. Bischofs Dionysius. Unter diese beiden Bilder ist die Anbetung des Kindes durch die Heiligen Drei Könige gemalt. (Auffallend dabei die Eleganz, die Würde und die Haltung des dritten Königs und seines Rosses.) An der Südwand sind zwei Heilige zu sehen, von denen einer als der hl. Aegidius mit der Hirschkuh zu erkennen ist. Im Bild darunter thront ein unbenennbarer heiliger Bischof. Die Leibung des Fensters füllen zwei weibliche Heilige sowie das Schweißtuch der Veronika. Der Chorbogen selbst trägt die Darstellung der Klugen und Törichten Jungfrauen; die Szene wird hier bereichert durch eine für Törichte Jungfrauen verschlossene Himmelspforte.

Zusammen mit den bewundernswerten Fresken im Langhaus wurde um 1440 der eingezogene, zweijochige Chor neu errichtet. Die Malereien, die seine Nordwand bedecken, entstanden aber erst in den Jahren zwischen 1508 und 1513. Die Datierung erlauben zwei der fünf gemalten Wappen auf den Schlußsteinen des zierlichen Netzrippengewölbes: in der Mitte das Wappen der Pienzenauer für den 1513 verstorbenen Passauer Domherrn und Pfarrer zu Grassau, Warmund von Pienzenau, und gegenüber dem Herzogswappen das Wappen des Pflegers von Marquartstein, Wolf Radlkofer, der von 1508 bis 1524 amtierte. Ein Vergleich der Arbeiten im Langhaus mit denen im Chor verdeutlicht die Entwicklung der Malerei in den letzten Jahrzehnten der Spätgotik: Beinahe karg und ganz auf die Personen bezogen sind die Fresken im Laienraum; eine geradezu bühnenhafte Kulisse hingegen bieten jene im Chorraum. Nach dem zeitlichen Ablauf beginnt der Zyklus mit den von gotischem Maßwerk gekrönten, zweimal vier Bildern im östlichen Bogenfeld der Nordwand. Ungewöhnlich ist die Abfolge der Szenen aus dem Marienleben, die links unten mit Mariä Tempelgang beginnen und sich im Uhrzeigersinn

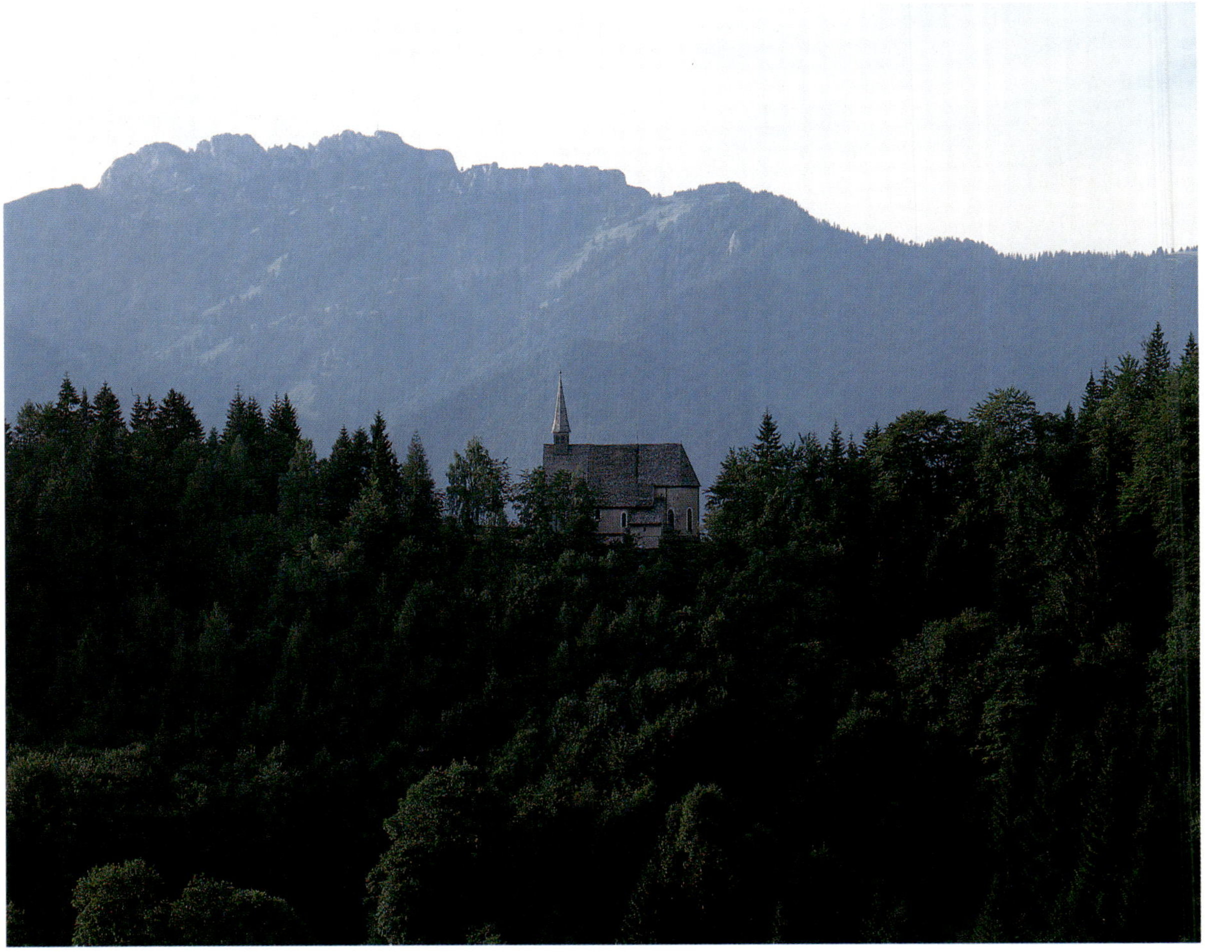

STREICHEN: *Kirche St. Servatius*

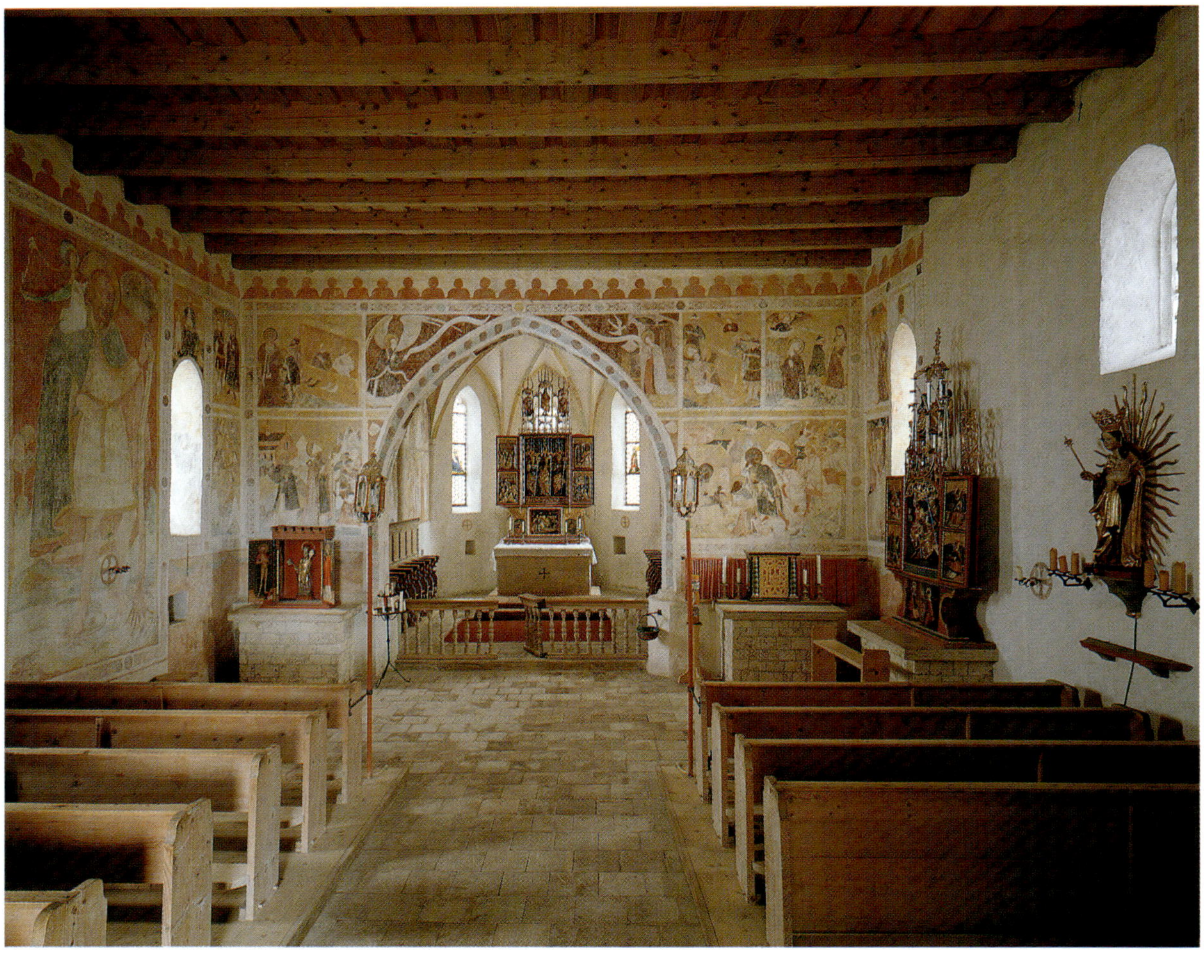

STREICHEN, *Kirche St. Servatius: Langhaus und Chor; Langhausfresken um 1440, Hochaltar 1524, südlicher Seitenaltar 1523, nördlicher Seitenaltar (Kastenaltar) 1410*

STREICHEN, *Kirche St. Servatius: Predella des südlichen Seitenaltars. Die Großmutter Anna (rechts) und die hl. Helena (links) behüten den Jesusknaben im Laufstall; 1523*

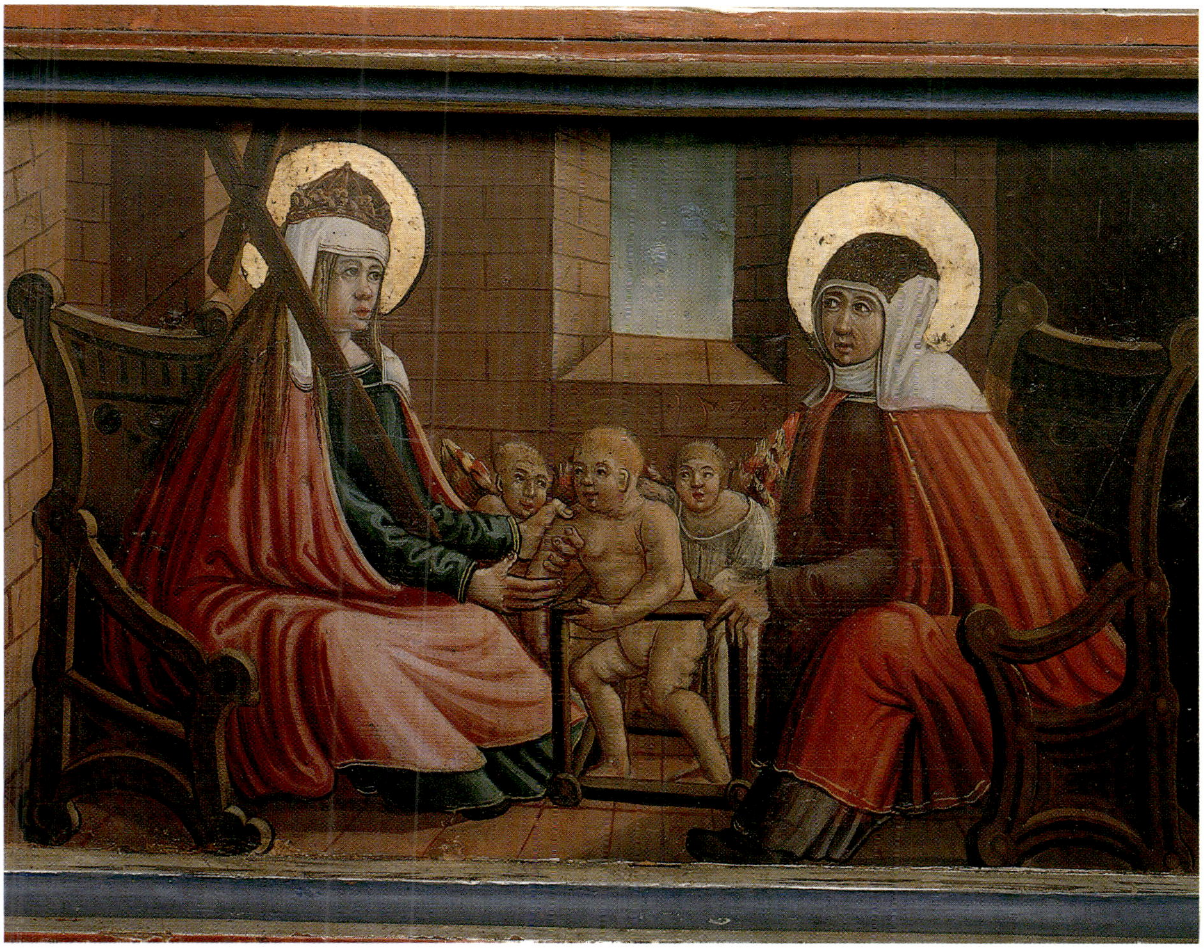

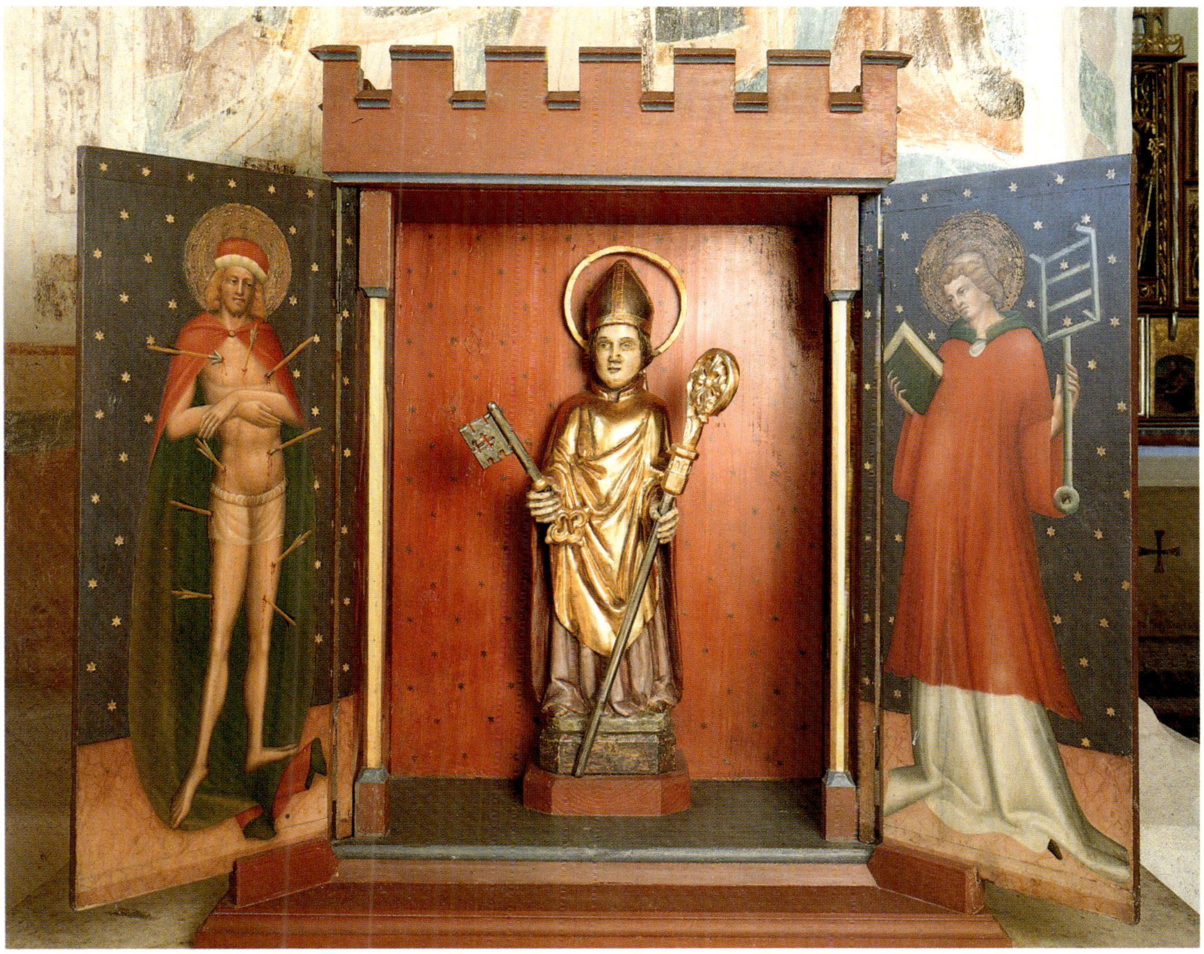

STREICHEN, *Kirche St. Servatius: Kastenaltar, um 1410 im Weichen Stil*

über die Begegnung der beiden gesegneten Frauen, Maria und Elisabeth, der Geburt Christi bis zum Tode der Gottesmutter fortsetzen. Im westlichen Joch folgt die Passion Christi: Christus und seine Jünger am Ölberg, Kreuztragung, Kreuzigung und Grablegung. Abgeschlossen wird der Zyklus mit einem Jüngsten Gericht auf der Ostseite der Chorbogenwand. Das Fresko des hl. Servatius in einer 1597 entstandenen Fassung ist die einzige Malerei auf der Südwand des Chores. – Aus der Erbauungszeit des Chores um 1440 stammen die Glasmalereien in den Fenstern zu beiden Seiten des Chorhaupts. Der Künstler der sitzenden Madonna mit Kind und des hl. Servatius dürfte einer Salzburger Werkstatt angehört haben.

Kostbarkeiten in der an gotischen Schätzen so reichen Kirche sind auch die Altäre: Die Jahreszahl 1524 am Betschemel der gemalten Verkündigung auf dem Schiebetürchen der Predella gibt Auskunft über die Entstehungszeit des Hochaltars. Seine künstlerische Herkunft ist im Werkkreis um den Laufener Gordian Guckh zu suchen. Unverkennbar sind die Einflüsse der Donauschule um den in Passau wirkenden Maler Wolf Huber. Der Altar ist ein Werk der Übergangszeit, einerseits noch spätgotisch im Aufbau – Predella, Schrein, zwei Flügelpaare und Aufsatz –, andererseits bereits die Renaissance andeutend in der Gestaltung der Bildszenen, der Haltung und Bekleidung der Schnitzfiguren. Drei heilige Bischöfe, in der Mitte St. Servatius, links St. Dionysius und rechts St. Wolfgang, stehen im Schrein. Die geschnitzten Reliefs auf der Festtagsseite der beweglichen Flügel geben vor einem reich gestalteten Hintergrund mit Verkündigung, Geburt Christi, Anbetung der Könige und Beschneidung Jesu im Tempel Szenen aus der Kindheit des Heilands wieder. Die Tafelbilder des geschlossenen Altars lassen in eindringlicher Art die Passion miterleben: Auf den Standflügeln Abendmahl, Ölberg, Judaskuß und Vorführung Jesu vor Pilatus; ihnen folgen in vier Bildern auf der Außenseite der beweglichen Flügel die Leiden des Herren: Geißelung, Dornenkrönung, Kreuzabnahme und Grablegung. Eine geschnitzte Beweinungsgruppe steht in der Predellanische; auf die Schiebetürchen sind die Verkündigung sowie die hl. Anna Selbdritt und die hl. Katharina gemalt. Gekleidet in zeitgemäße

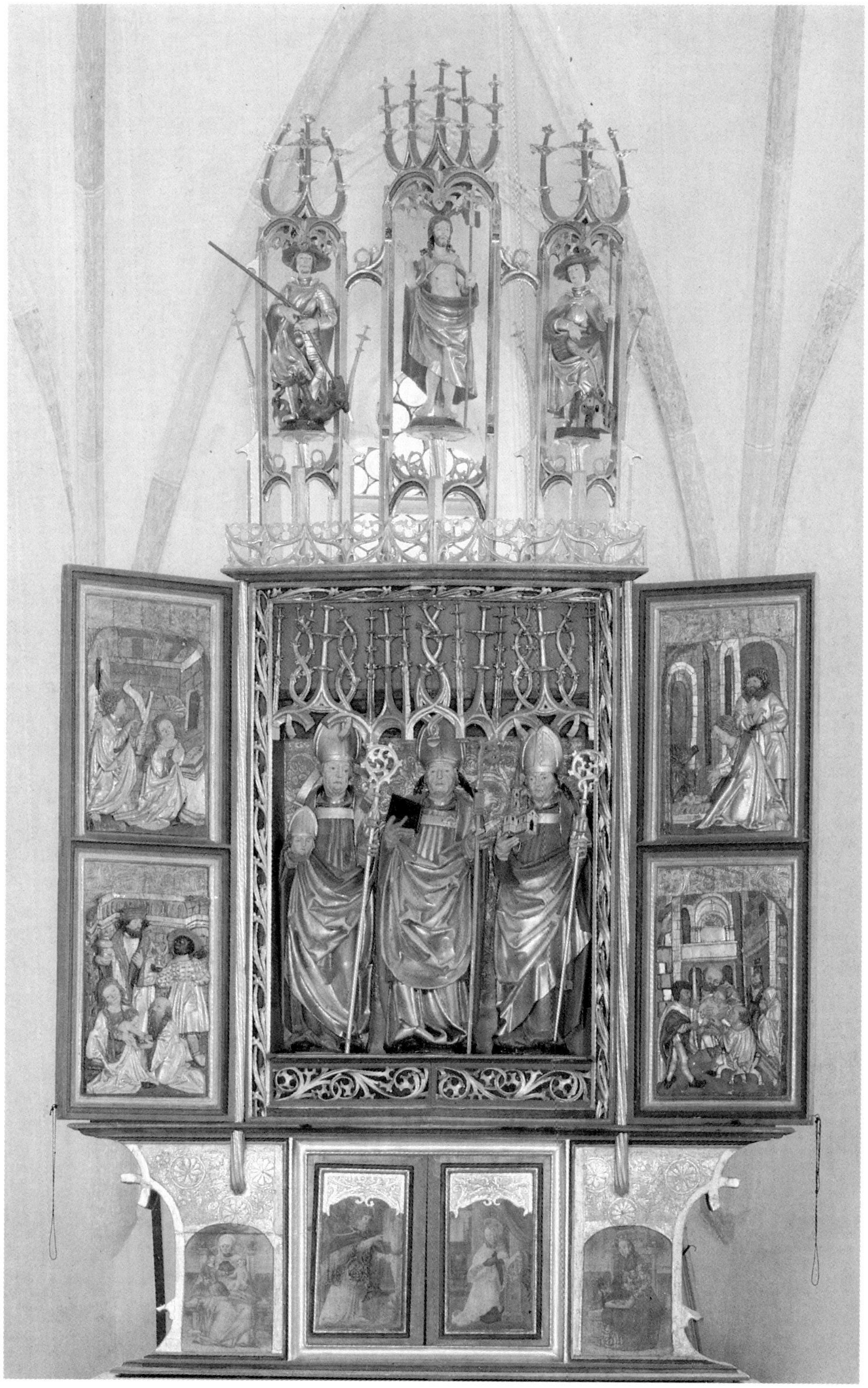

STREICHEN, Kirche St. Servatius: Hochaltar, 1524, dem Werkkreis des Laufener Meisters Gordian Guckh nahestehend: Festtagsseite mit geöffnetem Schrein

Kostüme begleiten der hl. Florian und der hl. Georg den auferstandenen Christus im Auszug des Altars.

Dem spätgotischen Brauch folgend ist auch die Rückwand des Altars bemalt. Sie zeigt eine großzügig angelegte Ölbergszene in einer prächtigen, ganz im Stil der Donauschule gehaltenen Landschaft. Das Bild wird gerahmt von den vier heiligen Kirchenvätern: Unter Baldachinen thronen rechts Hieronymus und Augustinus und links Ambrosius und Gregor der Große. Sie

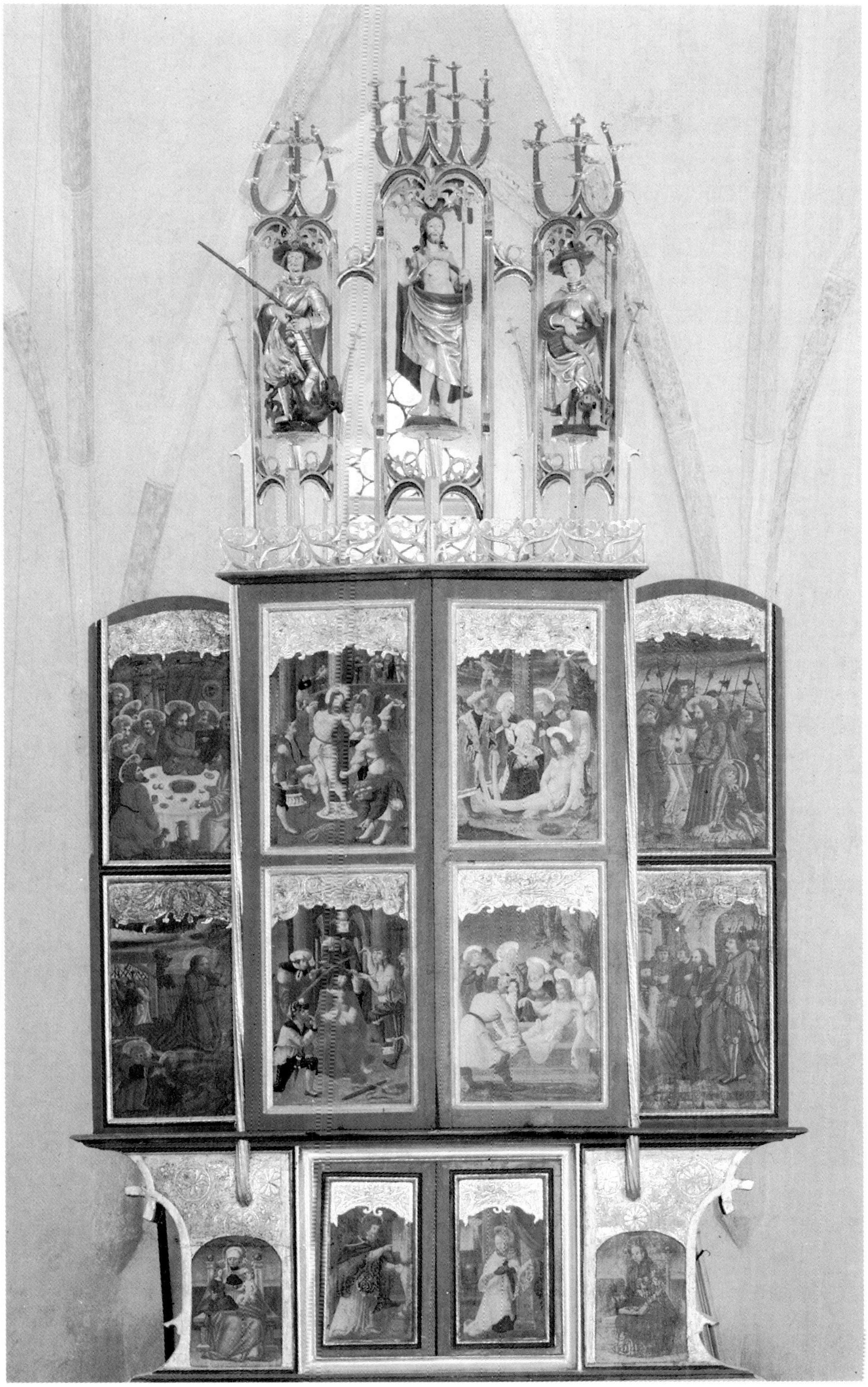

STREICHEN, Kirche St. Servatius: Hochaltar mit geschlossenen Flügeln

strahlen bereits die Kraft und die Körperlichkeit aus, mit der später die Renaissancemalerei ihre Figuren darstellt.

Die Streichenkirche ist eine Stätte der Volksfrömmigkeit. Neben der zentralen Verehrung der Gottesmutter erscheint die Darstellung der Martyrien und der Erhöhung der Heiligen auf den Fresken wie ein Programm, das auf den Altären Höhepunkt und Abschluß findet. Der Gläubige wird vor seiner Andacht an den Altären durch die Bilder gleichsam erinnert, wie die Heiligen auch im Leiden bestrebt waren, gläubig zu leben und sich des Leidens anderer anzunehmen. Die Heiligen aus den Fresken kehren als Schreinfiguren im spätgotischen Flügelaltar an der Südwand wieder. Die hl. Maria Magdalena, diesmal mit dem Salbgefäß, wird begleitet vom hl. Wolfgang und dem hl. Leonhard. Vier vor immer der gleichen Landschaft thronende Bischöfe – der hl. Rupert mit dem Salzfaß, der hl. Erasmus mit der Spindel, der hl. Martin mit der Gans und noch einmal der hl. Wolfgang mit dem Kirchenmodell – sind auf den Tafelbildern der Innenflügel abgebildet. Die beweglichen Flügel zeigen auf ihren Rückseiten vier Tafelbilder mit den Heiligen Georg, Sebastian, Florian und Christophorus. Auf den Standflügeln sind als Pendant dazu die vier, in spätgotischer Zeit hoch verehrten weiblichen Jungfrauen Katharina, Ursula, Barbara und Margaretha zu sehen. Im Aufsatz des 1523 entstandenen Altars stehen der Schmerzensmann mit Maria und Johannes. Ein seltener dargestelltes Motiv zeigt das Bild in der Predella – einen Blick in das Kinderzimmer Jesu. Der Knabe in seinem Laufstall wendet sich der links von ihm sitzenden hl. Helena zu (sie ist an dem schwarzen Kreuz hinter ihrer Schulter zu erkennen); rechts sitzt die Großmutter Anna, die auf ihren Enkel aufpaßt. Das Gemälde der Altarrückseite – Jesus als Schmerzensmann und das Schweißtuch der Veronika – ist jetzt an der Nordwand aufgehängt.

Das wertvollste Kunstwerk der Kirche ist der Kasten- oder Zellenaltar auf der Altarmensa des nördlichen Seitenaltars – 1410 im Weichen Stil entstanden. In dem 80 Zentimeter hohen Schrein steht nur die um 1400 geschnitzte Statue des Kirchenpatrons St. Servatius. Die nach vorne und der Seite aufklappbaren Flügel tragen jedoch die kostbarsten Tafelbilder in unserem Raum. Höfisch elegant in Haltung, Kleidung und Schmuck, mit äußerst feingeschnittenen, ausdrucksvollen Gesichtern übermitteln die Heiligen ihre Botschaft. Auf den Innenseiten sind es links der hl. Sebastian und die hl. Ursula, rechts der hl. Laurentius und Maria mit dem Kind. Bei geschlossenem Altar zeigen die vier Felder die hl. Agnes (mit dem Lamm), den hl. Erasmus (mit Schusterahlen unter seinen Fingernägeln), die hl. Elisabeth (mit dem Brot) und den hl. Nikolaus als Bischof (mit den drei goldenen Kugeln).

Der Rupertiwinkel

Der Rupertiwinkel zwischen Salzach und Alz mit den Städten Laufen und Tittmoning war alter Besitz des Erzstifts Salzburg. Bereits um 700 war das Salzburger Benediktinerinnenkloster Nonnberg Grundeigner um Tittmoning. Ab 1229 gelangte der Ort unter die Landesherrschaft des Erzstifts Salzburg. Laufen, im späten Mittelalter die viertgrößte Stadt im Erzbistum Salzburg und ebenfalls seit 700 bekannt, entwickelte sich im 11. und 12. Jahrhundert im Schutz einer Burg der Salzburger Erzbischöfe. Nach dem Friedensschluß von 1254 zwischen Bayern und Salzburg und nach den Erhardinger Grenzverträgen von 1252 und 1275 wurde das Erzstift Salzburg endgültig Landesherr in dieser Region. Die Bayernherzöge Ludwig II. und Heinrich XIII. verzichteten zugunsten von Erzbischof Eberhard II. (1200-1246) und seinem Nachfolger Philipp von Kärnten (1246-1256) auf die Grafschaftsrechte in Peilstein und Lebenau. Die damals vereinbarte politische Grenze zwischen dem Erzbistum Salzburg und dem Herzogtum Bayern hatte bis zum Frankfurter Vertrag von 1810 Bestand. Gleiches galt für die Verwaltungsorganisation des Erzstifts mit den vier Pfleggerichten Laufen, Tittmoning, Waging und Teisendorf (die als »Salzburger Flachgau« bezeichnet werden). Etwas länger blieb die kirchliche Organisation in diesem Winkel erhalten: Erst 1822 verlor das Erzbistum Salzburg seine Zuständigkeit zugunsten des Erzbistums München-Freising und bei den Orten Oberbuch und Tyrlaching zugunsten des Bistums Passau.

In der künstlerischen Entwicklung war besonders in der späten Gotik das starke Zusammenwirken Burghausener Baumeister mit Malern und Bildhauern der Salzburger Schule spürbar. Die gestalterische Kraft der Salzburger Künstler hat jedoch hier dominiert: Mit Ausnahme der gotischen Stiftskirche in Laufen, der nach dem Grundriß der Braunauer Heilig-Geist-Kirche errichteten Kirche in Oberbuch und dem vielleicht in Anlehnung an die Klosterkirche von Ettal entstandenen spätgotischen Zentralbau in Gaden herrscht die einschiffige, netzgewölbte Kirche mit Westturm vor. Das Schiff ist meist drei Joche lang, der ein- bis zweijochige Chor schließt gewöhnlich in drei oder fünf Achteckseiten. Unter dem Einfluß der Salzburger Schule entstanden gemauerte oder hölzerne Westemporen mit zwei Pfeilern als Stützen. In vielen Kirchen waren auf diesen Emporen zusätzliche Altäre aufgestellt. Beispiele für gemauerte Emporen bieten die spätgotischen Kirchenbauten in den zur Stadt Tittmoning gehörenden Orten ASTEN und KIRCHHEIM, die Kirchen in PIETLING (Gemeinde Fridolfing), in TACHING AM SEE und dem zur Gemeinde gehörenden BURG, in OTTING (Gemeinde Waging am See), in WEILDORF (Markt Teisendorf) und in ST. LEONHARD AM WONNEBERG. Hölzerne Emporen mit zum Teil schönen spätgotischen Flachschnitzereien an den Brüstungen besitzen die zur Stadt Tittmoning gehörenden Kirchen von LANZING, MEGGENTHAL und WEILHAM sowie die Gotteshäuser in FRIDOLFING, in MEHRING (Markt Teisendorf) und in TENGLING (Gemeinde Taching am See).

Gut vertreten sind in dieser Region handwerkliche Erzeugnisse von Schreinern und Kunstschmieden des 15. Jahrhunderts. Neben dem viersitzigen gotischen Gestühlblock von THUNDORF (Gemeinde Ainring) sind es besonders die Kirchentüre in ST. COLOMAN bei Tengling mit ihren aufgesetzten Holzrippen und die kassettenartig mit holzgeschnitzten Füllungen gestaltete Eichenholztüre an der Kirchenstraße in SAALDORF, die das fast deckungsgleiche Gegenstück zum Portal der Kirche von Anger darstellt. – Bemerkenswerte, reich verzierte Türbeschläge und Türklopfer haben die Handwerker der Gotik geschmiedet: Die Kirchen- und Sakristei

türen von ASTEN, TYRLACHING, PETTING, PERACH (Gemeinde Ainring) sowie WEILDORF und WIMMERN (die zum Markt Teisendorf gehören) sollen hier als kleine Auswahl dienen.
Die Werke von Bildhauern und Malern werden bei den einzelnen Objekten vorgestellt. Im Vergleich mit dem angrenzenden Chiemgau fällt dabei auf, daß gotische Wandmalereien im Rupertiwinkel selten zu treffen sind. Außer in ABTSDORF, LAUFEN und WEILDORF wurden Fresken nur noch in den Altarräumen der Kirchen von PERACH und OTTING (Gemeinde Waging am See) sowie in der kleinen Kirche *St. Margaretha* von KIRCHHOF (Gemeinde Petting) aufgedeckt. Die Malereien im Chor des letztgenannten Gotteshauses, besonders die Darstellung der Maria Magdalena, erinnern sehr stark an die Wandbilder im Langhaus der Kirche St. Servatius in Streichen bei Schleching (s. S. 176).

Aus einer alten Ansiedlung und Befestigung, die 735 als »villa vocata ad Loffi« erwähnt wird (was etwa »Siedlung bei den Stromschnellen« – althochdeutsch Louf oder Louffo – bedeutet), entwickelte sich auf der von der Salzach umflossenen Landzunge die Stadt LAUFEN. Die Burg der Salzburger Erzbischöfe – sie stand an der Stelle des heutigen Schlosses – schützte den Zugang von der Landseite. Bald nahm die Siedlung die gesamte Fläche der Halbinsel ein, und schon für 1251 ist die geschlossene Ummauerung belegt. Den Ausschlag für die Entwicklung von Laufen gaben der Salzhandel und die Stromschnellen, die »Nocken«, die den Fluß an der engsten Stelle der Schleife für Schiffe unpassierbar machten. Da die Salzburger Erzbischöfe ab Mitte des 13. Jahrhunderts von den bayerischen Herzögen aus Reichenhall zurückgedrängt wurden und vom gewinnbringenden Handel mit dem weißen Gold ausgeschlossen zu werden drohten, verstärkten sie den planmäßigen Ausbau der Salzgewinnung im salzburgischen Hallein. Für den Transport nach Norden nutzten sie die durch ihr Hoheitsgebiet fließende Salzach bis Laufen. Hier stoppten die unüberwindlichen Stromschnellen die Fahrt der Plätten – das Salz mußte umgeladen werden. Es wurde entweder auf dem Landweg oder unterhalb der »Nocken« auf dem Fluß weiter verfrachtet.
Die Salzfracht bewirkte das Entstehen des Laufener Patriziats der Schiffherren. In einer 1267 erlassenen Schiffordnung verlieh Erzbischof Wladislaus 27 Laufener Bürgern ein erbliches Schiffrecht: Jeder dieser Schiffherren mußte in Laufen ansässig sein und durfte nicht mehr als zwei große und ein kleines Schiff sein eigen nennen. Starb eine Familie aus oder gab sie das Gewerbe auf, fiel das Recht an das Erzstift zurück. Bis 1417 brachten die Domherren dadurch alle Schiffrechte in ihre Hand, die wegen ihrer wirtschaftlichen Bedeutung sodann nicht mehr als Lehen ausgegeben wurden.
Eine zweite Gruppe des Stadtpatriziats und später auch des Salzburger Landadels bildeten die Handelsherren: Nur sie hatten das Recht, die Ausfuhr des Salzes von Hallein nach Laufen zu betreiben. Vierzig Familien der Stadt wurden in der 1278 von Erzbischof Friedrich II. erlassenen »Ausfergenordnung« mit diesem sehr begehrten und einträglichen Amt betraut. Das Privileg wurde zum erblichen Manneslehen, weshalb sich die Familien »Erbausfergen« nannten. Gültig war dieses Handelsrecht bis zur Säkularisation.
Vollständig wird das Bild durch eine dritte Unternehmerschicht, die als Handels- und Schiffsherren in langen Schiffszügen von Laufen aus die Weiterleitung des Salzes und anderer Waren des Salzburger Landes flußabwärts zum Inn und zur Donau übernahmen. Als »Erbnaufergen« sind sie ab 1301 urkundlich, ihre Rechte wurden erstmals 1426 in einer Schiffordnung niedergelegt.
Zur Überwachung der Rechte und Pflichten der Erbausfergen wie der Erbnaufergen und als Schiedsstelle richtete das Erzstift in Laufen ein oberstes Schiffgericht ein, dessen Zuständigkeit von Hallein bis Passau immer unbestritten blieb. Mit dem Rückgang des Salzabbaus in Hallein näherte sich ab Mitte des 18. Jahrhunderts auch die wirtschaftliche Blüte der Stadt Laufen ihrem Ende, die Grenzziehung von 1816 entlang der Salzach machte Laufen dann vollends zur Provinzstadt.
Aus dem Blickwinkel der Kunstgeschichte war dies ein Vorteil, denn gerade dadurch blieb der Charakter der spätmittelalterlichen Stadt in der Salzachschleife erhalten. Dominiert wird das Stadtbild von dem nüchternen Vierflügelbau des erzbischöflichen Schlosses aus dem Jahre 1608 im

LAUFEN, *Pfarrkirche St. Mariae Himmelfahrt: Grundriß*

LAUFEN, *Pfarrkirche St. Mariae Himmelfahrt: älteste gotische Hallenkirche im süddeutschen Raum, 1330 bis 1344*

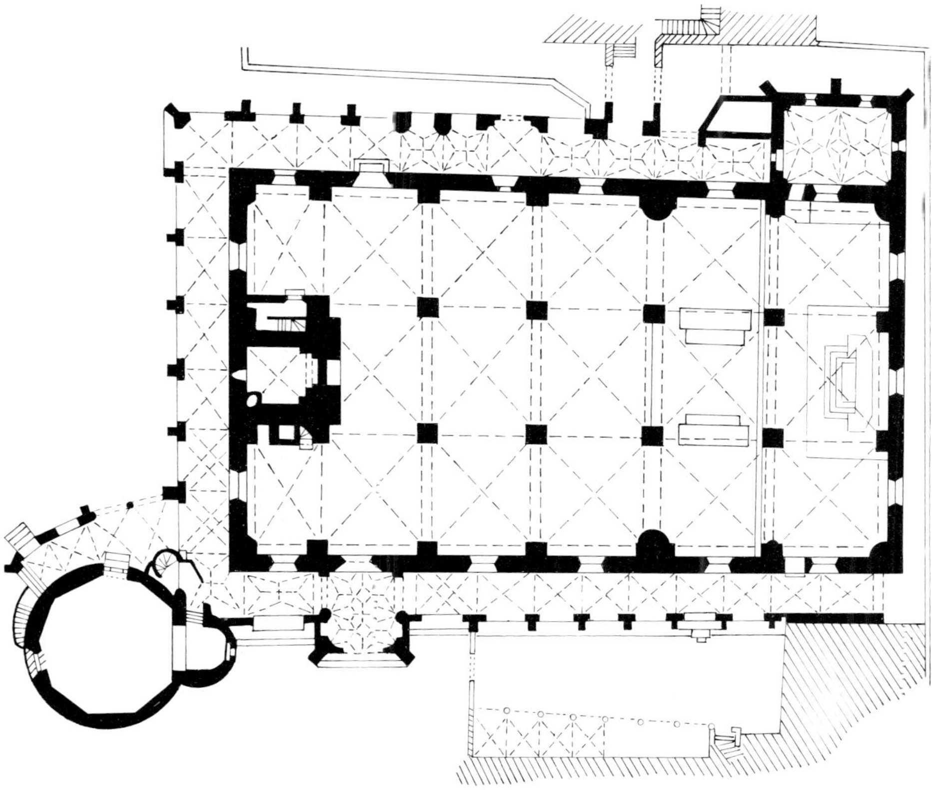

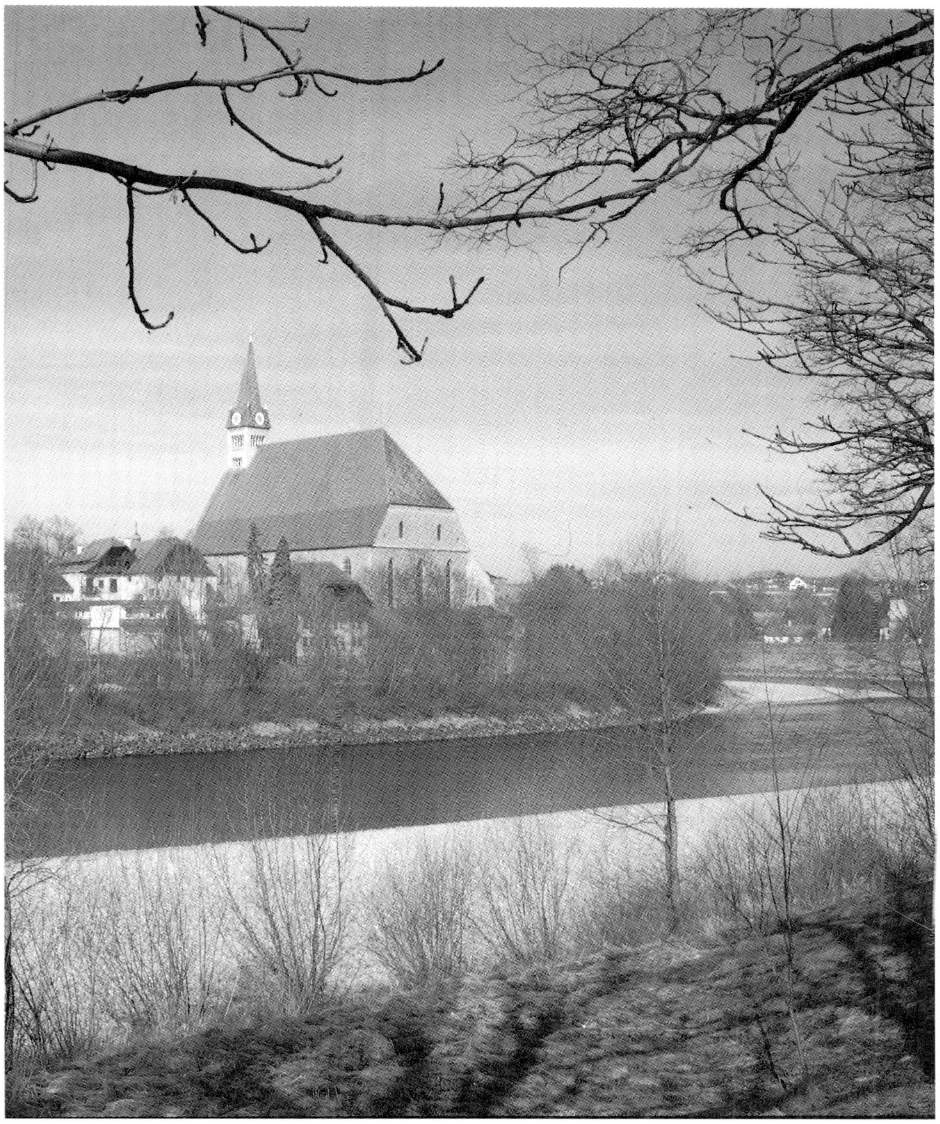

Süden und der hochaufragenden Stiftskirche mit ihrer fast 3000 Quadratmeter großen Dachfläche im Norden. An und in ihr spiegelt sich der frühere Reichtum der Stadt und ihrer Bürger wider. Dagegen hat sich an den im Kern spätmittelalterlichen Schiffsherrenhäusern bis auf zwei Portale vom ausgehenden 15. Jahrhundert nichts Gotisches erhalten. Überquert man den Marienplatz, den alten sogenannten Schrannenplatz, in nördlicher Richtung, wird man unvermittelt von dem alten Stadtraum des 13. Jahrhunderts mit seiner Ruhe und Beschaulichkeit umfangen: Je näher man der Stiftskirche kommt, um so mehr verstärkt sich der Eindruck des mittelalterlichen Stadtdenkmals.

Gegen Ende des 12. Jahrhunderts entstand der erste Bau der Pfarrkirche (ab 1621 zugleich Stiftskirche) *St. Mariae Himmelfahrt* als große dreischiffige romanische Basilika. Von ihr haben sich außer dem Turm nur wenige Bauteile (Portallöwen und Säulen) erhalten. Getragen von ihrer Wirtschaftskraft begannen die Bürger von Laufen im Jahr 1330 mit dem Neubau des Chores und anschließend des Langhauses: 1340 war der neue Bau vollendet, und 1344 konnte der Altar geweiht werden. Das Lebensziel des 1347 verstorbenen Erbausfergen Heinrich von Lamposting, des größten Förderers der Kirche, war erreicht. Ein »kostspieliges Werk aber von vortrefflicher Schönheit« oder schlicht »ain chostlich werch« urteilten die Zeitgenossen über den ungewöhnlichen Bau der dreischiffigen gotischen Hallenkirche, der ältesten in Süddeutschland. Ungewöhnlich ist nicht nur der Chor, der sich mit seinem geraden Abschluß über die gesamte Breite der drei Schiffe erstreckt; ungewöhnlich ist auch der vollständig in das Kircheninnere eingebaute Westturm, der von dem romanischen Vorgängerbau übernommen wurde. Damit er über das gewaltige Hallendach hinausragt, erhöhte man ihn um die italienisch anmutenden Glockenstuben mit den schönen Klangarkaden.
Eine Erklärung für die Kirchenanlage ergibt sich nicht allein aus der geländebedingten Enge des Bauplatzes zwischen Fluß und Turm. Vielmehr ist das Baukonzept weitgehend von der Auffassung der Zisterzienser geprägt. Besonders die Chorpartie macht dies deutlich, die dem Chor der Kirche des Zisterzienserklosters

Heiligenkreuz bei Wien nachempfunden wurde. Die Beziehungen liefen über Passau: Der Neubau der Klosterkirche in Niederösterreich erregte bei seiner Weihe durch den Passauer Bischof Bernhard (1285-1313) im Jahre 1295 großes Aufsehen. Heiligenkreuz war ein Passauer Kloster, und der Auftraggeber für den Bau der Laufener Kirche, Pfarrer Heinrich von Nußdorf, war Kanoniker des Hochstifts Passau. Die Bauform fand im Erzbistum Salzburg Anklang. Ein Beweis ist die bis in Details reichende Übereinstimmung der Laufener Pfarrkirche mit der Spitalkirche St. Blasius in Salzburg – 1327 stiftete Erzbischof Friedrich III. (1315-1338) das Spital und beinahe gleichzeitig wurden die beiden Gotteshäuser errichtet.
Die Laufener Kirche ist eine Hallenanlage mit drei nahezu gleich breiten Schiffen. Kräftige Pfeiler, im Wechsel rund und achteckig, mit acht gleichen Runddiensten und gekehlte Wandpfeiler mit dreifach gebündelten Runddiensten tragen das Kreuzrippengewölbe und die spitzen Stichkappen der sechs Joche. Die Rippen sind schlank mit Birnstabprofil, die Gurtbögen breiter. Figurierte Schlußsteine zieren alle Rippenschnittpunkte, wobei die im Chor verschiedene Szenen aus der Entstehungszeit, die im Langhaus alle das Wappen der Lampotinger, die fünfblättrige Rose, tragen. Der Beginn des Chorraums wird durch die Verstärkung des zweiten Pfeilerpaares und der verbindenden Gurte angedeutet. Die Ausmalung der Kirche wurde bei der letzten Restaurierung auf die Farbgebung des 17. Jahrhunderts zurückgeführt. Trotz vieler Umgestaltungen und Ergänzungen haben sich beachtenswerte, vor allem spätgotische Kunstwerke im Inneren des Gotteshauses erhalten. Von dem 1467 errichteten Hochaltar, den ein Salzburger Künstler aus dem Kreis um Konrad Laib, Hans Multscher und Rueland Frueauf geschaffen hat, sind nur die prachtvollen Tafelbilder der Flügel mit Szenen der Passion erhalten geblieben, nachdem 1658 ein barocker Hochaltar den veralteten gotischen ersetzt hatte. Die Bilder hängen heute über den Mensen der Seitenaltäre an der Nord- und Südwand der Seitenschiffe. Ihre Größe – je zwei über- und nebeneinander entsprachen der Höhe und Breite des gotischen Schreins – vermittelt einen Eindruck von der Mächtigkeit dieses Altarwerks. (Die thronende Muttergottes mit Kind aus der Mitte des Schreins befindet sich heute in der westlichen Seitenkapelle der Kapuzinerkirche von Laufen, die Assistenzfiguren, eine hl. Katharina und eine hl. Barbara, stehen in der Kirche St. Zeno in Bad Reichenhall.) Das wertvollste gotische Tafelbild, eine vom sog. Laufener Meister um 1420 gemalte Kreuzigung, hängt an der nördlichen Chorwand neben dem Eingang zur Sakristei. Über dem zweiten Seitenaltar an der Nordwand konnten Teile einer spätgotischen Wandmalerei aus der ersten Hälfte des 15. Jahrhunderts mit dem Martyrium des hl. Achatius und seiner Gefährten aufgedeckt werden. Die darunter thronende »Schöne Madonna« wurde im Tauschwege vom Bayerischen Nationalmuseum erworben: Sie ist um

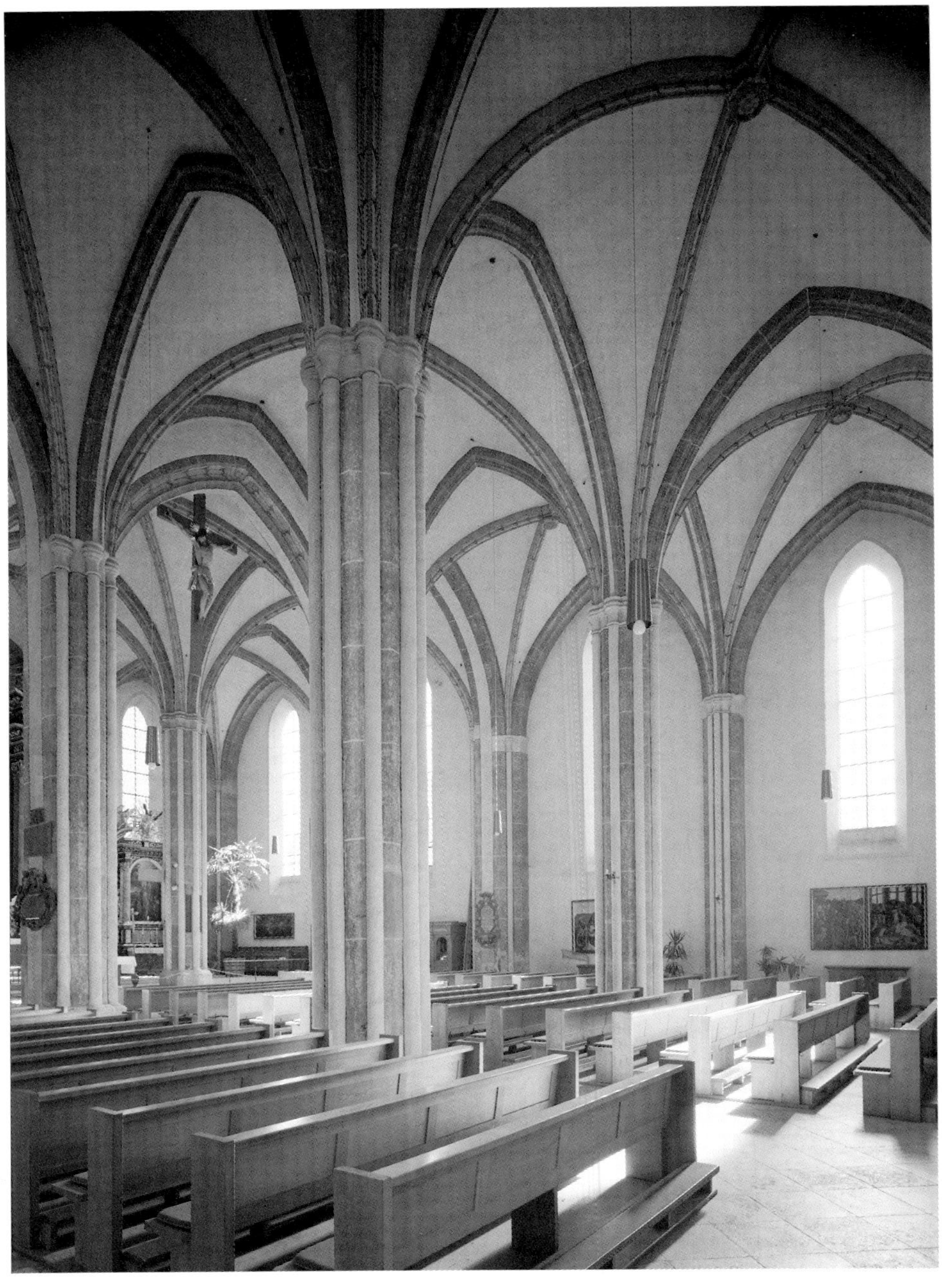

LAUFEN, *Pfarrkirche St. Mariae Himmelfahrt: Blick in den dreischiffigen Hallenraum*

LAUFEN, *Pfarrkirche St. Mariae Himmelfahrt: Martyrium des hl. Achatius und seiner Gefährten, Fresko aus der 2. Hälfte 15. Jahrhundert*

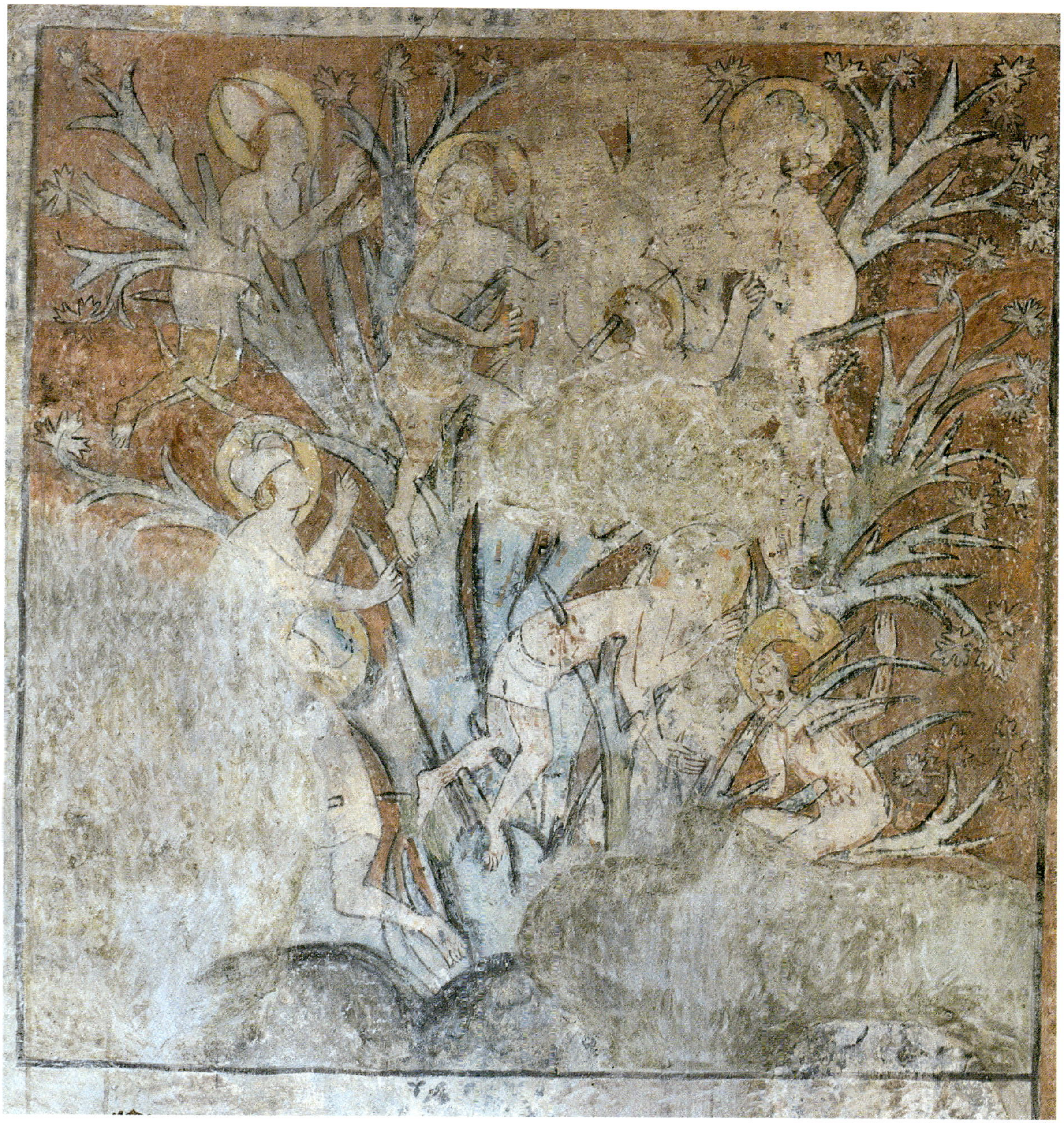

1470 entstanden und wird dem Seeoner Kunstkreis zugeschrieben.

Vom späten 14. bis zur Mitte des 17. Jahrhunderts reichen die Zeugnisse der Grabmalkunst, die in der Kirche und in dem sie an drei Seiten umgebenden äußeren Arkadengang angebracht wurden. Es war der Stolz und der Ehrgeiz der reichen Schiffsherren und Fergengeschlechter, in der Kirche begraben zu werden oder zumindest einen Gedenkstein dort aufstellen zu können. Die wertvollsten Grabdenkmale aus gotischer Zeit sind im Innenraum der Kirche an der Westwand und neben der Taufkapelle eingemauert: Der Familie Scheller gehörte der von Süden aus erste Stein, ein Doppelgrabmal aus rotem Marmor: »Hie ligt begraben vo' S. Ruebrechz altar d'edl' un vest Albrecht Scheller zw Gartenau un Wandala Valkenstainerin sein eliche Hausfraw. Un der edl gestreng Riter Cristoff Scheller sein sun un Anna Elrechingerin sein eliche hausfraw den got genädig sey amen.« Die um 1500 entstandene Arbeit zeigt im unteren Teil die Eltern mit vier Söhnen und fünf Töchtern. Der trapezförmige Aufsatz darüber enthält eine fast naturgetreue Wiedergabe des spätgotischen Hochaltarschreins von 1467: In der Mitte die sitzende Muttergottes mit dem Kind, rechts die hl. Katharina und links die hl. Barbara.

An der Ostwand des Turmes neben dem Eingang zur Taufkapelle steht der wohl schönste Rotmarmorgrabstein der Kirche: »Hie ligen begraben Marchs von Nussdorf der gestorben is an montag nach sand Georgen tag 1478 jar un Spornella sein haus-

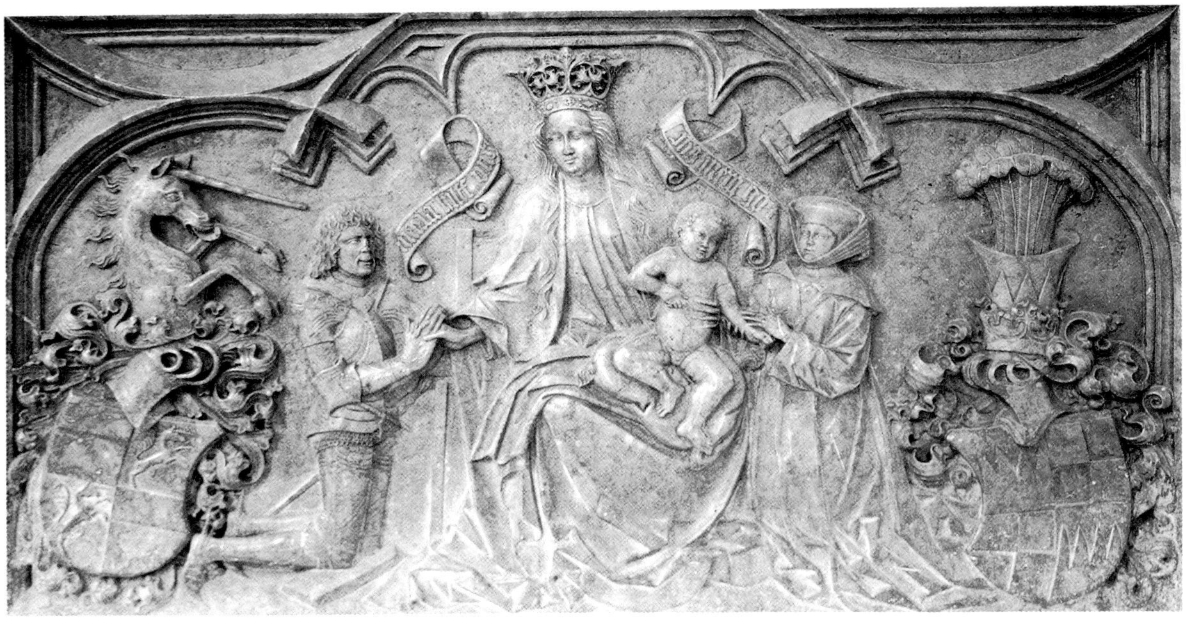

LAUFEN, *Pfarrkirche St. Mariae Himmelfahrt: Rotmarmorgrabstein der Nussdorfer; 1478. Der Grabstein enthält eine der frühesten Mariendarstellungen in der Grabmalplastik*

fraw, geborn von Seben, den got genedig sey.« In inniger Zuneigung und Hingabe knien die Eheleute (sie starb 1479) zu beiden Seiten von Maria und dem Kind – ein Spiegel der Frömmigkeit dieser Zeit und eine der frühesten Mariendarstellungen in der Grabmalplastik. Die Steine der Scheller und der Nußdorfer werden der Werkstatt des großen Salzburger Steinbildhauers Hans Valkenauer zugeschrieben.

Auf der anderen Seite des Kapelleneingangs ist der Grabstein der Anna von Alben, geborene von Welsberg († 1516), und ihres Sohnes Moritz, der 1497 in Worms verstarb und in seinen Heimatort überführt wurde, eingelassen: Neben einer sehr gut gearbeiteten Anna Selbdritt kniet die Verstorbene, die eine große Wohltäterin der Laufener Kirche war. Die schönen Hochreliefs leiden etwas durch den gescheckten Marmor, aus dem sie gearbeitet sind.

Aus geschichtlicher Sicht interessant ist der stark abgetretene Stein des 1378 verstorbenen Domherrn zu Passau, Heinrichs von Nußdorf, im nördlichen Teil der Westwand: Vierzig Jahre war der Auftraggeber des gotischen Kirchenbaus Pfarrherr in Laufen.

Der kreuzgangartige Umgang um das Gotteshaus mit seinen 27 Arkaden entstand in mehreren Abschnitten ab der zweiten Hälfte des 15. Jahrhunderts. Den Anfang bildete die tiefe, netzgewölbte Vorhalle vor dem südlichen Portal. Das aus rotgeschecktem Adneter Marmor gearbeitete Portal mit einem Gewände aus fünf Stäben und einem kunstvoll ausgeschnittenen Türsturz mit Konsolen und Nischen für drei Figuren entstand zur gleichen Zeit. Die Art der Portalgestaltung war im Einflußbereich Salzburgs beliebt: So sind gleichartige Formen an der Stiftskirche in Berchtesgaden, der Pfarrkirche von Markt Schellenberg im Berchtesgadener Land, der Kirche des Klosters Nonnberg in Salzburg, der Kapelle St. Margaretha im Salzburger Petersfriedhof und an der Pfarrkirche von Groß-Gmain nahe Reichenhall zu finden.

Vollständig wird der Überblick über die gotische Ausstattung der Stiftskirche zu Laufen durch die über zwanzig Tafelbilder von früheren Altären, die in dem ab 1625 erbauten *Dechanthof* ausgestellt sind. Neben weiteren Tafeln aus den Flügeln des Hochaltars von 1467 sind es sechs Tafelbilder mit dem Martyrium des hl. Georg aus dem Jahr 1480 und zwölf Tafeln eines Nothelferaltars aus der zweiten Hälfte des 15. Jahrhunderts: Sie zeigen auf ihren Außenseiten die Figuren der Heiligen und auf den ehemaligen Innenseiten der Flügel ergreifende Szenen aus dem Leben der hl. Dorothea und der hl. Ottilie.

Der spätgotische Bau der Kirche *St. Jakobus Major* in dem unweit von Laufen auf einer Anhöhe über einem kleinen See gelegenen Dorf ABTSDORF (Gemeinde Saaldorf) war um 1466 vollendet. Obwohl in der Barockzeit tiefgreifend umgestaltet,

LAUFEN, *Pfarrkirche St. Mariae Himmelfahrt: Südportal der Kirche, 2. Hälfte 15. Jahrhundert*

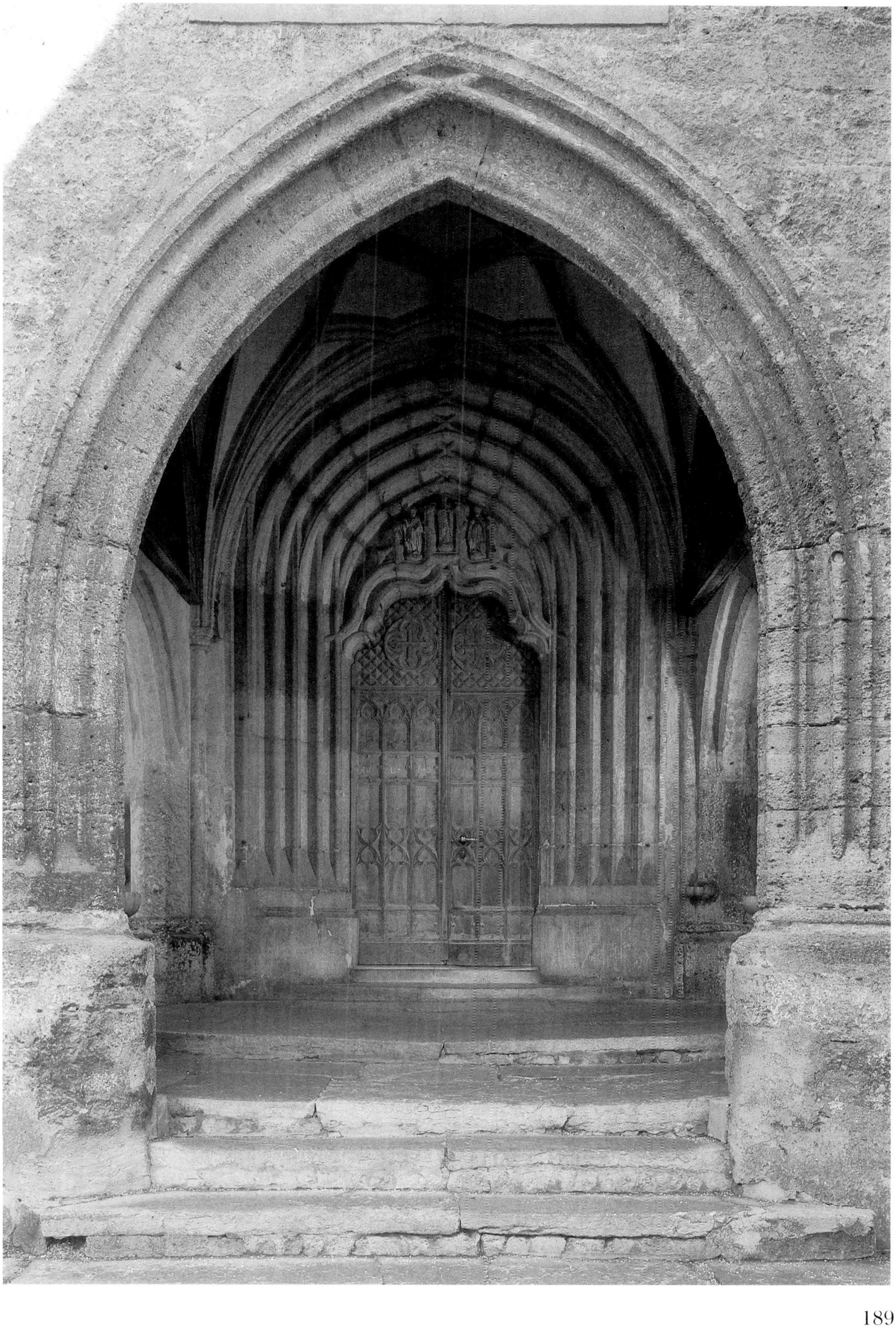

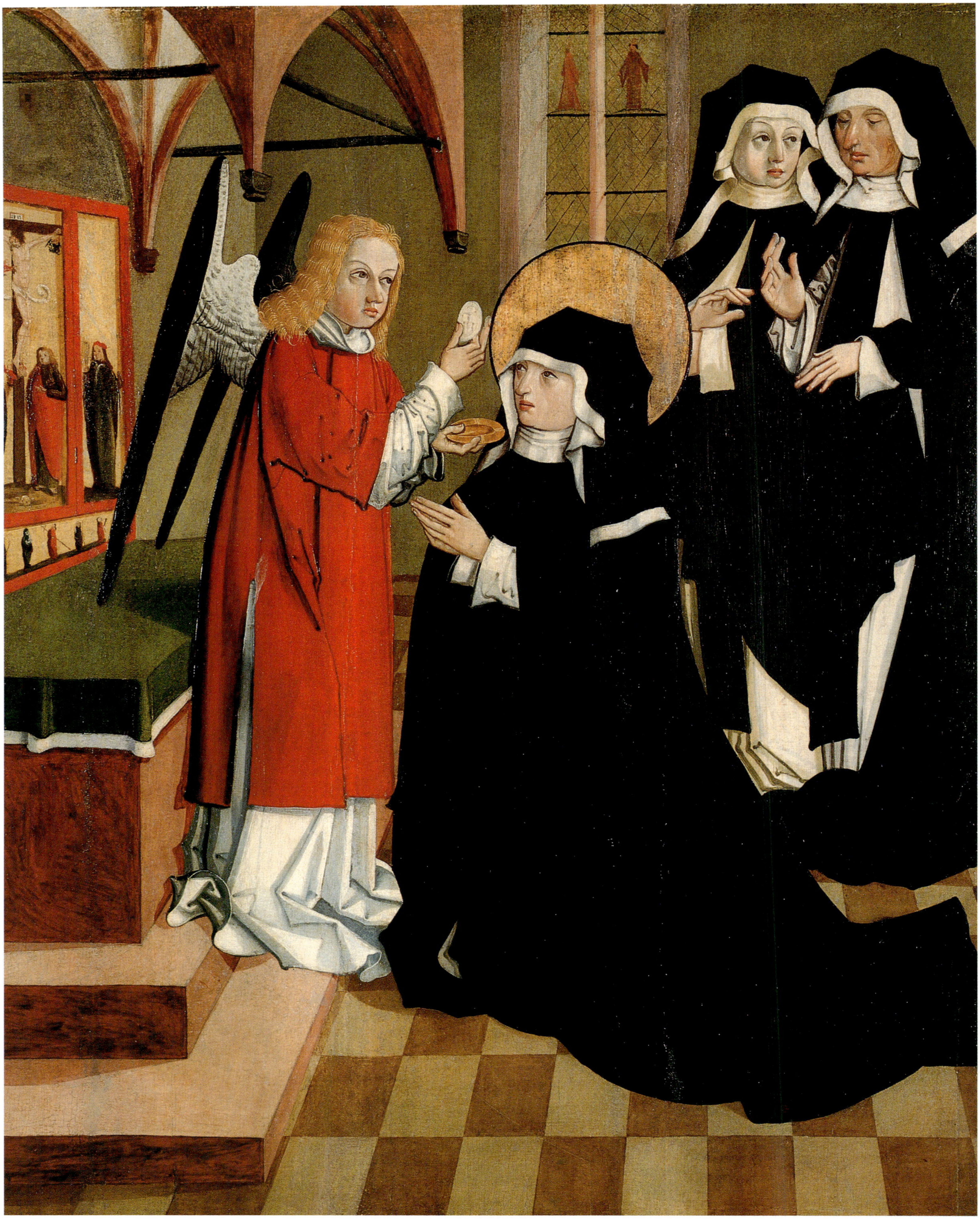

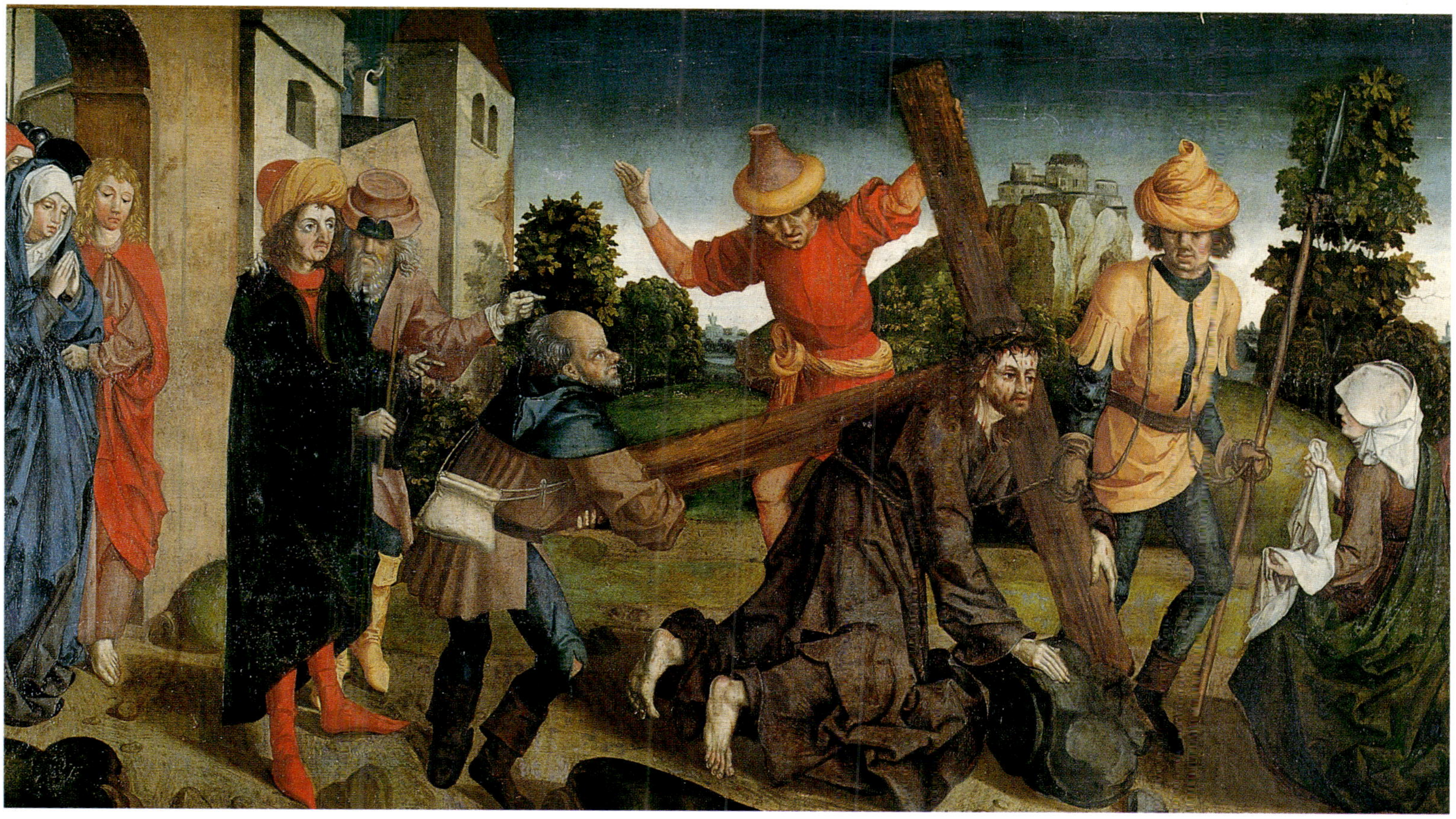

FRIDOLFING, *Kirche St. Johannes Baptist und St. Johannes Evangelist: Kreuztragung; Tafelbild eines bayerischen Künstlers für die Predella des ehemaligen spätgotischen Flügelaltars; Anfang 16. Jahrhundert*

Seite 190
LAUFEN, *Dechanthof: Legende der hl. Ottilie; Tafelbild vom ehemaligen spätgotischen Hochaltar, 2. Hälfte 15. Jahrhundert*

haben sich in den drei nordwestlichen Feldern der vier Joche des Langhauses bemerkenswerte Wandbilder aus der Zeit um 1500 erhalten: Direkt gegenüber dem Eingang steht die große, ausdrucksstarke Gestalt des hl. Christophorus, in den Jochfeldern daneben Maria mit Engeln sowie eine Anzahl Heiliger (wie Laurentius, Florian, Sebastian, Georg, Dionysius, Rochus und Leonhard). Unter den mit üppigen Ranken umgebenen Fresken befinden sich Medaillons mit Aposteln.

Dem Salzburger Baumuster entspricht die Kirche *St. Johannes Baptist und St. Johannes Evangelist* von FRIDOLFING. Einschiffig, mit vier Jochen im Langhaus und zwei Jochen im eingezogenen Chor, wurde sie um 1500 erbaut. Das Portal, hier mit einem Kielbogen, und die Sakristei liegen im Süden. Ein Spitzbogenfries im vierten Obergeschoß gliedert den markanten Westturm. Wandpfeiler tragen das Netzgewölbe ohne Schlußsteine. Sehr zierlich ist die hölzerne Empore gestaltet: Zwischen Maßwerkfriesen als oberem und unterem Abschluß sind neun Füllungen, die Kreise mit verschieden gestaltetem Maßwerk zeigen; die senkrechten Trennungsfriese und die waagrechten Bänder an den beiden Begrenzungsfriesen oben und unten sind mit Einlegearbeiten zusätzlich verziert.
Vorzüglich gearbeitet sind die geschnitzten und gefaßten Holzfiguren vom ausgehenden 15. Jahrhundert: Im Chor stehen auf Konsolen der hl. Georg und der hl. Florian in prachtvollen Rüstungen. In einem von schönen gemalten Ornamenten gerahmten Wandfeld stehen die Figuren der beiden Kirchenpatrone, die heute von fünf Tafelbildern aus alten Flügelaltären eingerahmt sind. Eine bayerische Arbeit vom Anfang des 16. Jahrhunderts ist das unter den beiden Johannes hängende Predellengemälde einer Kreuztragung vor einer einfachen Landschaft. Die übrigen Bilder zeigen Szenen aus dem Leben und Martyrium von Johannes dem Täufer.

Mit dem Übergang der Landesherrschaft an das Erzstift Salzburg begann 1229 die Anlage der Bürgerstadt TITTMONING zu Füßen der gleichnamigen Burg. Im Jahre 1242 wurde sie bereits als »oppidum« erwähnt. 1285 erscheint ein Pfleggericht Tittmoning in Urkunden, und 1390 ist erstmals ein vom Erzstift eingesetzter Stadtrichter nachweisbar.

Die Altstadt von Tittmoning zeigt die Gestalt einer planmäßigen Siedlung des späten Mittelalters. Die Truppen Ludwigs des Bayern haben 1324 die Stadt erobert und völlig zerstört. Der Kriegszug war eine Folge der Auseinandersetzungen Ludwigs mit Friedrich dem Schönen von Österreich und der Schlacht bei Mühldorf, denn auch Erzbischof Friedrich III. von Salzburg (1315-1338) kämpfte mit seinen Rittern und Soldaten auf der Seite der Habsburger gegen die Bayern. 1327 konnte das Erzstift die Stadt Tittmoning zurückkaufen. Von 1327 bis 1338 dauerte ihr Wiederaufbau. Der Zuschnitt der Grundstücke und die damals angelegten Straßen und Plätze haben sich bis heute erhalten. Mitte des 14. Jahrhunderts wurde die Stadt mit einer hohen Mauer aus Tuffquadern gegen weitere Eroberungen geschützt. In diese spätmittelalterliche Befestigungsanlage, von der sich Reste erhalten haben, wurde erstmals auch die Burg einbezogen. Die heutigen Fassaden der Altstadtbauten sind nach dem verheerenden Brand im Jahre 1571 entstanden. Bei dieser Katastrophe wurde die mittelalterliche Stadt völlig zerstört. Auch die Burg blieb nicht verschont. Ihre älteren Gebäude, wie der Zehentkasten, gehen deshalb nur auf das 16. Jahrhundert zurück.
Das nach der Gebietsreform von 1972 entstandene Stadtgebiet von Tittmoning weist eine Reihe interessanter spätgotischer Kirchen auf. In ihrer Gestalt oder durch ihre Lage in ummauerten Friedhöfen sind sie gute Beispiele für den Salzburger Kirchenbau des 15. und beginnenden 16. Jahrhunderts. Im Gegensatz zu der Kirche *St. Georg* in KIRCHHEIM, einem Tuffquaderbau mit abgesetzten Strebepfeilern und einem spitzbehelmten spätgotischen Turm, blieb bei den meisten nicht nur äußerlich der Charakter der späten Gotik erhalten. Geblieben sind bei allen die im Erzbistum beliebten Emporen, die – gemauert oder aus Holz – mit kunstvollen Brüstungen die Langhäuser im Westen überspannen.
Mitten durch das Dorf ASTEN (Stadt Tittmoning) verlief im späten Mittelalter die Grenze zwischen dem Herzogtum Niederbayern und dem Erzbistum Salzburg. Die einschiffige Kirche *St. Maria* mit ihrem Chor ist eine der stattlichsten Anlagen am Unterlauf der Salzach. Begonnen wurde der Bau im Jahre 1415. Damals er-

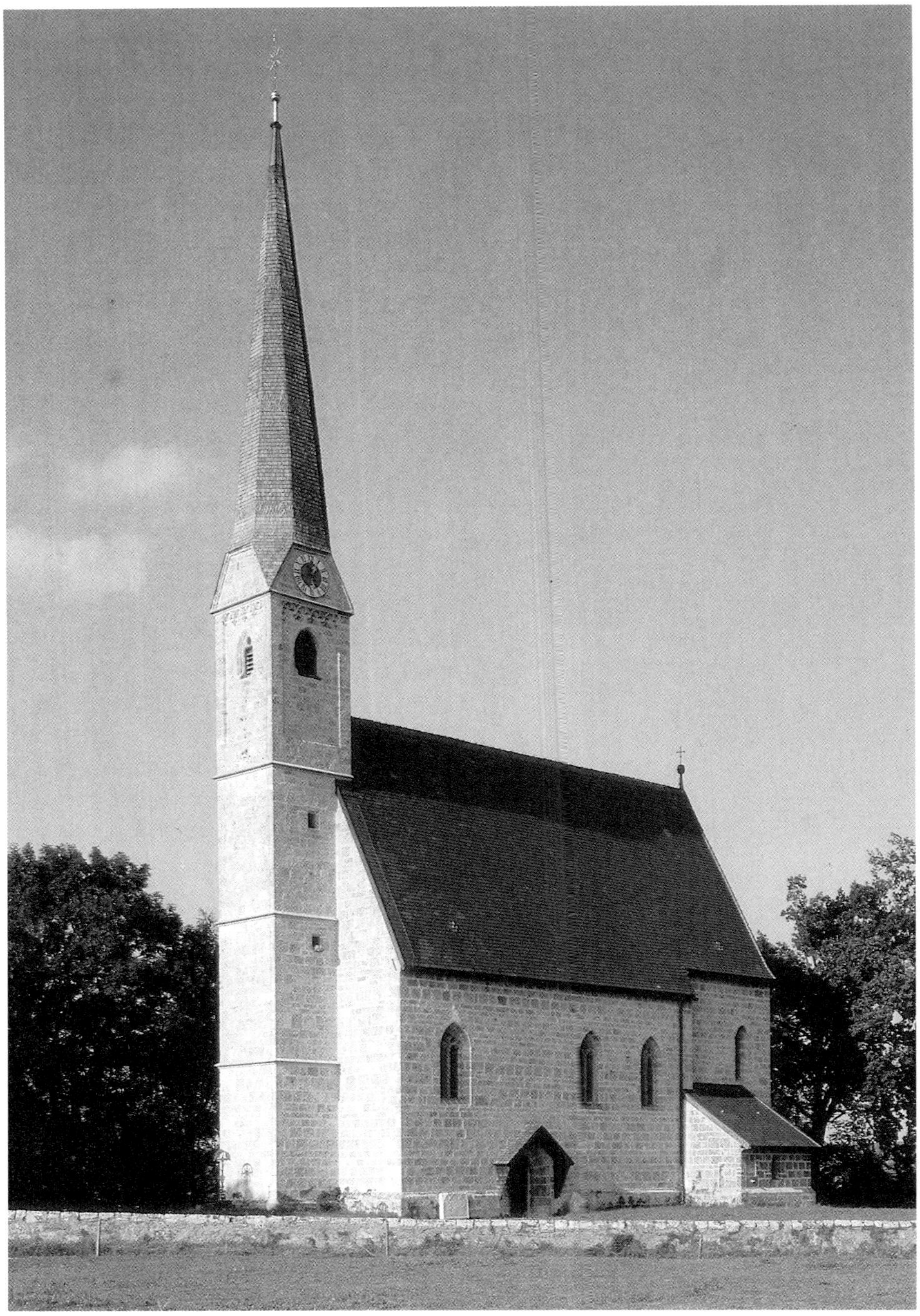

FRIDOLFING: Kirche St. Johannes Bapstist und Johannes Evangelist

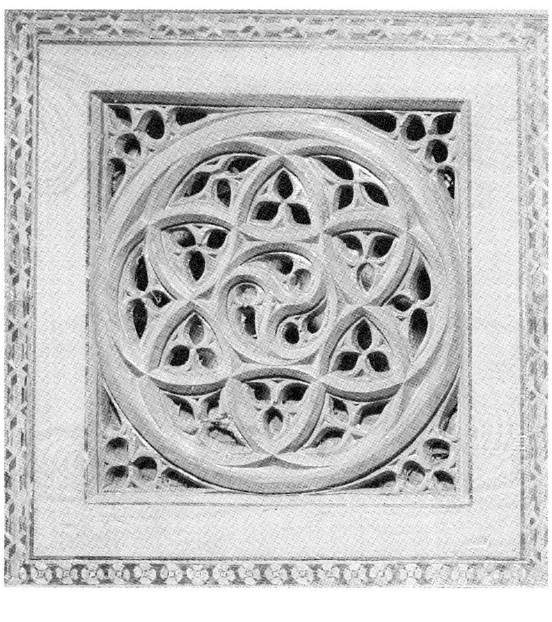

FRIDOLFING, Kirche St. Johannes Baptist und Johannes Evangelist: Brüstungsfeld der Westempore mit geschnitztem Maßwerk, um 1500

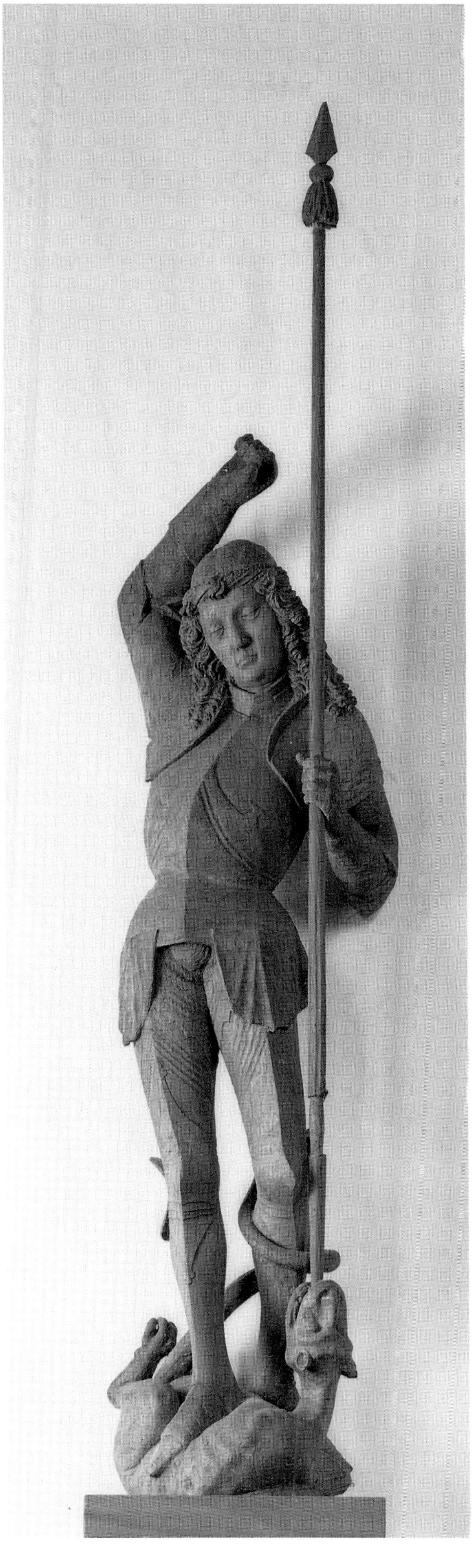

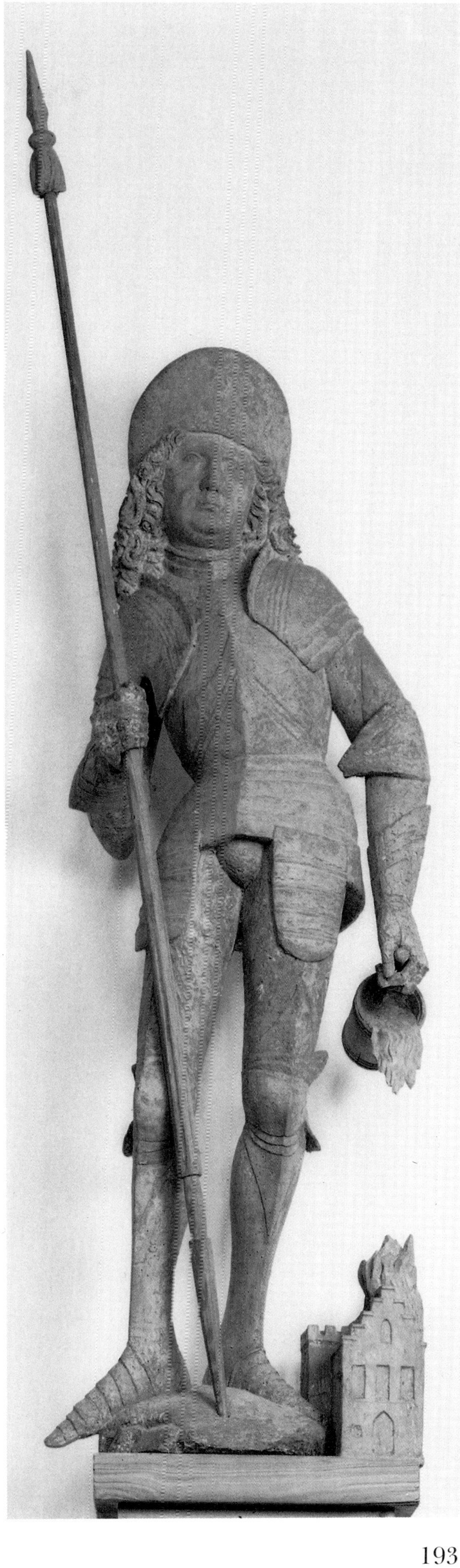

FRIDOLFING, *Kirche St. Johannes Baptist und Johannes Evangelist: Schnitzfiguren der Heiligen Georg und Florian in prächtigen Rüstungen*

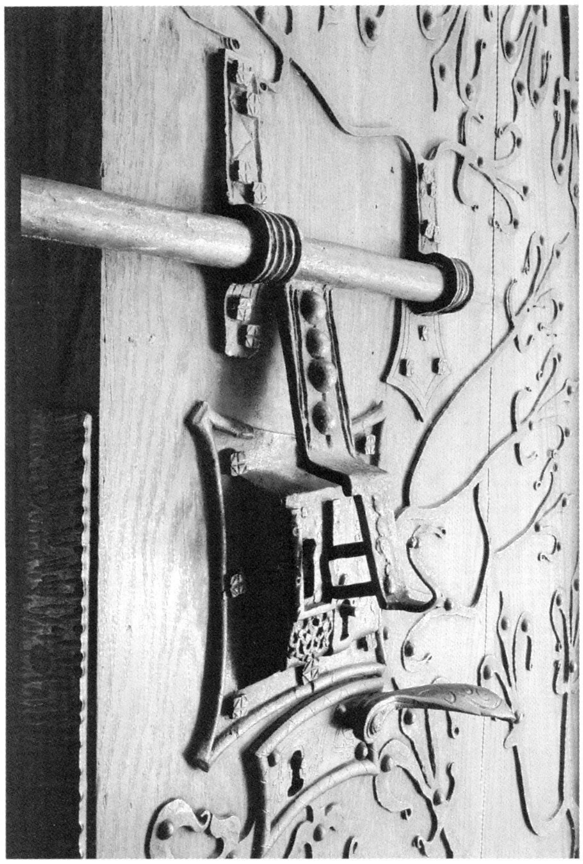

ASTEN, *Kirche St. Maria: Spätgotisches Schloß und Beschläge am Südportal, Mitte 15. Jahrhundert*

teilte Bischof Friedrich III. von Chiemsee (1411-1418) der Kirche St. Maria einen Ablaß, der die Finanzierung sichern sollte. Es folgten weitere Ablässe, so 1426 durch Bischof Engelmar Kräll von Chiemsee (1418-1430) und 1442 durch Erzbischof Friedrich IV. von Salzburg (1441-1452). Die Zahl der spendenfreudigen und auf ihr Seelenheil bedachten Pilger war anscheinend nicht sehr groß, denn im Jahre 1453 verkauften Zacharias Panichner, Pfarrer zu Tittmoning, und die Zechpröpste der Frauenkirche zu Asten einen Krautacker »von notturft wegen zu dem pau Unser Lieben Frauen Kirchen zu Asten«. 1461 war das dreijochige Langhaus vollendet. Im selben Jahr nahm Bischof Ulrich II. von Chiemsee (1454-1466) die Weihe vor, nicht ohne einen neuen Ablaßbrief zu erlassen. 1466 wurde endlich mit dem Bau des Turms begonnen, wofür Erzbischof Bernhard II. von Salzburg einen weiteren Ablaßbrief, hier mit genauer Angabe des Verwendungszweckes der Gelder, ausstellte. Entstanden war ein harmonischer Kirchenraum mit einem reich durchgebildeten Netzrippengewölbe, das von kräftigen Wandpfeilern mit gebündelten Runddiensten und Kapitellen getragen wird. Erhellt wird das Kircheninnere nur durch Fenster an der Südseite und im Chorraum: Die Fenster zeigen ausgezeichnetes Maßwerk und gut profilierte Gewände. Das Schmuckstück des Gotteshauses ist die gemauerte Westempore. Als Zugänge dienen Wendeltreppen, die in nach außen springenden, achteckigen Anbauten verlaufen. Sehenswert sind die spätgotischen Beschläge an der Türe zur Sakristei. Harmonisch ist auch das Äußere der Kirche mit den abgesetzten Strebepfeilern, dem Südportal mit spätgotischen Beschlägen und den von Lisenen und einem Bogenfries gezierten Turm im Westen. Seine achteckigen Obergeschoße und die Zwiebelhaube aber sind Ergänzungen der Barockzeit.

Eine bemerkenswerte spätgotische Westempore, die von zwei achteckigen Pfeilern getragen wird, weist der Tuffquaderbau der Kirche *St. Pankratius* in MEGGENTHAL (Stadt Tittmoning) auf. Die Friese der Brüstung sind mit geschnitzten Flachornamenten verziert, die sich als dekorative Malerei an der Untersicht der Empore wiederholen. Gut gestaltet ist die spätgotische Eingangstüre. Ihre aufgesetzten Rippen umgibt ein Band mit geschnitzten Flachornamenten.

Schön gelegen ist der Tuffquaderbau der Kirche *St. Peter und Paul* von LANZING (Stadt Tittmoning). Geweiht wurde sie erst 1518. Das Netzgewölbe wird im Langhaus von Wandpfeilern mit vorgelagerten Diensten und profilierten Kapitellen, im Chor nur von Wanddiensten getragen. Die Brüstungen der spätgotischen Kanzel und der Empore im Westen zieren geschnitzte Flachornamente aus Blattwerk und verschlungenen Bändern; leider wurden sie im 19. Jahrhundert entsprechend dem Zeitgeschmack übermalt. Das Wappen von 1525 an der Empore gehört dem Salzburger Erzbischof Matthäus Lang (1519-1540).

Ein Beispiel der Volkskunst vom Anfang des 16. Jahrhunderts ist die derbe, aber sehr originelle Emporenbrüstung in der Kirche *St. Johannes Baptist* von WEILHAM (Stadt Tittmoning): Flachschnitzereien aus Band und Pflanzenmotiven schmücken die zehn Füllungen und die Friese. Die Kirche wurde zu Beginn der späten Gotik erbaut, zu Anfang des 16. Jahrhunderts umgestaltet und 1518 erneut geweiht.

Die Kirche *St. Peter und Paul* in OBERBUCH (Gemeinde Tyrlaching) gehört zu den architektonisch interessanten Bauten, die

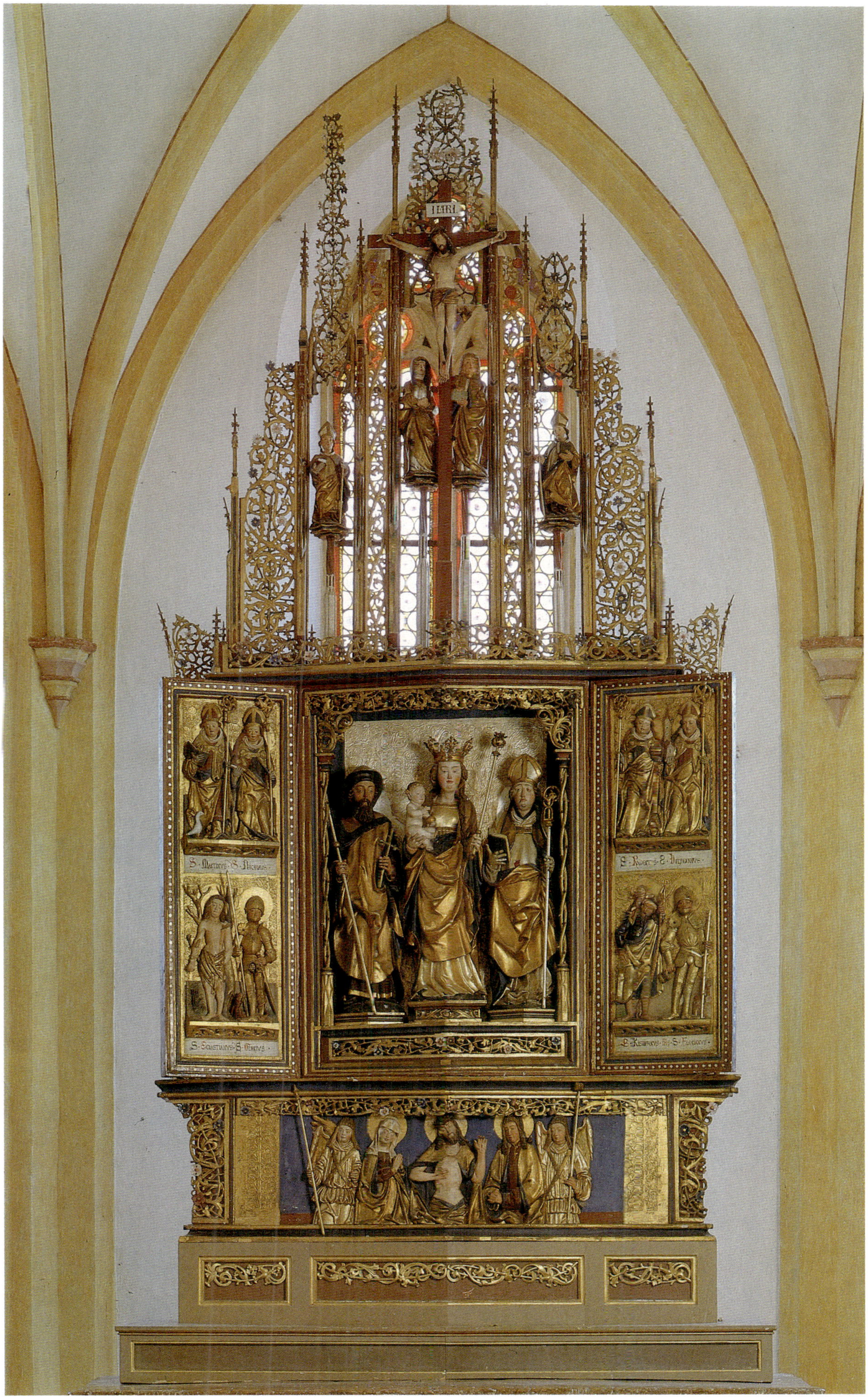

SANKT COLOMAN, *Kirche St. Koloman: Spätgotischer Flügelaltar, 1515 datiert, aus der Werkstatt des Laufener Künstlers Gordian Guckh*

gerade im unteren Inn-Salzach-Winkel anzutreffen sind: Sie wiederholen das Baumuster, das erstmals bei der von 1417 bis 1430 erbauten Spitalkirche in Braunau am Inn angewendet wurde. An den frühgotischen Turm wurde um 1440 das nahezu quadratische Langhaus und der eingezogene Chor gebaut. Als Baumeister ist der in der Region bekannte Meister Konrad Pürkhel zu vermuten. Der Grundriß der Gewölbefiguration des Schiffes entspricht einem gleichseitigen Sechseck, das der Größe des Langhausquadrats angepaßt ist. Die Rippenmuster entspringen sternförmig einem achteckigen Mittelpfeiler und enden in Wandpfeilern. In der üblichen Form netzrippengewölbt ist der einjochige eingezogene Chorraum mit seinem fünfseitigen Schluß; hier sind alle Rippenschnittpunkte mit kleinen Schlußsteinen besetzt. Trotz der barocken Ausstattung hat der Bau seinen spätgotischen Charakter behalten. Auch die Altarfiguren des 15. Jahrhunderts wurden um 1680 in den barocken Hochaltar übernommen.

Abseits über dem Nordufer des Waginger Sees liegt SANKT COLOMAN bei Tengling (Gemeinde Taching am See). In der kleinen Kirche *St. Koloman* steht der einzige ursprünglich erhaltene spätgotische Flügelaltar im Rupertiwinkel. Die Kirche wurde um 1500 erbaut und 1886 regotisiert. Der Altar, 1515 datiert, stammt aus der Werkstatt des Laufener Meisters Gordian Guckh. Im Mittelschrein steht eine geschnitzte Madonna mit Kind; sie wird begleitet vom hl. Koloman im Pilgergewand und einem heiligen Bischof. Die geöffneten Altarflügel zeigen vier Hochreliefs mit je zwei Heiligen: links St. Martin und St. Nikolaus, darunter St. Georg und St. Sebastian; rechts St. Rupert und St. Wolfgang sowie St. Christophorus und St. Florian. Die Außenseiten der beweglichen Flügel und die Standflügel tragen Tafelbilder. Auf dem linken Flügel sind die Apostel Petrus und Paulus über der hl. Anna Selbdritt und der hl. Magdalena zu sehen; ihr Gegenüber bilden die beiden Johannes, die hl. Katharina und die hl. Barbara. Die Standflügel zeigen links St. Veit und St. Leonhard, rechts St. Antonius und St. Aegidius. Die gefaßten Relieffiguren des Schmerzensmanns zwischen Johannes, Maria und zwei Engeln sind der Inhalt der Predellennische. Überragt wird der Altar von einem sehr zierlich gearbeiteten Aufbau mit einer Kreuzigungsgruppe, die von zwei heiligen Bischöfen flankiert wird.

Eigenwillig ist die Malerei auf der Rückseite des Flügelaltars, die nicht die sonst üblichen Schreckensvisionen des Letzten Gerichts darstellen. Die Bilder wirken eher wie ein Organigramm über den Aufbau der christlichen Glaubenslehre: Das Lamm als Symbol Christi in der Mitte wird umgeben von reichen Ornamenten und den Symbolen der vier Evangelisten. Die vier heiligen Kirchenväter auf den Rückseiten der Standflügel – Gregor und Ambrosius links, Hieronymus und Augustinus rechts – vervollständigen das Schaubild. Dem gewohnten Schema entspricht dagegen die Malerei auf der Rückseite der Predella: Von Maria und Johannes sowie den Aposteln Petrus und Paulus begleitet, halten zwei Engel das Schweißtuch der Veronika. Hier ist mit 1515 das Jahr der Entstehung des Altars verzeichnet.

Die kleine Kirche besitzt noch zwei bemalte Glasfenster, die Auskunft über die Wohltäter des Gotteshauses geben. Im nordöstlichen Chorfenster kniet der betende Stifter vor Maria und dem Jesuskind; die Gottesmutter steht, umgeben von einer Mandorla, auf einer Mondsichel: »Gregorius stroppl korher zu ysen und pfarer zu waging 1503«, lautet die zugehörige Inschrift. Das südöstliche Fenster enthält ein Wappen mit der Umschrift: »Dorothea von Toring geboren vo Losenstein anno domi 1503« und das Wappen der Toerring mit der Umschrift: »Seitz von Törring zu Seefeld anno domi 1503«. Aus dieser Nachricht leitet sich wohl die unrichtige Überlieferung ab, daß die Toerring die Kirche als Sühne aus den Steinen der Burg Toerring, die 1421 vom Landshuter Herzog Heinrich XVI. geschleift wurde, erbaut haben.

In GADEN (Gemeinde Waging am See) steht mit der Kirche *St. Rupertus* eine seltene spätgotische Zentralanlage. Um 1500 wurde das Gotteshaus gebaut. An den achteckigen Hauptraum schließt im Osten ein eingezogener, nicht ganz quadratischer Chor an. Das Kirchenschiff ist netzgewölbt, die Rippen wachsen an vier Seiten des Achtecks aus Diensten und profilierten Kapitellen und treffen ohne Schlußstein aufeinander. Den Chor deckt ein Sterngewölbe. Der Turm und die Sakristei wurden erst im 17. Jahrhundert angefügt.

SANKT COLOMAN, *Kirche St. Koloman: Tafelbilder auf der Rückseite des Flügelaltars; Datierung 1515 im Predellenbild mit dem Schweißtuch der hl. Veronika*

WONNEBERG, *Wallfahrtskirche St. Leonhard: Tafelbilder vom ehemaligen spätgotischen Hochaltar . Die Szenen aus der Passion Christi wurden 1515 von Gordian Guckh gemalt*

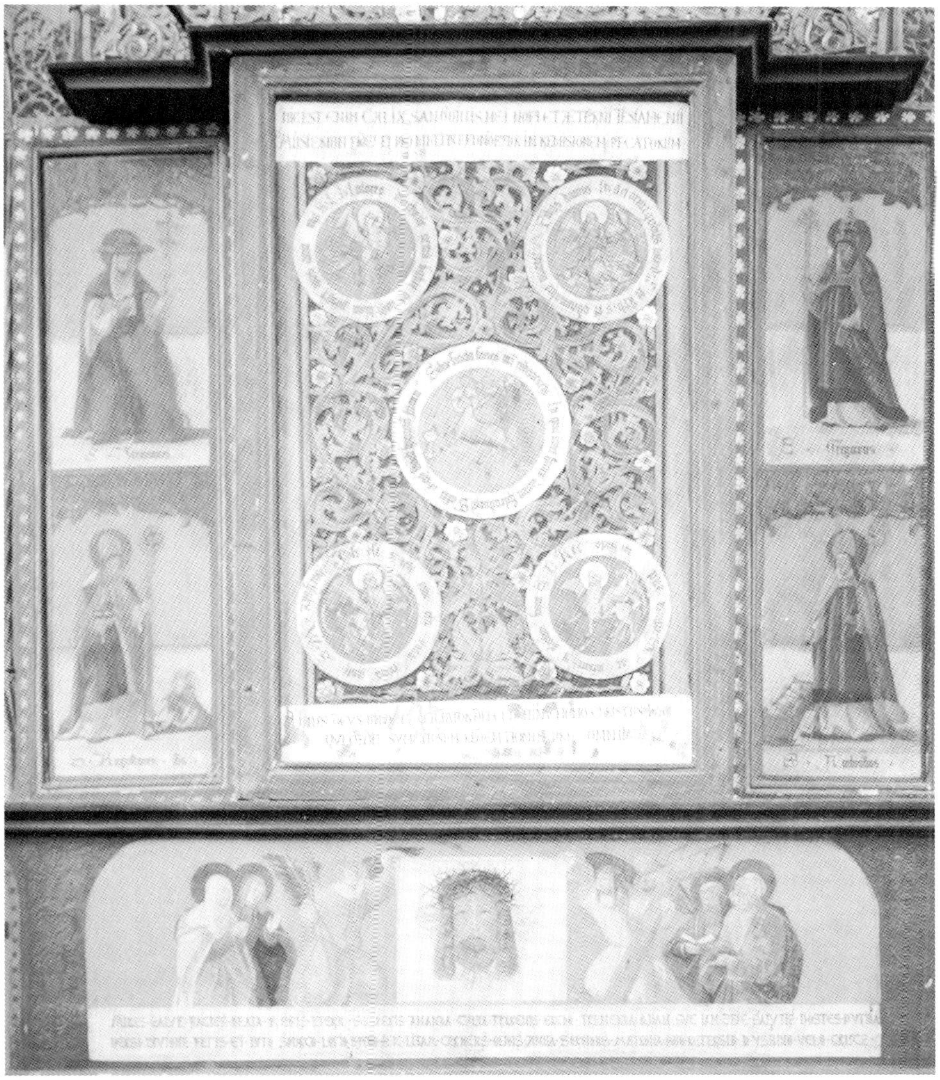

Malerisch liegt das *Schloß* von SEEHAUS (Gemeinde Petting) an dem kleinen Weidsee. Das Schlößchen steht auf den Fundamenten einer alten Burg der Grafen von Thann; sie haben sie zum Schutz der Salzstraße errichtet. 1284 überließen die Burgherren den Bau Erzbischof Rudolf von Salzburg (1284-1290), der ihn zur Gerichtsschranne des Erzstifts machte. Gegen Ende des 15. Jahrhunderts wurde die Burg Seehaus dann zu einer spätgotischen Schloßanlage ausgebaut, wovon das Rückgebäude und die *Schloßkapelle St. Rupertus* ursprünglich erhalten blieben. Das Hauptgebäude wurde um 1600 erneuert, bevor es 1610 Erzbischof Wolfdietrich von Raitenau (1587-1612) seiner heimlichen Gemahlin Salome Alt schenkte. Auf dem Hochaltar der Schloßkapelle stehen mit St. Rupertus, St. Wolfgang und St. Christophorus drei gute Schnitzfiguren der Salzburger Schule vom Anfang des 16. Jahrhunderts.

Erzbischof Leonhard von Keutschach (1495-1519) gab 1496 den Auftrag zum Bau der ehemaligen *Wallfahrtskirche St. Leonhard* in WONNEBERG. An einen älteren Westturm wurden die vier Joche des Langhauses und der einjochige, nicht eingezogene Chor angebaut. Schiff und Altarraum deckt ein Netzgewölbe mit einfachen Rippen. Im Westen überspannt ei-

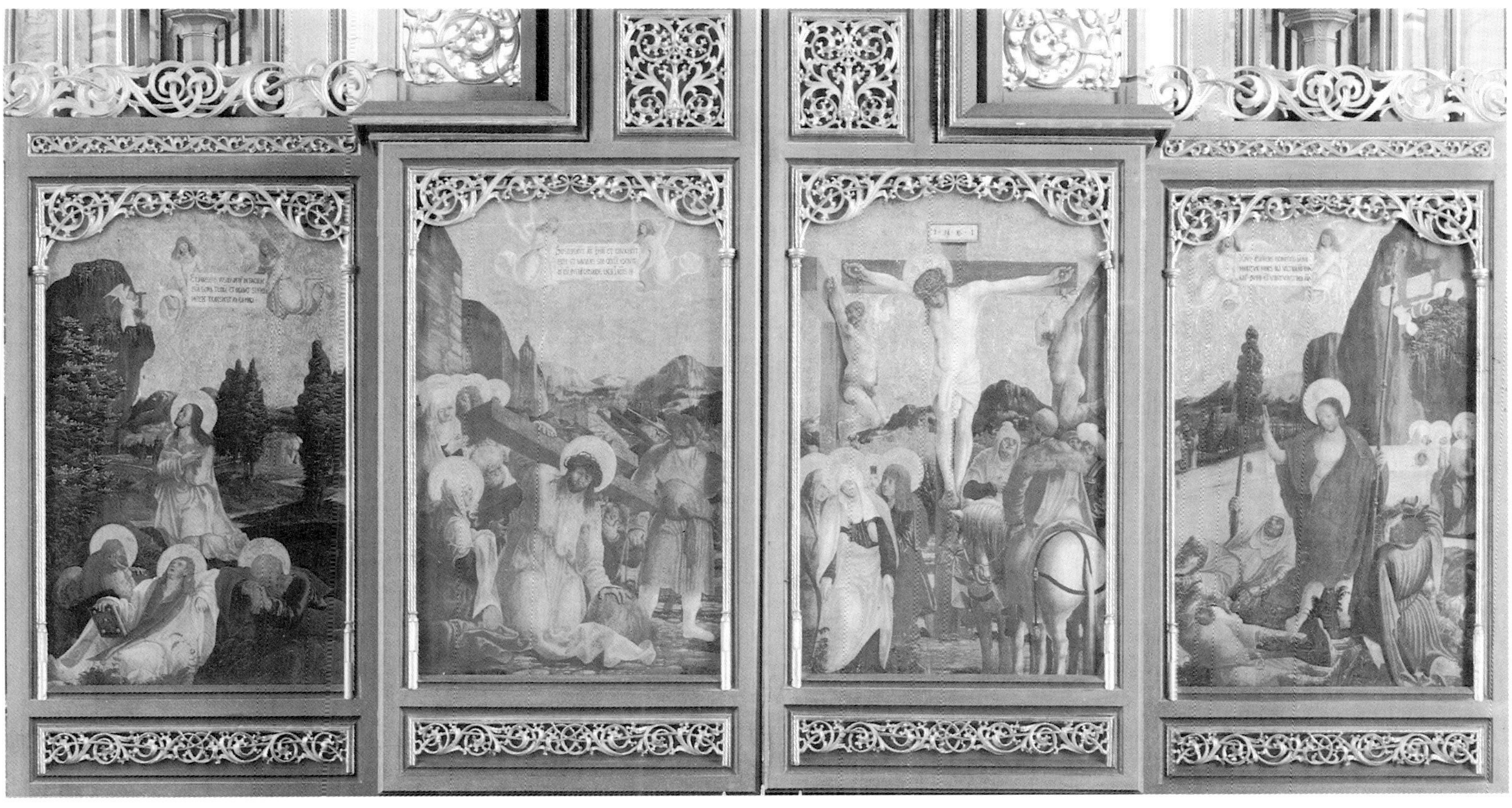

ne Empore auf zwei achteckigen Pfeilern mit kielbogenförmigen Arkaden und einer netzgewölbten Untersicht die Breite des Langhauses. Im frühen 17. Jahrhundert wurde die Kirche in barockem Stil umgestaltet, die Gewölbeflächen wurden damals mit dem monumentalen »Salzburger Heiligenhimmel« ausgemalt. St. Leonhard war in der Barockzeit eine der meistbesuchten Wallfahrtsstätten des Erzbistums. Bedeutend sind die in den Hochaltar der Kirche übernommenen Tafelbilder aus dem spätgotischen Flügelaltar, die der Laufener Meister Gordian Guckh um 1515 geschaffen hat. Sie verraten den starken Einfluß, den die Donauschule auf die Salzburger Malerei ausübte. Die Bilder zeigen auf den ehemaligen Innenflügeln in großen Gestalten die Heiligen Laurentius, Johannes den Täufer, Stephan und Sebastian. Die Außenseiten tragen Bilder mit Szenen aus der Passion vor reich gestalteten Landschaften: Christus am Ölberg, Kreuztragung, Kreuzigung und Auferstehung.

Der Markt TEISENDORF war das jüngste der vier Salzburger Pfleggerichte im ehemaligen Rupertigau. Der Ort ist erstmals in dem 1275 in Erharding bei Mühldorf am Inn zwischen dem niederbayerischen Herzog Heinrich XIII. und Erzbischof Friedrich II. von Salzburg (1270-1284) geschlossenen Grenzvertrag als Zollstätte erwähnt.

Durch zwei verheerende Brände wurde Teisendorf völlig vernichtet. Zeugnisse aus der gotischen Zeit haben sich deshalb nur in den heute zum Gemeindegebiet gehörenden Ortschaften erhalten. Die Kirche *St. Johannes Baptist* in MEHRING (Markt Teisendorf) wurde 1424 geweiht. Zu Beginn des 16. Jahrhunderts erhielt sie die schöne hölzerne Empore mit Flachschnitzereien und bemalten Füllungen an der Brüstung. Aus dieser Zeit stammt auch die bemerkenswerte Schnitzfigur des hl. Urban auf dem südlichen Seitenaltar.

1429 erlebte die einschiffige Kirche *St. Mariä Himmelfahrt* von WEILDORF (Markt Teisendorf) ihre Weihe: Den stattlichen spätgotischen Raum mit drei Jochen im Langhaus und einem kurzen, fünfseitig geschlossenen Chor überzieht schönes Netzgewölbe. Die Gewölbefelder sind mit guten spätgotischen Fresken ausgefüllt, die dem Meister Konrad Laib zugeschrieben werden. Berühmt ist das Gotteshaus aber wegen der lebensgroßen stehenden Muttergottes, der »Weildorfer Schönen Madonna«, die wohl aus der Zeit der Weihe des ersten Altars stammt und vom Meister der Seeoner Madonna geschaffen wurde; sie steht heute in der Vorhalle. Zu erwähnen sind noch die Reliefgruppe der Anna Selbdritt (um 1500) auf dem nördlichen Seitenaltar und ein Konsolstein mit einem männlichen Brustbild aus der zweiten Hälfte des 15. Jahrhunderts.

In WIMMERN (Markt Teisendorf), einem Dorf mit sehr gut erhaltenem bäuerlich geprägten Ortsbild des Salzburger Flachgaus, steht die 1424 geweihte Kirche *St. Laurentius*. Die Barockzeit hat dem Kirchturm die Zwiebelhaube, dem vierjochigen Langhaus den seitenschiffartigen Anbau und die Veränderungen der Ausstattung gebracht. Geblieben ist aber das fein gegliederte Netzgewölbe, dessen Rippen aus Kragsteinen entspringen; ferner das einfache spätgotische Portal mit seinen schön geschmiedeten Beschlägen sowie einer der letzten spätmittelalterlichen Tonplattenböden der Gegend. Nach seinen Altersspuren haben unzählige Gläubige ihn auf dem Wege zu den Heiligenfiguren aus dem frühen 16. Jahrhundert, betend begangen. Der hl. Antonius, der hl. Laurentius und der hl. Andreas stehen im Schrein des barocken Hochaltars, St. Antonius Eremita und St. Bartholomäus vor dem Aufbau; es sind gute Arbeiten Salzburger Bildhauer. Bereits gegen Ende des 15. Jahrhunderts wurden der hl. Rupert und der hl. Martin auf dem nördlichen Seitenaltar geschnitzt.

Die Kirche *St. Martin* von THUNDORF (Gemeinde Ainring) wurde im 15. Jahrhundert errichtet; die romanischen Langhausmauern des Vorgängerbaus hat man dabei wiederverwendet. Im 17. Jahrhundert wurde das Gotteshaus um ein Schiff erweitert und gleichzeitig die Ausstattung dem damaligen frühbarocken Stilempfinden angepaßt. Trotzdem hat in diesem Gotteshaus eine Rarität die Zeit überdauert: Auf der Westempore steht ein spätgotischer Gestühlblock aus dem 15. Jahrhundert, dessen vier Sitze in sehr einfachen Formen gehalten sind; sie zeugen aber durch die Flachschnitzereien und die auf kleinen Säulen ruhenden Armlehnen von dem Formgefühl der Schreiner dieser Zeit.

Das Berchtesgadener Land

Im späten Mittelalter teilten sich drei Landesherren das kleine Gebiet vom Unterlauf der Saalach über Bad Reichenhall bis zu den von hohen Bergen gesäumten Märkten Berchtesgaden und Schellenberg: Der nördliche, flache Teil vor den Bergen mit dem Pfleggericht Staufeneck gehörte zum Erzstift Salzburg; die alte Salinenstadt Reichenhall fiel 1218 nach dem Aussterben der Grafen von Peilstein an das Herzogtum Bayern und gehörte ab 1255 zum Teilherzogtum Niederbayern; in dem vom Watzmann überragten großen Kessel im Süden lag die ab 1294 reichsunmittelbare Fürstpropstei Berchtesgaden.

Seit der Romanik verdankte das Land den Einflüssen aus dem Erzbistum Salzburg und den Klöstern in Berchtesgaden, Reichenhall und Höglwörth eine hohe künstlerische Entwicklung. Die von Salzburger Werkstätten geprägte Gotik ist in den Markt- und Dorfkirchen ebenso zu finden wie in den Hauptkirchen der genannten Klöster. Besonders die Kirchen im Flachgau, die dem Erzbistum Salzburg unterstanden, zeichnen sich durch künstlerisch reiche Ausgestaltung der Innenräume mit Wandmalereien, Altären und Schnitzwerken aus.

Das ehemalige salzburgische Pfleggericht Staufeneck

Die Kunst der Salzburger Steinmetze zeigt beispielsweise das spätgotische Südportal an der 1760 umgebauten Kirche *Mariä Geburt* in PIDING. Das spitzbogige Portal aus rotem Adneter Marmor entstand um 1500. Sich überschneidende Stäbe rahmen die Gewände und enden dreigeteilt mit Spitzgiebeln über Bogensegmenten; schönes Maßwerk füllt das Bogenfeld.

Die dem Täufer geweihte einschiffige romanische Kirche *St. Johann* in JOHANNISHÖGL (Gemeinde Piding) wurde in der ersten Hälfte des 15. Jahrhunderts umgebaut: An die vier Joche des Langhauses wurde der nicht eingezogene, kleine Altarraum mit fünfseitigem Schluß angefügt. Das ursprünglich flachgedeckte Kirchenschiff und der Chor wurden mit einheitlichem Netzrippengewölbe überzogen. Mit dem Umbau entstanden die Wandmalereien: Den Schlußstein im Chor mit dem gemalten Antlitz Christi umgibt spätgotische Rankenmalerei. Auf der Nordwand des östlichen Langhausjochs rahmt eine Maßwerkleiste das Jüngste Gericht mit zwei Posaune blasenden Engeln. Eine große Kreuzigung nimmt das östliche Bogenfeld der Südwand ein.

Nach der Inschrift am Triumphbogen wurde die romanische Kirche *St. Laurentius* in MAUTHAUSEN (Gemeinde Piding) 1500 spätgotisch verändert. Der gerade geschlossene Altarraum ist noch mit dem urspünglichen Netzgewölbe versehen. In den vier Jochen des einschiffigen Langhauses wurden im 17. Jahrhundert die Gewölberippen abgeschlagen, erhalten blieben jedoch der reiche und farbenprächtige Freskenschmuck der kleinen Landkirche. Die um 1400 entstandenen ältesten Wandbilder mit der Anbetung der Heiligen Drei Könige zieren die Ostwand des Altarraums. Die übrigen wurden um 1500 gemalt: Drei Felder an der Nordwand des Chors zeigen Christus als Schmerzensmann, eine Schutzmantelmadonna und die Heiligen Valentin und Rupert; zwei Heilige stehen ihnen auf der Südwand gegenüber. Vom Netzgewölbe des Chors blickt Christus als Weltenherrscher; ihn umgeben die Symbole der vier Evangelisten. Ein segnender Christus mit zwei vor ihm knienden Männern ist auf der Südwand im Bogenfeld des östlichen Langhausjochs zu erkennen. Die ungewöhnliche Zahl von 15 (!) Nothelfern bedeckt in lebensgroßen Figuren drei Bogenfelder der Nordwand des Langhauses: Im ersten Joch stehen St. Nikolaus, St. Erasmus, St. Blasius, St. Aegidius und St.

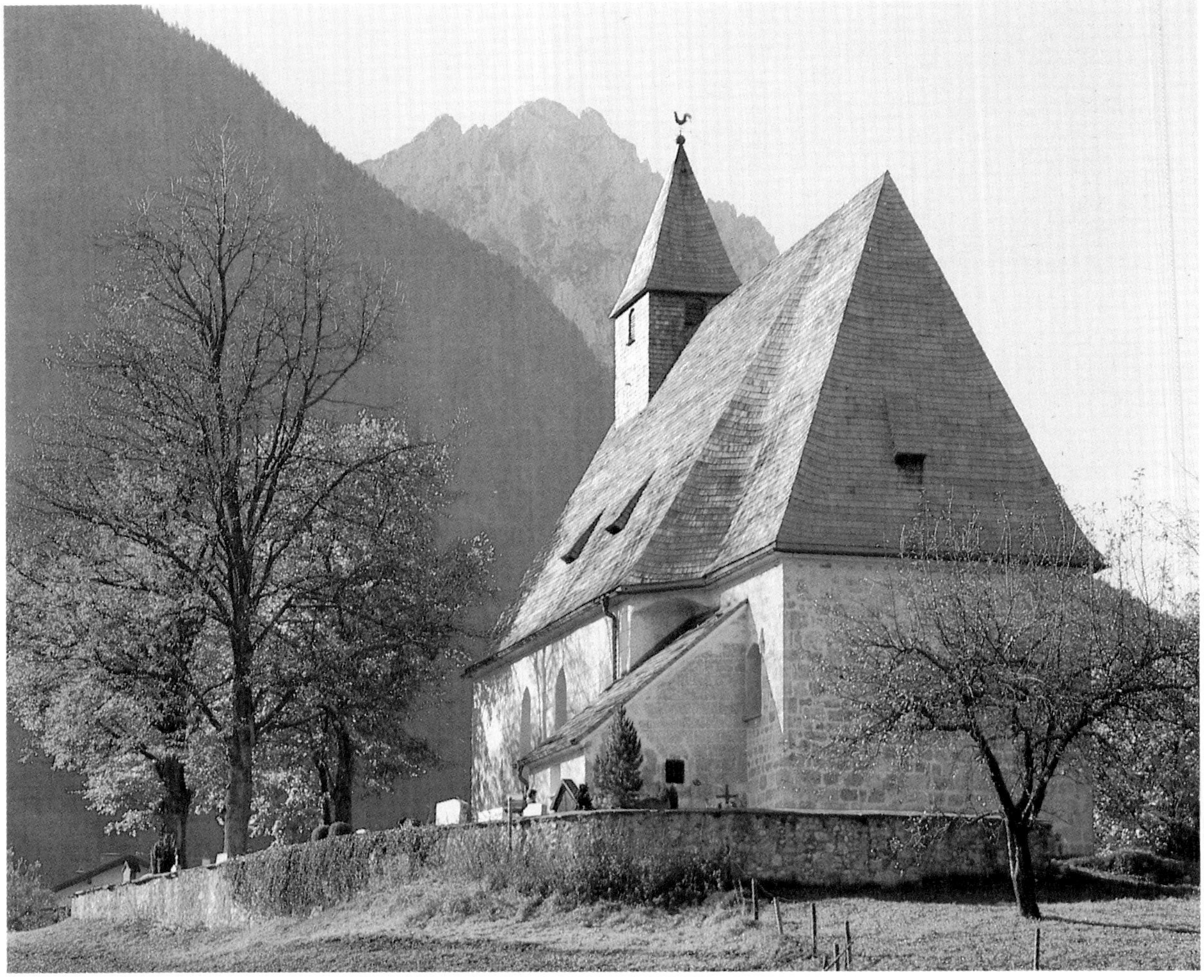

MAUTHAUSEN: *Kirche St. Laurentius*

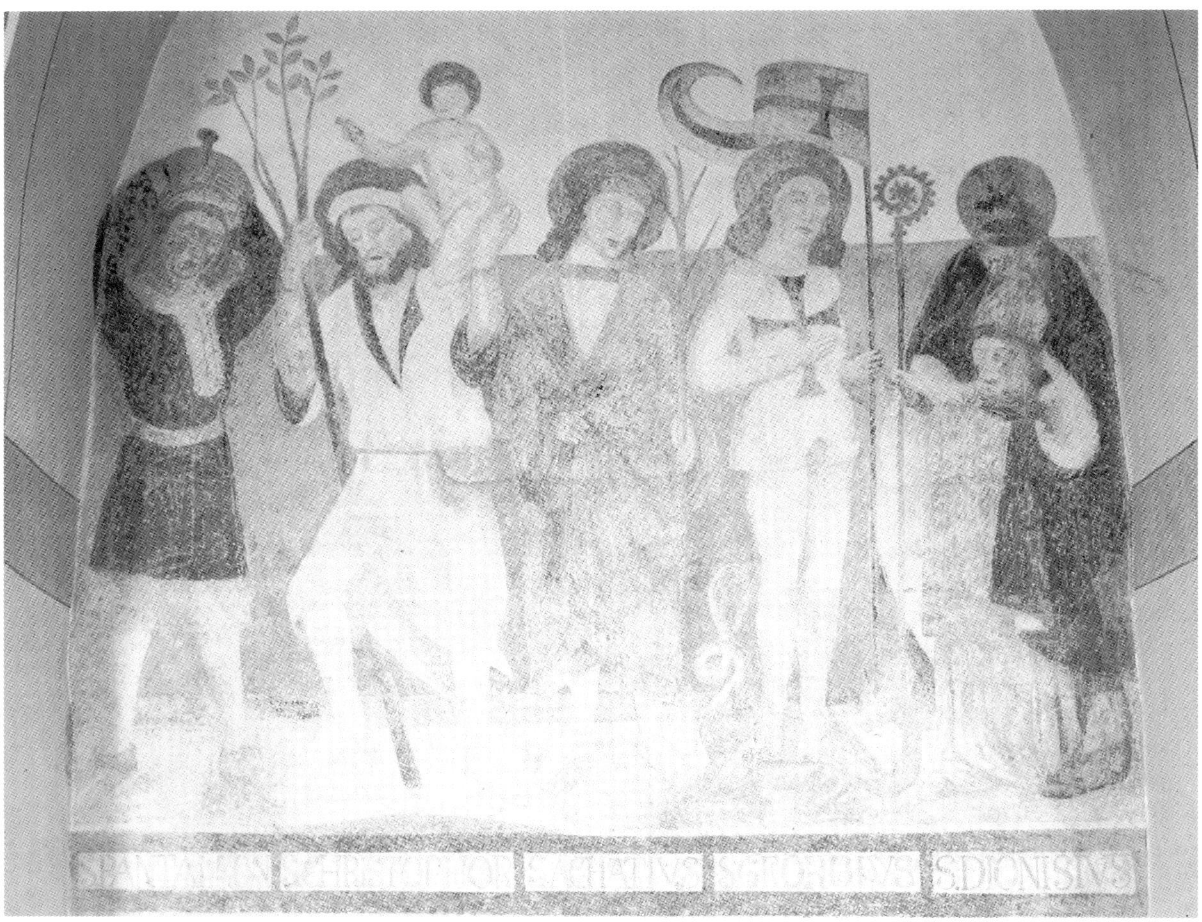

MAUTHAUSEN, *Kirche St. Laurentius: Ausschnitt aus dem Freskenzyklus der hier außergewöhnlichen Fünfzehn (!) Nothelfer in den drei Bogenfeldern der Nordwand des Langhauses, um 1500*

STAUFENECK: *Ansicht der spätgotischen Burganlage mit dem Hohenstaufen*

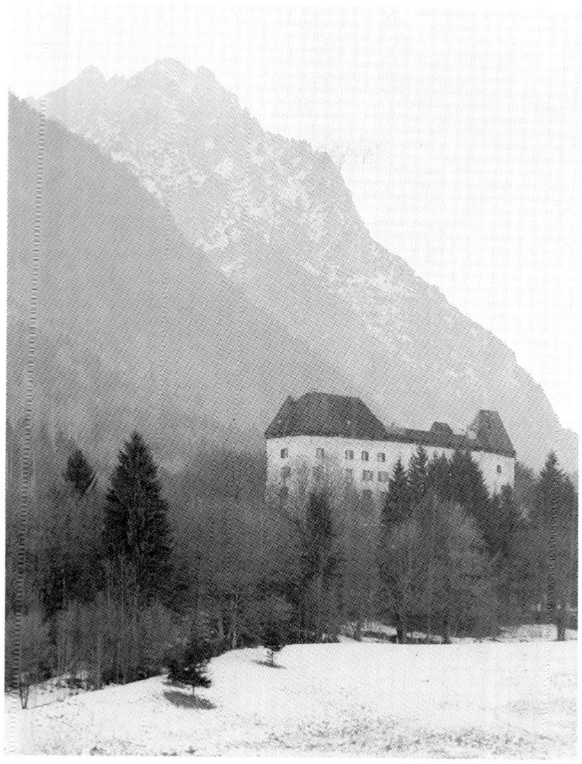

Leonhard; ihnen folgen St. Pantaleon, St. Christophorus, St. Achatius, St. Georg und St. Dionysius im zweiten Joch; die weiblichen Heiligen Margaretha, Barbara, Katharina bilden zusammen mit den Heiligen Eustachius und Vitus im dritten Joch den Schluß der Glaubenshelfer.
Für das Erzstift Salzburg tätige Baumeister haben die Kirche *St. Mariä Himmelfahrt* in ANGER gebaut. Wenn auch durch die barocke Umgestaltung von 1717 nicht mehr in allen Teilen sichtbar, wurde die 1447 geweihte Kirche (wie jene in Burgkirchen am Wald, Landkreis Altötting), nach dem Bauplan der Heilig-Geist-Spitalkirche in Braunau errichtet. Was heute als Zentralraum erscheint, war ursprünglich durch einen hohen Mittelpfeiler in zwei gleichseitige Dreiecke geteilt. Die Dreiecke hatten ihre Grundlinien im Westen zwischen den Säulen der Empore und im Osten entlang der Öffnung des Chorbogens. Von der ehemals spätgotischen Ausstattung stammt das bemerkenswerte, mit Kassetten und Maßwerkrelief verzierte Eichenholzportal. Wie in Saaldorf verknüpft der Schmuck oberitalienisches Formengut mit gotischen Stilelementen.

Am Eingang zum Gebirge liegt über dem westlichen Saalachufer am Fuß des Hohen Staufen der alte salzburgische Pfleg- und Gerichtssitz *Staufeneck* (Gemeinde Piding). 1305 und 1306 verkauften Wilhelm und Heinrich von Staufeneck ihre Anteile an dem salzburgischen Lehen an den Erzbischof: Wilhelm von Staufeneck erhielt 560 Pfund Pfennige. Welchen Wertzuwachs ein politisch und verwaltungstechnisch wichtiger Besitz damals schon erlangen konnte, zeigt der 1325 von Erzbischof Friedrich III. (1315-1338) erzielte Verkaufserlös von 1500 Pfund Pfennigen: Er verkauft die Pflege zusammen mit dem Gericht Aufham an Hartnit und Konrad von Kuchel, sicherte sich aber das Rückkaufsrecht. In der Folge erscheinen verschiedene begüterte Familien als Eigner von Staufeneck, immer jedoch fiel der Besitz an das Erzstift zurück. Staufeneck war für das Erzstift Salzburg ein wichtiger Eckpfeiler seines Territoriums. Bis 1805 blieb die Burg Sitz eines Pfleg- und später eines Landgerichts.
In den wesentlichen Teilen ist die Burg Staufeneck ein spätgotischer Bau. Der ovale Grundriß der Anlage ist durch das Gelände bedingt: Über eine Brücke, die westlich den Halsgraben überspannt, erreicht man den ovalen Zwinger und das innere Tor zum Burghof. Über dem Tor hat der bauwütige Salzburger Erzbischof Leonhard von Keutschach (1495-1519), der letzte, der die Anlage entscheidend umgestaltete, sein Wappen mit der Rübe und eine Inschrift anbringen lassen: »Erczb, lienhart zu Salcb, hat das Slos paut und Volbracht Anno domi 1513 jar.« Von diesem Umbau stammt der interessante Wehrgang, der, mit einem starken hölzernen Balkenschirm versehen, unter dem Ansatz des Daches die Umfassungsmauern des gesamten Baus umläuft. Von der Funktion als Gerichtssitz stammen die Folterkammer mit den Blockwandkeuchen und das nur durch eine Falltür erreichbare Verließ im sogenannten Reckturm, dem Bergfried. Die Einrichtungen (sie sind auch in der Fragstatt im Rathaus zu Regensburg zu finden) dienten weniger dem Strafvollzug; sie sind vielmehr mit Untersuchungsgefängnissen zu vergleichen: Hier wurde der Delinquent solange festgehalten, bis er seine Tat gestanden hat oder seine Unschuld erwiesen war.

Bad Reichenhall

Reichenhall, der bayerische Herstellungsort für Salz, dem wichtigsten Wirtschaftsgut des Mittelalters, wurde bereits 1158 von Herzog Heinrich dem Löwen zur Stadt erhoben. Erbittert versuchten die Salzburger Erzbischöfe, das Wachsen der Siedlung an ihren Grenzen zu unterbinden, denn sie bedeutete einen empfindlichen Einbruch in das von ihnen beanspruchte Salzmonopol. Eine erste Einigung zwischen dem Erzstift Salzburg und dem Herzogtum Bayern brachte der Grenzvertrag von 1219, nach dem die Grundherrschaft zu Reichenhall und Marzoll bayerisch blieb. Unter Herzog Ludwig I. dem Kelheimer wurde die Befestigung der Stadt begonnen und gegen Ende des 13. Jahrhunderts unter Einschluß der Burg Gruttenstein vollendet. Ab 1255 gehörte Reichenhall zum Herzogtum Niederbayern. Die steigende Nachfrage nach Salz und die Gunst der Landshuter Herzöge brachte der Salinenstadt wirtschaftliche Blüte und Wohlstand. Viele schöne Grabmonumente im Kreuzgang des ehemaligen Klosters St. Zeno zeigen, daß die Eigner der Salzpfannen, die Salzsieder, zu den reichsten Bürgern der spätmittelalterlichen Stadt gehörten. Streitigkeiten zwischen den Salzherren und die Schwierigkeiten, das Brennholz zum Beheizen der Sudpfannen zu beschaffen, führten dazu, daß die Salzsieden nach und nach in herzoglichen Besitz übergingen. 1493 hatte Herzog Georg der Reiche sein Ziel erreicht: Er war Besitzer des bayerischen Salzmonopols. Die Verwaltung der Salinen wurde einem herzoglichen »Salzmaier« übertragen.

Die Gotik hat in Reichenhall keine monumentalen Bauwerke hinterlassen. Die Architektur beschränkte sich auf Um- oder Ausbauten in den aus der Romanik überkommenen Kirchen und Klöstern. In der zweiten Hälfte des 14. Jahrhunderts wurde beispielsweise der romanische *Kreuzgang* des Klosters St. Zeno mit gotischen Kreuzrippen überwölbt. In klarer Anordnung entspringen die kräftigen Rippen und Gurtbögen aus schönen Spitzkonsolen.

Die 1512 durch einen verheerenden Brand bis auf die Außenmauern zerstörte dreischiffige romanische Basilika *St. Zeno* erhielt von 1518 bis 1520 unter der Leitung des Salzburger Baumeisters Peter Inntzinger ein noch spätgotisch geprägtes Netzrippengewölbe. Bemerkenswert ist auch die ab 1520 vorgenommene Neuausstattung der Klosterkirche. Am Chorgestühl, dem marmornen Taufstein mit den Brustbildern der zwölf Apostel und an der Marmorkanzel mit den Symbolen der vier Evangelisten ist der Übergang zur Renaissance nicht zu übersehen. Spätgotisch ist das Schnitzrelief mit der Krönung Mariens im Schrein des Hochaltars, das von einem früheren Flügelaltar der Kirche stammt. Die beiden Flügelbilder mit dem Tod und der Himmelfahrt Mariens hat um 1517 ein unbekannter Künstler gemalt.

Die Salinenstadt besitzt noch ein spätgotisches Bauwerk besonderer Art, dessen Entstehung eine interessante Geschichte aufzuweisen hat: Ende des 15. Jahrhunderts waren die Solequellen durch Süßwassereinbrüche, sogenannte »wilde Wasser« gefährdet. Herzog Georg der Reiche plante die Wasserführung und Quellfassung am Salzbrunnen zu verbessern. Keiner der herzoglichen Baumeiser hatte den Mut, die Planung und Leitung des Stollenbaus zu übernehmen. Es wurde deshalb eine Versammlung in- und ausländischer Meister einberufen. Unter den Geladenen war auch der Münchener Bildhauer Erasmus Grasser. Anfang des Jahres 1501 legte er dem Rat der Stadt und den versammelten Meistern einen Plan für das neue »Salzbrunngebäu« vor. Die Versammlung war beeindruckt, die Meister knüpften ihre Mitarbeit aber an die Bedingung, daß Erasmus Grasser die oberste Bauleitung übernimmt. Grasser lehnte ab. Eine neue Versammlung wurde einberufen und dazu Meister aus Würzburg und Passau geladen: Sie überzeugten Erasmus Grasser, die Bauleitung doch zu übernehmen. Jetzt verbot ihm aber sein oberbayerischer Landesherr Herzog Albrecht IV., den Auftrag anzunehmen: Er ließ nicht zu, daß Grasser für den Herzog von Niederbayern arbeitete. Der Sieg im Landshuter Erbfolgekrieg aber machte 1504 Herzog Albrecht IV. zum Herrscher über das gesamte Herzogtum. Nun war er es, der die Arbeiten in Reichenhall vorantrieb. Unter der Leitung von Erasmus Grasser begann 1507 der Bau des 1975 Meter langen *Grabenbachstollens.* Grasser bewältigte die technischen Schwierigkei-

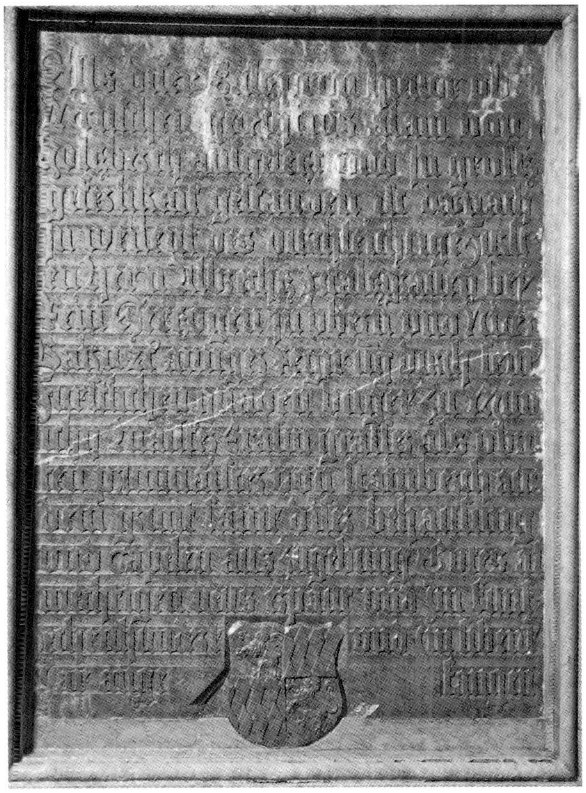

BAD REICHENHALL, *Hauptbrunnenhaus der Saline: Marmortafel zur Erinnerung an den 1507 unter Erasmus Grasser begonnenen Bau des Grabenbachstollens*

ten und zum Dank für das Gelingen des gefährlichen Werks baute er neben dem Brunnenhaus eine Kapelle. An ihr wurde eine Tafel mit der Inschrift angebracht: »Alls diser Salczpron hievor ob Menschen gedechtnis alain von Holczberch ausgeseczt und In grossz geferlichkait gestanden ist darnach In weilent des durchleichtige Fursten Hern Albrechcz pfalzgraven bey Rein Herczogen jn obern und Nider-Bairn zt' [etc.] ainiger Regirung durch sein' Furstlichen gnaden burger zu Münichen Maister Erasm grasser als obristen prunnmaister von stainberch aus dem grunt samt diser behausung und capelen aus Zugebung Gotes almechtigen neus erpaut und Im fünfzechenhundert und Im sibent Jar angefangen.« Noch heute kann der unterirdische Kanal mit seinen spätgotischen Gewölben mit Booten befahren werden, noch immer fließt durch ihn die Sole zum Brunnenhaus. Die oberirdische Kapelle hingegen fiel 1834 dem Brand der Saline zum Opfer. Die Gedenktafel, die von der bergmännischen Ingenieurleistung des Bildhauers Erasmus Grasser berichtet, befindet sich jetzt im Hauptbrunnenhaus an der Nordwand des Hauptschachtes.

Auf einer Terrasse über dem Saalachtal liegt inmitten eines malerischen Friedhofs die kleine Kirche *St. Georg* von NONN (Stadt Bad Reichenhall). Im 15. Jahrhundert wurde das spätromanische Gotteshaus umgestaltet: Es entstanden der kurze, nicht eingezogene spätgotische Chor mit Fünfachtel-Schluß und das Netzgewölbe, dessen Rippen aus runden Wanddiensten mit bemerkenswerten Kapitellen entspringen. Ein einfaches Netzrippengewölbe erhielten auch die drei Joche des einschiffigen Langhauses. Der bemerkenswerte, spätgotische Flügelaltar wurde 1513 aufgestellt. Die Datierung ist auf der Rückseite der Predella unter einem lateinischen Spruch zu finden. Unter reichem, auf dünnen Säulen ruhenden Sprengwerk steht im Schrein der hl. Georg in gravitätischer Haltung und Lockenhaar, angetan mit einem spätgotischen Plattenharnisch; er wird begleitet von den heiligen Bischöfen St. Martin und St. Ulrich. Die Innenflügel tragen Reliefs mit der Verkündigung Mariens, der Geburt Christi, der Anbetung der Heiligen Drei Könige und dem Tod Mariens im

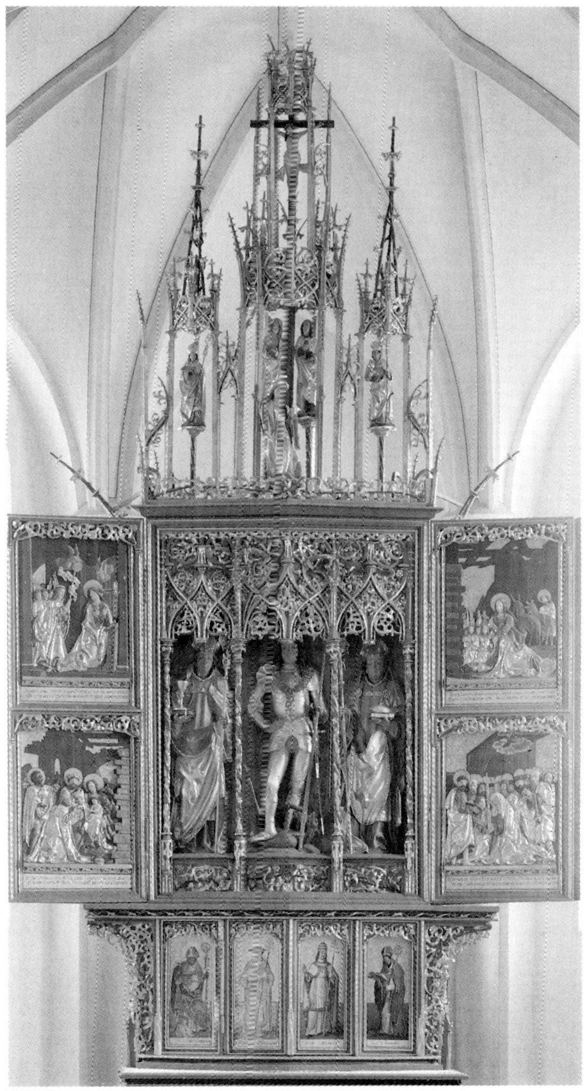

NONN, *Kirche St. Georg: Spätgotischer Flügelaltar, 1513 datiert*

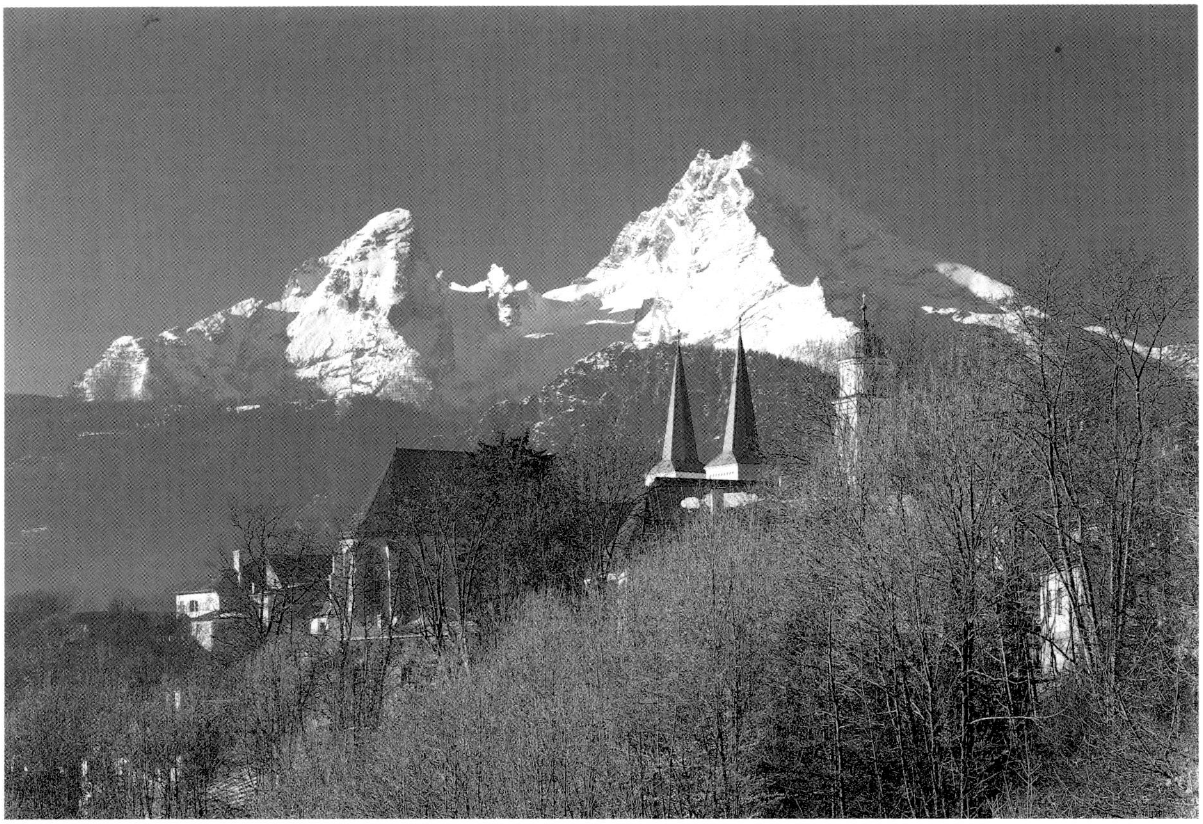

BERCHTESGADEN: *Ehemalige Augustiner-Chorherren-Stiftskirche St. Peter und Johannes mit dem zwischen 1283 und 1302 errichteten hochaufragenden frühgotischen Chorhaus vor dem Panorama des Watzmanns*

Kreise der Apostel. Die Tafelbilder auf den Außenflügeln zeigen vier Szenen der Passion: Christus am Ölberg, Kreuzigung, Kreuztragung und Auferstehung. Nur bei geschlossenem Schrein sind die beiden guten Schnitzfiguren des hl. Georg und des hl. Florian auf den schlanken Ständern sichtbar. Das Bildnis des Ecce Homo in der Predella wird begleitet von Maria und Johannes sowie den Aposteln Petrus und Paulus. Den hohen Aufsatz ziert eine Kreuzigungsgruppe mit Maria und Johannes; darunter steht die hl. Maria Magdalena mit den Bischöfen St. Ulrich und St. Martin. Der künstlerisch wertvolle Altar ist durch neuzeitliche Restaurierungen, besonders bei den Gemälden, beeinträchtigt; die weichen und üppigen Formen der Figuren auf den Tafelbildern zeigen aber noch immer eine auffallende Verwandschaft mit den Gemälden in St. Leonhard am Wonneberg.

Die Fürstpropstei Berchtesgaden

Geistlicher und weltlicher Mittelpunkt der Fürstpropstei BERCHTESGADEN war das um 1108 gegründete Augustiner-Chorherren-Stift. Unter Propst Johann I. hielt die Gotik Einzug in die romanische *Stiftskirche St. Peter und Johannes.* Während seiner Herrschaft (1283-1302) wurde der hohe, lichtdurchflutete Chor im klaren Stilempfinden der von den Zisterziensern geprägten Frühgotik errichtet. Propst Bernhard Leoprechtinger (1446-1473) ist der Bauherr des dreischiffigen Langhauses; unter ihm wurden die romanischen Seitenschiffwände erhöht und größere Fenster eingebrochen; um 1470 war der Neubau vollendet. Von dem baufreudigen Propst Gregor Rainer (1508-1522) berichten die Chronisten, daß er die Stiftskirche »im ganzen Umfang« erneuern ließ: In seinem Auftrag wurde um 1510 die Sakristei nördlich des Chorhauses angebaut, von ihm stammen auch die Rundsäulen und das Netzrippengewölbe. Die Westvorhalle zwischen den beiden Türmen mit dem äußeren Kielbogenportal und den Stufenportel zum Langhaus stammt noch vom spätromanischen Kirchenbau. 1882 wurden die Portale teilweise erneuert. Die durch Blitzschläge einsturzgefährdeten beiden Türme mußten bereits 1865/66 ab den romanischen Untergeschoßen neu erbaut werden.
Tritt man von Westen in das dämmrige Langhaus, wird der Blick sofort auf den halbrunden Chorbogen gelenkt, der die Breite des Mittelschiffs einnimmt; an seinen auf Kragsteine gestellten halbrunden Stützen beginnt der frühgotische Chor.

BERCHTESGADEN: Grundriß der Stiftskirche und des Kreuzgangs

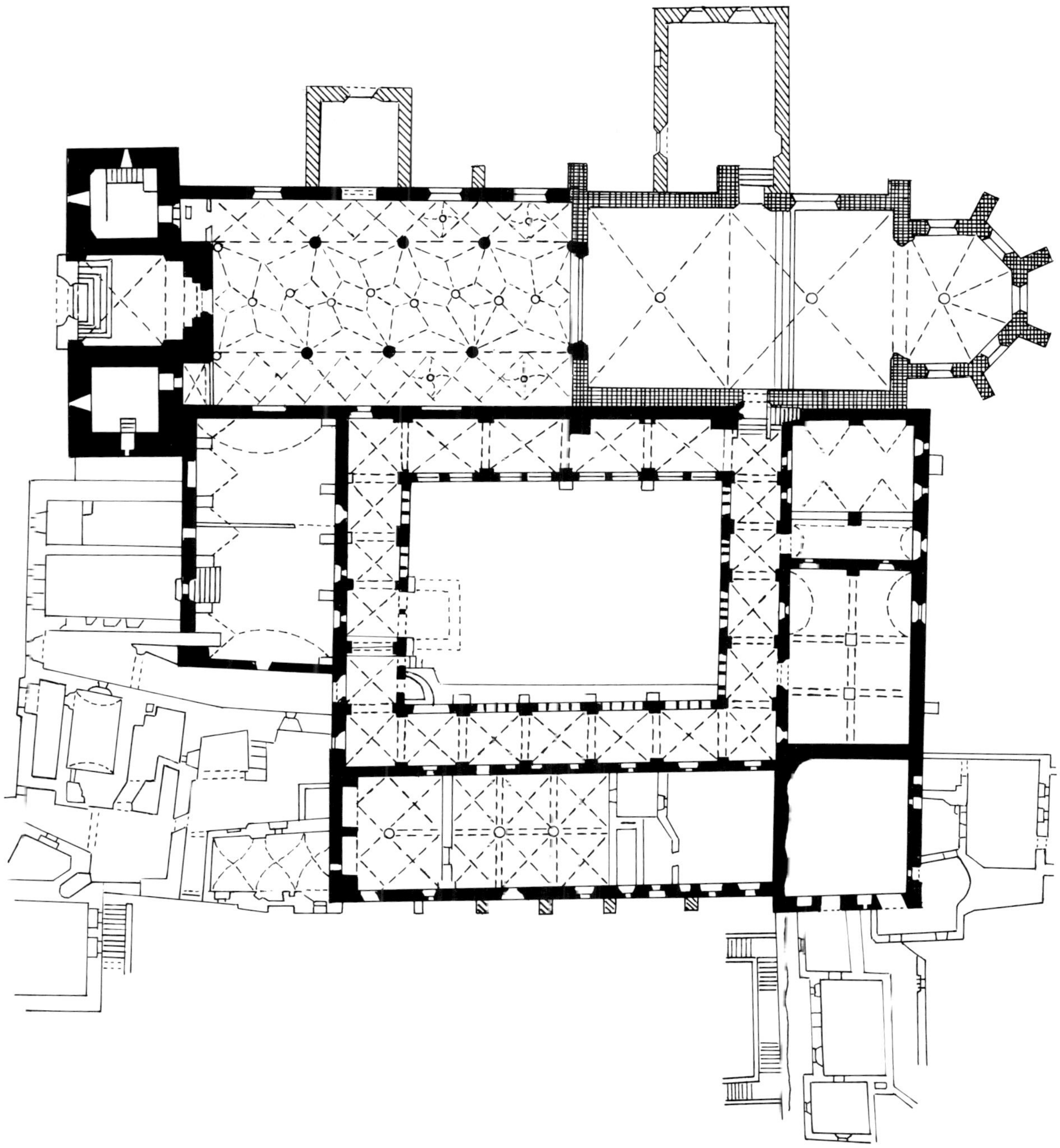

Dem Zweck einer Klosterkirche entsprechend ist er deutlich vom Andachtsraum der Laien getrennt. In seiner Breite führt der Chor die Breite des spätromanischen Kirchenraums fort: Über zwei großräumigen, fast quadratischen Jochen erhebt sich ein rein konstruiertes Kreuzrippengewölbe aus Wanddiensten; die Rippenansätze schmücken bemerkenswerte Knospenkapitelle. Das erste Chorjoch ist Andachtsraum der Chorherren, das zweite, durch Stufen abgesetzt, bildet zusammen mit dem eingezogenen, fünfseitigen Chorschluß das Presbyterium. Den Schlußstein auf dem Rippenschnittpunkt in seinem Kappengewölbe ziert das Lamm Gottes. Die Schlußsteine des Kreuzgewölbes sind mit Laubwerk und Engelsköpfen besetzt. An der nördlichen Chorwand führt ein spätgotisches Stufenportal aus Adneter Marmor mit einer kunsthandwerklich schönen eisenbeschlagenen Türe in die Sakristei. Propst Gregor Rainer hat sich hier mit seinem Wappen als Bauherr verewigt. Sein Epitaph steht heute an der nördlichen Wand neben dem Apsisbogen: Das Relief mit der massigen, herrschaftlichen Gestalt unter einem reichen spätgotischen Baldachin wird dem Salzburger Bildhauer Hans Valkenauer zugeschrieben. An die Nordwand des Chors versetzt ist der Epitaph des ersten Fürstpropstes Ulrich Pernauer (1486-1495): Lebensnah ist die Darstellung des ruhenden Kirchen-

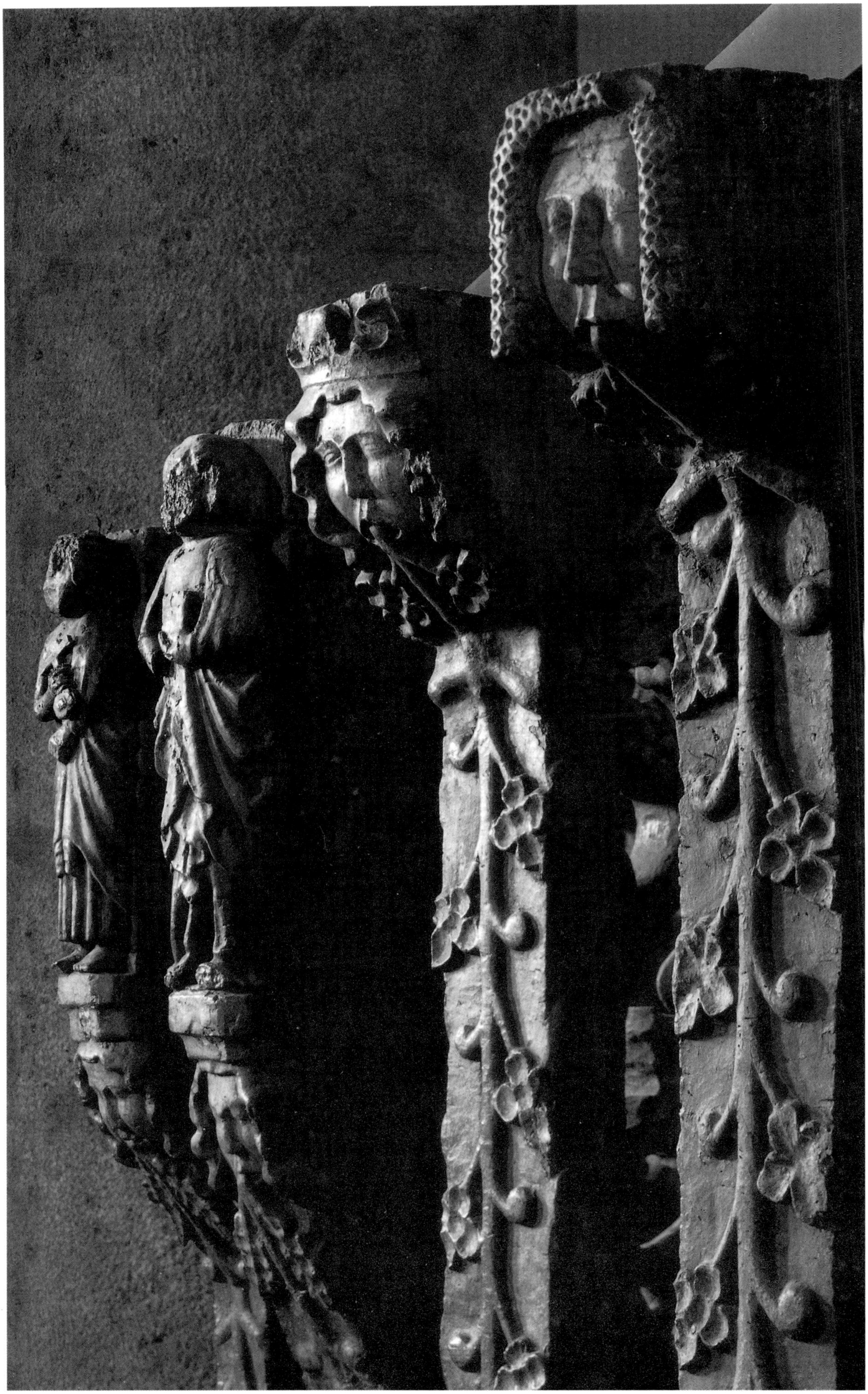

BERCHTESGADEN, *ehemalige Stiftskirche St. Peter und Johannes: Reich mit figürlichem und ornamentalem Schnitzwerk verzierte Wangen des gotischen Chorgestühls; 1. Hälfte 14. Jahrhundert*

BERCHTESGADEN, ehemalige Stiftskirche St. Peter und Johannes: Grabmal für Probst Petrus II. Pienzenauer (1404–1432); 1435 von einem Salzburger Meister gefertigt

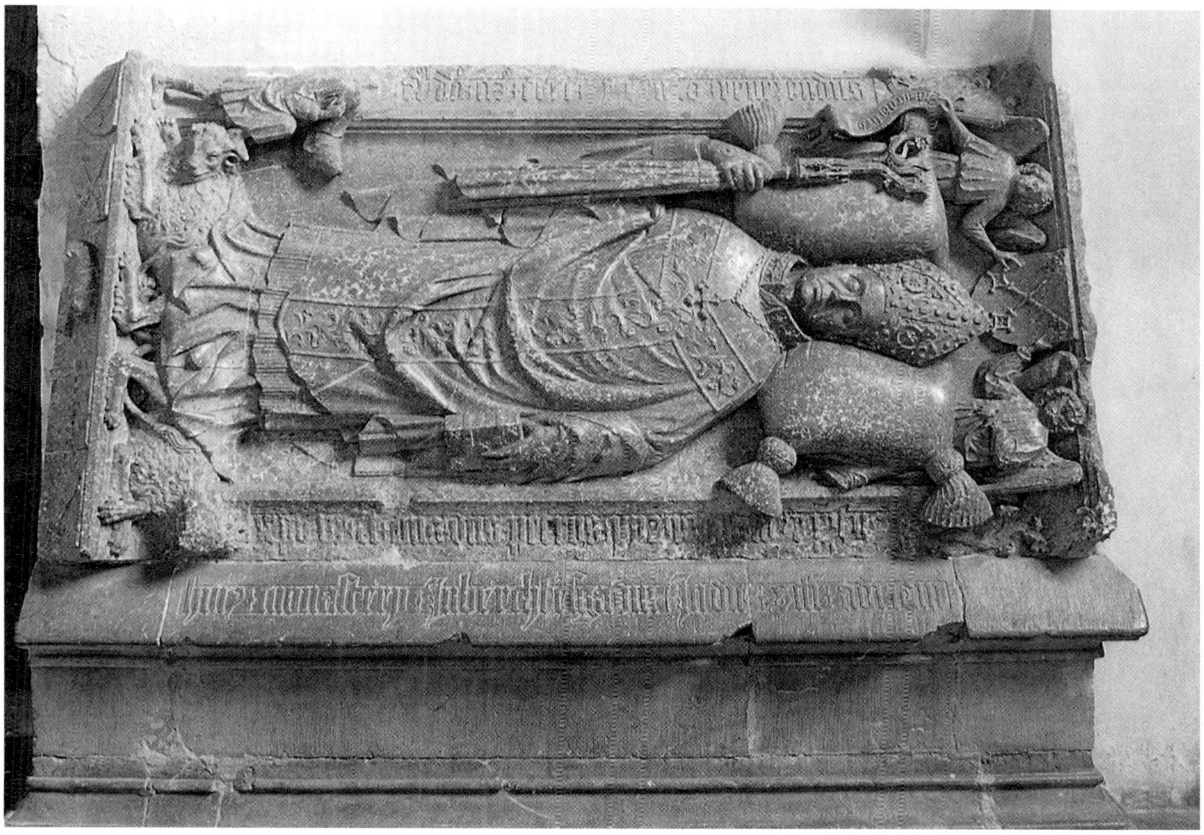

fürsten auf seinem Kissen. Der Künstler hat das Relief sehr detailreich ausgearbeitet, wobei er sich im Stil an der Grabplatte für Propst Peter II. Pienzenauer orientierte.

Sehenswert ist das gotische Chorgestühl. Nach dem lateinischen Schriftband an der oberen Leiste sind die Stallen für die Chorherren zwischen 1436 und 1443 von dem Reichenhaller Meister Marquart gefertigt worden: Reiche Ornamente schmücken die Rückwände, üppige Ranken, durchsetzt mit Tieren, Basilisken und Drachen, zieren die Wangen; christliche Symboltiere, wie das Einhorn als Zeichen der Jungfräulichkeit Mariens, der Pelikan als Sinnbild für den Opfertod Christi und der Löwe als Symbol für die Auferstehung, schaffen dabei das Gegengewicht zu den Dämonen des Bösen. Die Wangen des Chorgestühls entstanden bereits in der ersten Hälfte des 14. Jahrhunderts, sie wurden in das im 15. Jahrhundert erneuerte Chorgestühl übernommen. (Heute sind nur noch gut gearbeitete Kopien zu sehen: Die farbig gefaßten Originale befinden sich im Bayerischen Nationalmuseum in München.)

Westlich des Triumphbogens schließen sich die vier Joche des spätgotischen Langhauses an. Sie sind in die romanischen Außenmauern eingebaut. Das Netzgewölbe der gegenüber dem Chor wesentlich niedrigeren Halle tragen schlanke Rundstützen aus Naturstein. Die farbig gefaßten Rippen wachsen an den Pfeilern aus schmalen, schmucklosen Kranzgesimsen und an den Wänden aus Konsolen. Die Schlußsteine sind mit Blattrosetten, dem gemalten Wappen des Gründergeschlechts von Kastl-Sulzbach, dem Wappen des Stifts und dem rot-weiß-roten Bindenschild Österreichs geschmückt. Eigenwillig und etwas diagonal nach Nordosten verschoben wirkt die Rippenfiguration im Mittelschiff: Ursache für diese Gewölbelösung ist die rund einen Meter nach Osten versetzte Anordnung der nördlichen Pfeilerreihe. Architektur und Lichtführung im Langhaus schaffen durch den Kontrast mit der Helligkeit im Chor eine Spannung, die das gotische Glaubensverständnis im Streben zu Gott veranschaulicht.

Beinahe versteckt an der Westwand neben dem Hauptportal wurde 1435 das Grabmal für Propst Petrus II. Pÿenczenauer angebracht. Der von 1404 bis 1432 regierende Pienzenauer hatte den Stein, ein herausragendes spätgotisches Kunstwerk, bereits zu seinen Lebzeiten bei einem Salzburger Meister in Auftrag gegeben

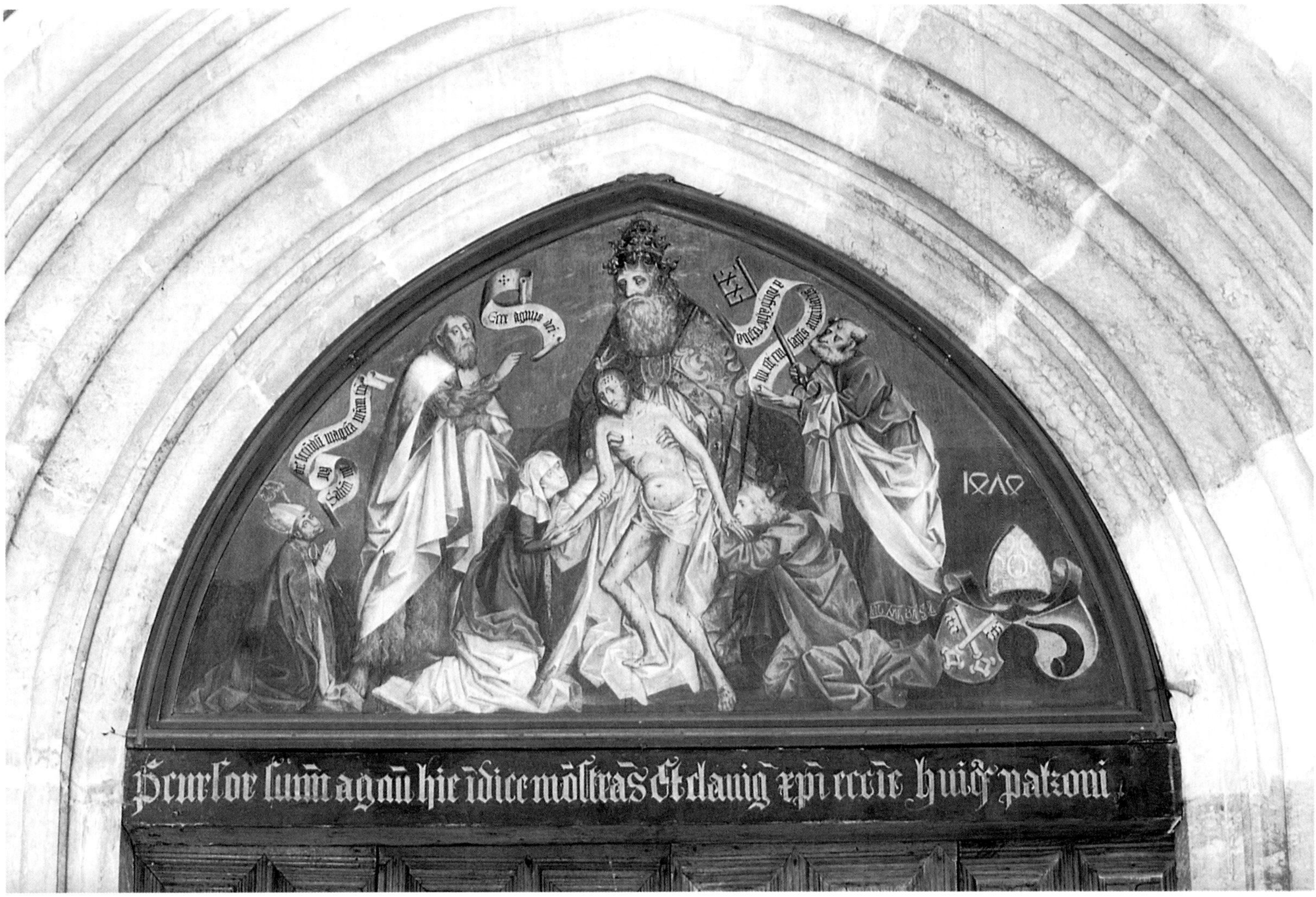

BERCHTESGADEN, ehemalige Stiftskirche St. Peter und Johannes: Tafelbild eines Gnadenstuhls im Bogenfeld des Nordportals; 1474, Rueland Frueauf d.Ä. zugeschrieben

und für die schräge Anbringung fertigen lassen: In vollem Ornat ruht der Propst auf dem Kissen; still wirkt das Gesicht des† Mannes, der seine Kraft aus dem schlichten Wahlspruch »hab got lieb« geschöpft hat; auf dem Band über seinem Haupt begleitet ihn der Spruch auch ins Grab.
Mit dem Umbau des Langhauses wird um 1470 das schöne Portal aus rotem Adneter und hellem Untersberger Marmor in die Nordwand eingefügt. Die zwei Türflügel ähneln den kassettenartig gegliederten Kirchenportalen in Anger und Saaldorf. Das Portal öffnet sich in eine spätgotische Vorhalle mit schönem Netzgewölbe, dessen Schlußstein das Wappen des 1473 verstorbenen Propstes Leoprechtinger trägt. Beachtenswert ist das Tafelgemälde im spitzen Bogenfeld des Portals: Auf dem Bild wird die Heilige Dreifaltigkeit als Gnadenstuhl von der Gottesmutter Maria links und dem Evangelisten Johannes rechts begleitet; von der linken Seite nähert sich Johannes der Täufer und rechts erscheint der Apostel Petrus; der Stifter des Bildes, Propst Erasmus Pretschlaipfer (1473-1486), kniet betend in der linken unteren Ecke. Über den Wappen im rechten Zwickel gibt die Zahl 1474 die Entstehungszeit des Bildes an. Als Künstler ist der in Passau und Salzburg wirkende Maler Rueland Frueauf d. Ä. zu vermuten.
Von den gotischen Teilen des ehrwürdigen Augustiner-Chorherren-Stifts zu Berchtesgaden hat sich am reinsten das *Dormitorium* erhalten. Die zweischiffige, in acht Joche geteilte Halle nimmt die ganze Länge und Breite des Osttrakts des ehemaligen Klostergevierts südlich der Kirche ein. Reine, spitzbogige Kreuzrippengewölbe wachsen zwischen Gurtrippen aus achteckigen Marmorpfeilern mit hohen glatten Kapitellen und aus spitzen Konsolen an den Wänden. Der harmonisch proportionierte Raum dürfte in der Frühzeit des 14. Jahrhunderts entstanden sein. Es ist der einzige frühgotische Raum dieser Art in Oberbayern.

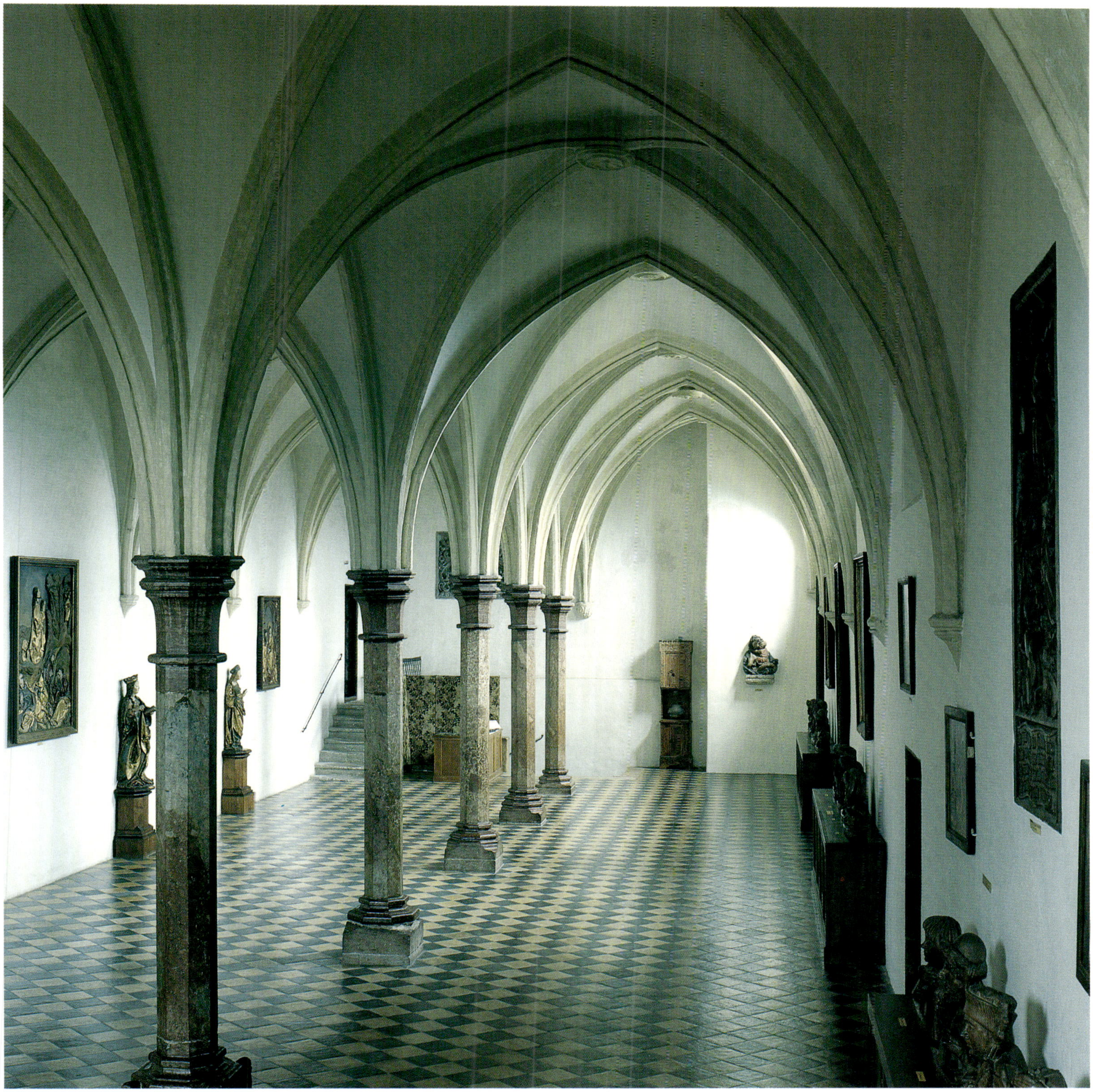

BERCHTESGADEN, *ehemaliges Augustiner-Chorherren-Stift: Frühgotisches Dormitorium, Anfang 14. Jahrhundert*

Der Berchtesgadener Fürstpropst Gregor Rainer läßt ab 1488 die Kirche *Zu Unserer Lieben Frau am Anger,* die spätere Klosterkirche der Franziskanerinnen, erbauen. Nach der Jahreszahl am spätgotischen Seitenportal ist das Gotteshaus 1519 vollendet. Als Baumeister ist der Salzburger Peter Inntzinger anzunehmen. Interessant ist der Grundriß der Kirche: Die zwei fünfjochigen Schiffe enden in dreiseitig geschlossenen Chören, von denen aus die 1668 angebaute Kapelle zugänglich ist. Trotz mehrfacher Umgestaltung in der Barockzeit hat sich das aus vier schlanken Rundpfeilern wachsende Rippengewölbe mit seiner sehr kunstvoll gestalteten Figuration erhalten. Die Rippen mit ihren vielfältigen Verschlingungen und Maßwerksfiguren zeigen durch die großen Ähnlichkeiten mit jenen in der Kapelle St. Margaretha auf dem Petersfriedhof in Salzburg den Einfluß der Bischofstadt auf die Kunst im Land der Propstei. Bemerkenswert ist die spätgotische Figur der Jungfau Maria im Ährenkleid auf dem Hauptaltar in der Kapelle: Es ist eine Kopie des Gnadenbilds der »Madonna mit den langen Haaren« aus dem Mailänder Dom. Sie wurde um 1500 geschnitzt.

Von der spätgotischen Kirche *St. Nikolaus* in MARKT SCHELLENBERG sind nur der 1511 erbaute Turm mit der Vorhalle und das spitzbogige Portal aus rotem Marmor verblieben; das Gotteshaus selbst ist ein Neubau aus der zweiten Hälfte des 19. Jahrhunderts. Die Gestaltung des Portals spiegelt den Einfluß Salzburgs wider, der an den drei Figurennischen im Bogenfeld erkennbar ist: Sie finden sich in gleicher Form in den Portalen der eben genannten Margarethenkapelle auf dem Salzburger Petersfriedhof und am marmornen Südportal der Stiftskirche in Laufen.
1440 wurde die Figurengruppe von Christus und den zwölf Aposteln an der Brüstung der Westempore geschnitzt: Es ist aufschlußreich, sie mit den bemalten Apostelfiguren an der Emporenbrüstung der Kirche *St. Fabian und Sebastian* in RAMSAU bei Berchtesgaden zu vergleichen: Bis auf den im 17. Jahrhundert hinzugefügten St. Andreas sind hier Christus und die übrigen elf Apostel bereits um 1420/1430 entstanden. Sie gehören noch dem Weichen Stil an, was am besten an den üppigeren Faltenlinien der über den Arm gelegten Enden der Mäntel zu erkennen ist.

An Salzach und Inn

Das Gebiet um den bedeutenden spätmittelalterlichen Wallfahrtsort Altötting, im Winkel zwischen der Bezirksgrenze zu Niederbayern und der Landesgrenze zu Österreich, weist einen reichen Bestand an gotischen Baudenkmälern auf. Neben vielen aus Tuffquadern gemauerten Land- und Hofmarkskirchen sind die Bürger- und Stiftskirchen in den Städten herausragende Beispiele für den von den Bauschulen aus Braunau, Landshut und Burghausen geprägten spätgotischen Stil. Zahlreiche Gotteshäuser besitzen noch spätgotischen Freskenschmuck, der einen Eindruck von der Farbenpracht vermittelt, wie sich die liturgischen Räume den Gläubigen des 15. Jahrhunderts dargeboten haben.

Burghausen

Politisches Zentrum der Region war im späten Mittelalter BURGHAUSEN und seine Burg. 1180 gingen Burg und Siedlung als Herzogsgut von den Welfen an die Wittelsbacher über. Mit der ersten Landesteilung im Jahre 1255 wurde die Stadt an der Salzach zur zweiten niederbayerischen Residenz. Herzog Heinrich XIII. hatte die strategisch wichtige Lage des Burgbergs zur Sicherung seiner Grenzen erkannt: Während seiner Regierung entstanden die ältesten Teile der Burg auf der Südspitze des hohen Bergkegels über der Salzach; gleichzeitig begann der planmäßige Ausbau Burghausens zur Stadt. 1307 wurde das Stadtrecht erstmals schriftlich niedergelegt. Strafvorschriften in der Urkunde lassen erkennen, daß die Stadt bereits mit Gräben und einer Palisadenwehr befestigt war. 1322 erhielt der Rat der Stadt das bessere Recht der Stadt Landshut verliehen.

Die Bedeutung, die der Befestigung von Stadt und Burg beigemessen wurde, ist dem großen Freiheitsbrief, den Herzog Heinrich XIV. 1335 erließ, zu entnehmen. Wegen der zu Beginn des 14. Jahrhunderts entstandenen Vorstadt St. Johannis mußte im Süden des alten Siedlungskerns ein neuer Bering gebaut werden. Er sollte von der Burg über den Eggenberg am Südwestende der Wöhr, einem aufgestauten Altwasser, und um die Vorstadt St. Johannis herum bis zur Salzach hin verlaufen. Mit der neuen Mauer wurden 1335 die Siedlungsgrenzen abgesteckt, über die Burghausen bis ins 19. Jahrhundert nicht hinausgewachsen ist. In dem erwähnten Freiheitsbrief stellte der Herzog den Mauerring unter seinen Schutz, denn er verfügte: »... was auch neuer turn und tor an der neuen ringkhmauer iezu sind oder fürbas werdent, die sollen wir selber besezen und besorgen«. Der Wunsch nach mehr Sicherheit kam auch von der herzoglichen Spitalstiftung Heilig Geist, die in dieser Vorstadt liegt und die 1319 von dem Priester Chunrad Ernreich gegründet worden ist.

Im Jahre 1326 bestifteten die drei Herzöge Otto III., Ludwig III. und Stephan I. das Spital mit Gütern, Gülten und Mautgefällen: Sie vollzogen damit ein Vermächtnis ihrer Mutter Judith. Lebensfähig wurde das Heilig-Geist-Spital jedoch erst durch weitere Zustiftungen, die 1332 Friedrich der Mautner machte; sie ermöglichten schließlich die Vollendung der Spitalbauten und der Kirche.

Bis auf die Befestigungen auf dem Eggenberg und entlang des Südendes der Wöhr war der Mauerring am Ende des 14. Jahrhunderts fertig. Für die Vollendung im Norden wurde die Stadt von Herzog Friedrich dem Weisen ab 1387 für acht Jahre von Steuern befreit: »ze hilf und ze steuer an dem pau, den sy tun sullen von der wur [Wöhr] bis an den weyssen turn«. Mit dieser Anordnung ist erstmals das Ausmaß der Burg von rund tausend Metern Länge fixiert, denn der Weiße Turm steht an ihrem nördlichen Ende. Auch die

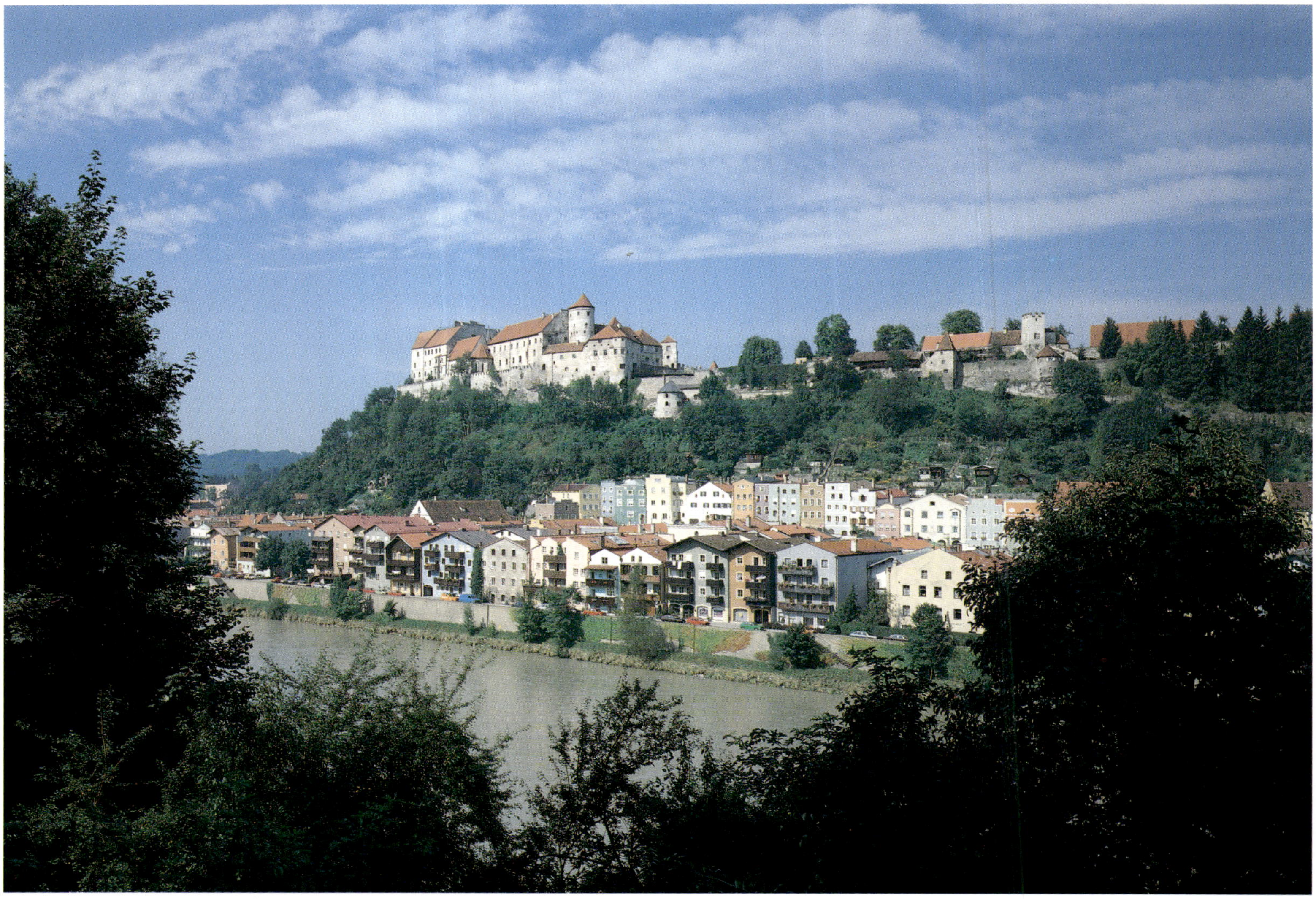

Wöhr ist als natürlicher Wassergraben auf die ganze Länge der Burg in das Verteidigungssystem einbezogen. Dagegen wurden die Wehranlagen auf dem Eggenberg wohl erst Mitte des 15. Jahrhunderts unter Herzog Ludwig IX. dem Reichen fertiggestellt. Zum Erhalt der Mauern, Türme und Tore erhielt die Stadt Burghausen immer wieder die Unterstützung des herzoglichen Hauses. Margarethe, die Witwe Kaiser Ludwigs des Bayern – sie hatte in Burghausen ihren Witwensitz – überließ 1355 den Bürgern 100 Pfund Pfennige aus ihrem Anteil am Mautgefälle, »dass si die stadt mit turn und mit andern pauen und auch die prugg daselbst besser befrieden und bewahren sollen und mögen«. 1388 wurde den Bürgern von Burghausen die halbe Maut erlassen; mit dem gesparten Geld mußten sie aber die Stadtmauer ausbessern.

Neben der Sicherung der Verteidigung war die wirtschaftliche Entwicklung Burghausens ein stetes Anliegen der Regenten. Der Städteförderer Ludwig der Bayer erneuerte 1322 eine herzogliche Verfügung, wonach erstens kein Salz »auf der ax« von Laufen oder Tittmoning ins Land geführt werden durfte. Das Halleiner Salz mußte auf der Salzach bis Burghausen gebracht werden und durfte erst dann auf dem Landweg verfrachtet werden. 1343 wurde zusätzlich bestimmt, daß alle Fuhrwerke zwischen Reichenhall und Ötting ihren Weg über Burghausen nehmen müssen. Die Maut- und Niederlagegebühren wurden, wie Zölle und Abschöpfungen heute, als Marktregulativ verwendet: Es galt, den Absatz des bayerischen Salzes aus Reichenhall gegenüber dem aus dem salzburgischen Hallein zu sichern.

Schon der um 1300 für Burghausen erlassenen Schiffsmautordnung ist zu entnehmen, daß die bayerischen Mautner große Salzscheiben umständlich und teuer verzollten, hingegen bei Kleinpackungen, die bei weniger Wareninhalt den gleichen

BURGHAUSEN an der Salzach: Blick auf die Stadt und die Hauptburg, im Spätmittelalter die zweite Residenzstadt der Herzöge von Niederbayern

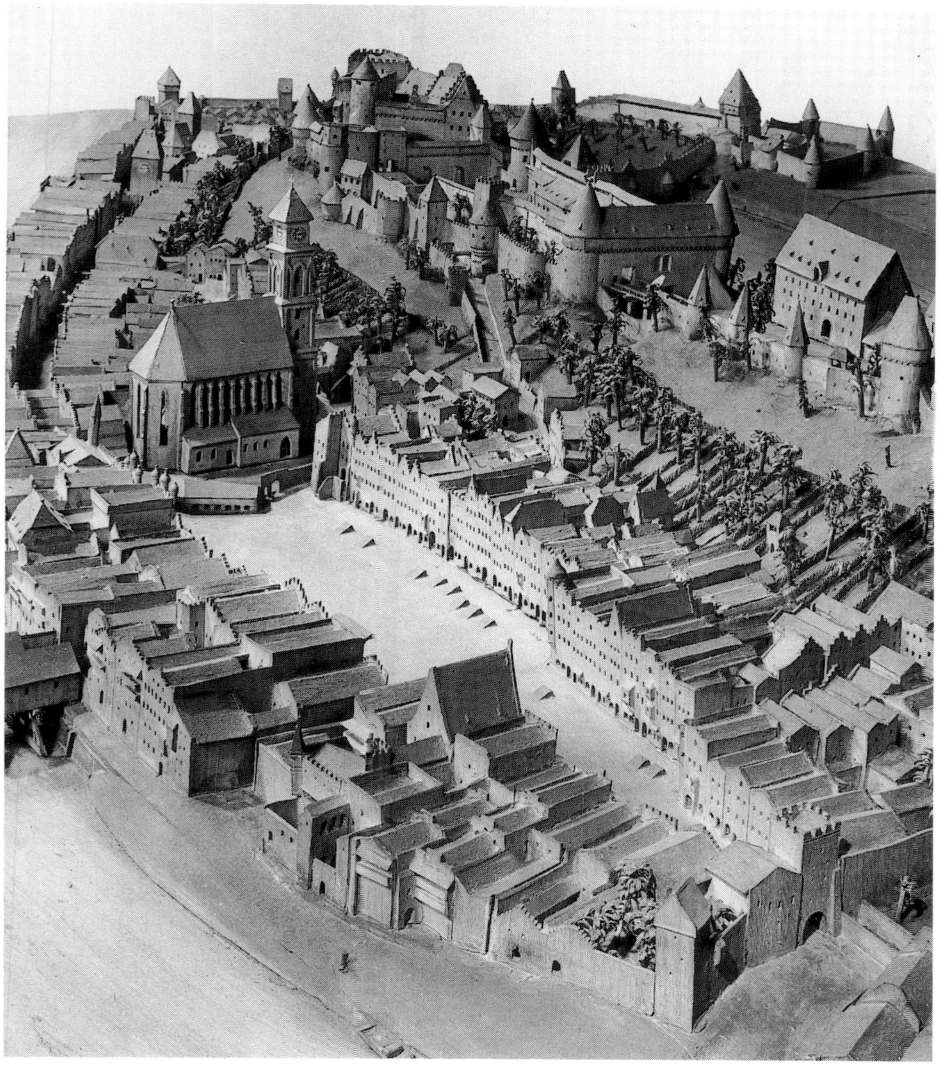

BURGHAUSEN: Stadtplatz mit Pfarrkirche St. Jakob. Ausschnitt aus dem 1574 von Jakob Sandtner geschnitzten Stadtmodell. Der Turm der Stadtpfarrkirche wird noch von dem spätgotischen Zeltdach bekrönt

Frachtraum beanspruchten, großzügiger verfahren sind. Die Höhe der im späten Mittelalter erzielten Mauteinnahmen läßt sich ermessen, wenn man den Reichtum der Mautner in Burghausen betrachtet, den sie trotz der an die herzogliche Kammer abzuführenden Beträge ansammeln konnten. Am Südende der Altstadt bauten sie sich ein mächtiges Schloß, das spätere kurfürstliche Mautamtshaus. Großzügig stifteten sie für das Heilig-Geist-Spital, und 1347 erwarben sie für die ungeheuere Summe von 22596 Pfund Regensburger Pfennige das alleinige Recht zur Mauteinhebung.

Vom gotischen Stadtbild Burghausens ist nur wenig erhalten. 1353 verwüstete ein verheerender Brand die Häuser und die Stadtpfarrkirche *St. Jakob.* Herzogliche Hilfen und die Anstrengungen der Bürger ermöglichten den Wiederaufbau. Die Kaiserinwitwe Margarethe stiftete 100 Pfund Pfennige, um den »grossen schaden, der an der khirchen zu Burgkhausen von feuers wegen geschehen« zu beheben. Für den Neubau der Kirche wurde die Bauhütte St. Jakob gegründet, aus der später der Meister Hans von Burghausen hervorgegangen ist.
Im Stil der hohen Gotik wächst die dreischiffige Basilika mit dem sechsjochigen Mittelschiff und dem in gleicher Breite gebauten Chorhaus empor. Achtkantige Pfeiler mit spitzbogigen Arkaden und östlich zwei ältere Rundpfeiler teilen die Schiffe. Das nördliche Seitenschiff endet in der Maria-Hilf-Kapelle; an das südliche schließt die Sakristei an. 1470 wurde der Grundstein zu dem mächtigen, spätgotischen Westturm mit den von Kreuzblumen besetzten Strebepfeilern, den Kleeblattbogenfriesen und den kielbogigen Blendarkaden gelegt. Noch vor der Vollendung erlitt die Kirche beim Stadtbrand von 1504 erneut großen Schaden. Erst 1511 konnte Bischof Berchthold von Chiemsee (1508-1520) das gesamte Gotteshaus weihen. Der Turm war bis zur Balustrade im vierten Obergeschoß gediehen und trug eine Dachpyramide wie die Jakobskirche in Wasserburg. Die heutige Gestalt erhielt das Gotteshaus in der zweiten Hälfte des 19. Jahrhunderts. 1851 stürzte das Gewölbe im südlichen Teil der Kirche vom Turm bis zur Mitte des Langhauses ein. Beim Wiederaufbau wurde der Kapellenkranz zwischen den Strebepfeilern entfernt und die neugotische Ausstattung eingebracht.
Das *Rathaus* der Stadt, gegenüber der Stadtpfarrkirche, verbirgt hinter der dekorativ gestalteten Fassade aus dem 18. Jahrhundert, daß seine wesentlichen Bauteile auf die Gotik des 14. und 15. Jahrhunderts zurückgehen. Mitte des 15. Jahrhunderts entstand die zweischiffige Eingangshalle. Das Kreuzgratgewölbe der drei Joche wird von zwei achtkantigen Pfeilern getragen. Schon um 1400 wurden die beiden Räume südlich und nördlich der Halle gebaut. Die vier Joche des letzteren decken tief heruntergezogene Gurtbogen und Kreuzrippengewölbe mit Schlußsteinen. Schönes Kreuzrippengewölbe über zwei freistehenden Stützen überzieht eine weitere, zum Innenhof offene zweischiffige Halle. Die Rippen und die Gurtbögen wachsen hier ansatzlos aus den Tuffsteinpfeilern und aus kleinen Kragsteinen an den Wänden. Unter spät-

gotischem Kreuzrippengewölbe tagt noch heute der Rat der Stadt im Saal des ersten Obergeschosses.

Nach dem Stadtbrand von 1504 mußte auch die *Spitalkirche Heilig-Geist* erneuert werden. Vom ersten, um 1325/30 errichteten Kirchenbau verblieb nur der kurze eingezogene Chor mit dem gotischen Kreuzgewölbe. Um 1513 wurde das spätgotische Netzgewölbe über dem einschiffigen Langhaus geschlossen und die über Kielbogenarkaden gemauerte Westempore vollendet. Sehenswert ist der Rotmarmorepitaph für den Mautner von Katzenberg: Nach dem Signum auf dem Rücken des Hundes hat der Passauer Bildhauer und Maler Jörg Gartner um 1515 den aufrecht stehenden Ritter in seiner Harnischrüstung gemeißelt.

Der unverputzte, einschiffige Tuffquaderbau der Kirche *Heilig Kreuz* steht noch immer außerhalb des Stadtkerns. Das Gotteshaus geht auf eine 1397 gestiftete Kapelle neben dem ehemaligen Leprosenhaus zurück. Durch Zustiftungen der Herzogin Hedwig, der Gemahlin Herzog Georgs des Reichen, konnte in der zweiten Hälfte des 15. Jahrhunderts die Kirche gebaut werden. Der Baumeister des nur wenig eingezogenen Chors sowie des dreijochigen Langhauses mit der über zwei Pfeilern und spitzbogigen Arkaden gemauerten Empore, den Maßwerksfenstern und dem reich gegliederten Portal stammte aus einer Braunauer Bauschule. Das spätgotische Netzrippengewölbe hat hingegen Hans Wechselberger in der für ihn typischen Figuration aus Rautensternen gesetzt. Sein Meisterschild und die Jahreszahl 1477 sind am Chorbogen angebracht. Das Allianzwappen von Polen und Bayern am Chorschluß weist auf die herzogliche Stiftung hin.

Die Krone Burghausens ist die hoch über der Stadt und der Salzach aufragende *Burg:* Sie zählt zu den großartigsten Wehrbauten des späten Mittelalters. Jeder der niederbayerischen Herzöge vom 13. bis ins frühe 16. Jahrhundert hat an der Burg gebaut. Alle Stilarten der Gotik sind an und in den Gebäuden und Wehranlagen zu finden. Die ältesten Teile sind in der Hauptburg im Süden des steilen Bergsporns; sie wurde in der zweiten Hälfte des 13. Jahrhunderts unter Herzog Heinrich XIII. errichtet.

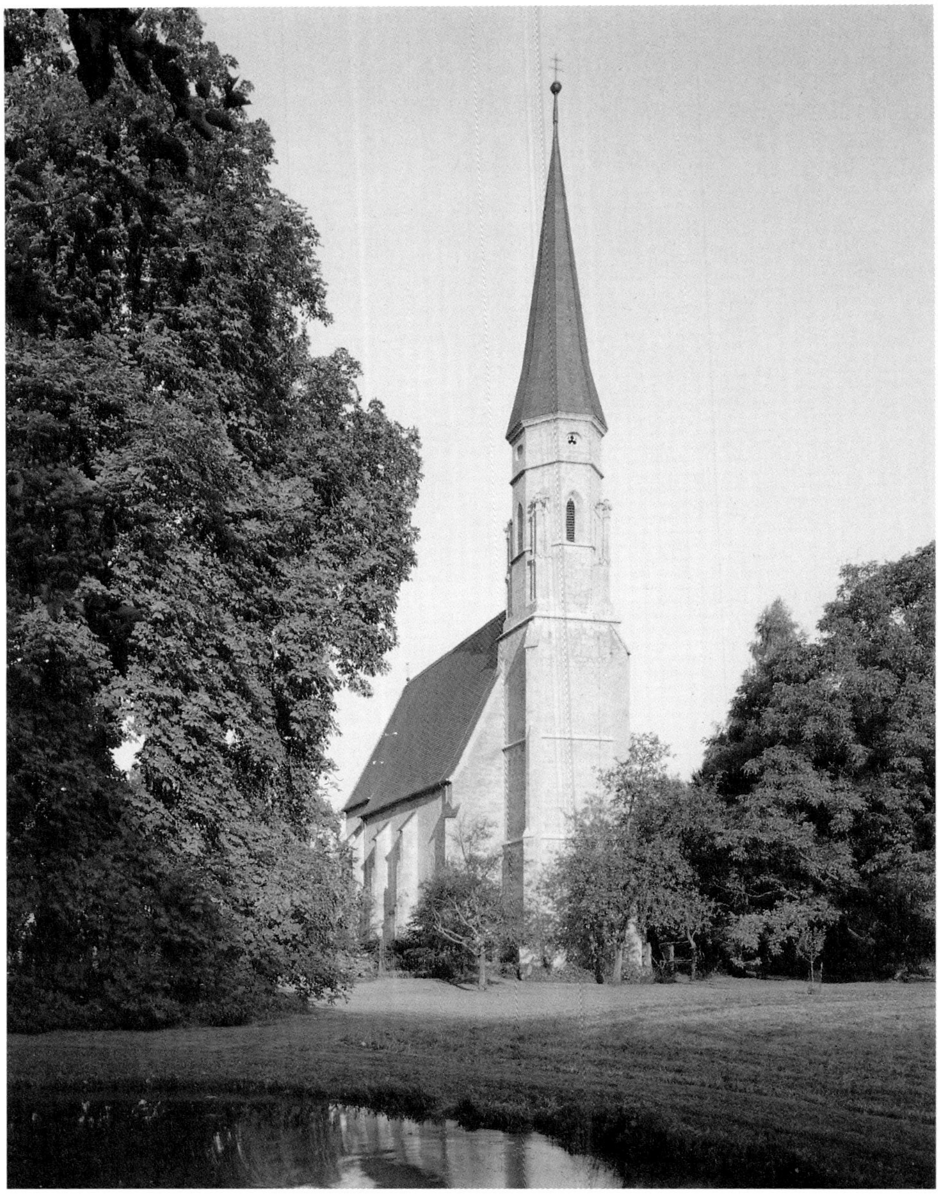

BURGHAUSEN: *Kirche Heilig Kreuz*

In dem nach Süden gerichteten mächtigen *Palas* decken Kreuzgewölbe die dreigeteilte Erdgeschoßhalle. Die Gewölberippen steigen in den Ecken aus groben, spitzen und halbkugeligen Konsolen an den Mauern aus niedrigen, abgestuften Wandpfeilern auf. Schwere Gurtbögen teilen die früheren Zehrgaden (Vorratskammern) in drei, den Flez in der Mitte in vier Joche. Das Raumbild im Übergangsstil zur frühen Gotik zeigt, trotz seiner ungeschlachten Formen, Stilelemente, die auch in den frühen Zisterzienserklöstern Bayerns zu finden sind: So erinnert der an die Erdgeschoßhalle anschließende trapezförmige Raum, in dem das Gewölbe von einem Mittelpfeiler mit sternförmig aufsteigenden Rippen getragen wird, an die frühgotischen Räume im Zisterzienserinnenkloster Seligentahl in Landshut.

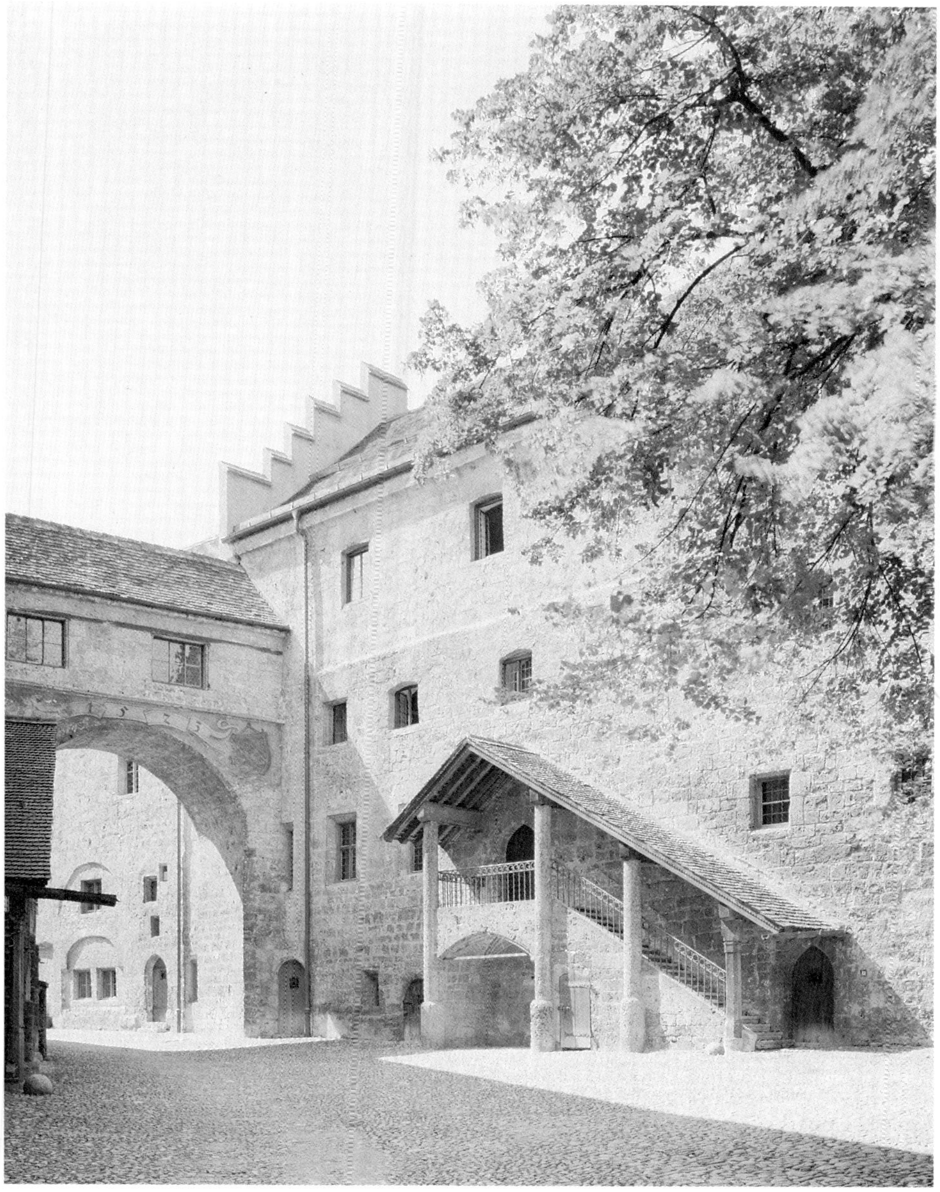

BURGHAUSEN, *Hauptburg: Innerer Burghof mit Aufgang in den Kemenatenstock*

Über der Erdgeschoßhalle sind die ehemaligen Wohnräume der Herzöge, zu denen eine Freitreppe vom Burghof in das erste Obergeschoß führt. Die Balkendecken mit den mächtigen Unterzügen, wie beispielsweise in der Herzogsstube, sind in der späten Gotik unter Herzog Georg dem Reichen eingebaut worden. Spätgotisch ist das Netzrippengewölbe in dem zur Salzach gerichteten Erker. In diesem Raum ist die spätgotische Balkendecke als Ganzes erhalten. Die Räume, auch die in den darüberliegenden Geschossen, zum Teil mit gotischen Möbeln, Gemälden und Plastiken museal eingerichtet, vermitteln dem Besucher eine Vorstellung, wie die Fürsten des späten Mittelalters gewohnt haben.

Herzog Heinrich XIII. und seine ungarische Gemahlin Elisabeth waren die Stifter der inneren *Burgkapelle St. Elisabeth.* Die Kirche mit dem langgestreckten schmalen Langhaus, der Herrschaftsempore im Westen und dem nach Osten abgeknickten Chor schließt im Norden an den Palas an. Der Bau weist an den Außenmauern des um 1255 entstandenen Chors noch romanische Bauzier auf, das Rippengewölbe des Altarraums ist aber bereits frühgotisch. Unter Herzog Georg dem Reichen wurde um 1475 das spätgotische Netzrippengewölbe im Langhaus eingezogen. Die gemauerte gotische Herrschaftsempore war ursprünglich direkt mit den herzoglichen Gemächern verbunden. Vor der Emporenbrüstung steht noch die gotische Mensa eines ehemaligen Heilig-Geist-Altars, den Herzog Heinrich der Reiche 1417 hat einbauen lassen: 1422 wurde der Altar geweiht und vom Herzog mit einer ewigen Messe bestiftet. Der heute im Altarraum aufgestellte Flügelaltar wurde im 19. Jahrhundert aus der Kirche von Surheim bei Laufen in die Burgkapelle überführt. Die Figuren des hl. Bischofs Dionysius, der hl. Anna Selbdritt und der hl. Barbara im Schrein, die Reliefs der Heiligen St. Achatius und St. Andreas auf der linken sowie von St. Erasmus und St. Philippus auf der rechten Innenseite der Flügel und die Beweinung Christi in der Predella wurden um 1524 in einer Salzburger Bildhauerwerkstatt geschnitzt, während die 1524 datierten Tafelbilder mit dem Martyrium des hl. Dionysius auf den Werktagsseiten der Flügel und der Verkündigung Mariens auf der geschlossenen Predella dem Laufener Meister Gordian Guckh zugeschrieben werden. Bemerkenswert sind die um 1400 gemalten Wandbilder im Chor der Kapelle: die Kreuzigung Christi im Bogenfeld über dem Mittelfenster und südlich daneben die Kreuzigung des Apostel Petrus. Aus dieser frühen Zeit stammen auch die bemalten Rippen, die Blattwirbel und die Sterne im Chorgewölbe.

An die innere Burgkapelle schließt im Nordosten der *Dürnitzstock* an. Wie im Palas diente das Erdgeschoß als Zehrgaden. Im frühen 15. Jahrhundert wurde das Kreuzrippengewölbe mit den mächtigen Mittelstützen gebaut: Sie teilen den Raum in zwei Schiffe zu fünf Jochen. Über dem Zehrgaden liegt die Dürnitz, einst der heizbare Aufenthaltsraum für das Gefolge des Herzogs sowie der Versammlungs-

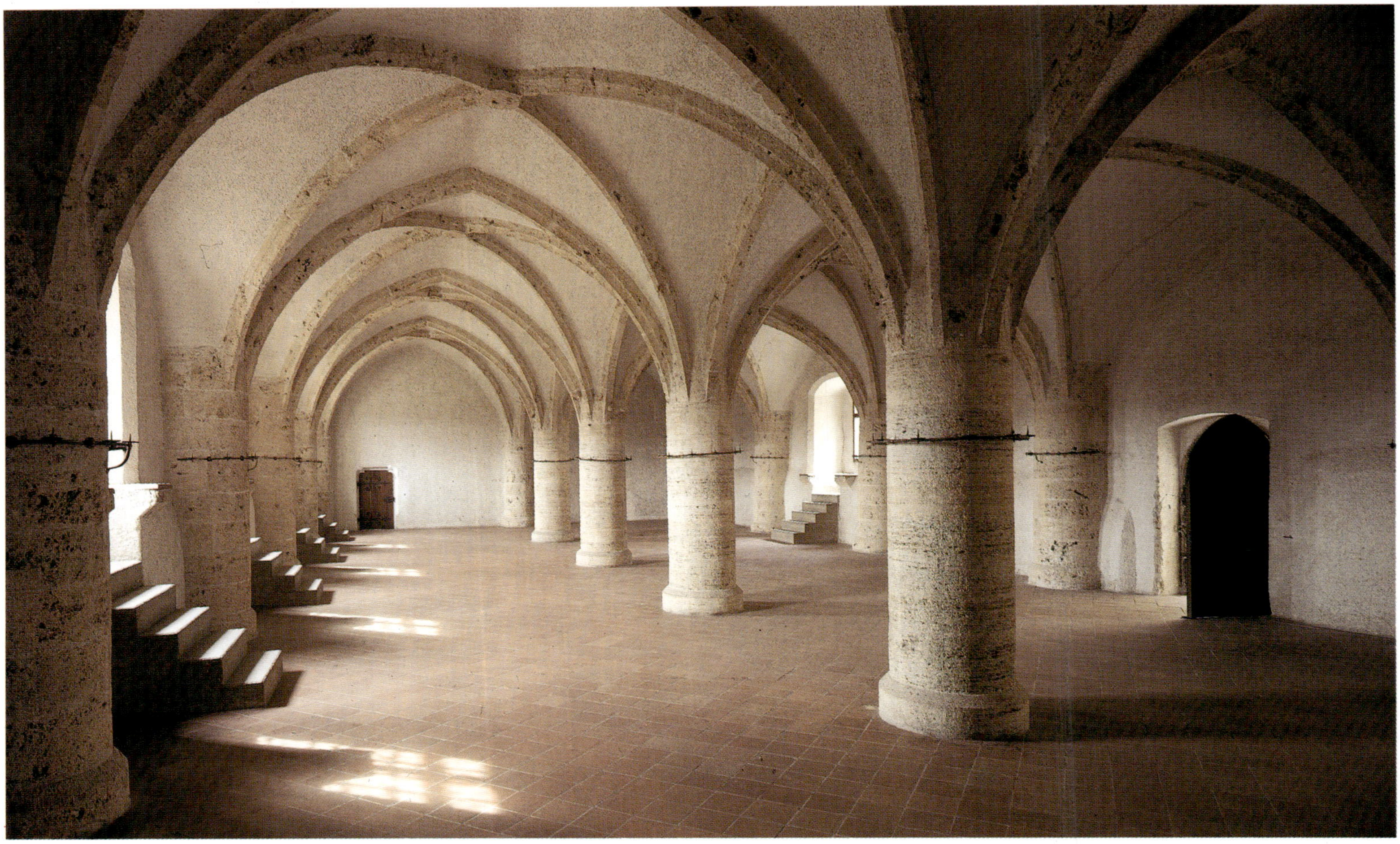

BURGHAUSEN, Hauptburg: Dürnitz

und bisweilen Verhandlungssaal für die Hofgesellschaft. Eine vom Burghof aufsteigende Treppe führt in die im Stil der hohen Gotik gehaltene sogenannte »neue große Stube auf der Salzachseite«. Die fünf Joche des feierlichen zweischiffigen Raums werden durch kräftige Rundpfeiler geteilt; die Gewölberippen und Gurte wachsen aus ihnen ansatzlos heraus. Der Raum ist der Dürnitz auf der Burg Trausnitz zu Landshut sehr ähnlich. Nach der Jahreszahl 1446 über dem spitzbogigen Eingang wurde die Burghausener Dürnitz unter Herzog Heinrich dem Reichen gebaut.

Heinrich war auch der erste der niederbayerischen Herzöge, der seiner Gemahlin gebot, in Burghausen zu residieren, sie gewissermaßen dorthin abschob. Die Wohnung der Herzogin und ihrer Dienerschaft, der *Kemenatenstock,* liegt im Westen der Hauptburg. Die Hofhaltungen für die auch von Heinrichs Nachfolgern hierher verbannten Herzoginnen haben immer wieder Um- und Erweiterungsbauten im Frauentrakt notwendig gemacht. In ihrem äußeren Umfang wurden die bestehenden Gebäude im dritten Viertel des 15. Jahrhunderts errichtet, als Herzogin Hedwig mit ihrem Frauenhofstaat hier weilte. Das Innere wurde um 1600 weitgehend verändert. Gotisch gewölbte oder mit spätgotischen Balkendecken versehene Räume blieben nur im Erdgeschoß und im ersten Obergeschoß der Kemenate erhalten.

Der Burghof der Hauptburg wird nach Norden von der großen Schildmauer und dem im östlichen Winkel stehenden Bergfried abgeschlossen. Unter den beiden Reichen Herzögen Heinrich und Ludwig diente er als Schatzkammer. 1482 stürzte der romanische Turm ein. Den heutigen Turm ließ Herzog Georg der Reiche errichten. Für seine stetig anwachsenden Schätze baute er jedoch ein neues »Gewölb« an der Südseite des Dürnitzstocks. Nach der Jahreszahl, die in den Stein über dem Eingang gehauen ist, konnte der neue »Tresor« ab 1484 genutzt werden. Während der Regentschaft Georgs soll hier gemünztes Gold im Wert von 500 000 Gulden aufbewahrt worden sein. Für das Jahr 1488 schrieb Veit Arnpeckh in seiner Chronik: »In dem obgenannten Jahr ließ Herzog Georg sein Schloß Burghausen

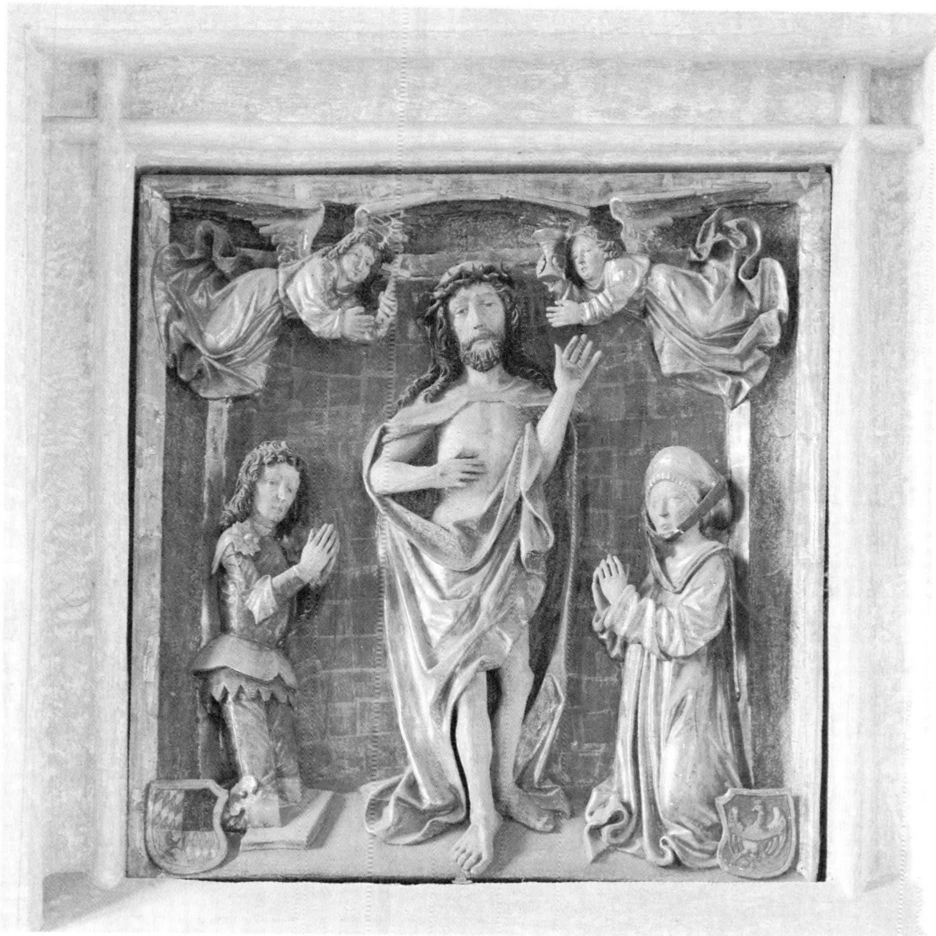

BURGHAUSEN, *Burgkapelle St. Maria oder Hedwigskapelle: Relief mit dem Auferstandenen Christus und des Stiftern Herzog Georg und seiner Gemahlin Hedwig in der Mitte der Brüstung der Westempore, 1489*

umbmauern und versehen mit großen dikken mauren und hett allerley maurer und arbeiter, auf einen tag wol 4 tausend oder mehr, eine lange zeit, und verbauet wol 100 000 fl.«. Der Chronist beschrieb die von 1480 bis 1488 währende letzte große Bauphase auf der gotischen Burg, deren Bauleitung der herzogliche Rat Ulrich Pesnitzer hatte: Nach den letzten Erkenntnissen des Festungsbaus ließ er die Zwinger und Wehrbauten bis zu dem von Napoleons Soldaten zu Beginn des 19. Jahrhunderts geschleiften Bollwerk des Schüttkastens und des Pesnitzerturms am Nordende der Burg erneuern. Unter ihm arbeiteten so bekannte Meister wie der Hofmaurermeister Hans Pranthueber oder der Münchner Stadtmaurermeister Lukas Rottaler. Der Grund für die ungeheuere Baumaßnahme war das bedrohliche Vordringen der Türken: Im letzten Viertel des 15. Jahrhunderts hatten sie bereits die Grenzen der Steiermark erreicht.
Die Häuser in den fünf Vorhöfen der Burg wurden alle später verändert. Im ursprünglichen Zustand belassen wurden die Wehranlagen aus dem späten Mittelalter. Auf den Ausbau der Burg im vorletzten Jahrzehnt des 15. Jahrhunderts gehen auch das Torhaus und der vorgelagerte tiefe Abschnittsgraben vor der Hauptburg zurück. Das profilierte, spätgotische Türgewände am Eingang zur Wachstube und ihr mit Netzrippengewölbe überzogener Erker zeigen, wie architektonisch ansprechend Verteidigungsbauten damals sein konnten: Die Konsolen, aus denen die Rippen aufsteigen, sind mit Masken besetzt, die Gewölbemitte ziert ein großer Schlußstein mit einer vielblättrigen Rosette.
Nach Norden wird der erste Vorhof vor der Hauptburg durch das mächtige *Georgstor* geschützt: Hinter der 1494 erbauten Anlage mit den beiden mächtigen Flankentürmen und der hohen, dicken Quermauer lagen die für die Versorgung der Burg wichtige Pfisterei, das Brauhaus und der herzogliche Marstall. An der Nordfront, über dem Halsgraben, zeigt das von spätgotischen Fialen umrahmte Allianzwappen von Bayern und Polen den Herzog Georg als Bauherrn des massiven Torbaus an.
Ein schönes Beispiel spätgotischer Herrschaftskirchen ist die äußere *Burgkapelle St. Maria* (oder *Hedwigskapelle)* im vierten Vorhof der Burg. Die in die östliche Wehrmauer hineinreichende Kirche wurde von Herzog Georg und seiner Gemahlin Hedwig gestiftet und 1489 geweiht. Als Baumeister des einschiffigen Gotteshauses ist Hans Pranthueber anzusehen. Das eigenwillige, in ungleichen Reihungen angeordnete Netzrippengewölbe wird dem aus Wasserburg bekannten Wolfgang Wieser zugeschrieben. Das schlichte Äußere des Kirchleins ist geprägt durch den aus der Westfront aufsteigenden schlanken Turm und die reich verzierte Vorhalle an der Nordseite des Langhauses. Zwei rotmarmorne Pfeiler tragen die allseits in spitzbogigen Arkaden offene Vorhalle. Das Bogenfeld über der Nordfront ziert ein Fresko mit dem Schweißtuch der Veronika, das von zwei Engeln gehalten wird. Auf Eckkonsolen stehen unter Baldachinen die um 1485 gemeißelten Figuren des Erzengels Gabriel und der Jungfrau Maria. Netzgewölbe mit einem Rautenstern decken das Innere der Vorhalle, die zu dem reich profilierten Portal führt. Kräftige Wandpfeiler tragen das Gewölbe im Inneren. Eine tiefe, gemauerte Herrschaftsempore überspannt mit zwei Arkaden die

Breite des Kirchenschiffs im Westen. Die Mitte der von reichem Fischblasenmaßwerk durchbrochenen Brüstung ziert das steinerne Relief der Kirchenstifter: An den Seiten des Schmerzensmannes knien Herzog Georg und seine Gemahlin Hedwig. Hinter dem Relief steht noch die Mensa des herrschaftlichen Emporenaltars. Der um 1490 entstandene Hochaltar mit der Anbetung des Christus-Kindes durch zwei Bischöfe ist eine Leihgabe des Bayerischen Nationalmuseums; ursprünglich hingegen sind die in einer Salzburger Werkstatt geschnitzten spätgotischen Figuren der Heiligen Rupert, Florian, Martin, Sebastian, Leonhard und Wolfgang, die unter Baldachinen hoch an den Wandpfeilern des Chorhauses stehen. Aus der Bauzeit der Kirche stammen die als Fresko aufgemalten Eckrustiken am Chorbogen und an den Fensterumrahmungen. Sie sind in keinem Gotteshaus der Umgebung Burghausens wiederzufinden.

Altötting

Der geistliche Mittelpunkt des Landes zwischen den beiden, im späten Mittelalter so wichtigen Wasserwegen Inn und Salzach war ALTÖTTING. Der Rang des Ortes beruhte seit der späten Gotik auf der Anziehungskraft seiner Wallfahrt. Die ehemalige Königspfalz »Otinga«, der Zentralbau der Hl. Kapelle und das vom König Karlmann zu Ehren der hl. Maria und St. Philippus gestiftete Kloster am heutigen Kapellplatz, dem »Hof Öttingen«, bildeten die Grundlage für die spätere Entwicklung.
Mit der Verleihung des Herzogtums gelangte Altötting an die Wittelsbacher. Im Jahre 1228 gründete Herzog Ludwig I. der Kelheimer an der Stelle des in den Ungarnstürmen zerstörten alten Königsklosters ein Chorherrenstift. Die etwa zeitgleiche Gründung des Handelsplatzes Neuötting am gegenüberliegenden Innufer verschaffte dem Stift im »alten Ötting« ein ungestörtes geistiges Umfeld. Es bot Ende des 15. Jahrhunderts die Voraussetzungen für das schnelle Emporwachsen der Marienwallfahrt. Kurz nach dem Ausstellen des Gnadenbilds wurde für 1489 das erste Mirakel bezeugt: Ein dreijähriger Junge, der in einem nahen Bach ertrunken war, wurde auf dem Altar der Jungfrau wieder zum Leben erweckt. Schon für 1491 vermerkte Veit Arnpeckh in seiner Chronik: »Item es war eine große kirchfahrt auferstanden gen Unser Frauen capellen zu Altenötting; dahin kam auch kaiser Fridrich und an sand Matheustag kam zu im herzog Jörg in Bairn.«
Nach der ältesten erhaltenen Rechnung der Kapellverwaltung wurden 1492 rund 130 000 Pilgerzeichen abgegeben. Die Wallfahrer stifteten zu Ehren der Gnadenmadonna neben kleinen Gaben 64 Stück Großvieh, darunter 24 Pferde, und 3 693 Stück Geflügel. Für 1493 wird von großen Pilgerzügen aus Landshut und aus München berichtet. 1496 wallfahrtete der gefeierte Humanist Conrad Celtis nach Altötting, um für seine Genesung nach einer schweren Krankheit zu danken. Im Jahre 1498 konnte die Kapellverwaltung Herzog Georg dem Reichen bereits die ungeheuere Summe von 57 000 Gulden leihen. Der 1503 vor den Wirren des Landshuter Erbfolgekrieg auf die Burg von Burghausen in Sicherheit gebrachte Inhalt der Schatzkammer wurde mit 10 500 Gulden bewertet.

Mittelpunkt der frommen Verehrung ist die *Heilige Kapelle Mariä Himmelfahrt.* Ihr Kern ist einer der frühesten deutschen Zentralbauten, dessen aufgehendes Mauerwerk aus dem 8. bis 11. Jahrhundert stammt. Der älteste Baubestand ist durch das Siegel des Neuöttinger Richters Chunrad von 1309 und das der jungen Stadt Neuötting 1321 verliehene Stadtsiegel überliefert: Letzteres enthält bereits ein Abbild der verehrten Gottesmutter. Das Gnadenbild, eine oberrheinische Madonna mit Kind, ist wohl im frühen 14. Jahrhundert entstanden. Wenn auch die hoheitsvolle Haltung der frühgotischen Figur durch die im 17. und 18. Jahrhundert beigegebenen Gewänder und die Krone verborgen bleibt, beeindruckt dennoch der liebliche, ebenmäßige Ausdruck ihres von feiner Haarzier und Schleier umrahmten Gesichts. Der Zustrom der Pilger machte bereits 1494 den Anbau des spätgotischen Langhauses mit dem spitzen, eingebauten Turm im Westen notwendig; 1517 entstand der gemauerte Arkadenumgang. Zur weiteren Förderung der Wallfahrt werden seither in ihm die Votivbilder über Gebetserhörungen aufgehängt: Ein volkskundliches Bilderbuch

ALTÖTTING: Ehemalige Stiftskirche St. Philippus und Jakobus, erbaut von Jörg Perger und Ulrich Häntler, 1511 geweiht

ALTÖTTING: Grundriß der ehemaligen Stiftskirche St. Philippus und Jakobus mit Kreuzgang und Nebenkapellen

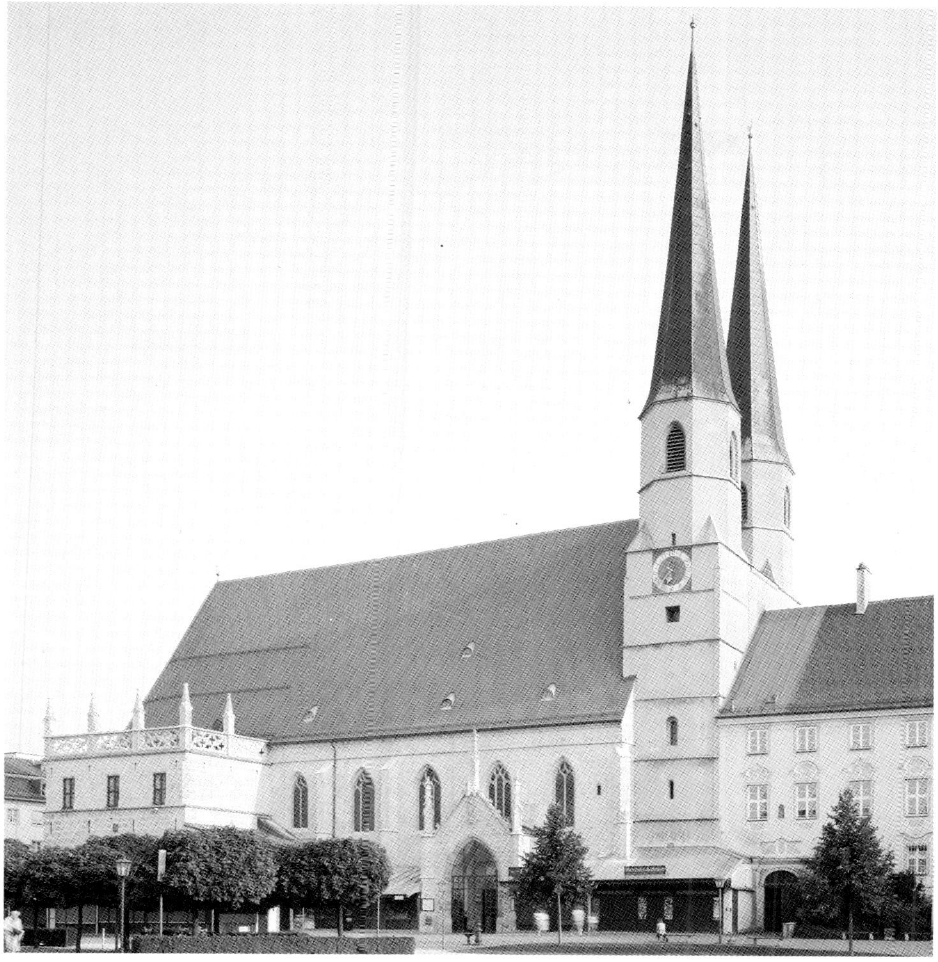

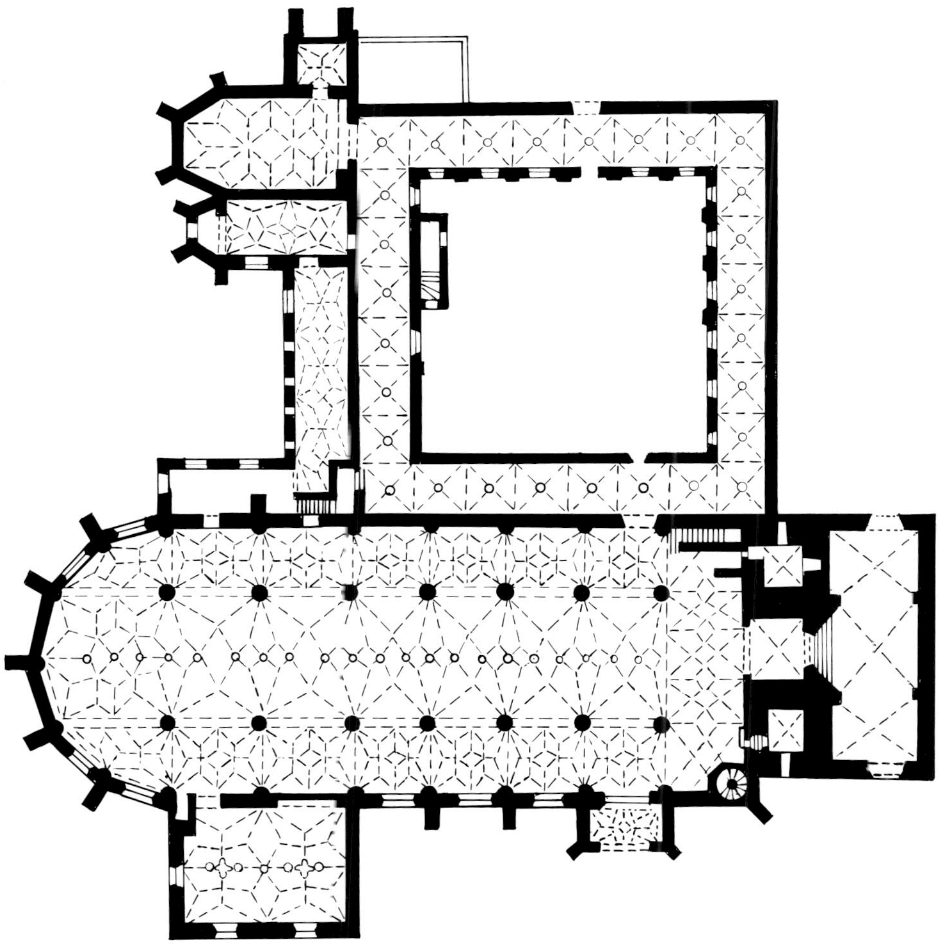

über die ausgehende Spätgotik sind darunter die zwei Meter hohen Tafelbilder mit Mirakelberichten, wie beispielsweise die Errettung nach einem Schiffsunglück auf der Isar. 1520 hat sie ein Maler der Donauschule gemalt.

Beherrscht wird der weite Kapellplatz von dem stattlichen Bau der ehemaligen Stifts- und heutigen Stadtpfarrkirche *St. Philippus und Jakobus*. 1498 wurde die 1245 geweihte dreischiffige romanische Basilika teilweise abgebrochen, weil das Gotteshaus wegen der ständig steigenden Pilgerströme vergrößert werden mußte. Erhalten blieben die unteren, viereckigen Geschoße der Türme mit der Vorhalle und der Westempore sowie die an den Kreuzgang stoßende Südmauer. 1499 wurde der Grundstein zu der dreischiffigen spätgotischen Hallenkirche gelegt, die letzte dieser Art im ostbayerischen Raum. Baumeister war Jörg Perger aus Burghausen. Er hat sich, wie das in jenen Jahren üblich war, an einer Gewölbekonsole des nördlichen Seitenschiffs selbst dargestellt. Ab 1503 wurde Perger von Meister Ulrich Häntler, ebenfalls aus Burghausen, unterstützt. Wie eine Inschrift außen an der Ostseite des Chorhauses verkündet, wurden die gesamten Baukosten aus Votivgaben der Wallfahrer bestritten. Bereits 1511 konnte Bischof Berchtold von Chiemsee (1508-1520) die Weihe vollziehen. Das Äußere der Kirche ist vollständig umbaut, die Nordseite des Langhauses durch Devotionalienläden und eine neugotische Vorhalle verdeckt; in Höhe des Chores schließt sich der um 1503 errichtete Sakristeianbau mit der Schatzkammer an, an der Südseite verstellt der Kreuzgang aus der ersten Hälfte des 15. Jahrhunderts mit seinen Kapellenbauten die freie Sicht, und im Westen blockiert ein Bautrakt aus dem 19. Jahrhundert den üblichen Zugang zu den Türmen und der Vorhalle. Die architektonische Wirkung des Bauwerks mit den bis auf wenige abgetreppte Strebepfeiler schlichten Außenwänden liegt in den schönen Maßwerksfenstern, dem gewaltigen Dach und dem im Stil der Spätgotik nach 1500 in Achteckkörpern und bleistiftspitzen Helmen erhöhten Turmpaar, das zum Wahrzeichen des Gnadenorts geworden ist.

Durch das romanische Westportal betritt man eine sieben Joche lange Halle mit einem im Vergleich zu den Seitenschiffen

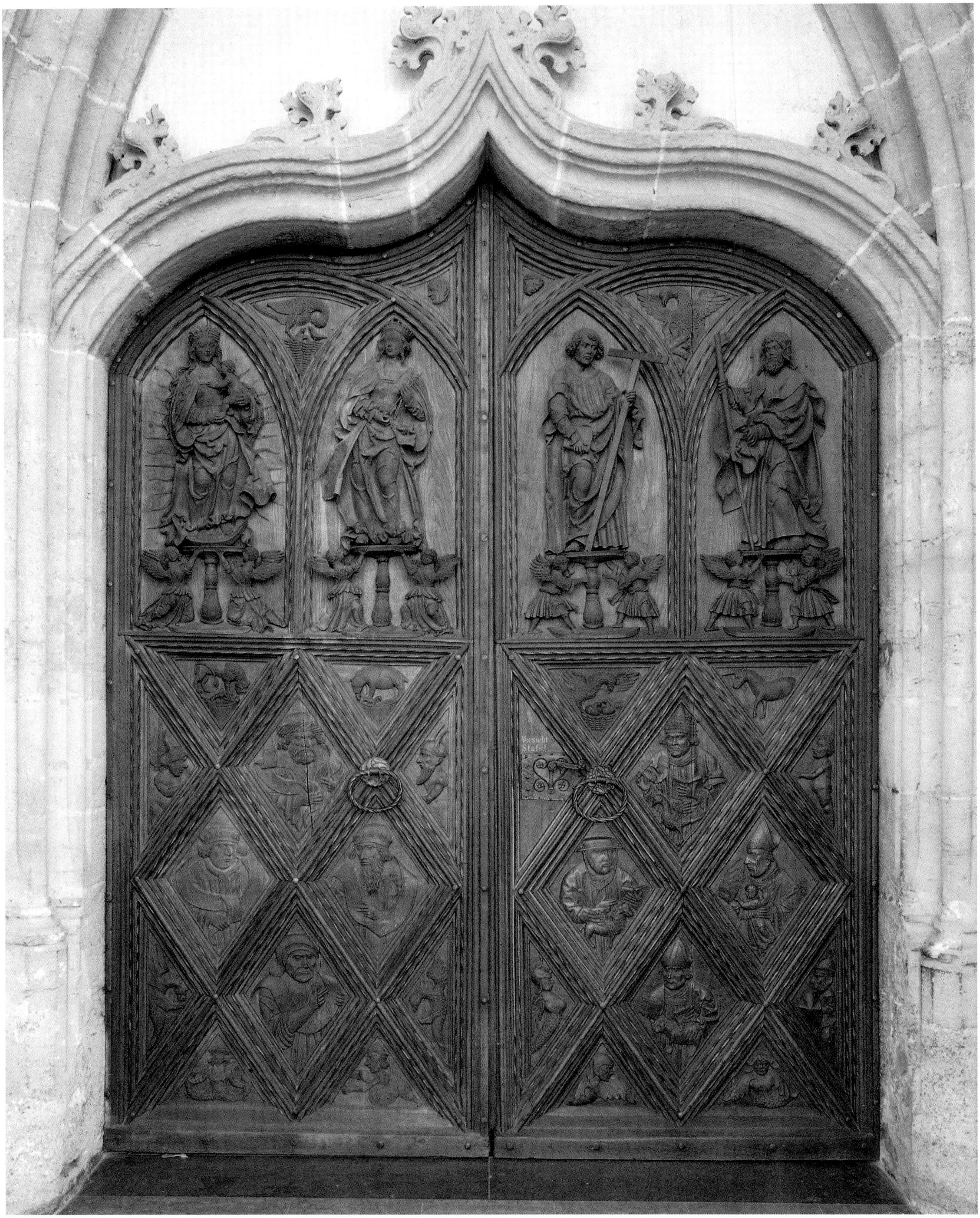
Vorsicht
Stufe!

ALTÖTTING, *Kreuzgang: Musizierende Engel, um 1486 entstandene Freskierung der Gewölbefelder*

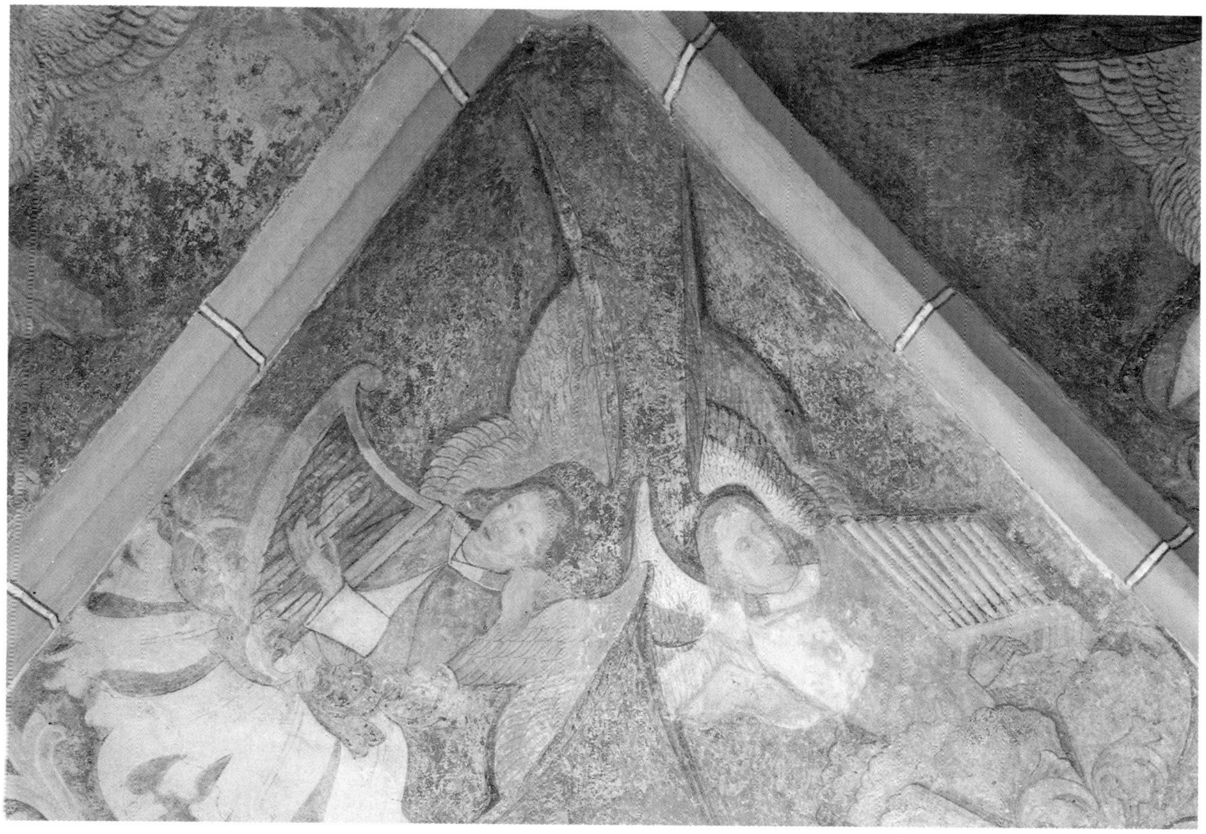

sehr breiten Mittelschiff. Schlanke, achtseitige Pfeilerpaare mit Kragsteinen und Wanddienste tragen ein schlicht figuriertes Netzrippengewölbe, das die drei Schiffe überspannt. Das Chorhaus ist vom Langhaus nicht abgetrennt. Die in das Presbyterium hineinreichende parallele Reihung der Pfeiler und der von sechs Seiten des Zwölfecks gebildete Schluß des nicht eingezogenen Chores bilden einen Umgang, der nur durch den frei aufgestellten Hochaltar begrenzt wird. Jörg Perger führte an diesem Bau die Auffassungen seines Lehrmeisters Stephan Krumenauer fort. Im ersten Joch überspannt eine Empore alle drei Schiffe, die sich in fünf Kielbogenarkaden zum Langhaus öffnet. Nach den Rechnungen des Chorherrenstifts fertigte der Burghausener Steinmetz Franz Sickinger im Jahre 1503 die Stützen für die Empore.

Eine Kostbarkeit der Stiftskirche sind die Schnitzreliefs in den Eichenholztüren des Nordportals zum Kapellplatz und der südlichen Tür zum Kreuzgang: In den spitzen Bogenfeldern der Flügel des Nordportals halten je zwei Engel die Podeste, auf denen die meisterlichen Hochrelieffiguren der Gottesmutter mit dem Kind, der hl. Ursula sowie der Kirchenpatrone St. Philippus und St. Jakobus d. Ä. stehen. In den mittleren Zwickelfeldern symbolisieren ein Pelikan und ein Phönix den Opfertod und die Auferstehung Christi. Die unteren Türhälften sind in Rautenfelder geteilt, deren mittlere links die Brustbilder von vier Propheten und rechts die der vier heiligen Kirchenväter enthalten. Die Felder über ihnen zeigen mit einem Löwen, einem säugenden Muttertier, einem Strauß und einem Einhorn symbolische Tierbilder zur jungfräulichen Mutterschaft Mariens. Die übrigen, angeschnittenen Rauten sind mit Sibyllinen und anderen phantastischen Figuren ausgefüllt. Einfacher sind die Schnitzarbeiten auf der südlichen Tür mit den Reliefs der Geburt Christi und der Anbetung der Könige. Unbekannte Künstler haben diese Werke zwischen 1513 und 1519 geschaffen. Trotz der zahlreichen spätgotischen Elemente deuten die Reliefs bereits den Übergang zur Renaissance an.

Bereits 1233 wurde der vierflüglige *Kreuzgang* urkundlich erwähnt; noch vor dem Neubau der Stiftskirche erhielt er in der ersten Hälfte des 15. Jahrhunderts sein heutiges Aussehen. Die Netzrippen des Gewölbes entspringen zum Teil aus spätromanischen Säulenkapitellen der Salzburger Schule, die als Konsolsteine verwendet wurden. In zwei Jochen des Süd-

ALTÖTTING, *ehemalige Stiftskirche St. Philippus und Jakobus: Schnitzreliefs in den Eichenholztüren des Nordportals, zwischen 1513 und 1519*

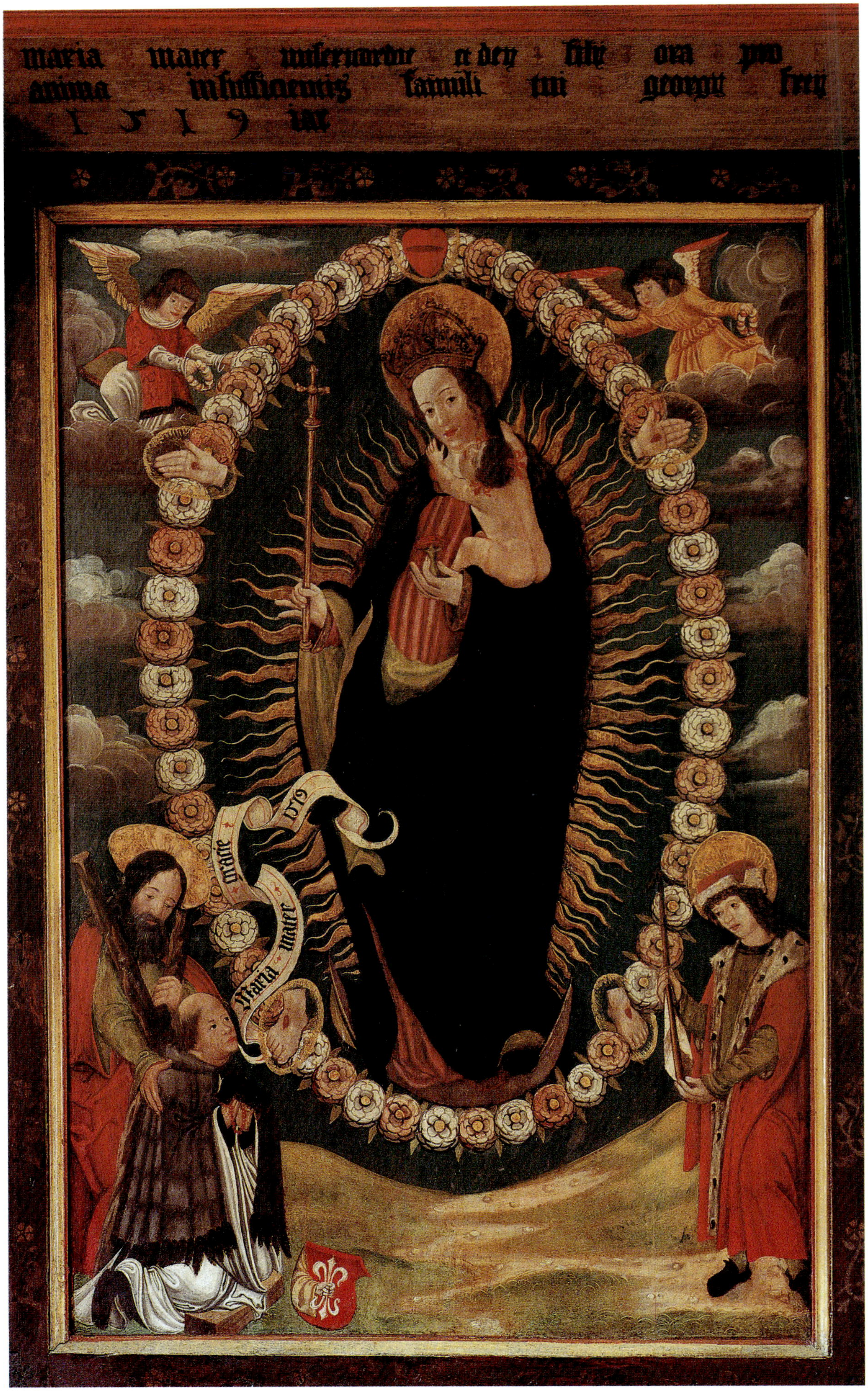

ALTÖTTING, *Siebenschmerzenkapelle: Andachtsbild, 1519*

ALTÖTTING, *Schatzkammer: das sog. »Goldenes Rössl«; französische Goldschmiedearbeit um 1400*

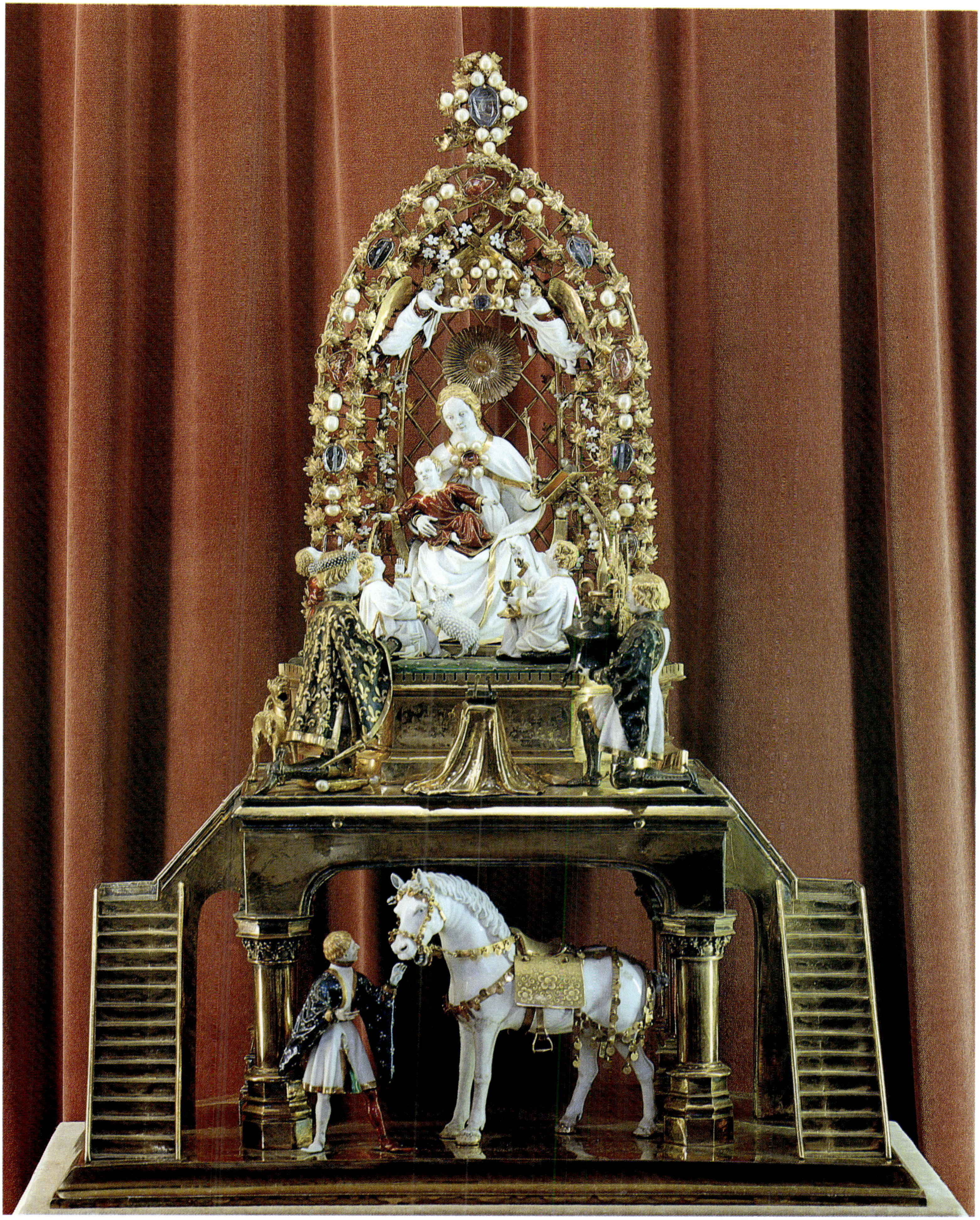

flügels konnten noch Teile des spätgotischen Freskenschmucks freigelegt werden: In den Feldern des Netzgewölbes wachsen aus Blütenkelchen Maria, die Heilig-Geist-Taube und Gottvater, Christus und fünf auf verschiedenen Instrumenten musizierende Engel. Das zweite Joch schmücken die Bilder von Maria und Joseph mit dem Kind sowie die Heiligen Drei Könige mit je einem Diener. Hier liefert die freigelegte Jahreszahl 1486 einen Hinweis auf die Entstehungszeit der Gewölbebilder.

Im Ostflügel schließt ein doppelstöckiger spätgotischer Bau an den Kreuzgang an. Sein Erdgeschoß, ein ehemaliges Beinhaus, dient heute als Paramentenkammer. Im Obergeschoß befindet sich die *Siebenschmerzenkapelle,* ein reizvoller, schmaler Raum mit schönem spätgotischen Netzrippengewölbe. Sehenswert sind die drei Andachtsbilder des ausgehenden 15. Jahrhunderts mit ihren Stiftern.

Unmittelbar neben der Siebenschmerzenkapelle erhebt sich im Winkel von Süd- und Ostflügel die frühere Peterskirche, die sogenannte *Tillykapelle,* mit ihrem von massiven Strebepfeilern gestützten spitzen Südturm. 1425 hat der Baumeister Heinrich Kemmater den ausgewogenen Bau mit drei ungleich großen Jochen errichtet. Das Netzrippengewölbe sitzt auf profilierten Kragsteinen, spätgotische Flachschnitzereien zieren die Empore. In den Fenstern befinden sich die einzigen gotischen Glasgemälde Altöttings, die nach dem Wappen Hans Ponhaymer 1426 gestiftet hat. (1642 wird die Kapelle von den Erben des Feldherrn Johann Tserclaes Tilly erworben, die darin ihre Familiengruft einrichten.)

Als Sakristei war der spätgotische Saalbau im Nordosten der Stiftskirche geplant; er wurde 1503 fertiggestellt. Um die immer kostbareren Weihegaben der Pilger sicher unterzubringen, machte man den Bau ab 1510 zur *Schatzkammer:* Schönes Schlingrippengewölbe entspringt aus einfachen Konsolsteinen. Die Hauptschnittpunkte zieren fünf bemalte Schlußsteine, auf denen die Wappen von Bayern und von Polen, eins mit einer roten Mütze, das einem Johann Mair gehörte, und eine Madonna im Strahlenkranz noch erkennbar sind. Um 1510 wurden die Felder um die gewundenen Reihungen der Rippen mit stilisierten Blumen und Früchten kunstvoll bemalt.

Die wertvollste Votivgabe in der Schatzkammer ist das »Goldene Rössl«. Bei der Säkularisation von 1803 wurde es eingezogen, kehrte aber unversehrt nach Altötting zurück. Französische Goldschmiede haben die herrliche Gold- und Emaillearbeit um 1400 geschaffen. Die Statue war ein Geschenk, das im Jahre 1404 Königin Isabeau von Frankreich, die Schwester des Ingolstädter Herzogs Ludwig VII., ihrem Gemahl König Karl VI. machte. Doch bereits 1405 kam die wertvolle Arbeit, zusammen mit anderen Kleinodien aus dem französischen Königsschatz, pfandweise in die Hand von Herzog Ludwig VII. dem Gebarteten nach Ingolstadt. Nach dessen Tod 1447 stiftete der Landshuter Herzog Heinrich der Reiche, der neue Herr in Ingolstadt, das Goldene Rössl an die Gnadenkapelle.

Neuötting und das Umland

Auf einer steilen Terrasse über dem linken Innufer liegt die Stadt NEUÖTTING. 1231 wird sie unter dem Namen »Forum novum Odingen« erstmals in den Quellen genannt. Sie gehört zu den städtischen Neugründungen der Wittelsbacher aus der ersten Hälfte des 13. Jahrhunderts und geht in ihrer Anlage als Straßenmarkt wohl noch auf Herzog Ludwig I. den Kelheimer zurück. Vom Hinterland durch einen Halsgraben getrennt, war der Markt schon Mitte des 13. Jahrhunderts durch zwei Toranlagen und einem Mauerring gesichert. In Neuötting kreuzten sich die für das Herzogtum äußerst wichtige Straße von Landshut nach Burghausen und der mittelalterliche Schiffahrtsweg auf dem Inn. Ludwig der Bayer verlieh der strategisch günstigen Höhensiedlung über dem Fluß 1321 das Stadt- und 1340 das Salzstapelrecht. Der befestigte Maut-, Stapel- und Umschlagplatz entwickelte sich zu einer Stadt mit wohlhabenden Bürgern. Ihr Wohlstand spiegelt sich in den geschlossenen Häuserzeilen, die die platzartige Ludwigstraße zwischen dem Landshuter Tor im Westen und dem Burghausener Tor im Osten säumen. Während das Landshuter Tor in den Jahren 1953/54 im Stil des Vorgängers von 1230 erneuert wurde, zeigt der mehrgeschossige Torturm des Burghausener Tors seine spätmittelalterliche Form. Vorbildlich restau-

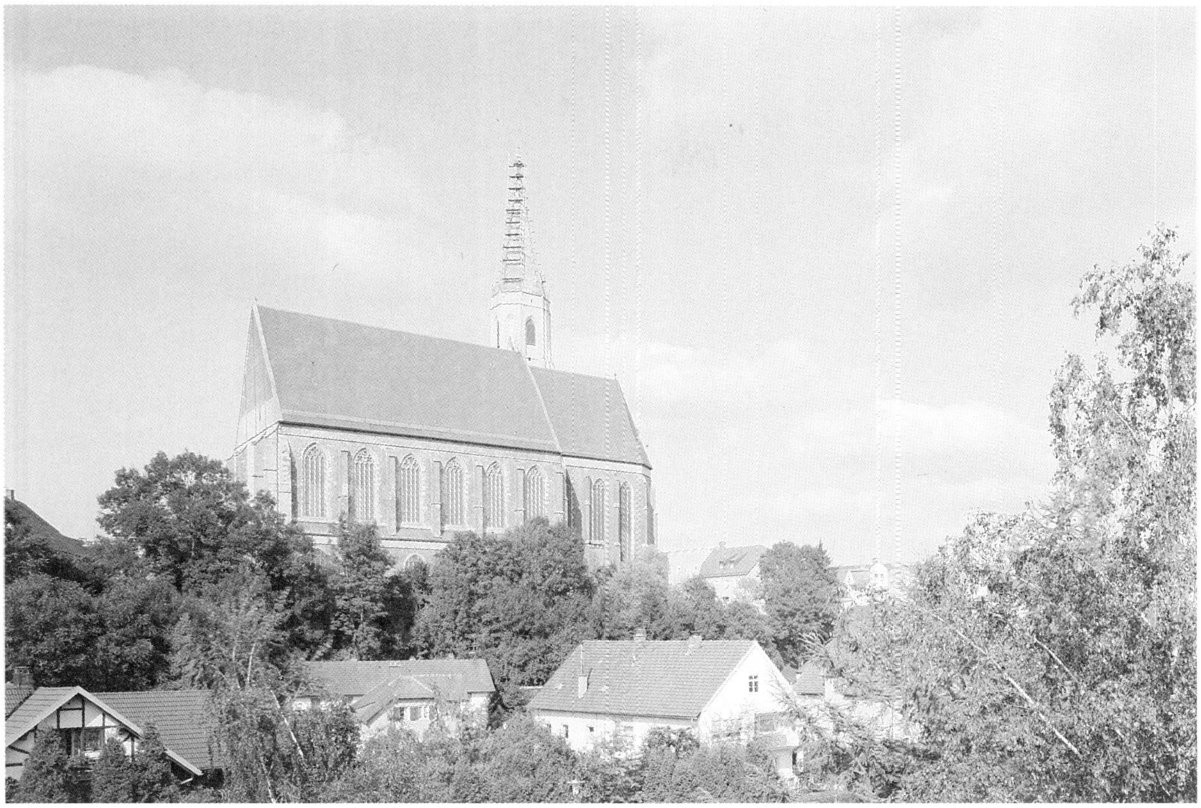

NEUÖTTING: Stadtpfarrkirche St. Nikolaus, Ansicht von Süden; 1410 unter Leitung des Hans von Burghausen begonnen, 1510 bis auf die Wölbung vollendet, 1623 endgültig fertiggestellt

riert, vermitteln das spätgotische Kreuzrippengewölbe in der Durchfahrt und der Dachreiter auf dem Krüppelwalmdach einen Eindruck von der Gestalt der Wehrbauten bayerischer Landstädte aus der Zeit um 1500.

Überragt wird die Dachlandschaft der Bürgerhäuser und öffentlichen Gebäude von der Stadtpfarrkirche *St. Nikolaus*. Der großartige Backsteinbau ist mit seiner nördlichen Front in die Platzflucht der Ludwigstraße eingegliedert. Die unterschiedliche Färbung der Ziegel, die Strebepfeiler am Chor und jene am Langhaus, die aus den Trennwänden der Seitenkapellen emporwachsen, geben dem Äußeren des Gotteshauses eine lebendige Struktur. Sie wird ergänzt durch den himmelstrebenden 78 Meter hohen Turm am Ostende des nördlichen Seitenschiffs. Machtvoll erscheint er in seinen quadratischen Untergeschossen, leicht wirkt sein achtseitiger Aufsatz, der von einem spitzen, verzierten Backsteinhelm bekrönt ist. Nach der Inschrift an der nördlichen Chorpforte wurde 1410, unter der Leitung des Meisters Hans von Burghausen, mit dem Bau begonnen. Über dem Grundriß einer Vorgängerkirche (sie wird 1335 in einem Stiftungsbrief Herzog Heinrichs XIV. erwähnt) entstanden bis 1429 die drei Joche des eingezogenen Altarraums und der Turm. Der Baufortgang dieser Bürgerkirche war ungewöhnlich: Zwischen 1430 und 1484 wurden zuerst die tiefen Seitenkapellen fertiggestellt. Jetzt führte man die rautenförmigen Pfeiler und die Langhauswände für die sechs Joche der dreischiffigen Halle auf. 1510 war das Werk bis auf die Wölbung über den Schiffen gediehen. Es dauerte noch über ein Jahrhundert, bis 1623 der Baumeister Veit Schmidt das stuckierte Gewölbe vollendet. Die heutigen Netzrippen wurden bei der Regotisierung 1878 eingefügt. Aus der spätgotischen Bauphase stammen jedoch die Rippen in den Quertonnen, die Stichkappen und die mit Steingußfiguren besetzten Konsolsteine in den Seitenkapellen. Die reich ausgestatteten Kapellen sind Stiftungen von wohlhabenden Bürgern und von Zünften der Handwerker, wie beispielsweise die Bäkkerkapelle mit den um 1430 entstandenen spätgotischen Tafelbildern.
Insgesamt erlauben die mit Ornamenten reich verzierten Wandmalereien aus dem späten 15. und frühen 16. Jahrhundert einen tiefen Einblick in die Wirtschaftskraft der Stadt in jener Zeit. Wandmalereien und Rippengewölbe schmücken auch die in die Kapellenreihe eingefügte Vorhalle am Nordportal. Aus der Spätgotik

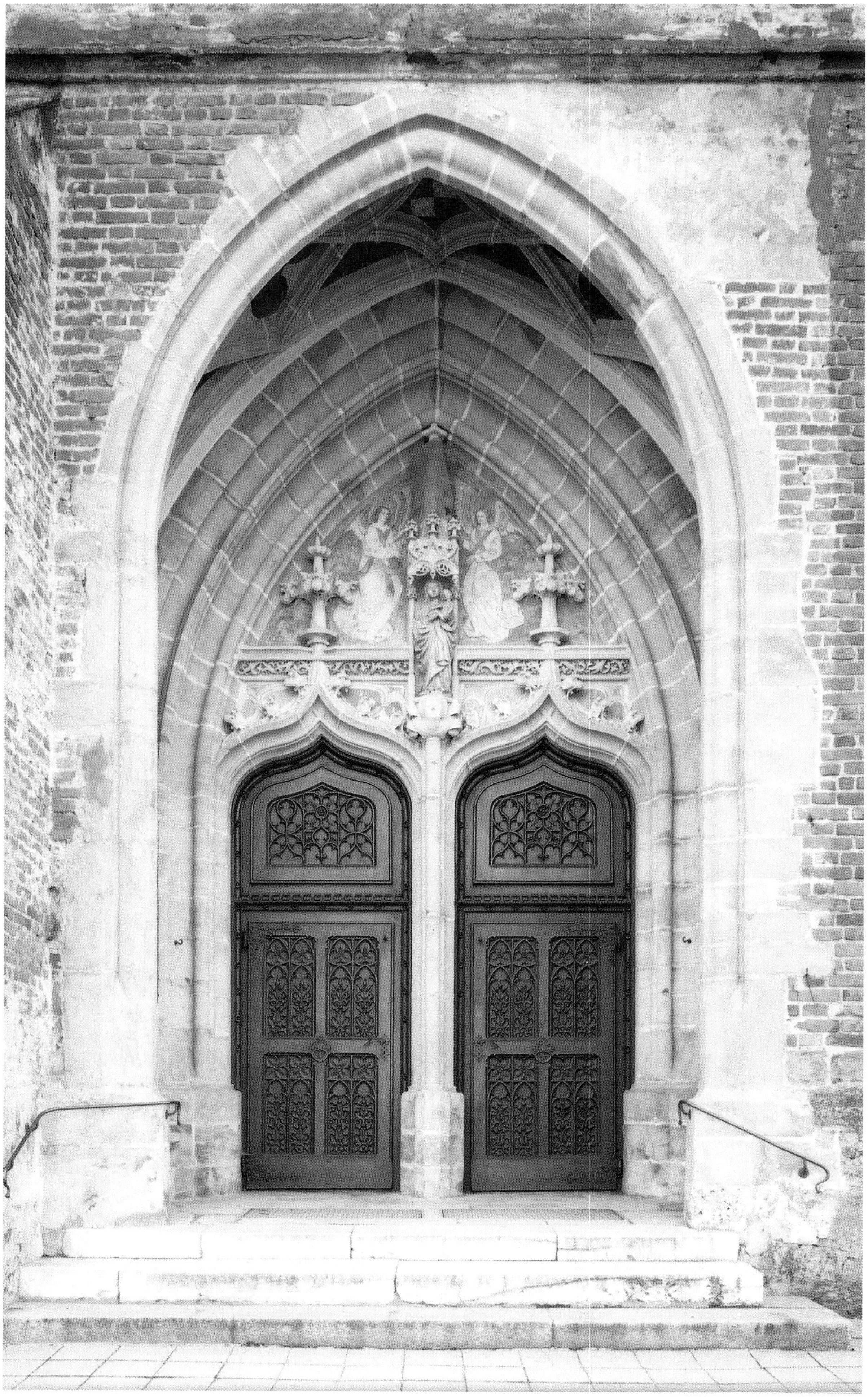

NEUÖTTING, *Stadtpfarrkirche St. Nikolaus: Nordportal*

BURGKIRCHEN AM WALD,
Kirche St. Rupertus:
Grundriß

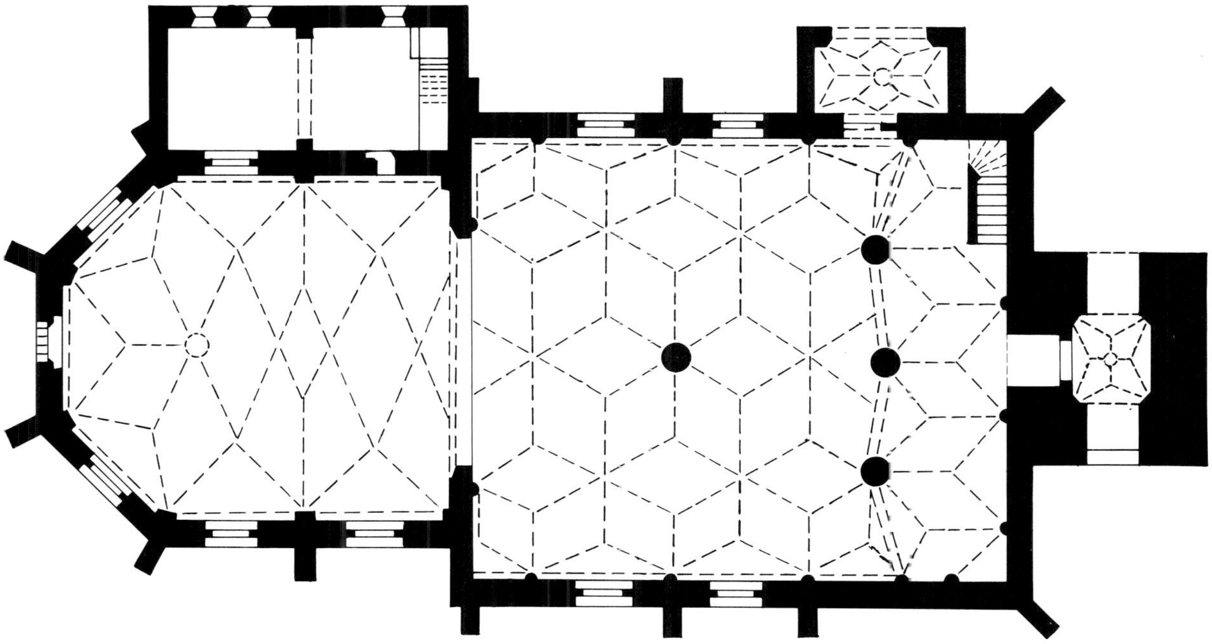

stammen die beiden gemalten Engelsfiguren im Tympanon und das bayerische Herzogswappen im Gewölbe. Die lebensgroßen Figuren der Heiligen Nikolaus und Andreas wurden erneuert.

Einfach gestaltet ist das Westportal der Kirche: Das Bogenfeld mit dem auf einem Sarg sitzenden Heiland entstand um 1500. Bei der Purifizierung des Gotteshauses im Jahre 1878 wurde die barocke Ausstattung weitgehend entfernt und die noch vorhandenen spätgotischen Schnitzfiguren und Tafelbilder in die neugotischen Altäre übernommen.

Neben der großartigen Hauptkirche von Neuötting dürfen zwei kleine, spätgotische Sakralbauten nicht übersehen werden. Teil eines Siechenhauses war die kleine Kirche *St. Anna.* Um 1500 wurde der unverputzte Backsteinbau errichtet. Einheitliches Netzgewölbe überzieht das drei Joche große Langhaus mit der Westempore und die zwei Joche des eingezogenen Altarraums. Um 1515 entstanden die Glasmalereien in vier Fenstern des Kirchleins. Aus dem frühen 16. Jahrhundert stammt auch das Holzrelief der Hl. Sippe im Hochaltar. Es wird dem Meister der Schnitzwerke am Nordportal der Kirche St. Philipp und Jakobus in Altötting zugeschrieben.

Vor dem Landshuter Tor, am Alten Stadtberg, steht die ehemalige *Spitalkirche Heilig-Geist.* Ihr ältester Bauteil ist die 1423 als Stiftung errichtete südliche Seitenkapelle. Sie hat ihre ursprüngliche Raumfassung bewahrt. In der Kapelle steht der Rotmarmorepitaph des Stifters Wilhelm von Fraunhofen, dem damaligen Herren im nahen Winhöring. Das Grabmal wurde um 1425 geschaffen. Die heutige Kirche mit dem Nordturm wurde erst um 1500 angebaut. Ursprünglich flach gedeckt, erhielt das Langhaus 1591 ein Netzgewölbe. Wie die Kirche St. Anna besitzt das Gotteshaus gute Glasmalereien. Degenhart Pfeffinger hat sie um 1515 nach Entwürfen aus der Werkstatt des Landshuters Hans Wertinger gefertigt.

Glaube und Frömmigkeit der Bewohner im Land zwischen Inn und Salzach äußern sich in den Gotteshäusern der späten Gotik, die unter Führung der Baumeister und Künstler aus Braunau, Burghausen und Landshut in den Dörfern und Hofmarken entstanden sind. Um 1470 wurde der von Strebepfeilern gegliederte Tuffquaderbau der Kirche *St. Nikolaus* in HOHENWARTH (Gemeinde Mehring) fertiggestellt. Ein wenig eingezogenes Chorhaus schließt an das dreijochige Langhaus. Durch die Vorhalle unter dem kleinen Westturm und das Portal mit seinen spätgotischen Beschlägen fällt der Blick auf das Kleinod der Landkirche – den Hohenwarther Altar. Der um 1510 entstandene Flügelaltar zeigt im Schrein die Gottesmutter mit Kind, begleitet von den Heiligen Nikolaus und Georg. Die Flachreliefs auf den Flügeln sind Szenen aus dem Marienleben gewidmet. Eine Beweinung Christi, die hl. Barbara, die hl. Katharina, das herzogliche Wappen und das der Pienzenauer schmücken die Predella. Im 19. Jahrhundert kam der Altar in die Ni-

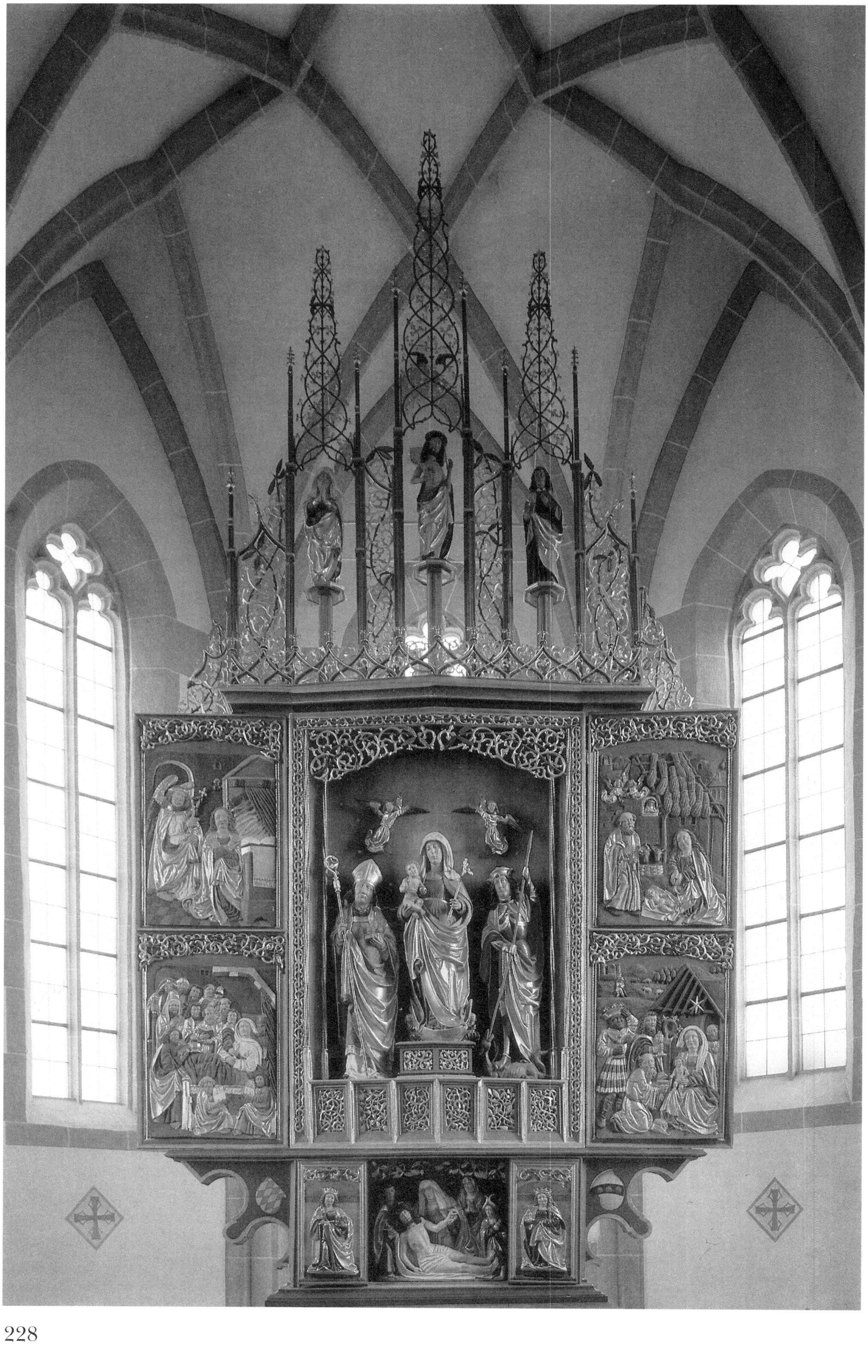

kolauskirche. Wegen seiner Größe und wegen der beiden Wappen wird er heute als der verschollene spätgotische Altar aus der Stadtpfarrkirche St. Jakob in Burghausen angesehen. Der Stifter des Werkes war dann der Passauer Domherr Warmund von Pienzenau, um 1500 Pfarrer in Burghausen.

In beherrschender Lage erhebt sich auf einem Bergrücken der unverputzte Tuffquaderbau der Kirche *St. Rupertus* in BURGKIRCHEN AM WALD (Markt Tüssling). Die im zweiten Viertel des 15. Jahrhunderts fertiggestellte Kirche ist eines der am besten erhaltenen Beispiele für die Gotteshäuser, die nach dem Vorbild der Spitalkirche in Braunau erbaut wurden. Charakteristisch ist das nahezu quadratische Langhaus mit den drei, die Ecken eines gleichseitigen Dreiecks bildenden Pfeilern: Die beiden entlang der Grundlinie, parallel zur Westwand, tragen die Empore; der Pfeiler an der Spitze steht in der Raummitte und trägt das gut figurierte Netzgewölbe. Dieser höchste Pfeiler ist auch Spitze eines zweiten gleichseitigen Dreiecks, dessen Grundlinie der Chorbogen darstellt; nur leicht eingezogen schließt sich hier der zweijochige Altarraum mit seiner nun barocken Ausstattung an.

Zahlreiche spätgotische Gotteshäuser säumen die Hochufer des Inn. Die mit Satteldächern und Treppengiebeln gedeckten Türme sind von weitem in der Landschaft sichtbar. An den Unterbau eines romanischen Westturms wurde um 1450 der Backsteinbau der Kirche *St. Peter und Paul* in WINHÖRING gebaut. Der Plan für die dreischiffige Staffelhalle mit dem dreijochigen Langhaus und dem kurzen, eingezogenen Altarraum stammt wohl von Jörg Perger, dem Baumeister der Stiftskirche in Altötting. Eine reiche gotische Raumfassung mit einheitlichem Netzrippengewölbe überzieht den ganzen Kirchenraum. Typisch für den Meister ist das im Vergleich zu den Seitenschiffen sehr breit angelegte Mittelschiff. Eigenwillig wirken die gotischen Maßwerksfelder in den Gewölbekappen der Seitenschiffe. Schlicht ist das Äußere des Gotteshauses. Durch das sehr hohe und großflächige Dach sowie den massigen Turm mit seinen spitzbogigen Klangarkaden vermittelt der Bau das Gefühl von Schutz und Geborgenheit. – Im 15. Jahrhundert wurde auch die einfache, netzgewölbte *Friedhofskapelle* neben der Kirche gebaut: Geschützt von der Friedhofsmauer bilden Kirche, Kapelle und der etwas versteckte Pfarrhof ein sehenswertes, in sich geschlossenes Ensemble.

Nur wenige Kilometer innabwärts steht in PERACH die Kirche *Mariä Himmelfahrt*. Im 13. Jahrhundert erstmals erbaut, erlebte sie um 1500 einen spätgotischen Umbau. Die fünf Joche des Langhauses und der nicht abgesetzte, dreiseitig geschlossene Chor wurden mit Netzgewölbe überzogen. Die im ausgehenden 14. Jahrhundert an die Langhauswände gemalten Fresken mit der Darstellung des Lebens und Leidens Christi blieben erhalten. Dem Meister der Altöttinger Türflügel wird das um 1525 geschaffene Kruzifix zugeschrieben. – Von ihm soll auch die um 1525 geschaffene Kreuzigungsgruppe im Chorbogen der Kirche *St. Andreas* in NIEDERPERACH (Gemeinde Perach) stammen. Nach einer Inschrift wurde das einschiffige Gotteshaus mit dem fünfgeschossigen, gestaffelten Westturm 1461 vollendet. Schönes Netzgewölbe überzieht das dreijochige Langhaus und den nicht eingezogenen Altarraum, der im Kern bereits aus dem 12. Jahrhundert stammt.

Im Dreieck des Zusammensflusses von Inn und Salzach liegen am Rande einer ruhigen Auenlandschaft die beiden Orte Haiming und Niedergottsau mit ihren spätgotischen Kirchen. Im Jahre 1485 erbaute Hans Pranthueber die Kirche *St. Stephanus* in HAIMING. Kein Geringerer als Hans Wechselberger versah die zwei Joche des eingezogenen Altrarraums und das dreijochige Langhaus mit dem Netzgewölbe aus Rautensternen. Gemalte Rankenwirbel umgeben die Rippenschnittpunkte im Altarraum, Ranken mit Blüten zieren die des Langhauses. In die vier Rautenfelder des Netzgewölbes im Chor sind Medaillons mit den Symbolen der Evangelisten gemalt. Das Fresko des hl. Stephanus innen über dem Portal und das 1492 bezeichnete Medaillon mit dem segnenden Christus rechts daneben deuten an, wann die Malereien entstanden sind. Die Eigentümer des Gotteshauses sind den beiden Wappen am Chorbogen zu entnehmen: Das südliche mit dem

HOHENWARTH, Kirche St. Nikolaus: Spätgotischer Flügelaltar, 1510, vermutlich aus der Stadtpfarrkirche St. Jakob in Burghausen

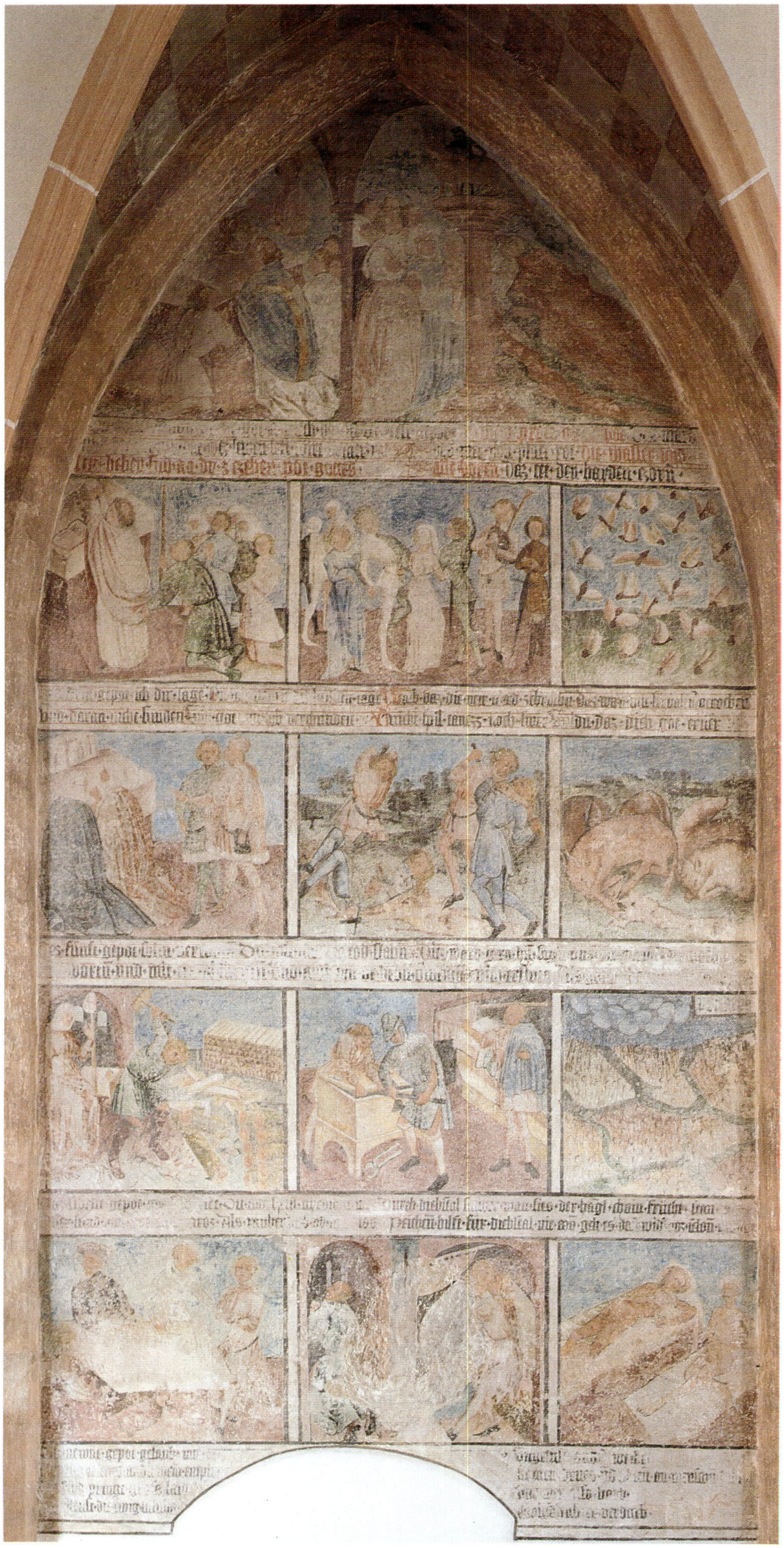

NONNBERG, *Kirche Mariä Himmelfahrt: Fresken mit bildhafter Darstellung der Zehn Gebote (Wandfeld mit den ungerade gezählten Geboten), 2. Hälfte 15. Jahrhundert*

Hund gehörte dem Geschlecht der Ritter von Tobelhamer, die von 1403 bis 1500 Grundherren von Haiming waren; jenes mit dem aufsteigenden Löwen auf dem nördlichen Bogen steht für das Geschlecht der Ritter von Pürching, die Haiming von 1500 bis 1602 besaßen. Nach den zahlreichen Grabsteinen war das Gotteshaus Grablege für beide Geschlechter. Gute spätgotische Handwerksarbeit sind die Beschläge, das Schloß und der Griff am Südportal des Gotteshauses. 1727 erhielt der Westturm das barocke Obergeschoß und die Kuppelhaube.

Reicheren Freskenschmuck als Haiming zeigt die Kirche *St. Mariä Himmelfahrt* in NIEDERGOTTSAU (Gemeinde Haiming). Schon früh entstand eine Wallfahrt zu der Kirche. In der zweiten Hälfte des 15. Jahrhunderts wurde das spätgotische Gotteshaus mit dem zwei Joche langen, eingezogenen Chor und den drei Jochen des Langhauses gebaut. An seinem Westende erhebt sich eine Empore über spätgotischen, achteckigen Pfeilern. Im 18. Jahrhundert erweiterte man die einschiffige Kirche um das nördliche Seitenschiff mit der Empore und baute die Empore über der Sakristei ein. Das Ziel der Wallfahrer, das Gnadenbild Unserer Lieben Frau von Niedergottsau, ist die 1480 entstandene schöne Schnitzfigur einer Madonna im Hochaltar. Der kunstgeschichtlich wertvollste Teil der alten Wallfahrtsstätte aber sind die über dreißig freigelegten Freskenbilder: In den Gewölbefeldern des Altarraums sind, umgeben von rotblauem gotischem Fischblasenmaßwerk, in Medaillons die vier Evangelisten, die vier Kirchenväter, die Gottesmutter sowie, als schönstes Bild, ihre Eltern Joachim und Anna dargestellt; ein breiter Maßwerkfries unterhalb der Chorfenster schließt den Reigen der im Wechsel um die Fensterleibungen gemalten Heiligen und Apostel ab. Von den paarweise zugeordneten Heiligen sind leider nicht mehr alle erkennbar. Ihre Reihe beginnt mit dem hl. Sebastian und St. Andreas; ihnen folgen der hl. Florian und ein männliches Gegenüber mit einem Sack als Attribut, der hl. Nikolaus und St. Petrus, der hl. Bischof Benno und St. Paulus, die hl. Katharina und St. Bartholomäus sowie der hl. Leonhard; sein Gegenüber kann ebenfalls nicht mehr gedeutet werden. Spätgotische Wandgemälde – Tempelgang Mariens, Mariä Heimsuchung, Mariä Vermählung und Motive aus der Weihnachtsgeschichte – bedecken die südlichen und nördlichen Seitenwände des Presbyteriums. Bedauerlicherweise verdeckt der nördliche Seitenaltar das Wandgemälde der Anna Selbdritt an der Chorbogenwand. Nach Meinung der Kunstgeschichte stammen die Malereien von wandernden Künstlern aus Böhmen, die dem Werkkreis des Meisters von Hohenfurth in Südböhmen nahestanden.

Um 1400 wurde der netzgewölbte Bau der Kirche *Mariä Himmelfahrt* in NONNBERG (Gemeinde Pleiskirchen) nördlich des Inn begonnen. Für 1427 ist die Weihe des einschiffigen Gotteshauses mit drei Jochen im Langhaus und zwei weiteren im Altarraum überliefert. Der Turm ist mit Satteldach und Treppengiebel gedeckt. Gotische Schlösser, Beschläge und Griffe schmücken die Portaltüren. Ein seltenes Thema enthalten die Wandbilder, die die Wände des Altarraums bedecken; sie lesen sich zum Teil wie ein Gesetzbuch: Die beiden ersten Bogenfelder im Norden bedecken zwei große Fresken mit den Zehn Geboten. Der Gläubige wird dabei eindringlich auf die Verbote und die bei Übertretungen zu erwartenden Strafen hingewiesen: Das erste Bild zeigt die geraden, das zweite die ungerade gezählten Gebote. Leider unterbricht ein in späterer Zeit in das zweite Bogenfeld eingebautes Fenster den Zyklus; dennoch läßt das Erhaltene die belehrende Absicht des Künstlers deutlich werden. Die Ge- und Verbote werden an Hand von leicht verständlichen Begebenheiten aus dem Alltag der Menschen dargestellt, wobei ein eindrucksvoller, derber Realismus manche Szenen bestimmt. Drastische Beispiele sind beim fünften Gebot die sich erschlagenden Menschen oder das Aufbrechen einer Truhe zur Veranschaulichung des siebten Gebots. Das dritte Bogenfeld des Chorraums ist der Himmelfahrt Mariens gewidmet. Der Kreis der großfigurig gemalten Apostel ist bogenförmig heruntergezogen, so daß in ihrer Mitte ein Wandfeld freibleibt. Vielleicht war hier eine Schnitzfigur der Himmelskönigin angebracht. In einer Wandzone darunter folgen zur Linken kirchliche Würdenträger und zur Rechten die Vertreter der weltlichen Gewalt. Die Fortsetzung der Malereien, die Anfangs der zweiten Hälfte des 15. Jahrhunderts zu datieren sind, bilden Szenen mit den Verdammten im Fegefeuer. Einige Seelen werden von Engeln erfaßt, andere werden von zwei grünen Teufeln unterhalb des Feuers aufgefangen. Zur Rechten steht der Erzengel Michael mit der Seelenwaage und viele Engel, die gute Seelen an den Händen führen. Leider ist dieses Jüngste Gericht nur als Fragment erhalten.

Zwischen Haag und Mühldorf

Inmitten des spätmittelalterlichen Herzogtums Niederbayern lagen die beiden Enklaven Haag und Mühldorf am Inn.
Im Jahre 1245 ging die Freie Herrschaft zu HAAG an das Geschlecht der Fraunberger über. Sie übernahmen das Wappen der ausgestorbenen Gurren – das aufsteigende weiße Pferd im roten Schild, ein Wappen, das im gotischen Altbayern häufig in Kirchenfenstern, auf Epitaphien oder in Großformat an der Burg Prunn im Altmühltal und in Fragmenten am Bergfried der Haager Burg zu finden ist. 1246 verlieh Kaiser Friedrich II. dem Freiherrn Siegfried von Fraunberg zu Haag für die Herrschaft Haag die hohe Gerichtsbarkeit. Es war ein Recht, das de facto die reichsunmittelbare Landesherrschaft bedeutete. Knapp zwei Jahrhunderte später, 1434, wurde das 300 Quadratkilometer große Territorium rund um die Stammburg Haag dann als unmittelbares Reichslehen bestätigt. Obwohl die Fraunberger zu Haag nun selbst Reichsfürsten waren, blieben sie den bayerischen Herzögen verbunden. So war um 1500 Reichsfreiherr Sigmund von Fraunberg zu Haag Hofmarschall bei Herzog Georg dem Reichen. Erst während des Landshuter Erbfolgekriegs lösten die Fraunberger auf Betreiben von König Maximilian I. die engen Bindungen zum Herzogtum Bayern. Vielleicht war es königliche Dankbarkeit, daß sie 1509 in den Reichsgrafenstand erhoben wurden.
Aufsehen erregten die Grafen von Fraunberg gegen Ende des späten Mittelalters: Ihr letzter Sproß, Graf Ladislaus, heiratete 1541 die evangelische Prinzessin Maria Salome von Baden und nahm für sich und sein Land den reformierten Glauben an. Bis um 1567 war die Reichsgrafschaft Haag – neben der Reichsgrafschaft Ortenburg bei Passau – die zweite protestantische Insel im Herzogtum Bayern. Als Graf Ladislaus 1566 starb, fiel sein Territorium an das Herzogtum Bayern. Es wurde von Herzog Albrecht V. umgehend rekatholisiert. Heute sind von der stolzen Stammburg der Fraunberger in Haag in Oberbayern nur Reste erhalten: Nach dem ab 1804 eingeleiteten Abbruch der ausgedehnten Anlage blieb außer dem kleinen einstigen Torturm aus dem 15. Jahrhundert nur der mächtige Bergfried erhalten, der noch heute den Markt und die Landschaft beherrscht. Auf einen romanischen Unterbau wurden gegen Ende des 15. Jahrhunderts die spätgotischen Obergeschosse, das Zeltdach und die vier Ertürmchen aufgesetzt. Der am Fuße der Burg entstandene Markt Haag erhielt 1324 von Ludwig dem Bayern das Marktrecht zuerkannt.

Zum Erzstift Salzburg gehörte seit dem 8. Jahrhundert die zweite Enklave dieses Gebiets, die Stadt MÜHLDORF. Bedeutung erlangte die alte Siedlung ab 1190, als Kaiser Heinrich VI. dem regierenden Erzbischof Adalbert III. von Salzburg (1183-1200) das Recht gewährte, »in burgo suo Muldorf« einen Stapelplatz für Salz einzurichten. In der Urkunde wurde festgeschrieben, daß, wer Salz kaufen will, es auch dort abholen muß, und ab 1251 war Mühldorf Sitz eines Salzburger Viztums.
Mit Beginn der gotischen Zeit stieg das gesellschaftliche Ansehen des Handelsplatzes am Innübergang. Der prunkliebende Erzbischof Philipp von Kärnten (1247-1256), mehr Ritter als Geistlicher, und sein Nachfolger Ulrich von Seckau (1256-1265) machten die Stadt ab 1256 immer wieder zum Schauplatz prächtiger Turniere. Die salzburgische Landeshoheit war jedoch rechtlich unklar – bis ins 18. Jahrhundert wurde sie von den bayerischen Herzögen bestritten. Im Spätmittelalter war die Stadt deshalb immer wieder Schauplatz kriegerischer Auseinandersetzungen zwischen den bayerischen Herzögen und den Erzbischöfen von Salzburg. Bereits 1285, als

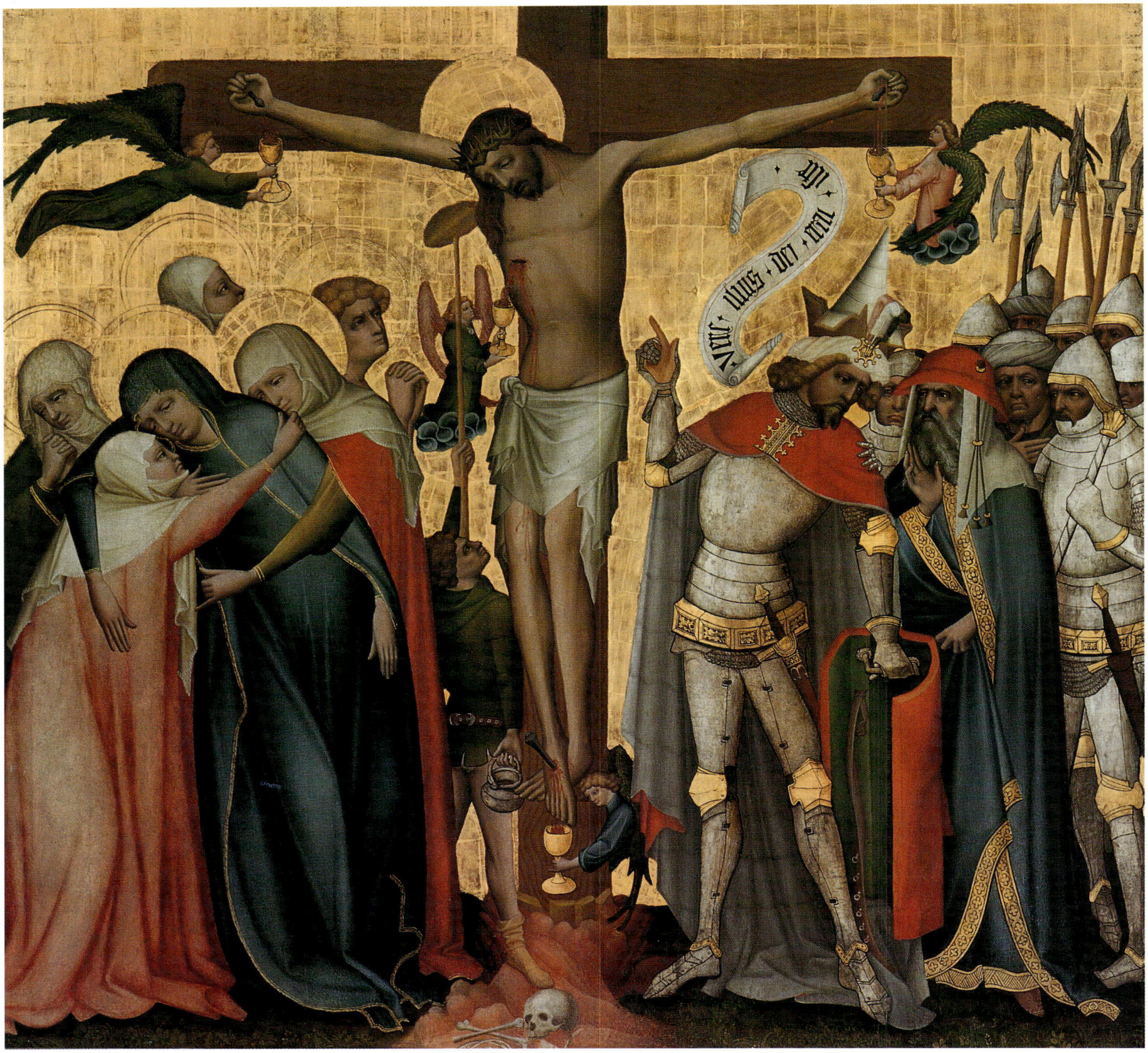

ALTMÜHLDORF, *Kirche St. Lorenz: Tafelbild im Choraltar, zwischen 1410 und 1420, sog. »Altmühldorfer Kreuzigung«, Salzburger Werkstatt*

Mühldorf durch ein verheerendes Feuer eingeäschert wurde, wollte Herzog Heinrich XIII. von Niederbayern das Unglück zur Eroberung nutzen: Er ließ die Ruinen von seinen Truppen besetzen. Die Bürger mußten ihm den Huldigungseid schwören und Ersatz für entgangene Steuern leisten. Heinrichs Erfolg währte aber nur kurz: Ein Schiedspruch, den König Rudolph von Habsburg fällte, zwang ihn 1286, die Stadt an das Erzstift zurückzugeben. Die Bürger Mühldorfs wollten auch gar nicht bayerisch werden: Immer standen sie loyal an der Seite ihrer geistlichen Fürsten, sie unterstützten die Österreicher in der letzten Ritterschlacht, die 1322 zwischen Ludwig dem Bayern und dem Habsburger Friedrich dem Schönen unterhalb der abgegangenen Burg Dornberg bei Erharting ausgetragen wurde; erfolgreich überstanden sie die Belagerung der Stadt durch Herzog Stephan II. im Jahre 1352; und auch 1389 im Kampf der bayerischen Herzöge gegen den mit dem schwäbischen Städtebund paktierenden Erzbischof Pilgrim von Salzburg wurde Mühldorf nicht erobert. Uneingeschränkt regieren konnten die Fürsterzbischöfe je-

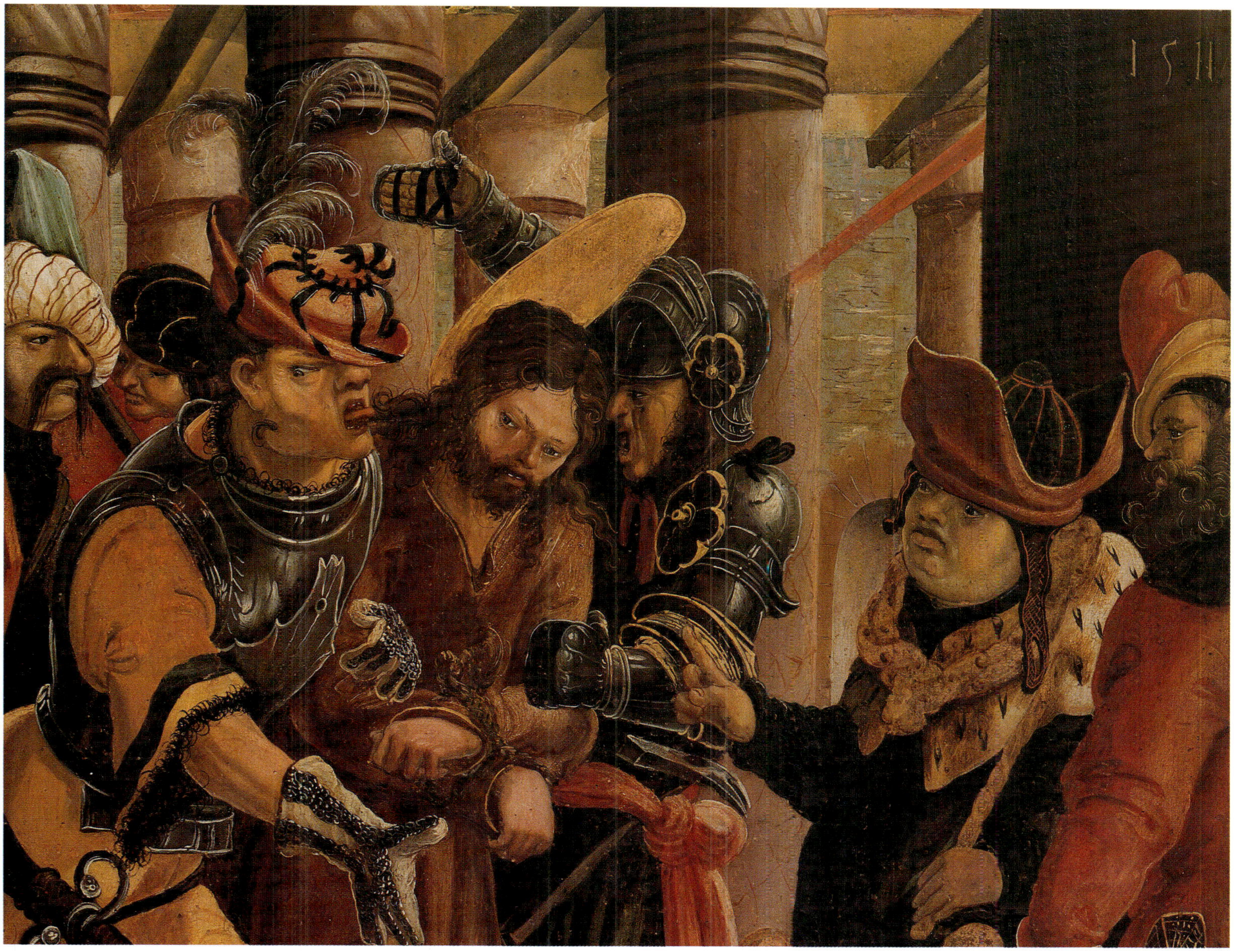

ALTMÜHLDORF, Kirche St. Lorenz: Geißelung Christi, Tafelbild um 1511, der »Donauschule« angehörend

doch nur in der Stadt selbst. Das landesherrliche Recht der bayrischen Herzöge konnte die Mauern und Tore der Stadt nicht überwinden, es wurde aber im unbefestigten Land um Mühldorf angewandt, und das auch dort, wo das Erzstift Salzburg Grundherr war. 1442 kam es zu einem ersten Ausgleich: Gegen die Abtretung eines salzburgischen Gebiets bei Tittmoning an Bayern erhielt das Erzstift das Recht der hohen Gerichtsbarkeit in Mühldorf.

Der Handelsplatz am Inn hat schon im 13. Jahrhundert seine heutige Gestalt erhalten. Der breite Stadtplatz, der sich in einem weiten Bogen durch die ganze Stadt zieht, wurde bereits damals den Bedürfnissen eines steigenden Marktverkehrs angepaßt. Noch heute schließen ihn die zwei, im Kern mittelalterlichen Tortürme ab. Verheerende Stadtbrände haben die Häuser immer wieder vernichtet. Der spätmittelalterliche Charakter der Innstadt hat sich aber in der Geschlossenheit der Häuserfronten, die den Stadtplatz wie die Wände eines Saales umstehen, in den schönen Laubengängen und den schmalen abgehenden Gassen erhalten. Gotische Bausubstanz ist noch vielfach in den Häusern vorhanden. Mit den Erkern und den sogenannten Stuhlfenstern besitzt das erzbischöfliche Mühldorf eine interessante Eigenheit gegenüber den benachbarten herzoglichen Städten: Der Anbau von Erkern war nämlich nach den Bestimmungen der gotischen Landshuter Bauordnung im Herzogtum Niederbayern verboten.

Von Bränden blieb auch die abseits des Marktplatzes gelegene Pfarrkiche *St. Niko-*

laus nicht verschont. Der älteste Bauteil, der Westturm, entstand um 1290: Nach dem Brand von 1285 wurde die Kirche trotz der aufkommenden Gotik noch im spätromanischen Stil neu erbaut. Das Gotteshaus erhielt um 1440 den spätgotischen Chor. Der Einsturz des Langhauses führte ab 1769 zu dem barocken Bauwerk von heute. Wie verhaftet die Bevölkerung mit den alten Stilelementen war, läßt sich an der aus der Romanik bekannten Bauzier der *St. Johanniskapelle* neben der Pfarrkirche ablesen. Von 1371 bis 1382 wurde der doppelstöckige Rundbau als Beinhaus und Michaelskapelle mit Stiftungen der Kürschnerzeche erbaut. Nach einer Inschrift an der Südseite wurde 1450 – ebenfalls zweigeschossig – der zweijochige spätgotische Chor angesetzt und dem hl. Johannes dem Täufer, dem Patron der Kürschnerzunft, geweiht.
Die Kirche *St. Lorenz* von ALTMÜHLDORF (Stadt Mühldorf am Inn) wurde 1518 als dreischiffige spätgotische Hallenkirche vollendet. Zu Beginn des 18. Jahrhunderts stürzte der Turm ein und beschädigte den Altarraum. Mitte des Jahrhunderts waren die Schäden ausgebessert und ein neuer Chor erbaut. Seit 1965 steht das bedeutende, als Altmühldorfer Kreuzigung in die Kunstgeschichte eingegangene Tafelbild wieder im Choraltar: Entstanden ist dieses Zeugnis für eine neue Auffassung in der gotischen Tafelmalerei zwischen 1410 und 1420 wohl in einer Salzburger Werkstatt. Der unbekannte Künstler stellte auf dem Bild nicht nur ein Ereignis, die Kreuzigung Christi, dar; die sorgfältig in der Bildebene gruppierten Figuren erzählen die Geschichte von Golgatha: Klar trennt das Kreuz mit seinem schweren Balken die Gruppe der sich in Trauer umarmenden klagenden Frauen von den lanzenbewehrten Soldaten und dem Hohenpriester. Keine Gruppe nimmt die andere wahr und doch verbindet sie das monumentale Kreuz mit dem sterbenden Christus: »VERE [F]ILIUS DEI ERAT ISTE« (wahrhaftig, dieser war Gottes Sohn) sind die bekennenden Worte des Hauptmanns. Die von italienischer und böhmischer Malweise beeinflußte Stilauffassung, die Dartellung der Personen und ihrer Kostüme wurden prägend für die frühe Epoche der späten Gotik. Die Tafelbilder mit Szenen der Passion, die die Seitenaltäre schmücken, hat um 1511 ein unbekannter Meister der Donauschule geschaffen.
Im Jahre 1269 gründete der Landshuter Herzog Heinrich XIII. bei Wolfsberg an der Rott einen »neuen Markt«. NEUMARKT-ST. VEIT, wie die Stadt heute heißt, entwickelte sich, als Gegengewicht zum nahen salzburgischen Mühldorf, zum herzoglichen Herrschafts- und Gerichtszentrum im oberen Rottal und zum Marktort für das auf dem Vitusberg gelegene Benediktinerkloster St. Veit. Die Stadt ist eine typische wittelsbachische Gründung, planmäßig angelegt mit einem von zwei Toren abgeschlossenen Straßenmarkt und einer abseits gelegenen Pfarrkirche. Die Herzöge Stephan III. und Friedrich verliehen der Stadt 1380 weitgehende Freiheiten, und unter Herzog Ludwig dem Reichen, der die Rechte 1470 bestätigte, wurde Neumarkt zu einem wirtschaftlich gesunden Handelsplatz im Herzogtum Niederbayern.
In der zweiten Hälfte des 15. Jahrhunderts wurde die Kirche *St. Johannes Baptist* erbaut. Die fünfjochige Wandpfeilerkirche mit stark eingezogenem Altarraum besticht, trotz neugotischer Veränderungen, durch die hohen Seitenkapellen zwischen den tiefen Wandpfeilern und durch ihr reiches Netzrippengewölbe. Der in die Westwand des Kirchenschiffs einbezogene Turm öffnet sich mit einer Empore gegen das Langhaus.
Die größte gotische Kirche der Region ist die ehemalige Benediktinerklosterkirche und heutige Pfarrkirche *St. Veit*. Ende des 12. Jahrhunderts wurde das Kloster von Elsenbach auf den Vitusberg über der Rott verlegt. Gegen Mitte des 15. Jahrhunderts wurden die zweischiffige Kirche, der südlich angrenzende Kreuzgang und die Klosterbauten im spätgotischen Stil errichtet. Blitzschläge äscherten das Kloster im 17. und 18. Jahrhundert zweimal völlig ein. Von der einstigen gotischen Pracht zeugen deshalb nur noch Reste, wie das aus Kopfkonsolen wachsende Gewölbe unter der Westempore der Kirche oder die mit Netzgewölbe überzogene Taufkapelle im Untergeschoß des Westturms.
Zum Stadtgebiet von Neumarkt-St. Veit gehört auch der Ursprungsort des Klosters St. Veit, ELSENBACH, mit seiner Kirche *St. Maria*. Der gut erhaltene spätgotische Backsteinbau mit dem westlich vorgesetzten Satteldachturm zeigt – wie St. Johan-

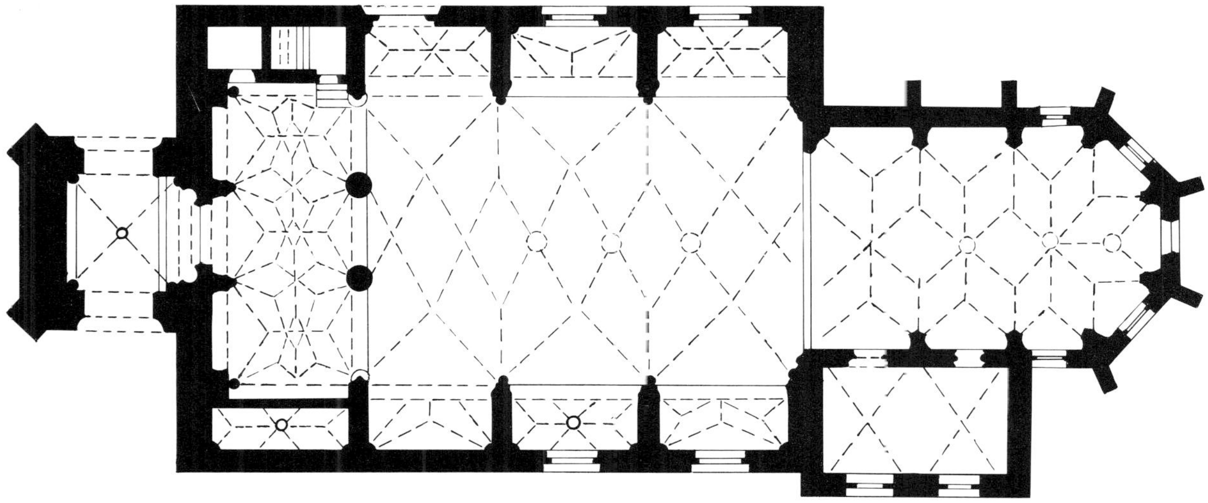

ELSENBACH, *Kirche St. Maria: Grundriß*

nes in Neumarkt oder St. Remigius in Lappach (Gemeinde St. Wolfgang) – die für das obere Rottal typischen Stilmerkmale: An den stark eingezogenen, dreijochigen Chor schließt ein weiträumiges vierjochiges Langhaus mit über zwei Meter tiefen Wandpfeilern an. Langhaus und Chor werden von Netzgewölbe mit geknickter Rippenfiguration gedeckt. Sie setzt sich über den zwischen die Wandpfeiler eingebauten Seitenkapellen fort. Die Wände des Altarraums waren von großflächigen Fresken bedeckt. An der Nordwand konnte im Wandfeld des ersten Jochs das Bild des hl. Christophorus aus dem letzten Drittel des 15. Jahrhunderts und im zweiten Joch ein Bild mit den Sieben Schmerzen Mariens (um 1530) freigelegt werden. Ein Stifterbild aus dem Jahre 1471 mit Wappen, den Abbildungen der hl. Maria und weiteren Heiligen ist an der Brüstung der Westempore angebracht. In die Zwickel der drei spitzen Arkaden der Emporenöffnung sind Propheten mit Spruchbändern gemalt.

Bedeutendere Wandmalereien schmücken die im 14. Jahrhundert gebaute Kirche *St. Martin* in IMMING (Stadt Neumarkt-St. Veit). Der quadratische Altarraum ist mit frühgotischem Kreuzrippengewölbe über rundbogigen Schildbögen überwölbt, das Langhaus trägt eine Flachdecke. Das Gewölbefeld über dem Hauptaltar bedeckt das Fresko von Christus als Weltenrichter; er wird von zwei Engeln begleitet. Zwei Engel begleiten auch die von einem Strahlenkranz umgebene Gottesmutter mit den Kind auf dem Wandbild im westlichen Gewölbefeld. In das nördliche und das südliche Feld sind je zwei Evangelistensymbole vor einem Sternenhimmel gemalt. – Die Wände des Altarraums füllen Szenen aus dem Leben Jesu und seiner Mutter Maria. Sehr ähnlich den Bildern in Urschalling (s. S. 145) ist die Bemalung der Chorbogenleibung: links über einer unbenennbaren Heiligen Kain mit dem Teufel auf der Schulter, rechts über der Gestalt der hl. Barbara Abel mit dem Opferlamm.

Die Wände des Langhauses bedecken ein umlaufender Bilderfries mit den Stationen der Passion Christi und der Auferstehung: Er beginnt mit dem Abendmahl an der Nordwand und endet mit der Noli-me-tangere-Szene an der südlichen Wand neben dem Triumphbogen. Die Bildergeschichte wird mehrfach durchbrochen, beispielsweise durch den Zug der Heiligen Drei Könige mit ihrem Hofnarren an der südlichen Chorbogenwand oder dem hl. Christophorus an der Südwand. Auf der südlichen Langhauswand ist außerdem das Martyrium des hl. Achatius und seiner zehntausend gepfählten Gefolgsleute gerade noch erkennbar.

Die Wandbilder sind in den ersten Jahrzehnten des 15. Jahrhunderts zur Zeit des Weichen Stils entstanden. Gleichsam in mystischer Verzückung erzählt der unbekannte Maler das Geschehen. Erstaunlich ist, mit welcher Sorgfalt die dem Zeitgeschmack entsprechenden Gewänder der Personen gemalt sind. Der Künstler hat damit ein Zeugnis für die Kleidung nicht nur der herrschenden Könige, sondern auch der Bediensteten bzw. des Volkes überliefert.

Das Land zwischen Haag und Mühldorf hat keine herausragenden gotischen Bauwerke aufzuweisen. Das Gebiet liefert jedoch aufschlußreiche Informationen über das Vordringen des gotischen Stils im ländlichen Raum: Die meisten der im 13. Jahrhundert entstandenen Gotteshäuser zeigen noch deutlich eine Anlehnung an die spätromanische Architektur. Selbst im 14. Jahrhundert werden die Altarräume, wie bei der Kirche *St. Martin* in GRAFING (Stadt Neumarkt-St. Veit), wie bei der ehemaligen *Schloßkapelle St. Michael* in HELLSBERG (Gemeinde Niedertaufkirchen) oder in der bereits genannten Kirche *St. Martin* in IMMING (Stadt Neumarkt-St. Veit) mit schweren, frühgotischen Kreuzrippen überwölbt.

Der Schwerpunkt gotischen Bauens lag, wie im übrigen Herzogtum Niederbayern, in der zweiten Hälfte des 15. Jahrhunderts. Der in diesen Jahrzehnten von Landshut ausgehende Stil der Spätgotik drang aber kaum weiter als bis zu dem kleinen Flüßchen Isen in die ländliche Gegend vor, und auch die von Braunau, Salzburg und Burghausen geprägten Stilformen konnten keine flächendeckenden Impulse setzen. Als Beispiele für die Verbreitung spätgotischer Bau- und Kunstformen in den Dörfern und Weilern der Gegend seien die nachgenannten Sakralbauten erwähnt: Malerisch neben einem Einödhof steht seit dem 15. Jahrhundert die Kirche *St. Peter* von KIRCHKAGEN (Gemeinde Obertaufkirchen) über dem Kagenbachtal. Beherrschend wirkt die kleine spätgotische Kirche *St. Valentin* in dem Weiler PETTENHAM (Gemeinde Taufkirchen).
Unter Verwendung der romanischen Bruchsteinmauern des Langhauses wurde im 15. Jahrhundert die einschiffige spätgotische Kirche *St. Oswald* in LIMBERG (Gemeinde Reichertsheim) erbaut: Netzgewölbe mit einfachen Rippen und glatten Schlußsteinen decken den eingezogenen Chor und das Kirchenschiff. Die Besonderheit des schlichten Gotteshauses ist die an der Südwand direkt vom Boden aufgemauerte dreiseitige Kanzel; im Mauerwerk der Kanzelwände sind als Schmuck kleine rechteckige Öffnungen ausgespart.
Ein spätgotischer Bau des 15. Jahrhunderts ist die einschiffige, im Langhaus und im eingezogenen Chor netzgewölbte Kirche *St. Aegidius* in LENGMOOS (Markt Gars am Inn). Der Westturm mit dem hohen, spitzen Helm und den vier Eckaufsätzen erinnert an die Türme von St. Wolfgang und Lappach im Landkreis Erding (s. S. 110 bzw. 114). Im frühen 15. Jahrhundert entstand die Schnitzfigur des Kirchenpatrons St. Aegidius auf dem Hochaltar. Ein Rest des spätgotischen Flügelaltars von 1510 ist das trotz der Beschädigungen gute Schnitzrelief des Apostelabschieds.
Die barocke Kirche *St. Mariä* des im 9. Jahrhundert gegründeten Augustinerchorherrenstifts und jetzigen Redemptoristenklosters GARS AM INN bewahrt gotische Grabsteine und Epitaphien, die von verschiedenen Künstlern gefertigt wurden. Ein Vergleich der Steine läßt erkennen, welch hohen Stand die gotische Grabbildhauerkunst erreicht hatte. Nahe dem südlichen Seitenausgang der Kirche steht die Marmorplatte für den 1436 verstorbenen Jörg Fraunberger zu Haag. Das kostümgeschichtlich interessante Hochrelief des geharnischten Ritters wird dem Salzburger Meister Hans Heider zugeschrieben.
Direkt neben dem südlichen Seitenausgang steht der Marmorepitaph für den 1420 verstorbenen Propst Jakob Hinderkircher: Das charaktervolle Porträt stammt nach Meinung der Kunsthistoriker von dem Meister des Hochgrabs Herzog Albrecht II. in der Heilig-Geist-Kirche zu Straubing.
Der Burghausener Steinmetz und Bildhauer Franz Sickinger oder seine Werkstatt werden als Urheber für die im Sakristeigang aufgestellten Grabsteine des bereits 1406 verstorbenen Ritters Christian Ebenstetter und der Magdalena Ebenstetter († 1488) angenommen. Das Relief des Ritters im üblichen Harnisch wurde um 1490 ausgeführt. Wenig später folgte das Relief der Frau, die besonders durch ihre zierlich bewegte Gestalt besticht.
Der Salzburger Bildhauer Eybenstock hat den mit Fialen und Zwickelbildern gezierten Grabstein für den 1455 verstorbenen Propst Thomas Surauer auf der Nordseite der Vorhalle geschaffen.
Wohl von Hans Valkenauer aus Salzburg stammt das Relief auf dem Epitaph des Propstes Georg Ödenhuber im südlichen Teil der Vorhalle.
In freier Feldflur steht die kleine Kirche *St. Aegidius* von KOLBING (Markt Kraiburg am Inn). Im 14. Jahrhundert entstanden die Wandbilder im Altarraum des Gotteshauses. Der einschiffige romanische Kir-

KOLBING, *Kirche St. Aegidius: Fresken in der romanischen Apsis, 14. Jahrhundert*

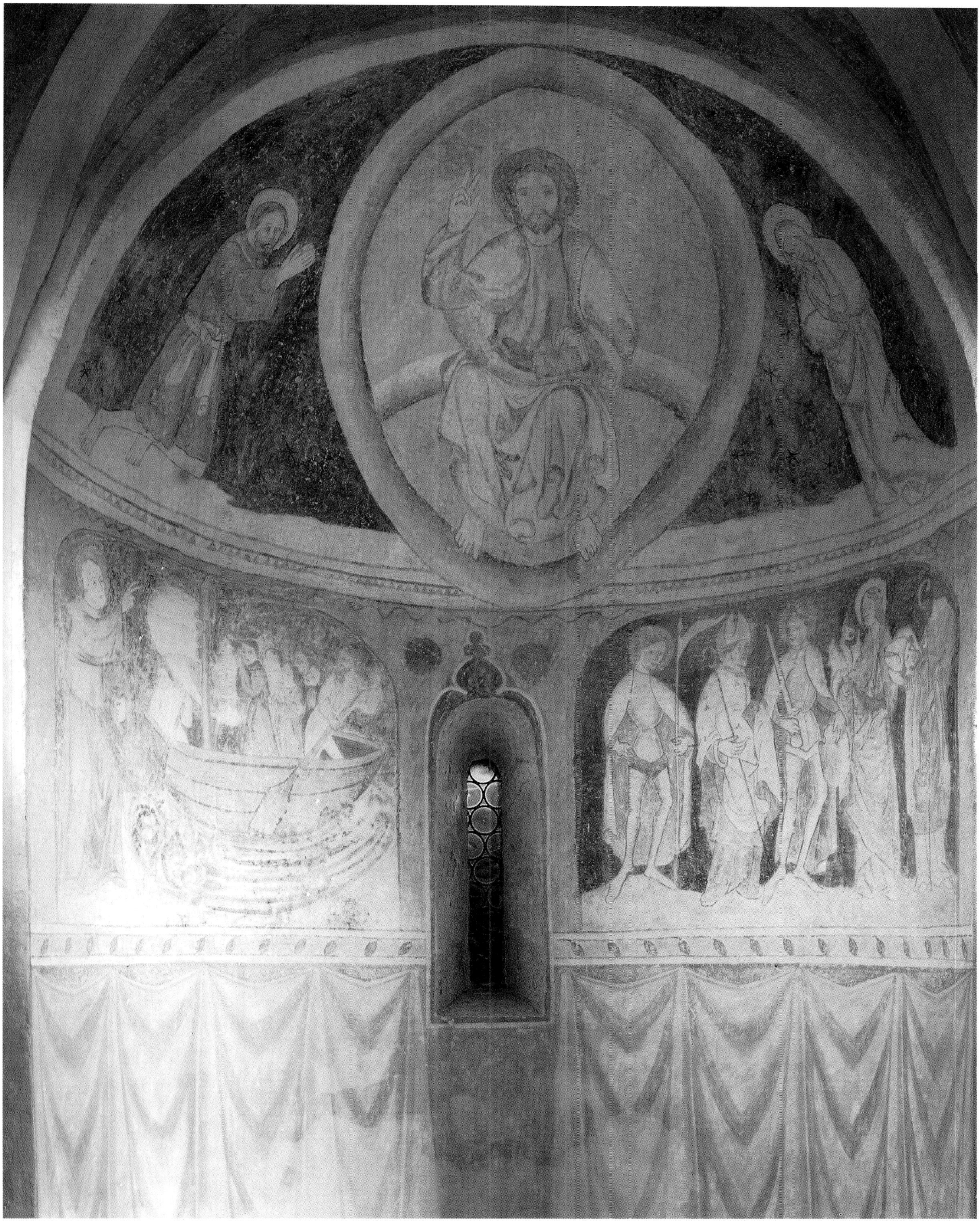

chenbau wurde Mitte des 18. Jahrhunderts barock verändert: Das Langhaus erhielt die Stichkappentonne und das Gotteshaus den Dachreiter. In die halbrunde Apsis dagegen wurde nicht wesentlich eingegriffen. Die 1935 freigelegten Wandmalereien weisen zum Teil noch Stilelemente der späten Romanik auf: Christus mit dem Buch sitzt als Pantokrator in der Kalotte der Apsis, St. Johannes Evangelist und die hl. Maria stehen als Fürbitter zu beiden Seiten. Das Wandbild darunter zeigt den Kirchenpatron St. Aegidius, der ein Schiff aus Seenot rettet. Der Heilige ist noch einmal mit seinem Attribut der Hirschkuh an der Nordwand des Altarraums dargestellt. Nicht mehr vollständig erhalten haben sich die heiligen Nothelfer, die den unteren Apsisbogen und Teile der südlichen Wand bedecken. Der Bildschmuck wird im Süden abgeschlossen durch das Fresko mit der Geburt Christi. Das Wandbild gegenüber an der Nordwand zeigt den Tod Mariens im Kreise der Apostel.

Hallertau und Donaumoos

Der oberbayerische Anteil an der Hallertau sowie das fruchtbare Agrarland und die Moorflächen entlang der Donau gehörten zu den Stammlanden der Wittelsbacher. Schon im 11. Jahrhundert hatten sie die Grafschaftsbezirke an Paar und Ilm unter ihrer Herrschaft vereint und mit Ministerialen besetzt. 1123 übergaben die Grafen von Scheyern-Wittelsbach ihre Stammburg Scheyern an das Benediktinerkloster, das sie in Bayrischzell gegründet hatten. Die Pfalzgrafen zogen in das heute schwäbische Oberwittelsbach, in jene Burg, die zur Sühne des Königsmords von Bamberg, den Pfalzgraf Otto VIII. 1208 begangen hatte, geschleift wurde.
Alte Siedlungsorte, die oft auf frühmittelalterliche Siedlungsverbände zurückgehen, bestimmen das Bild der Landschaft. Um 1200 gründete die Wittelsbacher Pfalzgrafenlinie Pfaffenhofen an der Ilm, seit Mitte des 12. Jahrhunderts schon war Schrobenhausen Sitz ihrer Dienstmannen. Durch den Tod von Markgraf Berthold II. von Vohburg im Jahre 1204 gelangte auch der Stammsitz des alten nordgauischen Geschlechts an die bayerischen Herzöge. Schließlich eroberte Herzog Ludwig II. der Strenge 1247 Burg und Stadt Neuburg an der Donau für das Herzogtum.
Neben dem Benediktinerkloster Scheyern bestanden im Spätmittelalter noch einige für die Entwicklung der Region wichtige Klöster: Über dem Paartal erhob sich das im 11. Jahrhundert gegründete Benediktinerinnenkloster Hohenwart; im Tal der Ilm lagen das Benediktinerinnenkloster Geisenfeld und die Benediktinerabtei Münchsmünster. Sie sind der Säkularisation zum Opfer gefallen.
Eine Besonderheit kennzeichnet das Gebiet: Seit dem hohen Mittelalter treffen nahe Pfaffenhofen die Grenzen der Diözesen Augsburg, Freising und Regensburg aufeinander. Bezieht man die nördlich in das Gebiet reichende Diözese Eichstätt mit ein, liegt hier seit alters die am meisten von Kirchengrenzen zerschnittene Landschaft Bayerns. Nicht zuletzt waren es diese Kirchengrenzen, die eine Vielfalt an künstlerischen Einflüssen ermöglichten. In den Jahrhunderten der Gotik stießen die Kunstauffassungen aus dem schwäbischen Kreis mit jenen aus Franken, Regensburg, München und, verursacht durch die politischen Verhältnisse der bayerischen Landesteilungen, auch mit jenen aus dem niederbayerischen Landshut aufeinander. Wie im übrigen Herzogtum erlebte das Gebiet in der Spätgotik des 15. Jahrhunderts eine sehr rege Bautätigkeit. Als Folge der Verwüstungen, die das Land an Paar und Ilm durch den Krieg der Wittelsbacher gegen den schwäbischen Städtebund, durch die Ingolstädter Fehden, durch den Schmalkaldischen Krieg, durch die Schweden im Dreißigjährigen Krieg und durch den Österreichischen Erbfolgekrieg erdulden mußte, haben nur wenige gotische Kunstwerke und Bauten die Jahrhunderte überdauert.

PFAFFENHOFEN, der größte Ort an der Ilm, war seit Ende des 13. Jahrhunderts herzoglicher Markt und Sitz eines Pfleggerichts. Inmitten eines fruchtbaren Bauernlands gelegen entwickelte sich der Markt zu einem regional wichtigen Handelsplatz. 1388 fielen die Truppen des schwäbischen Städtebundes in Pfaffenhofen ein und brannten den Markt vollständig nieder. Durch Freiheiten der Münchner Herzöge (wie dem Erlaß von Steuern, der Bereitstellung von Bauholz aus herzoglichen Forsten) konnten jedoch die Bürger schon ein Jahr später an den Wiederaufbau herangehen. Ein neuer, wehrhafter Mauerring mit Türmen und Toren wurde begonnen und nach rund fünfzig Jahren Bauzeit vollendet.
1393 wurde der Grundstein für die große dreischiffige gotische Basilika der Pfarrkirche *St. Johannes der Täufer* gelegt. Das

gotische Langhaus umfaßt fünf Joche; in der Breite des Mittelschiffs schließen daran die drei Joche des nicht eingezogenen und in fünf Achtel geschlossenen Chorhauses an. Niedrige, spitzbogige Arkaden, die auf gedrungenen achtseitigen Pfeilern ruhen, trennen die Schiffe. Schlanke Maßwerkfenster erhellen den Altarraum. Im 17. und 18. Jahrhundert wurde das Innere der Kirche umgestaltet und 1911 das Langhaus um zwei Joche verlängert. Als die Spätgotik im 15. Jahrhundert Bayern eroberte, waren vom Turm die acht quadratischen Geschosse auf die doppelte Höhe des Chorhauses gewachsen. Der spätgotisch weitergeführte Aufbau über dem Uhrengeschoß des 78 Meter hohen Wahrzeichens der Stadt mußte im 18. Jahrhundert erneuert werden. Die schwäbisch wirkende Gestalt des Gotteshauses im sonst altbayerischen Pfaffenhofen ist aus der Zugehörigkeit der Pfarrei zur Diözese Augsburg zu erklären.
Die wirtschaftliche Entwicklung des neuen Marktes wurde durch das Mautrecht, das Stadtsteuerrecht und das Niederlagerecht für Salz, das die Herzöge den Bürgern gewährt hatten, entscheidend gestärkt. Besonderes Ansehen erlangte der Ort durch die Hochzeit von Herzog Ernst mit Elisabeth, einer Tochter aus dem reichen Mailänder Haus der Visconti, die 1396 in Pfaffenhofen stattfand. 1438 wurde dem Markt das neue Münchner Stadtrecht verliehen. Dazu schenkte Herzog Albrecht III. der Fromme den Bürgern »das verprennte hofhaus«, den alten herzoglichen Hof, damit sie sich an seiner Stelle ein Rathaus bauen konnten. Heute erinnert nichts mehr an das gotische Stadtbild, denn 1812 vernichtete ein Stadtbrand die gesamte historische Bausubstanz.

Im Tal der Paar liegt SCHROBENHAUSEN. Nach dem Hausvertrag von Pavia war der Ort 1329 bereits mit Marktrechten ausgestattet. Schrobenhausen erlitt 1388 das gleiche Schicksal wie Pfaffenhofen: Die Heerhaufen der Augsburger fielen brennend, mordend und plündernd über die Bürger und ihre Häuser her. Schrobenhausens Neuaufbau begann aber erst 1392 nach der dritten bayerischen Landesteilung, als der Markt, zusammen mit dem Amt Aichach, dem Teilherzogtum Bayern-Ingolstadt zufiel: Herzog Ludwig VII. der Gebartete bemühte sich sehr um den städtischen Ausbau der darniederliegenden Siedlung. Unter seiner Regierung entstand der spätmittelalterliche Grundriß der Altstadt. Auf sein Geheiß wurden Gräben, Mauern und Türme verstärkt und das von Kaiser Ludwig dem Bayern stammende Pflegschloß im Südosten in den Stadtbering einbezogen. Das Schloß wurde Sitz des »Pfleg- und Mooslehengerichts« Schrobenhausen. Um es einzurichten, hatte Herzog Ludwig VII. das alte Landgericht Aichach in zwei Gerichtsbezirke aufgeteilt.
Zwischen 1425 und 1480 entstand der dreischiffige Backsteinhallenbau der Pfarrkirche *St. Jakob d. Ä.* Die Gestalt des Innenraums mit seinen fünf Jochen zeigt große Ähnlichkeit zum Liebfrauenmünster in Ingolstadt (s. S. 250). Durch das enger gestellte letzte Rundpfeilerpaar wird ein Chor mit dreiseitigem Schluß angedeutet. Wie in Ingolstadt gehen die Seitenschiffe in einen Chorumgang über, dessen Außenwand in fünf Seiten des

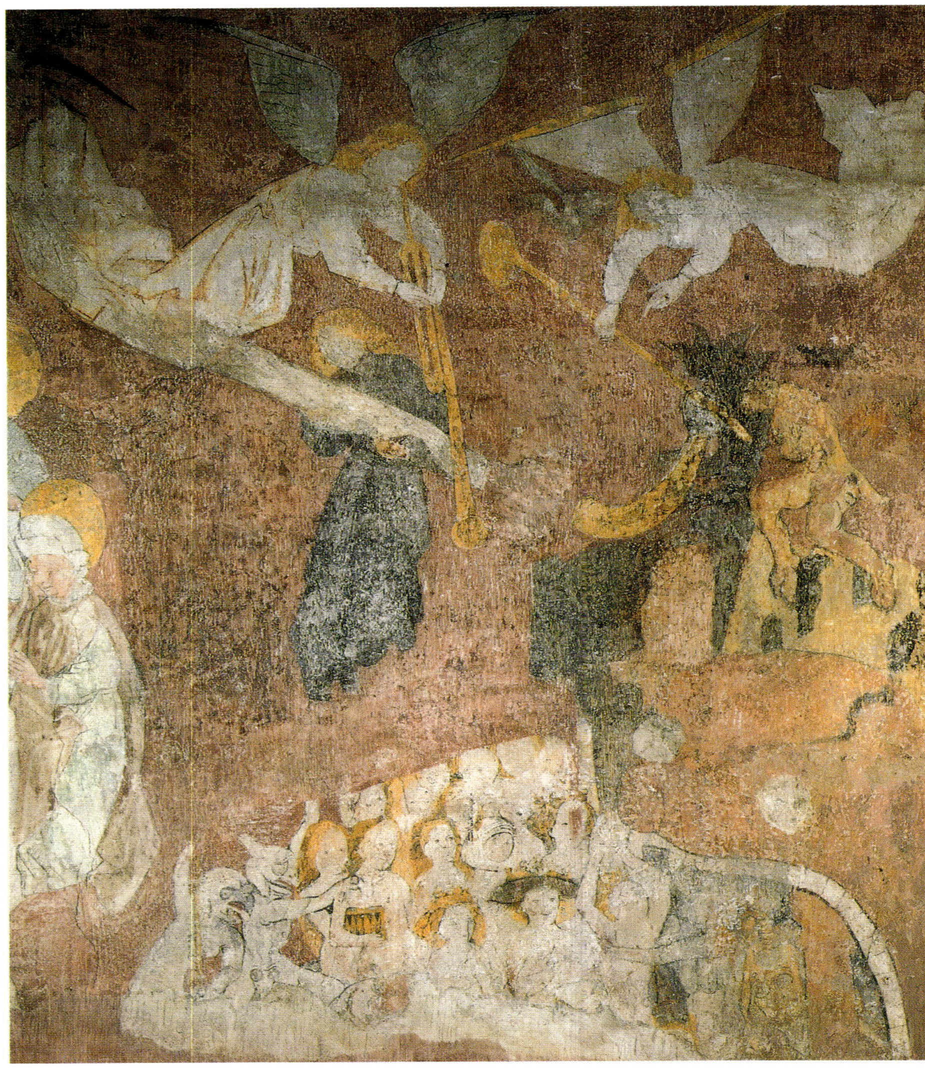

SCHROBENHAUSEN, *Pfarrkirche St. Jakob d. Ä.: Jüngstes Gericht, Fresko an der Wand neben der Sakristei, 1461*

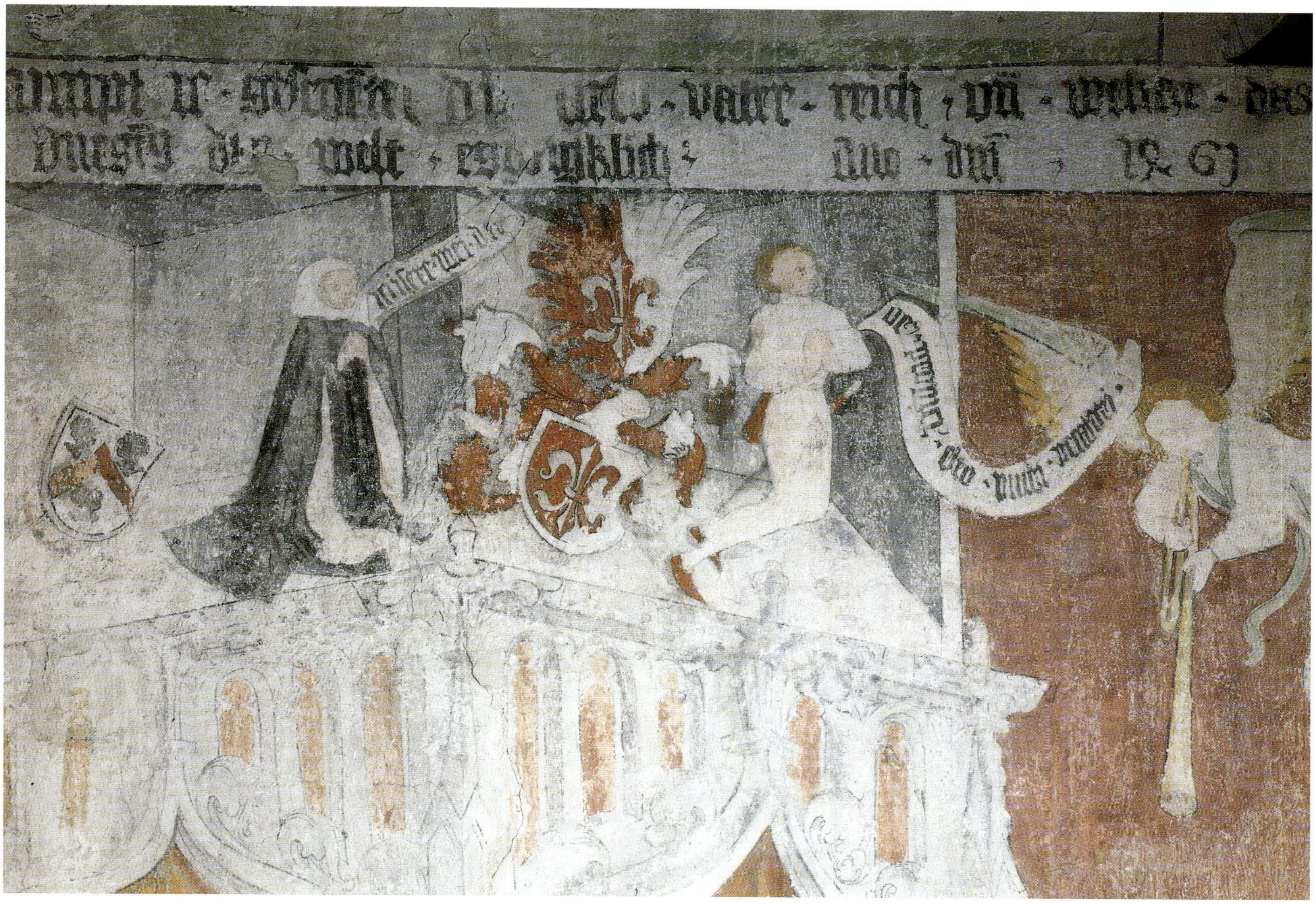

SCHROBENHAUSEN, *Pfarrkirche St. Jakob d.Ä.: Fresko mit dem Stifter Johannes Welser und seiner Gemahlin, 1461 datiert*

Achtecks schließt. Ansatzlos wachsen die Rippen des Sterngewölbes aus den Pfeilern. Keine Gurtbogen trennen die Joche, keine Scheidbogen teilen die Schiffe – der ganze Kirchenraum wird so zu einer Einheit.

Spätgotische Wandmalereien, die auf Stiftungen frommer Bürger zurückgehen, haben sich in Resten erhalten. 1461 haben beispielsweise Johannes Welser und seine Frau die große Freskenwand neben der Sakristei ausführen lassen: Über einem Jüngsten Gericht sind in fünfzehn Feldern die Vorzeichen dargestellt, die Christi Kommen ankündigen. In der linken unteren Ecke der Wand kniet das Stifterpaar auf dem Dach des Himmelstors. – Das Fragment eines Marienfreskos, eine gemalte gotische Kreuzblume mit einem Stifterpaar, das bayerische Wappen und eine gotische Kirche deuten an der Wand über der Sakristeitür an, wie reich der Freskenschmuck einmal gewesen sein muß. – Spätgotische Wandbilder, wie die Gregorsmesse nördlich des Altars, zierten auch die Pfeiler.

In der westlichen Vorhalle ist der 1419 gesetzte Gedenkstein für Herzog Ludwig VII. zu finden. Wie in den anderen Städten seines Herzogtums berichtet die Inschrift von den Leistungen, die der Landesherr für die Sicherheit seines Marktes hat vollbringen lassen.

Zu Ende geführt wurde der Kirchenbau unter der Regierung Herzog Heinrichs des Reichen von Niederbayern, der 1447 nach dem Tod des Ingolstädters Ludwig VII. das Teilherzogtum an sich zog. Vielleicht hat der Baumeister den Besitzübergang am mächtigen Nordwestturm der Jakobskirche deutlich machen wollen, denn der Turmaufbau ist stark von der Landshuter Spätgotik geprägt. Die Landshuter Herzöge behielten Schrobenhausen als Sitz der gut organisierten Verwaltung bei. Sie verliehen dem Markt sogar noch im Jahre 1447 das Stadtrecht.

Als 1204 der letzte Markgraf im Nordgau starb, fiel mit VOHBURG eine strategisch wichtige Höhenburg an der Donau und die zugehörige Marktsiedlung an die Wittelsbacher Herzöge. 1246 erlebten Burg und Markt die Hochzeit des Stauferkönigs Konrad IV. mit Elisabeth, der Tochter von Herzog Otto II. dem Erlauchten. In der Folgezeit haben die Burg und die Siedlung Vohburg auf der Donauinsel an Bedeutung verloren, weil sich die Verkehrsströme ab Mitte des 13. Jahrhunderts verlagert haben. Die Rolle Vohburgs wurde nun von dem nur wenige Kilometer donauabwärts gelegenen, jetzt niederbayerischen Neustadt übernommen, das Herzog Ludwig II. der Strenge 1270 gegründet hatte. 1316 wurde die Vohburg in dem zwischen Habsburg und Wittelsbach geführten Kampf um die Vorherrschaft in Niederbayern von König Ludwig dem Bayern zerstört. Erst um 1414 baute man die Burganlage wieder auf. Gleich nach ihrer Vollendung rückte sie noch einmal ins Licht spätmittelalterlicher Geschichte, denn 1432 nahmen der junge Herzog Albrecht III. und seine Agnes Bernauer hier ihre Wohnung und ließen sich heimlich trauen. Von der gotischen Burganlage sind seit der Zerstörung durch die Schweden im Jahre 1641 nur mehr weitläufige Umfassungsmauern und der Torbau erhalten. Neben Resten spätmittelalterlicher Bauzier an seiner Nordseite ist in ihm die angeblich älteste Darstellung des bayerischen Wappens zu finden. Drei Tore zeugen noch von der spätgotischen Befestigung des kleinen Markts auf der Donauinsel: Das schönste ist das 1471 erbaute kleine *Donautor* mit einem stattlichen, fialenbesetzten Treppengiebel, das am südlich vorbeifließenden Seitenarm der Donau steht.

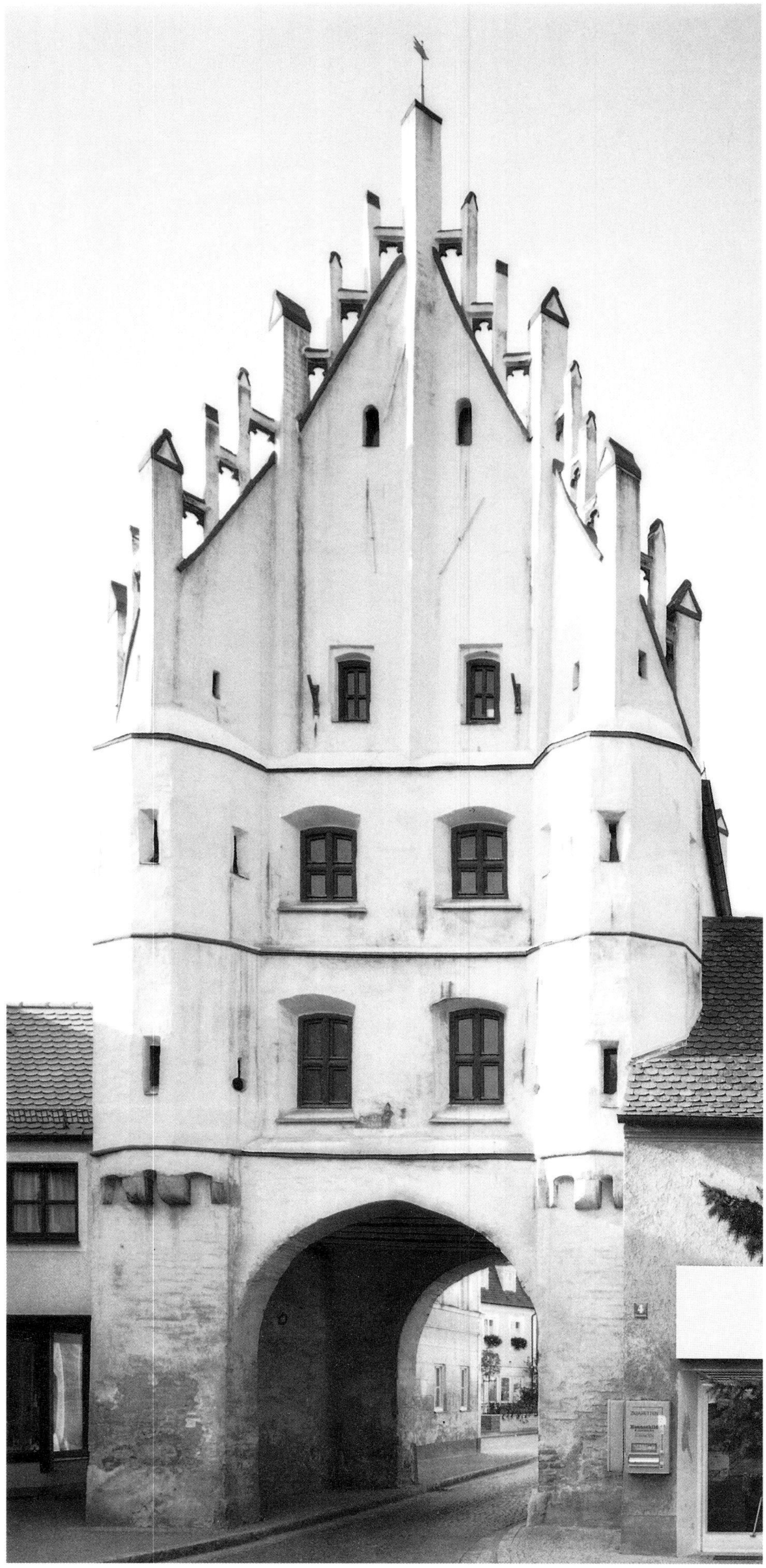

Ingolstadt

Ingolstadt ist 806 in der Reichsteilungsordnung von Kaiser Karl dem Großen als Stätte eines Ingold, als königliches Kammergut »villa ingoldestat«, verzeichnet. 841 wurde der Besitz an das Kloster Niederaltaich gegeben. Der Patron des Urklosters an der Donau, der hl. Mauritius, wurde Kirchenpatron von St. Moritz, der ältesten Kirche Ingolstadts; der Panther, das Attribut des Heiligen, ist noch heute das Wappentier der Donaustadt. Das Urbar von Herzog Ludwig I. dem Kelheimer nennt für 1228 herzoglichen Besitz in Ingolstadt. Er bestand neben der Kirche und Propstei St. Moritz. Im Jahre 1242 gelang es den Wittelsbachern, die Vogteirechte über das Kirchengut zu erwerben.
Mit Herzog Otto II. begann der Ausbau der Siedlung an der verkehrsreichen Kreuzung der Handelsstraße entlang des linken Donauufers mit der Straße von Nürnberg nach München. Der Bering der mit rechteckigem Grundriß angelegten Wittelsbacher Gründungsstadt umschloß auch die 1234 geweihte Pfarrkirche St. Moritz und den noch unvollendeten Herzogskasten in der Südostecke. Herzog Ludwig II. der Strenge ließ den mächtigen Bau nach 1255 fertigstellen und hier eine seiner Hofhaltungen einrichten.
Die Bedeutung Ingolstadts für das junge Herzogtum bezeugt die ab 1274 in ihren Mauern nachweisbare herzogliche Münzstätte. Zum wirtschaftlichen Aufschwung der Stadt hat in besonderem Maße Ludwig der Bayer beigetragen. Nicht nur, daß er in seinem Stiftsbrief von 1312 der Stadt alle Rechte bestätigte, er förderte sie zusätzlich durch Handelsprivilegien und die Errichtung einer Salzniederlage. Die zügig verlaufene Entwicklung machte Mitte des 14. Jahrhunderts eine Erweiterung der Stadt unumgänglich. Herzog Ludwig V. der Brandenburger plante den neuen *Befestigungsring* selbst: Es wird berichtet, der Herzog habe »lieb und begierd« zur »erweittung« der Stadt gehabt und diese »mit sein selbs leib ausgeriten und gezaigt«. Doch erst sein Bruder Herzog Stephan II. mit der Hafte konnte 1368 mit dem Bau des neuen Mauerrings beginnen. Die Arbeiten wurden unter dem strikten herzoglichen Befehl ausgeführt, wobei die Untertanen des gesamten Pfleggerichts genau vorgeschriebene Hand- und Spanndienste zu leisten hatten. Bis 1390, und im Endausbau bis 1430, entstand die zweite spätmittelalterliche Stadtmauer mit 88 aus Ziegeln gemauerten, häufig mit Zinnen bekränzten Wehrtürmen und sieben Toren. Neben weitläufigen Mauerstrecken haben markante Bauten des Berings die Jahrhunderte überdauert: Beispiele sind der mehrstöckige Münzbergtorturm mit seinem Zeltdach, der fünfgeschossige Taschentorturm mit Satteldach und Treppengiebel, der sogenannte Schutterturm am Einlauf des kleinen Flüßchens Schutter in die Stadt und das 1385 vollendete *Kreuztor*, eine der reizvollsten Toranlagen des späten Mittelalters in Bayern: Allein der Blick auf die reich verzierte Toranlage mit dem dahinter aufsteigenden Liebfrauenmünster ist den Gang vor die spätmittelalterliche Stadt wert.
In den erweiterten Bering wurden nun auch die im 13. Jahrhundert gegründeten Klöster einbezogen: Der Konvent der Minoriten bestand seit 1275; er geht auf eine Stiftung Herzogs Ludwig II. aus dem Jahre 1257 zurück. Das Kloster der Franziskanerinnen, die sich in Gnadenthal niedergelassen haben, bestand seit 1276. Während der Regierungszeit von Ludwig dem Bayern kam 1319 die Stiftung des Bürgerspitals hinzu.
Die Blütezeit der Stadt begann nach 1392, als die dritte Landesteilung Ingolstadt zur Residenzstadt des Teilherzogtums Bayern-Ingolstadt machte. Zwar hielt sich der erste Herzog der Ingolstädter Dynastie, Stephan III. der Kneißl, lieber in den Renaissancestädten Italiens auf, sein Sohn Ludwig VII. der Gebartete hingegen setz-

VOHBURG: *Kleines Donautor, 1471*

te in seiner kurzen Regierungszeit aber alles daran, Ingolstadt zu einer prächtigen Residenz auszubauen. Unter ihm entstanden die wesentlichen Baukörper des Neuen Schlosses an der Südostecke der Stadt, außerdem begann er mit dem Bau des Liebfrauenmünsters. 1429 stiftete Ludwig das Pfründnerhaus, in das rund 40 Jahre später die erste bayerische Universität einzog. Die Geldmittel für die großen Baumaßnahmen erwarb Ludwig VII. bei seinen diplomatischen Missionen am französischen Hof seiner Schwester Elisabeth, der Königin Isabeau de Bavière. Ludwig brachte aus Frankreich die bedeutenden Goldschmiedearbeiten des 14. und frühen 15. Jahrhunderts mit, von denen das in Altötting aufbewahrte »Goldene Rößl (s. S. 224) ein bedeutendes Beispiel ist.
Mit Ludwig VII., der 1447 in der Verbannung auf der Burg von Burghausen starb, erlosch die Ingolstädter Linie. Sein einziger legitimer Sohn und Widersacher, Ludwig VIII. der Bucklige war bereits 1445 ohne Nachkommen gestorben. Ingolstadt und das Teilherzogtum wurden von Herzog Heinrich dem Reichen von Niederbayern annektiert. Die Landshuter Herzöge setzten aber die begonnenen Baumaßnahmen fort: Sie vollendeten in der zweiten Hälfte des 15. Jahrhunderts das Neue Schloß und förderten weiterhin die zum Bau des Liebfrauenmünsters gemachten herzoglichen Stiftungen. Dem Landshuter Herzog Ludwig IX. dem Reichen gebührt das Verdienst, Ingolstadt zum Zentrum des Humanismus in Deutschland gemacht zu haben. Bereits 1453 wurde der Plan gefaßt, in der Stadt eine Universität zu gründen. Die Anerkennung der Hohen Schule als »studium generale« wurde 1459 von Papst Pius II. erteilt. Endlich, 1472, konnte die erste bayerische Landesuniversität eröffnet werden. Bedeutende Lehrer wie der Humanist Conrad Celtis, der bayerische Geschichtsschreiber Aventinus oder der Theologe Johannes Eck begründeten den über die Grenzen des Herzogtums hinausreichenden Ruf der Hochschule. Unter Johannes Eck, dem Widerpart Martin Luthers, wurde Ingolstadt zum geistigen Zentrum der katholischen Gegenreformation.

Die Gotik entwickelte in Ingolstadt eine Formensprache, die die Stadt unverwechselbar macht. Es ist aufschlußreich, wenn man die gotischen Stadtbilder der fünf herzoglichen Residenzstädte Landshut, München, Straubing, Burghausen und Ingolstadt an den zwischen 1568 und 1574 gefertigten Modellen des Jakob Sandtner im Bayerischen Nationalmuseum vergleicht: Der mächtige Baublock des alten Schlosses aus der zweiten Hälfte des 13. Jahrhunderts, der sogenannte *Herzogskasten,* zeigt mit seinen drei Geschossen, dem hohen Satteldach und dem in der späten Gotik hinzugefügten Treppengiebel noch den Stil früher Residenzbauten, wie er beispielsweise auch im Alten Hof zu München oder in Straubing zu finden ist. Ganz anders wirkt dagegen das *Neue Schloß* an der Donau, das mit seinen kraftvollen Türmen einer der bedeutendsten spätgotischen Profanbauten Süddeutschlands ist. Das Bauwerk trägt auf

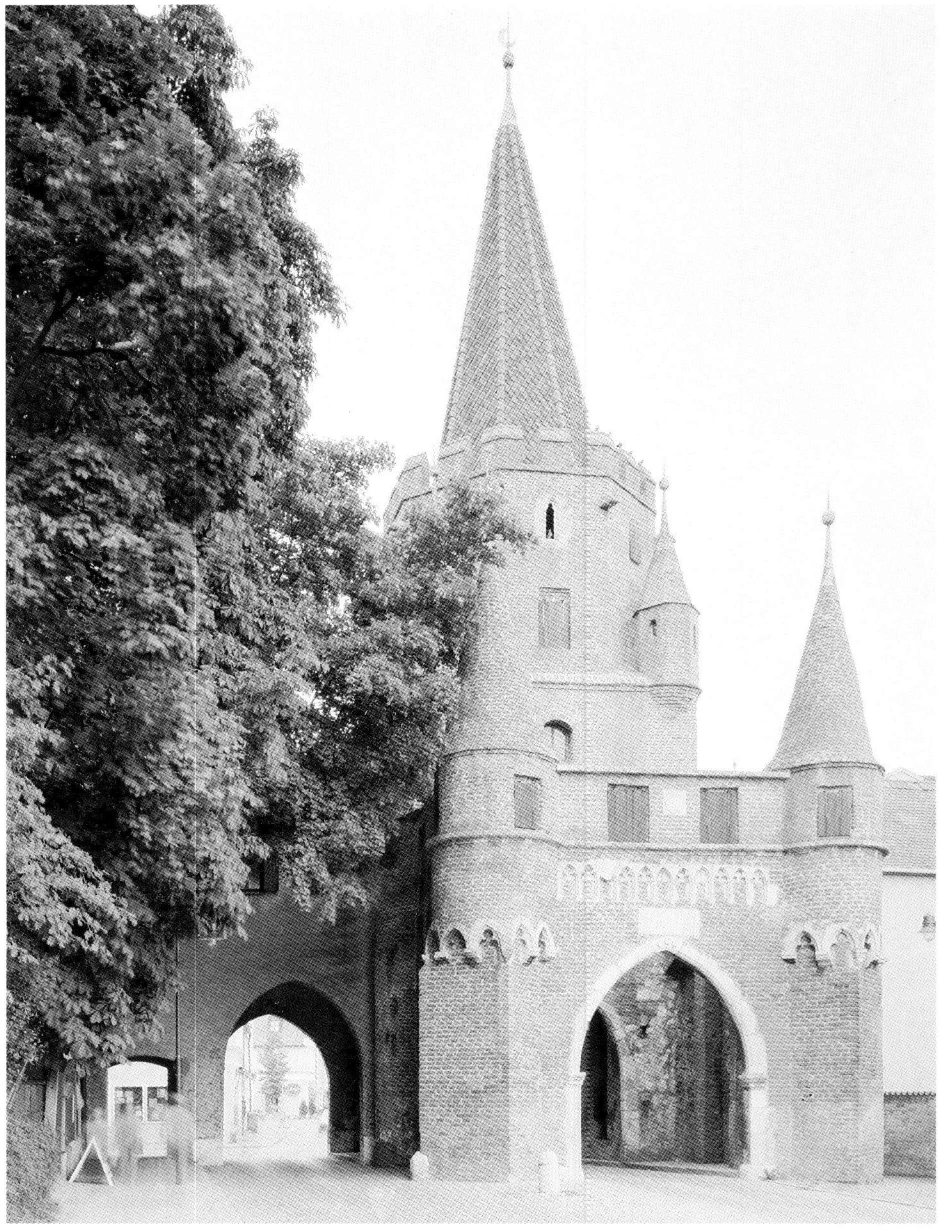

INGOLSTADT: *Kreuztor, 1385*

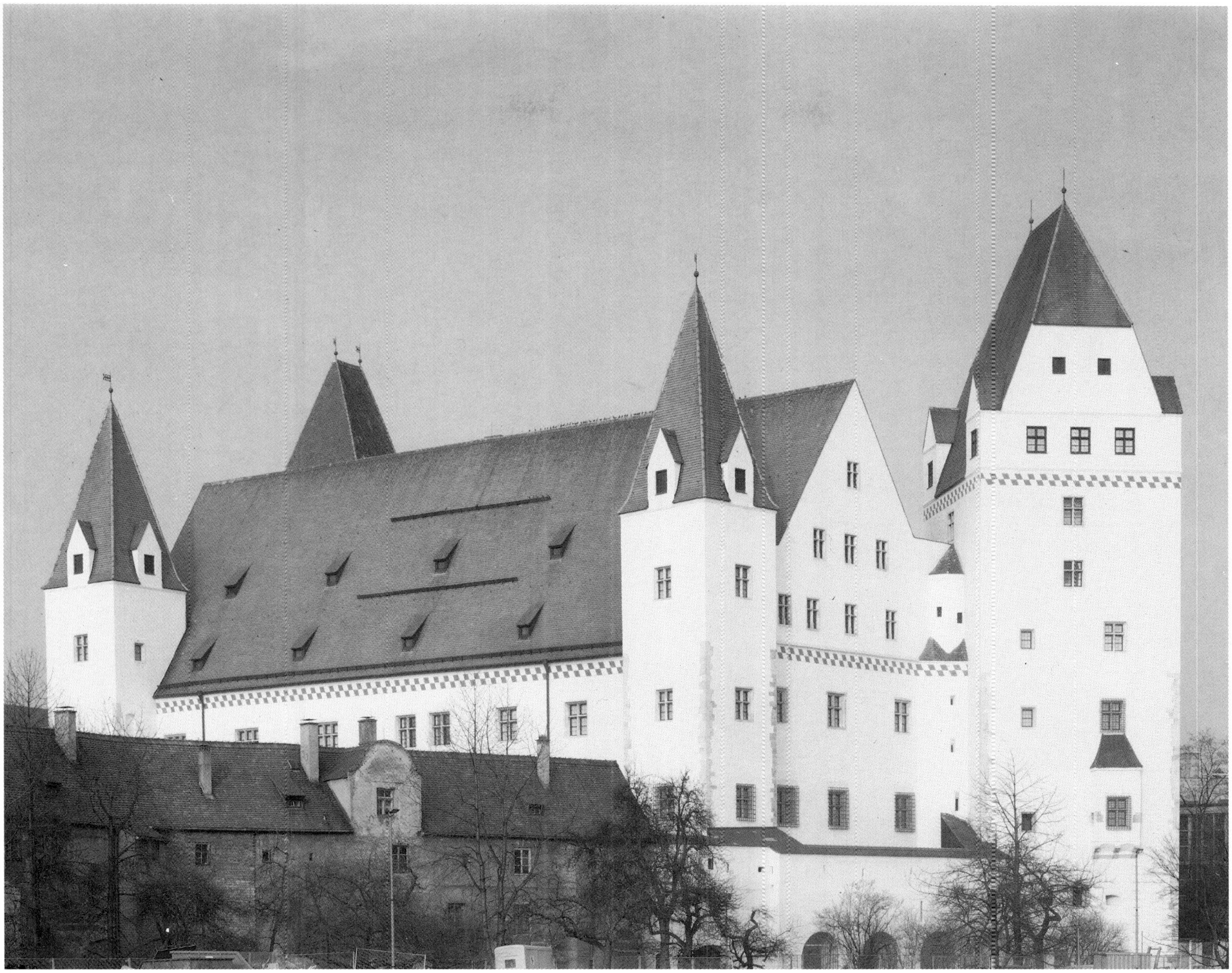

INGOLSTADT: Neues Schloß, begonnen unter Herzog Ludwig VII. von Bayern-Ingolstadt im Jahre 1418, in der zweiten Hälfte des 15. Jahrhunderts unter Herzog Georg dem Reichen von Bayern-Landshut vollendet

großartige Weise dem Rang Ingolstadts als einer spätmittelalterlichen Residenzstadt Rechnung. Begonnen wurde die großzügige Anlage mit ihren gemauerten Gräben wohl 1418. Die während der Regierungszeit von Herzog Ludwig VII. bis 1432 fertiggestellten Bauteile – das sogenannte Burgschloß mit den über Eck gestellten Türmen – sind einzigartig für Bayern. Vollendet wird die Neue Veste (wie sie in den Urkunden genannt ist) in der zweiten Hälfte des 15. Jahrhunderts unter den Landshuter Herzögen: Herzog Ludwig der Reiche ließ das Burgschloß und den zweiten Innenhof mit neuen Verteidigungsanlagen versehen; in seinem Auftrag entstanden die Basteien und der Geschützturm, der die Brücke zum Getreidekasten schützte. Auch Herzog Georg der Reiche baute am Burgschloß weiter: Es entstanden die Wohnräume des Herzogs im Südflügel des zweiten Obergeschosses; die Herzogin und ihr Hofstaat wurden im Nordflügel untergebracht. Das Dachgeschoß des Kernbaus der Anlage wurde gleichfalls mit Wohnräumen versehen. Als letztes erneuerten die Baumeister von Herzog Georg die Westtürme und erhöhten jene im Osten.

Der Kernbau der Neuen Veste, das sogenannte Burgschloß, präsentiert sich als hochragender, dreigeschossiger Wohnbau, der von vier Türmen umgeben ist. Aus der Mauerflucht der zur Stadt hin gerichteten Westwand treten an der Nord- und an der Südecke zwei kleinere Türme heraus, stärker und mächtiger sind die beiden an den Ecken der Ostwand. Etwas eigenartig mutet der Turm an der Nordostecke mit seinem fünfeckigen Grundriß an. Vielleicht bot diese Form die beste Verteidigung für das früher unmittelbar anschließende Stadttor, das sogenannte Feldkircher Tor. Der größte und mächtigste Turm steht in der Südostecke zur Donau hin: Er ist nur über einen schmalen gangartigen Bauteil vom Burgschloß aus zugänglich. Seine etwa vier Meter dicken Mauern gewährten den Bewohnern den letzten Schutz, wenn die übrige Burg schon von Feinden erobert war. – Das Innere des Hauptbaus wurde später verändert. Die doppelläufige Treppe, die heute das Erdgeschoß beherrscht, wurde 1677 eingefügt; vorher befand sich hier ein einziger großer Saal, die Dürnitz: Zu festgesetzten Zeiten versammelten sich in dem stattlichen gewölbten Raum alle männlichen Mitglieder der Hofhaltung, um gemeinsam die Mahlzeiten einzunehmen. Die Einhaltung einer streng geregelten Rangordnung war oberstes Gebot: Das Gesinde saß in Gruppen zu je acht Personen um schwere Holztische auf der unteren Ebene; der Herzog, die vornehmen Räte, Ritter und Edelleute tafelten erhöht auf der »pun«, der Bühne oder dem Herrensitz. Zur Zeit Ludwigs des Gebarteten sollen jeweils 144 Gäste an der Tafel des Herzogs gesessen haben.

Neben der Dürnitz lag die Kanzlei oder Ratsstube. Hatte ein Besucher die Torwachen passiert, führte sein erster Weg in diesen von vier schönen Sterngewölben überzogenen Raum. Hier arbeitete die herzogliche Verwaltung, hier wurden die Urkunden erstellt und gesiegelt. Aufbewahrungsort für die wichtigen Unterlagen war eine kleine Kammer im Südostturm. Sie war nur von der Kanzlei aus zugänglich und ist noch heute mit einer Doppeltür, schweren Sperrstangen und massiven Gittern vor den Fenstern gesichert.

Die Repräsentationsräume des Herzogs, die Wohngemächer und die untere Kapelle mit ihren tief angesetzten Sterngewölben nehmen das erste Obergeschoß ein. Südlich an die Kapelle schließt das »Stüblein unseres gnädigen Herrn« an; ihm folgt die »Große Kammer« mit einer schön geschnitzten Holzdecke aus der Zeit der Reichen Herzöge; im westlichen Teil des Stockwerks liegt die »Gewölbte Stube«: Eine einzige gewundene Säule trägt hier das kunstvoll figurierte Gewölbe. Durch eine reich verzierte Türe im Süden gelangt man in eine kleine helle Kammer im erkerartig angesetzten Südwestturm. Der gesamte Nordteil des ersten Geschosses beherbergt den großen zweischiffigen Tanzsaal: Aus achteckigen Pfeilern entspringen die Rippen seines reizvollen Gewölbes. Als Gegensatz zu den Repräsentationsräumen bilden die über einen schmalen Gang erreichbaren Kammern im sicheren Südostturm ein Refugium der Stille und Abgeschiedenheit. Herrlich ist der Blick über die Donau, den man aus den Fenstern genießen kann. Vielleicht hat sich bereits Ludwig der Gebartete in die heimeligen Räume zurückgezogen, um Muße zu finden. – Herzog Georg der Reiche dagegen wohnte lieber im zweiten Obergeschoß; seine Gemächer befanden sich im südlichen Flügel. 1503 ist der Herzog auch hier »in der oberen großen Stube, neben der Türe, so man in den Thurm gegen die Stadt hinausgeht« gestorben, wie der Stadtschreiber von Ingolstadt berichtet.

Nur in Resten hat sich der Gründungsbau der Universität erhalten. 1429 als Pfründnerhaus gestiftet, wurde der Baukomplex in der Goldknopfgasse ab 1434 auf Veranlassung von Herzog Ludwig VII. errichtet. Ab 1472 nahm er die *Hohe Schule* auf. Trotz der Umbauten zur heutigen modernen Fachschule beherrscht der mehrgeschossige Bau mit seinem hohen Satteldach noch immer das Stadtbild. In seinem Inneren vermittelt der Musiksaal durch seine von großen gemalten Rankengirlanden geschmückten Kreuzgewölbe noch etwas vom Aussehen der ersten bayerischen Universität. Nach der gemalten Jahreszahl entstand 1480 das Wandgemälde mit Äskulap, der den von seinen Pferden zu Tode geschleiften Hippolytus wieder zum Leben erweckt.

1234 ist als erstes Weihedatum für die Kirche *St. Moritz* überliefert; seit 1407 wird sie die »Untere Pfarre« genannt. Romanische Reste blieben in den unteren Geschossen des Nordturms zwischen Chor- und Langhaus erhalten. Die dreischiffige Basilika stammt im wesentlichen aus der ersten Hälfte des 14. Jahrhunderts. Dem nördlichen Turm wurde diagonal gegenüber noch ein Turm an der Südwestecke beigegeben; im Volksmund wird er der »Pfeifturm« genannt: Er diente als Stadtturm, auf dem die Wächter ihren Dienst versahen.

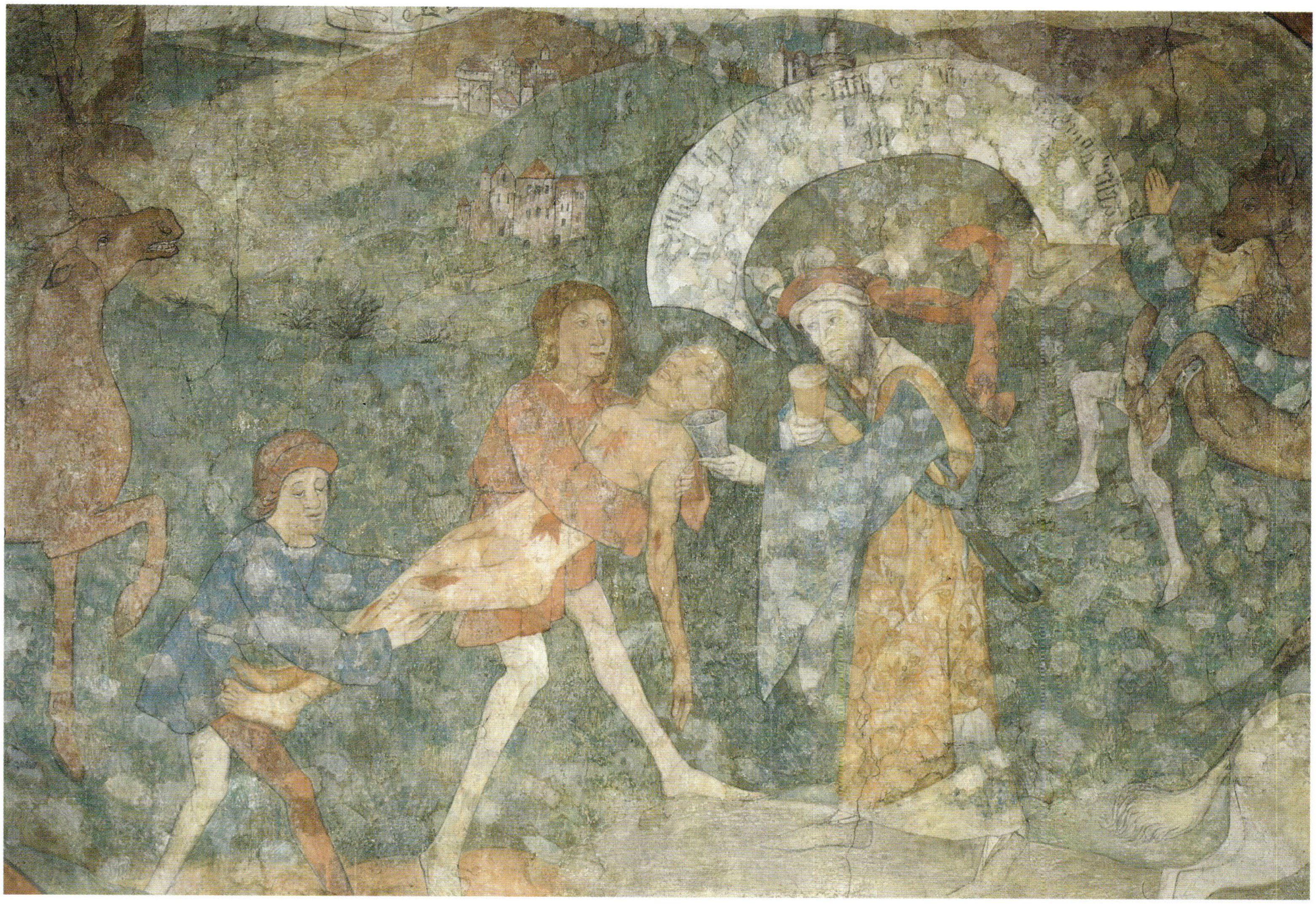

INGOLSTADT, Hohe Schule: Fresko im Musiksaal. Äskulap erweckt den von seinen Pferden geschleiften Hippolytus wieder zum Leben, datiert 1480

Oft wurde die Kirche im Inneren verändert. Um 1880 purifiziert, vermittelt sie dennoch einen guten Raumeindruck. Das düstere, sechsjochige Langhaus, in dem Rundpfeiler ohne Kapitelle die drei Schiffe trennen, und die angebauten Seitenkapellen stehen dabei in eigenwilligem Kontrast zu dem lichtdurchfluteten, einschiffigen Altarraum zu drei Jochen mit Fünfachtel-Schluß.

Von der gotischen Ausstattung ist nur mehr wenig vorhanden. Bemerkenswert ist der Epitaph für den 1494 verstorbenen Andreas Mungst in der dritten nördlichen Seitenkapelle, der Mariahilfkapelle: Beinahe freistehend wurden die Relieffiguren der Verkündigung Mariens, des hl. Nikolaus und der hl. Katharina aus dem Stein herausgearbeitet. In die gleiche Kapelle wurde ein Kreuzigungsbild aus dem späten 14. Jahrhundert verbracht. Die Wandmalerei stammt vom spätmittelalterlichen Hardertor, dem 1878 abgebrochenen nördlichen Stadttor. Die Anordnung der Figuren zum Gekreuzigten, links die Gruppe der drei klagenden Marien und rechts St. Johannes Evangelist, läßt das Bild wie ein Modell für die Altmühldorfer Kreuzigungstafel (s. S. 236) erscheinen. Der Künstler wird im Werkkreis des Malers Konrad von Ingolstadt vermutet.

Um 1350 wurde die schöne Muttergottes geschaffen, die in der Vorhalle des Nordportals steht.

Im Jahre 1319 stiftete König Ludwig der Bayer das Bürgerspital zum Heilig-Geist: 1330 wurden die Gebäude und eine erste Kirche vollendet. 1460 gab Herzog Ludwig der Reiche von Landshut den Auftrag zum Bau der heutigen *Spitalkirche Heilig-Geist*. Die dreischiffige Halle mit sechs Jochen hat keinen abgetrennten Altarraum. Über schlanken Rundpfeilern erhebt sich spätgotisches Netzgewölbe. Die barocke Ausmalung, die Stuckierung und die Ausstattung aus dem 18. Jahrhundert lassen nur eingeschränkt die spätgotische Gestalt des Gotteshauses erkennen.

Auch die *Minoritenkirche* mußte mehrere Umgestaltungen über sich ergehen lassen:

Ab 1277 wurde das Gotteshaus mit seinem achtjochigen Langhaus als dreischiffige Basilika im schlichten frühgotischen Stil der Bettelorden errichtet. Kreuzförmige Pfeiler tragen die flachen Decken. 1380 wurde der Chor auf vier Joche verlängert und mit einem dreiseitigen Schluß versehen. Gleichzeitig wurden die Seitenschiffe eingewölbt, der Dachreiter gesetzt und die Westfront mit dem blendenverzierten Giebel gebaut. Die steil aufragende Westfassade macht noch heute das Wesen einer gotischen Bettelordenskirche deutlich. Durch Veränderungen des 18. Jahrhunderts – die flache Decke des Mittelschiffs wurde durch Stichkappen ersetzt, der Chorraum wurde optisch abgetrennt – ging dieser Eindruck im Inneren verloren. In der ersten Kapelle der Südseite steht eine als »Schuttermutter« verehrte Madonna; das Werk entstand ausgangs des 14. Jahrhunderts und wurde 1945 aus der zerstörten Marienwallfahrtskirche »Zur Schuttermutter« überführt.
Die kleine, bescheidene Kirche *Zu den beiden Johannes* im Franziskanerinnenkloster Gnadenthal besitzt neben einer guten, um 1520 geschnitzten Madonna mit der 1513 von Hans Leinberger geschaffenen und signierten Anna Selbdritt auf dem Hochaltar ein bedeutendes Werk der spätesten Gotik. 1487 wurde das Gotteshaus errichtet und mit spätgotischen Wandmalereien ausgeschmückt. Im ersten südlichen Jochbogenfeld des Altarraums stehen der hl. Johannes in grünem Gewand und rotem Mantel, der Kirchenvater Bonaventura und ein Prophet mit einem Spruchband vor einem das Kreuz tragenden Engel. Im Bogenfeld daneben ist nur Gottvater noch zu erkennen; zwischen den beiden Bildern trägt ein blauer Teufel einen Menschen davon – Motive, die auf ein Jüngstes Gericht schließen lassen.

Der beherrschende Kirchenbau Ingolstadts ist das Münster *Zur Schönen Unserer Lieben Frau.* 1407 erklärte sich Herzog Stephan III. bereit, dem Drängen der Kirche zu folgen und eine »Obere Pfarre« zu gründen. Zu ihrem Unterhalt stiftete er jährlich 100 Gulden. Das Liebfrauenmünster zu Ingolstadt – so der seit 1947 offizielle Name des Gotteshauses – gilt als die größte spätgotische Hallenkirche Bayerns; gleichwohl unterscheidet sie sich wesentlich von den Hallenkirchen eines Hans von Burghausen. Die Baupläne stammen wohl von einem schwäbischen Meister, während die über Eck gestellten und in das Langhaus einbezogenen Westtürme ein aus Frankreich mitgebrachtes Ideengut des Herzogs Ludwig VII. sein könnten. Sie stellen eine für das frühe 15. Jahrhundert in unserem Raum einmalige Lösung dar. Nach der Inschrift am Südportal wurde 1425 der Grundstein gelegt und mit dem Bau des Ostchors begonnen; wer den ersten Stein gesetzt hat, verschweigt die Nachricht. Ab 1429 wurden die Chorkapellen aufgemauert, und 1430 war das Brautportal im Südosten vollendet. Für 1439 ist eine erste Altarweihe in dem noch unfertigen Ostchor überliefert. Mit dieser Weihe erhielt die Kirche ihren Namen, denn auf dem Altar stand das Marienbild,

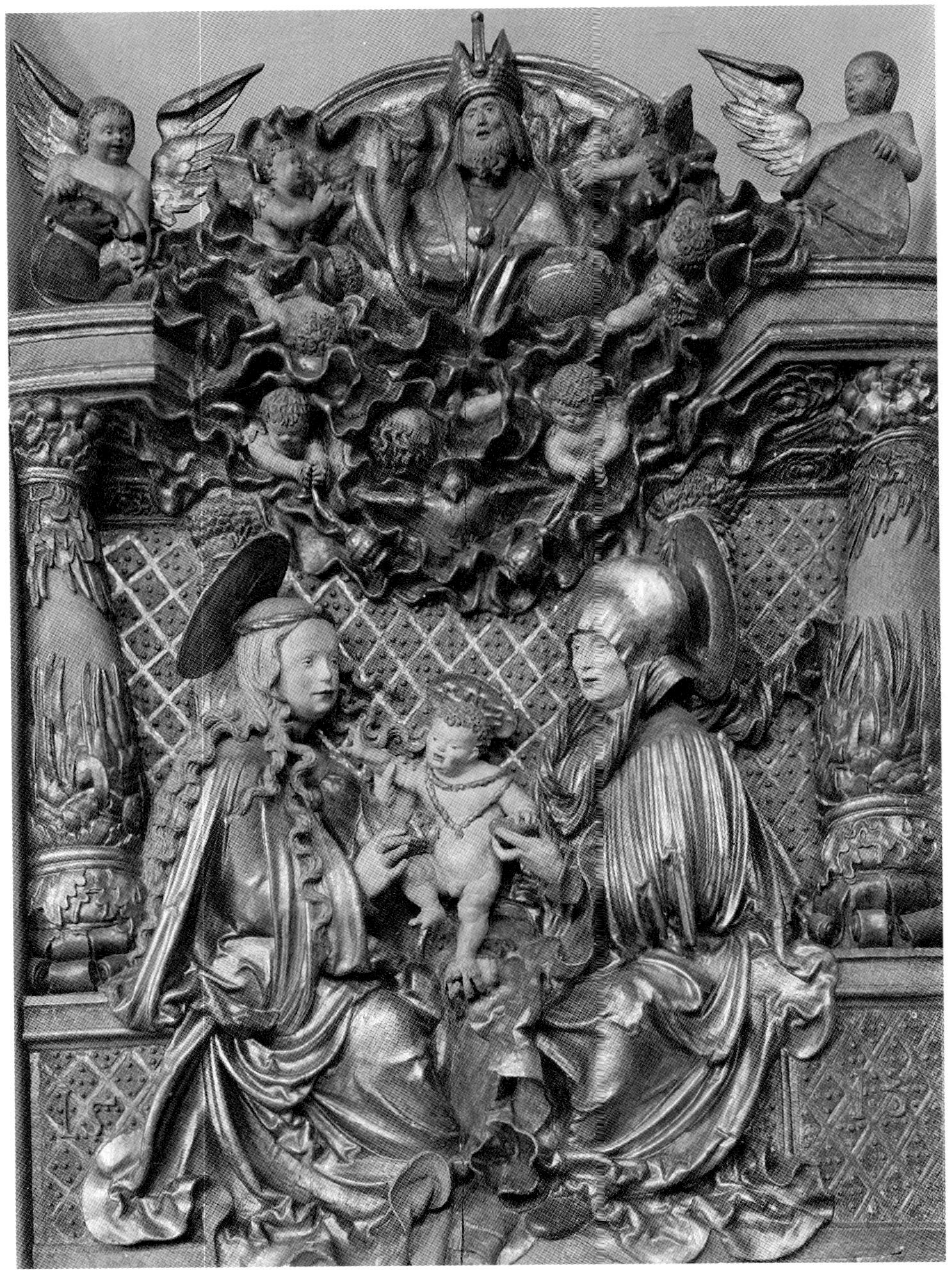

INGOLSTADT, *Kirche Zu den beiden Johannes im Franziskanerinnenkloster Gnadenthal: Schnitzrelief der hl. Anna Selbdritt, 1513 von Hans Leinberger signiert*

INGOLSTADT, *Münsterkirche Zur Schönen Unserer Lieben Frau (Liebfrauenmünster): Westfassade*

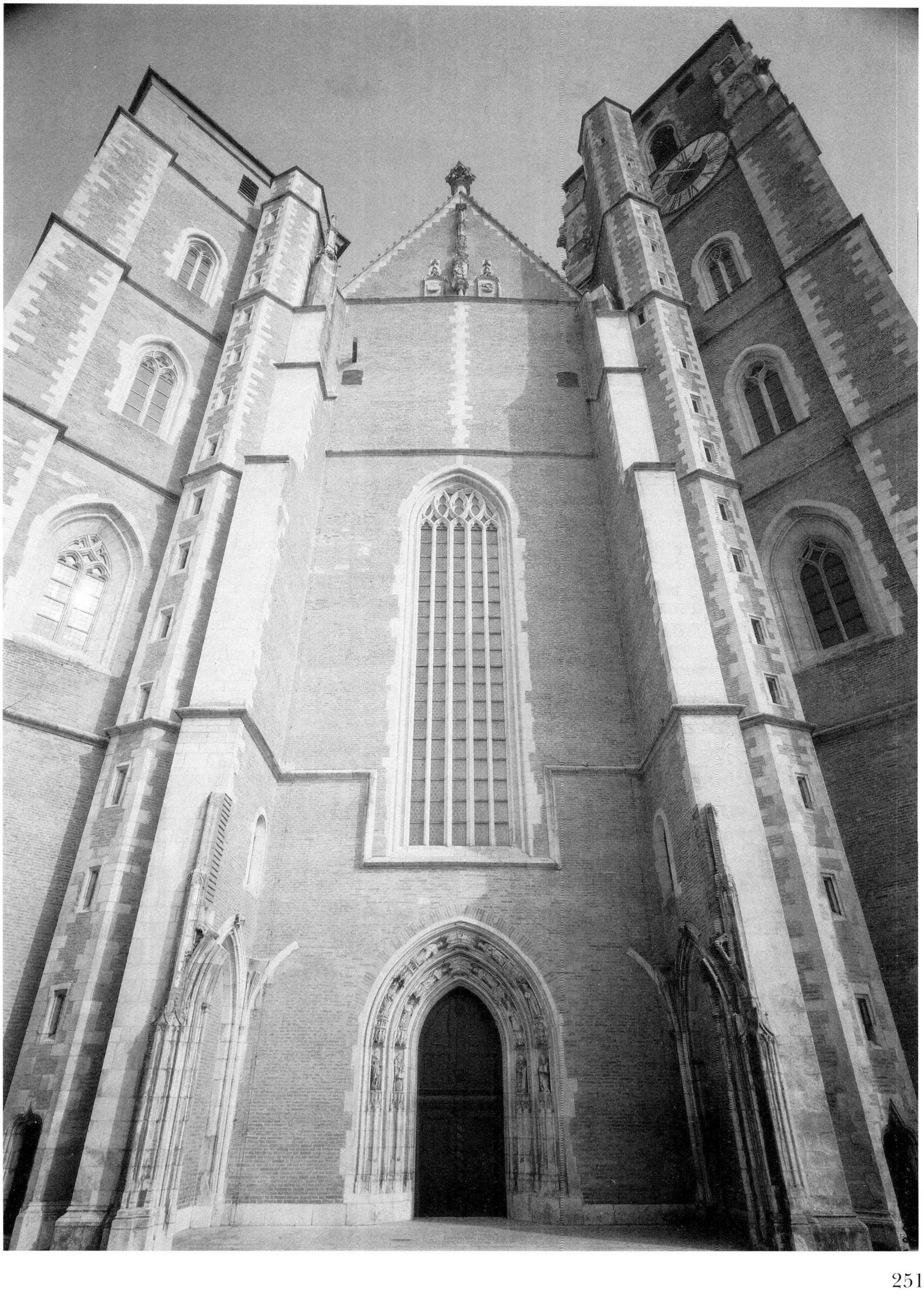

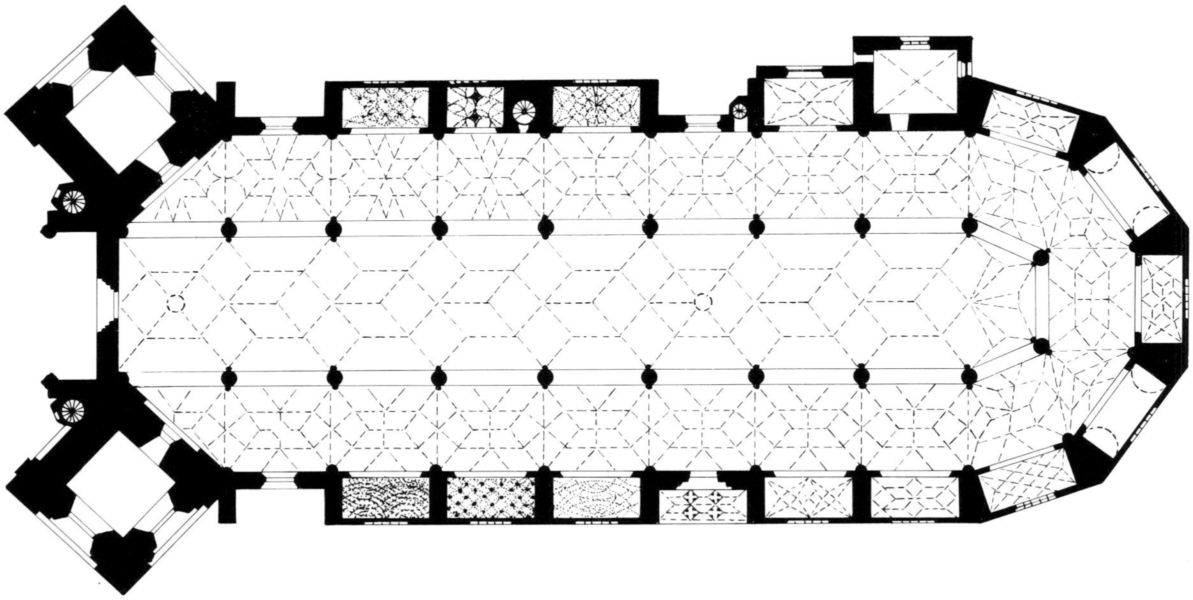

INGOLSTADT, Liebfrauenmünster: Grundriß

das Ludwig VII. aus Frankreich mitgebracht und 1438 dem Gotteshaus vermacht hatte. Der Herzog verfügt dazu, »das die vorgemeldt unser Frauen pfarkirchen zu Ingolstat von des benanten pildes wegen fürpas ewiglich haiss und genant werd zu der schönen unser Frauen und auch das dasselb pild ewiglich dapei beleib ...«. (»Ewiglich« galt leider nur bis zur Säkularisation: Damit es nicht in falsche Hände geriet, zerschlugen die Ingolstädter das kostbare Bildnis und lieferten 1801 nur noch die goldenen Bruchstücke ab.) 1441 wurde auch im Westen der Kirche mit dem Bau begonnen. Die Baustelle wurde dabei zeitweise durch eine eingezogene Mauer von den Jochen im Ostteil abgetrennt. Um 1450/60 war vermutlich die Fensterzone des Chorumgangs im Osten fertig. Zwischen 1440 und 1460 arbeitete man an der Einwölbung der Seitenschiffe. Die Jahreszahl 1489 außen an der Stirnwand des Chors bezeugt das Aufsetzen des Kranzgesimses und des mächtigen Dachstuhls. Um 1500 konnte der Baumeister Hanns Rottaler endlich die Gewölbe im Mittelschiff schließen.

Das Äußere des Gotteshauses blieb bis heute unvollendet. Ein Provisorium sind die Hauben der ungleich hohen Türme, denn nach aufgefundenen Plänen sollten sie mit spitzen Helmen rund 86 Meter hoch werden. Die Westfassade läßt nur an den Mauer- und Rippenansätzen erkennen, daß eine Vorhalle geplant war. Schlicht ist die Fassade der rund 96 Meter langen Kirche geblieben; nur ein gemaltes Fries zieht sich unter dem Gesims des gewaltigen Dachs entlang. Fünf Portale führen in das Innere des Gotteshauses: Am reichsten gestaltet ist das Brautportal im Südosten; der Figurenschmuck auf den Konsolen und unter den Baldachinen zeigt die Verkündigung und die Heimsuchung Mariens; im Gewände sieht man die Anbetung des Jesukindes durch die Heiligen Drei Könige und im Zwickel des Giebels das Schweißtuch der Veronika, das von einem Engel gehalten wird. Das Westportal mit den zwölf Aposteln in den Gewänden wird Meister Hanns Rottaler zugeschrieben und ist wohl 1490 fertig geworden.

Architektonische Klarheit und Originalität zeichnen das Innere des Münsters aus. Acht querrechteckige Joche bilden das Mittelschiff, das beidseitig von längsrechteckigen Jochen in den Seitenschiffen begleitet wird. Der Altarraum wird durch das Engerstellen des letzten östlichen Rundpfeilerpaares angedeutet. Hinter ihm schließen sich die Seitenschiffe zu einem Umgang. Diese Chorlösung findet ihr Gegenstück im Westen durch die Einbeziehung der über Eck gestellten Türme: Sie bilden zusammen mit der Westwand einen dreiseitigen Schluß. Die Pfeiler, die die Seitenschiffe von dem (um fünf Meter höheren) Mittelschiff trennen, vermitteln dadurch zusammen mit den Außenmauern den Eindruck eines flachovalen Grundrisses und eines um den ganzen Kirchenraum führenden Umgangs. Mächtige Rundpfeilerpaare tragen das spätgotische Netzrippengewölbe mit seiner eigenwilligen geometrischen Figuration. Einen geradezu

INGOLSTADT, Liebfrauenmünster: Innenraum nach Osten

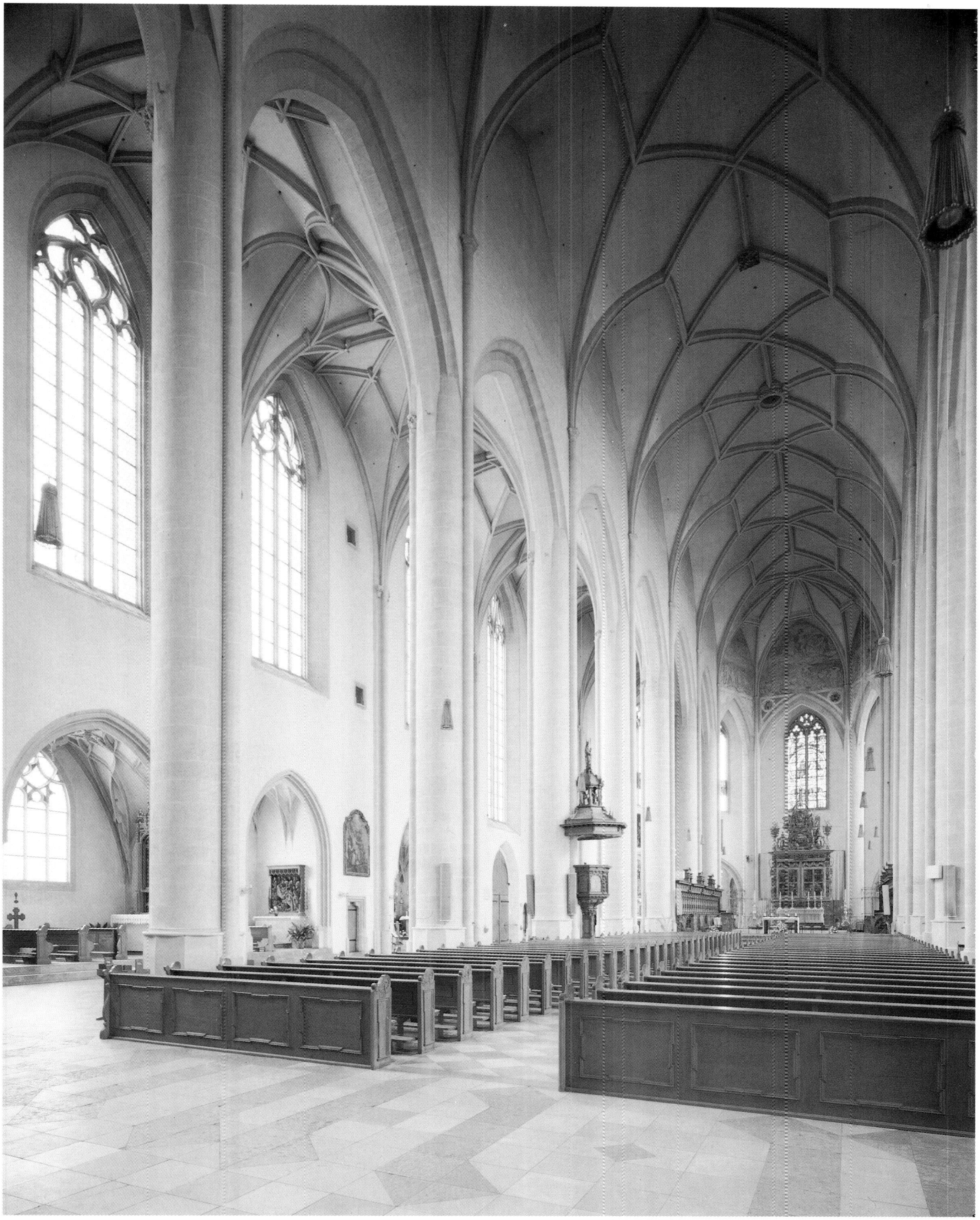

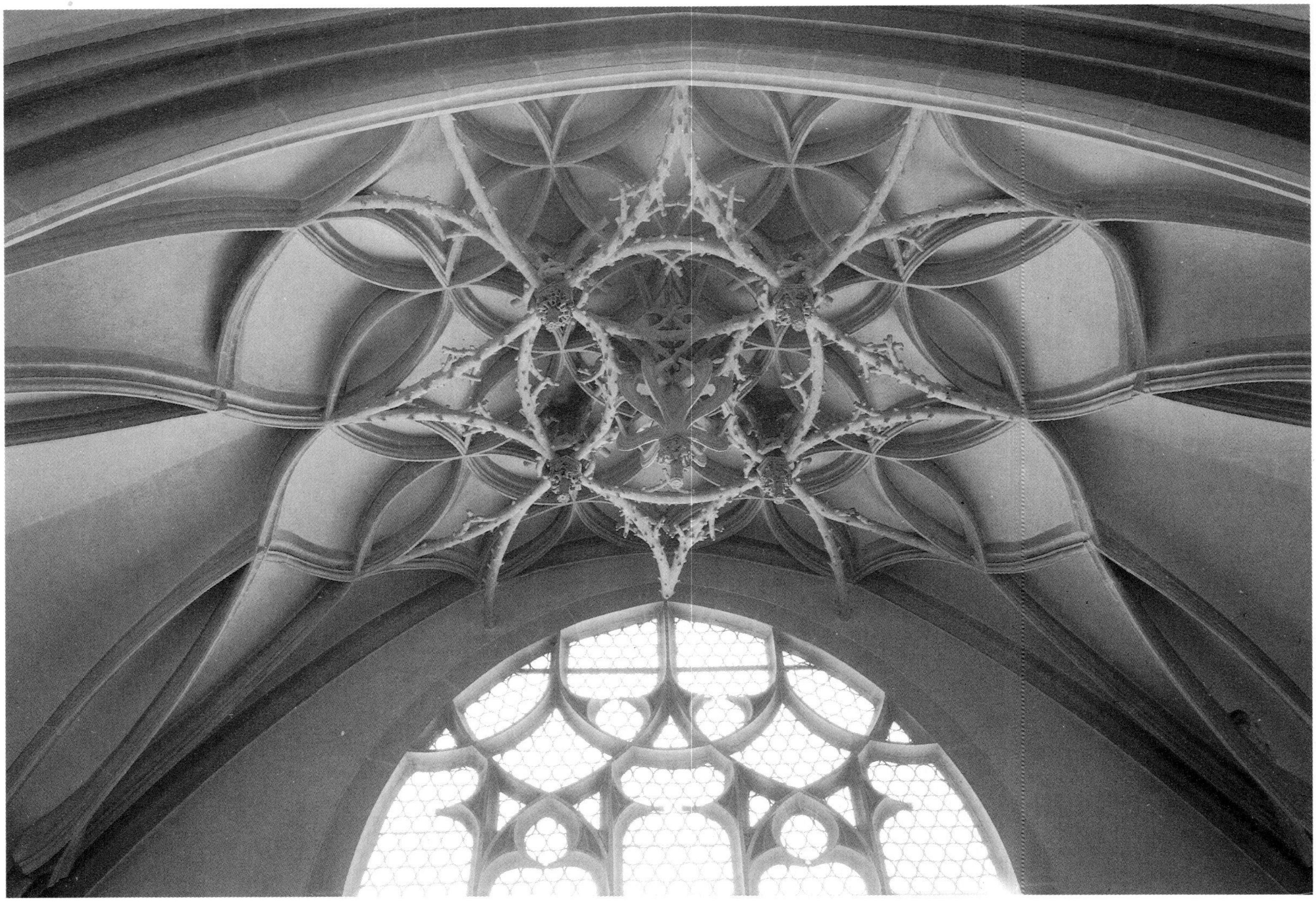

krassen Gegensatz dazu bilden die Gewölbe in den 1509 angebauten Seitenkapellen an der Nordseite des Langhauses sowie in jenen, die bis 1520 an seiner Südseite vollendet werden. Bizarr wirkt die Formgebung der Gewölbe in den drei westlichen Kapellen jeder Langhausseite: Das frei unter den Rippen schwebende Ast- und Knorpelwerk dokumentiert die endgültige Auflösung der gotischen Stilstrenge.

Von den vielen aus der spätgotischen Epoche stammenden Kunstwerken muß hier eine kleine Auswahl genügen. Hochverehrt ist die »Schöne Muttergottes« im Weichen Stil des frühen 15. Jahrhunderts, die an der letzten südlichen Säule vor dem Altarraum steht. Auf die Spätgotik und die frühe deutsche Renaissance gehen die farbenprächtigen Glasfenster von 1494 bis 1527 im Chorumgang zurück: Die Stiftungen von Universitätslehrern, Geistlichen und Bürgern wurden in der Werkstatt des Nürnbergers Veit Hirsvogel nach Entwürfen von Albrecht Dürer, Hans von Kulmbach und Hans Wertinger gefertigt.

Bemerkenswert sind die Epitaphien an der Wand vor der Sakristei. Sie stammen aus der Zeit, als das Münster auch Universitätskirche war. Ein Werk des Meisters Erhart aus Straubing für den 1475 verstorbenen Professor Johann Mainberger steht an der linken Wandseite: Es zeigt den Toten mit versonnenem Blick und vielen Büchern unter seinem Haupt und zu seinen Füßen; zwei Engel halten das Bahrtuch, ein Sinnbild für die Weisheit und die Gelehrsamkeit im Glauben an Gott.

Der zweite Epitaph wurde zum Gedenken an den ersten Doktor der theologischen Fakultät zu Ingolstadt, den 1505 verstorbenen Professor Dr. Johannes Permetter, gesetzt. 1473 hat er promoviert und unter der kritischen Aufmerksamkeit der gelehrten Kollegen seine erste Disputation gehalten: Diesen Höhepunkt seines Lebens hat der Bildhauer eindrucksvoll festgehalten. Die Szene ist eingebunden zwischen Tod und Ewigem Leben, was durch den von Würmern zerfressenen Leichnam

INGOLSTADT, Liebfrauenmünster: Schwebendes Ast- und Knorpelwerk im Gewölbe der Seitenkapelle, zwischen 1509 und 1520

links
INGOLSTADT, Liebfrauenmünster: Epitaph für Professor Dr. Johannes Permetter, den ersten Doktor der theologischen Fakultät der Universität Ingolstadt, um 1505

rechts
INGOLSTADT, Liebfrauenmünster: »Schöne Muttergottes« im Weichen Stil des frühen 15. Jahrhundert

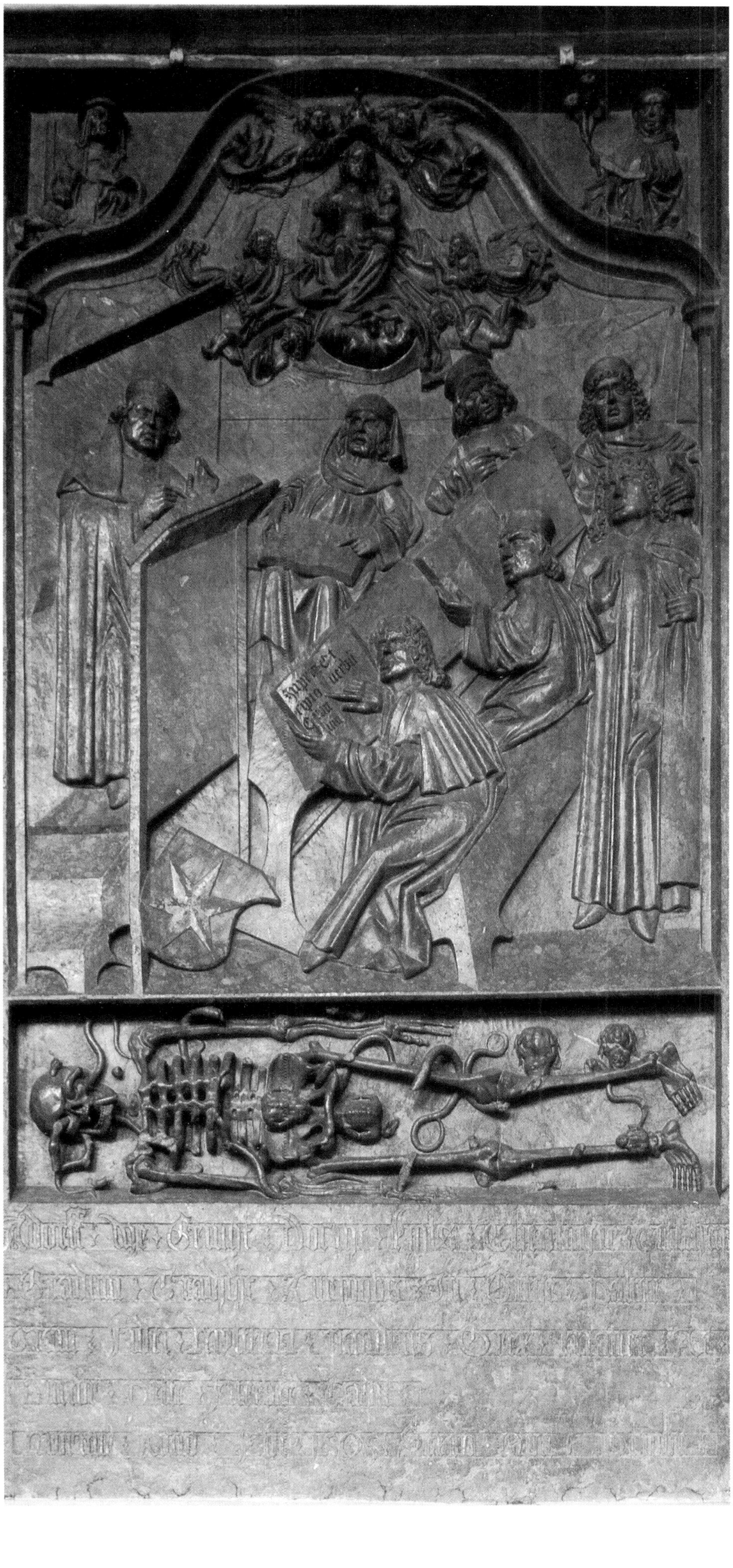

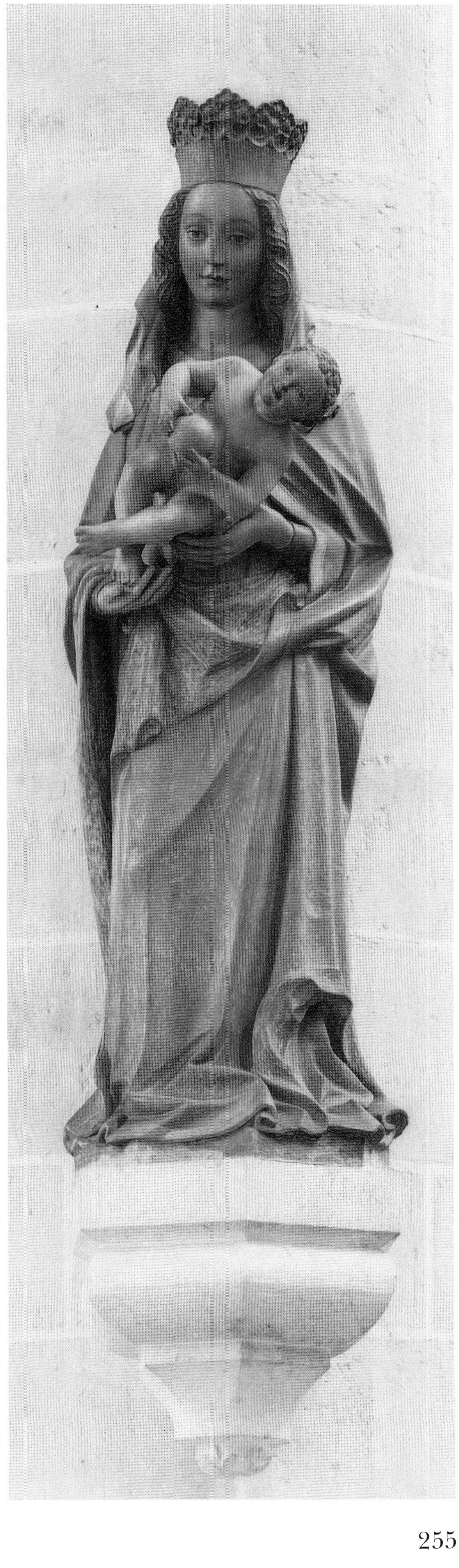

unten und die Krönung Mariens darüber symbolisiert wird.
Mahnende Sinnbilder sind auch die beiden Reliefs, die über den Pforten der beiden Türme eingelassen sind: Herzog Ludwig VII. am Südturm und der Erbärmde-Christus am Nordturm sollen die durch eine herzogliche Stiftung von 1441 begünstigten eintausend Armen ständig daran erinnern, für den sündigen Herzog zu beten. Diese Stiftung war der eigentliche Anlaß für den Baubeginn des Westteils des Münsters, hier sollte nach dem Wunsch des Herzogs eine abgetrennte Armenkirche entstehen. Der Grund für die herzogliche Mildtätigkeit ist in der schwierigen Lage zu suchen, in der sich Ludwig VII. befand: Sein als Nachfolger favorisierter, illegitimer Sohn Wieland von Freyberg war 1439 gestorben. Sein Erbe Ludwig VIII. der Bucklige lag in ständiger Fehde mit dem Vater. Ludwig spürte, wie sich die politische Lage ständig verschlechterte, er fühlte sich arm und versuchte in der Gebetsgemeinschaft mit den Ärmsten Trost und Vergebung seiner Sünden zu finden.
Unter Herzog Ludwig dem Gebarteten wurde das Liebfrauenmünster zwar in allen Bauteilen begonnen, bei seiner Gefangennahme 1443 und dem Tod seines Sohnes 1445 war die Fertigstellung aber noch weit entfernt. Selbst große Opfer der Ingolstädter Bürger reichten nicht aus, das Werk zu vollenden. Es wurde, wie bei anderen kirchlichen Großbauten, zu den bewährten Ablaßbriefen gegriffen: 1452 erschien der erste und 1487 folgte ein von Papst Innozenz VIII. bewilligter Gnadenbrief, der unter die sogenannten »Butterbriefe« einzureihen ist: Jedem Gläubigen, der den Verdienst eines Tages für den Kirchenbau spendete, wurden seine Sünden erlassen, und außerdem durfte er an Fasttagen auch Milch, Butter und Käse essen. Von den Einnahmen mußte ein Viertel für den Petersdom nach Rom abgeführt werden, der Rest ging zu gleichen Teilen an den Bau des Münsters und an die Martinskirche in Landshut.

Zum Stadtgebiet von Ingolstadt gehört das nördlich der Donau gelegene MAILLING mit der kleinen Kirche *St. Maria* von Feldkirchen. Der gotische Bau und der nördlich des Chorhauses angesetzte Satteldachturm mit Treppengiebel entstanden im frühen 15. Jahrhundert. Den Altarraum deckt spätgotisches Netzgewölbe, dessen Rippen auf zierlichen Kragsteinen ruhen und deren Schnittpunkte mit figürlichen Schlußsteinen besetzt sind. Hauptwerk der Kirche ist die sogenannte Feldkirchner Madonna auf dem Altar: Einem Regensburger Meister wird das 1310 für die Vorgängerkirche aus Juragestein gemeißelte Werk zugeschrieben. (Der frühere Standort der Madonna an der Außenwand hat leider zum Verlust der Krone und der rechten Hand geführt.) Die Anmut der Gestalt mit dem bekleideten Jesusknaben, der nach der Mutterbrust greift, und die zarte Behandlung des Gewands sind ein eindrucksvolles Beispiel für die von französischer Auffassung geprägten frühgotischen Bildhauerarbeiten in unserem Raum.
Außer der schön dekorierten Sakramentsnische im Altarraum ist auch die zum Langhaus hin weit geöffnete Kapelle an der Nordseite von Interesse: Die Rippen des Kreuzgewölbes wachsen aus Baldachinen, unter denen spätgotische Schnitzfiguren stehen. Das Wappen der Mailänder Visconti ziert den Schlußstein: Es gibt Anhalt für Stiftungen des Ingolstädter Herzogshauses an diese Kirche.

Im Jura

Der seit der letzten Gebietsreform (1972) oberbayerische Teil des Juragebirges bildet im Spätmittelalter das Kerngebiet des Hochstifts Eichstätt. Das Land ist reich an Kirchenbauten aus dem 12. bis 14. Jahrhundert. Häufig wurden sie auf älteren Fundamenten neu begründet, denn der selige Bischof Gundekar II. (1057-1075) hatte in seiner Amtszeit 126 Kirchen in diesem Gebiet geweiht. Abgesehen von den großen Gotteshäusern in Eichstätt herrscht in den dörflichen Gemeinwesen die wehrhafte Chorturmkirche vor; an vielen Orten wurden zusätzlich die Friedhöfe und Kirchen mit Mauern, Toren und Türmen umgeben. Die Innenräume der meisten alten Kirchen und ihre Ausstattung wurden im frühen 18. Jahrhundert im barocken Stil neu gestaltet. In den Markt-, Dorf- und Wallfahrtskirchen haben sich aber dennoch zahlreiche Kostbarkeiten der bildenden Kunst aus allen gotischen Stilepochen sowie Wandmalereien aus dem frühen 14. Jahrhundert erhalten.

Das Land war offen, und gerade an den Werken der Bildhauer läßt sich ablesen, wie vielgestaltig die Kunst der Gotik in das Gebiet eingedrungen war: Die Hand eines Regensburger Meisters hat um 1310 die Feldkirchner Madonna in Mailling (Stadt Ingolstadt) gemeißelt; um 1340 entstand die Spindeltal-Madonna in einer an Schwäbisch-Hall und Rottweil orientierten Werkstatt. Die Figur wurde unter der Sakristei der Kirchenruine St. Marien im Spindeltal gefunden; sie steht heute in einer Wandnische der Kirche *St. Johannes der Täufer* in ENSFELD (Markt Mörnsheim).

Aus dem frühen 14. Jahrhundert stammt die Madonna mit Kind auf dem nördlichen Seitenaltar der Kirche *St. Mariä Himmelfahrt* in MÖCKENLOHE (Gemeinde Adelschlag); der Chorturm wurde schon im 13. Jahrhundert gebaut.

Um die Mitte des 14. Jahrhunderts entstand die Sandsteinmadonna auf dem linken Seitenaltar der im 12. Jahrhundert erbauten Kirche *St. Johannes Evangelist* in OBEREICHSTÄTT (Markt Dollnstein).

In einer Eichstätter Werkstatt wurde zu Beginn des frühen 15. Jahrhunderts das Terrakottarelief vom Tod Mariens geformt, das zum Gnadenbild der um 1400 erbauten *Wallfahrtskirche Mariä Himmelfahrt* in ALTENDORF (Markt Mörnsheim) wurde.

Dem Weichen Stil um 1420 zuzurechnen ist die Figur der sitzenden Maria an der nördlichen Langhauswand der Kirche *St. Sebastian und Anna* in SAPPENFELD (Gemeinde Schernfeld). Von der unter Bischof Gabriel von Eyb erbauten spätgotischen Kirche ist noch der Chor mit Kreuzrippengewölbe erhalten.

In die Kunstwerke dieses ländlichen Raums eingereiht werden muß auch das 1425 geschaffene Sandsteinrelief mit der Anbetung der Heiligen Drei Könige und den Figuren der beiden betenden Stifter im Bogenfeld des vermauerten romanischen Südportals der Kirche *Unserer Lieben Frau* in GROSSMEHRING.

Um 1420 wurde die einschiffige Kirche *St. Sixtus* in POLLENFELD errichtet; während das Langhaus neugotisch erneuert wurde, blieb der stattliche, zweijochige Chor ursprünglich. Aus konsolartigen Köpfen und Wanddiensten wachsen die Rippen des Kreuzgewölbes. Steinmetze der Eichstätter Dombauhütte haben um 1470 das reich verzierte hohe Sakramentshaus und die zwei von Fialen und Kreuzblumen gefaßten Reliquiennischen geschaffen. Die sehr guten Glasgemälde in den Chorfenstern wurden schon um 1420 eingesetzt: Das südliche enthält Szenen aus der Kindheit Jesu, das nördliche die Passion Christi. Das Fresko mit dem Tod Mariens im Kreise der Apostel an der südlichen Chorwand wurde um 1430 gemalt. Bereits in die Renaissance weisen die um 1520 geschnitzten, lebensgroßen Figuren der Madonna und der Heiligen Sixtus, Willibald,

Walburga und Laurentius im Schrein des neugotischen Hochaltars. Vom gleichen Meister ist die Figurengruppe im Aufsatz mit dem auferstandenen Christus, Petrus und Maria Magdalena. Der Spätgotik um 1470 sind der Taufstein links und die Gottesmutter mit dem Jesuskind rechts am Chorbogen zuzurechnen. Das spätgotische Westportal mit den Halbfiguren des Kirchenpatrons St. Sixtus und dem Bistumsheiligen St. Willibald und der Turm in den 1575 vollendeten Neubau des Langhauses übernommen.

Eine Burg – im 12. Jahrhundert von den Grafen von Hirschberg auf einer Felsbank über der Altmühl erbaut – war der Ursprung des malerisch zu beiden Seiten des Flusses liegenden Marktes DOLLNSTEIN. Die Siedlung entstand wohl im 13. Jahrhundert, 1387 verlieh ihr König Wenzel das Marktrecht; 1440 sind Burg und Markt an das Hochstift Eichstätt verkauft worden. Unter Bischof Wilhelm von Reichenau wurden gegen Ende des 15. Jahrhunderts der Markt und der Burgberg mit einer hohen Ringmauer umgeben. Die Burg hat man im 19. Jahrhundert bis auf einige Wirtschaftsgebäude abgebrochen. Ein Teil der Wehranlage mit Resten von Wehrgängen, Befestigungstürmen und dem 1491 gebauten nördlichen Torturm mit einem Vortor schirmt auch noch heute eindrucksvoll den Ort gegen die Tallandschaft ab.

Eine kunstgeschichtliche Kostbarkeit sind die gotischen Wandbilder in der Kirche *St. Peter und Paul.* Das erhöht über dem Ort gelegene und im Kern noch romanische Gotteshaus wurde 1063 von Gundekar II. von Eichstätt geweiht. Um 1300 erhielt die Kirche den gotischen Chor. Zwischen 1320 und 1330 wurden die Wände des Altarraums mit den reichen, in zarten roten und blauen Farbtönen gehaltenen Freskenzyklus bemalt: Er beginnt mit der Darstellung des Schmerzensmanns mit einem Rutenbündel und zwei Kirchenvätern an der nordwestlichen Chorwand; weiter nach Süden folgt ihnen ein Bilderfries mit den zwölf Aposteln, die Spruchbänder mit den zwölf Artikeln des christlichen Glaubensbekenntnisses in lateinischer Sprache halten. Über ihnen sind jeweils Halbfiguren von Propheten mit Texten aus der Heiligen Schrift. Der Zyklus endet an der südwestlichen Chorwand mit einer Madonna im Strahlenkranz, die von den beiden anderen Kirchenvätern begleitet wird. Die Zuordnung einzelner Sätze des Glaubensbekenntnisses zu bestimmten Aposteln geht auf eine Predigt aus dem 6. Jahrhundert zurück. Ab 1300 tauchen derartige Darstellungen im süddeutschen Raum auf – die Dollnsteiner Fresken gehören zu den ältesten dieser Art. (Ein Gegenstück aus dem 15. Jahrhundert mit Texten in deutscher Sprache haben sie in Marktredwitz in Oberfranken und im schwäbischen Memmingen.)

Bemerkenswerte gotische Wandmalereien birgt auch die Taufkapelle der Pfarrkirche *St. Vitus* in KOTTINGWÖRTH (Stadt Beilngries) am Nordufer der Altmühl; sie befindet sich im Untergeschoß des östlichen der beiden Türme, der im 13. Jahrhundert als Chorturm der alten Pfarrkirche errichtet wurde. Der zweite, noch spätromanische Turm bildete damals das Westende des alten Langhauses. Im 18. Jahrhundert brach man die alte Kirche bis auf die Türme ab, zwischen beide wurde das nach Norden ausgerichtete barocke Langhaus gebaut. Der Freskenschmuck an den Wänden des rechteckigen, kreuzgewölbten Turmchors, der heutigen Taufkapelle, entstand im frühen 14. Jahrhundert: Naiv, doch sehr realistisch hat der unbekannte Künstler das Fries an der Ostwand mit den in einfachen Arkaden stehenden Heiligen, das Jüngste Gericht mit dem Seelenwäger St. Michael, dem ein kleiner schwarzer Teufel ins Handwerk pfuschen will, gemalt. An der Nordwand sind Szenen aus dem Leben des hl. Vitus dargestellt; Einzelbilder mit den Martyrien weiterer Heiliger bedecken die Südwand.

Vor steil aus den kargen Wiesenhängen aufragenden Kalkfelsen liegt am Nordufer der Altmühl der kleine Markt KINDING mit seiner wehrhaften, spätgotischen Kirchenburg. Die einfache Anlage der Kirche *St. Maria* mit dem kraftvollen spätromanischen Chorturm und dem barock umgestalteten, im Kern gotischen Langhaus ist nur als Ensemble mit dem befestigten Friedhof von Bedeutung. Für 1357 ist die Weihe eines inneren und eines äußeren Friedhofs überliefert. Der etwas erhöht liegende innere Friedhof wurde noch im 14. Jahrhundert rechteckig mit einer Wehrmauer umgeben. Sie ist talseitig durch drei kräftige Schalentürme verstärkt. Die verbliebenen Tragbalken für die Wehrgänge im Inneren der Türme

DOLLNSTEIN, Kirche, St. Peter und Paul: Abschluß des Apostelzyklus mit dem Glaubensbekenntnis. Das Fresko zeigt den Apostel Matthias, den Propheten Habacuc, zwei Kirchenväter und die Madonna im Strahlenkranz, entstanden zwischen 1320 und 1330

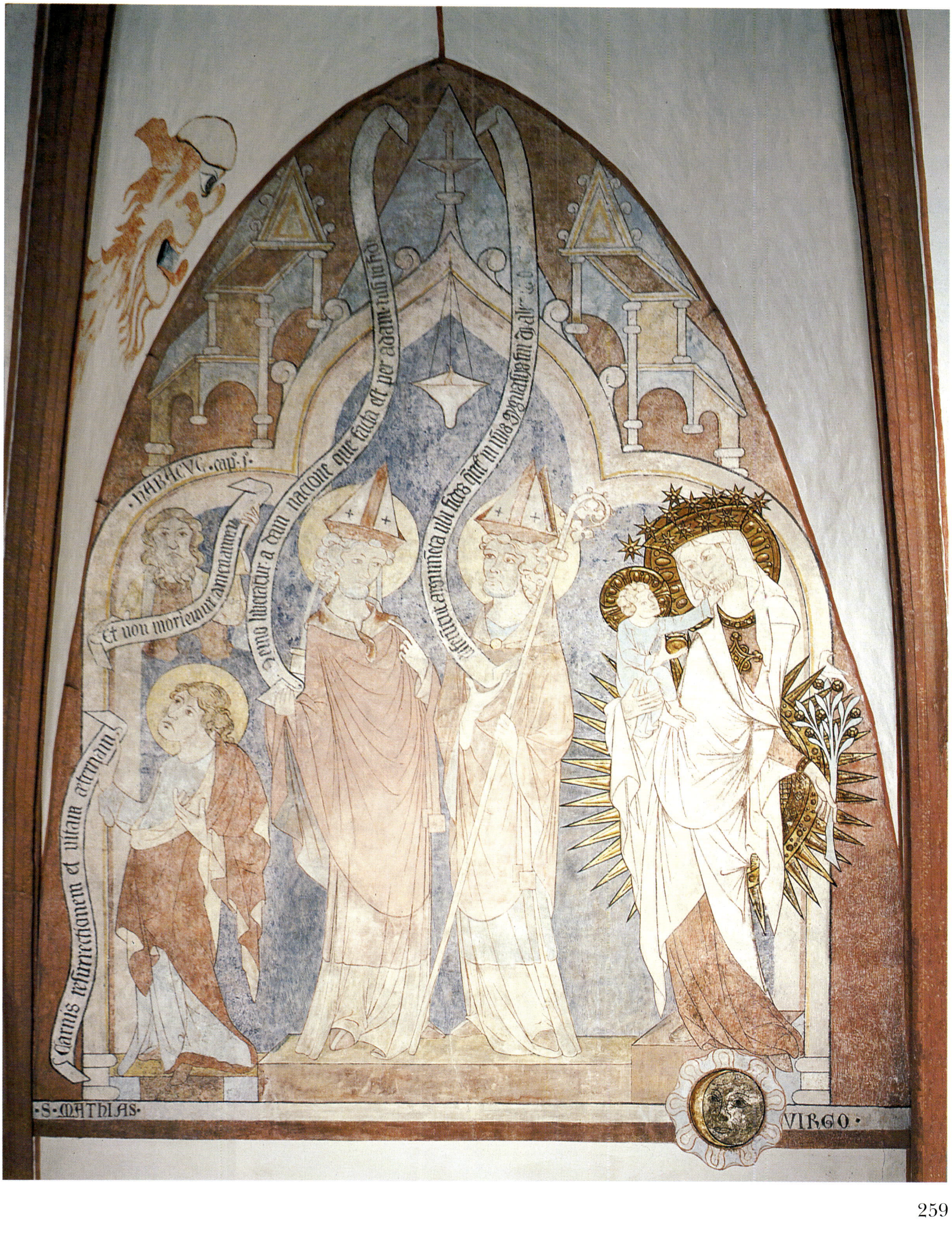
·S·MATHIAS·
VIRGO·

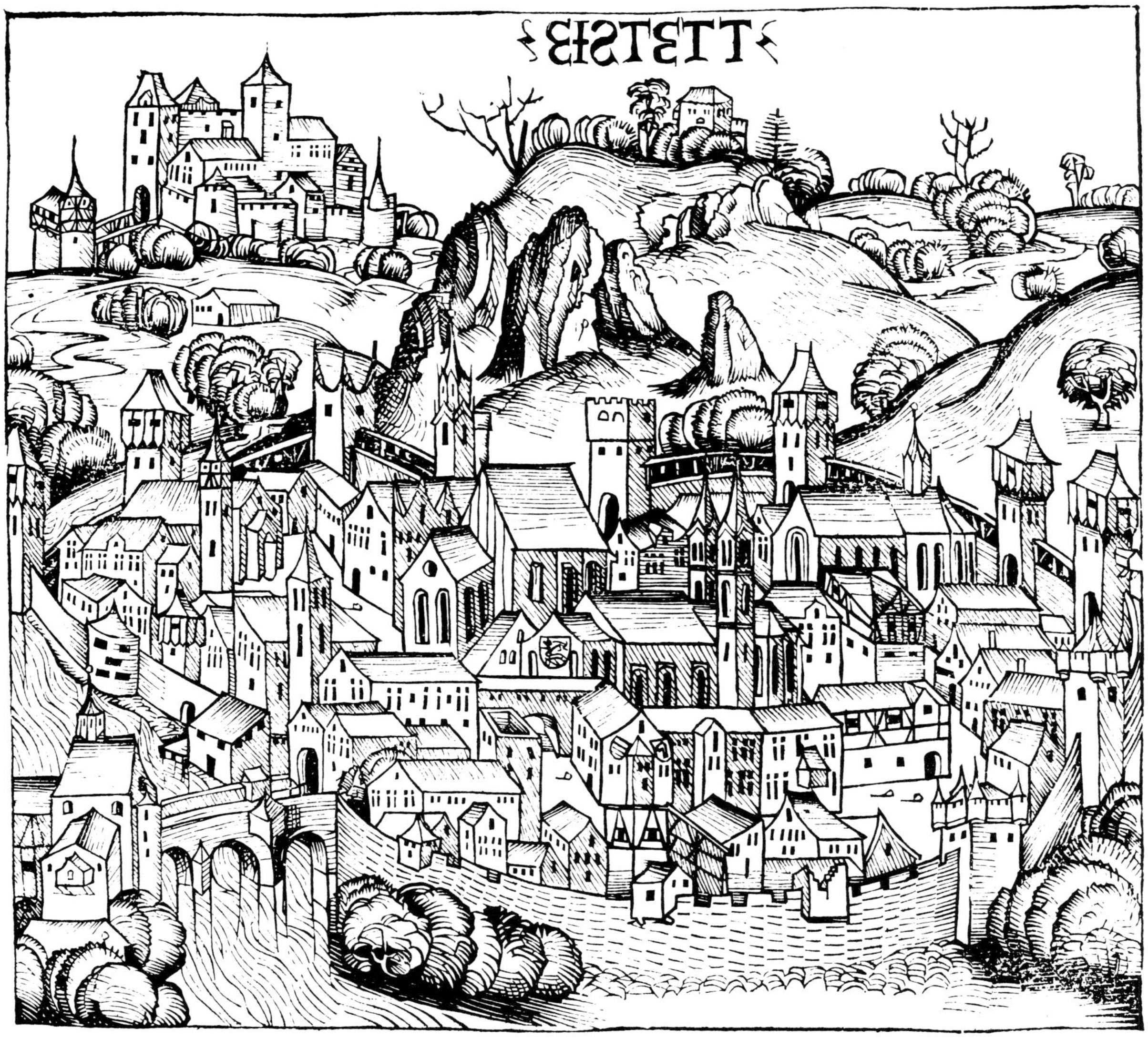

EICHSTÄTT: *Ansicht der spätgotischen Stadt um 1493. Holzschnitt von Michael Wolgemut aus der Schedelschen Weltchronik*

und Mauern sowie die Schießscharten und Pechnasen vermitteln noch etwas von der Verteidigungskraft der Kirchenburg.
Ebenso eindrucksvoll demonstrieren die Reste der im 14. Jahrhundert im Tal der Schutter gebauten *Wasserburg* von NASSENFELS die Wehrhaftigkeit gotischer Festungsbauten vor der Erfindung der Feuerwaffen. Um 1300 wurde der Bergfried der rechteckigen Anlage errichtet, die Ringmauer hat man im 14. Jahrhundert ausgebaut und gegen Ende des Jahrhunderts mit drei mächtigen, von Satteldächern gedeckten Wehrtürmen verstärkt. Reste des Wassergrabens und einer spätgotischen Zwingeranlage haben sich im Osten des Bauwerks erhalten.

Eichstätt

Geistlicher und kultureller Mittelpunkt der Juralandschaft zwischen Altmühl und Donau war die alte Bischofstadt EICHSTÄTT. Eingangs des Spätmittelalters herrschten zwei Herren über die Stadt: die Fürstbischöfe und die Grafen von Hirschberg. Bereits 1237 kam es zu Auseinandersetzungen zwischen den nach mehr Selbstverwaltung strebenden Bürgern und der geistlichen Obrigkeit. Der Konflikt wurde 1245 durch einen Vergleich zwischen Bischof Friedrich und dem Hochstiftsvogt, dem Grafen von Hirschberg, beigelegt. Er führte zu einer strengen Trennung der geistlichen von der weltlichen Stadt. Die bereits im hohen Mittelalter einsetzende getrennte Entwicklung der kirchlichen Siedlung rund um Dom und Bischofskloster und der entlang der Altmühl nach Nordwesten wachsenden Kaufmanns- und Handwerkerstadt wurde damit festgeschrieben. Sie blieb auch nach 1305 bestehen, als durch das Aussterben der Grafen von Hirschberg der Bischof zum alleinigen Stadtherrn wurde.

EICHSTÄTT, *Dom Mariä Himmelfahrt: Ostchor; davor das Mortuarium (links) und der Nordflügel (rechts) des Kreuzgangs*

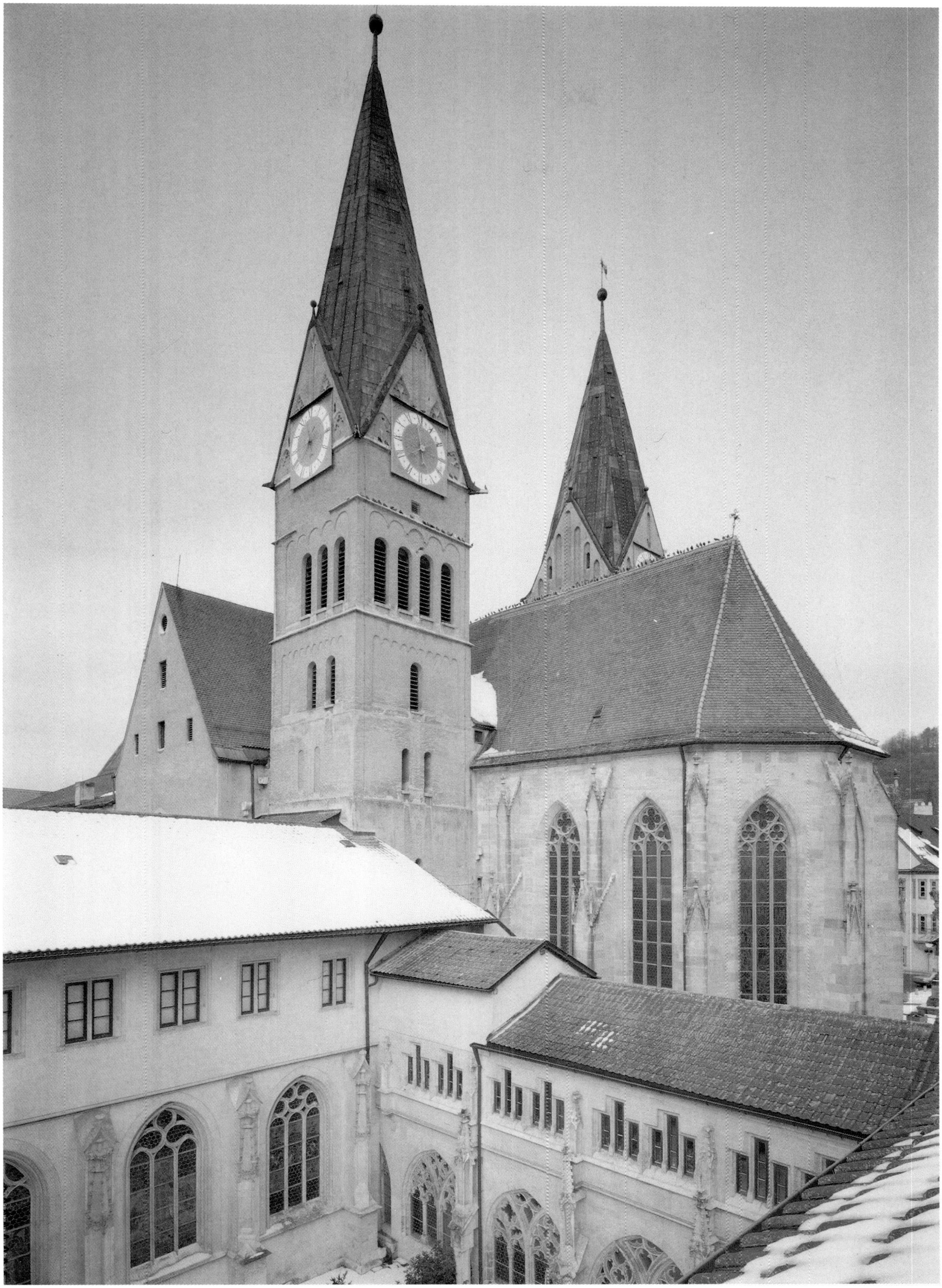

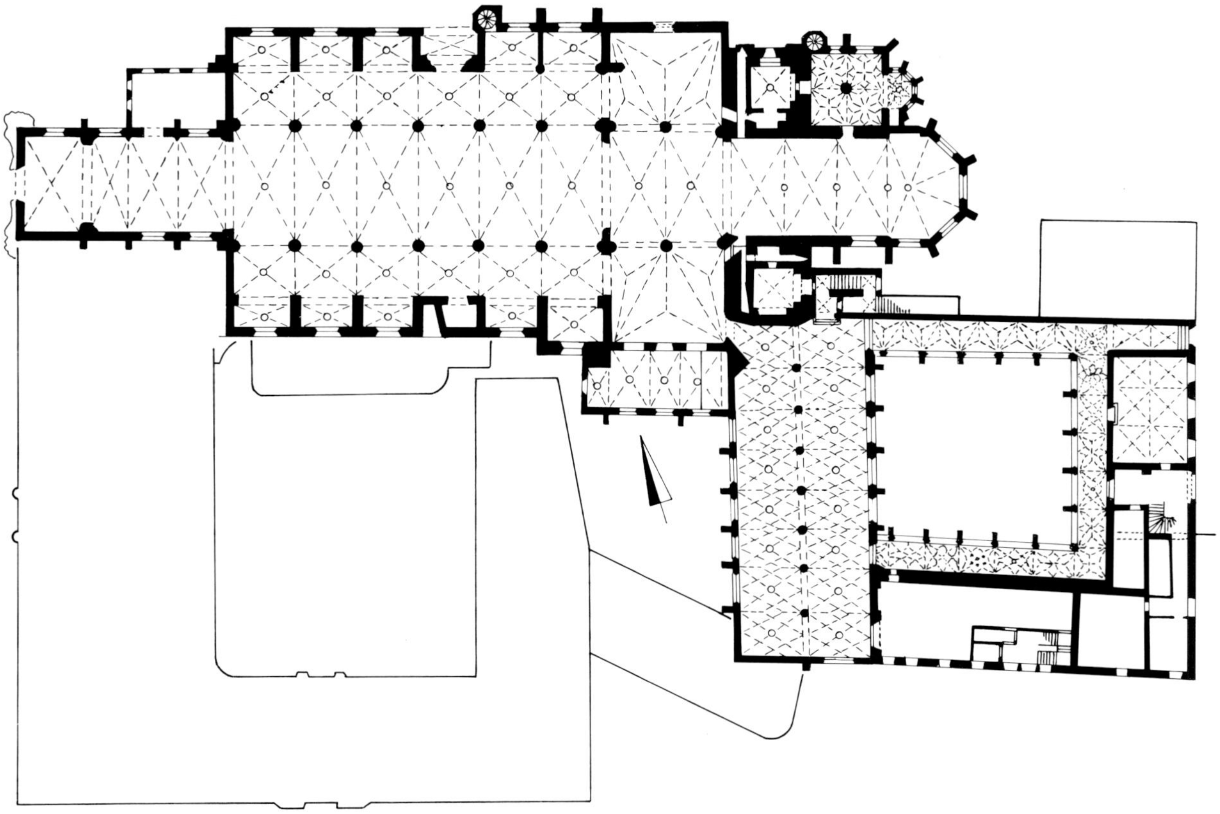

EICHSTÄTT: *Grundriß von Dom, Kreuzgang und Mortuarium*

Mit dem Freiheitsbrief von 1307 schränkte Bischof Philipp von Rathsamhausen aber die Rechte seiner Bürger auf Selbstverwaltung wesentlich ein. Von nun an wurde der Rat der Stadt alleine vom Bischof ernannt und nicht mehr, wie 1291 mit den Grafen von Hirschberg vereinbart, aus einem Kreis von Geschworenen der Bürger gewählt.

Weithin sichtbarer Mittelpunkt der in das schmale Altmühltal eingebetteten Stadt ist der Dom *Mariä Himmelfahrt*. Mit seinen beiden spitzbehelmten Chorflankentürmen und den großen Dachflächen beherrscht er die kirchenreiche Silhouette Eichstätts. Die Türme erhielten um 1210 als letzter Bauteil des in rund zweihundert Jahren erbauten romanischen Doms ihre endgültige Gestalt. Einige Jahrzehnte herrschte nun Ruhe auf der Dombaustelle, dann begann 1256 unter Bischof Heinrich IV. der Bau des Westchors mit den drei, von frühgotischen Kreuzgewölben gedeckten Jochen; schon 1269 war die Grabkirche für den Bistumsgründer, den hl. Willibald, vollendet. Bischof Wilhelm von Reichenau ließ 1471 den Westbau um das an dem Schlußstein erkennbare spätgotische Joch verlängern. Die durchgreifende Gotisierung des Doms setzte um 1350 unter Bischof Berthold von Hohenzollern ein. In der kurzen Zeit bis 1420 entstanden der einschiffige Ostchor, das Querhaus, die dreischiffige Halle des Langhauses, die nördliche Kapellenreihe und die ehemalige Katharinenkapelle auf der Südseite neben der Orgel. Der lichtdurchflutete Kirchenraum fesselt heute durch seine architektonische Klarheit. Die sechs Joche des Langhauses werden durch hohe, schlanke Pfeiler mit wechselweise rundem und pfeilförmigem Querschnitt gebildet. Ohne Kapitelle, teils direkt aus dem Schaft, teils aus kurzen Runddiensten wachsen die Rippen und Gurtbogen der Kreuzgewölbe heraus und schwingen in allen drei Schiffen zur gleichen Scheitelhöhe empor. Die ebenso hoch mit Kreuzrippengewölbe geschlossenen Seitenkapellen zwischen den tief eingezogenen Wandpfeilern verleihen dem Langhaus den Eindruck einer Kirche mit fünf Schiffen. Drei wuchtige Chorbögen trennen den Laienraum von der der Geistlichkeit vorbehaltenen Chorkirche im Osten. Zwei Rundpfeiler teilen den großen Vierungsraum des Querhauses in zwei Joche. Die architektonische Verbindung zwischen Langhaus, Querschiff und Chor bildet das in Höhe des Mittelschiffs sich gleichförmig bis zum polygonen Chorschluß fortsetzende Kreuzrippengewölbe. Schlicht wie die Formen ist die architektonische Bauzier. Alle Rip-

EICHSTÄTT, *Dom: gotischer Innenraum mit Blick zum Ostchor*

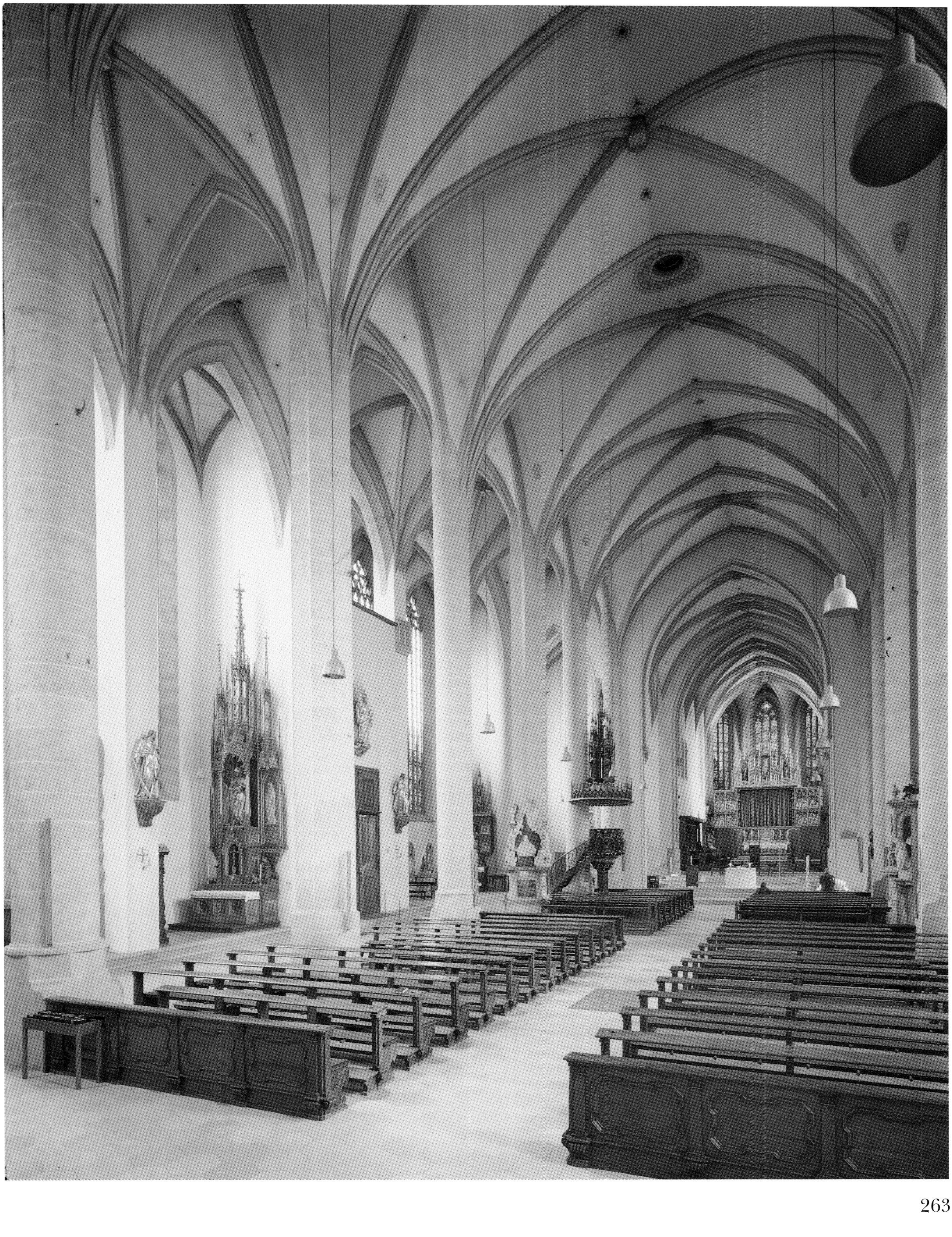

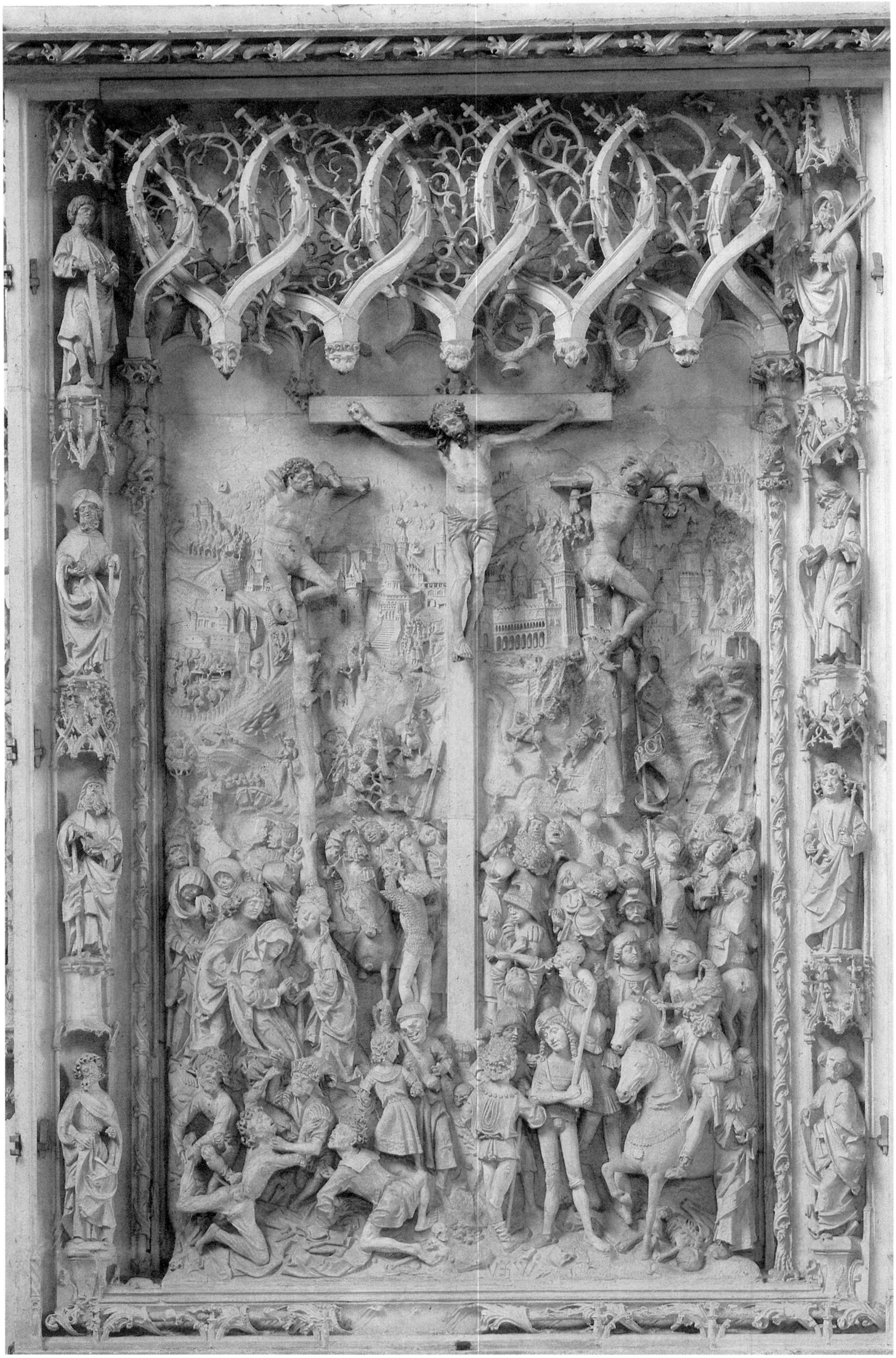

EICHSTÄTT, *Dom: Pappenheim-Altar im nördlichen Querhaus; Eichstätter Sandstein, 1489 bis 1497. Die Architekturteile stammen vom Dombaumeister Hans Paur, das Kreuzigungsrelief hat wohl Veit Wirsberger gemeißelt*

penschnittpunkte des gotischen Dombaus sind mit reliefierten Schlußsteinen besetzt. Der französischen Kathedralgotik entliehen scheinen die Tiergestalten an den Diensten der Vierungspfeiler und die 33 steinernen Fratzen von Dämonen im Gewölbe des Mittelschiffs.

Noch heute umfaßt die Ausstattung des riesigen Gotteshauses alle Epochen der Gotik. Um 1480 schnitzte ein unbekannter Meister die Figuren der für den Dom und das Bistum wichtigsten Heiligen im Schrein des neugotischen Hochaltars: Die Gottesmutter Maria als Kirchenpatronin in der Mitte wird zur Linken begleitet vom Bistumsgründer St. Willibald und dessen Vater, König Richard, auf der rechten Seite des Schreins stehen die heiligen Geschwister Willibalds: die Äbtissin Walburga und der Abt Wunibald.

Das herausragende Bildwerk der Spätgotik in der Domkirche ist der von Kaspar Marschall von Pappenheim gestiftete Pappenheim-Altar an der Ostwand des nördlichen Querhausarms: Von 1489 bis 1497 haben der Dombaumeister Hans Paur die Architekturteile und vermutlich der Nürnberger Veit Wirsberger das Relief für den Mittelschrein aus Eichstätter Kalkstein gemeißelt. Umrahmt von Baldachinfiguren und kunstvoll verschlungenem Sprengwerk ist vor dem Hintergrund bekannter Ansichten von Venedig und Nürnberg wie auf einer Bühne das Geschehen von Golgatha dargestellt; volkreich ist die Szene unter den drei Kreuzen, und doch sind die einzelnen Figuren und ihre Gesichter in unvergleichlicher Lebendigkeit gearbeitet. Bis in die Höhe von elf Metern erhebt sich der Auszug über dem Schrein: In ihn sind die Figuren der Apostel, Johannes der Täufer, der hl. Michael, St. Christophorus mit dem Jesusknaben und unter der Kreuzblume die vier, in der Spätgotik besonders verehrten weiblichen Heiligen Barbara, Margaretha, Katharina und Dorothea mit ihren Attributen hineinkomponiert. Die Scharniere am Mittelschrein verraten, daß das Werk als Flügelaltar konzipiert war. Ob die Flügel verlorengegangen sind oder nicht ausgeführt wurden, ist nicht bekannt.

Dombaumeister Hans Paur war auch der Künstler, der den Epitaph für die vier Domherren aus dem Geschlecht der Edlen von Eyb an der Nordwand des Querhauses geschaffen hat: Über den betenden Kanonikern sind die Reliefs von Maria mit dem Kind, der hl. Barbara und der hl. Katharina in ursprünglicher Fassung erhalten.

Einem gotischen Chorhaus nachempfunden ist der an der Südwand des Westchors aufgestellte Totenschrein; 1269 wurde er für die Gebeine des hl. Willibald gefertigt, und bis zur Mitte des 18. Jahrhunderts war der Schrein auch die letzte Ruhestätte des Bistumsgründers.

Am ersten nordöstlichen Wandpfeiler des Westchors steht die 1297 von dem Kanoniker Siboto gestiftete Figur der Gottesmutter mit Kind, die ganz den Stil frühgotischer Kathedralmadonnen verkörpert. Trotz der Fassung aus dem 17. Jahrhundert lassen der Faltenwurf des Kleides und das Spiel des Kindes mit dem Gürtel der Mutter die hohe Kunst der Meister des 13. Jahrhunderts erkennen. – Als Gegensatz zu der herben königlichen Schönheit in spätstaufischer Tradition ist die Madonna mit Kind am südlichen Vierungspfeiler anzusehen: Die um 1430 geschaffene Skulptur ist eine hervorragende Schöpfung des Weichen Stils. Die »Buchenhüller Madonna« (wie sie nach ihrer Herkunft aus der Wallfahrtskirche Buchenhüll bei Eichstätt genannt wird) besticht besonders durch das liebenswerte, edle Antlitz der Mutter und das in prachtvollen Falten drapierte Gewand.

Um 1460 wurde der letzte spätgotische Bauteil der Bischofskirche, die Kapitelsakristei, nordöstlich im Winkel zwischen Turm und Chor begonnen. Der quadratische Kapellenraum mit der Mittelsäule wurde 1464 mit reichen spätgotischen Netzrippen eingewölbt und der kleine, eingezogene Chor mit Sterngewölbe versehen; 1480 war der als Ort des Gebets von der Geistlichkeit und als Taufkapelle genutzte Sakralraum vollendet.

Das Äußere des rund einhundert Meter langen Dombaus zeigt besonders am freistehenden Teil des Ostchors und an der Kapitelsakristei reiche gotische Bauzier. Die Strebepfeiler sind mit Figurenbaldachinen und Wimpergen besetzt; Fialen und Wasserspeier schmücken das Chörlein des spätgotischen Kapellenanbaus. 1396 wurde an der Nordseite das Portal mit der kreuzrippengewölbten Vorhalle fertiggestellt: Im Tympanon ist ein farbiges Steinrelief mit dem Tod Mariens im Kreise der Apostel und ihre Aufnahme in

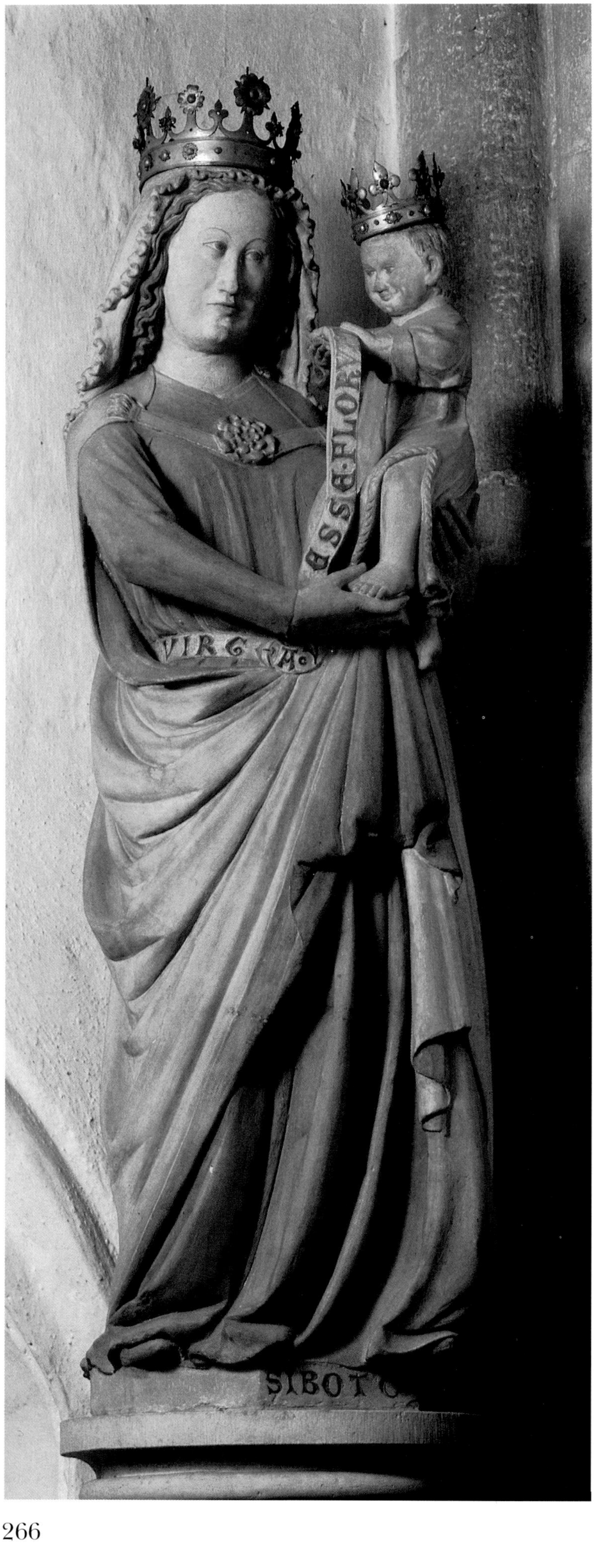

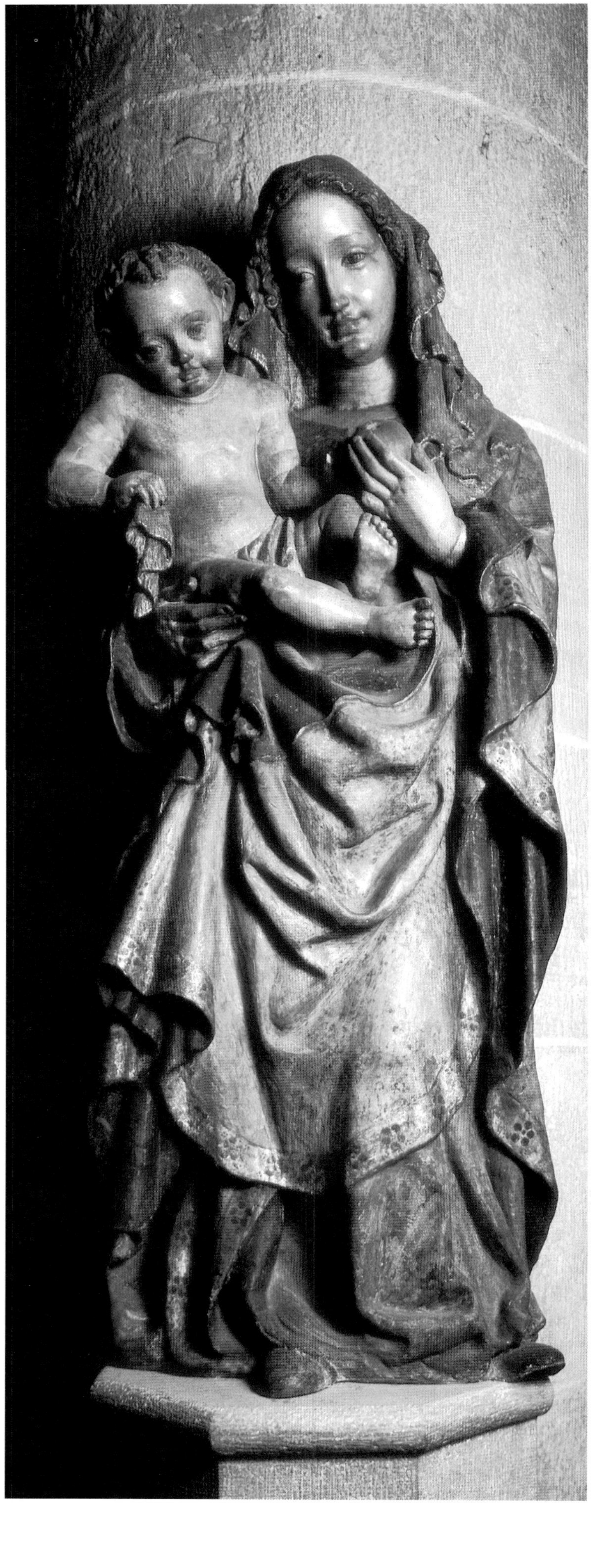

Seite 266 links
EICHSTÄTT, *Dom: Siboto-Madonna im frühgotischen Westchor, 1297*

Seite 266 rechts
EICHSTÄTT, *Dom: Buchenhüller-Madonna am südlichen Vierungspfeiler, Weicher Stil um 1430*

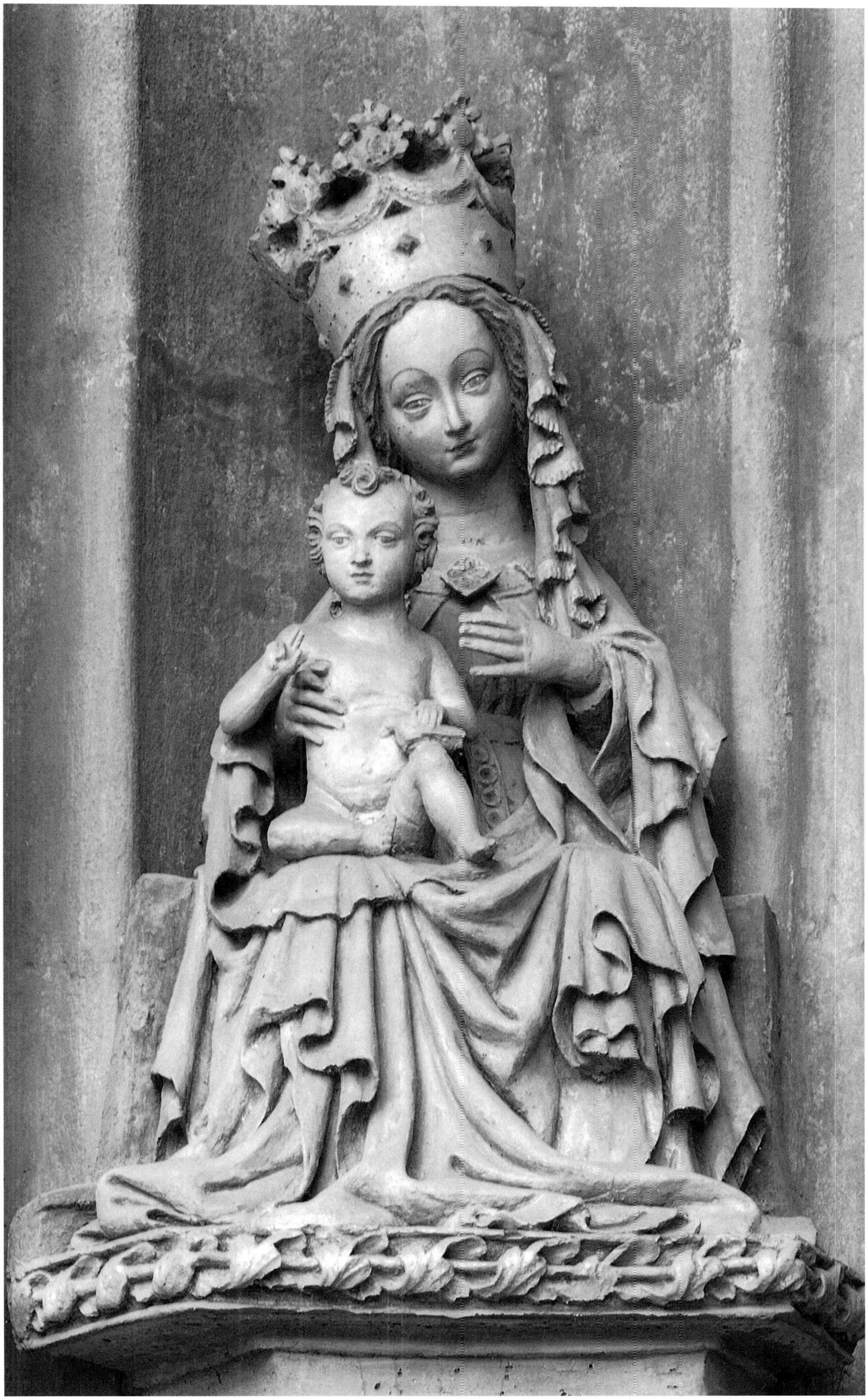

EICHSTÄTT, *Dom: Thronende Madonna mit Kind, Tonfigur um 1420 im Gewände des Hauptportals an der Nordseite*

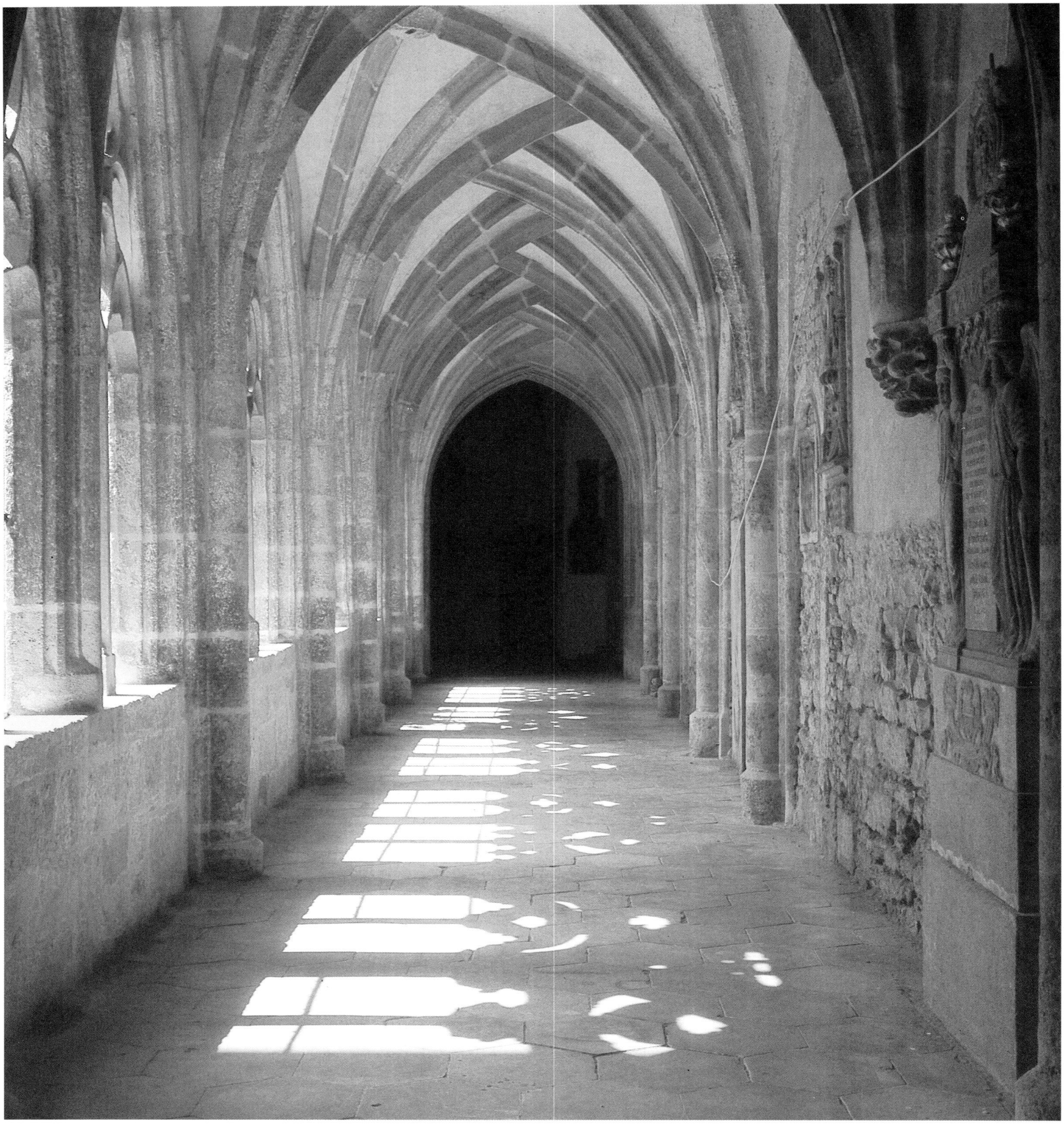

EICHSTÄTT: *Domkreuzgang*

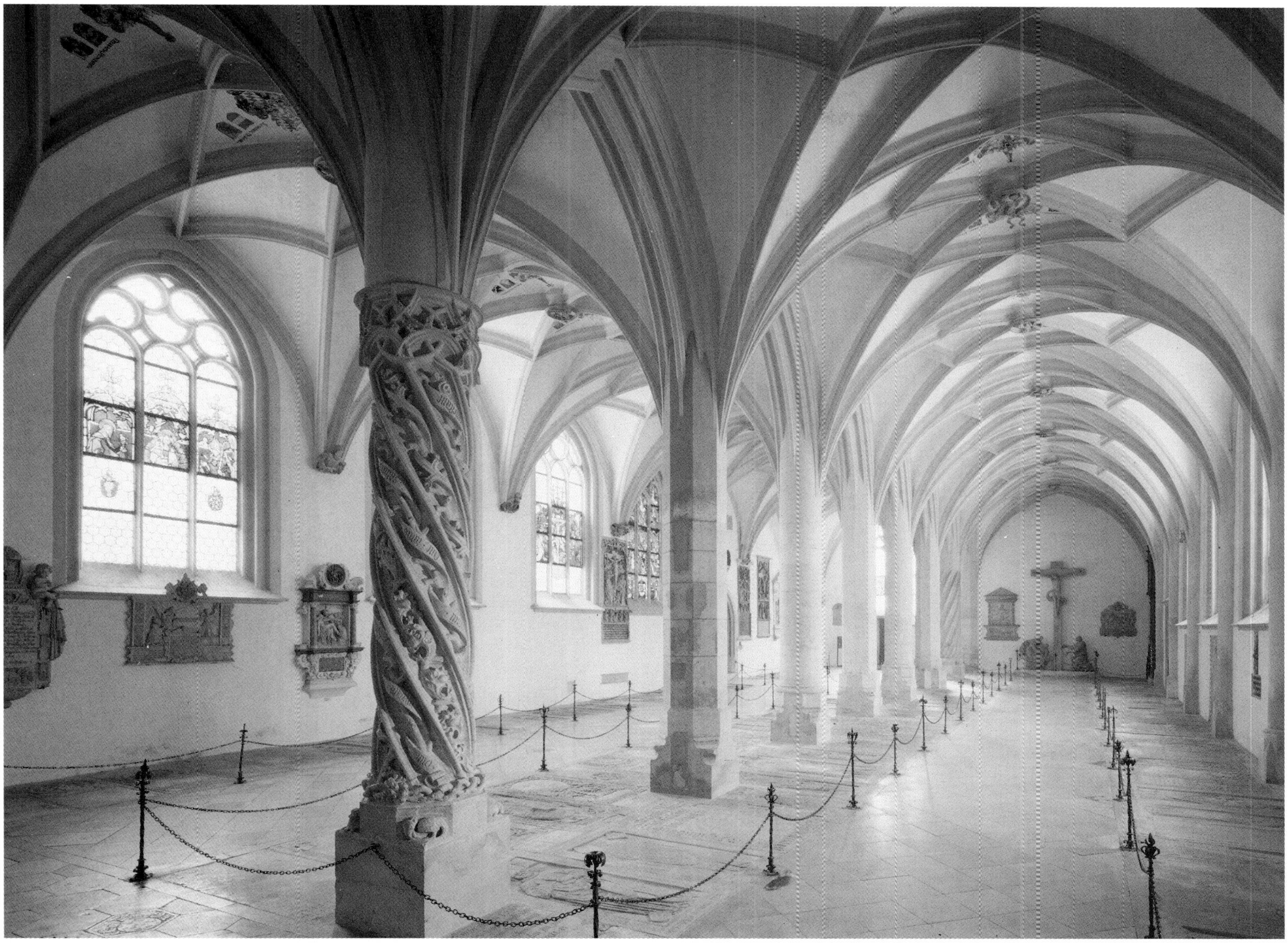

EICHSTÄTT: Mortuarium; im Vordergrund die reichverzierte »Schöne Säule«

den Himmel eingelassen. Um 1420 entstanden die anbetenden Könige und Maria mit dem Kind zu beiden Seiten des Portals. In den Hohlkehlen des Gewändes ergänzen die um 1440 geschaffenen Tonplastiken der zwölf Propheten des alten Bundes das Glaubensmanifest des Doms. Unter den Baldachinen an den Seitenwänden erinnern die zur gleichen Zeit gebrannten Tonfiguren des hl. Willibald und seiner Familie an den Ursprung des Bistums und seiner prachtvollen Domkirche.

Einen Höhepunkt spätgotischer Architektur bieten der *Kreuzgang* und die zweischiffige Halle des *Mortuariums,* die sich südlich an den hochgotischen Ostchor des Doms anlehnen. Von 1410 bis 1420 wurde an dem nördlichen der ursprünglich vorgesehenen vier Flügel gearbeitet, zwischen 1460 und 1470 entstanden der Ost- und der Südflügel: Eigenwillig figuriertes Rippengewölbe mit Schlußsteinen entspringt hier ansatzlos aus den Stützen. Viergeteilte Maßwerkfenster geben den Blick frei auf den Kreuzganghof mit seinen auf romanischen Säulen und Kapitellen ruhenden Fialen der Strebepfeiler und die strengen, dreigeteilten Fenstergruppen im Geschoß darüber. Von 1480 bis 1510 wurde die Westseite des Kreuzgangs zur Grablege des adeligen Domkapitels ausgebaut. Dem Dombaumeister Hans Paur – seine Meisterkonsole (bezeichnet 1497) ist an der Nordwand – gelang mit der zweischiffigen Halle einer der schönsten spätgotischen Räume in Oberbayern: Aus sieben Pfeilern mit unterschiedlichem Querschnitt, sieben Wanddiensten im Westen und zehn mit Büsten besetzten Konsolen steigt ein kunstvoll figuriertes Netzrippengewölbe auf; seine Wirkung wird verstärkt durch die mit Figuren besetzten Schlußsteine an den Scheitelschnittpunk-

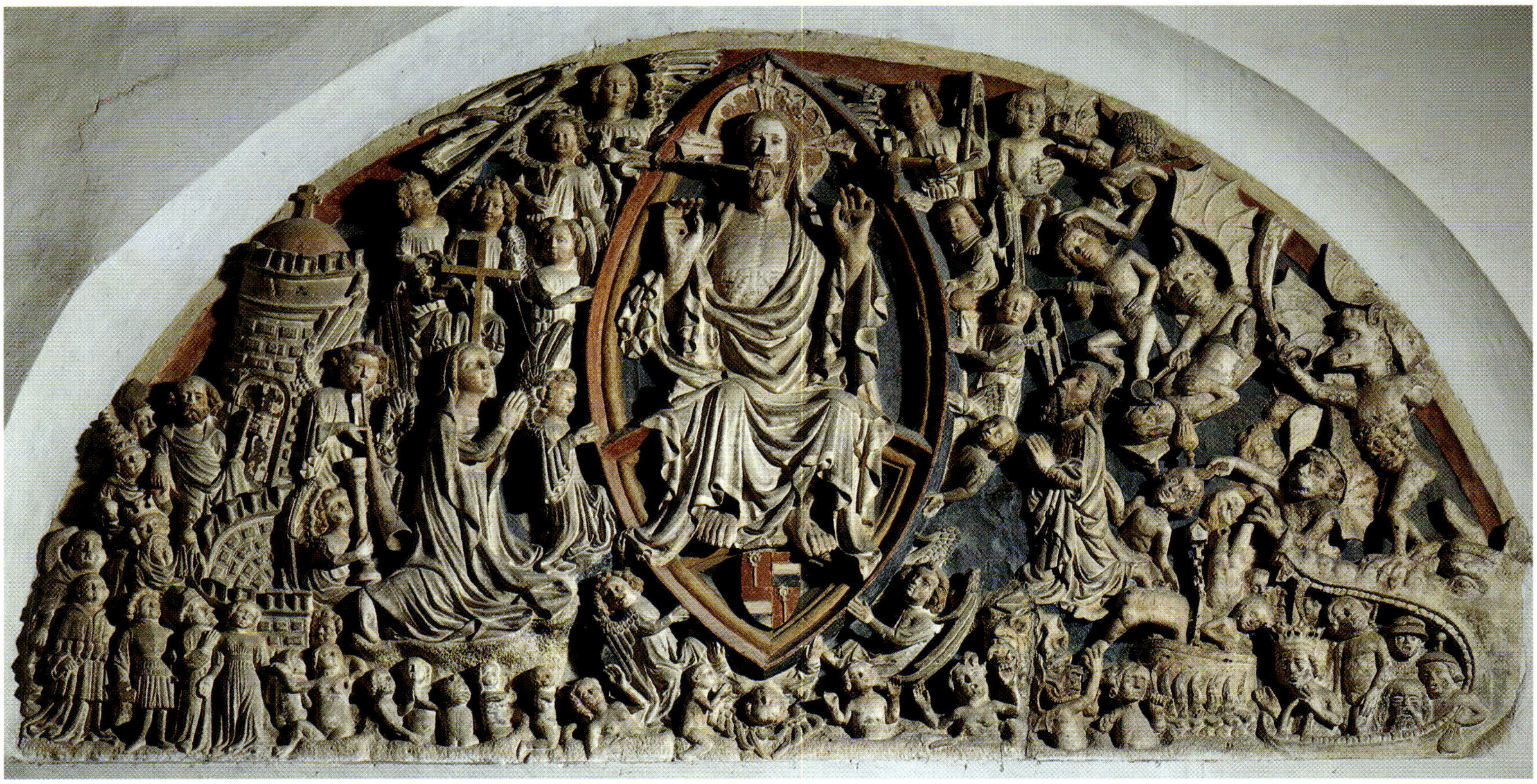

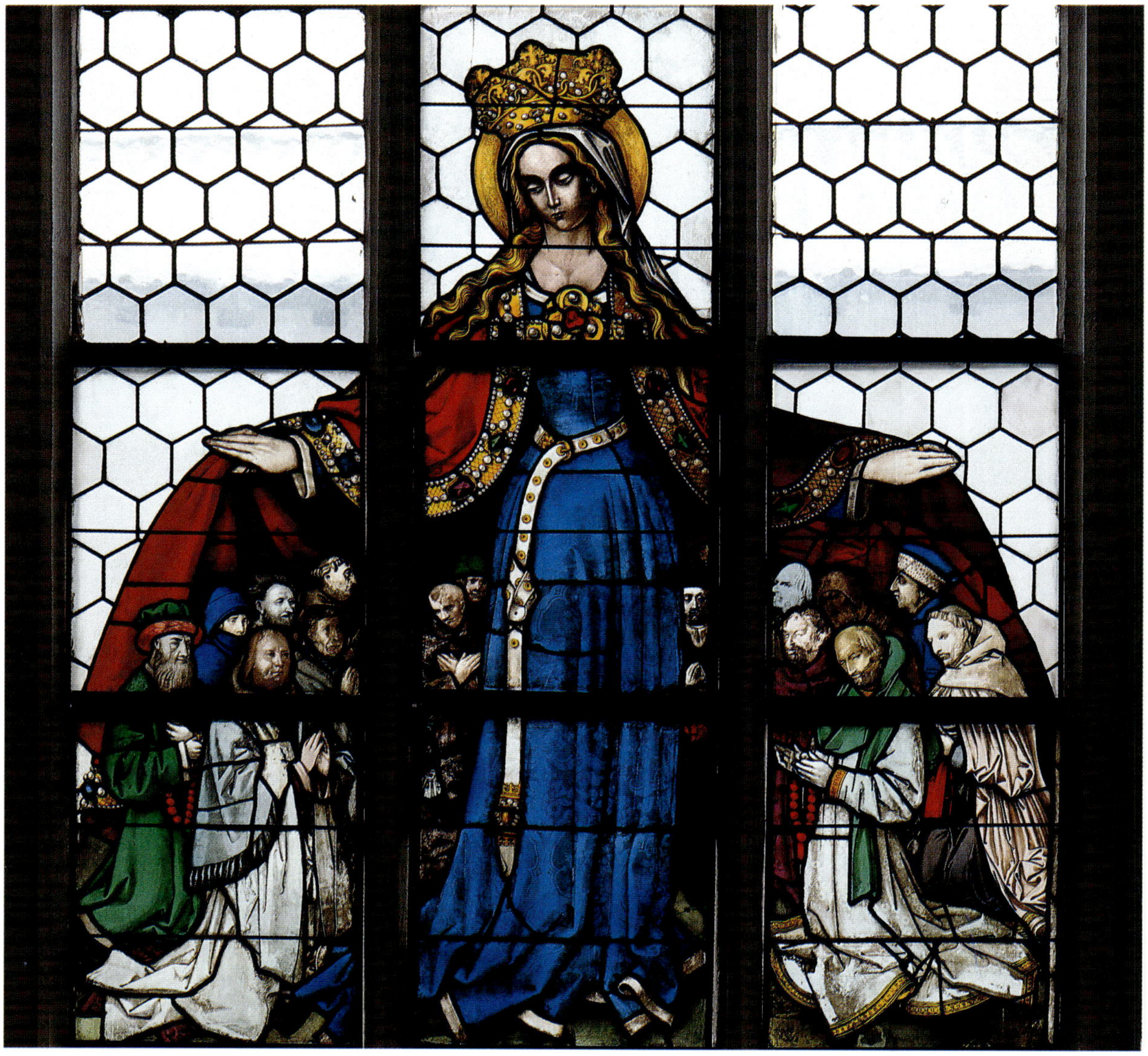

EICHSTÄTT, *Mortuarium: Christus in der Mandorla als Weltenrichter beim Jüngsten Gericht; Tympanon an der Nordwand, um 1429, aus der 1818 abgebrochenen Pfarrkirche am Marktplatz*

EICHSTÄTT, *Mortuarium: Schutzmantelmadonna, 1502 datiert. Der Entwurf des Fensters wird Hans Holbein d.Ä. zugeschrieben*

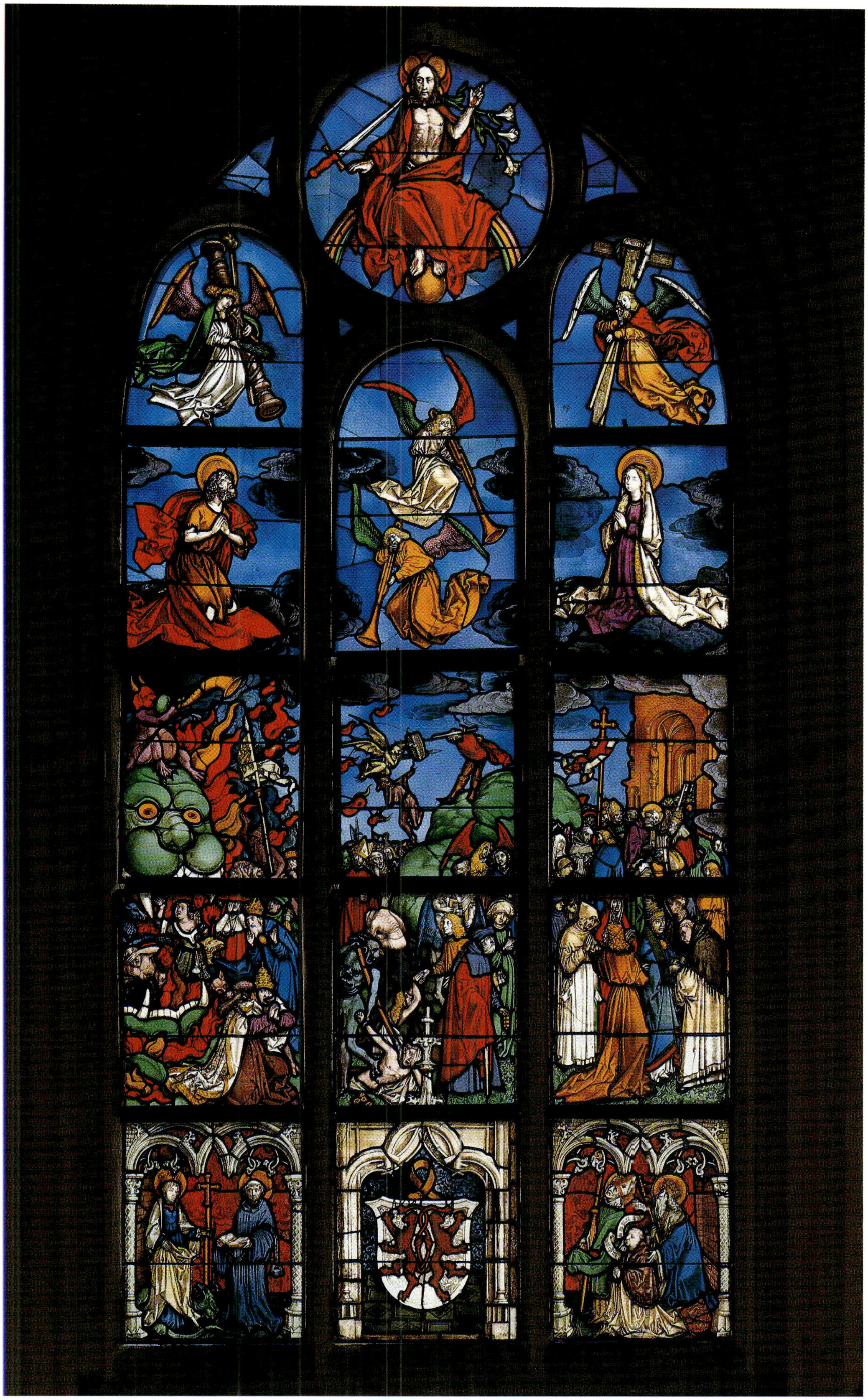

EICHSTÄTT, *Mortuarium: Jüngstes Gericht, um 1500. Der Entwurf der farbenprächtigen Glasmalerei wird Hans Holbein d.Ä. zugeschrieben*

ten. Die Konsolbüsten verkörpern die Propheten des Alten Testaments, die Figuren der Schlußsteine sind ihre neutestamentliche Ergänzung. Erhöht wird die feierliche Raumwirkung durch die herausragenden Steinmetzarbeiten der schraubenartig gedrehten »Gewundenen Säule« im Süden und der noch reicher mit Schriftband und knorrigem Astwerk verzierten »Schönen Säule« im Norden. Zehn Maßwerkfenster geben der Halle die getragene Helligkeit, die Glasmalereien in fünf Fenstern bringen ein beinahe heiteres Leuchten in den Raum. Die Entwürfe zu den Scheiben werden dem Augsburger Hans Holbein d. Ä. zugeschrieben, doch wer sie mit ihrer ungeheueren Farbigkeit in Glas umgesetzt hat, ist unbekannt. Die Kirchenpatronin Maria, Johannes Evangelist und der hl. Willibald stehen in dem von Norden aus ersten Fenster der Ostwand; 1502 datiert ist das in rauschenden Farben gestaltete Fenster mit der Schutzmantelmadonna daneben; nach der Kreuzigung Christi im dritten Fenster folgt mit dem Jüngsten Gericht eine in den Szenen und den farbigen Gestalten kaum zu übertreffende Schilderung des Geschehens. Das »Grebnus« der Kanoniker, dessen ältester Grabstein an der Westwand dem 1330 verstorbenen Probst von Herrieden, Friedrich von Maihingen, gehört, läßt keine Traurigkeit zu: Das Vertrauen in die Barmherzigkeit Gottes drückt die Inschrift im Fenster der Schutzmantelmadonna »Deshalb lobsingen wir dir!« aus, die dem Raum dieser Begräbnisstätte den Ernst des Todes nimmt.

Anhang

Orts- und Personenregister

Die Namen von Personen sind kursiv gesetzt
Kursive Zahlen verweisen auf Abbildungen

Auswahl der verwendeten Literatur

1. Allgemein

Aventinus, Johannes, *Baierische Chronik,* Eugen Diederichs Verlag München, 1988

Baltrusaitis, Jurgis, *Das phantastische Mittelalter,* Ullstein Verlag Frankfurt a. Main, 1985

Bauerreiss, Romuald, *Kirchengeschichte Bayerns,* St. Ottilien, o. J.

Behling, Lottlisa, *Gestalt und Geschichte des Maßwerks,* Böhlau Verlag Köln, 1978

Boehn, Max von, *Die Mode,* Eine Kulturgeschichte vom Mittelalter bis zum Barock, Bruckmann Verlag München, 1976

Borst, Otto, *Alltagsleben im Mittelalter,* Insel Verlag Frankfurt a. Main, 1983

Bosl, Karl, *Bayerische Geschichte,* Paul List Verlag München, 1971

Bosl, Karl (Hrsg.), *Dokumente zur Geschichte von Staat und Gesellschaft in Bayern,* C. H. Beck Verlag München, 1977

Busch, Lose, *Baukunst der Gotik in Europa,* Umschau Verlag Köln, 1981

Buschmann, Arno (Hrsg.), *Kaiser und Reich,* dtv-Verlag München, 1984

Bushart, Bruno, *Altdeutsche Bilder der Sammlung Georg Schäfer Schweinfurt,* Selbstverlag Georg Schäfer, Schweinfurt, 1985

Deuchler, Florens, *Gotik,* Belser Stilgeschichte, Belser Verlag Stuttgart, 1970

Duby, Georges, *Das Europa der Höfe und Städte,* Die Kunst des Mittelalters 1280-1440, Ernst Klett Verlag Stuttgart, 1985

Ein Beitrag zur Geschichte des Bieres, Max Volk Verlag München, 1970

Entz, Géza, *Die Kunst der Gotik,* Emil Vollmer Verlag München, 1981

Fischer-Fabian, S., *Die deutschen Cäsaren,* Droemer Knauer Verlag Locarno, 1977

Foerster, Rolf H., *Das Leben in der Gotik,* Max Hueber Verlag München, 1977

Fuchs, Eduard, *Illustrierte Sittengeschichte vom Mittelalter bis zur Gegenwart* (Band 1), Klaus Guhl Verlag Berlin, 1909

Gerndt, Siegmar, *Unsere bayerische Heimat,* Prestel Verlag München, 1976

Glaser, Hubert (Hrsg.), *Wittelsbach und Bayern,* Zeit der frühen Herzöge (Ausstellungskatalog und Textband), Hirmer Piper Verlag München, 1980

Grasser, Walter, *Bayerische Münzen,* Vom Silberpfennig zum Golddukaten, Rosenheimer Verlag Rosenheim, 1980

Grimm, Claus (Hrsg.), *Aus dem adeligen Leben im Spätmittelalter;* Die Skaliger in Oberitalien und Bayern (Ausstellungskatalog), Haus der Bayerischen Geschichte, 1986

Grote, H., *Stammtafeln,* Hahn'sche Verlagsbuchhandlung Leipzig, 1877

Hauser, Arnold, *Sozialgeschichte der Kunst und Literatur,* C. H. Beck Verlag München, 1953

Heimsohn, G., Steiger, O., *Die Vernichtung der weisen Frauen,* Heyne Verlag München, 1987

Hofmann, Siegfried, *Urkundenwesen der Herzöge von Bayern,* Michael Lassleben Verlag Kallmünz, 1967

Hofstätter, Hans H., *Kunst im Bild,* Spätes Mittelalter, Zweiburgen Verlag Weinsheim, 1982

Hofstätter, Stierlin, *Architektur der Welt,* Gotik, Benedikt Taschen Verlag Berlin, o. J.

Hubel, Achim, *Heilige und Dämonen,* Bavaria Antiqua München, 1978

Hubensteiner, Benno, *Bayerische Geschichte,* Süddeutscher Verlag, 1977

Jahrbücher der Bayerischen Denkmalpflege, Deutscher Kunstverlag München

Jantzen, Hans, *Kunst der Gotik,* Dietrich Reimer Verlag Berlin, 1987

Karlinger, Hans, *Bayerische Kunstgeschichte,* Altbayern und Bayerisch-Schwaben, München, 1928

Kloos, Rudolf M. (Hrsg.), *Recht, Verfassung und Verwaltung in Bayern,* 1505-1946 (Ausstellungskatalog), Bayerisches Hauptstaatsarchiv München, 1981

Kloos, Rudolf M. (Hrsg.), *Aus 1200 Jahren* (Ausstellungskatalog), Bayerisches Hauptstaatsarchiv München, 1979

Kraus, Andreas, *Geschichte Bayerns,* C. H. Beck Verlag München, 1983

Kühnel, Harry (Hrsg.), *Alltag im Spätmittelalter,* Styria Verlag Graz, 1986

Lewinsohn, Richard, *Eine Weltgeschichte der Sexualität,* Rowohlt Verlag Hamburg, 1956

Loesch, Ilse, *So war es Sitte in der Renaissance,* Werner Dausien Verlag Hanau, 1965

Major, Máté, *Geschichte der Architektur* (Band 2), Akadémiai Kiadó Budapest, 1979

Meier/Weber, *Bayerische Quellen zur deutschen Geschichte,* Teil 1, Diesterweg Verlag Frankfurt, 1961

Melchers, E. und H., *Das Große Buch der Heiligen,* Südwest Verlag München, 1988

Meyer, Werner, *Dome und Kirchen in Bayern,* Gebicke Verlag Darmstadt, 1963

Müller, Theodor, *Alte Bairische Bildhauer,* Vom Erminoldmeister bis Hans Leinberger, München, 1950

Neumann, Michael, *Kleine Kunstreise von Aachen bis Zürich,* Deutscher Bücherbund Stuttgart

Nöhbauer, Hans F., *Wittelsbach und Bayern,* Süddeutscher Verlag München, 1980

Petzet, Michael (Hrsg.), *Bayern, Kunst und Kultur* (Ausstellungskatalog), München, 1972

Pfleiderer, Rudolf, *Die Attribute der Heiligen,* Reprint von 1898, Fourier Verlag Wiesbaden, 1989

Pischel, Gina, *Große Weltgeschichte der Skulptur,* Südwest Verlag München, 1967

Pizan, Christine de, *Das Buch von der Stadt der Frauen,* dtv-Verlag München, 1990

Rall, Hans, *Zeittafeln zur Geschichte Bayerns,* Süddeutscher Verlag München, 1974
Reiser, Rudolf, *Bayerische Gesellschaft,* Ehrenwirth Verlag München, 1981
Roth, Rainer A., *Freistaat Bayern,* Landeszentrale für politische Bildung München, 1978
Sachs/Badstübner/Neumann, *Erklärendes Wörterbuch zur christlichen Kunst,* Verlag Werner Dausien Hanau, o. J.
Schedel, Hartmann, *Die Schedel'sche Weltchronik,* Antiqua Verlag Lindau, Reprint des Originals von 1493
Schiedermeier/Scherg, *Denkmalfibel,* Hinweise zu Denkmalschutz und Denkmalpflege in Bayern, Verlag Georg D. W. Callwey München, 1991
Schindler, Herbert, *Große Bayerische Kunstgeschichte,* Süddeutscher Verlag München, 1976
Schirmer, Eva, *Mystik und Minne,* Frauen im Mittelalter, Elefanten Press Berlin, 1984
Seibt, Ferdinand, *Kaiser Karl IV.* Staatsmann und Mäzen (Ausstellungskatalog), Prestel Verlag München, 1987
Shahar, Shulamith, *Die Frau im Mittelalter,* Fischer Verlag Frankfurt, 1985
Spindler, Max, *Handbuch der bayerischen Geschichte,* 4 Bände, C. H. Beck Verlag München, 1966
Spindler, Max, *Bayerischer Geschichtsatlas,* Bayer. Schulbuch Verlag München, 1969
Stadler, Hans, *Hermes Handlexikon, Päpste und Konzilien,* Econ Taschenbuchverlag GmbH Düsseldorf, 1983
Stetter, Gertrud, *Bayern in alten Ansichten und Schilderungen,* Thorbecke Verlag München, 1971
Treitzsauerwein, Marx, *Der Weiß Kunig,* Eine Erzehlung von den Thaten Kaiser Maximilian des Ersten, Reprint von 1775, VCH Verlagsgesellschaft m.b.H. Weinheim, 1985
Troll, Hildebrand, *Kirche in Bayern,* Verhältnis zu Herrschaft und Staat im Wandel der Jahrhunderte (Ausstellungskatalog), Staatliche Archive Bayerns, 1984
Valentin/Noelle/Stierhof, *Die Wittelsbacher und ihre Künstler in acht Jahrhunderten,* Süddeutscher Verlag München, 1980
Valentin, Veit, *Geschichte der Deutschen,* Kiepenheuer u. Witsch Verlag Köln, 1979
Valentin, Veit, *Illustrierte Weltgeschichte,* Band 1, Lingen Verlag Köln, 1976
Verdenhalven, Fritz, *Alte Maße, Münzen und Gewichte aus dem deutschen Sprachgebiet,* Verlag Degener u. Co. Neustadt a. d. Aisch, 1968
Weidinger, Erich, *Die Apogryphen,* Pattloch Verlag Augsburg, 1990
Wilberg, *Regententabellen,* VEB-Verlag für Verkehrswesen Berlin, 1986
Zaisberger, Friederike, *Der Rittersaal im Schloß Goldegg,* Salzburgische Landesreigerung Salzburg, 1981

2. Oberbayern

Altenhohenau (Kirchenführer), Selbstverlag Kloster Altenhohenau, 1973
Altmann, Lothar, *Moosburg,* St. Kastulus-Münster, Schnell u. Steiner Verlag München, 1976
Altmühldorf, Pfarrkirche St. Laurentius, Hannes Oefele Verlag Ottobeuren, 1970
Bachmair, Thomas, Schnell, Hugo, *Fürstenfeld, ehem. Zisterzienserabteikirche,* Schnell u. Steiner Verlag München, 1979
Bauch, Andreas, *Der Dom zu Eichstätt,* Schnell u. Steiner Verlag München, 1976
Bauer, Robert, *Stiftskirche und Schatzkammer Altötting,* Schnell u. Steiner Verlag München, 1983
Bauer, Robert, *Altötting, die heilige Kapelle,* Schnell u. Steiner Verlag München, 1982
Benker, Sigmund, *Freising, Dom und Domberg,* Verlag Langewiesche Nachfolger Königstein, 1975
Benker, Sigmund, *Diözesanmuseum Freising,* Schnell u. Steiner Verlag München, 1977
Benker, Sigmund, *Der Mariendom zu Freising,* Schnell u. Steiner Verlag München, 1979
Berchtesgaden, Stiftskirche (Kirchenführer), Kath. Pfarramt Berchtesgaden, 1980
Bibra, Maria Freiin von, *Wandmalereien in Oberbayern von 1320 bis 1570,* Miscellanea Bavarica Monacensia München, 1970
Biller/Rasp. *München, Kunst- und Kultur-Lexikon,* Süddeutscher Verlag München, 1985
Brenninger, Georg, *Alte Pfarrkirche St. Martin, Garmisch,* Schnell u. Steiner Verlag München, 1986
Brenninger, Georg, *St. Johann in Erding,* Kath. Pfarramt Erding, 1979
Brugger, W. und Molodovsky, N., *Streichenkirche,* Pannonia Verlag Freilassing, 1976
Brugger, W. und Molodovsky, N., *Urschalling,* Pannonia Verlag Freilassing, 1972
Dehio-Gall, *Handbuch der deutschen Kunstdenkmäler,* Oberbayern, Deutscher Kunstverlag, München 1960
Deuchler, Florens, *Belser Stilgeschichte,* Gotik, Manfred Pawlack Verlag Herrsching, 1981
Die Isar, ein Lebenslauf (Ausstellungskatalog), Hugendubel Verlag München 1983
Ebermann, Bernhard, *Gars am Inn,* Schnell u. Steiner Verlag München, 1976
Erding, St. Johann (Kirchenführer), Kath. Stadtpfarramt Erding, 1979
Ettal, das Münster unserer lieben Frau (Kirchenführer), Benediktinerabtei Ettal
Fassnauer, Alois, *Baumburg,* Alois Erdl Verlag Trostberg, 1957
Fink, Alois (Hrsg.), *Unbekanntes Bayern,* Band 1 bis 5, Süddeutscher Verlag München, 1955 bis 1959
Freising, 1250 Jahre geistliche Stadt (Ausstellungskatalog), Diözesanmuseum Freising, 1989
Friedensburg, *Geschichte Ludwigs des Bayern,* Bd. 1: Bayerische Chroniken des 14. Jahrhunderts, Bd. 2: Italienische Quellen des 14. Jahrhunderts, Phaidon Verlag Essen, 1987
Grimm, Claus, *Blutenburg,* Beiträge zur Geschichte von Schloß und Hofmark Menzing, Haus der Bayerischen Geschichte München, 1985
Gudenrath, Eduard, *Kloster Seeon,* Schnell u. Steiner Verlag München, 1966
Guggetzer, Martin, *Die Pfarrkirche St. Sebastian in Ebersberg,* Schnell u. Steiner Verlag, München, 1980
Hackl, Georg, *St. Wolfgang bei Dorfen,* Schnell u. Steiner Verlag München, 1981
Hartig, Michael, Schnell, Hugo, *Altomünster,* Schnell u. Steiner Verlag München, 1981
Hartig, Michael, *St. Nikolaus in Mühldorf am Inn,* Schnell u. Steiner Verlag München, 1975
Heichele, O., *Rabenden,* Hannes Oefele Verlag Ottobeuren, 1980
Hofstetter, L., *500 Jahre Seelsorgestelle Heiligkreuz,* Pfarramt Heiligkreuz Trostberg, 1982
Ilmmünster (Kirchenführer), Schnell u. Steiner Verlag München, 1985

Ingolstadt, Führer durch das Liebfrauenmünster, Münsterpfarramt, 1969
Ingolstadt, Das Münster zur Schönen Unserer Lieben Frau, Münsterpfarramt, 1980
Kloster Seeon (Kirchenführer), Schnell u. Steiner Verlag München, 1966
Kratsch, *Denkmäler in Bayern,* Landkreis Miesbach, Schnell u. Steiner Verlag München, 1986
Kreisel, Heinrich, *Schloß Berchtesgaden,* Wittelsbacher Ausgleichsfonds München, 1979
Landsberg am Lech, Stadtpfarrkirche (Kirchenführer), Schnell u. Steiner Verlag München, 1987
Lampl, Sixtus, *Die Kirchen der Gemeinde Amerang,* Pfarrei Amerang, 1989
Laufen, die Kirchen der Stadt, Schnell u. Steiner Verlag München, 1990
Lieb, Norbert, *München,* Die Geschichte seiner Kunst, Georg W. Callway Verlag München, 1977
Lieb, Norbert, *Rott am Inn.* Schnell u. Steiner Verlag München, 1980
Liedke, Volker, *Baualtersplan zur Stadtsanierung Burghausens,* Stadt Burghausen, 1978
Meier, Michael, *Die Kunst- und Kulturdenkmäler in der Region München* (Band 1), Deutscher Kunstverlag München
Meyer, Werner, *Burgen in Oberbayern,* Verlag Weidlich Würzburg, 1986
Mittenwald (Kirchenführer), Kath. Pfarramt Mittenwald, 1973
Moosburg, St. Kastulus-Münster (Kirchenführer), Schnell u. Steiner Verlag München, 1976
Mühldorf am Inn, St. Nikolaus und Nebenkirchen, Schnell u. Steiner Verlag München, 1975
Neuötting, Beiträge zur Stadtgeschichte (Band 1), Verlag Niedermayer u. Miesgang Neuötting, 1952
Ohnesorg, Anton, *Kirchen der Pfarrei Steingaden,* Kath. Pfarramt Steingaden, 1967
Orlopp, Nikolaus, *Von Garibald bis Ludwig III.,* Hugendubel Verlag München, 1979
Petzet, Michael (Hrsg.), *Denkmäler in Bayern,* I/1 Landeshauptstadt München, Oldenbourg Verlag München, 1986
Petzet, Michael (Hrsg.), *Denkmäler in Bayern,* I/2 Oberbayern, Oldenbourg Verlag München, 1986
Pöhnlein, Johann, *Dollnstein,* Franz Sales Verlag Eichstätt, 1924 bis 1926
Rabenden (Kirchenführer), Hannes Oefele Verlag Ottobeuren, 1980
Rümann/Drave, *Schlüssel zur unbekannten Heimat,* Süddeutscher Verlag München, 1962
Sankt Wolfgang bei Dorfen (Kirchenführer), Schnell u. Steiner Verlag München, 1981
Schattenhofer, Michael, *Das Alte Rathaus in München,* Süddeutscher Verlag München, 1972
Schattenhofer, Michael, *München im Wandel der Jahrhunderte,* Süddeutscher Verlag München, 1957
Schmid, Elmar, *Burg zu Burghausen* (Amtl. Führer), Bayer. Verwaltung der Staatl. Schlösser, Gärten und Seen München, 1984
Schnell, Hugo, *Indersdorf, Pfarrkirche,* Schnell u. Steiner Verlag München, 1972
Schüller, Otto, *Stiftskirche Berchtesgaden,* Katholisches Pfarramt Berchtesgaden, 1980
Seitz, Joh. Ev., *Die Blutenburg vor München,* Schnell u. Steiner Verlag München, 1960
Solleder, Fr., *München im Mittelalter,* München, 1938
Steingaden (Kirchenführer), Kath. Pfarramt Steingaden, 1967
Tegernsee (Kirchenführer), Kath. Pfarramt Tegernsee, 1982
Tuntenhausen (Kirchenführer), Kath. Pfarramt Tuntenhausen, 1979
Valentin, Hans E., *Klöster und Stifte im Bayerischen Oberland,* Panonnia Verlag Freilassing, 1978
Volk, Peter, *Bayerisches Nationalmuseum München* (Museumsführer), 1985
Weber, Gottfried, *Die Romanik in Oberbayern,* W. Ludwig Verlag Pfaffenhofen/Ilm, 1985
Widmann, Werner A., *Der Chiemgau,* Walhalla u. Praetoria Verlag Regensburg, 1985
Wild, Joachim, *Führer durch die Geschichte der Burg Grünwald,* Süddeutscher Verlag München, 1979
Zecherle, Karl, *Kirchen und Klöster im Kreis Eichstätt,* Landkreis Eichstätt, 1983
Zeller, E., *Sankt Zeno in Bad Reichenhall* (Kirchenführer), Pfarramt St. Zeno, 1976

Bildnachweis

Bayerisches Hauptstaatsarchiv München: 149
Bayerisches Nationalmuseum München: 43, 213
Bayerische Staatsgemäldesammlungen (Alte Pinakothek) München: 56
Bayerische Verwaltung der staatlichen Schlösser, Gärten und Seen München: 216
Erzbischöfliches Ordinariat München-Freising: 35, 37
Staatliche Graphische Sammlung München: 17, 42 unten
Stadtmuseum München: 42 oben
Süddeutscher Verlag München: 28, 36, 87, 110, 124, 185, 205, 219, 227, 237, 252, 260, 262

Alle übrigen Abbildungen von Thomas Klinger, München